LA LIBRAIRIE DU XXIe SIÈCLE

Collection
dirigée par Maurice Olender

Jean-Paul Demoule

Mais où sont passés les Indo-Européens ?

Le mythe d'origine de l'Occident

Éditions du Seuil

ISBN 978-2-02-029691-5

www.seuil.com

À Vladimir Ivan-Pavlovitch pour des questions,
à Nikolaï Sergueïevitch pour des réponses.

« Le lecteur est tenté de supposer que la linguistique est encore dans son enfance, et il est pris du même scepticisme qu'exprimait saint Augustin, il y a près de quinze siècles, quand il disait, à propos d'ouvrages analogues, que l'explication des mots dépend de la fantaisie de chacun, comme l'interprétation des songes. »

MICHEL BRÉAL (1866).

« À la vérité, quand on prend conscience de l'extraordinaire fécondité de la démarche comparative dans le domaine des études indo-européennes [...] ; quand, d'autre part, on reconnaît le caractère si fuyant des réalités auxquelles se réfèrent les substantifs que vient qualifier l'adjectif "indo-européen", on se dit que le chercheur, lorsqu'il entreprend d'explorer les rapports entre l'esprit humain et les cultures, fabrique lui-même des mythes. Freud nous offre ici peut-être un point d'appui et l'inestimable présent de la lucidité : parlant de la théorie des pulsions, théorie qu'il a inventée et dont il fait la base de son œuvre scientifique, il remarque, à plusieurs reprises, qu'elle est "pour ainsi dire, notre mythologie". »

CHARLES MALAMOUD (1991).

Avant-propos

Un spectre hante l'Europe : le spectre des Indo-Européens. Parti il y a quelques millénaires d'un lieu précis de l'Eurasie, un peuple conquérant et entreprenant aurait pris peu à peu le contrôle de toute l'Europe (à peu de chose près), ainsi que de l'Inde, de l'Iran, du Pakistan, de l'Afghanistan et des régions alentour, imposant partout son ordre, sa langue et sa culture. De sa langue originelle serait né peu à peu, de façon arborescente, l'ensemble des langues indo-européennes connues, de même que son mode de pensée originel aurait structuré les mythologies, les épopées et les institutions des locuteurs de ces langues, avant que la christianisation de l'Europe n'en efface une partie, mais une partie seulement. Dans leur élan, ces peuples d'Europe partirent ensuite il y a cinq siècles à la conquête du reste de la planète, sur l'essentiel de laquelle on parle désormais des langues indo-européennes, en même temps qu'ils imposaient partout leur mode de pensée et de vie.

À l'heure où les Européens se cherchent des raisons de vivre ensemble au-delà d'une concurrence économique « libre et non faussée » et de réglementations opaques, ne seraient-ils pas secrètement réunis par une communauté d'esprit venue du fond des âges ? Et, derrière ce « miracle européen » si souvent célébré bien que déjà déclinant, n'y aurait-il pas au fond un « miracle indo-européen » ? En même temps, on le sait, sous le nom d'« Aryen », cet « Indo-Européen » a servi de prétexte aux pires idéologies du XXe siècle : ne s'agit-il que d'un détournement accidentel, déjà guéri et sans descendance ?

Par la convergence de la linguistique, de l'histoire, de l'archéologie, de la mythologie, de l'anthropologie biologique, nos connaissances n'auraient cessé ces dernières années de s'enrichir sur un sujet qui, prudemment mis de côté après la Seconde Guerre mondiale, est devenu à partir des années 1970 de plus en plus médiatisé, amplifié encore à partir des années 1990 par l'autoproclamée « Nouvelle Synthèse », à laquelle on doit l'arbre unique de toutes les langues du monde et de tous les gènes du monde. Les analyses par l'ADN, en même temps que les développements de la linguistique quantitative et de ses modèles mathématiques sophistiqués, ont ajouté une touche moderniste et technologique à ce sujet ancien. Dans le même temps, le nombre des fouilles archéologiques, notamment celles préalables aux grands travaux d'aménagement du territoire, continue de croître et d'enrichir notre documentation sur l'histoire ancienne des sociétés européennes. De fait, des livres de deuxième et troisième main se multiplient sur la question indo-européenne, comme si elle était résolue et qu'il suffisait désormais d'en exposer au public les résultats bien établis.

Il est donc temps d'entreprendre un travail critique d'ensemble sur ce problème vieux d'au moins trois siècles, et d'en retracer la construction systématique, quête opiniâtre d'un mythe d'origine alternatif à celui de la Bible – mythe dont les Européens (chrétiens ou de tradition chrétienne) étaient redevables, dans une pathétique schizophrénie, à leurs pires ennemis de l'intérieur et boucs émissaires favoris, les Juifs. De même que les Européens s'inventaient un « continent » en isolant arbitrairement la partie la plus occidentale de l'Eurasie ; voire une « race », dite « blanche » ou « caucasienne », mais qu'on aurait tout autant de mal à délimiter sérieusement. Ce travail critique s'accompagne nécessairement ici du bilan sur ce que nous apportent, aujourd'hui, les différentes sciences impliquées dans ce problème, avec toutes leurs méthodes et leurs techniques. Bilan qui est aussi une histoire intellectuelle de l'Occident et des champs de la connaissance qu'il a pensé devoir mobiliser pour imaginer ses origines.

Le sujet de ce livre m'a été proposé il y a déjà de longues années par Maurice Olender, dont je dois louer la ténacité et la patience (et aussi la relecture impitoyable du présent volume), qui partageait sur cette question les mêmes intérêts et les mêmes interrogations. C'était à l'occasion du colloque « Dumézil » qu'il avait organisé les 7 et 8 février 1981 au Centre Thomas-More, à l'Arbresle près de Lyon ; et à la suite de mon premier article

« Les Indo-Européens ont-ils existé ? » paru en 1980 dans la revue *L'Histoire*. J'ai continué depuis lors mon enquête, qui s'est traduite régulièrement par des articles et des conférences (voir la bibliographie), tout en poursuivant la rédaction de ce livre.

Ce travail a bénéficié de discussions plus ou moins animées avec un certain nombre de collègues, parmi lesquels : Patrice Brun, Serge Cleuziou, Anick Coudart, Michel Danino, Pierre Encrevé, Henri-Paul Francfort, Gérard Fussman, Marija Gimbutas, Blagoje Govedarica, Éric de Grolier, Augustin Holl, Jean-Marie Hombert, Ivan Ivanov, Jean-François Jarrige, Kristian Kristiansen, Bernard Laks, Sander van der Leeuw, Jan Lichardus, Marion Lichardus-Itten, János Makkay, Charles Malamoud, James Mallory, Laurence Manolakakis, Nikolaï Merpert, Marcel Otte, Colin Renfrew, Alain Schnapp, Natalya Shishlina, Bohumil Soudský, Dmitri Telegin, Henrieta Todorova, Gilles Touchais, Zoï Tsirtsoni, Christophe Vielle.

J'ai pu profiter également de rencontres plus brèves et occasionnelles sur le même sujet, comme avec Alexandra Yurevna Aikhenvald, Raimo Anttila, Gabriel Bergounioux, Louis-Jean Boë, Georges Charachidzé, Bernard Comrie, Eugen Comşa, Pierre Darlu, Jean Deshayes, Valentin Danilenko, Ann Dodd-Opritesco, Paul Dolukhanov, Daniel Dubuisson, Georges Dumézil, Manfred Eggert, Alain Guénoche, Harald Hauptmann, Paul Heggarty, Javier de Hos, Guy Jucquois, Alain Kihm, Philip Kohl, Charles de Lamberterie, Marsha Levine, Jean-François Lyotard, Vladimir Makarenkov, Arek Marcziniak, Emilia Masson, Laurent Métoz, Salikoko Mufwene, Robert Nikolaï, Georges-Jean Pinault, Yuri Rassamakin, Petre Roman, Merritt Ruhlen, Bernard Sergent, Victor Shnirelman, Bernard Victorri, Tandy Warnow, Marek Zvelebil.

Il va de soi que, non seulement aucun de ces chercheurs ne saurait être responsable des idées exposées dans cet ouvrage, mais qu'une bonne partie d'entre eux y est même parfaitement opposée.

Afin de guider leur lecture, les lectrices et lecteurs se reporteront, immédiatement après cet avant-propos, aux douze thèses canoniques de la théorie indo-européenne classique, qu'ils pourront comparer utilement, au terme de leur parcours, aux douze propositions alternatives qui leur font pendant.

La transcription en alphabet latin de mots venant d'autres alphabets est toujours un problème. Ainsi, pour la translittération des noms slaves, j'ai essayé de suivre l'usage traditionnel en utilisant l'alphabet tchèque ; mais il existe des translittérations coutumières vers le français (*Troubetzkoy* par exemple, et non *Trubeckoj*), tandis qu'une translittération vers l'anglais, plus ou moins cohérente, tend à se développer de plus en plus ; si bien qu'un même auteur slave peut être orthographié de façon différente suivant qu'il publie en cyrillique, en français ou en anglais. On ne se formalisera donc pas de ce flou relatif. J'ai pu parfois simplifier ou omettre un certain nombre de signes diacritiques mobilisés par diverses langues étrangères ; les lecteurs non spécialistes voudront bien m'en excuser. L'astérisque *, devant un mot, indique une racine indo-européenne reconstituée, non attestée en tant que telle dans des langues réelles. Afin de ne pas hacher la lecture, les références et justifications bibliographiques sont mises en notes, lesquelles ne comportent que cette nature d'information ; les lecteurs et lectrices peuvent donc s'en dispenser en première approche, sauf s'ils souhaitent approfondir immédiatement telle ou telle question. La bibliographie sur le sujet est évidemment gigantesque, et j'ai tâché de me limiter strictement aux références les plus pertinentes. De plus en plus de publications anciennes sont désormais accessibles sur Internet ; étant en évolution constante, on ne les a pas signalées ici. Quant aux traductions des citations de textes étrangers en diverses langues, elles sont, sauf mention contraire, de mon fait.

L'hypothèse indo-européenne officielle : les 12 thèses canoniques

Thèse 1. Les langues indo-européennes, parlées il y a trois millénaires au moins dans une majeure partie de l'Eurasie occidentale, et maintenant dans une grande partie du monde, forment une famille de langues cohérente, comprenant douze principales sous-familles (dont celle des langues romanes incluant le français ; voir annexes, 2, p. 602), et que les linguistes organisent en un arbre unique à partir d'une langue originelle commune reconstruite.

Thèse 2. La parenté entre ces langues a été découverte en 1786 par l'Anglais William Jones et formalisée par l'Allemand

Franz Bopp au début du XIXe siècle, pour être continûment approfondie depuis.

Thèse 3. La reconstruction de la langue originelle (*Urprache* en allemand) et de l'arbre des langues indo-européennes (*Stammbaum*) s'appuie sur deux siècles de recherches linguistiques et sur les méthodes les plus modernes de la linguistique quantitative.

Thèse 4. Cette langue originelle commune était parlée par un Peuple originel (*Urvolk* en allemand).

Thèse 5. Ce Peuple originel vivait dans un Foyer originel (*Urheimat* en allemand), à savoir une région de l'Eurasie circonscrite et déterminée, localisée grâce à la paléontologie linguistique et à l'archéologie.

Thèse 6. La paléontologie linguistique permet de reconstituer l'environnement naturel, l'économie et la culture du Peuple originel à l'aide des mots communs à la totalité ou à une grande majorité des langues indo-européennes.

Thèse 7. La diffusion des langues indo-européennes s'est faite par voie de migrations et de conquêtes à partir du Foyer originel, par des peuples dont on peut suivre la trace archéologique et qui débouchent sur ceux que nous décrivent les textes antiques ou médiévaux (voir annexes, 8, p. 605).

Thèse 8. L'anthropologie biologique, aussi bien par l'étude des squelettes que par celle de la chimie osseuse et de l'ADN, permet de reconstituer les routes de ces migrations.

Thèse 9. La comparaison entre les différentes religions et mythologies des peuples indo-européens anciens permet de reconstituer leur mythologie originelle, tout comme les comparaisons entre les différents textes parvenus jusqu'à nous permet de reconstituer également leurs institutions ou encore leur poésie.

Thèse 10a. La convergence de toutes ces disciplines scientifiques permet de situer dans les steppes au nord de la mer Noire, au

V[e] millénaire avant notre ère, la localisation du Peuple originel dans son Foyer originel (voir annexes, 11, p. 607).

Thèse 10b. La convergence de toutes ces disciplines scientifiques permet de situer en Anatolie (Turquie), au VIIe millénaire avant notre ère, la localisation du Peuple originel dans son Foyer originel (voir annexes, 10, p. 606).

Thèse 10c. La convergence de toutes ces disciplines scientifiques permet de situer sur les bords de la Baltique, au Xe millénaire avant notre ère, la localisation du Peuple originel dans son Foyer originel (voir annexes, 7, p. 605).

Thèse 10d. La convergence de toutes ces disciplines scientifiques permet de situer la localisation du Peuple originel dans son Foyer originel en divers autres points de l'Eurasie (voir annexes, 5, p. 604).

Thèse 11. Le détournement du phénomène indo-européen par diverses idéologies nationalistes, notamment le national-socialisme et les extrêmes droites (dites parfois « nouvelles droites ») contemporaines, n'est qu'un phénomène marginal qui n'a rien à voir avec la recherche scientifique.

Thèse 12. La question de la formation et de l'histoire des langues indo-européennes et des peuples qui les ont parlées peut pour l'essentiel être considérée comme résolue.

OUVERTURE

De la Renaissance à la Révolution

1

À la recherche d'une découverte annoncée

Pourquoi Sir William Jones passe, en terre anglo-saxonne, pour avoir découvert les Indo-Européens, et pourquoi il pourrait s'agir tout aussi bien d'un fou scientifique – Comment, à cause de l'Académie des inscriptions et belles-lettres, personne ne connut jamais le bon jésuite Cœurdoux – Pourquoi les Européens (chrétiens ou de tradition chrétienne) étaient obligés d'emprunter leur mythe d'origine aux Juifs, leurs pires ennemis de l'intérieur – Où l'on comprend pourquoi le philosophe allemand Leibniz ne pouvait publier qu'en allemand et pourquoi les Indo-Européens venaient déjà des steppes de la mer Noire il y a trois siècles – Alors que l'hébreu était pourtant la langue de Dieu et du paradis, donc la mère de toutes les langues, et non pas le germanique, comme l'affirmait le Flamand Jan Van Gorp, tandis que Voltaire préférait déjà les Hindous aux Juifs comme ancêtres de l'Occident

L'histoire des études indo-européennes a la pureté simple des légendes familiales, avec ses pères fondateurs, ses enfants prodiges et même ses fils dévoyés. Elle appartient aussi au catalogue des grandes épopées scientifiques, au même titre que la pénicilline, la chute des corps ou l'électricité. De toutes les découvertes dont se targuent les sciences humaines, c'est sans doute l'une des seules que veulent bien admettre les « sciences » tout court, celles de la matière et de la nature. Non seulement la reconnaissance des ressemblances entre les langues que l'on nomma « indo-européennes » est une découverte en elle-même, mais c'est sur la grammaire comparée de ces langues que s'est peu à peu édifiée au XIXe siècle la linguistique générale, la seule science humaine qui ait débouché sur des modélisations mathématiques reconnues, au point de susciter chez toutes les autres fascination et envie. Dès le milieu du XIXe siècle, le grammairien allemand August Schleicher se référait explicitement à Charles Darwin pour construire son arbre généalogique des langues indo-européennes. Symétriquement des biologistes, prenant au pied de la lettre cet arbre venu de chez eux, s'efforcent aujourd'hui de retrouver enfouies au fond du génome humain les traces des migrations indo-européennes.

La légende dorée indo-européenne

L'épopée eut ses pionniers, ceux à qui fut donnée à la fin du XVIIIe siècle l'intuition de génie d'une parenté entre les langues, à partir du latin, du grec et du sanscrit ; le plus connu est Sir William Jones. Puis il y eut les trois générations du XIXe siècle, essentiellement allemandes. Celle des fondateurs, l'Allemand Franz Bopp (à partir de 1816) et le Danois Rasmus Kristian Rask (à partir de 1818)[1], qui définissent les principes et les instruments de la grammaire comparée et étendent le corpus à l'ensemble des familles de langues indo-européennes (germanique, celtique, slave, balte, perse, arménien, albanais). Puis celle de Schleicher, le premier à oser tracer sur le papier l'arbre généalogique de ces langues, sur le modèle des sciences naturelles (en 1861, deux ans après la parution de *L'Origine des espèces* de Darwin) ; le premier à écrire une courte fable dans la « langue primordiale » (la *Ursprache*) reconstituée[2]. Enfin celle des « néogrammairiens » de Leipzig qui, trouvant les méthodes de leurs aînés insuffisamment rigoureuses, définissent un corps de lois phonétiques aptes à rendre compte de l'évolution comme de la reconstruction des langues – lois « qui ne souffrent pas d'exception ». De ce siècle d'érudition allemande sortiront entre autres un dictionnaire étymologique indo-européen, commencé par Walde, et une grammaire comparée des langues indo-européennes (de Karl Brugmann et Berthold Delbrück), deux instruments majeurs qui, un siècle plus tard, n'ont toujours pas été remplacés.

Si le XXe siècle vit la linguistique sortir du strict cadre de la grammaire comparée pour s'affranchir et devenir « générale », les trois grands principes du siècle précédent (la méthode com-

1. Bopp, 1816, 1833-1852 ; Rask, 1818 (rédigé en 1814), 1932-1937.
2. Schleicher, 1861, 1863a et b, 1868.

parative, le modèle de l'arbre généalogique, la régularité des lois phonétiques) restèrent le socle même des études indo-européennes. Simplement, le développement de la méthode structuraliste à partir de Ferdinand de Saussure leur offrit des outils nouveaux, notamment dans le domaine de la phonologie, l'étude des sons des langues. La reconstitution de la langue primordiale progressa encore, et la découverte de nouvelles langues indo-européennes jusque-là inconnues parce que disparues, comme le tokharien du Turkestan chinois (à partir des années 1910) et le hittite (à partir des années 1920), vint apporter à la méthode d'éclatantes confirmations. De Berlin, Leipzig et Paris, les études indo-européennes se disséminèrent après la dernière guerre dans le monde entier. Il y a peu encore, la revue *Die Sprache* pouvait recenser chaque année près de deux mille travaux publiés.

Au-delà de la philologie, le travail sur les textes anciens permit à partir des années 1930 à Émile Benveniste, dans le domaine des institutions, et à Georges Dumézil, dans celui de la religion, d'approcher de plus près le fonctionnement et les mentalités des premières sociétés indo-européennes, sinon du « Peuple primordial » indo-européen. De leur côté, les archéologues, remuant méticuleusement le sol de l'Europe, retrouvaient des traces de plus en plus précises des grandes migrations préhistoriques des peuples indo-européens et pouvaient en retracer les étapes et la chronologie. À l'orée du XXIe siècle, deux cents ans après la découverte indo-européenne, le champ de recherche était si assuré que de nombreux livres pouvaient en mettre les résultats à la portée du grand public, et que les biologistes à leur tour allaient y trouver confirmation de leurs propres hypothèses. À peine faudrait-il mentionner ces errements aberrants et marginaux qu'a constitués le détournement, au nom de la « race aryenne », des études indo-européennes par le national-socialisme et ses rares héritiers spirituels actuels ; rien, en tout cas, n'autoriserait quelques esprits plus ou moins bien intentionnés à en tirer argument pour jeter la suspicion sur ces études dans leur ensemble.

Telle est la légende dorée, dont on trouvera partout confirmation détaillée[1].

1. Parmi beaucoup d'autres hagiographies de qualité, voir Benfey, 1869 ; Robins, 1967 ; Mounin, 1967 ; Pedersen, 1931 ; Meillet, 1937 ; Römer, 1985 ; Auroux, 2000 ; Malmberg, 1991 ; Sergent, 1995.

De l'incertitude des inventeurs

Il y a bien quelque chose de la baignoire d'Archimède ou de la pomme newtonienne dans la découverte indo-européenne, puisqu'un certain nombre de ressemblances connues depuis longtemps ont soudain pris un sens nouveau, conduisant à une réinterprétation générale, à un nouveau « paradigme ». Mais il n'y eut ni Newton, ni Archimède, ni Copernic de la grammaire comparée, d'autant que les différentes nations se disputent discrètement le privilège du premier découvreur, controverse que l'on trouve plus souvent autour des grandes inventions techniques (le phonographe, l'avion) que des grandes découvertes scientifiques.

Comme en d'autres domaines, l'hagiographie anglo-saxonne a depuis quelque temps imposé l'un des siens, Sir William Jones, administrateur colonial à l'esprit curieux, amené au sanscrit par un souci de bonne gestion, la traduction en anglais d'un corpus juridique rédigé dans la langue ancienne de la colonie. La découverte serait précisément datable du 2 février 1786, lors d'une conférence prononcée à Calcutta à l'occasion du troisième anniversaire de la société savante fondée par les colonisateurs. Ne déclare-t-il pas à la dixième page de son exposé que :

> la langue sanscrite, quelle que soit son antiquité, est d'une merveilleuse structure ; plus parfaite que le grec, plus riche que le latin, et plus délicatement raffinée qu'aucun des deux, elle entretient avec l'un et l'autre une affinité plus forte dans les racines de ses verbes et ses formes grammaticales que ce qu'aurait pu produire le hasard ; si forte même, qu'aucun philologue ne peut les examiner tous les trois sans penser qu'ils ont dû jaillir d'une source commune, qui peut-être n'existe plus : il y a une raison identique, bien que moins péremptoire, pour supposer que le gothique et le celtique, bien qu'amalgamés avec un idiome très différent, ont la même origine que le sanscrit ; et le vieux persan pourrait être ajouté à la même famille, si c'était ici le lieu de discuter des problèmes touchant aux antiquités de la Perse[1].

1. Jones (W.), 1799, p. 422-423 ; 1807a, p. 34-35 ; sur Jones, voir aussi Cannon, 1987 ; Vielle, 1994.

Ce passage a été si souvent cité qu'on en oublierait de lire le reste de la conférence. Or ni avant la phrase fameuse ni après, Sir William Jones ne traite de cette parenté linguistique ; et nulle part ailleurs dans son œuvre (il mourra en 1794 et est inhumé à Calcutta), il n'existe de démonstration philologique. La conférence s'intitule « Des Hindous », et se présente comme un exposé très général de la civilisation indienne sous tous ces aspects – religion, philosophie, écriture, architecture –, domaines dans lesquels Sir William Jones met également en application son zèle comparatiste. Il rapproche les pyramides et le sphinx d'Égypte des statues colossales des bouddhas indiens, il compare les traits physiques des modernes Abyssins à ceux des montagnards du Bengale, ce qui le conduit à formuler, à coups de références aux auteurs grecs ou latins, « l'opinion en rien erronée que l'Éthiopie et l'Hindoustan ont été peuplés ou colonisés par la même extraordinaire race ». D'où sa conclusion terminale :

> Les Hindous [...] ont une immémoriale affinité avec les anciens Perses, Éthiopiens et Égyptiens, Phéniciens, Grecs et Tuscans, Scythes ou Goths, et Celtes, Chinois, Japonais, et Péruviens ; comme il n'y a aucune raison de penser qu'ils furent une colonie de l'une de ces nations, ou que l'une de ces nations fut colonisée par eux, nous pouvons assurément conclure qu'ils proviennent tous d'une quelconque région *centrale*, dont l'identification fera l'objet de mes prochaines conférences[1]...

Quelle impression générale retiendra finalement le lecteur attentif du texte de Sir William Jones ? Qu'un amateur éclairé, comme tant d'autres après lui, est soudain pris d'une fièvre érudite de comparaisons désordonnées ; qu'il lui est impossible de rendre compte de l'histoire humaine autrement que selon un modèle « adamique » ou « babélien » de toutes les civilisations historiques connues (« la langue de Noé est irrémédiablement perdue », précisera-t-il en 1792, deux ans avant sa mort[2]) ; que l'un des administrateurs d'un empire colonial, sur lequel le soleil bientôt ne se couchera jamais, ne peut penser le monde

1. Jones (W.), 1799, p. 34, 1807a, p. 45-56 ; l'italique est de Jones.
2. Jones (W.), 1807b. Voir Vielle, 1994.

que dans les termes d'une colonisation universelle à partir d'un point *central.* Sir William Jones est un précurseur, mais bien plus encore qu'on ne l'entend usuellement : dès sa première entrée en scène, la grammaire comparée est indissociable d'un modèle adamique et colonisateur, qui la déborde de toute part.

Face aux Anglo-Saxons, les Français sont des inventeurs injustement méconnus (avant Edison, il y eut en vain Charles Cros ; avant les frères Wright, Clément Ader) ; et aussi, de Québec à la Compagnie des Indes et de Fachoda à Mers el-Kébir, des colonisateurs malheureux. Avant Sir William Jones, il y a donc eu le bon jésuite Cœurdoux. Ce missionnaire de Pondichéry adressa en 1767 à l'abbé Barthélémy, éminent helléniste parisien, une grammaire et un dictionnaire du sanscrit, accompagnés d'un mémoire intitulé *Question posée à Monsieur l'abbé Barthélémy et aux autres membres de l'Académie des belles-lettres et inscriptions.* La question était : « D'où vient que dans la langue sanscroutane il se trouve un grand nombre de mots qui lui sont communs avec le latin et le grec, et surtout avec le latin ? » Cœurdoux donnait de nombreux exemples, de vocabulaire (les mots pour « je » ou pour « quatre »), de morphologie (l'augment des verbes, le duel, le *a-* privatif au début des mots) et de phonétique. Il repoussait comme explication la possible influence des royaumes grecs fondés en Bactriane à la suite des conquêtes d'Alexandre. Las, l'Académie, peu encline déjà à cette époque à l'innovation, ne publia pas le mémoire, toutefois lu en séance. Elle chargea l'iranologue Abraham Hyacinthe Anquetil-Duperron, découvreur et traducteur des textes sacrés de l'Avesta, de répondre. Celui-ci balaya dédaigneusement la découverte, la mettant effectivement au compte d'Alexandre le Grand. Il n'était pas possible en ce temps de penser l'histoire du monde autrement qu'à travers la grille de l'Antiquité classique. Quarante ans passèrent et, en 1808, l'Académie, prise de remords, publia la lettre de Cœurdoux à la suite d'un mémoire d'Anquetil-Duperron[1]. Mais il était bien trop tard pour que le père jésuite entrât dans l'histoire. La conférence de Sir William Jones datait de plus de vingt ans, et la machine de la philologie allemande s'était déjà mise en marche.

1. Cœurdoux, 1808.

Un appel de l'histoire ?

Mais d'autres pionniers encore précédèrent Sir William Jones. Dès la Renaissance, maints érudits avaient relevé des ressemblances lexicales ou morphologiques profondes entre des langues éloignées. Le jésuite Thomas Stephens, premier Anglais à aborder en Inde, avait comparé dès 1538 la structure du latin à celle de langues indiennes, tandis que le marchand florentin Francesco Sassetti notait peu après les ressemblances entre les noms de nombres du sanscrit et ceux de l'italien. Les similitudes entre le perse et l'allemand avaient été remarquées aux XVIe et XVIIe siècles par Bonaventure Vulcanius, Juste Lipse ou Abraham Van der Mijl. Et dès 1686, le Suédois Andreas Jäger posait l'hypothèse de la parenté des langues qui allaient devenir « indo-européennes », dans des termes peu différents de ceux de Sir William Jones, exactement cent ans plus tard[1].

La comparaison philologique ne s'était pas restreinte à l'étude des langues indo-européennes. Dès le Moyen Âge, des érudits juifs notaient les ressemblances entre lexique hébreu et lexique arabe[2]. Plus tard, l'officier suédois Philipp Johann Tabbert von Strahlenberg, capturé par l'armée russe lors de la cuisante défaite de Poltava en 1709, utilisa ses loisirs sibériens à rédiger une monographie, parue en 1730, sur les régions septentrionales de l'Empire russe[3]. Il l'agrémenta d'une *tabula polyglotta*, tableau juxtaposant la traduction d'une liste type d'une cinquantaine de mots essentiels (noms de nombres, parentés, parties du corps, environnement, etc.) dans trente-deux langues différentes de l'Eurasie septentrionale. Ces langues y sont groupées selon leurs affinités en cinq ou six « classes », parmi lesquelles les langues finno-ougriennes, les langues turques, etc. Deux siècles et demi plus tard, la glottochronologie ne procédera pas autrement.

Doit-on considérer alors, ainsi qu'y invite la chronique officielle, toutes ces intuitions éparses comme autant de symptômes d'une

1. Sur ces pionniers, voir notamment Arens, 1969 ; Auroux et Horde, 1992 ; Bonfante, 1953-1954 ; Borst, 1957-1963 ; Devoto, 1962 ; Diederischen, 1974 ; Droixhe, 1978, 1984 ; Drosdowski, 1966 ; Fellmann, 1975 ; Hemmerdinger, 1971 ; Metcalf, 1974 ; Römer, 1985 ; Streitberg, 1915.

2. Dotan, 1987 ; Van Bekkum, 1983 ; Valle Rodriguez, 1983.

3. Strahlenberg, 1730.

gestation de trois siècles, qui n'attendait que Sir William Jones ? Comme les manifestations, pour reprendre les termes d'un historien de la linguistique, d'un « appel de l'histoire[1] » ?

Une découverte à répétition ?

Anticipons. Pendant les années 1950 et 1960, comme nous le verrons plus loin, de nombreuses fouilles mirent au jour tout autour de la mer Noire les vestiges de brillantes civilisations de la fin du néolithique (ou chalcolithique), qui inventèrent en particulier la première métallurgie du cuivre et de l'or. Au cours du IVe millénaire avant notre ère, ces civilisations paraissent s'effondrer sous les coups de pasteurs nomades, révélés eux aussi par ces nouvelles fouilles et qui, dans les steppes méridionales de l'Ukraine, domestiquent le cheval et enterrent leurs morts prestigieux sous des tertres de terre appelés en russe *kurgans*, d'après un mot tartare. Ces faits archéologiques entièrement neufs permettent à l'archéologue lituano-américaine Marija Gimbutas de proposer à partir de 1963 une synthèse générale et d'identifier, après deux siècles de quête, ces pasteurs nomades aux « peuples proto-indo-européens » : « L'existence de foyers originels des Indo-Européens, revendiquée par les linguistes depuis plus de cent ans, n'est désormais plus une abstraction ; les résultats atteints par la recherche archéologique permettent de se représenter ces foyers, en un temps et un lieu déterminés, comme une réalité historique[2]. » Nous reviendrons sur ce qu'il faut penser des arguments archéologiques en faveur de cette thèse, à l'époque apparemment révolutionnaire, et devenue depuis lors dominante chez les archéologues partisans d'un Foyer originel réel.

Trente ans plus tôt pourtant, le linguiste français Émile Benveniste, avant donc la découverte de ces très riches témoignages archéologiques, pouvait déjà affirmer :

> Quand on étudie sans parti pris la distribution des langues, des termes et des objets, les premiers mouvements et conflits des

1. Droixhe, 1978.
2. Gimbutas, 1970, p. 155, 1973, 1977. Voir aussi *infra*, chap. 14.

> peuples, la succession des religions, la chronologie des cultures matérielles, on est inévitablement conduit à chercher, sinon le berceau, du moins le premier centre de dispersion des peuples indo-européens au sud-est de la Russie[1]...

Il est vrai que lorsqu'il évoquait des risques de « parti pris », dans ce texte écrit en 1939, Benveniste visait explicitement la thèse nordique des archéologues nazis, thèse qui, écrivait-il un peu plus loin, « connaît ces derniers temps en Allemagne, pour des raisons faciles à comprendre, une faveur renouvelée ».

Mais remontons encore d'un peu plus de deux siècles. Dans ses *Nouveaux Essais sur l'entendement humain*, rédigés vers 1704 sous la forme d'un dialogue entre lui-même (sous le nom de « Théophile ») et Locke (appelé « Philalèthe »), et qui ne seront publiés par Raspe qu'en 1765, le philosophe allemand Leibniz aborde au livre III la question du langage. Il rapporte que la plupart des langues connues ont « beaucoup de racines communes », ce qui suppose l'existence d'une « origine commune de toutes les nations », et donc d'une « langue radicale primitive ». Il propose même une classification, arborescente avant la lettre, de ces langues selon leurs ressemblances. Relatant plus précisément les ressemblances entre germain, celte, grec et latin, il en déduit ce qui suit :

> on peut conjecturer que cela vient de l'origine commune de tous ces peuples descendus des Scythes, *venus de la mer Noire*, qui ont passé le Danube et la Vistule, dont une partie pourrait être allée en Grèce, et l'autre aura rempli la Germanie et les Gaules ; ce qui est une suite de l'hypothèse qui fait venir les Européens d'Asie[2].

Dans ces lignes, strictement superposables à celles de Benveniste ou de Gimbutas, et pourtant écrites quatre-vingts ans avant le discours de Sir William Jones, Leibniz ne prétend même pas faire œuvre de découvreur. Il se borne à mentionner des faits considérés comme acquis, à quelques réserves près : il faut, dit-il, se garder de « goropiser », du nom de l'érudit flamand Jan Van Gorp, dit « Goropius Becanus », qui au milieu du XVIe siècle se

1. Benveniste, 1939, p. 16.
2. Leibniz, 1993 [1765], p. 228, nos italiques ; Olender, 1989, p. 14-15.

rendit célèbre par ses étymologies fantaisistes[1]. Ce dernier, ajoute néanmoins Leibniz, n'a « pas eu trop tort de prétendre que la langue germanique, qu'il appelle cimbrique, a autant et plus de marques de quelque chose de primitif que l'hébraïque même ».

Tout est dit. À l'aube du siècle des Lumières, l'un des plus grands philosophes de l'Occident tient deux faits pour acquis : toutes les langues humaines dérivent d'une langue primitive, dont celles qui deviendront « indo-européennes » forment un rameau particulier ; le Foyer d'origine de ces dernières se situe sur les bords de la mer Noire. Trois siècles plus tard, en est-on vraiment beaucoup plus loin ?

Pourquoi Leibniz ne pouvait-il pas publier qu'en allemand ?

Leibniz livre aussi un aveu de taille. Le véritable enjeu idéologique de ces recherches linguistiques dépasse de loin le simple progrès des connaissances érudites : il porte sur l'origine, le statut, et finalement la mission historique de la langue allemande, et donc du peuple allemand. S'il s'abrite derrière Van Gorp dans les *Nouveaux Essais*, il suggérait quelques années auparavant dans un mémoire consacré « à la pratique et à l'amélioration de la langue allemande », et exceptionnellement rédigé en allemand, que « l'origine et la source du caractère européen doivent être cherchées en grande partie chez nous[2] ». Mais le « Théophile » (« Celui-qui-aime-Dieu ») des *Nouveaux Essais* ne pousse pas plus loin une hypothèse qui, en substituant le germanique à la langue de la Bible comme langue primordiale, fleurait l'hérésie[3]. En revanche, s'il publie l'essentiel de son œuvre en français ou en latin, seules langues de culture susceptibles d'être lues par l'élite européenne, il travaille activement à faire de l'allemand, jusque-là éclaté en dialectes ruraux, une langue à part entière. Encore faut-il, pour être pris au sérieux, l'insérer à son tour dans des mythologies originelles.

1. Voir Olender, 1989, p. 15 ; Metcalf, 1974.
2. Leibniz, 1838 [1679], p. 466 (cité *in* Gessinger, 1992, p. 395).
3. Voir Belaval, 1947. Sur Leibniz et le langage, voir aussi Gessinger, 1992 ; Mauro et Formigari, 1990 ; Olender, 1989 ; Schulenburg, 1973.

Pourtant, ni Leibniz ni même Van Gorp n'innovent. La recherche d'origines germaniques autochtones remonte au moins au XIIe siècle, lorsqu'une disciple de l'illuminée Hildegard von Bingen démontrait en latin « qu'Adam et Ève parlaient allemand, puisque cette langue, à la différence du latin, ne s'est pas scindée en de multiples langues », qu'elle est restée *une*, donc primordiale[1]. De telles affirmations se répéteront, même si les érudits patriotes chercheront longtemps à concilier le récit biblique et les traditions mythologiques rapportées par Tacite dans sa *Germania*, qui présentait les Germains comme un contre-modèle barbare mais vertueux et resté proche de la nature, face à la société romaine décadente de son temps. Ainsi les Allemands descendront-ils d'Achkénaz, fils aîné de Gomer, fils aîné de Japhet, lui-même fils de Noé ; mais Achkénaz sera aussi le neveu du Tuisto de Tacite, ancêtre mythique de tous les Germains, voire Tuisto lui-même[2]. En attendant, l'exaltation du passé germanique, de cette date jusqu'à notre siècle – sur la seule foi du témoignage d'un Tacite animé par ses propres considérations idéologiques (opposer la pureté naturelle des bons Barbares à la décadence romaine) plus que par un souci d'exactitude ethnographique –, a donc reposé d'emblée sur un contresens historique[3] !

Avec la Réforme, on le sait, une étape décisive sera franchie dans l'autonomie culturelle allemande. La Bible est traduite en allemand au détriment du latin, et les vertus germaniques sont proclamées face à la décadence de l'Église romaine[4]. Il est évidemment plusieurs lectures possibles de cette révolution religieuse occidentale. Le rapport au divin s'épure des pratiques « magiques » propres aux sociétés traditionnelles : le rituel se simplifie, les images sont bannies, le clergé s'efface et l'ensemble de la communauté des fidèles a maintenant accès à la communion sous les deux espèces, communion dont la réalité théophagique se réduit à une simple symbolique, la confession disparaît et avec elle le monnayage des « indulgences ». Cette spiritualité nouvelle peut à terme déboucher, au niveau individuel, sur une simple morale personnelle placée

1. Borst, 1957-1963, vol. 2/2, p. 659 ; Poliakov, 1987, p. 91.
2. *Ibid.*, p. 85-122 ; Borst, 1957-1963, vol. 2/2 et 3/1 *passim* ; Daube, 1940.
3. See, 1970, 1981 ; Ridé, 1966, 1976.
4. Poliakov, 1987, p. 98-104 ; Joachimsen, 1951.

face à sa propre responsabilité, et, au niveau de la compréhension du monde, sur un principe divin si abstrait qu'il pourra se réduire au XVIIIe siècle à la simple affirmation de la rationalité du réel (comme chez Leibniz), sous l'égide lointaine d'un Grand Architecte ou Être suprême, jusqu'à finalement s'évanouir. En mettant l'accent sur le rapport personnel au divin et en rejetant les prétentions universelles, « catholiques », de l'Église de Rome, la Réforme permet l'affirmation des identités communautaires et nationales. En s'affranchissant du rite et du mythe, elle permet aussi aux nations d'Europe de tenter d'échapper au paradoxe tragique qui les hantait depuis près d'un millénaire : le mythe d'origine par lequel ils se pensent au monde est, par un étrange accident de l'histoire, un mythe d'importation !

Européens schizophrènes

Accident sans doute que ce qui fut d'abord, en termes de sociologie des religions, l'une des nombreuses hérésies juives ait pu répondre assez vite aux aspirations des populations d'un empire en crise pour lesquelles l'officielle religion impériale ne signifiait rien. Dans le même temps, la coïncidence temporelle entre l'idée (nouvelle) d'un empire universel, destiné à la domination du monde, et la prétention (nouvelle) monothéiste, d'un seul Dieu (mâle) vrai et unique, ne peut guère être l'effet du hasard ; et l'habile empereur Constantin en symbolisa la réunion. Grâce à cet empire qui unifiait une bonne partie de l'Ancien Monde, la religion nouvelle put se répandre rapidement, d'abord dissidente sinon persécutée, mais bientôt sous sa forme officielle et obligatoire à l'exclusion de toute autre religion, au point que son prestige put paraître suffisamment fort auprès des divers roitelets barbares qui, tour à tour, cernent puis dépècent l'empire, pour qu'ils y soumettent leurs sujets. Mais alors que la carte de l'Europe nouvelle, devenue partout chrétienne, se fige en de nouvelles nations vers la fin du Ier millénaire de notre ère, les Européens chrétiens découvrent que les seuls sur le continent à n'avoir pas adopté leur religion sont les Juifs, précisément les transmetteurs (et au fond les auteurs) du Livre sacré dont chacun se réclame, les Juifs qui vivent parmi eux en communautés déterritorialisées.

Les ethnologues nous l'ont appris, toute ethnie traditionnelle, forte de ses mythes d'origine autochtones, se dénomme elle-même partout ailleurs dans le monde « les Hommes » ou tout terme équivalent, et désigne ordinairement ses voisins sous des vocables peu flatteurs qui en minimisent l'humanité (« les Barbares », « les muets », « les mangeurs de viande crue », « les Noirs », etc.). Or les Européens chrétiens, même s'ils vivaient dans des États de tailles diverses et en guerres incessantes, ne pouvaient vraiment nier l'humanité de leurs différents voisins, qui adoraient le même dieu et priaient dans la même langue sacrée sous l'autorité du même souverain pontife, et moins encore l'humanité des Juifs, mêlés à eux et révérant le même Livre, un Livre plein de récits étrangers, dont aucun ne parlait de l'Europe – pas plus d'ailleurs que les Évangiles. Les Juifs incarneront donc, et pour longtemps, l'inquiétante étrangeté de l'autre, indéniable mais différent, toujours là. Les pogroms, les confiscations et les expulsions seront la plupart du temps la seule réponse, impuissante, à cette altérité.

La Réforme, c'est donc aussi, et de plusieurs manières, la possibilité pour les nations européennes d'une réappropriation progressive, d'une refondation de leurs mythes d'origine. Mais la Réforme est également l'une des manifestations particulières de la rupture intellectuelle de la Renaissance, avec son rapport radicalement différent au savoir, au territoire, à l'histoire. Ce nouveau rapport exploratoire au monde fait surgir une série de faits, fatals à terme au mythe biblique : la découverte de Nouveaux Mondes dont la Bible ne parlait pas, la redécouverte d'une Antiquité gréco-romaine d'avant le Christ, dont les savoirs paraissent bien supérieurs à ceux du Moyen Âge « gothique » qui s'estompe, l'élaboration d'une astronomie si incompatible avec la tradition qu'elle fut d'abord « hérétique ». Au fil du temps, les critiques se précisent, l'Inquisition recule, la société se laïcise. Dès 1654, le Flamand Van Boxhorn pouvait nier sans crainte que l'hébreu ait pu être la mère de toutes les autres langues[1]. Un siècle plus tard l'érudit Court de Gébelin publiait dans le *Monde primitif analysé et comparé avec le monde moderne* (1773-1784) un « Arbre généalogique des langues mortes et vivantes » qui, partant du tronc de « la Langue primitive », organisait la plupart des langues connues,

1. Auroux et Horde, 1992, p. 543.

tout comme Carl von Linné, au même moment, classait plantes et animaux. Court de Gébelin y admettait déjà des mélanges de langues, puisque dans son arbre le grec descend à la fois de l'hébreu et du celte, et que le français descend à la fois de « la Langue romaine » et de « la Langue des Francs »[1]. L'hébreu n'était pas plus ancien ni vénérable que le chinois, le turc, le péruvien ou le lapon, sans compter le celte, point de départ de toutes les langues d'Europe.

La lente laïcisation du monde

Lorsqu'il rédige les *Nouveaux Essais,* Leibniz se trouve à mi-chemin, dans une formation de compromis. Le mythe babélien, déjà très affaibli, est « bricolé » avec le mythe germanique autochtone. D'autres champs du savoir, voisins, étaient aussi dans cet entre-deux, entre science et religion. Si le modèle adamique bloquait le développement de la préhistoire alors même que les indices se précisaient, il y avait cependant des accommodements. La discussion autour de l'existence d'un homme préhistorique se focalisait sur la possibilité de découvrir les vestiges, rescapés du Déluge, d'un homme « antédiluvien ». Et tout n'était pas si simple : les restes d'un squelette découverts à Œningen sur les bords du lac de Constance, et qui semblaient aller en ce sens, se révélèrent bientôt n'avoir appartenu qu'à une banale salamandre[2].

Le XVIIIe siècle sera donc tout entier consacré à la mise en place, difficile et parfois contradictoire, d'une vision du monde affranchie du mythe chrétien – avec précaution toutefois, car en 1657 encore, le médecin et pasteur Isaac Lapeyrère avait dû abjurer sa thèse d'une humanité antérieure à Adam. Mais le christianisme, s'il imposait par la Bible un mythe d'origine non européen, allochtone, était en même temps universaliste. Son abandon, dans la logique de la quête d'origines aborigènes mais face aussi à l'accumulation de réalités dont il ne pouvait plus rendre compte, autorisait des rapports différents à l'autre.

1. Court de Gébelin, 1773-1784 ; Auroux, 1992, planche p. 16 ; Auroux et Horde, 1992.

2. Laming-Emperaire, 1964. Voir aussi Schnapp, 1993.

Or dans le temps même où les Européens cherchaient à s'enraciner sur le sol de l'Europe, ou au moins à rejeter leurs origines proche-orientales, ils partaient à la rencontre de nouveaux mondes. Mondes qui parfois offraient à leur regard des cultures qui les valaient bien, capables de s'opposer à eux par la force, comme l'Empire ottoman, capables de les rejeter, comme la Chine ou le Japon. Mais sur d'autres continents, en Afrique ou en Amérique, les cultures indigènes avaient pu être conquises et anéanties. Ces autres hommes-là, dont la Bible ne parlait pas toujours, en étaient-ils vraiment ? Le siècle des Lumières donnera aussi naissance au racisme scientifique, et le mythe des origines s'accompagnera, se justifiera originellement du rejet de l'autre, comme la suite de l'épopée indo-européenne nous permettra, jusqu'à nos jours compris, de le vérifier à maintes reprises.

Le naturaliste Carl von Linné, dont la classification des espèces animales et végétales a toujours force de loi et servira de modèle à toutes les autres sciences, distinguera avec soin, dans son grand *Système de la nature*, quatre variétés humaines : *Europaeus albus*, « ingénieux, inventif » ; *Americanus rubesceus*, « basané, irascible » ; *Asiaticus luridus*, « orgueilleux, avare... jaunâtre, mélancolique » ; *Afer niger*, « rusé, paresseux, négligent... noir, phlegmatique ». Et, commentant un peu plus tard les différences entre Européens et Hottentots, il conclura qu'« il serait difficile de se persuader qu'ils sont issus de la même origine[1] ». Tout le XVIIIe siècle abonde en passages de ce genre, parfois chez les plus grands, de Diderot à Hume, de Buffon à Voltaire.

Car c'est bien le même Voltaire, celui qui prendra des risques personnels et physiques pour défendre la liberté de pensée, qui affirmera que les Blancs étaient « supérieurs à ces Nègres, comme les Nègres le sont aux singes, et comme les singes le sont aux huîtres[2] ». C'est le même qui en 1764, dans son *Dictionnaire philosophique*, prend violemment à partie les Juifs, « nos maîtres et nos ennemis, que nous croyons et que nous détestons », « le plus abominable peuple de la terre »[3]. Et c'est précisément parce que

1. Linné, 1758, cité *in* Poliakov, 1987, p. 183-184.
2. Voltaire, *Traité de métaphysique*, in *Œuvres complètes*, éd. Moland, t. XII, p. 210, cité *in* Poliakov, 1987, p. 200
3. Cité *in* Poliakov, 1968, t. III p. 105.

nous ne voulons plus les « croire », que Voltaire participe, avec d'autres, à la promotion alternative d'un nouveau monde originel, tout juste « découvert », l'Inde. Dans la quête d'une « nation primitive, qui a enseigné et égaré le reste de la terre », Voltaire vient à la rescousse de l'astronome Bailly : « Il y a longtemps que j'ai regardé l'ancienne dynastie des Brahmanes comme cette nation primitive[1]. » Voltaire peut ajouter des arguments linguistiques à sa thèse : le nom d'Abraham ne viendrait-il pas de Brama ?

Aussi l'*Encyclopédie* rassemblera-t-elle toutes ces contradictions. On y réaffirme encore, contrairement à d'autres, que l'hébreu est bien la langue mère de toutes les autres, et on y est plutôt monogénétique, mais l'article « Nègres » est assez accablant :

> Non seulement leur couleur les distingue, mais ils diffèrent des autres hommes par tous les traits de leur visage [...], paraissant constituer une nouvelle espèce d'hommes [...]. Si par hasard on rencontre d'honnêtes gens parmi les Nègres de la Guinée (le plus grand nombre sont toujours vicieux), ils sont pour la plupart enclins au libertinage, à la vengeance, au vol et au mensonge.

Devrait-on déplorer à ce propos, en un regret vide de sens, que le rationalisme du siècle des Lumières, en amorçant le recul historique de la vision chrétienne du monde, aurait par là même fait fi de son universalisme proclamé ? C'est du moins ce qu'avancent parfois l'Église catholique et les penseurs qui lui sont liés. Ce serait oublier les massacres et l'esclavage accomplis au nom de ce Dieu, et le peu de consistance que le « tu ne tueras point » et la « fraternité » envers le prochain ont eu dans la pratique de ceux qui s'en revendiquèrent – tandis que ce recul n'a pas pour autant empêché l'émergence d'un universalisme dégagé du religieux.

L'Inde, un mythe de rechange

L'*Encyclopédie*, comme Voltaire, était également sensible à l'appel de l'Inde, et elle précise, dans la rubrique consacrée à

1. *Lettres sur l'origine des sciences et celle des peuples de l'Asie adressées à M. de Voltaire par M. Bailly, et précédées de quelques lettres de M. de Voltaire à l'auteur*, Paris, 1777, p. 3 ; cité *in* Poliakov, 1987, p. 211.

cette région, que « les sciences étaient peut-être plus anciennes dans l'Inde que dans l'Égypte ». C'était aussi l'opinion de Buffon qui, dans sa somme *Des époques de la nature*, évoquait un Peuple originel situé quelque part à l'est de la Caspienne (pas très loin de celui de Leibniz) et dont les « Brames de l'Inde » seraient les ultimes descendants. L'Inde, en outre, fait partie du premier empire colonial français, avant d'être cédée aux Anglais par le traité de Paris de 1763, à l'exception des cinq comptoirs – dont le dernier fut restitué à l'Inde en 1962. Mais c'est en Allemagne que le mythe d'une Inde originelle prendra sa réelle force alternative. Le thème, déjà présent chez Kant, sera développé à partir des années 1780 chez l'un de ses disciples, le pasteur luthérien Johann Gottfried von Herder, l'un des fondateurs du romantisme allemand (dont les deux principaux ouvrages ne précèdent que de très peu le discours de William Jones), pour s'épanouir avec le romantisme lui-même – et les débuts de la grammaire comparée[1]. L'un des points de ralliement en sera l'*Essai sur la langue et la sagesse des Indiens* de Friedrich von Schlegel, publié en 1808.

La « découverte » de Jones n'est donc bien qu'une reconstruction hagiographique. Au moment de son *Discours*, les rapprochements entre les futures langues indo-européennes ont déjà trois siècles de tradition, tout comme cette longue lignée intellectuelle de « linguistique fantastique » dans laquelle se situe Jones, lorsqu'il rapproche les Hindous des Égyptiens, des Étrusques, des Chinois, des Japonais ou des Péruviens – une tradition où l'on dérivait communément l'espagnol du basque, le français du celte voire du grec, le chinois de l'égyptien ou les langues amérindiennes du « pélasge » pré-grec[2]. Le mythe de la langue mère est aussi vieux que la Bible, l'alternative eurasiatique progressait en tâtonnant depuis la Renaissance, et la magie de l'Inde est déjà bien en place. Ni commencement ni même fin, Sir William Jones n'est qu'un symptôme supplémentaire.

Mais Jones écrit aussi trois ans avant la Révolution française,

1. *Vom Geist der ebräischen Poesie*, I, 1782 ; *Ideen sur Philosophie der Geschichte der Menschheit*, 1784-1791 ; sur Herder, et plus généralement sur le mythe hindou en Allemagne, voir Gérard, 1963 ; Willson, 1964 ; Schwab, 1950 ; Olender, 1989.

2. Auroux et Horde, 1992, p. 576, note 17.

une rupture fondatrice qui entraînera toute l'Europe dans près de trente ans de bouleversements historiques. Au terme de ces trois siècles transitoires fondés sur la Renaissance et la Réforme, commence une nouvelle ère, dont les traits les plus visibles sont l'aspiration démocratique, le romantisme, l'éveil des nationalités, mais aussi la révolution industrielle et bientôt la colonisation générale de la planète. La vision chrétienne du monde, avec ses mythes, son ordre mais aussi son universalité, se désagrège inexorablement. La question des langues sera l'un des meilleurs révélateurs des nouveaux modes de pensée. C'est exactement au sortir de ces trois décennies de séisme, que vont paraître les actes de naissance de la grammaire comparée des langues indo-européennes.

PREMIER MOUVEMENT
(de 1814 à 1903)
Tout est résolu !

Le plus important linguiste indo-européaniste français du premier tiers du XXe siècle, Antoine Meillet, put écrire en 1903 que la grammaire comparée des langues indo-européennes était parvenue à « un terme impossible à dépasser ». Il clôturait ainsi dans son esprit un siècle de travaux érudits, principalement allemands, si tant est que la recherche de la langue originelle (*Ursprache*) d'un Peuple originel (*Urvolk*) était homothétique de l'aspiration à l'unité politique allemande, essentiellement définie par son unité linguistique. Ce siècle fut aussi celui de la recherche acharnée du Foyer ou Berceau originel (*Urheimat*) du Peuple originel, pour lequel tout, ou presque, fut proposé, mais pourtant avec une logique d'ensemble de réappropriation : son rapatriement progressif depuis l'Inde rêvée vers l'Europe, et finalement vers la Baltique, puisque « indo-européen » se dit en allemand *indogermanisch*. L'émergence de l'anthropologie physique, définie alors comme « l'étude scientifique des races humaines », vint aussi à la rescousse et trouva à la fois dans la question indo-européenne un champ d'application privilégié et un miroir grossissant des préjugés raciaux sous-jacents. Seuls quelques linguistes tentèrent dès cette époque de nuancer le modèle dominant (*Ursprache – Urvolk – Urheimat*) et suggérèrent sans beaucoup de succès d'autres voies possibles, comme celle du mélange des langues.

2
L'invention de la grammaire comparée

Comment Franz Bopp et Rasmus Rask, les inventeurs de la grammaire comparée des langues indo-européennes, ne se souciaient pas des Indo-Européens primitifs – Où l'on découvre aussi que Bopp et Rask croyaient à une langue mère à l'origine de toutes les langues humaines et comment ils pensaient et classaient les langues comme des êtres vivants – Pourquoi les langues à déclinaisons étaient forcément supérieures – Où l'on découvre que, bien que Franz Bopp soit allé étudier les langues à Paris, la grammaire comparée des langues indo-européennes était pourtant une science allemande qui n'intéressait pas du tout les savants français – Pourquoi les frères Grimm écrivaient des contes, mais aussi une histoire de la langue allemande « totalement politique » – Comment les conquêtes coloniales des Européens leur servaient à comprendre ou à inventer leur histoire – Où l'on voit comment un botaniste allemand darwinien traça le premier arbre des langues indo-européennes et écrivit une fable libertaire en « indo-européen » primitif – Et pourquoi de jeunes savants allemands voulurent révolutionner la grammaire comparée pour prendre le pouvoir à l'université de Leipzig et instituer des lois grammaticales « sans exception » – Comment d'autres linguistes allemands proposaient déjà pourtant des modèles plus compliqués et s'intéressaient aux langues créoles.

Qu'importeraient après tout les limbes et les pionniers ? Les véritables fondateurs de la grammaire comparée ne sont ni Jones ni Leibniz, mais l'Allemand Franz Bopp et, longtemps moins connu, le Danois Rasmus Rask. Le premier avec son mémoire historique de 1816 *Über das Conjugationssystem der Sanskritsprache in Vergleichung mit jenem der griechischen, lateinischen, persischen und germanischen Sprache* (« Sur le système de conjugaison du sanscrit en comparaison de celui du grec, du latin, du perse et du germanique »), et qui débouchera sur sa monumentale grammaire, *Vergleichende Grammatik des Sanskrit, Zend, Griechischen, Lateinischen, Litauischen, Altslawischen, Gotischen und Deutschen* (« Grammaire comparée des langues indo-européennes comprenant le sanscrit, le zend, l'arménien, le grec, le latin, le lithuanien, l'ancien slave, le gothique et l'allemand »), livrée entre 1833 et 1849 ; le second avec *Investigation of the Origin of the Old Norse or Icelandic Language* (« Recherche sur l'origine du vieux norrois ou islandais »), rédigée en 1814 et publiée en danois en 1818 – mais traduit en anglais en 1993 seulement[1]. À partir de là, la linguistique, qui s'identifiera encore longtemps à la grammaire comparée des langues indo-européennes, vivrait d'une vie autonome, définitivement dégagée des enjeux idéologiques et des errances méthodologiques de sa séculaire gestation. Tout au plus rencontrerait-on encore dans les deux siècles qui suivront Bopp et Rask des phénomènes, épisodiques et marginaux, d'annexion d'une science vraie et féconde, la linguistique, par une science délirante, l'« anthropologie raciale » – pour reprendre les mots de Léon Poliakov. Tout comme les connaissances vraies et fécondes de la physique nucléaire ont pu être parfois détournées pour des applications militaires, sans pour autant en remettre en cause les fondements théoriques.

À la recherche de l'origine

Nous voudrions pourtant, non pas jeter l'opprobre sur ces deux siècles de savants comparatistes en tentant de les disqualifier au nom des théories et des applications du « racisme scientifique » qui s'en est souvent réclamé, mais, en n'abordant que des praticiens incontestés de la grammaire comparée, interroger ce qui, au-delà des faits, relève de modèles interprétatifs que ces faits n'exigeaient pas nécessairement, ou pas exclusivement. Modèles interprétatifs parfois explicitement développés (c'est le cas du paradigme botanique de Schleicher et de son « arbre généalogique » des langues indo-européennes), mais la plupart du temps implicites. Souvent même, et c'est sans doute un trait de la linguistique indo-européenne, des linguistes, y compris les plus éminents, tiendront

1. Rask, 1993 [1818].

un double langage, affirmant d'une part qu'ils se bornent à décrire des similitudes, des relations, des correspondances entre langues, sans chercher à reconstruire une véritable langue et, moins encore, un Peuple originels ; mais se livrant parfois, on le verra au siècle suivant avec Antoine Meillet et même Émile Benveniste, à de surprenants raccourcis, symptômes de présuppositions idéologiques sur des langues et des cultures que n'appelaient pas forcément les faits qu'ils mirent en relief avec un incontestable talent.

Les débuts de la grammaire comparée sont d'autant plus exemplaires que ni Bopp ni Rask n'ont été impliqués dans des idéologies identitaires d'exaltation du « sol » et de la « race ». On cite souvent deux phrases de Bopp. L'une, en introduction à sa *Grammaire*, précise que « les langues dont traite cet ouvrage sont étudiées pour elles-mêmes, c'est-à-dire comme objet, et non comme moyen de connaissance[1] ». Il s'agit d'un refus de la subordination des langues à l'histoire culturelle, qui vise en particulier son maître Karl Joseph Windischmann et l'école métaphysique de l'historien Georg Friedrich Creuzer, mais aussi toute la tradition de la linguistique européenne que nous venons de voir ; et l'on rapproche souvent cette phrase de la dernière (dont l'authenticité est parfois discutée) du *Cours de linguistique générale* de Ferdinand de Saussure, fondateur de la linguistique structurale : « La linguistique a pour unique et véritable objet la langue envisagée en elle-même et pour elle-même[2]. » Plus anecdotique mais tout aussi chargée idéologiquement, l'autre phrase de Bopp tranche pour l'adoption du terme « indo-européen » car, dit-il : « Je ne puis approuver l'expression indo-germain, ne voyant pas pourquoi on prendrait les Germains pour les représentants de tous les peuples de notre continent[3]. » Savant modeste et obstiné, Bopp, qui avait d'ailleurs acquis sa formation linguistique à Paris auprès de Sylvestre de Sacy et Antoine-Léonard Chézy, était donc bien loin des enthousiasmes romantiques et indomanes de ces contemporains, tel Schlegel par exemple.

Quant à Rask, que Meillet trouvera « plus moderne » que Bopp, sa *Recherche* était certes une réponse, dans le cadre d'un concours, à une question sur l'origine posée par l'Académie

1. Bopp, 1866-1874, t. I, p. 8 (dans la traduction de Michel Bréal).
2. Saussure, 1985 (2e édition), p. 317.
3. Bopp, 1866-1874, t. I, p. 21.

danoise des sciences en 1811 : « Chercher de quelle source l'ancienne langue scandinave peut être le plus sûrement dérivée ; établir le caractère de cette langue et ses relations [...] avec le scandinave et le germanique. » Mais s'il obtint en 1814 le prix de cette académie avec mission d'aller s'informer plus en détail en Inde, il se désintéressa rapidement de la quête des origines pour travailler, au travers de descriptions de nombreuses langues, à un projet de grammaire générale de toutes les langues. Plutôt qu'un linguiste « généalogique », il peut être considéré comme l'un des premiers linguistes « typologiques », sinon un précurseur de ces projets d'une « grammaire universelle » qui marqueront la linguistique « générative » de la fin du XXe siècle.

Il ne serait pas non plus très probant d'arguer des erreurs méthodologiques d'une science débutante. Tout au plus peut-on remarquer que, certes Bopp, dans la logique de sa méthode, a successivement, autour du « noyau dur » des premières langues indo-européennes identifiées (sanscrit, grec, latin, persan, germanique), intégré le lituanien (en 1833), le slave (en 1835), l'albanais (en 1854), l'arménien (en 1857), le celte (en 1838 à la suite d'un mémoire d'Adolphe Pictet[1] ; mais surtout à partir de 1854, lorsqu'il aura bien voulu prendre en compte les travaux d'un obscur professeur de lycée, Johann Kaspar Zeuss). Mais que c'est en vertu de la même démarche qu'il ajoutera à son tableau de 1840 les langues caucasiennes, indonésiennes, et même polynésiennes et mélanésiennes ! Renouant par là avec la longue tradition de la langue mère universelle, mais préfigurant aussi des spéculations qui, depuis quelques années, ont repris une vigueur nouvelle[2].

De la supériorité des langues (indo-)européennes

Plus fondamentalement, il y a d'emblée dans les constructions de Bopp et Rask deux paradigmes fondamentaux, non discutés, partiellement issus des siècles antérieurs, mais que l'on retrouvera jusqu'à nos jours au cœur de la linguistique indo-européenne : le paradigme de la langue mère, et celui de la langue comme être

1. Pictet, 1837 ; sur Pictet, voir *infra*, p. 61 *sq.*
2. Voir *infra*, chap. 15, p. 517-520.

biologique. Constatant ces ressemblances entre langues, « je suis plutôt porté à regarder, écrit Bopp en 1820, tous ces idiomes sans exception comme les modifications graduelles d'une seule et même langue primitive[1] ». Langue primitive qui devait permettre ensuite de remonter aux origines mêmes du langage, lorsque chaque notion élémentaire était unie par un lien nécessaire à une racine monosyllabique primordiale. C'est cette conséquence ultime, mais non le postulat initial, que rejettent de nos jours les comparatistes.

Rask, qui se réfère explicitement au zoologue Linné, pose que les langues sont des objets naturels, qu'il convient de classifier. Pour lui, « la langue est un objet de la nature et la connaissance de la langue ressemble à l'histoire naturelle. [...] Ceci n'est pas mécanique ; au contraire, c'est le triomphe suprême de l'application de la philosophie sur la nature, s'il permet de trouver le véritable système de la nature et d'en montrer la vérité[2] ». C'est aussi à la suite de Linné et de ses continuateurs, que Rask reprend les classifications des « races » humaines, pour les faire coïncider avec celle des langues, entrecroisant même, sinon confondant, les deux systèmes. Ainsi distinguera-t-il les niveaux successifs du *Dialecte*, de la *Langue*, de la *Branche*, de la *Souche*, de la *Classe* et de la *Race* : le dialecte de la région de Bornholm est inclus dans la « langue danoise », partie de la « branche scandinave », partie de la « souche germanique », partie de la « classe gotique », partie de la « race sarmatique ». Celle-ci, dite aussi « japhétique » ou encore « caucasienne », est celle des locuteurs de langues indo-européennes. Elle se distingue de la « race scythique », qui regroupe les langues aujourd'hui considérées comme finno-ougriennes, ouralo-altaïques, dravidiennes, ainsi que le basque et même le celtique (lequel n'était pas encore identifié comme indo-européen), et qui était censée s'étendre sur une grande partie de l'Eurasie « jusqu'à ce que la chaîne en soit brisée par une grande invasion des peuples de notre race (que dans l'attente d'un meilleur terme, je me risque à appeler japhétique)[3] ». Ainsi le système de Rask charrie-t-il d'emblée, sans

1. Bopp, 1820 ; cité *in* Bréal, 1866-1874, p. XLIII.
2. Cité *in* Hjelmslev, 1973 [1951], p. 8.
3. Rask, 1932-1937, vol. 2, p. 245-247 ; cité *in* Rousseau, 1981 ; voir aussi : Hjelmslev, 1951 ; Bjerrum, 1980.

aucune autre évidence factuelle particulière que les affinités entre langues indo-européennes, une certaine conception de l'histoire du continent, que l'on retrouvera inchangée durant les deux siècles suivants. C'est sur l'autorité de Rask que s'appuieront bientôt les anthropologues mesureurs de crânes, et en premier le Suédois Anders Retzius, inventeur de l'« indice céphalique », pour déceler anthropologiquement l'invasion des Aryens dolichocéphales[1], par un cercle vicieux interdisciplinaire typique des études indo-européennes.

Bopp, quant à lui, reprend à son compte la classification ternaire des langues (à flexions, agglutinantes, isolantes) proposée par les frères Schlegel, qu'il trouve « pleine de sens » et rappelant précisément « les règnes de la nature ». Nul doute que les langues isolantes (comme le chinois) correspondent au règne minéral, les langues agglutinantes (comme le turc) au règne végétal, et les langues à flexion ou à déclinaison (langues indo-européennes) au règne animal. Car les ouvrages de l'époque sont pleins d'hymnes vibrants à la gloire des déclinaisons, et l'on perçoit souvent l'émerveillement de ces hommes, qui sans doute durent peiner au collège sur leurs déclinaisons grecques et latines, devant un sanscrit qui présentait « préservé » un système de déclinaisons encore plus élaboré. L'exaltation de la supériorité européenne pouvait donc venir se nicher jusque dans la simple description grammaticale, tandis que le thème de la complexité croissante s'accompagnait aussi de celui de la décadence.

La grammaire comparée, une science allemande ?

Est-ce un hasard si Bopp et Rask sont tous deux de culture germanique, et si la grammaire comparée restera pendant au moins un siècle une science essentiellement allemande, alors que les premiers manuels de sanscrit furent anglais, et que le premier grand centre d'enseignement linguistique fut d'abord Paris, où Bopp lui-même dut d'abord venir se former ? Nous avions vu que, dès Leibniz, l'émergence d'une mythologie originelle de rechange accompagnait étroitement le souci de développer la

1. Voir *infra*, chap. 4, p. 102.

langue allemande. Avec le romantisme et l'éveil national, ces deux quêtes sont totalement identifiées. Car la langue allemande est la seule marque tangible d'une identité allemande éclatée, et plus que jamais après le congrès de Vienne en 1814, entre deux grands empires et une poussière de principautés. « Les hommes sont beaucoup plus formés par la langue que la langue n'est formée par les hommes », dira le philosophe Fichte[1], auteur de célèbres *Discours à la Nation allemande* et qui, en 1807, s'insurgeait contre l'invasion napoléonienne après la défaite d'Iéna. À cela fait écho Wilhelm von Humboldt : « Entre l'âme d'un peuple et sa langue, il y a identité complète ; on ne saurait imaginer l'une sans l'autre[2]. » Cette conception « organique » de la nation s'opposait précisément à celle de la Révolution française, qui la fondait sur une « communauté de citoyens ».

Cette langue n'était pas gérée, comme en France, par des spécialistes sourcilleux de la norme, siégeant au centre d'une capitale, éditant dictionnaires et grammaires. Au contraire elle se déployait en une multitude de dialectes et par une riche tradition populaire que certains, comme les frères Grimm, commençaient à recenser. De nos jours encore, deux tiers des Allemands comprennent et pratiquent au besoin un dialecte ; à la différence de la France, il n'y a aucun ridicule social à parler la langue nationale avec un accent régional. Le français se coulant sans mal dans le moule sémantique et linguistique du latin, dont il était naturellement issu, on était en France moins enclin à percevoir, au sein de la vaste culture gréco-latine, l'opacité de la langue. Le passage de la multitude des dialectes vers un allemand langue du culte, puis langue littéraire et enfin philosophique et scientifique, arrivait à peine à son aboutissement à l'époque de Bopp, au terme de siècles d'efforts. Kant et Hegel, qui réalisaient aussi le programme linguistique de Leibniz, avaient eu non seulement à forger ou à définir de nombreux concepts dans la langue allemande, mais étaient confrontés, pour un même concept, à la possibilité de l'exprimer, soit par une racine latine généralement héritée du français, soit par une racine allemande. Cette langue mère, mère d'abord de tout le foisonnement des dialectes allemands du temps

1. Fichte, 1978 [1808], p. 109.
2. Humboldt, 1974 [1836], p. 179, 2000.

(le « germanique commun » des linguistes), cette unité primordiale disparue, est à la fois l'image inversée et la garantie rétrospective de l'unité souhaitée, celle d'une Allemagne « ré-unifiée ».

Ainsi, l'émergence de l'idée indo-européenne au cœur de la germanité ne saurait être mise au compte ni d'un accident, ni d'une tradition culturelle naturellement tournée vers l'opiniâtreté de la recherche érudite, ni même simplement de la quête d'origines mythiques ou réelles par un sentiment national en plein essor. Bien plus fondamentalement, le travail sur la langue, de quelque côté que l'on se tourne, était pour la société allemande le préliminaire obligé à sa façon de se représenter elle-même et le monde.

On le vérifiera sans peine en mesurant la différence française. Le nouveau mythe fondateur ne correspondait pas en France à un réel besoin culturel. La France, fille aînée de l'Église catholique, donc universelle, parlait une langue fille de la langue de l'Église, le latin. Plus généralement, les pays catholiques et de langues romanes ne s'intéresseront guère à la question de la langue, à l'opposé des pays protestants avec leurs Églises nationales, qui priaient dans leurs langues nationales. En France donc, État unifié de longue date et dont la langue était de surcroît celle de toute l'élite européenne et de sa diplomatie (même lorsque la France était vaincue), les références originelles étaient celles de Rome et de la Grèce, dont les cultures avaient civilisé les Barbares gaulois vaincus au point d'effacer leur langue. Et malgré bien des tentatives aussi artificielles qu'infructueuses, jamais les « ancêtres gaulois » ne purent jouer le moindre rôle fondateur. Quant aux Francs germaniques, qui donnèrent pourtant leur nom au pays et à la langue, ils furent tout autant absorbés, culturellement et linguistiquement, dans la population conquise gallo-romaine, sans presque laisser de traces, autres que la référence obligée au baptême « fondateur » de Clovis, forcé politiquement d'adopter la religion des vaincus. Et la référence des aristocrates de l'Ancien Régime à leur origine franque supposée ne dépassa guère le débat érudit.

Aussi Anquetil-Duperron n'avait-il pu lire dans les rapprochements linguistiques du père Cœurdoux autre chose qu'une influence grecque sur l'Inde ; tout comme Joseph de Guignes, en 1770, rappelant qu'« une infinité de voyageurs ont déjà remarqué que dans les langues indiennes et même dans le samscretan [sanscrit], langue savante de ces peuples, il y avait beaucoup de mots latins et grecs[1] », les expliquait par contacts et emprunts, si faible était encore l'aspiration généalogique. Aussi le travail sur la langue n'était-il pas en France un travail généalogique, mais un travail de mise en forme logique, symbolisé par la grammaire de Port-Royal – le français, en tant que langue universelle de la Raison, s'identifiant avec le langage en tant que tel. Une tradition intellectuelle de la langue comme forme pure, que la grammaire comparée allemande effacera précisément du devant de la scène et qui ne réapparaîtra qu'avec le francophone Saussure et la linguistique structurale, pour s'épanouir outre-Atlantique à partir des années 1960 avec la « grammaire générative ».

C'est pourquoi Bopp ne sera traduit que tardivement en français – à partir de 1866 seulement par Michel Bréal, le titulaire, également tardif, de la première chaire de grammaire comparée du Collège de France. Cette même année 1866 se créait la célèbre et toujours vivante Société de linguistique de Paris, dont l'article deuxième des statuts, souvent cité depuis, proclamait : « La société n'admet aucune communication concernant, soit l'origine du langage, soit la création d'une langue universelle[2]. » C'est de la même manière que l'archéologie du territoire national n'occupera longtemps en France, et jusqu'à ces toutes dernières années, qu'une place subalterne réservée aux érudits locaux. Les seules origines admises dont on pouvait faire l'archéologie étaient les civilisations grecque, romaine et orientales, et c'est dans ces pays lointains seulement qu'avaient été créés de prestigieux instituts de recherche chargés de collecter des collections illustratives et de remplir le musée du Louvre.

Le colonialisme comme compréhension de l'histoire

La part de hasard aux origines de la grammaire comparée, c'est peut-être seulement que ni Rask ni Bopp n'aient été en même temps des idéologues, et qu'ils fassent finalement exception. Car,

1. Guignes, 1777, p. 327 (cité *in* Auroux et Horde, 1992, p. 560).
2. Auroux, 1989 ; voir Bergounioux, 1984.

dans le sillage immédiat de Bopp, on trouve Jacob Grimm, l'aîné des frères conteurs, auteur de la première grande grammaire allemande, parue à partir de 1819. De *Geschichte der deutschen Sprache* (« Histoire de la langue allemande ») qui suivra en 1848, Grimm déclarera en introduction qu'il s'agissait d'un ouvrage « totalement politique[1] ». Certes la phrase est celle d'un libéral qui s'opposera à l'autoritaire prince de Hanovre (il préférera démissionner de l'université de Göttingen) et qui lutte avant tout pour l'unité allemande. Mais elle ne peut pas ne pas évoquer le sous-titre du livre de l'archéologue Gustaf Kossinna, qui paraîtra en 1912 : *Die deutsche Vorgeschichte, eine hervorragend nationale Wissenschaft* (« La préhistoire allemande, une science au plus haut point nationale »)[2]. Kossinna, mort en 1931, sera, dans les méthodes et les objectifs, le principal inspirateur de l'archéologie du national-socialisme[3]. Aux côtés de Grimm, il y a aussi le linguiste August Friedrich Pott, qui fonde les principes de la recherche étymologique et définit les premières règles phonétiques qui permettent la comparaison[4]. Mais Pott est aussi celui qui introduisit l'Allemagne à la lecture de Gobineau, le théoricien français du racisme[5], au moyen de son livre de 1856 : *Die Ungleichheit menschlicher Rassen, hauptsächlich vom sprachwissenschaftlichem* (« L'inégalité des races humaines, surtout du point de vue de la science philologique ») en considération de l'ouvrage de Gobineau, portant le même titre. C'est la lecture de Pott qui révélera à Wagner l'œuvre de Gobineau ; quant au livre de ce dernier, si sa sortie en France fut un échec, il eut en Allemagne une longue (et sinistre) postérité – avant de revenir plus tard en France, ainsi que l'avait prédit Tocqueville à son auteur en guise de consolation.

Toutefois ces spécificités germaniques n'épuisent pas le nouveau paradigme comparatiste, et expliquent qu'il ait aussi pu faire fortune ailleurs qu'en Allemagne. Si le modèle de la langue mère avait en ce pays des résonances particulières et si l'appel mythique de l'Inde y fut plus pressant qu'ailleurs, le modèle biologique de

1. Grimm, 1848, p. VII (« durch und durch politisch »).
2. Kossinna, 1912.
3. Voir *infra*, chap. 6, p. 172 *sq.*
4. Pott, 1833-1836, 1856.
5. Voir *infra*, chap. 4, p. 106 *sq.*

la langue est beaucoup plus généralement partagé, à une époque où l'on sent partout frémir la notion nouvelle (et antibiblique) d'une évolution biologique des espèces, une notion qui ne sera totalement explicitée qu'avec Charles Darwin au milieu du siècle. C'est aussi le cas du modèle qui permet d'interpréter le processus spatial, et non plus seulement temporel, d'expansion de la langue mère, c'est-à-dire le modèle diffusionniste-colonial, tel que Jones l'exprimait avec la plus grande netteté. À l'aube du XIXe siècle, au terme de trois cents années de Grandes Découvertes, l'Europe a, vis-à-vis du reste du monde, dépassé le stade de la curiosité exploratoire et du comptoir commercial côtier. Elle est désormais entrée dans une phase historique d'appropriation territoriale généralisée, qui lui donnera en un siècle le contrôle direct de l'intégralité de la planète. Sa perception d'elle-même est désormais celle-là. Et le modèle colonial, le seul qu'elle trouve apte à rendre désormais compte des affinités linguistiques entre ses langues, lui est aussi, par l'élaboration du nouveau mythe d'origine, l'ultime justification implicite des destructions violentes qu'elle fait partout subir aux autres civilisations.

August Schleicher et la botanique des langues

Ce n'est qu'avec August Schleicher et la génération du milieu du XIXe siècle, deuxième génération indo-européenne, que les deux modèles de la grammaire comparée (le modèle biologique et celui de la langue mère) vont être entièrement développés et articulés l'un à l'autre en un modèle botanique général. Botaniste de formation, Schleicher va rendre explicite le paradigme comparatiste et en explorer toutes les conséquences logiques. C'est donc lui qui trace sur le papier le premier arbre généalogique (*Stammbaum*) des langues indo-européennes (voir annexes, 3, p. 603) ; lui qui définit de strictes lois de correspondances phonétiques dans la comparaison entre langues, annonçant le travail des néogrammairiens ; lui qui tente systématiquement de reconstruire les mots de la langue primordiale (la *Ursprache*), en faisant de plus précéder chaque forme reconstruite d'un astérisque (**ekwos* est la forme reconstruite à partir des mots désignant le cheval dans les différentes langues), coutume qui s'est poursuivie jusqu'à nos jours. La méthode lui permettra même, dans ce qui fut certainement plus qu'une plaisanterie, de rédiger une courte fable dans la « langue mère » reconstruite, « Le mouton et les chevaux[1] ». Schleicher occupe en même temps un rôle de premier plan sur la scène académique. Professeur à Prague puis à Iéna, il fonde en 1852 avec Adalbert Kuhn les *Beiträge zur vergleichenden Sprachforschung auf dem Gebiete der arischen, celtischen und slavischen Sprachen*, revue de référence des études indo-européennes (qui existe toujours, sous le nom de *Historische Sprachforschung*) ; il meurt prématurément en 1868 à l'âge de quarante-sept ans.

La référence de Schleicher à la biologie est explicite et revendiquée. Son travail principal, le *Compendium der vergleichenden Grammatik der indogermanischen Sprachen* (« Précis de grammaire comparée des langues indo-germaniques ») paraît en 1861, deux ans après *L'Origine des espèces* de Darwin[2]. Il est suivi deux ans plus tard par sa *Die darwinsche Theorie und die Sprachwissenschaft. Offenes Sendschreiben an Herrn Dr. Ernst Häckel* (« La théorie darwinienne et la science du langage. Lettre ouverte au Dr Ernst Häckel »), dans lequel il pose d'emblée que :

> Les langues sont des organismes naturels qui, en dehors de la volonté humaine et suivant des lois déterminées, naissent, croissent, se développent, vieillissent et meurent ; elles manifestent donc, elles aussi, cette série de phénomènes qu'on comprend habituellement sous le nom de vie. La glottique ou science du langage est par suite une science du langage[3].

Jusqu'à aujourd'hui, cette vision naturaliste, biologique, pèsera sur l'étude des langues indo-européennes.

Le zoologue Ernst Häckel (ou Haeckel), son interlocuteur et ami, fut l'introducteur de Darwin en Allemagne, ainsi qu'un penseur du darwinisme social (il fondera la Ligue moniste[4]) et un membre des mouvements pangermanistes de la fin du siècle ; zoologue prolifique, théoricien de la récapitulation de la phylogenèse par l'ontogenèse, il classa aussi les « races » humaines, la

1. Lehmann et Zgusta, 1979.
2. Sur Schleicher et Darwin : Bergounioux, 2002.
3. Schleicher, 1868, p. 3.
4. Voir *infra*, chap. 3, p. 90.

« race indo-germanique » étant la plus noble, et l'africaine la plus proche du singe[1]. Schleicher précise cependant dans ce second livre qu'il n'avait pas encore lu *L'Origine des espèces* au moment de la rédaction du *Compendium* et qu'il entend, à la lumière de Darwin, mieux expliciter les fondements théoriques de la linguistique nouvelle. Le détail n'est pas indifférent. Il vient rappeler que le paradigme évolutionniste est à l'œuvre dans l'ensemble des sciences en ce milieu de XIXe siècle et que Darwin n'en est que l'une des expressions ; mais aussi que ce paradigme était déjà bien établi, on l'a vu, dès les origines de la grammaire comparée.

L'autre référence explicite de Schleicher est *La Philosophie de l'histoire* de Hegel. Tout comme l'esprit hégélien du monde (*Weltgeist*) se libère de la nature en s'en séparant dialectiquement, il s'incarne aussi en esprit de l'humanité (*Geist der Menschheit*) pour produire le langage, et plus particulièrement encore dans l'esprit de chaque peuple (*Volksgeist*) pour produire les différentes langues. Et toute langue croît en trois stades successifs, ceux déjà définis par Schlegel : le stade isolant, le stade agglutinant, enfin le stade flexionnel. Au-delà, il n'y a plus ni progrès ni même conservation possibles : il n'y a plus que la décadence...

Comme l'a fait remarquer l'historien suédois Ulf Drobin, « le système de Schleicher est cohérent. Garder le système tout en rejetant les postulats du système paraît moins cohérent[2] ». De fait les jugements historiographiques que porteront jusqu'à nos jours les indo-européanistes sur Schleicher constituent l'une des meilleures illustrations de leur « double langage ». On créditera immanquablement Schleicher de son rôle pionnier ; on regrettera explicitement, à des degrés divers, certains de ces « excès » (l'idée de décadence, la réalité historique des formes reconstruites, la fable, voire l'arbre) ; mais on appliquera implicitement l'ensemble de son modèle. Dans une *Histoire de la linguistique* rédigée en plein structuralisme triomphant (1967), Georges Mounin pouvait écrire en parlant de l'arbre généalogique (*Stammbaum*) de Schleicher :

> Ce schéma – resté très populaire dans les ouvrages de vulgarisation – n'a pas survécu aux critiques : moins de dix

1. Sur Haeckel, voir Pichot, 2000.
2. Drobin, 1980.

> ans après Schleicher, l'idée des périodes communes (ou des sources communes, représentées par les branches intercalaires entre le tronc et les rameaux terminaux), symbolisées par des bipartitions rigoureusement tranchées, paraissait inacceptable au regard des faits bien attestés[1].

Moins de vingt ans après cette affirmation, la synthèse de deux linguistes soviétiques, Tamaz Gamkrelidze et Vjačeslav Ivanov, que beaucoup d'indo-européanistes saluèrent comme un événement considérable, comptait parmi ses nombreux résultats la production d'un *Stammbaum* des langues indo-européennes[2]. Et la production d'arbres s'est encore accélérée avec la vogue des méthodes de classification automatique[3]. C'est sur ce dilemme, l'application implicite du modèle botanique schleicherien assortie du fréquent refus d'en assumer explicitement toutes les conséquences, qu'il faudra revenir.

Les jeunes-turcs de la grammaire comparée

À partir de Schleicher, les études indo-européennes vont s'orienter dans deux grandes directions. L'une reste cantonnée à la grammaire comparée et vise simplement, sur les mêmes principes généraux, à en accroître les données et à en rendre le travail de plus en plus rigoureux ; l'autre, une fois admise la réalité de la langue reconstruite (la *Ursprache*), va partir à la recherche du Peuple primordial qui la parlait (le *Urvolk*), dont il convenait désormais de retrouver la Patrie originelle (la *Urheimat*), ainsi que sa civilisation matérielle et spirituelle.

On présente souvent les linguistes de la troisième génération allemande, celle des néogrammairiens (Brugmann, Osthoff, Delbrück, Ascoli, Verner, Paul, etc.), comme les auteurs d'une révolution méthodologique. Il ne s'agit pourtant que de l'un de ces phénomènes sociologiques dont regorge l'histoire des sciences, un conflit de générations habilement médiatisé. Estimant leur

1. Mounin, 1967, p. 201.
2. Gamkrelidze et Ivanov, 1984 ; voir annexes, 4, p. 603.
3. Voir *infra*, chap. 17, p. 520-523.

maître Georg Curtius désormais dépassé, qui fut pourtant le premier à introduire la grammaire comparée dans l'enseignement traditionnel du grec et du latin, deux jeunes grammairiens de l'université de Leipzig, Karl Brugmann et Hermann Osthoff, se fâchèrent en 1876 avec lui et fondèrent une nouvelle revue, les *Morphologischen Untersuchungen auf dem Gebiet der indogermanischen Sprachen* (« Recherches morphologiques dans le domaine des langues indo-germaniques »). Le premier numéro commençait par un manifeste signé des deux éditeurs, appelant à une linguistique plus rigoureuse, tout en opposant les modernes aux anciens. Ils y reprenaient à leur compte le surnom ironique de *Junggrammatiker*, que l'historiographie aurait plutôt dû traduire en français par « jeunes-grammairiens », puisque le terme se référait aux « jeunes-turcs » de l'Empire ottoman en déclin et à leur appétit d'un pouvoir rénové.

Le succès méthodologique le plus célèbre des néogrammairiens fut l'élaboration d'un certain nombre de « lois » phonétiques, qui rendaient compte de manière précise des ressemblances et des différences entre les langues indo-européennes. Ces lois, affirmèrent-ils à plusieurs reprises, « ne souffrent pas d'exception », et c'était précisément là pour eux l'un des points de désaccord fondamental avec leurs aînés, jugés trop laxistes. L'application de ces « lois » permettra à Brugmann et Delbrück de rédiger leur monumental *Grundriss der vergleichenden Grammatik der indogermanischen Sprachen* (« Fondement de la grammaire comparée des langues indo-germaniques »)[1], désormais dépassé mais resté indépassable. Pourtant, les néogrammairiens n'ont en réalité rien fait d'autre que d'appliquer le programme de Schleicher : comparaison, lois phonétiques, reconstruction. Et de même, les générations successives du XXe siècle ne marqueront aucune distance particulière vis-à-vis de leurs résultats. On intégrera à la comparaison les langues nouvellement découvertes (tokharien, hittite, grec mycénien) ; on la fera bénéficier des techniques de la phonologie structurale ; on accumulera les études systématiques et patientes. Mais, en ce début de XXIe siècle, on pourra toujours recommander dans les bibliographies introductives, un siècle plus tard et même avec les prudences d'usage, le travail

1. Brugmann et Delbrück, 1897-1916.

de Brugmann et Delbrück, tout comme celui de Meillet, rédigé en même temps, l'*Introduction à l'étude comparative des langues indo-européennes.*

Déjà d'autres modèles possibles ?

Tandis que les néogrammairiens continuaient de peaufiner leurs lois « qui ne souffraient pas d'exception », il y avait pourtant quelques voix discordantes parmi la science philologique allemande de cette même génération. Dès les années 1870, deux élèves d'August Schleicher, contemporains à une année près et qui furent tous deux professeurs à Graz en Autriche, Johannes Schmidt et Hugo Schuchardt, mirent en doute l'infaillibilité du modèle botanique canonique de leur maître. Johannes Schmidt, disparu à cinquante-huit ans, est l'auteur de la « théorie des vagues » (*Wellentheorie*)[1]. Tandis que l'on postulait jusqu'alors que chaque langue était une entité séparée et homogène, qui évoluait bien distincte des autres comme les branches d'un arbre, Schmidt imagine un tout autre modèle : celui d'une poignée de cailloux qu'on lance dans l'eau, chaque caillou donnant lieu à des vagues concentriques qui s'éloignent du point d'impact, jusqu'à ce que ces cercles s'entrecroisent les uns les autres. Ainsi se produirait l'évolution des langues, par contacts et interférences. Schmidt ne remettait pas nécessairement en cause la parenté généalogique entre les langues indo-européennes, mais il s'intéressait à la manière dont apparaissent les innovations linguistiques. Il précisait :

> Nous observons partout des transitions sans rupture d'une langue à l'autre, et il est indéniable que, en général, les langues indo-européennes sont d'autant plus éloignées de leur état originaire qu'elles se sont répandues vers l'ouest, tandis que deux langues limitrophes partagent toujours certaines caractéristiques qui ne sont propres qu'à elles deux[2].

1. Schmidt (J.), 1872.
2. *Ibid.*, p. 26.

Sa tentative restera en grande partie sans lendemain, et il faudra attendre près d'un siècle pour que ces phénomènes de contacts et d'interférences deviennent un des champs les plus nouveaux et les plus féconds de la linguistique[1].

L'œuvre de Hugo Schuchardt fut de beaucoup plus longue haleine, puisqu'il disparut en 1927 à quatre-vingt-cinq ans, après avoir enseigné la majeure partie de sa vie à Graz. Il fit réellement œuvre de pionnier, puisqu'il mena des recherches poussées sur les langues romanes, le basque, les langues celtiques, les langues caucasiennes, et s'intéressa même au volapük, un projet de langue universelle qui connut un succès éphémère au XIXe siècle. Il bataillla rudement contre les néogrammairiens pour montrer la vanité de leurs fameuses « lois[2] ». Il resta cependant toute sa vie un chercheur solitaire, même si ses élèves lui offrirent en hommage, pour ses quatre-vingts ans, le *Hugo Schuchardt-Brevier*, une anthologie au format, comme son nom l'indique, de « bréviaire » et contenant ses articles majeurs[3].

C'est cependant à l'étude des pidgins et des créoles, notamment ceux du Pacifique et des Antilles, et plus généralement des phénomènes de mélanges de langues, que son nom est le plus attaché – un intérêt pour les interférences linguistiques qu'il avait en commun avec Schmidt, mais qu'il poussa beaucoup plus loin, au point de pouvoir être considéré comme le fondateur de la créolistique. Il travailla sur les zones de contact linguistique et les phénomènes de mélanges linguistiques (*Mischsprache*) lors d'enquêtes très poussées aux confins de l'Empire austro-hongrois, entre le slovène et l'allemand d'une part, et entre le slovène, et aussi le serbo-croate de la côte dalmate, et l'italien d'autre part[4]. Cela permit au savant allemand d'affirmer avec tranquillité : « Avec des arguments plus fondés que ceux de Max Müller lorsqu'il a dit : "il n'y a pas de langue mixte", nous pourrons dire : "Il n'y a pas de langue totalement pure" » – en allemand : *Es gibt keine völlig ungemischte Sprache*[5]. Ces recherches l'amenèrent à polémiquer vivement, à partir des années 1910, avec le

1. Voir *infra*, chap. 19, p. 567-587.
2. Schuchardt, 1885.
3. Schuchardt, 1922 ; voir aussi Schuchardt, 2011.
4. Schuchardt, 1884.
5. *Ibid.*, p. 5.

linguiste français Antoine Meillet, qui contestait l'existence des langues mixtes. Mais comme nous sommes déjà dans la tranche chronologique suivante, ces débats ne seront abordés que plus loin[1], et le seront à nouveau dans l'ultime chapitre[2], avant les parties finales, qui traite des modèles linguistiques alternatifs au *Stammbaum*.

Comme on le verra, c'est en s'émancipant de la grammaire comparée des langues indo-européennes que la linguistique deviendra au XXe siècle une science autonome, et pour un temps la plus prestigieuse même de toutes les sciences humaines. Mais précisément pour cette raison, la grammaire comparée ne bénéficiera guère des méthodologies nouvelles, dont certaines venaient même contredire ses postulats les plus essentiels. Pourtant, c'est bien dans le champ indo-européen que le fondateur de la linguistique structurale, Ferdinand de Saussure, accomplit ses premiers travaux, précisément à Leipzig, auprès des néogrammairiens.

1. Voir *infra*, chap. 5, p. 159 *sq*.
2. Voir *infra*, chap. 19, p. 567-587.

3

De l'Inde à la Germanie, le retour du berceau à roulettes

*Où l'on voit que le Berceau du Peuple indo-européen originel (*Urvolk*) mit près d'un siècle pour aller de l'Inde jusqu'au bord de la Baltique – Où l'on découvre sous quelle forme un officier d'artillerie suisse décrivit les idylliques « Aryas primitifs », « race destinée par la Providence à dominer un jour le globe entier » et inventa la « paléontologie linguistique » qui permit depuis lors de situer le lieu du Berceau originel dans à peu près toutes les régions possibles de l'Eurasie, pôle Nord compris – Comment l'on chercha longtemps, mais en vain, l'emplacement du paradis terrestre – Et comment le Berceau originel se rapatria lentement vers l'Europe en passant par l'Asie centrale puis les steppes européennes, malgré le désaccord des Russes et des Anglais – Où l'on comprend comment furent inventées la préhistoire et les techniques des fouilles archéologiques, et comment les archéologues découvrirent Troie en Turquie et les cités lacustres en Suisse – Comment la préhistoire et l'ethnologie donnèrent au Peuple originel une allure nettement plus primitive et moins idyllique – Où l'on découvre que les Indo-Européens « originels » étaient polygames, n'avaient pas de lieux d'aisances, ne cueillaient pas de fleurs ni n'écoutaient le chant des oiseaux – Où l'on montre pourquoi la paléontologie linguistique est aussi un raisonnement circulaire, capable même de démontrer l'inexistence de ce qui n'existe pas – Et comment le Berceau des Indo-Européens (Indo-Germains) arriva enfin en Germanie en 1871, tandis que montaient en puissance les sectes germanomanes, ésotériques et racistes, prodromes du nazisme.*

Puisque l'enjeu de la communauté linguistique indo-européenne était dès l'origine celui d'une communauté culturelle, et bientôt raciale, il était naturel que les progrès de la grammaire comparée s'accompagnassent d'une recherche accrue de la Patrie (ou « Berceau », ou « Foyer ») originelle, la *Urheimat*, et de sa culture primitive, voire d'une caractérisation raciologique du Peuple primitif, le *Urvolk*. Mais avant le dernier tiers du XIXe siècle, cette recherche ne pouvait se fonder sur aucune réalité archéologique. Les arguments susceptibles d'étayer l'origine asiatique, indienne, des Indo-Européens furent donc tour à tour, ou simultanément, géographiques, historiques, botaniques, linguistiques, voire raciologiques. De l'Himalaya à la Baltique, du Caucase au pôle Nord, les lieux proposés ont été si divers et si contradictoires[1] que bon nombre de linguistes indo-européanistes ont souvent, dans un prudent attentisme, remis à d'éventuels progrès ultérieurs de l'archéologie la localisation du Foyer primordial de diffusion de la langue primordiale qu'ils s'efforçaient de reconstruire. Il y a pourtant, dans cet apparent désordre, au moins une logique, qui ne surprendra pas : celle de la réappropriation progressive au sein de l'espace européen de cet espace mythique originaire.

Le berceau indien

L'Inde et ses abords sont pour la grande majorité des chercheurs, dès la « découverte » de William Jones et pendant les deux premiers tiers du XIXe siècle, le lieu par excellence du Foyer originel. De là vient dès le début l'appellation d'« Aryen » comme synonyme d'« Indo-Européen »[2]. En effet les plus anciens textes de l'Inde, les Vedas, évoquent des « Aryas » nobles et pieux, qui vont être pris d'emblée comme les représentants du Peuple originel – interprétation tout à fait contestable, comme nous le verrons plus tard[3]. L'hypothèse d'une localisation en Inde est explicite dès le livre de Schlegel (1808) et se précise assez vite : le foyer se trouve au nord de l'Inde, sur ces hauts plateaux du Pamir et de l'Hindou Kouch qui, à l'extrémité occidentale de la chaîne himalayenne, se partagent de nos jours entre le Pakistan, l'Afgha-

1. Des récapitulatifs historiographiques de ces localisations dans Schrader, 1907 ; Reinach, 1892 ; Scherer, 1968 ; Mallory, 1973 et 1989 ; Römer, 1985.
2. Sur l'histoire du terme « aryen » et des termes liés, voir Siegert, 1941-1942 ; Koerner, 1982 ; Olender, 1989, p. 34.
3. Voir *infra*, chap. 15, p. 440 *sq*.

nistan et le Tadjikistan, et donnent naissance aux grands fleuves d'Asie centrale, l'Amou-Daria (l'antique Oxus) et le Syr-Daria. De nombreux ouvrages, tout au long du XIXe siècle, réaffirmeront avec force et arguments cette localisation[1]. Les causes mêmes du départ originaire seront expliquées dès 1820 par un érudit allemand, Johann Gottlieb Rhode : un brusque refroidissement climatique, qu'on pouvait inférer d'un passage obscur de l'Avesta, texte sacré de la religion persane zoroastrienne qui remonte sans doute au début du Ier millénaire avant notre ère (les premiers manuscrits conservés datent du XIIIe siècle de notre ère)[2].

Mais c'est à un officier d'artillerie suisse, Adolphe Pictet, que l'on doit la description la plus détaillée de la vie quotidienne dans ce foyer originaire[3]. Sa grande œuvre, *Les Origines indo-européennes, ou les Aryas primitifs, essai de paléontologie linguistique* (1859-1863), se fonde sur une méthode dont il sera l'un des premiers à faire un large usage, la paléontologie linguistique : les mots qui sont restés communs à la plupart des langues indo-européennes doivent logiquement avoir désigné l'environnement, les techniques et les institutions du Peuple primordial avant son éclatement. Son travail comprend cinq parties, qui décrivent successivement la géographie et l'ethnographie, puis l'histoire naturelle, la civilisation matérielle, la vie sociale, enfin la vie intellectuelle, morale et religieuse de ces « Aryas primitifs », « race destinée par la Providence à dominer un jour sur le globe entier, [...] privilégiée entre toutes les autres par la beauté du sang et par les dons de l'intelligence, au sein d'une nature grandiose mais sévère » ; une « race féconde [qui] travaillait à se créer [...] une langue admirable par sa richesse, sa vigueur, son harmonie et la perfection de ses formes »[4]. « Aryas » dont il vantait d'enthousiasme en conclusion

> l'équilibre harmonieux des facultés et des aptitudes, qui se révèle déjà à un haut degré dans la formation même de leur langue, et qui a présidé dès le début à leur organisation sociale. Un

1. Parmi bien d'autres : Rhode, 1820 ; Pott, 1833-1836 ; Lassen, 1847 ; Grimm, 1848 ; Pictet, 1859-1863 ; Hehn, 1873 ; Virchow, 1874 ; Sayce, 1884 ; Van den Gheyn, 1889 ; Müller (F. M.), 1888 et 1889 ; Deniker, 1900 ; etc.
2. Rhode, 1820.
3. Sur Pictet : Olender, 1989, p. 177-197.
4. Pictet, 1859-1863, vol. 1, p. 1-2.

naturel heureux, où l'énergie était tempérée par la douceur, une imagination vive et une raison forte, une intelligence active et un esprit ouvert aux impressions du beau, un sentiment vrai du droit et du devoir, une moralité saine et des instincts religieux d'un caractère élevé, telles sont les qualités dont l'ensemble leur donnait, avec la conscience de leur valeur propre, l'amour de la liberté, et le désir constant du progrès[1].

Cette « nature grandiose mais sévère » où s'ébattaient les « Aryas », c'est la Bactriane antique, dans l'actuel Afghanistan, un paysage de montagnes qui n'était pas sans rappeler la Suisse natale de Pictet. Les arguments pour la localisation asiatique avaient été jusque-là aussi évidents que ténus. C'est parce que le sanscrit apparaissait pour certains, tel Schlegel (mais non Jones, on l'a vu), comme la langue mère, que l'Inde avait été aussitôt convoquée ; mais cette interprétation fut bientôt abandonnée. C'est aussi parce que, comme le remarquait le philologue compilateur Adelung dans son *Mithridate* en 1806, « géographiquement, l'Europe n'est qu'un prolongement de l'Asie ; *donc* c'est à l'Asie que l'Europe a dû ses premiers habitants ». Et Pott de s'exclamer : « *Ex oriente lux !* [...] la marche de la civilisation a toujours suivi en gros la course du soleil[2]. » Aussi la paléontologie linguistique vint-elle opportunément renforcer l'hypothèse. Suggérée par Rask en 1818, développée à propos des migrations polynésiennes en 1820 par l'historien anglais John Crawfurd qui recherche les mots communs aux différentes langues polynésiennes afin de définir une culture polynésienne originaire –, elle est inaugurée dans la quête indo-européenne par l'orientaliste Julius Klaproth en 1830 à propos du bouleau, un arbre voué depuis lors à une grande célébrité. Il serait en effet le seul à être attesté aussi bien dans les langues indo-européennes de l'Europe (allemand *Birke*, russe *bereza*) qu'en sanscrit (*bhurja*) : « Ces peuples, en conclut Klaproth, ne trouvèrent pas dans leur nouvelle patrie [l'Europe] les arbres qu'ils connaissaient déjà, à l'exception du bouleau, qui croît sur les pentes méridionales de l'Himalaya. » Puis Frédéric Gustave Eichhoff, Kuhn, et enfin Pictet systématisèrent défini-

1. *Ibid.*, vol. 2, p. 755.
2. Pott, 1833-1836, vol. 1, p. XXI.

tivement la paléontologie linguistique, en insistant surtout sur les institutions et l'économie[1].

Aussi en 1864, juste après la publication de Pictet, Alexandre Bertrand, directeur de la *Revue archéologique* et qui allait prendre en main le nouveau musée des Antiquités nationales conçu par Napoléon III, pouvait considérer l'origine asiatique de la « civilisation aryenne » comme un « axiome inattaquable », scientifiquement démontré et accepté « par tous les corps savants de l'Europe » : « l'attaquer, c'est, en un mot, attaquer la science elle-même »[2]. Il intervenait en ces termes lors d'une série de discussions sur « l'origine des Aryens », entreprises par la toute nouvelle Société d'anthropologie de Paris (SAP)[3]. Praticien de l'archéologie, cette « sœur aînée de l'anthropologie », Bertrand expose ce qui constitue déjà les deux piliers de la méthode archéologique : la stratigraphie, qui permet de distinguer les couches superposées et distinctes laissées par des civilisations successives et d'établir leur chronologie ; et l'étude de la répartition géographique (on dit aujourd'hui l'analyse spatiale) des vestiges, qui permet d'établir l'extension de ces civilisations.

Comme à cette époque l'archéologie préhistorique ne disposait en Europe que des dolmens et des menhirs, immédiatement visibles mais cantonnés à l'ouest et au nord du continent, et comme leur fouille n'y révélait pas d'objets de métal, ils étaient donc la trace de cette population autochtone primitive « acculée de bonne heure vers le Nord aux confins du monde, et qui, fuyant toujours devant la civilisation envahissante, d'îles en îles, de côtes en côtes, même à travers l'Océan, a fini, après d'infructueux essais de transformation, par s'éteindre ou se fondre complètement dans les populations nouvelles[4] ». Bertrand plaquait ainsi un modèle « axiomatique » sur une répartition géographique « inattaquable », mais susceptible d'autres interprétations. Ce modèle axiomatique en fusionnait deux autres : d'une part, la projection agrandie, à l'échelle des temps préhistoriques, de la colonisation de l'Europe « barbare » par la civilisation gréco-romaine – l'unique forme

1. Crawfurd, 1820 ; Klaproth, 1830 ; Eichhoff, 1836 ; Kuhn, 1845.
2. Bertrand, 1864, et notamment p. 369-370 ; voir aussi, dans ce même volume des *Bulletins de la Société d'anthropologie de Paris*, son intervention, p. 316-317.
3. Voir *infra*, chap. 4, p. 115.
4. Bertrand, 1864, p. 379.

selon laquelle les élites d'Europe occidentale pouvaient penser la formation de leur propre culture, puis son extension dans les temps modernes ; et, d'autre part, le récit biblique originel, dont le lieu géographique va être reculé du Proche-Orient jusqu'à l'Inde.

Un éphémère paradis terrestre

Cette faveur de l'Inde, en contraste avec la faiblesse des preuves, ne vient pas de rien. Nous avions vu tout au long du XVIIIe siècle les brahmanes prendre peu à peu le relais des Hébreux dans la quête d'une Civilisation primordiale, mère de toutes les autres. Plus concrètement encore, l'humanité occidentale savait depuis dix-huit siècles qu'elle avait pris naissance en un lieu précis et réel, le jardin d'Éden, ou paradis terrestre. On se souvient en effet (Genèse II, 8-14) que Dieu, juste après avoir créé Adam, l'installa dans le jardin d'Éden, endroit planté de toutes sortes d'arbres comestibles, dont l'Arbre-de-Vie et le fatidique Arbre-du-Discernement-du-Bien-et-du-Mal, et arrosé par un cours d'eau qui, sorti du jardin, se subdivise en quatre fleuves, le Tigre, l'Euphrate et les mystérieux Pishôn et Gihôn. Puis cherchant à Adam « un compagnon qui lui convînt », il créa tous les animaux et finalement, en désespoir de cause, Ève. Le Moyen Âge plaçait naturellement Éden quelque part en Orient, et plutôt sur des montagnes, puisqu'il avait résisté au Déluge et que Dieu l'avait rendu inaccessible. Les croisades, et surtout les Grandes Découvertes, font reculer Éden vers l'est. Luther, dans son épuration réformatrice, le déclare détruit depuis le Déluge et Voltaire, devant l'échec des explorations, constatera un peu plus tard que « Dieu est bien mauvais géographe ».

Pourtant les théologiens s'acharnent et au moins une trentaine d'ouvrages seront consacrés à la localisation d'Éden[1], le plus célèbre étant celui de l'évêque d'Avranches, Pierre-Daniel Huet, protégé de Bossuet, qui publia en 1691 son *Traité de la situation du paradis terrestre*. Dès 1670, le philosophe François Bernier plaçait Éden au Cachemire, et ce sont bien les hautes montagnes d'Asie que retiendront les savants des Lumières. Le pasteur Herder, déjà

1. Jouty, 1991.

rencontré, précurseur de l'orientalisme romantique, enjoint d'abandonner « ces recoins de l'Arabie et de la Judée, ces vases du Nil et de l'Euphrate » pour « escalader péniblement la montagne, le sommet de l'Asie » : « l'histoire, qui date toute chose de ce début, va avoir un autre commencement et un autre aboutissement »[1]. À ce point il est vrai, Éden tend à se « laïciser », et c'est la quête de l'origine humaine en général, sans forcément que l'on s'attache encore à la lettre du texte sacré, qui est en cause.

Est-ce un hasard pourtant si, en ce XIXe siècle naissant, la Patrie originaire des Européens et le paradis terrestre, origine biblique de tous les hommes, se trouvent au même endroit ? Et si c'est bien le second qui fournit la matrice de la première ? Car la Patrie originaire, on le voit, a trois principales caractéristiques : elle est lointaine, située dans des lieux élevés et inaccessibles ; on y vivait une vie idyllique, dans l'abondance et la paix ; il y eut un jour la Chute, qui provoqua le départ et la dispersion. Si le Climat a désormais remplacé Dieu, le scénario laïcisé de la Chute aura encore un bel avenir. C'est une catastrophe climatique de même type qui sera invoquée un peu plus tard par Armand de Quatrefages et bien d'autres comme la cause de la dispersion originelle de l'humanité tout entière, jadis concentrée dans les régions circumpolaires[2]. Mais, plus généralement, le récit catastrophiste, particulièrement climatique, sera l'une des matrices constantes et obligées pour rendre compte des grandes étapes de l'histoire humaine. C'est ainsi que le scénario un temps dominant pour expliquer l'origine même de l'homme invoquait une désertification de l'Afrique orientale il y a six millions d'années à la suite de l'effondrement de la faille du Rift, qui aurait obligé les primates originaires à faire preuve d'inventivité pour survivre et à se dresser sur leurs pattes arrière ; tout comme une autre désertification aurait provoqué, selon l'archéologue Gordon Childe[3], la première domestication des animaux et des plantes, il y a douze mille ans. Des scénarios qui, au mépris d'un certain nombre d'évidences factuelles, ne font tous en réalité que reproduire et perpétuer ce récit fondateur de la Chute[4].

1. Cité *in* Poliakov, 1987 p. 213.
2. Quatrefages, 1887, p. 133 ; Reinach, 1892, p. 12.
3. Voir *infra*, chap. 7.
4. Stoczkowski, 1994.

Le retour de la patrie

Ainsi, durant plusieurs décennies, les hauteurs septentrionales de l'Inde seront cet étrange lieu de compromis où le mythe biblique, acculé, passera progressivement le relais au mythe indo-européen, triomphant. Mais, René Gérard[1] l'a bien montré, l'Inde n'aura été pour les intellectuels européens qu'une parenthèse romantique, un substitut provisoire qui reposait sur trop de malentendus. C'était même, dans ce que le romantisme eut aussi de « réactionnaire », une sorte d'image maternelle régressive, ce giron originel et lointain étant comme l'inversion de la Révolution française, qui avait sommé les peuples de prendre ici et maintenant leur destin en main en abattant l'ordre ancien[2]. Mais dans sa quête de nouveaux repères, le romantisme participe tout aussi activement au développement des nouveaux sentiments nationaux, et c'est bientôt l'Europe elle-même qui, presque définitivement, deviendra le Berceau originel des Européens. En 1848 précisément, l'année des grands soulèvements nationaux, presque tous écrasés, un vieux géologue belge, Jean Julien Omalius d'Halloy, sera l'un des tout premiers à mettre en doute le dogme de l'origine asiatique. Il n'avait été précédé que par l'historien allemand Heinrich Schulz, lequel avait exclu catégoriquement dès 1826, dans *Zur Urgeschichte des deutschen Volksstamms* (« Préhistoire du peuple allemand »)[3], que l'« humanité blanche » pût venir d'ailleurs que d'Europe. Peu à peu, à partir du milieu du XIXe siècle, des savants de plus en plus nombreux les rejoindront, qui reprendront, en les inversant simplement, les arguments naguère en faveur de l'Inde. À la fin du XIXe siècle, qu'elle soit baignée par les eaux de la mer Noire ou celles de la Baltique, la Patrie originelle sera européenne.

Pourtant, si l'Inde ne fut qu'un relais provisoire, l'abandon du modèle biblique ne se fit pas sans remords, d'autant qu'il était la plupart du temps inconscient. Aussi vit-on parfois deux autres formes de compromis surgir, marginales mais récurrentes. La première persistait à proposer, étayée par des arguments divers,

1. Gérard, 1963 ; Schwab, 1950.
2. Poliakov, 1971, p. 41 et 232.
3. Schulz (H.), 1826 (cité *in* Römer, 1985, p. 70) ; Omalius d'Halloy, 1848.

une localisation proche-orientale, soit en Mésopotamie, en soulignant quelques influences babyloniennes sur la langue primordiale (Schmidt), soit plutôt dans le Caucase, là où précisément s'échoua l'arche de Noé et d'où partirent les premiers hommes post-diluviens, en rappelant l'aspect archaïque du vieux-perse et avec quelques arguments toponymiques (Heinrich Friedrich Link, Hermann Brunnhofer)[1]. La seconde, renouant avec la longue tradition de l'hébreu langue mère, répertoriait d'éventuelles preuves d'antiques contacts linguistiques entre Indo-Européens primordiaux et Sémites primordiaux[2]. Mais l'intérêt principal de ces symptômes sera pour nous de les retrouver tous deux intacts à la fin des années 1980[3], après un siècle de sommeil, présentés comme de toutes nouvelles découvertes, fruits des résultats les plus récents de la génétique, de la linguistique et de l'archéologie !

L'enracinement européen de la Patrie originelle va donc retourner tous les arguments précédents. Si le sanscrit (ou le perse) pouvait paraître archaïque, le lituanien, nouvellement étudié, voire le vieux-slave, langues indo-européennes de l'Europe, l'étaient bien autant ; d'ailleurs, c'étaient plutôt les langues d'émigrants (franco-québécois, castillan des Juifs de Thessalonique) qui tendaient à être conservatrices et les langues autochtones à innover[4]. Si certaines migrations avaient paru venir de l'est, la plupart des migrations historiques, et les plus durables, ne sont-elles pas venues de l'ouest (Peuples de la Mer, Celtes en Europe du Sud, Scythes en Perse, Goths) ? Et ce sont bien les peuples européens qui ont continué à faire preuve d'une « force expansive », tandis que leurs anciennes colonies asiatiques de Perse et d'Inde, « mêlées à des races différentes et moins douées, ont complètement perdu le goût des migrations lointaines et des conquêtes par assimilation[5] ». Et, en développant l'analogie botanique introduite par Schleicher, si l'on examine la répartition des langues indo-européennes, leur territoire le plus vaste n'est-il pas en Europe, qui doit donc être leur territoire d'origine[6] ?

1. Schmidt (J.), 1890 ; Link, 1821 ; Brunnhofer, 1885.
2. Hehn, 1870 ; Delitzsch, 1873 ; Hommel, 1879 ; Reinach, 1892.
3. Voir *infra*, chap. 10, p. 311-313, et chap. 17, p. 517-520.
4. Omalius d'Halloy, 1865 ; Hirt, 1892 ; Reinach, 1892, p. 26-27.
5. Lindenschmit, 1880-1889 (*in* Préface) ; voir aussi Omalius d'Halloy, 1865.
6. Latham, 1862.

Enfin la paléontologie linguistique va être sollicitée sur ses absences, tout autant que sur ses présences : la langue primordiale ne connaît en effet nulle racine commune pour l'éléphant, le tigre ou le chameau, toutes espèces typiquement asiatiques (Pictet déjà, dérogeant à ses règles, avait dû placer des chameaux dans la Patrie originelle, puisque ces ruminants sont notoirement indigènes en Asie centrale). La bataille était parfois indécise : qu'à l'exception du bouleau (et à la rigueur du hêtre), il n'y ait de racines communes pour les arbres qu'entre langues d'Europe peut signifier, soit que, venant d'Asie, le groupe des futurs Européens les ait créées pour une végétation nouvelle au seuil de l'Europe juste avant de se séparer ; soit que, venant d'Europe, le groupe des Indo-Iraniens, n'en ayant plus l'usage dans l'environnement asiatique, les ait perdues ; soit enfin... qu'il n'y avait pas d'arbres dans la Patrie originelle. Chacune de ces hypothèses fera l'objet d'abondants développements. Quant à la racine commune pour la « mer », elle peut pointer vers n'importe quel rivage européen ou asiatique, mais elle peut aussi n'avoir désigné à l'origine qu'une étendue d'eau quelconque, douce ou salée.

À l'intérieur de l'Europe, deux régions plus précises vont être sollicitées. D'une part le Sud-Est, les steppes au nord de la mer Noire essentiellement (ou « steppes pontiques », du nom grec antique de cette mer, le Pont-Euxin ou Mer Favorable), avec quelques variantes très minoritaires (péninsule Balkanique, Biélorussie méridionale) ; d'autre part la Baltique. La première, plutôt majoritaire, fait justement le pont entre Asie et Europe, et permet des accommodements. Elle est présentée en 1892 comme une « théorie nouvelle », confortée par des « arguments sérieux », comme « la conclusion à laquelle la science moderne paraît s'arrêter », par Salomon Reinach, directeur du musée des Antiquités nationales, ardent contempteur du « mirage oriental » (ce qui le fera adhérer trente ans plus tard à la supercherie archéologique de Glozel)[1]. Cette « théorie nouvelle », celle que soutiendra Émile Benveniste en 1939 et que prétend redécouvrir, grâce à l'archéologie soviétique, Marija Gimbutas dans les années 1970, c'est bien celle de Leibniz. Proposée par divers auteurs à la suite de Robert Gordon Latham, qui arguait des

1. Reinach, 1892, p. 121.

ressemblances entre sanscrit et balto-slave et proposait donc un point originaire intermédiaire, mais de toute façon européen pour des raisons… botaniques[1], elle sera systématisée dès 1883 par le linguiste allemand Otto Schrader dans son livre *Sprachvergleichung und Urgeschichte* (« Comparaison linguistique et préhistoire »)[2], bientôt suivi, à partir de 1901, d'un imposant « dictionnaire des réalités (*Reallexikon*) indo-européennes[3] ».

Ceux qui ne rapatrièrent pas

Il y eut cependant deux pays où l'on résista, pour des raisons différentes, à ce rapatriement vers l'Europe : le premier fut la Russie, où les Aryens furent explicitement réquisitionnés par le sentiment national[4]. Les élites russes cultivées souhaitaient affirmer leur appartenance à l'Europe, et donc leur indo-européanité, mais tout autant leur originalité, alors même que les Russes étaient souvent considérés, vus de l'Ouest, comme des Barbares asiatiques. Dans le même temps, l'empire des tsars ne cessait de s'étendre vers l'est (l'Extrême-Orient) et vers le sud (l'Asie centrale). Une formation de compromis s'est ainsi construite à partir de la moitié du XIXe siècle : le Foyer originel est bien en Asie centrale, comme le revendique dès 1840 l'écrivain Aleksej S. Khomjakov[5] ; aussi, en s'emparant de ces régions, les Slaves ne font que venir délivrer leurs frères aryens (Tadjiks, Afghans) du joug des populations turcophones. Dostoïevski lui-même se revendiquera des « Aryens ». Les Scythes antiques, iranophones, forment d'ailleurs un lien géographique et chronologique commode avec le Peuple originel. À la différence de l'Europe occidentale toutefois, cette idéologie aryenne ne débouchera jamais sur un discours racialiste (quelle que soit la prégnance de l'antisémitisme dans ces régions).

1. Latham, 1862 ; Benfey, 1868.
2. Première édition en 1883, la deuxième augmentée en 1890, la troisième augmentée en 1907.
3. Schrader, 1901 ; une seconde édition, achevée par Alfons Nehring après la mort de Schrader, paraîtra entre 1917 et 1929 : Schrader et Nehring, 1917-1929.
4. Laruelle, 2009 ; Laruelle et Taguieff, 2005.
5. Khomjakov, 1873 ; Laruelle, 2009.

L'autre pays d'Europe le plus réfractaire au rapatriement du berceau est le plus occidental, le Royaume-Uni. D'une part les intellectuels britanniques resteront au XIXe siècle traditionnellement réservés sur les discours raciologiques en général, et donc sur la question indo-européenne telle qu'elle est alors traitée, mais aussi sur les explications historiques migrationnistes et invasionnistes. D'autre part, comme l'a remarqué l'historienne Marlène Laruelle, le colonialisme britannique a tout autant que le colonialisme russe utilisé les Aryens pour justifier son impérialisme. De même que les Russes ont tenté d'instrumentaliser les Tadjiks iranophones contre les populations turcophones, les Britanniques développeront l'idée d'une « aryanité » de la caste des brahmanes, dont il conviendrait de restaurer la pureté originelle grâce à l'intervention de leurs « frères » britanniques aryens, pour les arracher à la décadence et à l'émiettement politique dus au contact prolongé avec des peuplades inférieures[1]. Une bonne partie des élites indiennes restera néanmoins réticente à cette solution, dans la mesure où elle faisait obstacle à l'unité de l'Inde.

Des textes aux objets

L'essor de l'archéologie préhistorique va produire sur les études indo-européennes, jusque-là livresques, un « effet de réalité », que concrétiseront des « dictionnaires des réalités » (*Reallexikon*). Cette discipline a certes une longue histoire. Dès le XIIe siècle, on explore en Angleterre des monuments mégalithiques, tandis qu'un peu plus tard en France l'abbé Cocherel faisait fouiller en 1685 à Houlbec-Cocherel en Normandie une sépulture collective néolithique qui recélait squelettes et haches de pierre. Le père Bernard de Montfaucon relate la découverte, avec bien d'autres, dans ses *Monuments de la monarchie française* (1729-1733), première synthèse consacrée à l'archéologie française. À partir de 1727, le président de Robien, conseiller au parlement de Bretagne, mène plusieurs fouilles dans la région de Locmaria-

1. Laruelle, 2009 ; Leopold, 1970 ; Greenberger, 1969 ; Parry, 1972 ; Trautmann, 1997.

quer et en tire de nombreux croquis[1]. Au même moment, après le temps de la collecte fortuite des œuvres d'art de l'Antiquité classique, les premières fouilles systématiques commencent à Pompéi. Mais l'archéologie classique posait peu de problèmes épistémologiques : il existait des textes anciens, latins ou grecs, que les « redécouvertes » archéologiques permettaient de mieux illustrer, et l'archéologie n'était donc qu'un « auxiliaire » pour leur lecture. Quant aux textes non encore déchiffrés, ceux de l'Égypte et de l'Orient, ils allaient bientôt l'être. La première moitié du XIXe siècle verra donc se mettre en place des outils systématiques de collecte sur le terrain des objets et des monuments, de l'expédition de Bonaparte en Égypte, qui permettra trente ans plus tard à Champollion de déchiffrer la pierre de Rosette, jusqu'à la fondation des premiers instituts archéologiques occidentaux à l'étranger, telle l'École française d'Athènes, créée en 1846.

Mais le seul texte dont disposât l'archéologie préhistorique était celui de la Bible. Et si les ossements d'animaux fossiles s'accumulent pendant tout le XVIIIe siècle et le début du XIXe, Cuvier lui-même en 1831 pense encore que l'homme n'a pu que leur être postérieur, puisqu'il fut créé le sixième jour. Considérer d'ailleurs que les « jours » de la Création auraient correspondu à des « périodes » géologiques revenait à une lecture non littérale de la Bible, susceptible d'excommunication au moins jusqu'à la fin du XIXe siècle. Au demeurant, les restes d'hommes très anciens restaient interprétés à travers la grille de la Genèse : c'étaient des hommes « antédiluviens », antérieurs au Déluge. Mais les années 1850 voient à la fois paraître *L'Origine des espèces* de Darwin, et s'accumuler les découvertes préhistoriques, de l'homme de Neandertal, identifié, non sans polémiques, en 1856 dans une petite grotte près de Düsseldorf, aux outils de silex mis au jour par le douanier Jacques Boucher de Perthes dans les terrasses de la vallée de la Somme, et dont l'authenticité est définitivement admise, à la suite des visites de plusieurs géologues et paléontologues anglais, en 1859. L'inventeur les publie entre 1847 et 1864 dans ses *Antiquités celtiques et antédiluviennes*[2]. Les découvertes de Neandertal et de la Somme ne sont pas

1. Voir Daniel, 1950 ; Laming-Emperaire, 1964 ; Schnapp, 1993.
2. Boucher de Perthes, 1847.

non plus sans conséquences pour la question indo-européenne : elles prouvent que l'Europe est habitée dès l'origine même de l'humanité, et que l'on peut désormais se passer définitivement des migrations venues de l'Orient.

Dès le début du XIXe siècle, on s'efforce aussi de systématiser les découvertes préhistoriques dans le cadre d'une séquence globale. Christian Jürgensen Thomsen, créateur et conservateur du Musée national de Copenhague, dans un pays où le ramassage et la protection des vestiges archéologiques sont pratiqués depuis longtemps de manière minutieuse et systématique, classe ses collections en trois « âges », celui de la « pierre », celui du « bronze », et celui du « fer ». Mais ces trois âges-là sont encore compatibles avec ceux, mythiques, que décrivent certains auteurs antiques, tel Platon. Quant aux monuments mégalithiques, dolmens ou « allées couvertes » en gros blocs de pierre, que la tradition populaire qualifiait souvent en Allemagne de « lits de Huns », les érudits français ou anglais les attribuent souvent aux Celtes, le peuple autochtone le plus ancien dont parlent, toujours eux, les textes antiques, donnant ainsi naissance au courant « celtomane ».

Communautés imaginaires

La « celtomanie », qui court du milieu du XVIIIe à celui du XIXe, est cette exaltation d'un passé celtique imaginaire nourrie pêle-mêle des bribes d'informations transmises sur les Celtes par les auteurs latins ou grecs, des témoignages archéologiques que seraient dolmens ou menhirs, de représentations fantasmatiques et romantiques, au sens propre, du passé, ou tout autant de faux littéraires, tels les fameux *Poèmes d'Ossian*, inspirateurs de plusieurs générations, mais composés… en 1760[1]. Salomon Reinach résumera, avec ironie, le credo celtomane : « Les Celtes sont le plus ancien peuple de la terre, leur langue, mère des autres langues, s'est conservée, presque intacte, dans le bas-breton ; ils étaient de profonds philosophes, dont les révélations se sont transmises aux

1. Laming-Emperaire, 1964 (p. 106-114) ; Reinach, 1898 ; Piggot, 1937 ; Michell, 1982.

écoles bardiques du pays de Galles ; les dolmens sont les autels où leurs prêtres, les Druides, offraient des sacrifices humains ; les alignements sont leurs observatoires astronomiques[1]. » On voit sans peine toute la proximité qu'entretient la celtomanie avec l'aspiration indo-européenne, dont elle peut passer pour une forme marginale et dégradée, à l'usage du patriotisme autochtoniste d'érudits locaux. Elle pâtira pourtant en premier du développement de cette aspiration. Les Celtes, indo-européens de langue, étaient nécessairement arrivés d'Asie avec le métal ; or on ne trouvait pas de métal sous les dolmens convenablement fouillés : ces monuments appartenaient donc à la population primitive de l'Europe, celle que vinrent coloniser et civiliser les Celtes[2]. Du coup ces derniers se trouvaient banalisés, dessaisis des mégalithes et de toute leur puissance évocatrice fantasmatique ; ils n'étaient plus justiciables que d'études philologiques et archéologiques modestes et « normales ». Ainsi la celtomanie se dissoudra d'elle-même, avec la fin du romantisme et au fur et à mesure qu'un contenu scientifique sera donné à l'archéologie celtique, même si elle survivra marginalement jusqu'à nos jours dans divers groupuscules parareligieux ou parascientifiques. Mais elle aura été l'une des premières formes autonomes prise par l'archéologie préhistorique.

La celtomanie survivra aussi dans cette utilisation de la « celticité » à des fins nationalistes que tenteront en France, avec peu de bonheur, aussi bien certains dirigeants politiques, de Napoléon III au maréchal Pétain, que de nombreux manuels scolaires[3]. Utilisation qui ne pouvait entraîner l'enthousiasme, puisque les Gaulois avaient été officiellement vaincus par leur propre indiscipline et leur propre barbarie, et civilisés malgré eux, pour le plus grand bien de leurs descendants, qui parlaient la langue des vainqueurs. Aussi n'est-ce que dans les périodes de défaite, après la guerre de 1870 ou pendant la collaboration, que le personnage idéalisé de Vercingétorix prendra tout son sens expiatoire, sinon christique. Unifié depuis des siècles,

1. Reinach, 1898, p. 111.
2. Bertrand, 1864.
3. Viallaneix et Ehrard, 1982 ; Pomian, 1992 ; Buchsenschutz et Schnapp, 1993 ; Demoule, 2012a.

l'État français n'avait nul besoin de recourir à l'archéologie pour asseoir la légitimité de son territoire, et c'est dans le sol de la Grèce, de Rome ou du Proche-Orient que ses élites pouvaient renouer avec les origines de leur patrimoine culturel. La quête d'objets archéologiques témoignant d'un long enracinement dans le terroir était donc laissée aux notables locaux, curés, médecins, instituteurs, et à leurs sociétés savantes.

La situation était bien différente dans la plupart des régions d'Europe, réparties entre quatre grands empires « multinationaux », l'autrichien, l'ottoman, le russe, et bientôt l'allemand, ou au contraire balkanisées en petites principautés, comme les peuples italiens ou allemands. Le sentiment national et l'aspiration démocratique du romantisme trouvaient dans la grandeur supposée du passé la justification de révoltes pour abattre l'oppression présente – et aussi de guerres de conquête pour annexer des territoires voisins. Ainsi prenaient peu à peu forme ces « communautés imaginaires[1] », au nom desquelles, jusqu'à l'orée du XXIe siècle, ont continué en Europe, de l'Irlande aux Balkans, à se perpétrer des massacres réels. Un peu partout s'élèvent dans les grandes villes d'Europe, tout au long du XIXe, des « musées nationaux » où s'accumulent les trouvailles archéologiques, garantes d'une longue histoire autochtone – alors que le musée des Antiquités nationales, fondé en France par Napoléon III, fut d'emblée relégué à Saint-Germain-en-Laye, dans une lointaine banlieue résidentielle. Ces musées financent les fouilles archéologiques, éditent des revues et des livres, protègent les monuments anciens.

L'essor des fouilles archéologiques

La seconde moitié du XIXe siècle est celle de la consolidation institutionnelle de l'élan vers l'archéologie : des chaires universitaires, des sociétés savantes, des congrès internationaux réguliers définissent les règles des savoirs nouveaux et diffusent leurs acquis. Le système des « trois âges » de Thomsen va être singulièrement précisé et détaillé par les apports successifs de John Lubbock, Gabriel Mortillet, John Reinecke ou Joseph

1. Anderson (B.), 1983 ; Thiesse, 1999.

Déchelette. Les verrous qu'opposaient la Genèse et les textes gréco-latins ont sauté, et une immense profondeur de temps s'est ouverte pour l'histoire humaine[1]. Les traditions nationales, mais aussi la contingence des découvertes, font varier les centres d'intérêt. En France, l'abondance des grottes et le goût pour l'universel focalisent les recherches sur les périodes les plus anciennes, au détriment de la préhistoire « récente » – néolithique et âges des métaux. En Allemagne, couverte de glaces et donc inhabitable dans toute sa moitié nord pendant la majeure partie du paléolithique, on s'intéressera plus aux mégalithes de la fin du néolithique, ou bien aux tumulus des âges du bronze et du fer, qu'on suppose élevés par les ancêtres des Germains. De même en Scandinavie, où l'on fouille mégalithes et tumulus, mais aussi ces amas de coquillages, les *kjøkkenmødding*, laissés par les chasseurs-cueilleurs des temps mésolithiques le long des côtes danoises. En Italie, on creuse le Latium pour connaître la préhistoire de Rome, mais aussi les *terramare*, ces très riches sites de l'âge du bronze, typiques de l'Italie du Nord-Est. Les rivages des lacs suisses, à la suite d'un abaissement du niveau du lac de Zurich durant l'hiver 1854, ont révélé l'architecture, les poteries, les outils de bois et de pierre d'une civilisation nouvelle, celle des cités lacustres ou palafittes, parmi les premières à pratiquer l'agriculture et l'élevage, et que l'on retrouve aussi dans l'est de la France et le sud de l'Allemagne.

Mais sur le plan des représentations, l'un des événements les plus considérables fut les fouilles de Heinrich Schliemann. Ce riche négociant allemand, pour avoir rêvé enfant sur les récits de la guerre de Troie (s'il faut du moins en croire son autobiographie), commença à quarante-six ans une carrière d'archéologue amateur. À partir de 1871, il redécouvrit successivement Troie, Mycènes, Tirynthe, des villes entières et leurs tombes et leurs trésors : ces villes que l'on croyait légendaires avaient bien existé. Malgré des méthodes parfois approximatives, il fut pourtant le premier à fouiller des *tells* (c'est-à-dire des collines constituées par l'accumulation complexe d'habitats superposés) préhistoriques, et à les fouiller par couches successives, transposant ainsi l'approche

1. Groenen, 1994 ; Coye, 1997 ; Gran-Aymerich, 1998 ; Hurel et Coye, 2011 ; Trigger, 1989.

géologique dans une archéologie classique où le travail de terrain n'était jusque-là conçu que comme le ramassage aléatoire d'objets d'art destinés à l'historien et au philologue. Schliemann sut s'entourer de collaborateurs qualifiés, tels l'architecte Wilhelm Dörpfeld, venu des fouilles allemandes d'Olympie, ou encore l'anthropologue Rudolf Virchow, qui devint l'un de ses plus fermes soutiens. Il avait aussi un redoutable sens médiatique, adressant des comptes-rendus quotidiens (« en direct ») au *Times* ou au *Telegraph*. Par cette faculté de « redécouverte », l'archéologie ouvre un nouvel espace imaginaire, où va pouvoir se déployer à son tour la recherche des origines indo-européennes.

Schliemann a d'ailleurs vu passer les Indo-Européens à Troie. Sur certains disques d'argile destinés à lester les fuseaux, ces « fusaïoles » exhumées dans les couches les plus profondes (qu'il interprète comme des objets cultuels, car « ils sont beaucoup trop élégants » pour n'être que des objets de tissage), figurent des croix gammées gravées :

> Les Troyens étaient donc de race aryenne, comme le prouvent du reste jusqu'à l'évidence les symboles gravés sur les terres cuites rondes. L'existence de la nation qui a succédé aux Troyens a été aussi de longue durée, car c'est à elle qu'appartiennent toutes les couches de terre de 10 jusqu'à 7 mètres de profondeur. Elle était d'origine aryenne, car elle avait d'innombrables symboles aryens ; et je crois avoir démontré que plusieurs d'entre eux appartenaient à nos ancêtres aux temps où les Germains, les Pélasges, les Hindous, les Perses, les Celtes et les Grecs ne formaient qu'une nation, et ne parlaient qu'une langue[1].

Si la plupart des archéologues européens mènent leurs recherches sans attention particulière pour la question indo-européenne, en revanche les indo-européanistes, jusqu'à présent seulement des linguistes, ont maintenant devant eux, à la fois ce nouvel espace temporel, et aussi cette considérable masse d'objets concrets. Alors que Pictet ne disposait, pour toute représentation possible de sa société primordiale, que d'Homère ou de Virgile, Schrader peut installer une partie de ses Indo-Européens sur les rives des

1. Schliemann, *Antiquités troyennes*, rapport du 24 avril 1872, cité *in* Schliemann, 1992, p. 76.

lacs alpins, et en toucher la « réalité ». En revanche, ces objets muets sont têtus, ils ne peuvent être mis dans n'importe quel ordre, et il faut désormais compter avec eux.

Plus primitifs

S'il vaut la peine de s'arrêter un moment sur Schrader, c'est que, de même que les monuments philologiques néogrammairiens de la fin du XIXe siècle restent indépassés par leur ampleur, de même le travail de Schrader constitue, à ce niveau d'ambition, la première et la dernière tentative d'intégration globale de toutes les données linguistiques, archéologiques, mythologiques et historiques. C'est pourquoi sa *Comparaison linguistique* comme son *Reallexikon* (le second ouvrage étant une présentation alphabétique, illustrée et développée du premier, lui-même plus démonstratif et méthodologique) figurent toujours dans toutes les bibliographies, même les plus récentes. En outre, au terme d'un siècle d'études indo-européennes, cette synthèse est l'acte de naissance officiel et la référence de la « théorie steppique », celle qui place, en Russie méridionale et en Ukraine, la Patrie originelle. Enfin les ouvrages les plus récents se réclamant de la même ambition reproduisent en fait la même démarche et les mêmes fautes logiques[1].

Ce savant systématique et intègre, pour qui « l'expression “indo-européen” (*indo-germanisch*) désigne, ce qu'on ne soulignera jamais avec assez de force, une notion d'abord purement linguistique[2] », n'est animé par aucune idéologie nationaliste. Il combattra, au nom d'arguments scientifiques, la localisation allemande ou scandinave de la *Urheimat* qui va bientôt dominer en Allemagne. À l'entrée « Questions raciales » (et non pas « Race ») de son dictionnaire, le lecteur est renvoyé à la rubrique « Constitution physique (*Körperbeschaffenheit*) des Indo-Européens », ce qui est tout autre chose. Et dans cette rubrique, s'appuyant sur l'anthropologue

1. Voir *infra*, chap. 18, p. 543.
2. Schrader et Nehring, 1917-1929, I, p. 540 ; toutes les citations qui suivent sont empruntées à cette seconde édition du dictionnaire de Schrader, tout comme leurs numéros de pages mis entre parenthèses (en chiffres arabes), ainsi que le numéro du volume (en chiffres romains).

Virchow dont on verra plus loin la position modérée, Schrader réfute l'idée d'une « unité raciale » indo-européenne : « L'examen objectif des trouvailles craniologiques n'a nulle part permis de découvrir une population totalement homogène, mais au contraire, à toutes les périodes et en remontant jusqu'à l'âge de pierre, on trouve une coexistence de dolichocéphales, de mésocéphales et de brachycéphales. » Quant à la couleur des yeux ou des cheveux, « on doit considérer comme certain » qu'elle n'est pas liée aux proportions du crâne[1]. Croire d'ailleurs en une unité raciale serait exclure la possibilité de mariages exogamiques ; or on ne peut exclure que les Indo-Européens « achetaient ou enlevaient leurs femmes également chez des tribus étrangères (et pourquoi pas non indo-européennes ?) » (I, p. 631).

Si les Indo-Européens de Schrader n'ont plus rien à voir avec ceux de Pictet, ce n'est pas seulement parce que la préhistoire est sortie de terre, c'est aussi parce que entre-temps une autre discipline nouvelle s'est constituée, l'ethnologie. Certes la découverte de l'Afrique noire et celle des Amériques avaient très tôt ouvert le champ à la réflexion historique, et, dès 1724, le jésuite Lafitau, dans ses *Mœurs des sauvages américains comparées aux mœurs des premiers temps*, proposait des comparaisons presque sacrilèges entre l'Antiquité gréco-romaine et les « sauvages ». Mais la systématisation des observations ethnographiques, d'abord dues aux missionnaires et aux soldats, renouvelle au long du XIXe siècle la vision des sociétés « primitives », qui cesse d'être une perpétuelle oscillation entre l'idéalisation du « bon sauvage » et la négation même de leur humanité. Et parce qu'elles sont « primitives » au sens propre, ces sociétés sont supposées présenter à l'état embryonnaire ce qu'ont développé les véritables civilisations. Ainsi n'ont-elles pas de vraies religions, encore moins de philosophies, mais seulement des croyances obscures dans les forces primordiales de la nature, dans les phénomènes météorologiques, habités par un principe vague, le « mana ». C'est cette ethnologie-là que développeront successivement Lucien Lévy-Bruhl puis James Fraser, et ce n'est que dans les années 1940 que le « primitivisme » cédera progressivement la place à l'approche structuraliste. L'historien des religions Max

1. *Ibid.*, vol. I, p. 632-633.

Müller avait tenté d'identifier le panthéon grec à celui, indien, des hymnes védiques : à Ouranos, correspondait Varuna, aux Centaures, les Gandharvas[1]. Abandonnant ces assimilations linguistiquement hasardeuses et s'appuyant sur l'absence de noms de dieux communs aux différentes langues, Schrader décrit une religion indo-européenne tout entière tournée vers l'adoration de forces naturelles primitives – le soleil et la terre, la lune et l'eau, le vent et le feu.

Toute la vie du « Peuple primitif » (*Urvolk*) se trouve donc « primitivisée ». Le méticuleux Schrader, qui a prévu des entrées alphabétiques pour à peu près tout, d'« Avortement » à « Bière », de « Beurre » à « Famille », de « Cloche » à « Chasteté » ou de « Poêle » à « Polygamie », consacre près de deux pages à sa rubrique « Lieu d'aisances » (*Abort*). Partant d'une statistique allemande récente qui atteste que « l'installation de lieux d'aisances est une chose encore inconnue aujourd'hui dans de nombreuses régions de notre patrie » (l'Allemagne), il est conduit à « supposer que, aussi longtemps que la vie des Indo-Européens s'est déroulée dans des villages, les lieux d'aisances faisaient totalement défaut, et que c'est seulement avec les établissements urbains et dans les couches les plus élevées de la population qu'ils firent leur apparition, peut-être sous l'influence civilisatrice de l'Orient (lieux d'aisances et canalisations sont par exemple attestés très tôt dans l'Antiquité babylonienne) ». C'est ce que confirme l'absence d'un vocabulaire commun pour désigner lesdits lieux, alors qu'un tel vocabulaire existe pour les parties corporelles et les actions afférentes, « phénomène impensable si les désignations aujourd'hui usuellement voilées de ces choses avaient été d'une manière ou d'une autre une pratique habituelle dans les temps anciens » (I, p. 4-5). À la rubrique « Fleur », il tient à préciser au lecteur, en guise de consolation :

> De tout ce qui a trait aux champs et aux jardins, la culture des fleurs est la conquête la plus récente de l'humanité européenne. Le réalisme des temps préhistoriques ne s'était encore découvert aucun lien avec ces objets adorés des poètes et des femmes, de même que leur oreille était fermée au chant de l'alouette

1. Sur Max Müller : Olender, 1989, p. 157-176.

> ou du rossignol. Cela ne changea seulement qu'avec l'arrivée en Europe des parfums floraux venus de l'Orient, et lorsque le rapport de l'homme à la nature commença, au moins dans les couches supérieures, de devenir sentimental (I, p. 151).

Dans cette vision primitiviste, il arrive que l'archéologie et la paléontologie linguistique se confortent mutuellement, ou plutôt circulairement. On sait aujourd'hui que la plupart des populations protohistoriques de l'Europe vivaient dans des habitations quadrangulaires de bois et de terre, mais qui n'ont laissé aux archéologues, quelques millénaires plus tard, que d'infimes différences de coloration dans le sol. C'est seulement dans les années 1920 en Allemagne (et dans les années 1960 en France !) que les archéologues disposeront de techniques suffisantes pour pouvoir les observer. En revanche, les fosses creusées dans le sol par ces populations, en particulier pour extraire et gâcher le matériau des murs, et utilisées ensuite pour le rejet des détritus, étaient faciles à repérer : elles se présentaient comme des taches plus ou moins circulaires, de couleur plus sombre, et remplies d'objets usés et rejetés (outils, poteries, os d'animaux). Les archéologues en déduisaient à tort que c'étaient bien là les demeures néolithiques, et parlaient de « maisons en fosse » (*Grubenhaus*, *pit-dwelling*) ou de « fonds de cabanes ». Schrader croit pouvoir confirmer l'interprétation : un certain nombre de mots communs indo-européens pour la « maison », tels *sala* en sanscrit, *höll* ou *halle* en germanique, *cella* en latin, peuvent être rapprochés de la racine « cacher » (*celare* en latin a donné « celer »). La maison primitive indo-européenne aurait été « cachée », donc enterrée : « c'est pourquoi nous avons le droit d'attribuer la maison en fosse à l'époque indo-européenne primitive » (I, p. 448). L'archéologie de l'époque a suggéré cette interprétation erronée à Schrader, qui lui renvoie la politesse.

Le bain, le baiser et la chasteté

Schrader consacre, en plusieurs rubriques, de nombreux développements aux pratiques indo-européennes du corps et de la sexualité, en tâchant là encore, pour rassurer le lectorat bourgeois mais en restant scientifique avant toute chose, d'excuser la primitivité indo-européenne. Ainsi, du « bain » :

> Même si la notion de « se laver » appartient au vocabulaire primitif, on peut néanmoins se demander quel usage en avait le peuple originel dans sa relation avec son propre corps. D'après tout ce que nous savons, nous n'avons aucun droit d'attribuer aux temps préhistoriques un besoin de propreté particulièrement développé, et le bain à l'occasion de la naissance, du mariage, de la mort, d'innombrables obligations expiatoires, etc., n'aurait jamais pu revêtir un caractère aussi important et solennel s'il s'était agi d'un usage quotidien (I, p. 71).

Et se fondant sur divers témoignages historiques (Homère, César, Tacite) ou ethnographiques (russes ou baltes), il peut avancer :

> Que le bain ait été froid ou chaud, dans des fleuves, des huttes en bois, des tentes, des pièces ou des fosses, tous les peuples indo-européens anciens partageaient l'idée qu'il n'y avait rien de choquant pour un homme à se dénuder devant une femme à cette occasion, et inversement (I, p. 77).

À propos de la « chasteté » (*Keuschheit*), il remarque que, « face à la vie sexuelle, les temps préhistoriques avaient encore une attitude tout entière de candeur ou d'étonnement, et même de révérence » (I, p. 582). Certes, il faut bien y admettre l'existence de la pédérastie, mais celle-ci vient sans doute d'Orient, où :

> cette répugnante luxure semble trouver une cause naturelle dans des penchants physiologiques résultant de la plus grande indolence corporelle des Orientales [...]. On ne peut cependant passer sous silence que la médecine moderne considère que la pulsion homosexuelle est congénitale chez tous les peuples parmi un nombre non minime d'individus, si bien que, même venue d'ailleurs, elle a trouvé sur place en Europe un terrain largement favorable (I, p. 610).

Quant aux pratiques amoureuses, « l'histoire du baiser reste à écrire » et « il est difficile de résoudre la question de savoir depuis quand est attesté chez les peuples indo-européens le baiser d'amour

(*Liebeskuss*), ce domaine particulier du baiser fait avec la bouche et qui a relégué à l'arrière-plan chez les peuples civilisés actuels toutes les autres formes de baisers » (I, p. 669-670). À propos du mariage (à l'entrée « Femme », on trouve : « Voir mariage »), Schrader commence abruptement sa rubrique « Concubine » (*Beischläferin*) : « Les temps indo-européens primitifs vivaient en polygamie » (I, p. 86). En effet, les témoignages abondent chez les Hindous, les Perses, les Germains, les Slaves ou les Celtes. Seuls font finalement exception les Grecs et les Romains, sans doute sous l'influence d'épouses originaires d'Asie Mineure, « peu disposées à céder la place à une autre [?] » (II, p. 197 ; le point d'interrogation est de Schrader).

Ainsi, peu à peu, se dessine la « méthode » de Schrader, faite de la juxtaposition d'approches hétérogènes qui utilisent aussi bien :

1) des données de la paléontologie linguistique : l'existence d'une racine commune dans différentes langues indo-européennes garantit que le référent de cette racine (animal, plante, outil, action, institution, etc.) existait au temps du Peuple originel, dans la Patrie originelle ; son absence implique qu'il n'existait pas, ou pas encore. Il n'y avait pas de lieux d'aisances, mais il y avait des moutons ;
2) des données qu'on pourrait appeler de « paléontologie historique » : si tous les peuples historiquement attestés, et jusqu'à nos jours, qui parlent des langues indo-européennes ont en commun tel ou tel objet, pratique ou institution, on peut postuler que tel était aussi le cas dans la Patrie originelle. Les Indo-Européens primitifs avaient les cheveux longs, portaient la barbe et trompaient impunément leurs épouses ;
3) des données historiques générales : tout peuple parlant une langue indo-européenne étant par définition indo-européen, il est loisible d'ouvrir des rubriques pour résumer nos connaissances sur chacun d'entre eux (Macédoniens ou Thraces, Lyciens ou Scythes, Arméniens, Perses ou encore Slaves) et aussi sur leurs voisins non indo-européens (Finnois), mais tout autant de s'interroger sur n'importe quel objet pertinent pour l'histoire culturelle de l'Europe, et même s'il n'appartient pas au « vocabulaire commun »,

qu'il s'agisse d'une plante (l'absinthe ou le dattier), d'une technique (le tour de potier ou la chaise), d'une pratique ou d'une institution (le tatouage ou le testament) ;

4) des données ethnographiques : ce sont celles qui permettent à Schrader d'offrir du Peuple originel une vision beaucoup moins idyllique que celle de Pictet. Mais outre une certaine représentation « moyenne » des sociétés primitives (*die sogenannte Naturvölker*, « les peuples qu'on appelle naturels », I, p. 610), Schrader puise abondamment, pour les raisons évoquées au point précédent, dans l'ethnographie rurale européenne, qui lui fournit nombre des illustrations de l'ouvrage (techniques de construction, outils agricoles, etc.) mais aussi certains mythes populaires. Ces emprunts sont faits pour les trois quarts au monde slave et balte, et accessoirement au monde germanique, à la quasi-exclusion du reste de l'Eurasie ;

5) des données archéologiques fournies par l'iconographie, surtout gréco-romaine (colonne Trajane, monument d'Adamklissi en Roumanie, qui illustrent les « Barbares » adversaires de Rome ; fresques de Knossos), mais aussi égyptienne ou assyrienne, pour certains aspects de la vie quotidienne, et dans quelques cas « barbare » (pétroglyphes de Scandinavie, chaudron de Gundestrup, bijoux scythes) ;

6) ces données archéologiques issues des fouilles, que l'on évoquait plus haut : mégalithes et tumulus de Scandinavie et d'Allemagne du Nord, villages lacustres de Suisse, *terramare* d'Italie du Nord, objets scythes, trouvailles de Mycènes et de Knossos. De ce point de vue, Schrader résume, réparti entre ses rubriques, l'état des connaissances archéologiques sur le continent européen à la fin du XIXe siècle. Il annonce le volumineux *Reallexikon der Vorgeschichte* (« Dictionnaire de la préhistoire ») qui paraîtra de 1924 à 1928 en 15 volumes chez le même éditeur, sous la direction de Max Ebert, professeur à l'université de Berlin. Mais il arrive aussi, comme avec la « maison », que l'archéologie entretienne avec la paléontologie linguistique des rapports de circularité ;

7) les représentations communément admises par un universitaire de l'époque de Guillaume II quant aux mœurs et au fonctionnement des sociétés humaines, ainsi que quelques

préjugés particuliers, telle cette attitude très ambivalente vis-à-vis des influences orientales supposées, à la fois tentatrices, corruptrices et civilisatrices, sur le monde européen.

On voit bien toute l'ambiguïté, quasi circulaire, de la vaste entreprise de Schrader, que l'on prendrait pourtant rarement en défaut d'érudition par rapport aux connaissances de son temps, et encore moins en situation de parti pris nationaliste. Il s'agit d'une œuvre de paléontologie linguistique, résumant les acquis de cette méthode philologique, mais noyée au milieu d'un dictionnaire archéologique, historique et culturel de l'Europe en général et de ses marges, qui n'a lui-même rien de spécifiquement indo-européen, à moins d'admettre que tout ce qui est européen est indo-européen. C'est effectivement le postulat de Schrader, comme l'indique le sous-titre de son *Reallexikon* : « Éléments d'une histoire culturelle des peuples de l'Europe ancienne », mais c'est un raisonnement circulaire, car rien ne prouve que le tatouage ou les dolmens, la chaise ou les cités lacustres soient effectivement indo-européens ; pour certains indo-européanistes actuels, qui reprennent pourtant l'hypothèse générale de Schrader, ce n'est pas le cas, comme on verra. Il n'empêche que l'association de la paléontologie linguistique avec des données historiques ou archéologiques incontestables, illustrées par plus de deux cents planches ou figures, mais dont rien ne démontre « l'indo-européanité », crée un indéniable « effet de réalité » qui conduit le lecteur à tenir l'hypothèse pour définitivement acquise. Il en ira de même, depuis lors, pour toutes les entreprises identiques qui suivront, jusqu'à nos jours.

Une linguistique de l'absence

Reste ce « noyau dur » qu'est la paléontologie linguistique, pour laquelle Schrader, lui-même linguiste et bénéficiant des progrès de la grammaire comparée, se montre beaucoup plus rigoureux que Pictet, qu'il ne manque pas de critiquer. Pourtant sa linguistique, on l'a évoqué, est essentiellement une linguistique de l'absence. De la quasi-absence de mots communs pour désigner les arbres dans le « vocabulaire commun », un fait susceptible de trois explications mutuellement exclusives[1], Schrader déduit qu'il n'y avait pas d'arbres dans la Patrie originelle : les Indo-Européens d'Europe auraient inventé des termes nouveaux à l'orée de la grande forêt européenne, au moment où ils quittèrent la steppe russe originelle et ses étendues dénudées. De la rareté des termes communs pour l'agriculture, également confinés aux langues de l'Europe proprement dite et contrastant avec les racines communes pour la plupart des animaux domestiques (« porc » excepté), Schrader conclut que les Indo-Européens originels étaient essentiellement nomades, ce que confirmeraient les termes communs pour la « roue » et le « chariot ». L'incertitude sur le sens d'une racine commune pour la « montagne » sous-entend un Foyer d'origine au panorama monotone.

Il subsiste quelques problèmes. L'ours, animal plutôt forestier sinon montagnard, appartient au vocabulaire commun : il faudra l'imaginer trottinant dans la steppe. Les poissons, surabondants dans les grands fleuves de Russie et d'Ukraine, sont absents du vocabulaire commun : on supposera un désintérêt, sinon un interdit, alimentaire, qui disparaîtra ensuite en Europe, comme le montre l'importance du matériel halieutique découvert sur les rives des cités lacustres helvétiques. Seul le « saumon » appartient au vocabulaire commun (avec la racine *laks*), mais cette espèce ne paraît nager que dans la Baltique : on donnera au mot le sens originel de « poisson » en général. L'absence de la racine commune pour le sel (**sal*) dans les langues indo-iraniennes doit tenir à des préférences alimentaires. Au fond, Schrader n'est pas toujours très éloigné de cette contribution caricaturale à la paléontologie linguistique « négative » faite par l'Allemand Ferdinand Justi[2] : s'il n'y avait pas de mots pour les maladies dans le vocabulaire commun, c'est que les Indo-Européens originels n'étaient jamais malades !

C'est assez montrer que peu importe, finalement, l'argumentation : la Patrie originelle est dans les steppes, quoi qu'il arrive. On voit aisément tout ce qu'on pourrait objecter à Schrader, à l'appui de n'importe quelle autre localisation : si certains mots ont pu se perdre, cela peut alors être le cas de tout autre mot. Le lien entre nomadisme et chariot est abusif : les agriculteurs sédentaires n'en

1. *Supra*, p. 79.
2. Justi, 1862.

possèdent-ils pas aussi ? La vision de Schrader, plus « primitive » que celle de Pictet, a tout autant d'*a priori*. Il décrit une société guerrière parce que, affirme-t-il, « aux temps préhistoriques, la guerre est pour ainsi dire l'état normal des relations entre les différentes tribus, qu'interrompaient naturellement déjà des périodes de “repos”, qu'il fallait expressément garantir à l'aide d'otages et de serments » (I, p. 630). Mais cette affirmation ne repose sur aucune argumentation linguistique précise. Rien ne prouve non plus que ses Indo-Européens n'aimaient pas les fleurs : au Proche-Orient, les hommes du paléolithique déposaient déjà des fleurs dans des tombes d'il y a quarante mille ans ! On devine en filigrane la matrice imaginaire de Schrader. C'est celle des Grandes Invasions qui, des Scythes aux Huns, des Magyars aux Tartares, firent déferler depuis les grandes steppes d'intrépides nomades pasteurs et cavaliers (Schrader illustre d'ailleurs sa rubrique « Chariot » de l'image d'un chariot tartare, bien que ce peuple soit notoirement non indo-européen). D'où l'importance des objets et des tumulus scythes dans l'iconographie de Schrader (et l'on retrouve bien Leibniz), mais aussi des emprunts ethnographiques à la Russie et à l'Ukraine : là sont les plus steppiques, mais sans doute aussi les plus « primitifs » des peuples indo-européens contemporains (Schrader n'emprunte rien aux populations celtiques ou latines, pas plus qu'aux Slaves des Empires allemand et autrichien). Purement incantatoires, ces illustrations n'ont évidemment aucun rôle démonstratif.

Avec Schrader se met en place la nouvelle image des Indo-Européens, celle des envahisseurs steppiques, nomades et guerriers, une image que l'on retrouvera intacte de nos jours, avec des arguments archéologiques nouveaux mais avec les mêmes défaillances logiques, faites de circularité et d'amalgame, et qui connaît la faveur de la majorité des archéologues indo-européanistes, et des linguistes qui ne demandent qu'à les suivre…

Retour en Germanie

Pourtant Schrader allait devoir batailler contre ceux de ses compatriotes, plus radicaux, qui souhaitaient rapatrier jusqu'en Allemagne et en Scandinavie méridionale la Patrie originelle. Il était inévitable que la formation de l'unité allemande, achevée et proclamée en 1871 à Versailles dans la galerie des Glaces, après la capitulation de l'armée impériale française à Sedan en septembre 1870, convoquât aussi à sa rescousse les Indo-Européens. En 1871 précisément, paraît à Stuttgart une étude posthume du philologue et philosophe Lazarus (dit Ludwig) Geiger, neveu du rabbin réformateur Abraham Geiger, *Über die Ursitze der Indogermanen* (« Sur la résidence originelle des Indo-Européens »), étude au sein d'un recueil plus vaste sur *Zur Entwicklungsgeschichte der Menschheit* (« L'évolution de l'humanité »). L'amère ironie de l'histoire est que Geiger, penseur juif conservateur et qui s'intéressait à la question du langage, fut ainsi le premier auteur à situer officiellement en Allemagne ladite résidence – une position que les Français considéreront aussitôt comme « chauvine »[1].

L'argumentation reste encore linguistique et sylvestre et utilise en particulier le fameux « argument du hêtre ». L'allemand *Buche* ou le latin *fagus* (le mot français vient lui-même d'un dialecte germanique !) pour désigner cet arbre peuvent être dérivés d'une racine originelle **bhagos*, que l'on retrouve en grec (*phègos*, mais avec le sens de « chêne »), en russe (*buzina* ou *boz*, mais avec le sens de « sureau »), et surtout dans une langue indo-iranienne, le kurde (*buz*, mais avec le sens d'« orme »). Comme il s'agirait, avec le bouleau, du seul nom d'arbre commun aux Indo-Européens d'Europe et d'Asie, et que le hêtre ne pousse qu'à l'ouest d'une ligne Odessa-Königsberg (l'actuelle Kaliningrad, non encore débaptisée), on pouvait en déduire assurément que la Patrie originelle se trouvait en Allemagne. Le lecteur est désormais suffisamment familier avec la paléontologie linguistique pour imaginer sans peine que « l'argument du hêtre », qui va devenir un passage obligé de toute discussion sur le Foyer originel, peut être utilisé de façon contradictoire. En outre la communauté de racine entre les diverses langues, avec des sens si variables, n'est même pas admise par tous les linguistes[2]. La référence à Königsberg, en ce temps-là l'une des principales villes de la Prusse-Orientale, n'est pas tout à fait innocente : cette ville marque la frontière orientale du Deuxième Reich.

1. Geiger, 1871 ; Reinach, 1892, p. 48.
2. Passler-Mayrhofer, 1948 ; Friedrich, 1970 ; Mallory et Adams, 1997, p. 184-185.

Désormais, il pouvait y avoir identité entre « germain » et « indo-européen », ce que le terme allemand pour « indo-européen », *indo-germanisch*, sous-entendait inconsciemment depuis toujours, même si le terme d'indo-germain aurait été attesté en premier chez le géographe français, né danois, Conrad Malte-Brun dans sa *Géographie universelle* publiée la première fois en 1810[1]. Ou plutôt, avec la localisation germano-scandinave, le désir secret contenu dans ce terme trouvait enfin son accomplissement. L'indo-germanité sera donc, en ce dernier quart du XIXe siècle, l'une des composantes de l'idéologie pangermaniste, de son affirmation de la grandeur allemande et de ses victoires militaires, de ses revendications territoriales pour une unité jugée encore incomplète. Derrière Geiger vont s'engouffrer de nombreux érudits pangermanistes, dont il est juste de dire qu'il s'agira plus souvent d'indo-européanistes amateurs que de véritables universitaires[2].

Le plus connu est sans doute Karl Penka, professeur de lycée à Vienne, dont les *Origines Ariacae*, dédiées à Herder, « Père de l'anthropologie et de la conception anthropologique de l'histoire », développent en 1883 une vaste fresque, que Salomon Reinach qualifiera de « roman historique[3] ». Au moment des grandes glaciations, les hommes auraient déserté le nord de l'Europe, sauf les plus vaillants et les plus résistants, qui se forgèrent ainsi en une « race » d'exception, grande, blonde et aux yeux bleus, les Indo-Européens ou Aryens primitifs. Ils édifièrent les monuments mégalithiques, tout comme les *kjøkkenmødding*, ces amas de coquilles marines. Puis ils partirent à la conquête du reste de l'Europe, imposant partout leur langue et leur culture. Ainsi les Slaves sont-ils des Mongols aryanisés, les Grecs des Sémites aryanisés ; les Finnois en revanche, souvent blonds aux yeux bleus, sont des Aryens qui ont perdu leur langue. Penka utilise la paléontologie linguistique à l'appui d'une patrie nordique : bouleau et hêtre bien sûr, mais aussi des animaux du vocabulaire commun, comme l'anguille, qui vit dans le nord de l'Europe, ou l'huître, dont témoignent les amas coquilliers danois. Mais il est aussi l'un des premiers à systématiser l'argument racial, que l'on

1. Voir Shapiro, 1981.
2. Sur le mythe germanique en Allemagne : Ridé, 1966.
3. Penka, 1883 ; Reinach, 1892, p. 73.

va examiner en détail. L'œuvre de Penka suscita de nombreux débats et comptes-rendus dans les revues savantes ; elle rencontra aussi bien l'enthousiasme de l'idéologue raciste français Vacher de Lapouge, que les réserves des philologues allemands.

Pangermanisme et antisémitisme

Les dernières années du siècle sont marquées, dans un contexte de crise économique, par l'essor des idéologies et des mouvements antidémocratiques et racistes. En France, l'affaire Dreyfus, et son climat d'antisémitisme virulent, en sera le révélateur. En Allemagne et en Autriche, c'est la montée des mouvements pangermanistes et antisémites. D'autant plus vivement en Autriche, que les germanophones, l'ethnie dirigeante, ne représentent qu'un tiers des populations du vieil empire multinational. Or pour en maintenir la cohérence, l'empereur François-Joseph doit consentir un minimum de réformes : autonomie hongroise depuis 1867, obligation aux fonctionnaires de parler allemand mais aussi tchèque en Bohême à partir de 1897, projet d'abandon du suffrage censitaire, qui favorise les propriétaires allemands, au profit d'un suffrage universel (masculin), réformes constitutionnelles, etc. En outre, depuis la défaite de l'Autriche contre la Prusse à Sadowa, un coup d'arrêt a été donné à l'union de tous les Allemands, qui restent divisés entre les deux empires multinationaux, celui de Guillaume II et celui de François-Joseph. Enfin, la révolution industrielle et l'exode rural jettent dans les villes, et surtout Vienne, des populations mélangées venues de tout l'empire, terreau de toutes les xénophobies et des boucs émissaires. Adolf Hitler, qui mène vers 1909 à Vienne l'existence misérable d'un étudiant pauvre recalé au concours de l'Académie des beaux-arts, y cherche un exutoire à son échec social : « Le conglomérat racial de la capitale impériale me répugna [...]. La cité géante m'apparut comme l'incarnation de l'ignominie raciale[1]. »

Aussi, en Autriche comme en Allemagne, des centaines d'associations culturelles et sportives se constituent, exaltant l'idéal national (*völkisch*) allemand, regroupées dans une *Bund der*

1. Hitler, 1940 [1925-1926], p. 135. Voir Goodrick-Clarke, 1989, p. 22.

Germanen (« Ligue des Germains »). Le mouvement, à la fois anti-slave et antisémite, est conduit par l'agitateur et député Georg von Schönerer, avec son journal *Die unverfälschte deutsche Worte* (« La parole allemande authentique ») et s'appuie sur des penseurs nationalistes et conservateurs comme Paul de Lagarde, Julius Langbehn ou Arthur Moeller van den Bruck, sur le racisme idéologique et l'antisémitisme de Vacher de Lapouge, Ludwig Schemann ou Houston Stewart Chamberlain[1], mais aussi sur le « racisme scientifique » des « darwinistes sociaux ». Ernst Haeckel, le traducteur de Darwin en Allemagne et ami de Schleicher[2], fonde en 1906 la Ligue moniste, qui prône l'eugénisme, la lutte des « races » et la pureté raciale, et que relaient Ernst Krause, Otto Ammon, Ludwig Wilser ou Ludwig Woltmann[3].

Ces deux derniers comptent précisément parmi les germanomanes « érudits » les plus exaltés avec, entre autres, Matthäus Much ou le comte Hans von Wolzogen, l'un des principaux animateurs du Cercle de Bayreuth réuni autour de l'œuvre wagnérienne, propagateur de Gobineau en Allemagne et coauteur d'une pétition antisémite adressée à Bismarck. Il évoque ainsi l'épopée germano-aryenne :

> Tels les enfants [des dieux], ces tribus germaniques surgirent au milieu de la civilisation sémitico-romaine et mirent à son service la force pure de leur sang [...]. Dès qu'ils entrèrent dans l'histoire, avec la franchise de leurs yeux bleus, leur fière stature de héros, leurs simples coutumes patriarcales, leurs libres associations communautaires, leurs loyales confédérations guerrières, leurs représentations des dieux et leurs traditions héroïques simples et droites, sans aucun doute se révélèrent-ils du premier instant comme la manifestation authentique, sans trouble ni mélange, de l'antique souche la plus noble de la race blanche. Tel est l'Aryen[4]...

1. Voir *infra*, chap. 4, p. 129.
2. Voir *supra*, chap. 2, p. 52.
3. Sur le pangermanisme en général : Goodrick-Clarke, 1989, p. 11-23 ; Mosse, 1964, 1975 ; Stern (F. R.), 1961. Sur le « racisme scientifique » et les darwinistes sociaux : Pulzer, 1964 ; Gasman, 1971 ; Zmarzlik, 1963 ; Weindling, 1989. Voir aussi chap. 8.
4. Wolzogen, 1882, p. 85 (cité *in* Römer, 1985, p. 66).

Le médecin et préhistorien amateur Ludwig Wilser disputa âprement à Penka le privilège d'avoir le premier identifié le Foyer originel en Scandinavie ; il prétendait en avoir eu « l'illumination[1] ». Il fut en tout cas l'un des premiers à attribuer aux Aryens-Germains l'invention de l'écriture : toutes les écritures méditerranéennes seraient dérivées des runes germaniques – bien qu'il soit notoire que les secondes furent une adaptation très tardive et limitée des premières ! Cette découverte eut un grand succès, d'abord auprès de l'archéologue Gustaf Kossinna, puis auprès des idéologues nazis. Matthäus Much, pourfendeur du « mirage oriental », ira plus loin encore : la métallurgie du cuivre, la domestication des animaux et des plantes, le décor géométrique sont scandinaves et aryens[2] – au point que Kossinna revendiquera la paternité de ces « découvertes ». Quant à Ludwig Woltmann, il reconnaît dans les portraits des grandes figures de la Renaissance italienne des types raciaux clairement germaniques[3].

Croyances occultistes

À ce point, on est aux frontières, et de la supercherie scientifique, et de la divagation mystique. Les indo-européanistes germanomanes pratiquèrent l'une et l'autre. La *Chronique d'Ura-Linda*, un faux fabriqué en Hollande dans les années 1870, racontait comment une peuplade germanique de Frise partit au IIIe millénaire avant notre ère depuis les côtes de la mer du Nord pour fonder Athènes et apporter au monde oriental l'écriture et le monothéisme. Un temps délaissée, ladite *Chronique* connut un regain de faveur sous le nazisme. Mais le thème des grands ancêtres originels rencontrait également tous les courants ésotériques de la fin du XIXe siècle, que nourrissaient à la fois l'affaiblissement continu du christianisme dans sa version littérale, les crises économiques et sociales croissantes, mais aussi les progrès de la psychologie des profondeurs, qui livrait du psychisme humain une image bien plus complexe et opaque.

1. Wilser, 1899 (entre autres) ; voir Römer, 1985, p. 71, 76-79.
2. Much (M.), 1902.
3. Voir Römer, 1985, p. 95.

Ces tendances s'exprimaient dans l'art, avec le symbolisme ou la littérature de fiction, et bientôt de science-fiction, mais aussi par un foisonnement d'ouvrages, de chapelles et de sectes.

L'une des plus connues est la « théosophie », fondée en 1875 à New York par une aventurière russe, Helena Petrovna Blavatsky, qui aurait reçu quelque part dans l'Himalaya l'enseignement initiatique des maîtres secrets d'une « Grande Loge blanche », rescapés de l'effondrement du continent Mu (tout comme Platon avait reçu par l'intermédiaire de prêtres égyptiens le récit de la destruction de l'Atlantide – en fait, une fable politique à l'usage de ses contemporains). Helena Blavatsky pillait sans scrupule la littérature de fiction de son temps, comme *The Last Days of Pompeii* ou *The Coming Race* de l'écrivain anglais Edward Bulwer-Lytton, ou aussi bien les études érudites d'orientalistes comme Louis Jacolliot, consul français à Calcutta, qui publie en 1873 *Les Fils de Dieu*. Elle expose dans *Isis dévoilée* (1877) puis dans *La Doctrine secrète* (1888), un fatras syncrétique d'inspiration d'abord égyptienne puis hindouiste, à grand renfort de cycles cosmiques, de forces électro-spirituelles, de réincarnations et de « races mères »[1]. Cinq se sont en effet succédé sur terre, la « race astrale », les Hyperboréens, les Lémuriens (qui périrent pour s'être livrés à de monstrueux métissages), les Atlantes, et enfin l'actuelle « race aryenne ».

La matrice de ces récits « ésotériques » ou « occultistes » est toujours la même : quelque part au sommet de montagnes ou au fond de grottes inaccessibles (ou les deux), des êtres mystérieux, héritiers de l'antique sagesse d'une civilisation disparue, continuent à diriger le monde, par l'intermédiaire d'un petit groupe privilégié d'initiés tenus au secret. Cette matrice reprend, avec une pathologie accentuée, celle de beaucoup de systèmes religieux. Elle s'inspire aussi de la franc-maçonnerie, mais cette dernière, née au siècle des Lumières, était à l'origine beaucoup plus animée par des idéaux prérévolutionnaires de fraternité et d'entraide, que par les fantasmes de pouvoir de ces groupuscules « ésotériques ». Cette matrice était également présente dans l'éphémère mouvement celtomane du début du XIXe siècle[2].

1. Voir notamment Goodrick-Clarke, 1989 ; Stoczkowski, 1999.
2. *Supra*, p. 72 *sq*.

Ces nouvelles croyances entendent bénéficier, face à la baisse de crédibilité du christianisme, du prestige montant des sciences : biologie darwinienne, préhistoire, mais aussi découverte de ces « forces » nouvelles et invisibles que sont l'électricité, les rayons X et bientôt la radioactivité.

Ces courants rencontrent rapidement en Allemagne et en Autriche un terrain favorable, à la fois par la crise identitaire et nationaliste déjà soulignée, par la vigueur culturelle particulière qu'avait connue le romantisme dans ces pays, et aussi par certaines tendances de la fin du siècle orientées vers un « retour à la nature », une « réforme de la vie » (*Lebensreform*), qui se traduit par la vogue du naturisme, de l'alimentation végétarienne ou des médecines douces[1]. Ce dernier courant peut prendre des formes politiquement libérales, mais peut rejoindre aussi les aspirations réactionnaires de la mystique nationaliste *völkisch* ; cette composante sera bien présente dans l'idéologie nazie.

L'Autrichien Guido von List réalisa une adaptation plus spécifiquement « aryo-germanique » de la théosophie. Il se disait le dernier descendant, réincarné, de l'antique clergé aryen, l'*Armanenschaft*. Cette dénomination s'inspirait du nom de l'une des tribus germaniques d'après Tacite, celle des Hermiones, dont il fait une interprétation « trifonctionnelle » : elle aurait été celle des prêtres-rois, par opposition aux deux autres, Istaevones et Ingaevones, respectivement les guerriers et les agriculteurs. Il aurait retrouvé la langue secrète aryenne, vieille d'un million d'années. Il reprend toute la cosmologie théosophique, avec ses Atlantes et leurs aéronefs, ses « races » passées, ses déluges cycliques, ses réincarnations, son Atlantide engloutie dont témoignent les monuments mégalithiques. Il s'inspire aussi de la *Sexualreligion* aryenne du théosophe Max Ferdinand Sebaldt von Werth, pour décrire l'antique « religion sexuelle aryenne », toute pleine de bacchanales, mais aussi attentive à maintenir la pureté raciale par l'eugénisme. L'enseignement sacré des Aryens se serait transmis jusqu'à nous au travers de la Kabbale, des Templiers ou des Rose-Croix.

Mais ce savoir et la « pureté raciale aryenne » sont menacés par la conjonction des Juifs, du parlementarisme, du féminisme, de la ploutocratie, de l'art moderne, toutes forces regroupées dans

1. Krabbe, 1974 ; Cluet et Repussard, 2013.

un imaginaire « Grand Parti international » occulte. List jouit d'une réelle célébrité dans les milieux *völkisch* et ses pièces sont représentées lors des grandes fêtes pangermanistes. Les disciples de List créeront en 1911 une Société Guido von List, flanquée d'un « Ordre supérieur des Armanes ». List y prône un retour à la vie paysanne et décrit en détail le futur État aryen strictement hiérarchisé, où les purs Aryens seront dispensés des métiers pénibles, réservés aux esclaves, et voués seulement à l'étude et aux métiers nobles. Lois raciales et matrimoniales, patriarcat, livret racial, droit d'aînesse, esclavage, domination d'une élite à l'autorité sacrée, absolue et initiatique : le programme de List contient déjà tout le programme nazi, les lois raciales de Nuremberg et l'organisation de la SS[1].

Certes, chaque siècle charrie ses para-sciences et ses para-pensées : c'est lorsque la science officielle cesse de situer en Inde les possibles origines des Aryens, voire de l'humanité, que Helena Blavatsky, un siècle après Voltaire, y place sa « Grande Loge blanche » des « maîtres inconnus » ; c'est lorsque le courant académique celtomane a fini de s'éteindre, avec ses faux *Poèmes d'Ossian* et son mythique héritage druidique, que surgissent les germanomanes amateurs, avec leur fausse *Chronique d'Ura-Linda* et leurs hallucinations « armanistes ». Mais la mystique aryenne de List et son programme raciste ne sont pas qu'anecdotiques. Dès le début du XXe siècle, cette mystique trouvera rapidement ses prolongements dans plusieurs courants et sociétés secrètes, tel l'Ordre Nouveau du Temple de l'« ariosophe » Adolf Joseph Lanz, dont l'une des loges, la *Thule-Gesellschaft* (Société de Thulé), participera à la fondation du parti nazi[2]. L'un des disciples de List, Ernst Lauterer, dit « Tarnhari », sera le collaborateur de l'écrivain antisémite *völkisch* Dietrich Eckart, le mentor de Hitler auquel est dédicacé *Mein Kampf* ; et le *Münchener Beobachter*, qui deviendra le *Völkischer Beobachter* et sera journal du parti nazi à partir de 1920, consacrera à List, mort en 1919, une notice nécrologique. C'est sans surprise que l'on retrouvera un peu plus tard, avec *Le Matin des magiciens* de Louis Pauwels, ce courant « occultiste » parmi les composantes idéologiques de la Nouvelle

1. List, 1908, 1914 ; sur List, Goodrick-Clarke, 1989.
2. *Ibid.* ; Römer, 1985, p. 96, 136 ; Daim, 1958.

Droite française des années 1960-1970[1]. Plus qu'une excroissance pathologique, l'aspect « occultiste » de la germanomanie (ou de l'aryanomanie) est aussi un miroir grossissant, qui met à nu une partie des schémas, mais aussi des enjeux idéologiques et fantasmatiques, qui agissent la quête des origines ancestrales.

Des ambiguïtés de la linguistique officielle

Les indo-européanistes professionnels du milieu académique tentaient de prendre leurs distances par rapport à tous ces délires d'amateurs. Le linguiste Hermann Hirt, professeur à Leipzig puis à Giessen, était un tenant, contre Schrader, d'un Foyer originaire scandinave : l'ours et l'abeille du vocabulaire commun excluent pour lui les steppes, tandis que le hêtre, la mer, le sel, le saule ou le bouleau imposeraient la Baltique :

> Là vivent encore aujourd'hui le loup et l'ours, là essaiment les abeilles dont le miel servait à préparer le doux breuvage, le **medhu* des Indo-Européens, là s'élevaient de grands arbres où, avec l'aide du feu, on pouvait creuser des barques, là on pouvait adorer la divinité dans les grandes forêts qui inspiraient la terreur religieuse. En revanche, il n'y avait pas d'espace pour y manier le cheval ; le lion et le tigre font défaut dans cette région. Enfin, on peut rappeler le caractère archaïque des langues lituanienne et slave ; les peuples qui parlèrent ces langues, plus rapprochés de leur pays d'origine, les ont conservées mieux que les autres à l'abri des intrusions[2].

Pourtant Hirt considérait les travaux de Penka ou de Wilser dans le domaine linguistique (c'est-à-dire là où ils étaient « contrôlables ») comme « non seulement insuffisants, mais même au-delà de toute critique ». De fait, « la notion d'Indo-Européens a un sens linguistique, et uniquement linguistique. On ne doit l'utiliser que dans ce seul domaine[3] ». Quant à l'idée d'une « race » unique : « Seule la linguistique a le droit de parler d'un

1. Voir *infra*, chap. 9, p. 275.
2. Hirt, 1892 (republ. *in* Hirt, 1968, p. 23).
3. Hirt, 1905-1907, p. 549.

“peuple”, car cela est la supposition obligée de la langue primitive reconstruite ; que ce peuple ait possédé des caractères raciaux homogènes, nous sommes dans l’incapacité de le démontrer, et d’ailleurs peu nous importe[1]. » Hirt estimait certes que les Indo-Européens avaient accompli « ce qu’il y avait de plus élevé pour la civilisation humaine » et que leur branche linguistique était « à l’échelle du monde entier la plus significative et la plus riche en énergie[2] ». Mais, pour lui, ils restaient des barbares, et l’essentiel des traits de leur civilisation (la charrue, le bronze, le char) avait été emprunté à l’Égypte et à la Mésopotamie.

Hirt, né une génération après Schrader, représente une charnière. Au-delà des réserves académiques, il est le premier à offrir au foyer scandinave une respectabilité linguistique et universitaire. Mais son contemporain, l’archéologue Gustaf Kossinna, professeur à Berlin n’aura déjà plus, nous le verrons, ces scrupules méthodologiques. Pour une grande partie de cette génération qui ouvre le XXe siècle, l’équation Germains = Indo-Européens primitifs et Germanie historique = Foyer originel devient, avec des nuances, peu à peu un fait acquis. Dans le même temps, cette équation prend de plus en plus une définition et un contenu « raciaux ». C’est dans cette atmosphère intellectuelle, où les frontières entre la science officielle et les délires d’amateurs vont devenir de plus en plus perméables, que grandit la génération suivante, celle du national-socialisme. Kossinna a beau mourir en 1931, deux ans avant la prise du pouvoir par Hitler, et Hermann Hirt en 1936, tous deux seront amplement « récupérés ». La recherche pour une identification « raciale » du Peuple originel n’était pas inscrite au départ. C’est peu à peu, à partir de la seconde moitié du XIXe siècle, tandis que se constituait dans toute l’Europe l’anthropologie physique, avec ses méthodes incertaines, que les débats s’organisent autour de la « race indo-européenne », sous-tendus par un enjeu de taille, la justification des inégalités entre peuples et entre êtres humains.

1. Hirt, 1892, p. 465.
2. Hirt, 1905-1907, p. 3 et 176.

4

L'invention du « racisme scientifique »

Où l'on rappelle que l'Occident inventa la « race », inspiré par les classifications zoologiques et botaniques – Et comment l'on débattit longtemps pour savoir si les Amérindiens étaient des hommes et si l'humanité avait une origine unique (monogénisme) comme l'enseigne la Bible, ou une origine multiple (polygénisme) – Comment l'on apprit à mesurer les crânes, d'abord en les remplissant de graines de moutarde puis avec des instruments de plus en plus compliqués, jusqu'à prendre cinq mille mesures sur un seul crâne – Où l'on voit comment l'autoproclamé « comte » de Gobineau, fils d'une belle créole, était terrorisé par le métissage – Et pourquoi le médecin français Paul Broca, fondateur de la Société d'anthropologie et à qui nous devons notre zone cérébrale « de Broca », laquelle nous permet de parler, allait déterrer des crânes nuitamment dans un cimetière basque espagnol – Et où l'on apprend qu'il y avait deux « races » françaises et que leur métissage était le seul au monde à être harmonieux – Où l'on se demande si les Indo-Européens originels étaient blonds et dolichocéphales comme en Allemagne du Nord, ou bruns et brachycéphales comme en France – Pourquoi le bibliothécaire Vacher de Lapouge détestait les brachycéphales, les démocrates et les Juifs, et pensait que les Indo-Européens originels étaient blonds – Où l'on constate comment, pour pouvoir continuer de justifier les inégalités entre les hommes lorsque l'anthropologie physique sembla ne plus tenir debout, un cousin de Darwin, Sir Francis Galton, inventa l'eugénisme et la « psychologie raciale ».

Le racisme est une idée moderne. Certes, il est commun que chaque groupe humain dévalorise les autres groupes qui l'entourent ; mais la justification par la « race » a été propre à l'Occident et à son approche « scientifique » du monde. Lorsque le père de Rodrigue, le Cid, qui vient d'être giflé par celui de Chimène, pleure « un tel affront, le premier dont [sa] race ait vu rougir son front », le mot « race » ne désigne encore que la « famille », la « lignée » au sens large. Ce mot, qui apparaît sous la même forme en français, en anglais et en allemand, viendrait de l'italien *razza*, lui-même évolution hypothétique du latin *ratio* (le mot qui a donné « raison » en français !) et qui, au début du Moyen Âge, prend aussi le sens d'« espèces » ou de « variétés » d'animaux ou de fruits[1]. Quant à l'humanité, elle ne formait encore qu'une seule et même famille, descendante de son ancêtre unique Adam, *via* Noé, le rescapé du Déluge, et ses trois fils Sem, Cham et Japhet. Mais au fur et à mesure que l'Occident étendait son emprise coloniale sur le monde, l'universalisme chrétien allait trouver ses limites[2]. D'une part, il devenait de plus en plus malaisé de rendre compte de la variété des apparences physiques que l'on rencontrait à travers les terres nouvelles, et les commentateurs devaient tordre le texte biblique, supposer un quatrième fils à Noé ou identifier les Indiens d'Amérique à l'une des « tribus perdues » d'Israël. D'autre part, les intérêts bien compris des nouveaux empires coloniaux exigeaient de leurs autorités spirituelles qu'elles justifiassent au mieux le nouvel ordre mondial et leurs besoins en main-d'œuvre peu coûteuse.

C'est pourquoi on débattit longuement pour savoir si telle ou telle de ces populations nouvelles était réellement dotée d'une âme, ou si elle pouvait être simplement domestiquée à l'instar des animaux. Les Amérindiens, « découverts » en 1492, ne furent considérés comme des *veri homines* (des « hommes véritables ») que par une bulle pontificale de 1537. De toute façon, une mystérieuse malédiction biblique pesait sur Cham et ses descendants, et suffisait à justifier l'esclavage des Noirs, la filiation entre ledit Cham et les Africains résultant elle-même d'une extrapolation talmudo-casuistique tardive. Aussi les rares essais de colonisation « douce », comme les missions des Jésuites du Paraguay, furent-ils rapidement mis au pas. L'exigence scientifique naissante, qui étendait sa grille sur le monde, se devait pourtant de comprendre. D'une part il convenait de classer, et

1. Tournier, 1992.
2. Jouanna, 1976.

c'est ce que fait le naturaliste Linné dans son *Système de la nature*, en distinguant quatre variétés humaines, de qualités inégales[1]. Avant lui, dès 1684, le philosophe François Bernier avait divisé l'humanité, selon l'apparence et la géographie, en cinq « races » d'hommes, employant pour la première fois le mot dans son sens « moderne »[2].

Mais d'autre part, il fallait aussi expliquer une variété si frappante, d'autant qu'au-delà des apparences, il semblait bien y avoir aussi entre ces « races » une inégalité de destin, l'une ayant vocation à l'emporter sur toutes les autres. Ou bien cette différence datait de toute éternité, mais alors, en cas d'une origine « polygénique » d'hommes apparus dans plusieurs lieux de création indépendants, que devenait la Bible ? Ou bien, si tous les hommes descendaient d'un seul homme (et d'une seule femme), cette différence était chronologique. Le modèle « monogéniste » adamique admettait à son tour deux variantes : soit la « race blanche » était issue d'une conquête progressive de la civilisation à partir de l'état de sauvagerie des Noirs, voire auparavant des singes (c'était en Grande-Bretagne la position de Lord Monboddo[3]) ; soit, plus orthodoxe, la « race blanche », créée comme telle par Dieu, pouvait dans certains environnements hostiles « dégénérer » en « races inférieures ». C'était la position, avec bien d'autres, du naturaliste Buffon, qui proposait pour vérifier l'hypothèse de transporter des Noirs du Sénégal au Danemark afin de voir si, au fil des générations, ils retrouveraient leur belle couleur blanche originelle.

Dieu et les polygénistes

L'affaiblissement continu du modèle biblique donnait de plus en plus d'espace aux théories polygénistes. Après le philosophe David Hume, le chirurgien anglais Charles White affirme en 1799, dans son *Account of the Regular Gradation of Man*, la

1. *Supra*, chap. 1, p. 33.
2. Bernier, 1684 ; Poliakov, 1987, p. 164-165 (et plus généralement IIe partie, chapitres I-II).
3. Greene, 1961.

réalité du polygénisme et s'attaque à Buffon, aussi bien pour sa théorie de l'influence du milieu sur la « race », que sur sa définition de l'espèce par l'interfécondité interne : ne pouvait-on pas obtenir des hybrides entre des espèces différentes ? Ces deux points seront au cœur de tous les débats du XIXe siècle. Quant à la supériorité de la « race blanche », elle est pour White, comme son nom l'indique, aisée à démontrer car où, ailleurs que chez les Blancs, peut-on trouver « cette noble tête voûtée, renfermant un cerveau aussi volumineux [...] ? Cette variété de traits et cette plénitude de l'expression [...] ? Dans quelle autre partie du globe peut-on trouver cette rougeur qui envahit les traits empreints de douceur des belles femmes d'Europe, cet emblème de modestie, de sentiments raffinés [...] ? Où, si ce n'est sur la poitrine de la femme européenne, peut-on trouver ces deux hémisphères rebondis, blancs comme neige et couronnés de vermillon ?[1] ».

Avec une grande logique historique, le polygénisme va, dans la première moitié du XIXe siècle et jusqu'à ce qu'il soit mis à bas par la théorie darwinienne de l'évolution, trouver ses meilleurs théoriciens dans les États-Unis esclavagistes. L'enjeu était d'ailleurs clairement perçu comme tel par les contemporains. Le premier fut le naturaliste suisse Louis Agassiz, disciple de Cuvier, qui en 1840 s'installe à l'université de Harvard, dont il fonde le musée de zoologie. Le polygénisme d'Agassiz, à l'origine créationniste strict, se développe surtout après son arrivée aux États-Unis, à la suite du traumatisme que crée chez lui la vue de domestiques noirs ; il a laissé là-dessus, sous forme de lettres écrites à sa mère, des témoignages pathétiques et accablants[2].

Mais il fallait asseoir le polygénisme sur des arguments concrets. Ce fut l'œuvre de Samuel Morton, qui à Philadelphie accumulait les crânes humains, dont à sa mort, en 1851, il possédait plus d'un millier. Il en édita le volumineux *Crania americana*, dans lequel il crut pouvoir démontrer que les Blancs avaient en moyenne un plus gros crâne que les autres « races », donc pour lui une plus grande intelligence. Le paléontologue Stephen Jay Gould a montré depuis lors en détail par quels types de manipulations inconscientes des chiffres et des sta-

1. Cité *in* Stanton, 1960, p. 17.
2. Sur le polygénisme américain : *ibid.* ; Gould, 1981.

tistiques Morton réussit à obtenir ces résultats[1]. Par exemple, pour en mesurer le volume, il les emplissait de graines de moutarde, qu'il tassait plus ou moins, en toute bonne foi, selon les résultats qu'il souhaitait. Les résultats furent beaucoup moins satisfaisants quand on remplaça les graines de moutarde par de la grenaille de fer.

Aux côtés de Morton, son ami George Gliddon, consul américain au Caire, ainsi que Josiah Nott publièrent des tableaux de la différence des « races », dans *Types of Mankind* (1854) et *Indigenous Races of the Earth* (1857), dans lesquels ils raillent « ceux qui croient que les Hébreux et les Hottentots comme les chameaux et les girafes sont issus d'une seule et unique souche ». Nott parcourait le sud des États-Unis en donnant des « conférences sur la négrologie » (*niggerology*), tandis que la principale revue médicale sudiste salua Morton à sa mort comme un « bienfaiteur ». Mais l'Europe a aussi ses polygénistes, tels en France le naturaliste Bory de Saint-Vincent, auteur de *L'Homme (homo), essai zoologique sur le genre humain*, membre de la mission scientifique qui accompagnait en 1828 l'expédition de Morée, soutien militaire français à l'insurrection grecque contre l'Empire ottoman ; ou encore le très raciste pharmacien militaire bonapartiste Jean-Joseph Virey, dont l'*Histoire naturelle du genre humain* fut traduite en 1837 aux États-Unis sous le titre de *The Natural History of the Negro Race*[2]...

L'art de mesurer les crânes

Morton ne fut cependant pas le premier à collectionner et à mesurer des crânes. Cette partie du corps humain qui naguère, de Hamlet à l'anamorphose des *Ambassadeurs* de Hans Holbein, était invitation à l'édification morale et aux méditations sur la vanité du monde devient avec les Lumières un objet scientifique. On crédite généralement Johann Friedrich Blumenbach, professeur à Göttingen, d'avoir fondé l'anthropologie physique : il réunit la première grande collection de crânes et en proposa

1. *Ibid.*, chap. II.
2. Blanckaert, 1981.

la classification. Il est monogéniste, comme le rappelle fortement le titre de son ouvrage de 1775 *De generis humani varietate nativa*, traduit sous le titre *De l'unité du genre humain et de ses variétés*, et qui connut de nombreuses rééditions et traductions. C'est lui qui définit et dénomme « caucasienne » la « race blanche », donnant « à cette variété le nom du mont Caucase, parce que c'est dans son voisinage que se trouve la plus belle race d'hommes, la race géorgienne, et que s'il est possible d'assigner un berceau au genre humain, toutes les raisons physiologiques concourent à le placer à cet endroit [...]. Enfin la peau des Géorgiens est blanche, et cette couleur paraît encore appartenir primitivement au genre humain, mais elle dégénère facilement en une couleur noirâtre ». À ce jour, « caucasien » est toujours le terme officiel utilisé par la police nord-américaine dans ses fiches signalétiques. Peu avant, en 1770, le Hollandais Peter Camper avait inventé « l'angle facial » : du singe à l'Européen, en passant par le Noir et les Kalmouks, l'angle entre l'horizontale du crâne et la « ligne faciale » qui va des incisives au bombement du front, était de plus en plus obtus, et mesurait donc l'intelligence ; il avait néanmoins l'inconvénient d'être plus aigu chez l'Européen adulte que chez le même enfant[1].

Il fallait pourtant mesurer, puisque tel était le prix d'une définition « scientifique » des « races », mais cela n'allait pas sans peine, le cerveau étant un volume complexe. L'indice de Camper et ses variantes connurent un grand succès, et l'on distinguait à la suite de Charles Prichard, un monogéniste anglais, entre les « orthognathes », à la face droite, et les « prognathes », dont la face s'avançait vers l'avant « en museau »[2]. Le plus célèbre des indices crâniens sera l'« indice céphalique » du Suédois Anders Retzius, proposé à partir de 1842 et qui mesure le rapport, vu du dessus, entre la longueur du crâne, d'avant en arrière, et sa largeur : si la longueur est (en gros) supérieure à plus des trois quarts de la largeur, on parlera de têtes « longues » ou « dolichocéphales » ; si elle ne la dépasse pas de plus d'un huitième, on parlera de têtes « courtes », ou « brachycéphales »[3]. Retzius

1. Camper, 1791 ; Blanckaert, 1987 ; Barsanti, 1986.
2. Prichard, 1813.
3. Retzius, 1846, 1864 ; Blanckaert, 1989b.

en fait ne s'arrêtait pas à un indice céphalique aussi simpliste, mais le combinait avec d'autres, distinguant en particulier les « dolichocéphales orthognathes » (Germains, Celtes, Scandinaves) des « dolichocéphales prognathes » (Groenlandais, Caraïbes, Africains, Australiens), et les « brachycéphales orthognathes » (Slaves, Lapons, Finnois, Perses) des « brachycéphales prognathes » (Tartares, Mongols, Malais, Papous et certains Amérindiens), et jusqu'à sa mort, en 1860, il poursuivit sa diversification. Mais « l'indice céphalique » était ce qu'il y avait de plus aisé à retenir, et ce fut lui qu'on retint.

Observant les populations européennes telles qu'il les avait classées, Retzius était confronté à deux faits. D'une part, en Scandinavie, Lapons et Finnois d'un côté, Suédois de l'autre, différaient nettement ; or les premiers ne parlaient pas des langues indo-européennes. D'autre part, il n'y avait pas non plus d'homogénéité à l'intérieur des populations de langues indo-européennes. Les Slaves en particulier, avec leurs têtes rondes, sortaient du lot. Il n'y avait donc pas d'homogénéité de la prétendue « race caucasique » de Blumenbach, qui reprenait l'*Homo europaeus* de Linné, et que Prichard, le créateur du « prognathisme », avait baptisé de son côté « race indo-atlantique », une allusion transparente aux porteurs des langues indo-européennes. À la nouvelle classification de Retzius, qui en réalité ne faisait que subdiviser les classifications géographiques précédentes, le modèle indo-européen tel qu'il est pratiqué durant la première moitié du XIXe siècle vient proposer tout naturellement un schéma interprétatif, mais à double détente. Puisque les Indo-Européens sont venus d'Asie centrale pour se répandre dans toute l'Europe, et puisque les Celtes et les Germains en sont deux composantes attestées par les textes des auteurs anciens, il est normal de les identifier à ces « dolichocéphales orthognathes », d'ailleurs souvent blonds, qui peuplent une bonne partie de l'Europe occidentale. Et tout aussi normalement, ces « brachycéphales orthognathes » qui parlent des langues non indo-européennes comme les Lapons, les Finnois, mais aussi les Basques, sont donc les vestiges des populations autochtones qui occupaient l'Europe avant l'arrivée des « Aryens ». De fait, Retzius s'appuie explicitement sur l'autorité de Rasmus Rask, l'un des « inventeurs » de l'idée linguistique indo-européenne[1]. Quant aux dolichocéphales, il était difficile de ne pas remarquer qu'en Europe, ils étaient en général « doués des facultés de l'âme les meilleures[2] ».

Mais il restait cet autre volet, l'hétérogénéité anthropologique interne des locuteurs indo-européens. À l'évidence, tous les Européens parlant une langue indo-européenne ne sont pas grands, blonds et dolichocéphales. Lesquels sont donc les plus près de la « race » originelle ? Et d'où viennent les autres ? Ce moment où les mouvements nationaux, écrasés en 1848, se renforcent un peu partout en Europe, où les unités italienne et allemande vont se forger dans la guerre, ce troisième quart du XIXe siècle est celui où les écoles anthropologiques s'institutionnalisent et définissent leurs instruments et leurs protocoles.

Du droit divin à la nation

Jusqu'à l'apparition de l'idée de « nation », à la fin du XVIIIe siècle, les hommes de l'Europe étaient soumis à deux pouvoirs. À l'un, spirituel, universel, « catholique » au sens propre, on obéissait en tant qu'homme, descendant d'Adam. Devant l'autre, temporel, éclaté en une mosaïque de territoires divers constitués au hasard des fortunes guerrières et des mariages par les diverses familles régnantes, on était un sujet. Si la légitimité du souverain reposait sur un droit « divin », rien ne définissait celle de ses frontières, sinon le dernier traité signé. Or les peuples sujets, en décidant désormais de disposer d'eux-mêmes, vont tirer leur légitimité nouvelle d'un sentiment d'appartenance commune, dont la manifestation la plus claire est une langue commune qui leur permet de se comprendre, langue qui en Allemagne fut acquise de haute lutte. Les frontières devront désormais coïncider avec les langues, condamnant à terme les empires multinationaux. Mais si cette science nouvelle, l'anthropologie, permet d'identifier des traits physiques spécifiques aux différents peuples, il y a donc, au-delà d'un esprit collectif, une incarnation physique

1. Blanckaert, 1989a, p. 182 *sq.* ; voir aussi Rousseau, 1981. Voir *supra*, chap. 2, p. 41.
2. Retzius, 1864.

du sentiment national. Il n'y a pas seulement la mémoire de notre histoire, il y a celle de notre sang, de notre « race » (on dira plus tard, de nos gènes). La famille et ses ancêtres deviennent la métaphore de la nation ; les différences ethniques sont aussi des différences raciales[1].

L'enracinement de cette nouvelle vision du monde variera avec les situations politiques. En France, langue et unité nationales étaient acquises depuis longtemps, au prix de l'effacement de ce que nous appellerions aujourd'hui des « nationalités », et dont la République, « une et indivisible », déniera toujours la légitimité. Aussi l'aspiration au changement ne portait pas sur l'unité et les frontières, mais sur la démocratie, un modèle que la France avait inventé et qu'elle se devait d'exporter. En Allemagne au contraire, le séisme napoléonien avait à la fois libéré les sentiments nouveaux en bouleversant pour un temps l'ordre ancien, et blessé par ses annexions militaires ces mêmes sentiments, d'autant qu'il avait en passant émancipé politiquement les Juifs allemands[2] – même si l'empereur rétablit ensuite une partie des discriminations contre les Juifs français. Nous avons vu pourquoi la grammaire comparée indo-européenne se devait d'être, en ses origines, une science allemande et comment, de Schlegel à Grimm, elle entretint avec la constitution du nationalisme allemand des rapports organiques.

Mais comme principe explicatif de l'histoire, l'idée de « race » rencontrait un écho favorable en France. L'historien Augustin Thierry pouvait écrire dès 1825, dans l'introduction au *Résumé de l'histoire d'Écosse* du journaliste républicain Armand Carrel, son secrétaire particulier : « Les nouvelles recherches physiologiques, d'accord avec un examen plus approfondi des grands événements qui ont changé l'état social des diverses nations, prouvent que la constitution physique et morale des peuples dépend bien plus de leur descendance et de la race primitive à laquelle ils appartiennent, que de l'influence du climat[3]. » On avait d'ailleurs, de manière un peu artificielle, de Sieyès à Guizot, essayé de rendre compte de la Révolution française et même de toute

1. Blanckaert, 1981 ; Liauzu, 1992 ; Moussa, 2003 ; Guiral et Temime, 1977.
2. Sterling, 1969.
3. Cité *in* Poliakov, 1987, p. 42.

l'histoire de France par une « lutte des races » entre l'aristocratie, d'origine franque, germanique, et le peuple « gaulois » conquis. Aussi Herder ou Schlegel rencontreront un vif succès auprès des historiens romantiques français, dans cette France qui s'ennuie sous la monarchie de Juillet : Edgar Quinet traduit Herder, Michelet traduit Grimm et évoque dès 1831 « la longue lutte du monde sémitique et du monde indo-germanique[1] ». Ainsi, selon le mot de Léon Poliakov, « commençait à prendre corps ce mélange de nationalisme spiritualiste et de scientisme matérialiste dont allait sortir le déterminisme racial[2] ».

Les effrois du « comte » de Gobineau

C'est en France encore que paraît le célèbre *Essai sur l'inégalité des races humaines* du « comte » Arthur de Gobineau. Le livre se présentait comme une gigantesque fresque historique imaginaire, de mille deux cents pages (Gobineau écrivait sans se relire), relatant l'histoire des « races » depuis leur création – car l'auteur restait fidèle à la Bible. Épouvanté par le métissage, il tâchait d'évaluer le degré de pureté des différents peuples antiques, la grande « race » des « Arians » s'étant peu à peu mélangée avec les « races » jaunes et noires. À grand renfort d'étymologies fantaisistes, il rapproche le nom (grec) des « Pygmées » de celui des « Finnois », *via* deux racines sanscrites, *Pi* et *Han*, qui feraient des Pygmées des nains jaunes envahisseurs venus du Nord. Les Finnois actuels seraient cependant des métis germaniques. Il accorde aux Noirs un indéniable « génie artistique » et les Juifs sont « un peuple fort, un peuple libre, un peuple intelligent » qui avait jadis « fourni au monde presque autant de docteurs que de marchands ».

L'*Essai* n'était d'ailleurs qu'une introduction à l'histoire de l'ancêtre mythique de Gobineau, le pirate viking Ottar Jarl, féroce, grand et blond. Las, Gobineau n'était pas comte mais fils d'un terne petit-bourgeois monarchiste bordelais, et sa mère était… une belle et inconstante créole des Antilles ; il n'était pas grand

1. Cité in *ibid.*, p. 227.
2. *Ibid.*, p. 231.

et blond, mais petit, brun, malingre, et atteint d'hémorragies digestives. On comprend que l'*Essai* s'achève sur de poignantes et funèbres prophéties quant à la fin prochaine du monde :

> L'espèce blanche a désormais disparu de la face du monde [...]. La part de sang arian, subdivisée déjà tant de fois, qui existe encore dans nos contrées, et qui soutient seule l'édifice de notre société, s'achemine chaque jour vers les termes extrêmes de son absorption [...], le dernier terme de la médiocrité dans tous les genres : médiocrité de force physique, médiocrité de beauté, médiocrité d'aptitudes intellectuelles, on peut presque dire néant.

Et ainsi parviendra-t-on à ces temps où, avec « le dernier soupir de notre espèce, le globe, devenu mort, continuera, mais sans nous, à décrire dans l'espace ses orbes impassibles »[1].

Qualité littéraire mise à part, l'ensemble de l'*Essai* relève d'un symptôme pathologique délirant, plutôt transparent, et Gobineau est le type même de ce que les éditeurs nommeraient aujourd'hui un « fou scientifique ». Mais en 1853, les frontières entre pensée mythique et pensée scientifique étaient moins bien balisées. De fait Gobineau sera cité comme un auteur « normal » dans les revues anthropologiques qui vont bientôt apparaître en France et ailleurs – bien qu'on insiste souvent en France sur le peu d'écho qu'il rencontra à l'époque dans son pays natal (pour le libéral Tocqueville, cette insistance sur le « sang » est « un système de maquignon, plutôt que d'homme d'État », bon pour la *Revue des haras*[2]). Il reçut néanmoins une lettre d'Ernest Renan, louant sa « vigueur » et son « originalité d'esprit », dans une France qui « croit très peu à la race, précisément parce que le fait de la race s'est presque effacé dans son sein [...]. La langue française, n'étant qu'un détritus de quatrième ou de cinquième zone, est certainement une des causes qui font que l'esprit français n'a pas du tout été amené et se prête très difficilement aux vrais principes de la philologie comparée. Tout cela ne pouvait naître que chez un peuple comme le peuple allemand, qui tient encore

1. *Essai*, rééd. de 1967, p. 870-872. Sur Gobineau, voir Young, 1968.
2. Jardin, 1977, p. 216. Voir aussi Moussa, 2003.

à ses racines primordiales et parle une langue qui a ses causes en elle-même »[1]. Renan, dont le cours au Collège de France sera interdit par Napoléon III pour blasphème, développera longuement dans son œuvre l'opposition entre une « race sémitique », et une « race indo-européenne », l'une figée dans le monothéisme de son désert natal, l'autre inventive et colorée, mais, linguiste, il hésitera constamment dans les définitions et parlera tantôt de « races anthropologiques », tantôt de « races linguistiques »[2].

Les lecteurs de Gobineau seront surtout allemands, et pour longtemps. Richard Wagner figurera parmi les premiers. Il l'invitera à Bayreuth, lui dédicacera ses œuvres et se serait écrié en écoutant *Siegfried*, son propre opéra : *Das ist Rassenmusik, das ist für Gobineau !* (ça, c'est de la musique raciale, c'est pour Goobineau !), du moins si l'on en croit Ludwig Schemann, un idéologue antisémite fondateur en 1894 de la Société Gobineau[3]. Les responsabilités idéologiques de Wagner font, on le sait, l'objet de débats infinis et, parmi les contributions les plus récentes, son arrière-petit-fils, Gottfried Wagner, dénonce la collusion de la famille Wagner avec le nazisme, tandis qu'Éric Eugène, la même année, nie que Wagner ait jamais approuvé Gobineau[4].

Une science de l'Homme ?

Tel est le climat intellectuel dans lequel s'inscrit, à la fin des années 1850, la fondation de la plupart des sociétés d'anthropologie, qui vont codifier cette nouvelle « science de l'homme ». Outre Paris en 1859 (où elle prend le relais de la Société d'ethnologie), des sociétés similaires se créent à Londres (1863), Moscou (1863), Berlin (1869), Vienne (1871) ainsi qu'en Italie, entre autres. Ce climat et ses enjeux, sur le plan des origines humaines, c'est le débat entre monogénistes et polygénistes ; sur le plan des idéologies nationales, c'est le rôle de la « race » dans la formation de chaque pays ; sur le plan historique et

1. Lettre à Gobineau du 26 juin 1856, *Œuvres*, t. X, p. 203-205 (cité *in* Poliakov, 1987, p. 235).
2. Olender, 1989, p. 75-111.
3. Schemann, 1913-1916, p. 558. Voir *infra*, p. 135.
4. Wagner (G.), 1998 ; Eugène, 1998.

politique, c'est l'expansion coloniale généralisée et les justifications qui l'accompagnent ; sur le plan méthodologique, c'est l'objectif de répartir toute l'humanité selon des « races », chacune rigoureusement définie par des séries de mesures objectives et répétables, et c'est aussi le statut épistémologique de ces « races », « linguistiques », « géographiques », « historiques » ou « anthropologiques ». La nouvelle discipline procède de trois champs d'observation, le corps humain, les civilisations « primitives » et les recherches archéologiques sur les origines de l'homme. Ce n'est qu'à la fin du siècle que ces trois champs se sépareront pour former trois sciences autonomes. En revanche l'histoire et la philologie n'occupent qu'une place marginale, ou plus exactement sont-elles pratiquées en amateurs par les nouveaux « anthropologues », pour la plupart médecins et anatomistes. La Société d'anthropologie de Paris[1], de réputation internationale, sera le symptôme exemplaire de toutes les contradictions de la discipline : l'application d'une méthodologie scientifique à un non-objet scientifique, au nom d'idéologies souvent informulées.

La Société fut créée par le médecin Paul Broca, non sans mal d'ailleurs car, confondant sans doute « anthropologie » et « philanthropie », les sbires tatillons de la police de Napoléon III étaient restés soupçonneux devant l'initiative. Comme le rappellera Broca à l'occasion du banquet célébrant le vingtième anniversaire de la Société, « ce nom d'anthropologie, jusqu'alors inconnu dans les bureaux, ne déguisait-il pas quelque société politique ? ». Les premières réunions devront se tenir « sous la surveillance du commissaire de police du quartier de la Sorbonne »[2]. La Société fut néanmoins « reconnue d'utilité publique » dès 1864. Paul Broca est l'un des fondateurs de l'anatomie moderne, et notre cerveau possède une « zone de Broca », dont la lésion peut provoquer une « aphasie de Broca ». Il mena une double carrière de médecin et de scientifique ; membre de l'Académie de médecine, il finira sénateur de l'Union républicaine. Pendant vingt ans, et jusqu'à sa mort en 1880, il conduira d'une main

1. Sur la Société d'anthropologie de Paris, toujours vivante, voir, outre ses *Bulletins* et ses *Mémoires*, Blanckaert, 1981 ; Blanckaert *et al.*, 1989 ; Blanckaert, 1989c ; Harvey, 1983 et 1984 ; Williams, 1983 ; Schiller, 1979. Voir aussi Moussa, 2003 ; Reynaud Paligot, 2006 ; Liauzu, 1992 ; Guiral et Temime, 1977.

2. *Bulletins de la Société d'anthropologie de Paris*, 1879, p. 711.

de fer les débats, les travaux et les orientations scientifiques de la Société, dont il restera l'inamovible « secrétaire général », dressant régulièrement des bilans programmatiques de l'état et des avancées de la discipline.

La formation de Broca, lui-même fils d'un chirurgien des armées impériales, et la composition de la Société, dont plus de 80 % sont médecins, placeront d'emblée l'anatomie au centre des problématiques. Comme l'indiquent ses statuts, le but de la Société est « l'étude scientifique des races humaines », et les moyens en seront la mesure. Broca met au point tout un arsenal d'instruments pour mesurer les crânes, tels que craniographe, craniophore, cranioscope, craniostat, endographe, stéréographe, pachymètre, orbistat, goniomètre, crochet sphénoïdal ou crochet turcique, sonde optique et autre tropomètre. Chaque séance de la Société est l'occasion de présenter tel crâne ou telle tête envoyés par de généreux correspondants. Une fois, c'est « la tête d'un individu de la province d'Oran, nommé Abdallah, qui s'était rendu célèbre par de nombreuses embuscades, où il nous avait tué une trentaine d'hommes [...]. Sa tête fut coupée et conservée en la plongeant toutes les nuits dans une boîte pleine de sel marin ; vous pouvez juger du résultat de ce procédé si simple[1] ». Une autre fois, c'est « le crâne d'un Chinois tué lors de l'expédition française de 1860 au Peiu-Ho, à l'attaque des forts de Takon. Ce Chinois est mort d'un coup de sabre [...]. C'est un exemple de l'effet que peuvent produire les coups de sabre [...]. L'origine du sujet rend intéressante la conformation de la face, qui est parfaitement chinoise[2] ». Une autre fois encore, on a reçu de Saigon « un cerveau de Chinoise enfermé dans une boîte de fer-blanc remplie d'alcool et soudée » ; las, à l'arrivée, « il était complètement pourri et répandait une odeur infecte » : il faudra donc à l'avenir faire dégorger les cerveaux et mieux soigner l'emballage[3].

On rivalise d'ingéniosité : Ernest-Théodore Hamy, le continuateur de Quatrefages, « offre à la société une échelle chromatique de la peau des nègres. [...] Ce sont une série de grains de café

1. *Bulletins de la Société d'anthropologie de Paris*, 1862, p. 237.
2. *Bulletins de la Société d'anthropologie de Paris*, 1879, p. 697.
3. *Bulletins de la Société d'anthropologie de Paris*, 1879, p. 175.

plus ou moins torréfiés, et donc chacun porte un numéro[1] » ; le docteur Gustave Le Bon, théoricien raciste de la « psychologie des foules[2] », se procure auprès des chapeliers les dimensions crâniennes de leurs clients afin de comparer la grosseur du crâne selon les sexes et les classes sociales (il recevra pour cela un prix de la Société en 1879). Broca rédige à l'intention des voyageurs cent cinquante pages d'« Instructions » afin de mesurer au mieux les populations lointaines. Il alimente en abondance la collection de crânes de la Société, qui compte six cent trente crânes au bout de quatre ans, et trois mille cinq cents à la mort de Broca. Et, manquant de « crânes de Basques », il n'hésitera pas à aller, avec la complicité d'un collègue espagnol, en déterrer nuitamment une bonne cinquantaine dans le cimetière basque espagnol de Zaraus[3].

L'enjeu général du programme anthropologique était clair : démontrer la supériorité intellectuelle de la « race blanche », dont la supériorité militaire était à cette époque éclatante : « Une peau plus ou moins blanche, une chevelure lisse, un visage *orthognathe* sont l'apanage le plus ordinaire des peuples les plus élevés dans la série humaine [...]. Jamais un peuple à la peau noire, aux cheveux laineux et au visage prognathe, n'a pu s'élever spontanément jusqu'à la civilisation[4]. » Broca et ses collègues n'étaient pas des extrémistes racistes, mais des républicains éclairés et anti-esclavagistes ; dans leur esprit, cette supériorité « naturelle » ne devait pas justifier certains excès de la colonisation. Leur démonstration « scientifique » ne fut pourtant qu'une suite de pathétiques déboires, chaque mesure anthropologique de l'intelligence se révélant finalement inconsistante[5]. La grosseur du cerveau et du crâne fut la première utilisée : les Allemands avaient en moyenne un plus gros cerveau (ce qu'on pouvait mettre à la rigueur au compte de la bière), mais aussi les Asiatiques, et même les criminels européens. La plus grande longueur proportionnelle de l'avant-bras devait trahir une plus grande parenté simiesque, mais la valeur la plus faible était celle

1. *Bulletins de la Société d'anthropologie de Paris*, 1879, p. 255.
2. Sur Le Bon, voir Olender, 2009, p. 29-35.
3. *Bulletins de la Société d'anthropologie de Paris*, 1862, p. 579-580 ; Dias, 1989.
4. Broca, 1866, p. 280 et 295.
5. Gould, 1981, chap. III.

de la « Vénus hottentote », une Bochiman sud-africaine (on se souvient que cette dernière, Saartjie Baartman, de son vrai nom Sawtche, Khoisan d'origine, fut amenée en 1810 depuis l'Afrique du Sud en Angleterre puis en France, où elle mourut en 1815 ; exhibée comme une bête de foire, elle fit l'objet à sa mort d'un moulage – exposé au musée de l'Homme jusqu'en 1974 – par Cuvier, qui disposa ses restes dans du formol ; ceux-ci ne seront rendus qu'en 2002 à son pays d'origine, à la suite du vote d'une loi spécifique). Le « trou occipital » du crâne, par où passe la colonne vertébrale, devait être d'autant plus placé vers l'avant que la station debout était mieux acquise ; mais il était pourtant placé plus en arrière chez les Blancs que chez les Noirs. Vers la fin du XIXe siècle, les anthropologues abandonnaient la partie. Aussitôt, les psychologues inventèrent le QI.

Qui sont les Français ?

Deux controverses plus précises et liées entre elles vont pendant plusieurs années être au cœur des débats, passionnés et fidèlement reproduits dans ses *Bulletins*, de la Société d'anthropologie : le mélange des « races » et l'origine des Indo-Européens. La première séance est inaugurée par un mémoire de Broca sur « l'ethnologie de la France » : reprenant les théories d'Edwards, le premier anthropologue « français »[1], qui s'appuyait en partie sur Jules César, Broca, à partir des statistiques sur la taille des conscrits, confirme que la France se compose de deux « races gauloises », au nord les « Kimris » grands, blonds et dolichocéphales, au sud les « Galls », petits, bruns et brachycéphales. Le milieu naturel, les invasions des Romains et les Germains n'y auraient eu qu'une influence négligeable. Finalement, « les croisements [...] n'ont exercé aucune action fâcheuse sur la population, attendu que la force, la validité, la fécondité et la longévité des hommes [...] sont les mêmes, en moyenne, dans les départements où les races ont subi le moins de mélanges et dans ceux où elles en ont subi le plus ». Comme le précisait ailleurs Broca, le « devoir » de

1. Broca, 1860 ; Edwards, 1829 ; sur Edwards, Anglais fixé en France : Blanckaert, 1988.

l'anthropologie est « de donner une vive impulsion aux recherches qui peuvent jeter un jour scientifique sur nos origines nationales ». Les enjeux implicites sont donc clairs : il y a bien une permanence des « races » (sinon l'anthropologie raciale deviendrait sans objet) ; la population française est autochtone de longue date sur son territoire ; et même si (à l'évidence) elle n'est pas homogène, c'est une hétérogénéité stable, où les mélanges sont bénéfiques (ce qui est aussi un démenti aux thèses de Gobineau).

Broca n'avait pas le choix : si l'on admettait la possibilité d'un « mélange entre races », la « race » risquait alors de se diluer et de se transformer. Aussi, de séance en séance, discuta-t-on toute cette année inaugurale de 1860 de la nature des croisements possibles entre « races », pour s'interroger finalement sur la « perfectibilité des races ». Derrière l'histoire de la population française, se jouaient à la fois le statut de la « race » et les enjeux du colonialisme. Pour les uns, les « races » étaient « perfectibles », et la colonisation bienfaisante : c'est le point de vue de Quatrefages, titulaire de la chaire d'anthropologie du Muséum et monogéniste protestant, qui soutient qu'on peut domestiquer les animaux sauvages, telle certaine louve du Muséum ; ou celui du médecin allemand Franz Pruner-Bey, également monogéniste et qui rappelle que la nature, généreuse, permet parfois aux sauvages de vivre simplement : « N'exigeons pas trop du nègre ; il est heureux avec peu[1]. »

À l'opposé Perrier, médecin en chef des Invalides, s'appuie sur Gobineau, même s'il « rejette notamment sa théorie sur le rôle régénérateur des peuples germaniques[2] ». Georges Pouchet, autre médecin, croit, « comme M. Perrier, à l'inégalité des races humaines, et à la permanence de cette inégalité [...]. Il y a des races qui se laissent volontiers bâtonner. J'ai pu m'en assurer en Égypte [où] j'ai été obligé moi aussi, pour me faire obéir, de bâtonner les personnes dont je payais les services[3] ». Adolphe Bertillon, le père du très antidreyfusard découvreur des empreintes digitales, pense même que la religion est consubstantielle à la « race », dans le sillage de Renan. Tous sont néanmoins d'accord

1. *Bulletins de la Société d'anthropologie de Paris*, I, 1860, p. 492.
2. *Ibid*, p. 196.
3. *Ibid*, p. 433-435.

pour louer les bienfaits de la colonisation française, notamment en Algérie, à l'opposé de la colonisation anglaise, qui violente les consciences et extermine les populations, comme en Tasmanie. Broca tente un compromis : il y a des « races incivilisables » tout comme des « animaux indomesticables » (la louve du Muséum n'avait que trois pattes, handicap qui l'avait rendue plus docile) ; il y a d'autres « races » qui « peuvent se civiliser » et « les croisements sont d'autant plus défectueux que les races mères sont plus éloignées ».

C'est avec ces préoccupations que les sociétaires vont débattre, tout au long des années 1860 et plus particulièrement durant 1864, de la question indo-européenne. Le débat avait été lancé à la Société dès 1862 par le linguiste belge polygéniste Honoré Chavée, qui considérait que langues sémitiques et langues indo-européennes étaient racialement inscrites dans « l'organisation cérébrale » de leurs locuteurs respectifs[1]. Il rejoignait ainsi Ernest Renan qui, membre de la Société et présent à cette séance, approuvait Chavée, avec quelques nuances[2]. Il s'agissait d'un débat plus large, où la contradiction fut portée à un niveau international, notamment par deux autres savants, l'islamologue hongrois Ignaz Goldziher, le philologue et philosophe allemand Heymann Steinthal[3].

Broca ne pouvait que réagir, puisque c'est par la langue que Chavée atteignait la « race » – et c'est par l'altérité radicale des deux structures linguistiques qu'il concluait au polygénisme des deux « races ». Dans un long mémoire, Broca martèlera que « le type [c'est-à-dire la race] est infiniment plus permanent que le langage[4] » : on peut changer de langue, et il en est de nombreux exemples historiques, mais pas de « race ». Les mensurations anatomiques resteront le point de départ de toute science de l'homme, et Broca restreint les sens d'« ethnologie » ou d'« ethnographie » à l'étude d'une « race » particulière.

1. Chavée, 1862a et b. Sur Chavée : Auroux, 1982, p. 8 ; Hovelacque, 1878.
2. Voir *supra*, p. 107-108.
3. Olender, 1989, p. 211-242, 2009, p. 26-27.
4. Broca, 1862.

De l'origine des Aryens

S'attaquer d'un point de vue anthropologique, au sens de Broca, à l'origine et aux migrations des Indo-Européens, c'était partir du modèle, évoqué plus haut, de Retzius (qui adhère en 1860, peu avant sa mort, à la SAP) : le modèle d'une colonisation de l'Europe indigène brachycéphale et brune par de grands dolichocéphales blonds venus d'Asie, dont les plus purs représentants étaient les Germains (dans leur version scandinave) et les « Celtes » ; un corollaire plus ou moins implicite supposait une certaine « supériorité » des dolichocéphales. C'est le modèle que soutient à la SAP Franz Pruner-Bey, un médecin très cultivé d'origine allemande, né Brunner et fait « Bey » par le vice-roi d'Égypte, Abbas Pacha, son patient[1]. Or, fidèle à sa ligne de 1860, le brachycéphale Broca, brun et trapu, ne pouvait, tout comme ses pairs français, admettre un schéma qui les réduisait, de par la loi de permanence des « races », à l'état de descendants d'esclaves mal assimilés, et leur appliquait le modèle colonial qu'ils destinaient aux autres. Il n'hésita pas à semer le doute sur les intentions de Retzius, sans envisager que l'argument était retournable :

> On ne doit pas oublier que les caractères de la dolichocéphalie et de la brachycéphalie ont été étudiés pour la première fois en Suède, puis en Angleterre, aux États-Unis, en Allemagne ; que dans tous ces pays, surtout en Suède, le type dolichocéphalique prédomine bien manifestement et que c'est une tendance naturelle des hommes les plus libres de préjugés, d'attacher une idée de supériorité aux caractères dominants de leur race[2].

Aussi va-t-il chercher des dolichocéphales à la fois dans les populations vivantes « indigènes » (c'est pour cela qu'il part violer nuitamment les cinquante tombes du cimetière basque de Zaraus), et sous les dolmens du néolithique ; il suscite et traduit dans les *Bulletins* les contributions de collègues étran-

1. Blanckaert, 1989b ; Wrotnowska, 1975.
2. *Bulletins de la Société d'anthropologie de Paris*, 1861, p. 513.

gers qui relatent de telles découvertes, tant en Grande-Bretagne (John Thurnam), qu'en Suisse (W. His) et même en Suède, où le propre fils de Retzius exhume avec le baron von Düben des crânes dolichocéphales sous un dolmen, ce qui « porte le coup de grâce à la doctrine de Retzius[1] ».

L'autochtonie française était donc sauve, et il n'y avait jamais eu d'invasions aryennes : « Ce qui s'était répandu dans toute l'Europe, ce n'était pas une race, mais une civilisation, qui s'était, pour ainsi dire, inoculée de peuple à peuple, car le bien s'inocule comme le mal » ; « Et ainsi, de proche en proche, d'émigration en émigration, de siècle en siècle, des peuples toujours celtes par le langage, mais de moins en moins celtes par le sang, se [sont répandus] dans toutes les directions jusqu'à l'extrémité de l'Europe »[2]. Blonds et bruns, à tête longue ou à tête ronde, étaient en Europe à la même place depuis la nuit des temps. Certains sociétaires vont plus loin. Le géologue belge Omalius d'Halloy, déjà évoqué, avait dès 1848, parmi les tout premiers, proposé un berceau européen aux Indo-Européens, ce qu'il réitérera ici, sans trop de précisions[3]. D'autres, comme le médecin polygéniste Eugène Dally, rejettent en bloc la linguistique et parlent de « légende aryenne ».

Pruner-Bey, qui défend pied à pied le modèle classique, tentera de sauver l'unité de la « race » indo-européenne, en lui permettant une très grande variabilité :

> teinte de la peau variant du blanc [...] jusqu'au jaune et à l'olivâtre. Chevelure du jaune blanchâtre jusqu'au noir de jais [...] Crâne et visage harmonique, orthognathe, ou franchement ovale ou tendant vers cette forme dans ses extrêmes de dolichocéphalie et de brachycéphalie. Traits du visage plus ou moins harmoniques dans leurs proportions. Détails du squelette s'écartant, parmi les races humaines, le plus des proportions [...] des singes anthropomorphes[4].

1. *Bulletins de la Société d'anthropologie de Paris*, 1868 p. 381 ; Blanckaert, 1989b.
2. Broca, 1864, p. 313-315.
3. Omalius d'Halloy, 1848, 1864, 1865 ; voir *supra*, chap. 3, p. 66-67.
4. Pruner-Bey, 1864, p. 122.

Mais pouvait-on encore parler de « race » devant tant de laxisme, même « harmonique » ? En termes anthropométriques stricts, on n'observait nulle part en Europe l'indice d'une migration massive. Pruner-Bey reçut néanmoins le soutien vigoureux, déjà mentionné, de l'archéologue Alexandre Bertrand[1]. Ce n'était pas seulement deux disciplines qui s'opposaient, mais aussi deux types de formation scientifique, voire deux types de notables : médecins d'une part, antiquisants de l'autre.

Mais le conflit, de science et d'influence, entre Broca et Pruner-Bey fut tranché brutalement, d'une manière hautement symbolique. En 1870, l'armée prussienne écrase l'armée française, les Germains ont eu raison des Celtes. Le Bavarois Franz Pruner-Bey, égyptien de titre et parisien d'adoption, est contraint à l'exil, son nom disparaît de la liste des membres de la Société d'anthropologie – et quand il est cité, on l'agrémente désormais d'un tréma (« Prüner-Bey »), phonétiquement injustifié mais assurément plus teuton. Il se retire à Pise, où il mourra en 1882, deux ans après Broca, sans que la Société l'honore de la moindre notice nécrologique. Il aura connu pourtant une brève et amère revanche.

Les Prussiens sont-ils des Allemands ?

La guerre de 1870, qui avait pour enjeu l'unité allemande, est la première guerre « nationale » moderne. Mais c'est aussi le début d'une grave récession économique qui va durer vingt-cinq ans, favorable à l'exacerbation des sentiments nationaux. L'Allemagne réunifiée aspire à une idéologie nationale, qu'elle trouvera pêle-mêle dans l'épopée wagnérienne (la *Tétralogie* est créée en 1876) ou aussi bien dans l'exaltation de la blondeur physique, jusque-là plutôt signe d'une complexion maladive[2]. C'est à partir de cette rupture fondatrice que les érudits allemands, à la suite de Lazarus Geiger, commencent à revendiquer la localisation allemande du Foyer indo-européen originel, et par là même l'identification de la « race originelle » à la « race

1. Voir *supra*, p. 63.
2. Bierhahn, 1964 ; Poliakov, 1987 p. 298.

germanique », dont ils postulent l'existence et l'homogénéité. Les Français, ne pouvant décemment prétendre à l'honneur, auront au moins à cœur de le leur refuser. De part et d'autre, dès le commencement de la guerre, on exalte l'affrontement de deux peuples, voire de deux « races ».

Pour le monogéniste Armand de Quatrefages de Bréau, par ailleurs protestant, grand et blond, les Prussiens, dont le roi vient d'écraser la France pour unifier l'Allemagne, ne peuvent appartenir à la « race germanique », ni donc à la « race aryenne ». En février 1871, alors que les canons des assiégeants tirent sur le Muséum, son lieu de travail, il reprend explicitement, dans un article de la *Revue des Deux Mondes*, les thèses de Pruner-Bey auxquelles il demande de « rendre justice », mais aussi, sans le dire, les étranges préventions de Gobineau contre les Finnois. Les Prussiens appartiendraient en effet à la « race finnoise » qui, avec les Basques et quelques autres, composent ce fonds européen autochtone que vinrent coloniser les Aryens. Ce sont donc des « hommes antérieurs à toute histoire », d'où cette « haine jalouse du demi-barbare pour une civilisation supérieure », manifeste dans la présente guerre. Certes, ils appartiennent bien au « tronc blanc », mais à cette « branche allophylle », c'est-à-dire « autre », qui n'est ni « aryenne », ni « sémite ». Bien sûr, le fonds allochtone est présent aussi en France et Quatrefages l'a repéré en Bretagne, mais « les enfants de notre vieille Armorique ont assez fait leurs preuves en tout genre pour qu'on puisse accepter sans répugnance une certaine communauté d'ancêtre avec eux », puisque nous les avons aryanisés. Ainsi, les « vrais » Allemands sont bien plus proches des Français que des Prussiens (de fait, ne dit pas Quatrefages, Napoléon III avait cherché à négocier un morceau de Rhénanie en échange de l'unité allemande). Tragique méprise : « Grâce à l'idée de l'antagonisme des races, mise en jeu et exploitée avec une machiavélique habileté, l'Allemagne entière s'est levée au nom du pangermanisme » ; c'est pourquoi, prophétise Quatrefages dans sa dernière phrase, « elle expiera cruellement la faute qu'elle a commise en faisant reposer son avenir sur une erreur anthropologique »[1]...

Après l'année d'interruption due à la guerre et une fois « l'ordre

1. Quatrefages, 1871 ; Poliakov, 1987 p. 296-297.

rétabli » (dira Broca en faisant allusion au sanglant écrasement de la Commune de Paris), la Société d'anthropologie peut se réunir à nouveau en juillet 1871. Elle entend une communication de Charles Rochet qui, à la faveur de l'occupation de la capitale, a pu cette fois approcher les Prussiens de près et les comparer aux Bavarois : il confirme la thèse de Quatrefages, ce sont bien des Finnois, et l'argument sera développé encore lors d'une séance suivante, conforté par l'approbation de certains participants, dont Lagneau[1]. Président l'année suivante, ce dernier évoquera dans son discours inaugural cette :

> guerre implacable, considérée à tort comme une guerre de races. Entre nations civilisées, à ethnogénie si complexe, la diversité des races ne peut être un motif pour s'entre-détruire. Menaçantes pour l'avenir de l'Europe, des prétentions ambitieuses, s'abritant sous le couvert du panslavisme, du pangermanisme, ou d'autres théories, plus linguistiques qu'ethnologiques, peuvent susciter la guerre dans un but de conquête ; les sciences anthropologiques, qui permettent de reconnaître en une seule et même nation de nombreux éléments ethniques dissemblables, ne légitiment nullement, désavouent complètement ces prétentions funestes.

Appelant à une internationale de la science au-delà des guerres partisanes, il rappelle :

> combien souvent sont peu fondés certains principes politiques qui, prétextant de la communauté d'origine d'un seul des éléments constitutifs de nations diverses, ne tiennent aucun compte de leurs autres éléments ethniques. [...] D'ailleurs, une nation qui, comme la nôtre, compte au nombre de ses ancêtres des Celtes, des Gaulois, des Aquitains, des Ligures, des Belges, des Burgondes, des Franks, réunit des aptitudes physiques et intellectuelles aussi grandes, aussi diverses que celles d'aucune autre nation d'Europe[2].

Ceci sera réaffirmé avec force par un autre membre de la Société, Abel Hovelacque, d'ordinaire spécialisé dans les ques-

1. Rochet, 1871.
2. *Bulletins de la Société d'anthropologie de Paris*, 2e série, 7, 1872, p. 4-5.

tions d'évolution humaine, qui tint à faire paraître deux ans plus tard un ouvrage entier sur la même question, *Langues, races, nationalités*[1]. Il y fustige la chauvine science allemande et, sans le nommer, son séide Pruner-Bey, auteur de « fictions » telles ces « Basques mongoloïdes », ces « Celtes dolichocéphales » et « autres belles inventions d'origine germanique, encore qu'elles se fussent produites à Paris ». C'est pourquoi « il est tout aussi inadmissible de prétendre étayer sur la race l'idée de nationalité que de prétendre la baser sur la langue », car la nation n'est pas une fatalité biologique mais une volonté commune, un « choix d'association libre que la démocratie républicaine inscrit en tête de ses revendications »[2]. De fait, Hovelacque, militant du Parti radical, finira président du conseil municipal de Paris (il n'y a pas alors de maire, dans cette ville trop dangereuse) et député. À l'évidence, la nation française ne peut reposer sur la « race », qui ne livre aucune unité, ni même sur la langue, puisqu'il faut bien constater la pluralité linguistique, avec les Basques, les Bretons – et surtout les Alsaciens-Lorrains –, même si leurs langues sont condamnées à s'effacer devant celle, officielle, de la République une et indivisible. Enfin, en France, seule démocratie d'Europe avec la Suisse, l'unité nationale ne s'incarne pas non plus dans une personne royale ou princière. Michel Bréal, professeur de linguistique au Collège de France et traducteur de Bopp, fait écho en 1891 :

> Après que l'ethnographie a été employée au service de causes que l'humanité désavoue, la linguistique s'est vue, à son tour, amenée en ligne. Il semble que cette dernière application de la science soit encore plus abusive et plus déplaisante, parce qu'il s'agit cette fois non de la couleur de la peau ou de la nature des cheveux, mais d'une production de l'esprit[3].

Telle sera la position, déterminée par l'histoire, des intellectuels français – dont ne s'écarteront, à la fin du siècle, que ceux qui, tel Vacher de Lapouge, voudront remettre en cause la conception démocratique de la nation.

1. Hovelacque, 1873 ; voir Dias, 1993.
2. Hovelacque, 1873, p. 8 et 22.
3. Bréal, 1891, p. 631 ; voir Dias, 1993, p. 95.

Les trois positions indo-européennes des anthropologues français

Ainsi le paradigme indo-européen, en tant qu'il postule en cette seconde moitié du XIXe siècle une « homogénéité raciale » originelle, ne peut avoir aucun sens fondateur en France. Tout au plus peut-on en contester, au nom de la science, l'usage aux Allemands, ses géniteurs. La discussion va pourtant se poursuivre pendant deux décennies, les séances de la Société restant en France le principal, sinon l'unique forum où la question indo-européenne pouvait être débattue, puisqu'elles réunissaient à la fois anthropologues, ethnologues et préhistoriens – jusqu'à ce que ces derniers fondent leur propre association, la Société préhistorique française, en 1904. Certaines années (1873, 1879, 1887, 1889), des séances entières et successives de la SAP seront consacrées à la question indo-européenne.

Trois positions s'affrontent au sein de la SAP, toutes trois opposées au « modèle de Retzius » des envahisseurs dolichocéphales. La première, immobiliste, est celle de Broca, qui la maintient inchangée jusqu'à sa mort : blonds et bruns sont autochtones en Europe, les langues aryennes ne sont qu'un phénomène de diffusion linguistique, le primat doit rester à la craniométrie et à ses immuables « races ». Les grandes migrations d'Aryens venus d'Asie ne sont donc qu'une « légende ». Et comme rien n'a jamais bougé, on peut retrouver vivants jusqu'à nos jours les descendants directs y compris des « races » préhistoriques les plus anciennes, comme celle de Neandertal ou de Cro-Magnon[1].

Pour la deuxième position, les Aryens sont bien venus d'Asie, mais ce sont des brachycéphales bruns, qui ont dominé des indigènes blonds. C'est ce que soutiennent le préfet Julien Girard de Rialle, l'orientaliste hongrois fixé en France Charles de Ujfalvy, voyageur et ancien officier de cavalerie, ou le vétérinaire militaire Charles-Alexandre Piétrement[2], qui précise que les Aryens « appartenaient au type brachycéphale à cheveux bruns, dont

1. *Bulletins de la Société d'anthropologie de Paris*, 3e série, 2, 1879, p. 318 *sq.*, 330 *sq.* ; voir encore Boule, 1921, p. 292.

2. Piétrement, 1879, et *Bulletins de la Société d'anthropologie de Paris*, 3e série, 2, 1879, p. 189-194, 203-212, 260-271.

les plus purs représentants actuels paraissent être les Savoyards et les Galtchas [Tadjiks] » ; ils « avaient aryanisé, soit par la force des armes, soit par l'attrait de leur civilisation, un groupe d'hommes du type dolichocéphale aux cheveux blonds ». C'est pourquoi Hector, le frère du blond Pâris, ravisseur d'Hélène, était brun. L'origine centre-asiatique assignable au cheval domestique confirmait ce point de vue, tout comme les textes sacrés iraniens de l'Avesta qui, évoquant un pays « où le plus long jour d'été est égal aux deux plus courts jours d'hiver, et où la plus longue nuit d'hiver est égale aux deux plus courtes nuits d'été », ne pouvaient désigner qu'une région située sur le 49e degré de latitude nord, aux environs du lac Balkhach, dans le Kazakhstan. Rien n'indiquait, certes, que ces textes tardifs aient cherché à décrire une quelconque réalité historique, et les philologues professionnels, dont Bréal, n'eurent pas de mal à démonter l'argument[1]. L'abus des interprétations philologico-astronomiques n'était pas rare, et d'autres textes permirent à la même époque de fixer le foyer au… pôle Nord, une position originale qui a continué d'être soutenue jusqu'à nos jours[2] ! Quant à Ujfalvy, tenant de la même thèse anthropologique et qui décrit longuement les Tadjiks, occupants putatifs du Foyer originel, il ironise contre Pösche et Penka, « les savants de l'Allemagne du Nord », pour qui « l'Arya est grand, blond et dolichocéphale ; telle a été leur opinion, qu'ils croyaient absolument immuable. C'est-à-dire le Germain est le représentant le plus pur en Europe de l'ancienne race (?) aryenne ». Lesquels lui répondront sur le même ton, l'accusant de chauvinisme d'adoption[3]. C'est sans difficultés que l'anthropologue italien Giuseppe Sergi reprendra à son compte un peu plus tard cette thèse de l'Aryen originel brun, venu de l'Hindou Kouch[4]. Au demeurant, les synthèses générales sur les « races humaines » qui sont écrites en France à cette époque persistent le plus souvent à placer en Asie centrale et au Pamir le berceau de l'humanité, et par conséquent celui des Indo-Européens, bruns et blonds[5].

1. Schrader, 1907, p. 108-109 ; Reinach, 1892, p. 61.
2. Warren, 1885 ; Tilak, 1903. Voir *infra*, chap. 9, p. 295.
3. Ujfalvy, 1884, 1887a, 1887b, 1896.
4. Sergi, 1903.
5. Quatrefages, 1887 ; Deniker, 1900.

La troisième position est celle du rapatriement européen. Inaugurée dans les années 1860 par Omalius, elle sera soutenue avec le plus de vigueur au cours des décennies suivantes par Clémence Royer[1]. Cette personnalité controversée, première traductrice de Darwin et à ce titre première promotrice en France du « darwinisme social », n'hésitait pas à affirmer dès 1862, dans sa préface de présentation à *L'Origine des espèces*, que les « races » les plus courageuses l'avaient emporté sur les autres puisque « l'homme, étant devenu le plus fort, put s'imposer à la compagne qui lui plaisait le plus ; et dès lors la femme, n'ayant plus qu'à plaire et à subir, devint de plus en plus belle, selon l'idéal de l'homme, qui devint ainsi d'autant plus fort, n'ayant plus qu'à combattre, commander et protéger ». D'où l'erreur « imprudente et aveugle » du christianisme et de la démocratie, qui bafouent la sélection naturelle : « pendant que tous les soins, tous les dévouements de l'amour et de la pitié sont considérés comme dus aux représentants déchus ou dégénérés de l'espèce, rien ne tend à aider la force naissante, à la développer, à multiplier le mérite, le talent ou la vertu »[2].

Aussi y a-t-il quelque cohérence à voir ce robuste racisme biologique associé, sur la question indo-européenne, à une thèse à la fois européo-centriste et migrationniste – à la différence de l'autochtonisme « immobiliste » et antilinguistique de Broca. Pour Clémence Royer, « une race assez puissante pour déborder sur toute l'Europe et sur toute l'Asie occidentale ne peut avoir eu pour berceau une vallée du Pamir : les peuples montagnards sont des peuples réfugiés qui se défendent ; ce ne sont jamais des peuples conquérants ». Or « la race blonde européenne, dans son ensemble, paraît avoir été toujours une race voyageuse essentiellement guerrière et envahissante ». « Il n'est plus question enfin de ces hauts plateaux de l'Asie, dont on voulait faire tout descendre, et dont il n'est jamais descendu que des avalanches. »

> Supposer, comme on l'a fait depuis longtemps, que Sémites, Aryas et Mongols pouvaient avoir eu quelque part sur le dos

1. Sur Clémence Royer : Blanckaert, 1982 ; Fraisse, 1983 ; Thuillier (P.), 1981 ; voir aussi Royer, 1870.
2. Royer, 1862.

> d'une montagne quelconque un berceau commun, d'où les trois races auraient ensuite rayonné en divergeant et en se hâtant de se tourner le dos, comme on le suppose dans la postérité tricolore des fils de Noé, c'est inventer un mythe qui n'a pas même, comme les mythes éponymes des anciens, le mérite de symboliser l'histoire, c'est renouveler et rajeunir le conte du paradis terrestre, avec moins de poésie et encore moins de bon sens[1].

Il était pourtant difficile à la Française Clémence Royer de se rallier à la thèse germanique et scandinave. Aussi s'arrêtera-t-elle à la mer Noire, tout près des steppes de Schrader, dans la péninsule Balkanique, que sa proximité avec la Turquie permettait aussi de concilier avec l'origine proche-orientale du néolithique européen, soutenue par les préhistoriens, Gabriel Mortillet le premier[2], et les botanistes, et dont l'isolement géographique pouvait expliquer qu'une « race » s'y soit peu à peu formée. Elle supposera même, en un vaste roman géologique et de par la dérive des continents, l'existence d'une ancienne « île balkano-caucasienne », berceau de la « race aryenne », les autres « races » apparaissant, de manière parallèle et polygéniste, dans d'autres anciens isolats géographiques. Le temps passant, la thèse germanique rencontrera néanmoins, en France même, quelques adeptes, tel l'officier de marine Lombard qui la soutient en 1889 à la Société d'anthropologie de Paris, suscitant quelques controverses[3].

La modération des anthropologues allemands

Il serait pourtant faux de croire que toute l'Europe germanique communiait pendant ce temps dans l'exaltation d'un berceau germanique de la « race aryenne ». Le pathologiste Rudolf Virchow, l'un des fondateurs, en 1869, de la Société d'anthropologie, d'ethnologie et de préhistoire de Berlin, collaborateur de Schliemann, libéral et député du parti progressiste opposé à

1. Voir notamment *Bulletins de la Société d'anthropologie de Paris*, 3e série, 2, 1879, p. 198-203, 240-249, 281-288 ; *Id.*, 2e série, 8, 1873, p. 905-937.
2. Mortillet, 1879.
3. Lombard, 1889 ; voir Déchelette, 1914, vol. 2, p. 9-10.

Bismarck, avait une position fort mesurée (sa prudence l'avait même conduit à ne voir d'abord dans le squelette de l'homme de Neandertal qu'un crétin congénital)[1]. Certes, les anthropologues allemands avaient été très choqués des allégations de Quatrefages remettant en cause la germanité des Prussiens et avaient tenu à lui répondre, d'abord vertement[2], puis, en savants méthodiques et consciencieux, scientifiquement. Virchow, originaire de Poméranie, région de germanisation récente, lança sous l'égide de la toute jeune Société d'anthropologie de Berlin une gigantesque enquête officielle auprès de tous les instituteurs d'Allemagne (mais aussi d'Autriche, de Suisse et de Belgique) afin de relever la couleur des yeux et des cheveux de quinze millions d'écoliers. L'enquête dura dix ans et confirma l'évidence sensible : le nord dc l'Allemagne était blond, il constituait bien le cœur de la germanité et avait fourni au pays l'essentiel de son aristocratie ; vers le sud, le fonds autochtone brun tendait à l'emporter. Quand aux écoliers juifs allemands, 11 % étaient blonds et un certain nombre avaient les yeux bleus[3].

Mais cette caractérisation des Allemands actuels n'avait rien à voir avec le Foyer originel, que Virchow continuait à situer en Asie. Bien plus, affirmait-il : « Qui nous prouvera que les Aryens avaient la peau blanche, les yeux bleus et le crâne allongé ? » Car, « tout homme connaissant la littérature grecque sait qu'une peau blanche, des cheveux blonds et des yeux bleus ont été, dès la plus haute antiquité, choses fort rares et fort remarquées chez eux », et n'ont pu donc être caractéristiques de la « race » originelle[4]. Il pouvait conclure, en 1889 encore : « L'Aryen typique, tel que la théorie le postule, n'a pas encore été découvert[5]. » Et il constatait, avec ses collègues, tel Julius Kollmann, qu'on ne trouvait dans les monuments mégalithiques nulle homogénéité anthropométrique et que, non seulement brachycéphales et dolichocéphales s'y trouvaient mêlés, mais qu'il existait entre les deux « types »

1. Sur Virchow : Andree, 1976 ; Hermann, 1981 ; Kümmel, 1968 ; Boas, 1902 ; Massin, 1996 ; Trautmann-Waller, 2004.
2. Virchow, 1872 ; voir Poliakov, 1987, p. 297-301.
3. Virchow, 1886.
4. Virchow, 1874.
5. Virchow, *Correspondenzblatt der deutschen Gesellschaft für Anthropologie, Ethnologie und Urgeschichte*, 20, 9 (1889), p. 121.

toutes les formes intermédiaires[1]. À ce fait avéré, des germanomanes acharnés comme Matthäus Much avaient bien tenté de plaider que les dolichocéphales devaient être les maîtres et les brachycéphales les esclaves[2], mais l'argument était un peu trop circulaire ! Les anthropologues allemands, libéraux, tenaient à se démarquer du mouvement germanomane en pleine expansion à la fin du siècle, et Kollmann n'hésita pas à affirmer, lors d'une séance de la Société, que « toutes les races européennes sont [...] également douées pour toute tâche culturelle[3] ». Tout au plus Virchow se risqua-t-il un jour à une interrogation sur une éventuelle « forme d'autochtonie des peuples de type germanique du nord de l'Europe[4] ».

Le linguiste Hermann Hirt, qui croyait pourtant au Foyer originel scandinave, n'attachait aucune importance, on l'a vu, à l'idée d'une « race » homogène, idée « impossible à démontrer » et « d'ailleurs sans importance »[5]. Quant au principal indo-européaniste allemand, Otto Schrader[6], il peut au tournant du siècle, sans crainte d'être démenti par les spécialistes, dresser de l'apport de l'anthropologie à la question de la « race aryenne » un bilan entièrement négatif :

> L'anthropologie, et en premier lieu la craniologie, avec ses moyens, est incapable, pour les périodes préhistoriques comme pour les périodes historiques, de définir des races humaines clairement délimitées. Au contraire, que ce soit dans le présent ou dans le passé, où que nous nous tournions, nous rencontrons partout des formes transitionnelles ou mélangées[7].

Quant au fond, remarque Schrader, en écho involontaire mais ironique à Broca, « cette dispute, dans laquelle les Français ont un penchant compréhensible pour la brachycéphalie des Indo-Européens originaires, et les Allemands pour leur dolichocéphalie,

1. Schrader et Nehring, 1917-1929, I, p. 630-634.
2. Much (M.), 1902, p. 344.
3. Kollmann, 1892, p. 104, 1892 ; Massin, 1993, p. 213.
4. Virchow, 1884 ; cité par Schrader, 1907, p. 111-112.
5. Hirt, 1892, p. 465. Voir *supra*, p. 95.
6. Voir *supra*, chap. 3, p. 78.
7. Schrader, 1907, p. 116.

est tranchée pour des motifs bien plus souvent nationaux que scientifiques[1] ». Ce que le chanoine anglais Isaac Taylor résumera drôlement, depuis un pays en l'occurrence « neutre », dans un livre sur *The Origin of the Aryans* (qui, pour la « solution », reprend en grande partie Schrader et, quant à la « race originelle », penche pour un compromis : des blonds, mais asiatiques et brachycéphales) :

> Les Allemands réclament les Aryens primitifs comme ancêtres de la race germanique, qui aurait aryanisé la France, tandis que les Français réclament les mêmes Aryens primitifs comme ancêtres de leur race, qui aurait aryanisé l'Allemagne. Les deux partis maintiennent que leurs propres ancêtres étaient la pure noble race des conquérants aryens, et que leur ennemi héréditaire appartenait à une race de sauvages indigènes, conquise et réduite en esclavage, et qui reçut les premiers germes de la civilisation de leurs supérieurs héréditaires. Chaque parti accuse l'autre de subordonner les résultats de la science à un sentiment de chauvinisme[2].

La « race » existe-t-elle ?

Taylor force un peu le trait. Du côté allemand, les anthropologues professionnels, on l'a vu, sont mesurés et ce sont seulement des indo-européanistes « amateurs » qui, à la suite de Penka et Wilser, diffusent les thèses germanomanes. Du côté français, la question indo-européenne va progressivement sortir des préoccupations de l'anthropologie. Celle-ci, malgré sa prospérité institutionnelle (toutes les associations d'Europe viennent en grande pompe célébrer à Paris en 1909 le cinquantenaire de la Société d'anthropologie de Paris, la SAP), est entrée en effet dans une grave crise épistémologique, pour des raisons à la fois internes et externes. Malgré les résistances (principalement, en France, de l'Académie des sciences, où Broca ne pourra entrer), le darwinisme est progressivement admis. À la SAP, les libres-penseurs les plus radicaux, tel Mortillet, en sont les propagan-

1. Schrader et Nehring, 1917-1929, I, p. 631.
2. Taylor, 1890, p. 226.

distes les plus actifs. Darwin y est finalement admis en 1871, sur proposition de Quatrefages, et de Broca longtemps sceptique. Or l'idée d'une transformation lente et arborescente de toutes les espèces signifie la mort de l'anthropologie raciale « classique » et polygéniste. Si tout évolue en permanence, il n'y a plus de « race » possible, plus d'objet d'étude.

De fait, plus l'instrumentation et les mesures se perfectionnent, plus les « races » se diluent. Paul Topinard lui-même, l'héritier spirituel de Broca, doit l'admettre dès 1891 : « La race n'existe pas dans l'espèce humaine, [...] elle est un produit de notre imagination et non une réalité brute, palpable. [...] Les hommes semblent ne présenter que des variations individuelles[1]. » Les anthropologues allemands en étaient au même point, de Johannes Ranke à Erwin Baelz, et Felix von Luschan, professeur d'anthropologie à Berlin, qui avait étudié auprès de Broca et représentait au cinquantenaire de la SAP le grand musée ethnographique de Berlin, déclare dans sa somme testamentaire *Völker, Rassen, Sprachen* : « Toutes les tentatives pour découper l'humanité en groupes artificiels en se fondant sur la couleur de la peau, la longueur ou la largeur du crâne ou le type des cheveux, etc., se sont totalement fourvoyées [...], les tentatives à venir de ce genre [...] se révéleront de plus en plus comme des passe-temps stériles[2]. »

En outre, de plus en plus d'études montrent l'influence du milieu sur la « race ». Le fameux indice céphalique peut varier en fonction du climat et de l'alimentation, comme le montrera spectaculairement l'anthropologue allemand Franz Boas, installé aux États-Unis : alors que les immigrants européens ont des proportions crâniennes très variables selon leur origine géographique, les indices céphaliques de leurs enfants nés aux États-Unis tendent à s'uniformiser et à se rapprocher de la moyenne nationale[3] ! De même, la taille des populations européennes tend à augmenter en fonction de l'hygiène et de l'alimentation. Aussi les revues d'anthropologie vont-elles s'éloigner des grandes ambitions raciologiques, pour se contenter d'ordonner et de décrire cette masse de données anatomiques et ethnolo-

1. Topinard, 1891, p. 4 et 39.
2. Luschan, 1922, p. 1 et 13 ; voir Massin, 1993, p. 212-213.
3. Boas, 1911.

giques que l'extension des conquêtes coloniales fait converger vers elles en quantité croissante. Il y aura certes des synthèses sur les « races humaines », mais celles-ci se limitent à quelques grands groupes évidents, d'un faible intérêt heuristique[1]. Et si la tradition craniométrique descriptive restera vivace en France, autour d'Henri-Victor Vallois, pendant toute la première moitié du XXe siècle et même au-delà[2], du moins les scientifiques ont-ils renoncé, pour l'essentiel, aux grands romans anthropologiques du siècle précédent.

Le comte et l'Aryen

L'idéologie ayant reflué devant la mesure et déserté les cabinets de savants au demeurant plutôt éclairés et libéraux, il ne subsistera plus de la raciologie qu'un objet idéologique, aux mains d'extrémistes politiques. C'est dans les années 1890 que se cristallise en Europe, et singulièrement en France, tout l'appareil idéologique d'une extrême droite certes enracinée dans l'histoire, mais dont le discours et les actes prennent des formes nouvelles et virulentes. L'affaire Dreyfus en sera le révélateur le mieux connu – celle où l'on verra aussi l'expert Bertillon, « inventeur » des empreintes digitales et fils de l'un des fondateurs de la Société d'anthropologie, dont il est lui-même membre, faire preuve d'un peu scientifique acharnement dans la défense des faux documents produits par les autorités militaires. L'antisémitisme, axé sur la dénonciation de la « ploutocratie internationale » dans une France secouée par la dépression économique mondiale, est l'un des thèmes privilégiés de l'extrême droite. Certains idéologues vont tâcher de lui trouver des justifications « scientifiques ». L'un des plus connus est le bibliothécaire et ancien magistrat Georges Vacher de Lapouge, qui publie en 1899 *L'Aryen, son rôle social*, à partir d'un « cours libre » professé à l'université de Montpellier en 1889-1890 ; une suite, *Le Sémite, son rôle social*, était annoncée.

Symptôme plus que fondateur d'école, venu à l'origine des milieux socialistes et n'ayant jamais réussi à se faire créer une

1. Deniker, 1900 ; Ripley, 1899.
2. Voir *infra*, chap. 8, p. 260 *sq.*, et chap. 10, p. 303.

chaire d'« anthropologie », le comte Vacher de Lapouge essaie, sous le terme autoproclamé d'« anthropo-sociologie », d'organiser en un système cohérent la vision du monde raciste de cette fin de siècle : angoisses du métissage et du déclin à la Gobineau, « darwinisme social » inégalitaire à la Clémence Royer (il traduit en français le darwinien allemand Ernst Haeckel), préjugés raciaux des débuts de la Société d'anthropologie, roman préhistorique des origines indo-européennes repris de Penka, lieux communs (et délires) antisémites, « psychologie des peuples » de Gustave Le Bon ou d'Alfred Fouillée, eugénisme, etc., le tout à grand renfort de données paléontologiques et de statistiques craniométriques. Prônant l'élimination (par la mort, ou au moins par la castration, dont il livre quelques recettes chimiques) des indésirables, fermement anticlérical, se réclamant parfois du « socialisme » contre la « ploutocratie » mais dénonçant la démocratie et la « faillite » de la Révolution, le comte Vacher de Lapouge est typique de cette « droite révolutionnaire » antiparlementaire qui se cristallise dans les années 1890, pour déboucher sur les mouvements fascistes de l'entre-deux-guerres et de la collaboration[1]. C'est sans surprise que l'on retrouvera son œuvre parmi les références, discrètes, de la Nouvelle Droite française dans sa tentative de refondation idéologique des années 1970[2].

Les deux tiers du livre de Vacher de Lapouge sont consacrés à une reconstitution anthropologique des origines indo-européennes. Français, l'auteur est confronté aux mêmes difficultés que Broca naguère : la multiplicité des « races » européennes, la non-coïncidence entre langues et « races », et une certaine réticence à placer en Allemagne le Foyer originel. Il élabore donc un compromis : la « race » *Homo europaeus* (en référence à Linné, pour qui ce terme s'étend pourtant à l'ensemble de la « race blanche »), ou « aryenne », ou « dolicho-blonde » s'est formée dans la mer du Nord, entre Allemagne, Pays-Bas et Grande-Bretagne, durant la dernière glaciation, à l'époque où le niveau marin était plus bas ; la « civilisation aryenne » et ses langues se sont constituées plus tard en Europe centrale par agglomération

1. Sur la « droite révolutionnaire » : voir Sternhell, 1978 et 1983. Sur Vacher de Lapouge : voir Nagel, 1975 ; Thuillier (G.), 1977.
2. Voir *infra*, chap. 9, p. 292 *sq*.

de populations diverses autour de conquérants *Europaeus*, les brachycéphales bruns indigènes appartenant ainsi à la civilisation aryenne « comme un domestique est de la maison » (p. 23)[1].

Pour Vacher de Lapouge, l'idée d'un peuple aryen originel est « calquée sur celle de la formation des peuples en général formulée dans la Genèse » (p. 8). En fait, compte tenu des données philologiques modernes dont il se fait l'écho :

> point de famille patriarcale ni même de peuplade aryenne primitive, mais un ensemble de peuplades nomades, répandues sur un vaste territoire, parlant des langues apparentées, subissant une évolution linguistique collective vers les formes aryennes, chaque dialecte réagissant sur ses voisins. Dans cette masse touffue et complexe de dialectes indéfinis, une sélection qui faisait disparaître les plus faibles, donnant une aire d'extension considérable aux plus forts. Ainsi par la suppression des intermédiaires se formaient les grands groupes linguistiques, comme se sont formés plus récemment le français, l'espagnol, l'italien, langues issues d'idiomes locaux imposés à de vastes régions par des accidents historiques, et qui achèvent d'étouffer les innombrables idiomes sortis avec eux du fonds commun latin. À cette théorie, résultante de l'ancienne doctrine des ondes de Schmidt et de plusieurs autres, s'est jointe une explication complémentaire de la simplification croissante des idiomes. La destruction des formes est due à la formation de sortes de sabirs dans les pays où la conquête superposait des peuples parlant des idiomes trop éloignés pour permettre de s'entendre, et dans les familles où le père et la mère ne parlaient pas la même langue. C'est ainsi que les philologues sont arrivés à abandonner la théorie de l'origine unique et bactrienne des peuples aryens, des langues et institutions aryennes (p. 9).

Sexe, fantasmes et racismes

Mais cette « modernité » linguistique s'accompagne d'une raciologie de caricature, que l'on retrouvera tout au long du XXe siècle. La « race » *Europaeus* s'est donc formée dans les brumes de la

1. Les chiffres entre parenthèses dans toutes les citations qui suivent renvoient à la pagination de Vacher de Lapouge, 1899.

mer du Nord, « dans cette nature abondante mais austère, mais uniforme, mais infiniment triste, [où] pouvaient vivre ceux-là seulement qui apportaient avec un tempérament résistant une disposition d'esprit froide et mélancolique, une énergie calme, mais inépuisable » (p. 151). Peu à peu cette « race » s'étend sur toute la grande plaine du Nord, puis vers les forêts situées plus au sud.

> C'est de la grande forêt ombreuse de l'Europe moyenne, de l'Atlantique à la mer Noire, que sortiront peu à peu les essaims aryens, marchant à la conquête de la chaleur, de la lumière, de tout ce qui avait manqué à leur enfance terne, uniforme et sévère, et derrière ces essaims d'autres viendront à leur tour, à mesure que la nature enchanteresse, l'air embaumé, les vibrants rayons d'or, les horizons infinis et la vie douce et molle de l'Orient et de la Méditerranée auront couché les premiers sous la terre perfide et couverte de fleurs, car le soleil a toujours attiré l'Aryen, l'attire sans cesse, l'amollit, le désarme et le tue (p. 151-152).

Cette « race » *Europaeus* est donc blonde, aux yeux bleus, dolichocéphale et a la taille haute ; « l'ensemble de la physionomie est énergique, et cette énergie calme se retrouve dans le regard » ; « de dos le dolicho-blond se distingue sans difficulté des autres races par les formes élégantes du cou, du tronc et surtout de la taille » (p. 26). Son cerveau est « bien plus long et moins large » que celui d'*Alpinus*, la « race alpine » européenne. « L'appareil génital masculin ne présente de remarquable que son volume », ce qui le rapprocherait d'*Afer*, l'homme africain, « si la verge longue et volumineuse de celui-ci n'était en même temps flasque et incomplètement érectile » (p. 31). « Les grandes lèvres très développées » de l'appareil génital féminin « accusent une évolution très avancée. Cette race s'écarte le plus de la forme simienne, sans grandes lèvres distinctes ». Néanmoins, fantasmes obligent, ces « organes externes [...] volumineux, placés plus en bas et en arrière que chez la femme Alpinus » sont « un caractère d'infériorité, que nous trouvons chez les singes », ce qui rapproche la femme *Europaeus* des « races noires » « qui pratiquent naturellement le coït *more pecudum*[1] » ; de fait, notre

1. « À la manière du bétail », *NdT*, p. 30-31.

raciologue consacre deux pages entières à ces graves questions génitales, « d'une importance anthropologique très considérable ».

D'un point de vue moral et intellectuel (p. 370-375), l'Aryen ou *Europaeus* se distingue « par la puissance de la raison et la volonté » ; « l'appareil nerveux est plus puissant, plus résistant » ; « l'intelligence est plus souple » ; « la raison est froide et juste. Elle calcule tout, calcule bien et aussi vite qu'il le faut, sans excès de hâte, et sans indécision » ; « la qualité suprême de la race, celle qui la caractérise et la place au-dessus des autres, c'est sa volonté froide, précise, tenace, au-dessus de tous les obstacles ». Cette « race » « est dominatrice par excellence, et d'une manière si naturelle que les autres s'habituent aisément à être dominées ». Si bien qu'« aujourd'hui on peut dire que seuls les peuples de cette race sont libres ». Cette « race » n'est néanmoins pas confinée à la Scandinavie et à l'Allemagne du Nord. On la trouve en proportion identique en Grande-Bretagne et aux États-Unis, qui sont même, pour Vacher de Lapouge, au rebours de la tradition anti-anglaise et anti-américaine qui caractérisera ensuite l'extrême droite française, les États aryens modèles. C'est sans doute pour cela que le Foyer racial originel, maintenant submergé, se trouvait en mer du Nord, à mi-chemin entre les différentes contrées dolichocéphales. Toutefois, même dans ces pays, la « race aryenne » ne représente qu'un quart de la population, pour tomber il est vrai à 4 % en France et à 1 % en Espagne.

Car la pureté de la « race aryenne » est menacée à la fois par les brachycéphales bruns, ces indigènes de la moitié sud de l'Europe, et par les Juifs. Les premiers se caractérisent par « la servilité, le manque de caractère et de virilité », fournissant « aujourd'hui des détritus d'intellectuels, des critiques, des décadents, des symboliques, des peureux, des émasculés, des névropathes, des anarchistes, pas un homme » (p. 392). « Noiraud, courtaud, lourdaud, le brachycéphale règne aujourd'hui de l'Atlantique à la mer Noire » ; « il est inerte, il est médiocre, mais il se multiplie » ; « il est sujet soumis, soldat passif, fonctionnaire obéissant » ; « il ne se révolte point » (p. 481). C'est pourquoi Vacher de Lapouge prend ses distances par rapport à l'antisémitisme du brachycéphale Drumont, le propagandiste acharné de *La Libre Parole*. Car ce que défendent les brachycéphales, ce n'est que le pouvoir démocratique des « classes inférieures » conquis à la

Révolution contre les dolichocéphales, et qu'ils entendent préserver des Juifs (p. 464). Déjà se profile l'opposition, qui dure toujours et que connaîtra à sa manière le Troisième Reich, entre un racisme « vulgaire » et populiste, et un racisme « intellectuel » à prétentions pseudo-scientifiques.

Quant aux Juifs, « partout ils sont les mêmes, arrogants dans le succès, serviles dans le revers, cauteleux, filous au possible, grands amasseurs d'argent, d'une intelligence remarquable, et cependant impuissants à créer [...], accablés de persécutions [...] qu'ils semblent avoir méritées par leur mauvaise foi, leur cupidité et leur esprit de domination » (p. 466).

> Il y a chez cet être, à double face, de la femme qui ruse et caresse pour corrompre, du prêtre hautain et dominateur. Si les Juifs fournissent très peu de criminels de sang, et une proportion si forte de voleurs, de faussaires et d'escrocs, ils sont plus vindicatifs que doux, et ce qu'ils craignent, c'est le gendarme et le juge (p. 470).

« Le Juif, obéissant à ses aptitudes prodigieuses de spéculateur et d'escroc, traite toute affaire politique comme une spéculation ou une escroquerie » (p. 476). Mais pourtant, « si *Europaeus* est bien une race zoologique, les Juifs sont plutôt une race ethnographique » : en clair, il n'y a pas de « race juive », c'est une « race factice », qui ne se définit que par son « unité psychologique ». Contradiction qui n'arrête par ce positiviste « moniste » : « si l'incohérence zoologique se reflète dans la psychologie du Juif, cette instabilité même est une caractéristique de leur psychologie » (p. 465). On ne saurait mieux montrer que l'antisémitisme se passe fort bien de la démonstration « scientifique », si celle-ci vient d'aventure à se dérober – comme elle le fait en cette fin de XIXe siècle.

Mais, malgré ces périls raciaux, Vacher de Lapouge, au rebours de Gobineau, est optimiste. La force de la « race aryenne » doit l'emporter à la longue, pourvu que l'on pratique un « sélectionisme » systématique. Il cite en exemple les lois récentes de plusieurs États des États-Unis, qui prohibent le mariage, et même l'union libre, pour les épileptiques, « les imbéciles », « les faibles d'esprit », les aliénés, les tuberculeux ou les alcooliques, et punissent de castration les délits sexuels (ce qui suscite quelques réserves de l'auteur, qui tient à distinguer « folie érotique » et viol, ce dernier, « toute violence mise à part », étant toléré voire licite « dans les sociétés antiques » et chez « les peuples civilisés non chrétiens » ; p. 505). Aussi peut-il annoncer triomphalement le temps des « barbares qui viennent », « convaincu qu'au siècle prochain on s'égorgera par millions pour un ou deux degrés en plus ou en moins dans l'indice céphalique »[1]...

Prodromes du racisme politique

Vacher de Lapouge, « le seul grand homme français », aurait dit Guillaume II, met au nom de l'épopée indo-européenne une anthropologie physique périmée au service d'une idéologie politique nouvelle, celle d'une extrême droite antidémocratique et raciste. Après le racisme « normal », sinon « éclairé » d'une bonne partie du XIXe siècle, justification tranquille des conquêtes coloniales, se met en place en cette fin de siècle un programme politique raciste, hanté par la décadence et le métissage. Dans cette haine de l'autre, l'antisémitisme prend une part croissante, sous des expressions de plus en plus haineuses. Si l'œuvre de Gobineau pouvait passer encore pour le délire postromantique d'une pathologie solitaire, au demeurant antérieur à toute justification raciale « scientifiquement » fondée, ceux qui maintenant se réclament de lui auront une efficacité sociale réelle.

Ainsi, Otto Ammon, introducteur en Allemagne des théories du statisticien raciste Francis Galton et qui, comme Vacher de Lapouge, distingue parmi la population têtes longues (Bismarck ou Moltke) et têtes rondes (socialistes et catholiques) et prône la sélection raciale ; Houston Chamberlain, gendre de Wagner et résidant à Bayreuth, l'auteur des *Fondements du XIXe siècle*[2] ; ou bien Ludwig Schemann, traducteur et biographe de Gobineau, auquel il consacre un musée dans Strasbourg annexé, fondateur en 1894, dans la résidence d'été du Kaiser, d'une Société Gobineau à laquelle adhèrent Vacher de Lapouge, Paul Bourget ou Albert Sorel. Schemann, qui considère les Hindous ou les

1. *Revue d'anthropologie*, mai 1887, p. 15.
2. Field, 1981.

Mongols comme des « demi-animaux » et les Africains comme une « sous-race », dénonce l'effet délétère de Rome et des Juifs sur le peuple allemand, tout comme le marxisme, instrument des Juifs[1]. En outre, si le « pessimisme racial » de Gobineau prévoyait l'anéantissement prochain de la « race aryenne », ces nouveaux idéologues entendent bien résister au déclin par des mesures énergiques. S'ils furent un temps influents auprès du Kaiser, soutenus par le comte von Eulenburg-Hertefeld, ils rejoignent aussi les positions eugénistes du mouvement « darwiniste social », qui s'appuie sur la Ligue moniste de Haeckel, l'introducteur du darwinisme en pays allemand, fondée en 1906 et où l'on retrouve, on l'a vu[2], des « germanomanes » comme Ludwig Wilser ou Ludwig Woltmann. Schemann et Chamberlain influenceront directement les idéologues du national-socialisme, tels Alfred Rosenberg et Adolf Hitler.

Ce racisme politique, qui grèvera toute l'histoire du XXe siècle, naît donc au moment même où la définition « scientifique » de la « race » s'effondre sous les yeux des scientifiques. Il n'y aurait plus alors de légitimité « scientifique » pour affirmer la supériorité des Européens, et singulièrement de ceux de l'Europe nord-occidentale. Or le colonialisme doit asseoir sa domination sur un minimum de justification idéologique. En 1908, dans la colonie allemande du Sud-Ouest africain (l'actuelle Namibie), les mariages interraciaux sont interdits ou annulés, et les Allemands concernés déchus. Aux États-Unis, où l'apartheid est général dans les écoles comme dans tous les lieux publics ou privés, on songe, au-delà des lois médicales qui viennent d'être évoquées, à limiter fortement l'immigration d'Europe centrale et orientale. Il est urgent d'élaborer une autre définition « scientifique » de l'inégalité.

La mal-mesure de l'homme

Or depuis les années 1860 une nouvelle « science » était née en parallèle, la psychologie raciale, fondement de l'eugénisme. On peut même en dater précisément la naissance de 1865 avec

1. Römer, 1985, p. 32-33 ; Young, 1968 ; Weindling, 1998 [1989], p. 111-113.
2. Voir *supra*, p. 90.

un article de Sir Francis Galton, un cousin de Darwin soucieux d'appliquer les découvertes de ce dernier à la gestion des êtres humains et à l'amélioration de l'espèce, et qui développa plus avant ses idées dans son livre de 1869, *Hereditary Genius*[1]. Les thèses de Galton étaient simples et explicites : les « races humaines » sont inégales, chacune avec ses caractéristiques, et les gens bien nés sont plus intelligents. C'est en 1883 qu'il crée le terme d'eugénisme, dans ses *Inquiries into Human Faculty and its Development.* Il s'agit de veiller à l'amélioration des « races supérieures », et non de toute l'humanité en général, car « il existe une opinion, peu raisonnable pour l'essentiel, qui s'oppose à l'extinction graduelle d'une race inférieure[2] ». Dès 1907 est fondé un « laboratoire d'eugénisme » sous la direction de son disciple Karl Pearson, et l'année suivante la *Eugenics Education Society*, qui regroupe tous les biologistes et généticiens du moment.

Karl Pearson occupe à partir de 1911 la nouvelle chaire d'eugénisme de l'University College de Londres, où il développe des méthodes statistiques qui sont devenues à ce point classiques (chi deux, coefficients de corrélation, écarts types, etc.) qu'on en oublie la plupart du temps les motivations qui présidèrent à leur création et les firent qualifier de « biométriques ». Les convictions de Pearson en termes de racisme et d'hérédité étaient radicales. Il estimait que les Africains appartenaient « aux races inférieures de l'espèce humaine » et qu'ils « n'ont pas encore produit de civilisation qui soit en rien comparable à celle des Aryens » ; de ce fait : « Éduquez-les, civilisez-les, je n'imagine pas que vous parveniez à modifier la race »[3]. Ses convictions étaient si fortes qu'elles se dispensaient de toute démonstration biométrique. Son refus du métissage lui permettait de justifier le génocide des Amérindiens, de conseiller l'expulsion des Africains de l'Afrique du Sud blanche, ouvrant ainsi la voie à l'apartheid et surtout aux génocides du XXe siècle. Avec ses élèves, tels Cyril Burt, Raymond Cattell, Sir Ronald Fisher ou encore Charles Spearman, l'« école de Londres » allait occuper une position

1. Galton, 1865, 1869, 1883. Sur Galton et l'eugénisme : Billig, 1981 ; Searle, 1976.
2. Galton, 1907, p. 200.
3. Pearson, 1905, p. 21.

intellectuelle et scientifique dominante dans la psychologie du premier tiers du XXe siècle.

Cette école adopte bientôt le test de « quotient intellectuel » (QI), inventé en 1905 par le psychologue français Alfred Binet, lequel avait auparavant vainement cherché à mesurer l'intelligence par la craniométrie. Ce nouvel instrument, joint à la redécouverte, au même moment, des lois de l'hérédité du moine Mendel et à l'essor de la génétique, allait contribuer à l'essor de cette nouvelle mécanique idéologique à prétention scientifique, l'eugénisme, dont la rencontre avec le récit des origines indo-européennes marquera à jamais l'histoire de l'Europe.

DEUXIÈME MOUVEMENT
(de 1903 à 1945)
Crimes et errements

L'histoire du XXᵉ siècle européen comprend deux parties, la première jusqu'à Auschwitz, la seconde après. L'histoire de l'idée indo-européenne aussi. D'une part Auschwitz est l'un des aboutissements de la logique raciale « aryenne » mise en place au cours du XIXᵉ siècle, renforcée par les doctrines eugénistes du XXᵉ siècle, et tragiquement mise au pouvoir par l'idéologie de haine née dans l'Allemagne ruinée par la défaite et humiliée par le traité de Versailles. On objectera que la plupart des linguistes et des archéologues continuèrent leurs recherches indo-européennes bien loin du nazisme, sinon en opposition avec lui. Beaucoup d'entre eux, néanmoins, avaient à l'esprit, sous une forme plus ou moins explicite, la représentation d'un *Urvolk* indo-européen conquérant et guerrier. Malgré la qualité technique et l'érudition d'une grande partie des travaux produits, ce modèle ou cette idéologie continua de régner presque sans partage, en dépit de quelques tentatives pour proposer des schémas plus complexes. Par contrecoup, Auschwitz rendra muettes ou souterraines pendant presque tout le troisième quart de ce XXᵉ siècle, non seulement les dérives idéologiques « aryennes », mais même les tentatives de synthèses « historiques » de quelque ampleur – avant qu'elles ne repartent de plus belle.

5

De la grammaire comparée à la linguistique : une langue de chefs ?

Où l'on voit comment le Genevois Ferdinand de Saussure, jeune admirateur d'Adolphe Pictet (l'inventeur de la paléontologie linguistique), fonda la linguistique moderne, découvrit les sons disparus des « laryngales », et laissa une œuvre posthume qu'il ne rédigea pas lui-même – Et comment son principal disciple, le Français Antoine Meillet, régna en maître, depuis Paris pendant un tiers de siècle sur la grammaire comparée, assurant que si l'indo-européen originel n'était qu'un système abstrait de correspondances phonétiques entre langues, c'était néanmoins une langue de chefs – Pourquoi il détestait les « petites langues » sous prétexte qu'elles n'étaient pas des « langues de culture », et niait qu'il ait pu exister des mélanges de langues, avant de l'admettre sur le tard et du bout des lèvres – Où l'on découvre que les deux principaux élèves français de Meillet, Émile Benveniste et Georges Dumézil, s'imaginaient pareillement les Indo-Européens originels comme une petite élite guerrière mue par son « instinct conquérant », son « goût des libres espaces » et son « sens de l'autorité », appelée par le destin à détruire des civilisations entières pour en faire jaillir un « ordre nouveau » – Et comment le prince russe Nikolaï Sergueevitch Troubetzkoy inventa un autre modèle et théorisa en 1928 les convergences régionales entre langues sous le nom allemand de Sprachbund, *puis affirma en 1936 qu'il n'y avait pas besoin d'un Peuple indo-européen originel pour rendre compte des relations entre les langues indo-européennes – et comment il mourut un an et demi plus tard.*

La linguistique, pour pouvoir poursuivre son développement méthodologique, accomplira des transformations fondamentales au cours des trois générations qui suivent celle des néogrammairiens allemands. Les foyers de l'innovation linguistique quittent l'Allemagne pour sa périphérie : Genève, Paris, Prague, Copenhague. Plutôt que d'observer l'évolution des langues, le regard se déplace pour décrire leur fonctionnement à un moment donné du temps : la synchronie plutôt que la diachronie. Mais surtout la grammaire comparée cesse d'être l'objet même de la linguistique, sinon la linguistique elle-même, pour ne devenir que l'un de ses champs d'application. Une linguistique « générale » est née. Ces trois générations sont celles de Ferdinand de Saussure, le fondateur de la linguistique structurale et du « structuralisme » ; puis d'Antoine Meillet, qui en une œuvre monumentale s'efforce d'intégrer grammaire comparée, linguistique structurale et sociologie du langage, régnant sans partage sur la linguistique française jusqu'à sa mort en 1936 ; et celle enfin du Cercle linguistique de Prague, avec Nikolaï Troubetzkoy et surtout Roman Jakobson, par qui le structuralisme sort de la linguistique, même « générale », pour gagner peu à peu toutes les sciences humaines.

Les ambiguïtés de Ferdinand de Saussure

On considère qu'avec le linguiste genevois Ferdinand de Saussure commence une nouvelle conception, qui sera dite « structurale », de la linguistique, et qu'il développait dans son *Cours de linguistique générale*, professé à Genève entre 1906 et 1911 et édité après sa mort par ses élèves en 1916 à partir de leurs notes[1]. D'une part la linguistique étudie désormais la langue en général et ne se limite plus aux seules langues indo-européennes ; d'autre part la langue n'est plus une collection d'éléments indépendants évoluant selon des représentations plus ou moins biologiques, mais c'est un système de différences et d'oppositions qui ne prend son sens qu'en lui-même, à chaque moment du temps. C'est pourquoi on distinguera classiquement entre l'étude « synchronique » de la langue, à un moment donné, et son étude « diachronique », dans son évolution temporelle. Saussure distingue aussi la « parole », telle que la langue est effectivement pratiquée par un locuteur, de la « langue » elle-même, potentielle.

Certes cette linguistique n'est pas surgie du néant. Elle était

1. Saussure, 1972. Sur Saussure : Koerner, 1973 ; Leroy, 1963.

préparée par la recherche croissante de « lois » phonétiques, ou tout autant par les réflexions plus générales de linguistes contemporains comme le Polonais Baudouin de Courtenay ou l'Américain William Dwight Whitney. Mais elle procédait aussi de la généralisation dans les sciences d'un nouvel outil de représentation, la machine. Cet objet culturel, jusque-là marginal, envahit toute la vie occidentale du XIXe siècle, effet et cause de la révolution industrielle. Il va offrir à la réflexion un flot de métaphores nouvelles, et une autre manière de poser les questions. La machine en effet n'a pas d'âge, elle ne naît de rien, elle n'existe que des interactions entre ses divers éléments, elle marche ou elle ne marche pas. À une pensée de l'élément isolé muni d'une histoire individuelle se substitue une pensée de l'ensemble, qui privilégie la synchronie. Ce nouveau paradigme se fait sentir dès la fin du XIXe siècle dans les sciences dites exactes avec la théorie des ensembles ; il pénètre maintenant, première de toutes les sciences humaines, la science du langage (c'est-à-dire le langage se prenant lui-même comme objet), jusque-là marquée par les métaphores biologiques, et, de là, va progressivement se répandre dans toutes les autres.

Virtuellement, la pensée structurale offrait à l'étude des langues indo-européennes un outil très puissant et très neuf. Il permettait de s'affranchir d'un modèle généalogique-biologique simple et de repenser autrement la formation et l'évolution des langues. Saussure intégrait l'aspect social du langage, l'évolution d'une langue résultant, « comme toute autre habitude », de « deux forces agissant sans cesse simultanément et en sens contraire : d'une part l'esprit particulariste, l'"esprit de clocher" ; de l'autre, la force d'"intercourse", qui crée les communications entre les hommes »[1]. La langue n'est pas un être à part, mais appartient à la culture matérielle : « Ce sentiment [des divergences entre langues] fait naître chez les primitifs l'idée que la langue est une habitude, une coutume analogue à celle du costume ou de l'armement. Le terme d'idiome désigne fort justement la langue comme reflétant les traits propres d'une communauté (le grec *idioma* avait déjà le sens de "coutume spéciale")[2]. » Il est également concevable

1. Saussure, 1972, p. 281.
2. *Ibid.*, p. 261.

que des langues se mélangent, « mélange réel, organique, [...] interpénétration de deux idiomes aboutissant à un changement dans le système (voir l'anglais après la conquête normande)[1] ». Pourtant, au cours des décennies suivantes, la méthode structuraliste pourra être appliquée à la description interne d'une langue indo-européenne donnée, voire à la comparaison entre langues ; mais elle ne sera d'aucune conséquence sur la représentation de la « parenté » générale des langues indo-européennes. Seul le linguiste structuraliste russe Nikolaï Troubetzkoy fera, juste avant sa mort, une tentative en ce sens en 1938.

Il est vrai que, tel Schliemann et la *Guerre de Troie* que lui lisait son père, Saussure était venu à la linguistique par ses longues conversations d'enfant avec le premier « inventeur » du berceau aryen, Adolphe Pictet, créateur de la paléontologie linguistique[2] et ami de sa grand-tante, Albertine-Adrienne[3]. Les Saussure appartenaient à la riche et très cultivée bourgeoisie protestante de Genève (l'arrière-grand-père de Ferdinand, Horace-Bénédict de Saussure, philosophe et naturaliste, avait lancé un concours pour l'ascension du mont Blanc, jusque-là invaincu, et accompagna en 1787 les deux premiers ascensionnistes chamoniards lorsqu'ils rééditèrent leur exploit). L'un des premiers travaux de Saussure fut, à vingt et un ans, un compte-rendu de la seconde édition posthume des *Origines indo-européennes* de Pictet, paru en 1878 dans le *Journal de Genève* et dans lequel il évoque l'auteur avec une émotion fascinée : « Il y avait d'abord chez lui la curiosité insatiable, l'amour des explorations neuves et lointaines, aux limites extrêmes du savoir humain. [...] Il semble que les faits connus ne soient qu'une base pour ressaisir l'inconnu, les termes d'une équation qu'il faut poser et, si possible, résoudre. [...] C'est toujours là, c'est aux confins de l'imagination et de la science, que sa pensée aimait à se mouvoir[4]. »

Aussi Saussure ira-t-il étudier la grammaire comparée des langues indo-européennes à Leipzig, alors la capitale de cette discipline. Dans l'optique néogrammairienne, celle des lois,

1. *Ibid.*, p. 265.
2. Voir *supra*, chap. 3, p. 61 *sq.*
3. Mauro, 1972, p. 321-323.
4. *Journal de Genève* des 17, 19 et 25 avril. Voir Olender, 1989, p. 188-191.

mais en considérant la phonétique indo-européenne comme un système, il publie en 1878 son fameux *Mémoire sur le système primitif des voyelles indo-européennes*. L'application d'une méthode de comparaison rigoureuse lui permet en particulier de supposer dans les langues indo-européennes primitives l'existence de phonèmes particuliers, les laryngales, que l'on retrouvera effectivement plus tard, après son déchiffrement, dans le hittite[1]. L'essentiel de sa carrière de recherche et d'enseignement, d'abord à Paris à partir de 1881 auprès de Michel Bréal, puis à Genève ensuite, fut consacré à l'enseignement du comparatisme indo-européen, particulièrement dans le domaine du germanique, du grec, du latin et du lituanien. Le fameux *Cours* est, on l'a vu, une œuvre posthume et reconstituée. Si Saussure y émet quelques réserves sur la paléontologie linguistique[2], sa position reste ambiguë, et rien n'indique qu'il ait conçu la parenté des langues indo-européennes autrement que selon le schéma arborescent classique. L'avant-dernière phrase du *Cours* (la dernière est peut-être apocryphe)[3] est révélatrice de cette ambiguïté testamentaire, et du sentiment confus qu'il en avait : « Tout en reconnaissant que Schleicher faisait violence à la réalité en voyant dans la langue une chose organique qui porte en elle-même sa loi d'évolution, nous continuons, sans nous en douter, à vouloir en faire une chose organique dans un autre sens, en supposant que le "génie" d'une race ou d'un groupe ethnique tend à ramener sans cesse la langue dans certaines voies déterminées[4]. »

Antoine Meillet, chef et maître

Aussi, si Saussure va par son enseignement à Paris exercer une influence déterminante sur la jeune linguistique française (la Société de linguistique de Paris a été créée en 1866), cette influence ira seulement dans le sens d'un plus grand perfectionnement technique de la méthode comparative. C'est tout le

1. Voir *infra*, chap. 17, p. 507.
2. Saussure, 1972, p. 306-310.
3. *Ibid.*, p. 476-477.
4. *Ibid.*, p. 317.

sens de la carrière d'Antoine Meillet, principal élève français de Saussure, qui va dominer en France, sinon en Europe, jusqu'à sa mort en 1936, toute la grammaire comparée indo-européenne et une grande partie de la linguistique[1]. Face à une linguistique allemande en bout de course, parvenue à l'extrême de ce que permettaient les « lois phonétiques » néogrammairiennes et sans personnalités marquantes, Paris devient avec Meillet le centre scientifique le plus influent. Enseignant à l'École pratique des hautes études (à partir de 1902) et au Collège de France (à partir de 1906), secrétaire général de la Société de linguistique de Paris (où il succède à Saussure, qui succédait lui-même à Bréal), son pouvoir institutionnel et intellectuel absolu est comparable, pour la linguistique, à ce que fut un demi-siècle plus tôt celui de Broca pour l'anthropologie.

Ces institutions très dynamiques sont cependant encore marginales par rapport à l'Université officielle, dont le conservatisme philologique reste imperméable à la linguistique, et même au comparatisme. Il rédige pour le *Bulletin* de la Société des centaines de comptes-rendus d'ouvrages, au style incisif et sans appel, où il a rarement, comme dans l'ensemble de son œuvre, laissé place au doute. Il publiera vingt-quatre ouvrages, parmi lesquels des manuels de référence aussi bien sur le latin ou le grec que sur les langues germaniques, le slave, l'arménien, le serbo-croate ou les langues indo-iraniennes ; il dirigera une synthèse sur l'ensemble des langues du monde. Ses élèves occuperont à leur tour des positions importantes dans la linguistique générale ou comparée du deuxième tiers du siècle, tels en France Émile Benveniste, Marcel Cohen, Lucien Tesnière, Pierre Chantraine, Michel Lejeune, André Martinet ou, en Pologne, Jerzy Kurylowicz. Il découragera tout aussi bien le jeune Georges Dumézil de s'occuper de linguistique, pour le confiner dans la mythologie comparée, et loin de Paris[2].

Antoine Meillet ne s'est jamais occupé du Foyer originel des Indo-Européens. Il ne prétendait même pas pouvoir reconstruire la langue originelle : ce que fournit la méthode de la grammaire

1. Deux colloques ont été consacrés à Meillet à l'occasion du cinquantenaire de sa mort, à Pise (Quattordio Moreschini, 1987) et à Nanterre (Auroux, 1988), ainsi qu'un troisième à Noirlac en 2000 (Bergounioux et Lamberterie, 2006).

2. Voir par exemple Dumézil, 1987, p. 59.

comparée n'est pas une restitution de l'indo-européen tel qu'il aurait été parlé, « *c'est un système défini de correspondances entre des langues historiquement attestées*[1] » ; ou encore : « L'objet de la grammaire comparée d'un groupe de langues est l'étude des correspondances que ces langues présentent entre elles[2]. » L'« indo-européen » est donc une abstraction, une rigoureuse construction logique qui, par le biais des correspondances phonétiques et morphologiques, relie entre elles un certain nombre de langues. Il s'agit bien d'une vision « structurale », au sens large. Mais pour Meillet, le langage est un « fait social », « la langue n'existe qu'en vertu de la *société* ». C'est l'un des enseignements que Meillet retire explicitement de Saussure. De fait Meillet entretient des relations scientifiques avec toute la récente école de sociologie française, avec Durkheim, Mauss ou Lévy-Bruhl ; il tient, dans leur revue, *L'Année sociologique*, la rubrique linguistique.

Une langue de chefs

Or quelle est sa représentation explicite de la société indo-européenne primitive ? Il écrit dans son *Introduction à l'étude comparative des langues indo-européennes* :

> Rien n'autorise à parler d'une « race indo-européenne », mais il y a eu – on ne sait ni en quel lieu ni en quel temps exactement – une « nation indo-européenne » [...]. Les populations dont l'indo-européen était l'idiome, tout en sentant leur parenté, tout en ayant des mœurs et des institutions communes, tout en étant capables de se fédérer et d'agir ensemble à l'occasion, ne formaient pas un groupe politique un, n'admettaient pas d'une manière durable un chef unique, et ne comportaient aucune unité politique permanente. C'est l'autonomie des cités grecques et non l'unité de l'empire achéménide qui donne une idée de la situation politique du monde indo-européen ancien [...]. Les populations de langue indo-européenne étaient conduites par une aristocratie qui avait un grand sens politique, puisqu'elle a été capable d'imposer à presque toute l'Europe

1. Meillet, 1937 p. 47. Les italiques sont de Meillet, qui en utilise rarement.
2. *Ibid.*, p. 13.

et à une large part de l'Asie sa langue avec son organisation sociale à la fois ferme et souple, mais qui ne se prêtait que par occasions à obéir à une direction unique[1].

L'indo-européen est donc « une langue de chefs et d'organisateurs imposée par le prestige d'une aristocratie. De la part familière de la langue il ne subsiste clairement que peu de chose[2] ».

L'existence d'une aristocratie guerrière dominante est centrale chez Meillet, en de nombreux passages :

> La préoccupation de tout chef hellène, nordique, etc., était d'être indépendant ; or la phrase indo-européenne est faite avec des mots qui, grâce à leur flexion, se suffisent à eux-mêmes et indiquent eux-mêmes leur rôle dans la phrase[3].

Ailleurs :

> Dans tout le domaine indo-européen, on observe un même type de faits : extension à un domaine nouveau de la langue rigoureusement définie d'un groupe dominant qui tenait à la pureté de sa langue comme à un titre de noblesse et qui la maintenait jalousement. Il résulte de là que l'extension des langues indo-européennes, qui est une chose si remarquable, a consisté en réalité dans l'adoption d'une même langue, l'indo-européen, par des populations de plus en plus nombreuses, occupant une aire de plus en plus considérable[4].

De même :

> La grande extension des langues indo-européennes tient à ce que, parlées par une nation douée du sens de l'organisation et de la domination, elles se sont peu à peu substituées à un grand nombre d'autres langues, comme on voit en Italie pour le latin[5].

1. *Ibid.*, p. 418-419.
2. *Ibid.*, p. 47.
3. Meillet, 1928a, p. 164.
4. Meillet, 1938, p. 48.
5. *Ibid.*, p. 61.

Ou encore :

> Servant d'organe à des aristocrates soucieux avant tout d'être des chefs indépendants, la langue indo-européenne opérait avec des mots qui, eux aussi, avaient toute l'autonomie possible [...]. Le « latin vulgaire » continue des parlers de l'aristocratie indo-européenne ; mais il s'est développé dans une population qui était un mélange de gens de toute origine ; ces gens n'avaient plus guère rien de commun avec les chefs, petits et grands, des groupes qui ont répandu les anciennes langues indo-européennes[1].

Mais sur quoi reposent ces certitudes si souveraines, qui permettent de passer des correspondances phonétiques formelles aux aristocrates orgueilleux et guerriers ? Sur à peu près rien. L'état des connaissances sur le Peuple originel et ses institutions est celui que nous avons vu exposé plus tôt par Schrader, dont la méthode est la paléontologie linguistique, à laquelle Saussure croit très peu, et dont Meillet ne parle jamais. Seule l'idée d'une absence d'unité politique originelle est linguistiquement « fondée » : comme la reconstruction ne débouche jamais sur des formes uniques, il faut supposer que, même au début, il y avait déjà des « dialectes » dans la Patrie originelle, dialectes que Meillet identifie avec l'origine des principaux grands groupes de langues indo-européennes (indo-iranien, celtique, germanique, etc.). C'est une évidence négative. Le modèle des cités grecques est peu opératoire, car Meillet admet aussi, fidèle au nouveau primitivisme ambiant, que « les populations qui parlaient l'indo-européen devaient être à un niveau de civilisation analogue à celui des nègres de l'Afrique ou des Indiens de l'Amérique du Nord[2] ». Cela explique sans doute qu'on n'ait pas retrouvé de villes indo-européennes. Mais Meillet a de toute façon un argument imparable : « Une extension de langue provient de l'extension d'un type d'organisation et de conceptions, et non d'un type de civilisation matérielle. Les chefs de langue indo-européenne qui ont répandu cette famille de langues ont adopté en général les avantages que leur offrait la civilisation des peuples soumis par

1. Meillet, 1928b, p. 272-273.
2. Meillet, 1937, p. 49.

eux[1]. » En clair, il n'y a aucune trace archéologique à attendre des conquêtes indo-européennes !

La vision de Meillet est donc totalement fantasmatique, même si elle est dans le droit fil du XIXe siècle ; ou plus exactement, elle ne repose que sur une chaîne de postulats, fondés eux-mêmes sur le bon sens de l'époque : s'il y a eu diffusion linguistique, c'est qu'il y a eu conquête militaire, et s'il y a eu conquête militaire, c'est qu'il y avait des chefs ; et puisque ces conquêtes ont réussi, c'est que ces chefs avaient « un grand sens politique » ; et comme il n'y a aucune trace matérielle de ces conquêtes, c'est que les chefs se contentaient d'introduire leur langue et leur organisation au sein de civilisations préétablies. On se souvient que chez Schrader, la guerre était plus postulée que démontrée (le vocabulaire commun est d'ailleurs succinct sur ce point), et que le « nomadisme indo-européen » ne reposait que sur la rareté des termes pour l'agriculture et sur l'existence de la roue.

Parlez-vous une « langue de civilisation » ?

Plusieurs autres aspects de la pensée du grand linguiste Meillet complètent sa vision du monde, dans ce double langage presque schizophrène, entre l'affirmation d'une indo-européanité de la correspondance logique purement abstraite et cette vision guerrière invasionniste. Ses Indo-Européens sont, en accord avec ses collègues de *L'Année sociologique* et avec l'ethnologie de son temps, marquée par les travaux de Fraser, des « primitifs ». D'où sa vision, dans la continuité de Schrader, d'une religion originelle sans dieux identifiés, adorant seulement des « forces naturelles et sociales[2] » – ce contre quoi s'inscrira, en réaction, toute l'œuvre de Georges Dumézil. Mais les Indo-Européens originels, on l'a vu, forment aussi une « nation » ; après la séparation originelle, il y aura également une « nation indo-iranienne », une « nation germanique », etc.

En 1918, au moment où la guerre s'achève, une guerre qui « apparaît comme la suite des longues luttes qui ont abouti à

1. Meillet, 1938, p. 88.
2. Meillet, 1921, p. 323-334.

imposer à une grande partie du monde la langue de la nation indo-européenne », et où les traités vont redécouper le continent, Meillet publie un livre sur *Les Langues dans l'Europe nouvelle*. Il y dresse un tableau linguistique de l'Europe, qui sera complété dans la réédition de 1928 par des statistiques et une carte[1]. Au-delà de la description, le projet de Meillet est politique. L'intellectuel européen, humaniste et progressiste, est sensible aux droits des peuples à disposer d'eux-mêmes et se réjouit de la fin des grands empires, mais il s'inquiète de l'apparition concomitante de nouvelles langues nationales : « En Europe, la multiplicité croissante des langues de civilisation cause une gêne qui grandit sans cesse[2]. »

D'une part cela freine la communication – Meillet, qui connaît de très nombreuses langues mais n'en parle aucune, a découvert qu'aux États-Unis les scientifiques américains ne lisent que l'anglais. D'autre part, toutes les langues ne méritent pas le même traitement. Ainsi, l'irlandais est « un parler de paysans » dont le statut de langue officielle « emprisonnerait [le peuple irlandais] dans un cachot linguistique »[3] ; le basque « n'est qu'une survivance curieuse » ; le breton est un « outil si grossier, si peu utile qu'aucun Breton sensé ne peut songer à l'employer de préférence » ; « le lituanien [...] peut à peine compter pour une langue de civilisation » ; les langues finno-ougriennes de Russie sont « de simples curiosités linguistiques » : donner à leurs locuteurs une autonomie politique reviendrait à parquer « ces indigènes dans une petite culture locale, sans jour sur le dehors, sans horizons, sans avenir ». Le hongrois lui-même « n'est pas une vieille langue de civilisation [...]. Sa littérature n'a pas de prestige [...] ; il a une structure compliquée, n'est facile à apprendre pour personne »[4]. Quant aux peuples slaves d'Europe centrale et orientale, ils auraient intérêt à se regrouper en un État commun, qui leur permettrait peut-être de « restaurer » l'unité linguistique slave originelle.

Pour Meillet, il doit y avoir identité entre une « langue »,

1. Meillet, 1928c. Sur les positions de Meillet : Caussat, 1988 ; Perrot, 1988.
2. *Ibid.*, p. 246.
3. *Ibid.*, p. XI.
4. *Ibid.* ; citations *in* Perrot, 1988, et Caussat, 1988.

une « civilisation » et une « nation » ; mais n'ont des « langues de civilisation » que les nations qui le méritent. Et la véritable civilisation est celle de la « nation indo-européenne » originelle, du moins dans sa variante gréco-romaine : « Toutes [les langues de l'Europe] se sont formées sous l'influence de la même civilisation ; derrière toutes, il y a les mêmes modèles grecs et latins qui ont été imités partout [...] Malgré la diversité des apparences, la civilisation européenne n'a au fond qu'une même langue de culture [...] Depuis près de trois mille ans, tout l'essentiel de la civilisation s'est exprimé par des langues indo-européennes[1]. » C'est pourquoi le projet d'une langue artificielle unique (espéranto, ido), construite à partir des langues indo-européennes, « a le mérite d'exprimer l'unité de la civilisation moderne, dont le fondement est gréco-italique. L'"occidental", récemment proposé, montre mieux encore cette unité[2] ».

Toutes ces affirmations convergentes ne sont pas les naïvetés d'un savant de cabinet. Elles doivent être prises au pied de la lettre, mais inversées : c'est parce qu'il y a, pour Meillet, une supériorité présente de la civilisation occidentale, qu'il y a eu nécessairement une unité nationale originelle, seule explication possible de ce destin prodigieux, unité primordiale dans laquelle le rêve d'une langue unique recréée permet de communier à nouveau. Telle est la force de cette représentation idéologique, venue de si loin et sans doute partagée à l'époque par beaucoup d'intellectuels européens éclairés, et qui se trouve plaquée sur un phénomène qui n'avait rien à voir : l'existence de correspondances phonétiques entre un certain nombre de langues anciennes de l'Eurasie. Relevant sans doute plus encore de la tradition orale (voire de l'évidence implicite) que de l'écrit, mais parfois explicitement exposée en de fugaces passages, c'est pourtant cette matrice idéologique qui continue à informer toutes les recherches indo-européanistes de l'entre-deux-guerres ; c'est elle qui va servir d'interprétation ultime et évidente aux travaux, à d'autres égards fondamentaux, de deux des principaux élèves de Meillet, le jeune linguiste Émile Benveniste, l'héritier officiel, et le jeune mythologue Georges Dumézil, le mal-aimé.

1. Meillet, 1929, cité *in* Caussat, 1988, p. 203.
2. Meillet, 1928c, p. 279.

Instinct conquérant et goût des libres espaces…

Le meilleur élève de Meillet, qui lui succède au Collège de France, Émile Benveniste, issu de la communauté juive de Syrie, exprimera en effet, avec plus de force encore, la vision guerrière de son maître, dans cette fresque cataclysmique de 1939, déjà évoquée[1], où il prend à son tour position pour un foyer steppique :

> Dans leur diversité, ces invasions […] n'ont jamais mis en branle de vastes peuples de guerriers. Ce sont bien plutôt de petits groupes hardis, fortement organisés, instaurant leur ordre sur la ruine des structures établies […]. Ils conserveront tous, au long de leur destin particulier, les traits distinctifs de leur communauté première : […] instinct conquérant et goût des libres espaces ; sens de l'autorité et attachement aux biens terrestres. Au début, ils semblent s'absorber dans la masse des peuples souvent plus civilisés qu'ils soumettent. Un long silence suit leur conquête. Mais bientôt, de l'ordre nouveau qu'ils fondent, jaillit une culture d'abord chargée d'éléments locaux, puis se développant en formes toujours plus neuves et audacieuses. Une force inventive marque ces créations, auxquelles la langue des maîtres confère l'expression la plus achevée.

Ce texte mériterait dans son ensemble une analyse sémantique complète, qui en mette à plat tous les présupposés. Mais sa date et sa proximité idéologique avec les représentations aryennes de l'Allemagne pré-nazie et nazie ont quelque chose de glaçant. Trois ans auparavant, il avait déjà participé en toute naïveté au volume d'hommages au vieux linguiste allemand Hermann Hirt, coordonné par Helmuth Arntz, un idéologue nazi[2]. Cet article de Benveniste témoigne en tout cas de la force des représentations collectives chez les indo-européanistes du temps, représentations d'autant moins étayées par de quelconques preuves matérielles, qu'elles visent aussi à justifier l'absence de traces archéologiques visibles de ces invasions supposées.

1. Benveniste, 1939 ; voir *supra*, chap. 1, p. 27.
2. Arntz, 1936. Voir *infra*, chap. 7, p. 223.

Deux ans plus tard, en octobre 1941, cet autre élève de Meillet, le mythologue Georges Dumézil, ouvre dans des termes identiques, sinon superposables, un article de *La Nouvelle Revue française* alors dirigée par Pierre Drieu La Rochelle[1] consacré à la méthode de « l'étude comparée des religions indo-européennes » :

> Au cours du IIIe et du IIe millénaire avant Jésus-Christ se produisit l'événement le plus important de l'histoire temporelle récente de l'humanité : d'une région qu'on semble pouvoir situer entre la plaine hongroise et la Baltique, par vagues successives, partirent en tous sens des troupes conquérantes qui parlaient sensiblement la même langue. Que s'était-il passé ? Désagrégation d'empires préhistoriques ? Difficultés alimentaires ou climatériques ? Impérialisme inné, appel confus du destin, maturation plantureuse d'un groupe humain privilégié ? Nous n'en saurons jamais rien. Mais le fait est là : des courses centrifuges, en quelques siècles, asservissent à ces hardis cavaliers toute l'Europe du Nord, de l'Ouest, du Sud et du Sud-Est ; les anciens habitants disparaissent, s'assimilent ou forment des îlots qui se résorbent lentement[2].

Puis au terme de trois pages qui retracent les quatre millénaires de chevauchées de ces « Indo-Européens » (« un nom composé, purement symbolique, qui parle à l'esprit plus qu'à l'imagination ») jusqu'aux civilisations historiques, puis à la colonisation européenne du monde, il peut conclure :

> L'Europe « parle indo-européen » et, par ses émigrants, fait « parler indo-européen » à tout ce qui compte dans trois autres continents et dans la moitié du quatrième. Aujourd'hui, au-delà de luttes fratricides qui sont peut-être le dur enfantement d'un ordre stable, on ne voit sur la planète qu'un coin de terre où put grandir un appelant à ce triomphe. Mais sans doute arriverait-il trop tard[3].

1. Voir *infra*, chap. 16, p. 484-485.
2. Dumézil, 1941a, p. 385 ; je remercie Christophe Vielle pour m'avoir signalé ce passage.
3. *Ibid.*, p. 387.

Cet article servit en même temps de préface au livre de Dumézil publié la même année 1941, *Jupiter, Mars, Quirinus*. Cette préface contient néanmoins, par rapport à l'article, quelques phrases supplémentaires, dont :

> Bien entendu la question a d'autres aspects. Un aspect ethnique d'abord, que, depuis un siècle également, étudient par leurs méthodes propres les diverses écoles d'anthropologie. Rappelons le résultat le plus général de ces recherches : les Indo-Européens appartenaient à la race blanche et comptaient des représentants des trois principaux types d'hommes alors fixés en Europe, avec prédominance marquée du type nordique[1].

Il faudra revenir en temps utile sur les présupposés idéologiques de Georges Dumézil, cet « impérialisme inné », cet « appel confus du destin », ou encore ces « luttes fratricides » qui, dans l'Europe de 1941, « sont peut-être le dur enfantement d'un ordre stable »[2]. Républicain progressiste, ou ancien élève d'une école rabbinique, ou encore ex-sympathisant actif de l'Action française, Meillet, Benveniste ou Dumézil partagent une commune vision guerrière et centrifuge des Indo-Européens, sous-jacente à tous leurs travaux, même si elle n'affectait pas nécessairement la mise en ordre de leurs données. C'est assez dire aussi, sans anticiper sur des débats ultérieurs, qu'il convient en cette matière de savoir distinguer clairement au moins trois choses, qui peuvent ne rien avoir à faire l'une avec l'autre : les opinions politiques personnelles d'un chercheur, les modèles logiques qui organisent ses découvertes, et les représentations idéologiques qui sous-tendent ses interprétations ultimes.

On mesure aussi combien le Peuple originel a changé. Ce n'est plus la « race privilégiée » de Pictet, marquée par « un naturel heureux, où l'énergie était tempérée par la douceur, une imagination vive et une raison forte, une intelligence active et un esprit ouvert aux impressions du beau »[3]. Depuis la fin du XIXe siècle, l'ethnographie a « primitivisé » les Aryens avec Schrader, mais aussi, les temps ne sont plus à l'optimisme marchand des débuts

1. Dumézil, 1941b, p. 12-13.
2. Voir *infra*, chap. 11.
3. Voir *supra*, chap. 3, p. 61-63.

de la révolution industrielle. Plusieurs crises économiques et une guerre mondiale sont passées, un monde s'est disloqué, une nouvelle guerre est en marche : la violence et le mal sont dans l'histoire, des systèmes politiques nouveaux fondent là-dessus leur philosophie. Les intellectuels doivent s'en accommoder, quand ils n'en font pas la théorie. Une fois de plus, nous sommes le miroir du Peuple de nos origines.

Le sentiment linguistique ?

Cette permanence culturelle que postulait Meillet requérait, dans sa propre logique, trois conditions : la continuité de la transmission linguistique, l'homogénéité de la langue, et peut-être aussi une certaine forme d'« hérédité ». Meillet s'est posé ce dernier problème à propos des évolutions phonétiques dans certaines langues, lorsqu'en Gaule, par exemple, le latin s'est transformé en français en suivant certaines caractéristiques phonétiques propres aux langues celtiques, alors que le gaulois n'était plus en usage : « Certaines habitudes acquises auraient pu être transmises par l'hérédité. Il ne s'agirait pas de l'hérédité de caractères anatomiques acquis, mais d'une chose bien différente, d'hérédité d'habitudes acquises. Cette hérédité serait comparable à celle qu'on observe dans les races de chiens employés à des usages particuliers[1]. » Meillet a peu développé cette « hypothèse hardie » et canine. Son élève Marcel Cohen, l'un des fondateurs du Parti communiste français, va plus loin dans un livre publié en 1956 et qui s'ouvre sur une citation linguistique de Joseph Staline. Selon lui, l'hypothèse de son maître Meillet préfigurait Lyssenko, l'agronome qui théorisa l'hérédité des caractères acquis au nom d'une « biologie prolétarienne » – ruinant l'agriculture soviétique. On aurait alors une explication possible de l'étonnante continuité millénaire de la « civilisation européenne », plus subtile que les « organisations cérébrales » du linguiste Chavée[2], différentes chez les Aryens et les Sémites[3]. Cette discussion, à

1. Meillet, 1938, p. 111.
2. Voir *supra*, chap. 4, p. 114.
3. Chavée, 1862b.

l'articulation du psychique et du physiologique, couvait dans les sciences humaines des années 1930, et on la retrouve même chez le Freud de *L'Homme Moïse et la Religion monothéiste*. Georges Dumézil parlera plus tard, à propos des permanences mythologiques indo-européennes, de « sillons héréditaires[1] », se défendant ultérieurement d'une interprétation « organique ».

La seconde condition est l'homogénéité de la langue. Le modèle implicite de Meillet, lorsqu'il parle de langues, est celui de l'État-nation des XIXe et XXe siècles, avec sa langue officielle uniforme. Il sait que les langues ont des dialectes et des patois, mais considère qu'il s'agit d'une « notion relativement vague[2] ». Il aura avec Jules Gilliéron, fondateur de la dialectologie française, de violentes polémiques. Comme nous le verrons, la réalité dialectale peut pourtant offrir des langues une image beaucoup plus complexe. Meillet manie d'ailleurs le terme de dialecte d'une manière très restrictive, appelant « dialectes » de l'indo-européen originel les « proto-langues » reconstruites censées être à la source des principales familles indo-européennes (le proto-slave, le proto-germanique, le proto-indo-aryen, etc.).

La dernière condition de la permanence est la continuité linguistique. La langue évolue selon des « tendances » et, à moins qu'il n'y ait remplacement brutal d'une langue par une autre, les locuteurs « ont toujours l'intention de rester fidèles à leur langue traditionnelle[3] » : c'est le « sentiment linguistique ». Cette notion par essence impalpable, surtout pour des langues disparues, justifiait qu'il n'y ait pas de « langue mixte », formée par le mélange de deux langues différentes contemporaines.

Meillet contre Schuchardt

Nous avions vu comment le linguiste allemand Hugo Schuchardt fut le premier, dès les années 1880, à décrire et à théoriser les langues mixtes, et en particulier les pidgins et les créoles,

1. Dumézil, 1968, p. 570 ; voir aussi Dumézil, 1987, p. 140 ; Charachidzé, 1987, p. 13. Dumézil met « sillons » entre guillemets.
2. Meillet, 1928c, p. 16 ; voir *infra*, chap. 19, p. 570.
3. Meillet, 1938, p. 107.

dont il fonda l'étude[1]. Or, pour la permanence indo-européenne, une telle possibilité était un scandale logique, analogue, pour Broca, à la possibilité des métissages qui, unie au transformisme, ruinait l'idée même de « races » stables. Si les langues pouvaient se mélanger « transversalement » pour en former d'autres, l'arbre darwino-schleicherien des langues indo-européennes s'effondrait, et leurs « nations » avec. Meillet s'est donc élevé avec la plus grande vigueur contre les travaux de Schuchardt. Bien avant Meillet, conscient des mêmes enjeux, l'indo-européaniste Max Müller avait déjà affirmé : *es gibt keine Mischsprache* (« Il n'y a pas de langues mixtes »)[2]. Mais entre-temps Schuchardt avait réuni d'importants matériaux linguistiques. Commencée en 1913, la polémique entre Schuchardt et Meillet, par articles interposés, durera jusqu'à la mort du premier, en 1927[3], avec une vivacité que la Première Guerre ne fit qu'aviver, d'autant que Schuchardt avait ressenti douloureusement la défaite de son pays.

Meillet y usera surtout d'arguments d'autorité : « On a souvent parlé de langues mixtes. Le terme est impropre parce qu'il suggère l'idée que les situations des deux langues considérées seraient, sinon égales, au moins de nature comparable[4] ». Ou encore : « On a souvent employé pour de pareils cas le terme de "croisement de langues" ou de "langues mixtes" ; mais ce ne sont là que des métaphores ; l'essentiel est le fait, remarquable au point de vue psychique, que des individus disposant pleinement de deux manières de s'exprimer ont, sans troubler d'une manière profonde le système de l'une des langues, ajouté à ce système des procédés de l'autre[5] » ; « quel que soit le nombre, quelle que soit l'importance des "emprunts", il y a des éléments *indigènes* là où les sujets ont toujours cru et voulu parler une langue définie. [...] Ce qui importe, ce n'est pas de déterminer la proportion de tel ou tel élément, mais de savoir quelle langue ont cru et voulu parler ceux qui ont fait la transmission continue

1. Voir *supra*, chap. 2, p. 56-57.
2. Müller (F. M.), 1872, vol. 1, p. 86.
3. Meillet, 1921, p. 76-101, 102-109 ; Schuchardt, 1922, p. 167-182 ; Baggioni, 1988.
4. Meillet, 1938, p. 107-108.
5. *Ibid.*, p. 102.

entre les deux dates considérées[1] ». Quant aux créoles : « certains linguistes seront tentés de parler de langues mixtes ; mais le *matériel* de la langue appartient à un idiome défini ; le créole de la Réunion ou de la Martinique est du français imparfait, mais c'est du français, car c'est à l'imitation seule du français de leur maître que les nègres l'ont constitué[2] » (à une époque il est vrai où le mot « nègre » avait une connotation plus usuelle et moins péjorative) ; « les parlers qui sont des mélanges informes de deux langues différentes comme le slavo-italien ou l'italo-slave qu'a décrits M. Schuchardt sont ceux de populations inférieures ; ils ne survivent généralement pas. Au cas où ils survivraient, il est permis de se demander si l'on en pourrait faire la théorie : les faits seraient beaucoup trop compliqués. On se trouverait sans doute devant des parentés indéterminables[3] ».

Autrement dit les faits n'existent pas, ou s'ils existaient, ça n'aurait pas d'importance. Seul compte le « sentiment linguistique », la langue que les locuteurs pensent parler. Si la langue est pour Meillet un « fait social », le contributeur de *L'Année sociologique* a du fonctionnement social une conception bien archaïque : la société est une « nation », une et homogène, dans laquelle ce que font les acteurs, c'est ce qu'ils pensent faire ! Pourtant, Meillet était un très grand linguiste et, dans la décennie qui sépare la mort de Schuchardt de la sienne propre, on sent poindre des doutes. Réservé à sa parution sur le livre du Danois Kristian Sandfeld consacré à la « linguistique balkanique », ces remarquables faits de convergence entre des langues très différentes[4], il le fera pourtant traduire et publier dans la collection qu'il dirige. L'année suivante, un article sur le bilinguisme entre latin et germanique dans la France du haut Moyen Âge se conclura ainsi : « Il y a là un type d'enquête dont l'importance serait capitale pour la linguistique historique, et dont Schuchardt avait déjà indiqué la portée[5]. » De fait, l'attention aux faits sociaux apportait dès l'origine une contradiction possible dans le système de Meillet, lorsqu'il affirmait en 1911, à propos de

1. Meillet, 1921, p. 104.
2. *Ibid.*, p. 85.
3. *Ibid.*, p. 106.
4. Sandfeld, 1930 ; voir *infra*, chap. 19, p. 585-586.
5. Meillet, 1938, p. 98.

la diffusion d'une langue : « Dans tous les cas, il y a un trait commun : la puissance d'une organisation politique et la valeur d'une civilisation peuvent en être les causes prochaines ; mais la cause profonde qui détermine le phénomène est l'utilité singulière que présente une langue employée sur un vaste domaine[1]. »

Le triomphe de la linguistique structurale

Au seuil de la Seconde Guerre mondiale, la linguistique française, pourtant dominante, n'aura retiré aucun profit du nouveau paradigme structuraliste pour penser les relations entre les langues indo-européennes autrement que selon le schéma de Schleicher. Bien plus, l'idéologie des origines est maintenue intacte et confortée. Meillet est bien l'élève de Saussure, mais du premier Saussure comparatiste, qui tenait encore d'Adolphe Pictet l'ultime clef de déchiffrement du fait indo-européen. Avec le Saussure structuraliste, revenu à Genève après 1891 et peu à peu muré dans l'échec affectif et la dépression alcoolique[2], avec ce Saussure qui n'écrit plus mais met en place dans ses cours l'essentiel d'une œuvre orale et bientôt posthume, Meillet n'aura pas de contact. Il tiendra même à distance le *Cours*, une fois publié, et tous les disciples directs du « maître de Genève », jugés trop éloignés de la linguistique concrète. Hasard des destins individuels, poids des institutions et des traditions académiques, force des représentations culturelles s'entremêlent pour offrir, face à l'innovation, une efficace barrière.

C'est donc à la périphérie, à Prague ou à Copenhague, que le paradigme structuraliste prend corps à la fin des années 1920, institutionnellement sanctionné par la fondation du Cercle linguistique de Prague (et ses *Travaux*) en 1926 ; par celle, autour de Hjelmslev, du Cercle linguistique de Copenhague en 1931, dont le périodique *Acta linguistica, revue internationale de linguistique structurale* consacre officiellement le nom de la nouvelle discipline ; par le premier Congrès international des linguistes, réuni à La Haye en 1928, qui marque l'affranchissement définitif

1. Meillet, 1921, p. 120.
2. Mounin, 1972, p. 48-49.

de la linguistique générale par rapport à la grammaire comparée ; par la première réunion phonologique internationale, en 1930. Le Cercle de Prague joue un rôle moteur, et singulièrement le prince Nikolaï Troubetzkoy et Roman Jakobson, tous deux issus, comme le poète Maïakovski, du milieu des formalistes russes des années 1920. Ces origines révolutionnaires, dans le domaine intellectuel autant que politique, donnent aux réunions linguistiques « le style de travail d'un congrès bolchevik[1] », où des « thèses » courtes et fortes sont présentées et discutées, et aux nouveaux linguistes une conscience aiguë de leur rôle pionnier, des stratégies à développer et de leurs devoirs militants. La correspondance entre Troubetzkoy et Jakobson, publiée quarante ans plus tard par le second et qu'on a pu comparer, pour l'importance, à celle de Freud avec Jung, est passionnante à cet égard, révélant à la fois l'élaboration des nouvelles méthodes et l'atmosphère intellectuelle de cette gestation[2]. Une polémique anecdotique mais violente opposera d'ailleurs Troubetzkoy à Dumézil sur des questions pointues de linguistique caucasienne[3].

L'apport principal, et fondamental, de Troubetzkoy à la linguistique est la « phonologie » : les sons d'une langue ne sont pas des unités qui peuvent être étudiées de manière séparée et dispersée (comme le faisaient les néogrammairiens), mais forment un système d'oppositions propre à chaque langue. Le *i* long et le *i* bref ont en anglais une valeur « distinctive » (*sheep* et *ship*), qu'ils n'ont pas en français : ils forment dans cette dernière langue un seul et même « phonème », mais deux en anglais. Troubetzkoy, qui publie ses premiers articles scientifiques à quinze ans, qui s'intéresse à l'ethnologie, au folklore, à l'histoire contemporaine, qui a établi le système phonologique de plus de deux cents langues, cherche à élargir la méthode structurale à d'autres aspects du langage.

En mai 1928, il introduit en neuf lignes, au congrès fondateur de La Haye, à la faveur de la présentation de la « Proposition 16 » relative à la définition des « groupes de langues », une nouvelle notion, celle de *Sprachbund*. Il désigne par ce terme, qui fait

1. *Ibid.*, p. 108.
2. Troubetzkoy, 1975 et 2006 ; Viel, 1984 ; Gasparov, 1987 ; Liberman, 1980 ; Toman, 1987 ; Seriot, 1999.
3. Eribon, 1992, p. 313-320.

référence à la notion de « lien » (*gebunden* est le passé du verbe *binden*, qui veut dire « lier » en allemand), des groupes de langues liées entre elles par une série de ressemblances dans la syntaxe, la morphologie et le vocabulaire, sans qu'il y ait entre elles de correspondances phonétiques systématiques et régulières ; ce n'est que si cette dernière condition est respectée que l'on pourra parler d'une « famille de langues », qui, même dans ce cas, ne suppose pas nécessairement une origine commune[1]. On tend souvent à rendre, au moins en français et en anglais, ce difficilement traduisible terme de *Sprachbund*, plutôt que par « alliance linguistique » ou « union linguistique » (en allemand *Bund* désigne souvent une « alliance » ou une « fédération politique »), par le mot « aire linguistique » ; et on parlera alors d'une « linguistique aréale ». Il vaudrait sans doute mieux traduire par « réseau de langues » (même si la correspondance usuelle de « réseau » est en allemand le mot *Netz*). Troubetzkoy enrichit ainsi considérablement le champ d'interprétation des ressemblances entre langues, jusque-là systématiquement ramenées à des liens de parenté impliquant une commune origine. Il prend explicitement pour exemple le cas des langues balkaniques, déjà évoqué, sur lesquelles travaille à la même époque le Danois Sandfeld. Jakobson utilisera à son tour cette notion, en la développant au niveau des traits communs phonétiques que les langues, même fort diverses, d'une même zone géographique tendent à adopter[2].

Et s'il n'y avait jamais eu de Peuple originel ?

Troubetzkoy fera, lors d'un exposé en russe de neuf pages au Cercle linguistique de Prague le 14 décembre 1936, deux ans avant les accords de Munich, une utilisation fracassante de ces liaisons « aréales », dont il vaut la peine de citer les passages les plus significatifs :

> Certains chercheurs supposent qu'à une époque extrêmement lointaine il existait une langue indo-européenne unique, dénom-

1. Troubetzkoy, 1930, p. 18 ; 1939, p. 215.
2. Jakobson, 1938.

mée le proto-indo-européen, dont seraient issues toutes les langues indo-européennes attestées. Mais cette hypothèse est contredite par le fait que, aussi loin que l'on puisse remonter dans la profondeur des temps, on trouve toujours une grande quantité de langues indo-européennes. Certes, on ne peut affirmer que l'hypothèse d'une langue indo-européenne primitive unique soit rigoureusement impossible. Mais elle n'est nullement indispensable et l'on peut parfaitement s'en passer.

La notion de « famille de langues » n'implique nullement l'origine commune d'un ensemble de langues à partir de la même proto-langue. Par « famille de langues » on entend un groupe de langues qui, en plus de caractéristiques communes de structure, présentent également des « coïncidences matérielles » : c'est un groupe de langues dans lesquelles un nombre important d'éléments grammaticaux et lexicaux présentent des correspondances phoniques régulières. Mais pour expliquer le caractère régulier des correspondances phoniques, il n'est point besoin de recourir à l'hypothèse d'une origine commune pour les langues de ce groupe, puisqu'on trouve la même régularité lors d'emprunts massifs d'une langue à une autre, non apparentée [...][1].

On peut tout aussi bien envisager une évolution inverse, à savoir que les ancêtres des branches indo-européennes étaient à l'origine dissemblables, et que ce n'est qu'avec le temps que, à force de contacts constants, d'influences réciproques et d'emprunts, ils se sont sensiblement rapprochés, sans pour autant devenir identiques. L'histoire des langues connaît des évolutions divergentes et convergentes. Il est parfois même difficile de tracer une délimitation entre ces deux types de développement [...]. Or, jusqu'à présent, lorsqu'il est question du « problème indo-européen », on ne tient compte que de l'hypothèse de l'évolution purement divergente à partir d'une proto-langue unique. Cette approche unilatérale a fait s'engager toute la discussion du problème dans une voie absolument erronée. La nature véritable, c'est-à-dire purement linguistique,

1. Troubetzkoy, 1996 [1936], p. 211-212. Cette traduction française par Patrick Seriot est la version la plus complète du texte original, dont il existe une version allemande plus courte (Troubetzkoy, 1939) et deux éditions russes. Voir Troubetzkoy, 1996, p. 228.

du problème indo-européen a été oubliée. De nombreux indo-européanistes ont introduit de façon absolument infondée dans l'examen du « problème indo-européen » des considérations relevant de l'archéologie préhistorique, de l'anthropologie et de l'ethnologie. On s'est mis à discuter sur l'habitat, la culture et la race du « peuple primitif » indo-européen, alors que ce peuple primitif n'a peut-être jamais existé. Pour les linguistes allemands contemporains (et pas seulement allemands !), le « problème indo-européen » se pose à peu près en ces termes : « quel type de céramique doit être associée au peuple primitif indo-européen ? » Mais cette question (comme bien des questions du même ordre) ne peut être résolue du point de vue scientifique, et s'avère, par conséquent, vaine. Toute la discussion n'est qu'un cercle vicieux, dans la mesure où l'existence même du peuple primitif indo-européen ne peut être démontrée et où, de même, on ne peut démontrer qu'il existe un lien entre un certain type de culture matérielle et un certain type de langue. C'est ainsi que se constitue une notion imaginaire, le mirage romantique du « peuple primitif ». En poursuivant ce mirage, on oublie une vérité scientifique fondamentale, à savoir que la notion d'« indo-européen » est une notion exclusivement linguistique.
La seule question scientifiquement admissible consiste à se demander où et comment s'est formée la structure linguistique indo-européenne. À cette question on ne peut et ne doit répondre qu'en faisant appel à des concepts et à des faits de nature purement linguistique, ce qui implique de savoir quelles sont les particularités du système indo-européen[1].

[...] La « théorie des ondes » proposée autrefois par Johannes Schmidt peut être appliquée non seulement aux dialectes d'une même langue et à des groupes de langues apparentées, mais également à des langues voisines non apparentées. Des langues voisines, même non apparentées, se « contaminent réciproquement », en quelque sorte, et, en fin de compte, acquièrent une série de caractéristiques communes dans leur structure phonique et grammaticale. Le nombre de ces traits communs dépend de la durée du contact géographique entre ces langues. Tout cela est applicable aux familles de langues. Dans la majorité des cas une famille de langues présente des

1. *Ibid.*, p. 213-216.

> caractéristiques dont certaines la rapprochent d'une famille voisine, et d'autres d'une autre famille, également voisine. Ainsi les familles de langues forment de véritables chaînes[1].

Troubetzkoy développe alors quelques hypothèses. Montrant que « l'indo-européanité » linguistique ne peut reposer ni sur le vocabulaire, dont presque aucun mot n'est commun à l'ensemble des langues indo-européennes, ni sur la morphologie, ni même sur les fameuses « lois de correspondances phonétiques » qui souffrent toutes d'exceptions, il tente une définition générale de ce groupe de langues à l'aide de six traits structuraux dont la combinaison seule serait spécifique. Puis il examine les relations « aréales » entre les langues indo-européennes et les groupes linguistiques voisins (langues sémitiques, caucasiennes, finno-ougriennes). Là s'arrêtera la tentative iconoclaste de Troubetzkoy, qui rejoignait ainsi une lignée de linguistes minoritaires, tels Johannes Schmidt, Hugo Schuchardt, Vittore Pisani ou Christianus Cornelius Uhlenbeck qui, chacun à sa manière, ont exploré à tâtons de possibles contre-modèles alternatifs au *Stammbaum* – sur lesquels nous reviendrons[2].

Troubetzkoy avait sans doute des raisons supplémentaires pour ne pas aimer les Indo-Européens sous la forme du Peuple originel. Il appartenait à un mouvement intellectuel dit « eurasiste », qui voyait plus de proximités historiques et culturelles avec les voisins immédiats de la Russie, y compris les populations turcophones et musulmanes d'Asie centrale, qu'avec l'Europe « romano-germanique » plus ou moins décadente[3]. Cette vision, amorcée en Russie dès le XIXe siècle avec l'intérêt pour les « Aryens »[4], considère que la vocation historique de la Russie se trouve au moins autant dans son environnement oriental que vers l'Europe occidentale. Tombé en désuétude, l'eurasisme est réapparu en Russie après la chute de l'URSS, clairement lié aux mouvements ultranationalistes.

Le 14 mars 1938, Hitler entre à Vienne à la tête de son armée, acclamé par deux cent mille personnes dans cette ville

1. *Ibid.*, p. 221.
2. Voir *infra*, chap. 18.
3. Seriot, 1999 ; Laruelle, 1999.
4. Voir *supra*, chap. 3, p. 69.

où, étudiant misérable, il avait été refusé au concours de l'Académie des beaux-arts. Dénoncé par l'archéologue nazi Oswald Menghin et chassé de l'université pour ses positions antiracistes, perquisitionné et interrogé sans ménagements par la Gestapo, ses archives confisquées et son gendre en fuite, le prince Troubetzkoy, descendant d'une des plus grandes familles de l'aristocratie russe, meurt à l'hôpital le 25 juin 1938 d'une angine de poitrine, rédigeant jusqu'au dernier moment les ultimes pages de ses fameux *Principes de phonologie.* « Il mourut, écrivit Roman Jakobson, d'un coup comme son père était mort, quand, en 1905, le Tsar et ses bureaucrates sévirent contre lui à cause de son libéralisme[1]. »

Un an plus tard, Prague à son tour est occupée par la Wehrmacht. Jakobson se réfugie au Danemark, puis en Suède, et part en 1941 pour les États-Unis. Le Cercle de Prague est dispersé, Jakobson se tournera vers la sémantique, la théorie littéraire et d'autres champs encore. Le structuralisme gagnera l'ethnologie (Jakobson rencontre à New York Claude Lévi-Strauss, également réfugié), puis l'ensemble des sciences humaines. Lorsque la paix reviendra, la grammaire comparée repartira comme si de rien n'était.

1. Troubetzkoy, 1949, p. XXIX, 1996, p. 229.

6

Du pangermanisme aryen au nazisme

Où l'on voit comment l'archéologue allemand Gustaf Kossinna, professeur de préhistoire à Berlin, théorisa l'équation entre une culture matérielle archéologique et une ethnie, et comment il décrivit l'expansion, en quatorze invasions successives, du Peuple originel indo-européen depuis les rives de la Baltique – Et sous quelle forme il écrivit son livre majeur La Préhistoire allemande, une science au plus haut point nationale *– Pourquoi des préhistoriens aussi renommés que Joseph Déchelette en France ou Gordon Childe en Grande-Bretagne reconnaissaient à Kossinna une grande compétence archéologique, alors qu'il était en même temps un consternant idéologue raciste – Et comment il mourut deux ans avant l'avènement du nazisme, puis disparut après la Seconde Guerre mondiale des histoires officielles de l'archéologie, si bien que son équation entre culture matérielle et ethnie ne fut jamais discutée – Où l'on rappelle comment les idéologues nazis, au-delà de leur antisémitisme constitutif, émirent les théories les plus fumeuses sur la préhistoire « aryenne » et l'Atlantide indo-européenne primitive, s'agitèrent d'abord dans d'obscures sectes et chapelles, et finirent pourtant par prendre le pouvoir et appliquer leur doctrine – Où l'on découvre que Hitler ne croyait pas qu'il existait une « race juive » et trouvait les Grecs beaucoup plus civilisés que les Germains – Comment des archéologues opportunistes se rallièrent au régime nazi pour obtenir des crédits et diffuser leurs théories, quitte à faire chasser leurs collègues des universités et à piller les richesses archéologiques des pays envahis – Et comment la plupart poursuivirent leur carrière après la guerre – Pourquoi, contrairement à leurs très tolérants collègues français, les archéologues anglais ou américains n'eurent aucune indulgence pour la politique raciale du nazisme – Et comment en Grande-Bretagne Gordon Childe appelait à « considérer toute personne qui parle de "mentalité raciale" comme un charlatan ».*

Nous avions laissé la question du Foyer originel au moment où le XIXe siècle s'achevait, lorsque la réappropriation européenne, et plus spécifiquement allemande (puisque telle est la Patrie originelle de la grammaire comparée), parvenait au terme de sa logique historique : localiser le point-origine à l'extrême opposé de l'Asie, dans ces marges ultimes de l'Europe, cette Germanie nord-occidentale adossée à l'Océan et aux glaces, qui ne devrait sa propre existence qu'à elle-même, et dont la rudesse climatique justifierait la fierté conquérante de sa « race autochtone ». C'est aussi le moment où trois disciplines longtemps intriquées, l'ethnologie, l'anthropologie physique et l'archéologie préhistorique, acquièrent leur autonomie respective et s'éloignent l'une de l'autre, dans leurs méthodologies, leurs objets, leurs institutions. Le grand arbre évolutionniste intégrateur, qui narrait « l'histoire naturelle de l'homme », avec ses stades, ses embranchements, ses « races », cesse lentement d'être référence et enjeu.

L'anthropologie voit ses « races » se dissoudre et doit rechercher à tâtons, dans la mesure de l'intelligence, la génétique ou l'eugénisme, de nouvelles raisons d'être. Les ethnologues ne peuvent plus se contenter de classifier les sociétés « sauvages » ou « primitives » sur la foi des rapports de missionnaires ou de soldats : ils doivent maintenant, avec Boas, Haddon, Rivers, Radcliffe-Brown, Seligman, et bientôt Malinowski, partir eux-mêmes sur le terrain observer le fonctionnement concret de ces sociétés, qui devient leur véritable sujet d'étude. La même métaphore machiniste, à l'œuvre dans la linguistique saussurienne, pénètre l'ethnologie : celle-ci, avec Bronislaw Malinowski, qui examine les sociétés des îles Trobriand à peu près au moment où Saussure professe son *Cours*, devient « fonctionnaliste ». La mise en évidence des différences entre sociétés humaines est finalement plus importante que ce qui pouvait les réunir dans un arbre classificatoire unique, d'autant que l'immense éventail des faits rend bien relatif le système de valeurs occidental que l'on croyait jusque-là universel.

Les méthodes de l'archéologie

L'archéologie pré- et protohistorique se voit elle aussi débordée par le foisonnement des objets et des civilisations. Il ne suffit plus de définir des « âges » ou des « époques ». On connaissait déjà le néolithique des cités lacustres alpines et celui des dolmens des côtes atlantiques. Mais voici qu'apparaissent maintenant, en Europe centrale, celui de la « Céramique Rubanée » (*Bandkeramik* en allemand) avec ses décors de volutes gravées, plus au nord celui de la « Céramique Cordée » (*Schnurkeramik*) et ses poteries à impressions de cordelettes, ou plus à l'est, en Russie, la civilisation de « Fatjanovo » avec ses vases grossiers et ses haches de pierre ou, en Ukraine, la civilisation de « Tripolje » avec ses riches céramiques peintes (voir annexes, 6, p. 604). En France, les préhistoriens s'affranchissent de la Société d'anthropologie de Paris et créent en 1904 leur propre Société préhistorique française. L'archéologue amateur Joseph Déchelette peut à la veille de cette Première Guerre mondiale où, engagé volontaire, il laissera sa vie, dresser dans son *Manuel d'archéologie préhistorique et celtique* un vaste panorama de la nouvelle préhistoire européenne.

Il y fallait aussi des instruments nouveaux. Au début du XXe siècle, le Suédois Oscar Montelius expose la « méthode typologique » : chaque civilisation est caractérisée par des objets significatifs (armes, outils, parures, habitations, tombes, etc.), les « types », que le préhistorien doit être capable de définir avec la même rigueur que celle du zoologue ou du botaniste vis-à-vis des espèces animales ou végétales – la comparaison explicite est de Montelius, qui néanmoins ne définit pas ce qu'est un « type » lui-même. C'est avec cette méthode qu'il distingue dans l'âge du bronze scandinave six « périodes » successives, toujours en vigueur, chacune caractérisée par un certain nombre de « types ».

Le niveau classificatoire supérieur à celui des « types » était celui des « cultures » ou des « civilisations ». Ce dernier terme, en France surtout, servait à désigner jusqu'à la fin du XIXe siècle une étape de l'évolution humaine : on parlait de « Civilisation du Renne » (mais aussi d'« âge du renne ») pour la fin du paléolithique supérieur, une période où l'on trouvait à la fois des grottes peintes et un riche outillage en os et en bois de renne. La reconnaissance qu'il pouvait exister, dans l'immensité de l'espace européen, des « civilisations » sensiblement contemporaines mais différentes, puisque définies par des « types » différents, amenait à un nouvel emploi du terme. Ce fut l'œuvre des archéologues allemands, et plus particulièrement du titulaire, à partir de 1902, de la chaire de préhistoire de l'université de Berlin (où il succédait à Virchow), Gustaf Kossinna, fondateur en 1909 de la Société allemande pour la préhistoire et de sa revue *Mannus*, scissionniste et rivale de la Société d'anthropologie, d'ethnologie et de préhistoire.

Il existait en Allemagne, avec Carl Ritter dès le milieu du XIXe siècle, puis Friedrich Ratzel et Leo Frobenius à la fin du même siècle, une forte tradition d'intérêt pour la géographie humaine et l'étude des sociétés humaines dans leur milieu naturel. Appliquée à l'ethnologie et à l'histoire, cette approche conduisait à identifier sur la surface du globe des « cercles culturels » (*Kulturkreise*), chacun défini par des phénomènes propres (institutions, techniques, langues, etc.), eux-mêmes susceptibles d'irradiations, de diffusions, d'emprunts : c'est l'école « historico-culturelle » (*kultur-historisch*), qui se développe au début du XXe siècle avec Fritz Graebner à Cologne, Wilhelm Koppers ou le missionnaire Wilhelm Schmidt, de la *Societas Verbi Divini*, à Vienne[1]. Ce dernier tentera par exemple de corréler à l'échelle du globe systèmes de parenté, structures linguistiques et modes de production. Mais il s'agissait encore d'observer des sociétés vivantes, dont la définition ethnique était donnée, et de les regrouper selon des régularités suprarégionales et supra-ethniques, caractérisant de grands ensembles « culturels ».

Le postulat de Kossinna

Or en archéologie préhistorique, l'identité ethnique des sociétés observées est par hypothèse inconnue. Kossinna, et la plupart des préhistoriens à sa suite, pose alors un postulat de taille, dans l'une des phrases les plus célèbres de l'histoire de l'archéologie, exposé dans son travail de 1911 sur *Die Herkunft der Germanen* (« L'Origine des Germains ») : « Des provinces culturelles nettement délimitées sur le plan archéologique coïncident à toutes les époques avec des peuples ou des tribus bien précis » (*Scharf umgrenzte archäologische Kulturprovinzen decken sich zu allen Zeiten mit ganz*

1. Graebner, 1911 ; Schmidt (W.), 1926.

bestimmten Völkern und Völkerstämmen)[1]. Il y a identité entre une « culture » archéologique définie comme un ensemble de « types » d'objets caractéristiques, et un groupe ethnique. Certes l'idée était implicite dans les recherches antérieures. Mais, faute de matériaux archéologiques, les spéculations ethniques restaient très générales, et fondées surtout sur des arguments philologiques ou anthropologiques, telles ces discussions sur les « migrations aryennes » dans leurs relations avec le « substrat » indigène basque ou finnois. Avec Kossinna, les découpages que les archéologues font subir aux données pour mieux les ordonner ne peuvent plus être ni de simples commodités classificatoires, ni des variations stylistiques limitées aux objets matériels ; derrière la répartition, dans une même zone géographique, d'un certain nombre d'outils et de décors de poterie, il y a nécessairement un « peuple » ou un « groupe ethnique » homogène, avec ses institutions, son système économique, sa langue. Ce postulat n'est pas anodin – ne serait-ce que parce qu'il fut ensuite, mais seulement cinquante ans plus tard, l'enjeu de discussions acharnées, et que dès les années 1930, le préhistorien Gordon Childe, comme on le verra, proposera d'autres voies. Il est aussi très réducteur, imposant à la « réalité » de l'observation une interprétation fort restrictive et limitée. Et il peut être finalement circulaire, tout matériau archéologique devant être rangé, puis interprété, dans les termes d'une « culture » définie, sans autre échappatoire.

Mais cette conception de la « culture » repose aussi sur un modèle naturaliste, biologique. La culture est une association de « types », tout comme les « types » sont des associations de traits descriptifs, définis par référence aux sciences naturelles. Et, de même qu'un « type » de hache va en engendrer un autre, selon un schéma évolutionniste classique dans tout système chronologique (et que l'on retrouve aussi bien en histoire de l'art), de même une « culture » en engendrera tout naturellement une autre. Ainsi, c'est le modèle classificatoire arborescent de Linné, dans la réinterprétation généalogique qu'en proposa Darwin, qui sous-tend la nouvelle méthodologie archéologique de mise en ordre et d'interprétation des données. Rien d'étonnant à ce que

1. Kossinna, 1911, p. 3. Voir Klejn, 1974 ; Römer, 1985 ; Grünert, 2002 ; Veit, 1984, 1989, 2000.

ce modèle arborescent entretienne aussitôt d'étroites relations avec d'autres arbres déjà là, celui des « races » ou celui des langues. L'arbre n'était pourtant pas le seul modèle possible, puisque la « machine », avec ses rouages interdépendants, va devenir le nouveau modèle opératoire de la linguistique structurale ou de l'ethnologie fonctionnaliste. Il faudra un demi-siècle de plus pour que la « culture » cesse de n'être envisagée que comme un organisme vivant, ou plus exactement, pour qu'un modèle concurrent « machinique » puisse être, avec la *New Archaeology* anglo-saxonne, élaboré par des archéologues. La seule autre tentative d'un modèle alternatif, issue des archéologues soviétiques de la période stalinienne, ne pouvait guère, comme on le verra, convaincre. Ironie, c'est au moment où l'ethnologie abandonne son paradigme évolutionniste et renonce à ces grandes reconstitutions historiques typiques du dernier tiers du XIXe siècle (où s'illustrèrent Lewis Morgan, Edward Burnett Tylor, James Atkinson, Hobhouse, McLennan ou Westermarck) pour comprendre le fonctionnement social concret, au moment même où ethnologie et préhistoire s'éloignent l'une de l'autre, que la seconde emprunte à la première un outil déjà désuet. De tels décalages ne sont pas rares dans l'histoire des relations entre sciences.

Ce n'est pas non plus un hasard si ce modèle culturel fut formulé en Allemagne. D'une part l'archéologie y était plus professionnalisée, puisqu'elle y jouait un rôle puissant dans la constitution de l'idéologie nationale ; les débats intellectuels et méthodologiques étaient donc plus avancés. En outre, face à des préhistoriens français plus enclins à définir de grandes chronologies universelles scandant les âges de l'humanité, il existait dans les sciences allemandes cet intérêt pour l'espace, propre à une nation dont le territoire, même au prix de plusieurs guerres, restait un enjeu, alors même qu'il n'existait pas de coïncidence, ni même par excès ou par défaut, entre territoire et nationalité, entre le sol et le sang. Dès l'origine, les romantiques allemands, avec Herder, Fichte et ses *Discours à la nation allemande*, ou aussi bien Schlegel et Hegel, avaient conçu la Nation comme une entité biologique délimitée et éternelle, pourvue d'une « âme nationale », le *Volksgeist*, assurée de se perpétuer indéfiniment.

Le roman kossinnien des Indo-Germains

Philologue germaniste de formation, originaire de Prusse-Orientale et élevé dans le climat nationaliste qui accompagna la réalisation par les armes de l'unité allemande, Kossinna vint à l'archéologie parce qu'il cherchait à remonter aux origines des Germains, et par là des Indo-Germains, prenant comme d'autres au pied de la lettre cette dénomination des Indo-Européens particulière à l'Allemagne. Son premier travail publié, une conférence prononcée à Kassel en 1895 à l'occasion du Congrès annuel de la Société d'anthropologie, et consacrée à « la répartition des Germains en Allemagne durant la préhistoire[1] », annonce son programme scientifique : à partir de la localisation des Germains attestée par les auteurs antiques, remonter progressivement dans le temps grâce aux données archéologiques. La démonstration archéologique, il est vrai, manque encore, et passe même sous silence toute la période néolithique, tandis que le Foyer indo-européen originel est encore placé par lui dans les régions danubiennes.

Le reste de son œuvre ne fera qu'accomplir ce programme : l'utilisation d'arguments archéologiques pour des identifications ethniques préconçues. Arguments souvent changeants, le Peuple originel s'étant déplacé d'est en ouest et ayant été tour à tour retrouvé parmi les porteurs de la Céramique Rubanée centre-européenne, les constructeurs de mégalithes d'Europe de l'Ouest, les populations paléolithiques du Périgord ou les producteurs de la Céramique Cordée nord-européenne (voir annexes, 6-7, p. 604-605). Kossinna était d'autant plus aisément désinvolte avec le matériel archéologique, qu'il ne conduisit pratiquement jamais de fouilles lui-même. Il propose aussi un nouveau terme pour son approche, celui de *Siedlungsarchäologie*, « archéologie de l'occupation », entendant par là l'identification archéologique des territoires occupés par un « peuple » donné ; le terme est historiographiquement ambigu car, dans la mesure où *Siedlung* désigne à la fois l'occupation territoriale au sens large et l'occupation d'un « site » d'habitat donné, on entendra plus tard par *Siedlungsarchäologie* la fouille exhaustive et extensive d'un habitat, ce dans quoi vont exceller à la fois les archéologues

1. Kossinna, 1896.

soviétiques mais aussi, dans le sillage du professeur et SS Herbert Jankuhn[1], les archéologues nazis.

Dans la conception plus ou moins terminale de Kossinna[2], les Indo-Européens, descendants de l'homme de Cro-Magnon, se forment avec la civilisation mésolithique nord-européenne d'Ellerbeck, vers le début du IVe millénaire (dans la chronologie alors en vigueur). De là, ils vont irradier dans toute l'Europe, par quatorze grands raids guerriers (les *Züge*). Le processus historique est clair :

> L'expansion indo-européenne s'est visiblement passée de *cette* manière : une vigoureuse minorité guerrière a soumis une majorité plus faible, l'a réduite en esclavage et l'a ensuite tenue éloignée d'elle par une séparation rigoureuse, utilisant un système de castes ; elle a partiellement étouffé la civilisation indigène pour la remplacer par la sienne propre, mais a avant tout contraint la population dominée à accepter la langue indo-européenne. On ne pourrait pas expliquer sinon l'indéniable domination de la nouvelle langue de la minorité et la préservation pendant des millénaires de la pureté du type nordique à teint clair parmi les populations à teint foncé du sud de l'Europe[3].

Et Kossinna ne manque pas, sur ce dernier point, de s'appuyer sur l'autorité de Vacher de Lapouge.

On voit aussi, ce dernier point mis à part, en quoi la vision indo-européenne de Kossinna ne différait guère de celle que nous avons vue présente chez Meillet, Benveniste ou Dumézil. Au demeurant, Déchelette, réservé sur cette question (tout comme sur la notion de « race »), juge l'article de Kossinna d'où provient la citation précédente comme l'une des rares études sur le problème indo-européen où « la partie archéologique ait été traitée avec une entière compétence[4] ». Le préhistorien Gordon Childe, l'un des plus grands du XXe siècle, partagera, on le verra,

1. Voir *infra*, p. 197 *sq*.
2. Kossinna, 1902, 1911, 1912, 1921 et 1926. Sur Kossinna : Klejn, 1974 et 1999 ; Hachmann, 1970 ; Eggers, 1959 ; Römer, 1985 ; Veit, 1984 et 1989 ; Smolla, 1979-1980 et 1984-1985.
3. Kossinna, 1902 (republ. *in* Kossinna, 1968, p. 45-46).
4. Déchelette, 1914, vol. 2, p. 10, note 2.

cette opinion au début de son œuvre. Kossinna n'est pas à cette époque un archéologue maudit.

« Une science au plus haut point nationale »

Marqué par les théories du raciologue devenu nazi Hans Günther[1], Kossinna identifie donc les Indo-Européens à la « race nordique » de ce dernier – l'*Homo europaeus* de Vacher de Lapouge et autres. Cette identification a le mérite de régler tous les problèmes : en l'absence d'une continuité évidente dans le matériel archéologique depuis le mésolithique jusqu'à l'apparition des Germains historiques, l'affirmation d'une continuité « raciale » supplée à la démonstration. Reprenant Much (auquel il conteste, pour se l'attribuer indûment, la paternité du foyer « nordique ») et d'autres, Kossinna n'hésite pas à créditer les (Indo-)Germains de l'invention de l'écriture (l'origine phénicienne de l'écriture est « l'un des pires mensonges historiques que nous connaissions[2] »), de la domestication du cheval ou de la métallurgie du cuivre.

Archéologue en chambre, Kossinna est d'abord un idéologue professionnel. Son livre de 1912, *Die deutsche Vorgeschichte, eine hervorragend nationale Wissenschaft*, est explicite. Au fil de chapitres intitulés par exemple « Supériorité du goût germanique » ou encore « Grandeur de l'ornementation spiralée germanique », il y affirme la supériorité culturelle ancestrale des (Indo-)Germains et peut conclure, deux ans avant la déclaration de guerre : « Un tel peuple [...] ne peut être traité de barbare, même si les Romains le firent, ou plus exactement les successeurs romans des Romains et, avec une partialité toute particulière, les Français [...], en dépit de leur propre et bien réelle barbarie[3]. » Il salue la déclaration de guerre ; puis s'efforcera après la défaite de limiter (en vain) les pertes territoriales sur la Baltique en adressant aux négociateurs du traité de Versailles une note sur « l'Ostmark, patrie originelle des Germains », inaugurant ainsi l'utilisation de

1. Voir *infra*, chap. 8, p. 256.
2. Kossinna, 1911, p. 12.
3. Kossinna, 1912, p. 229.

l'archéologie à l'appui de revendications territoriales. Une longue polémique s'ensuivra avec les archéologues polonais[1].

Dès 1912, il affirme « la valeur du pur sang germanique », car « le sang détermine l'âme », et raille les Celtes, les Daces ou les Slaves. Rédigeant la même année la notice nécrologique de son disciple préféré, Erich Blume, assassiné par son épouse, il dénoncera le « type évidemment non germanique » de cette dernière, « hybride clairement dégénérée ». Dès le début du siècle, il correspondait avec Ludwig Schemann, le propagateur raciste et antisémite de Gobineau en Allemagne[2]. En 1913, à l'approche de la guerre, la Société allemande pour la préhistoire de Kossinna devient la Société pour la préhistoire allemande (*Gesellschaft für deutsche Vorgeschichte*). La même année, le chef du parti ultra-nationaliste allemand, la Ligue pangermaniste (*Alldeutscher Verband*), Heinrich Class, y adhère, tandis que Karl Felix Wolff attaque l'année suivante dans *Mannus*, la revue de la Société, le linguiste indo-européaniste juif Sigmund Feist, coupable d'avoir réfuté dans un livre l'identification des Germains aux Indo-Germains ; il l'y qualifie donc, entre autres, de « produit de la civilisation dépourvu de race » (*Rasseloser Zivilisationsmensch*) et de « citoyen apatride de l'Internationale rouge et or » (*Weltbürger der goldenen und roter Internationale*). Feist démissionne de la Société dont il était un membre fondateur[3].

Après la Première Guerre et sous l'influence de Hans Günther, Kossinna va plus loin et tâche d'estimer, comme Vacher de Lapouge avant lui, la part de « vrai » sang nordique dans le peuple allemand. Il est obligé d'admettre que ladite « race » n'est présente que dans 60 % de la population, et qu'il n'y a même que 6 à 8 % de « purs » Nordiques. Heureusement « dans l'âme de chaque Allemand est fermement ancré l'idéal de l'essence nordique[4] ». Au demeurant :

> c'est l'une des lois de la psychologie raciale qu'au sein d'un embranchement racial les dolichocéphales forment toujours,

1. Schnapp, 1977, p. 19-20, 1981 ; Klejn, 1974.
2. Voir *supra*, chap. 4, p. 135-136.
3. Wolff, 1914 ; Feist, 1913 ; Smolla, 1979-1980, p. 5 ; sur Feist : Feist-Hirsch, 1970 ; Römer, 1981. Sur la problématique du « sang », voir Olender, 2009, p. 18.
4. Kossinna, 1926, p. 128.

> parmi une population donnée, sa partie entreprenante, tournée vers l'aventure et les voyages, conquérante, mais aussi créatrice, inventive, aspirant au progrès et douée d'un idéal aristocratique, tandis que les brachycéphales en sont la partie opiniâtre, conservatrice, peu encline au progrès, ni aux aventures, ni aux excursions guerrières, politiquement démocrate et ne pensant qu'à ses propres intérêts[1].

Certes, Kossinna poursuit une tradition d'exaltation de « l'âme nationale » (*Volksgeist*) et de l'unité nationale qui remonte au romantisme, à Grimm ou à Schlegel ; certes, il se situe dans le climat d'exacerbation nationaliste qui mène à la Seconde Guerre mondiale. Mais il apporte à cette cause le renfort d'une archéologie institutionnelle, en même temps que, balayant les précédentes mises en garde de Virchow, Hirt ou Schrader, il raffermit les liens de celle-ci avec la raciologie. Penka, Poesche ou Much étaient des amateurs ; Kossinna, qui raille volontiers Much, est professeur d'université dans la capitale du Reich.

En même temps, Kossinna ne règne pas sur l'ensemble de la préhistoire allemande, mais plutôt sur celle de l'Allemagne orientale. Des polémiques personnelles d'une très grande violence l'opposent à Karl Schuchardt, directeur du département d'archéologie du Musée de Berlin et fondateur de la revue *Prähistorische Zeitschrift* ; et, bien qu'ayant le titre de « professeur », il ne sera jamais « titularisé ». Son œuvre elle-même, et en particulier l'identité entre ethnie et culture archéologique, est immédiatement critiquée par des scientifiques aussi autorisés que l'antiquisant Eduard Meyer, recteur de l'université de Berlin, le préhistorien Moritz Hoernes, professeur à l'université de Vienne, ou encore le linguiste Otto Schrader. On raille l'équation *ein Volk, ein Topf* : « un peuple, un pot » ! Après sa mort en 1931 et l'arrivée de Hitler au pouvoir en 1933, son disciple Reinerth s'efforcera, par tous les moyens, de prendre le contrôle de la préhistoire allemande. Il se heurtera pourtant à une grande partie de l'establishment universitaire (dont Karl Schuchardt) qui, il est vrai, devra rechercher la protection de Himmler et de ses SS pour préserver ses positions…

1. Kossinna, 1921, p. 68.

L'oubli de Kossinna

Après l'écrasement du nazisme, les historiographes officiels de l'archéologie « oublieront » Kossinna. Il n'existe aucune trace de son œuvre dans le livre de l'archéologue britannique Glyn Daniel, *A Hundred Years of Archaeology*, longtemps la principale référence en la matière, constamment réédité depuis 1950 – et remis à jour en 1975 sous la forme d'*A Hundred and Fifty Years of Archaeology*. Un peu comme le gouvernement de Vichy dans l'histoire politique officielle de la France, Kossinna est considéré tacitement telle une sorte de parenthèse aberrante, un asservissement inexcusable de la science à une idéologie extrémiste. Dans la partie occidentale de l'Allemagne, comme dans l'ensemble du bloc de l'Ouest, les archéologues se détournèrent après la Seconde Guerre de toute approche ethnique explicite[1] ; dans la partie orientale, les archéologues, officiellement ralliés au marxisme, n'avaient pas à rendre de comptes au passé kossinnien de l'Allemagne. Pourtant Kossinna apportait de mauvaises réponses à de vraies questions, celles de la formation des entités ethniques et de l'identification de l'ethnicité au travers de la culture matérielle.

Quoi qu'on en dise, et même si des essais d'identifications ethniques dans le matériel archéologique avaient pu être proposés auparavant par Virchow (à propos des fortifications médiévales slaves), Tischler (dans le matériel germanique de Prusse) ou Montelius (en Scandinavie), Kossinna est le premier à avoir défini aussi fortement la démarche, fondée sur l'équation culture archéologique = ethnie, et à l'avoir appliquée systématiquement. De fait, les étudiants polonais de Kossinna, comme Kostrzewsky, se contenteront simplement d'inverser les arguments, pour déclarer « slaves » des territoires considérés comme « germaniques » par leur maître. L'archéologue anglais Gordon Childe qui, nous le verrons, s'appuiera ensuite sur le marxisme pour comprendre l'histoire culturelle, considère comme évidente, dans ses premières grandes synthèses des années 1920, l'équation kossinnienne, dont il reconnaîtra l'influence.

1. Wolfram, 2000.

Cette équation, plus généralement, sous-tend depuis Kossinna l'ensemble de la recherche archéologique à l'échelle du continent européen, à l'est ainsi qu'à l'ouest : derrière une « culture archéologique » définie comme la répartition géographique délimitée d'un certain nombre de « types » d'objets associés, il y a eu nécessairement une communauté politique, religieuse, socio-économique, voire linguistique, homogène – bref, une « ethnie », conçue comme une entité objective, susceptible de se perpétuer en tant que telle pendant des siècles, avant de se transformer, par mutation interne ou croisement, en une nouvelle entité homogène et objective. Le vocabulaire de la biologie et de la filiation est typique de la description des « cultures » archéologiques. Et c'est bien sûr ce modèle-là que repose, jusqu'à nos jours, tout essai d'identification archéologique du Peuple originel indo-européen. Au point que certains archéologues allemands ont récemment tenté de réhabiliter Kossinna, en montrant à juste titre qu'il n'avait fait que définir avec force une méthode que la plupart des archéologues continentaux utilisent depuis lors[1].

Or l'œuvre de Kossinna, précisément parce qu'elle est officiellement jugée caricaturale, devrait agir comme un miroir grossissant, quant à la pertinence de l'équation *ein Volk, ein Topf*. Car elle n'est pas le seul modèle interprétatif possible. Avant même la défaite nazie, des archéologues allemands, comme Hans Jürgen Eggers ou Ernst Wahle, avaient eu le courage d'en faire la critique argumentée. Le premier insistait sur la complexité de la culture matérielle, qui n'est pas un simple reflet de la société vivante, mais comprend des objets de statuts divers (utilitaires, funéraires, symboliques, etc.) et de durée de vie très variable : quelques années pour la poterie, plusieurs décennies pour les objets de métal, plusieurs siècles pour les insignes de prestige ou religieux. Contrairement aux historiens, très critiques sur leurs sources écrites, les archéologues ne soumettent leurs propres documents à aucun examen préalable ; or « même les vestiges archéologiques peuvent mentir[2] ! ».

Quant à Ernst Wahle, ancien étudiant de Kossinna, il publie en 1941 un article au titre explicite : « La signification ethnique

1. Smolla, 1979-1980 et 1984-1985 ; Veit, 1984.
2. Eggers, 1939, 1950, 1959.

des provinces culturelles protohistoriques : les limites de la connaissance en protohistoire[1] ». La formation d'une nouvelle culture résulte d'un réarrangement général, consécutif à des processus d'innovations accélérés, vis-à-vis duquel la question de la filiation génétique par rapport à la culture immédiatement précédente n'a que peu d'intérêt, d'autant que l'archéologie a le plus grand mal à saisir et à décrire les moments de changement rapide. Pourtant ces réflexions issues du monde scientifique germanique resteront marginales, et il faudra attendre la *New Archaeology* anglo-saxonne des années 1960-1970 pour que, de manière indépendante, un débat soit ouvert sur les sources archéologiques et le fonctionnement culturel. Encore, la question ethnique n'y sera pas abordée.

Ainsi l'archéologie a-t-elle payé fort cher d'avoir cru pouvoir faire l'économie d'un débat de fond sur le kossinnisme, qui reste le paradigme sous-jacent à la plupart des « solutions » archéologiques au problème indo-européen. Elle a admis sans discuter les prémisses de Kossinna, du moment qu'il n'y avait pas d'exploitation idéologique patente, et continué à manier de fait un modèle de l'évolution culturelle, issu à la fois de la biologie et de la tradition romantique du *Volksgeist* des nationalismes européens, modèle d'autant plus dangereux qu'il était implicite et comme allant de soi. Aussi a-t-elle été parfaitement désarmée, lorsque, avec la réactivation récente des pulsions nationalistes, elle s'est trouvée à nouveau, des Balkans au Caucase ou de l'Inde au Proche-Orient, convoquée à l'appui des revendications ethniques et territoriales les plus déraisonnables : belle revanche de Kossinna !

Le nazisme, l'un des horizons des Aryens

Il pourrait sembler hors de propos de s'arrêter maintenant sur le nazisme, sur son exploitation de la question indo-européenne et sur les conséquences terrifiantes qu'il en a tirées. Cette période n'a-t-elle pas fait l'objet d'innombrables travaux d'his-

1. Wahle, 1940-1941, 1964 ; voir aussi Malina et Vašíček, 1990, p. 105-109 ; Veit, 1989.

toriens ? L'idéologie national-socialiste ne constitue-t-elle pas un dévoiement aberrant, et par là même marginal, des études indo-européennes ? Et finalement, ne serait-ce pas culpabiliser abusivement ces dernières, par un faux procès ? Mais, d'une part, nous espérons avoir montré que, comme Kossinna auparavant et qui l'annonce, le nazisme est l'un des points d'aboutissement possibles du mythe d'origine indo-européen ; d'autre part le comportement des milieux scientifiques dans leur rapport au nazisme, en tant que champ d'application concret de théories « scientifiques », mérite qu'on s'y attarde. Des linguistes, des archéologues, des anthropologues, des généticiens ont pu trouver avec le nazisme le couronnement officiel de leurs travaux, en recevoir honneurs et moyens supplémentaires, ce qui supposait aussi quelques accommodements avec la terreur ambiante et les persécutions politiques ou raciales. Hors d'Allemagne, les scientifiques étrangers n'ont pas fait montre d'une grande solidarité envers leurs collègues menacés, quand l'indifférence, la lâcheté, voire une molle complicité intellectuelle, n'ont pas donné un tacite blanc-seing à la répression. Enfin, de nos jours, certains travaux prétendument « scientifiques » dans le champ des études indo-européennes sont reliés à l'idéologie nazie par une assez claire filiation.

Pour plus de clarté, on traitera dans ce chapitre du rôle des archéologues (et accessoirement des linguistes) et l'on abordera plus loin le destin de la « race » en cette première moitié du siècle, et le rôle, plus funeste et sanglant, des anthropologues et généticiens[1]. Néanmoins, l'un des traits de l'idéologie nazie est d'avoir, dans la continuité des germanomanes du dernier quart du XIXe siècle, identifié définitivement « race » et « culture » – ce qui n'avait été le propos jusqu'alors d'aucun scientifique professionnel, ni anthropologue, ni linguiste, ni archéologue. L'idéologie officiellement proclamée est, on le sait, la suivante : le Peuple « aryen » originel, qui coïncide avec la « race nordique » blonde et dolichocéphale, s'est formé spontanément en Allemagne du Nord et en Scandinavie aux temps préhistoriques, et les Germains historiques en constituent la descendance la plus pure ; les invasions aryennes ont répandu la civilisation sur une partie de l'Eurasie,

1. Voir *infra*, chap. 8.

mais se sont abâtardies au contact des peuples indigènes ; les Juifs, qui se sont infiltrés partout en « parasites » dans l'appareil économique et culturel de l'Occident, constituent le plus grand péril pour la survie de la « race » et de la culture aryennes, dont il importe, par tous les moyens, de restaurer la « pureté ».

Adolf Hitler, au chapitre XI (« Peuple et race ») de *Mein Kampf*, publié en 1925-1927[1], écrit :

> Il est vain de commencer à débattre pour savoir quelle race ou quelles races ont été les porteurs originels de la culture humaine, et par là les véritables fondateurs de tout ce que nous entendons sous le mot d'humanité. Il est plus simple de se poser la question pour le présent, et la réponse en devient facile et claire. Ce que nous voyons aujourd'hui devant nous comme culture humaine, comme productions de l'art, de la science et de la technique est bien exclusivement le produit créateur de l'Arien. [...] Il est le Prométhée de l'humanité, c'est de son front lumineux qu'a jailli à chaque époque l'étincelle divine du génie, allumant sans cesse avec du neuf ce feu qui illumina de connaissance la nuit des mystères muets et qui fit gravir à l'homme le chemin vers la domination des autres êtres de cette terre. [...] Si l'on divise l'humanité en trois catégories : les fondateurs de civilisations, les porteurs de civilisations et les destructeurs de civilisations, alors il n'y a que l'Arien qui puisse représenter la première (p. 317-318).

Mais « le mélange de sang et l'abaissement consécutif du niveau racial sont l'unique cause de la mort de toutes les civilisations » (p. 324). Aussi, face au danger mortel des « parasites juifs », « plutôt que de haïr des Ariens dont presque tout peut nous séparer, mais auxquels nous rattachent pourtant une communauté de sang et les grandes lignes d'une commune appartenance culturelle, [le mouvement national-socialiste] doit vouer à la colère générale le véritable ennemi de l'humanité » (p. 724-725).

L'autre grand idéologue est Alfred Rosenberg, qui sera responsable de toute la politique culturelle du régime, d'abord à la tête

1. Les numéros de pages entre parenthèses dans les citations qui suivent renvoient à l'édition officielle de 1940 en un seul volume de *Mein Kampf* par les presses du NSDAP.

de la *Kampfbund für deutsche Kultur* (« Ligue de combat pour la culture allemande ») du parti nazi, puis à celle d'un organisme *Amt Rosenberg* (Service Rosenberg). Son grand œuvre, *Der Mythus des 20. Jahrhunderts* (« Le mythe du XXe siècle »)[1], qui sera édité à 1 120 000 exemplaires en 1930, est un pesant fatras de plus de 700 pages que Hitler lui-même reconnaissait n'avoir jamais complètement lu, et qui retrace l'épopée du génie racial germanique, désormais menacé par l'abâtardissement, le parasitage juif, le christianisme (religion orientale) et le marxisme. Il en appelle à la constitution d'un État « racial-organique » dans une germanité restaurée, car « Odin, en tant que miroir éternel de l'antique force spirituelle de l'homme nordique, vit aujourd'hui comme il y a cinq mille ans[2] ». Il s'appuie sur Leibniz, Herder et Nietzsche, mais aussi Chamberlain, Vacher de Lapouge ou Hermann Wirth.

L'Atlantide du Grand Nord

C'est à Wirth, en effet, que Rosenberg emprunte sa théorie de l'origine des Aryens et de la « race nordique » : celle d'une Atlantide du Nord, maintenant engloutie, d'où cette « race créatrice » et guerrière partit à la fois vers l'Amérique du Nord et vers le reste de l'Europe, où elle répandit son écriture – comme en témoignent de nombreuses gravures rupestres sur les deux continents... Hollandais d'origine mais engagé comme volontaire dans l'armée allemande durant la Première Guerre, ce qui lui vaudra le titre de « professeur », Wirth enseignait le néerlandais à l'université de Berlin. Il réédita en 1933 la *Chronique d'Ura-Linda*, ce faux déjà évoqué[3], et répandit ses idées hardies dans le cadre d'une Société Hermann Wirth que soutenaient même certains universitaires, tels le titulaire de la chaire d'études nordiques à l'université de Berlin, éditeur des poèmes scandinaves médiévaux de l'*Edda*, Gustav Neckel, ou encore le linguiste Walther Wüst[4].

1. Rosenberg, 1930.
2. Rosenberg, 1930 ; pages 678-679 de l'édition de 1942.
3. Voir *supra*, chap. 3, p. 91 et 94.
4. Wirth, 1928 ; sur Wirth : Römer, 1985, p. 77, 95, 136, 142 ; Kater, 1974, p. 11-15 ; Schnapp, 1977, p. 6.

Wirth sera le premier président, sous le contrôle de Himmler, de l'organisme « culturel » des SS, l'*Ahnenerbe* (« l'Héritage des Ancêtres »). L'Atlantide indo-européenne nordique était déjà présente chez Vacher de Lapouge[1] à la suite de Penka, ou chez Guido von List. Le scénario narrait les dures conditions de vie qui avaient forgé l'âme d'exception des Aryens, même s'il était aussi un décalque du récit biblique de la Chute. Le lien est fait par un autre germanomane, Karl Georg Zschaetzsch qui, s'il situe l'Atlantide aryenne dans les Açores, découvre dans la Bible, détournée par les Juifs, le récit de l'Exode des Aryens hors de leur Éden. L'écriture phénicienne vient bien des runes, Jacob était un prince aryen, le nom de la ville d'Hébron doit être rapproché de la tribu celte des Éburons, et celui de Zschaetzsch... de Zeus. Il réclame en conséquence la domination mondiale pour les Aryens, dont la « race » remonte à trente mille ans[2]. Hermann Wieland développera la même idée[3].

On se souvient que les Atlantes de Platon avaient été remis au goût du jour par la théosophe Helena Blavatsky, suivie par Guido von List, dont les délires germanomanes avaient reconstitué la « langue primitive ario-germanique » parlée il y a un million d'années par le clergé « armanique » et prônaient un programme de purification raciale aryenne[4]. L'œuvre de List fut poursuivie par le Viennois Adolf Joseph Lanz, dit Jorg von Liebenfels, inspirateur de Wirth et créateur de l'« ariosophie »[5]. Cet ancien moine cistercien chassé de son ordre pour « péché contre la chair », publie en 1905 sa *Theozoologie oder die Kunde von den Sodoms-Äfflingen und dem Götter-Elektron* (« Théozoologie, ou la science des singes de Sodome et de l'électron des dieux ») : la Bible est en réalité un enseignement cryptique qui vise à mettre en garde les Aryens contre le métissage racial. En effet, les hommes-dieux des origines ont copulé (dans la Bible, les mots pour « nommer », « voir », « savoir », « couvrir » signifient en fait « copuler ») avec des animaux, donnant naissance aux « races »

1. Voir *supra*, chap. 4, p. 130.
2. Zschaetzsch, 1922 ; voir Römer, 1985, p. 66.
3. Wieland, 1925.
4. Voir *supra*, chap. 3, p. 93.
5. Goodrick-Clarke, 1989 ; Daim, 1958 ; Römer, 1985, p. 96, 136 ; Lanz-Liebenfels, 1905, 1918.

humaines, parmi lesquelles la « race aryenne » est la moins corrompue. Comme chez List, l'antique religion aryenne s'est transmise jusqu'à nos jours par une chaîne d'initiés secrets, au travers du Christ, de la Kabbale, des Templiers, des Rose-Croix, et finalement de List et des atlantomanes Zschaetzsch ou Wieland.

Face au danger croissant du métissage et des « races inférieures », mais aussi du féminisme, du socialisme et de la démocratie, seul un programme eugénique strict pourrait rendre aux Aryens leurs antiques superpouvoirs : assujettissement strict des femmes, spontanément attirées par leur nature bestiale vers les « races inférieures », à leurs époux aryens ; création de « couvents eugénistes » (*Zuchtkloster*) où des femelles reproductrices s'uniraient à de purs Aryens ; soumission des « races inférieures », vouées soit à l'esclavage, soit à l'extermination par stérilisation, castration, ou incinération « en sacrifice à Dieu ». On aura reconnu à la lettre, comme chez List, le futur programme du parti nazi, jusque dans ses crématoires et dans les centres de reproduction raciale de la SS, l'organisation *Lebensborn*[1].

En 1905, Lanz fonde la série *Ostara* (nom d'une déesse germanique du printemps), la « bibliothèque des blonds », « première et unique collection de publications illustrées de l'aristocratie aryenne ». La série traite des « races », du sexe, des femmes, de la psycho-physiologie des blonds comparée aux autres « races », d'occultisme, etc. *Ostara* aurait été tirée d'après Lanz jusqu'à cent mille exemplaires, et l'on sait que Hitler en fut un fidèle lecteur[2]. Lanz y publie en 1918 un livre sur *Die Blonden als Schöpfer der Sprachen, ein Abriß der Ursprachenforschung* (« Les blonds comme créateurs des langues, esquisse des recherches sur les langues primitives »), dans lequel il démontre que seuls les Aryens blonds et dolichocéphales ont su créer des langues, les « races inférieures » de l'humanité, cantonnées dans leurs langues isolantes ou agglutinantes, n'étant capables que d'emprunts. Ce n'était d'ailleurs qu'un élargissement des théories évolutionnistes de Schlegel, Bopp et Schleicher sur la supériorité des langues à flexion. Lanz collabore également à l'une des revues liées à la Ligue moniste d'Ernst Haeckel, *Das Freie Wort* (« La libre

1. Voir *infra*, chap. 8, p. 259.
2. Daim, 1958 ; Goodrick-Clarke, 1989, p. 127-149 et 269-284.

parole »). En 1907, Lanz crée son ordre, l'Ordo Novi Templi, sur le modèle des Templiers et des chevaliers Teutoniques. Il acquiert une ruine médiévale, le Burg Werfenstein, perché au-dessus du Danube, qui devient le centre de l'ordre et sur lequel flotte le drapeau à croix gammée – un symbole déjà important chez Helena Blavatsky et Guido von List. Les membres doivent avoir un visage « aryo-héroïque », on y célèbre la « pureté raciale », le but ultime étant la renaissance de l'élite aryenne par la sélection eugénique et l'extermination des « races inférieures ».

Groupuscules et chapelles

C'est sur ce même modèle que des disciples de List et de Lanz participèrent à la fondation en Allemagne de plusieurs groupes et sectes extrémistes. Les plus connus sont les groupes *Hammer* (« le Marteau », qui est aussi l'arme du dieu germanique Thor), fondés à partir de 1902 par l'agitateur Theodor Fritsch, auteur d'un *Catéchisme antisémite*. En 1912, ils sont fédérés dans une Ligue impériale, le *Reichshammerbund*, dirigée par un membre de la Société List, le colonel en retraite Karl August Hellwig, assisté d'un Conseil des Armanes de douze membres. La Ligue est flanquée d'une société secrète, *Germanenorden* (Ordre des Germains), qui œuvre à « la renaissance religieuse des Aryo-Germains » et appelle à la création d'un « Empire armanique » débarrassé des « races inférieures parasitaires et révolutionnaires »[1]. On y pratique des cérémonies secrètes, en robes blanches et casques à cornes, avec musique wagnérienne, « lance de Wotan », « bosquet du Graal » et croix gammées. L'Ordre commanditera des assassinats politiques sous la république de Weimar, dont celui de Matthias Erzberger, ancien ministre des Finances et signataire de l'armistice[2].

Une loge de cet Ordre est fondée à Munich en 1917 par l'aventurier Rudolf Glauer (autoproclamé baron Rudolf von Sebottendorff) ; son emblème est un poignard surmonté d'une croix gammée, et elle porte le nom de Société de Thulé. C'est une allusion à Pythéas, un Grec de Marseille connu par quelques

1. *Ibid.*, p. 177-192.
2. *Ibid.*, p. 192.

citations fragmentaires, qui aborda l'Angleterre vers la fin du IVe siècle avant notre ère et entendit parler de Thulé comme l'île située la plus au nord – sans doute les Shetland ou les Féroé. Mais pour les germanomanes, Thulé fait référence au continent polaire englouti des Aryens originels. Glauer organisa aussi un Groupe de Combat Thulé qui participa à la sanglante répression contre-révolutionnaire de 1919, après l'éphémère Commune de Munich que dirigeait le journaliste juif Kurt Eisner. La Société de Thulé sera fréquentée par certains idéologues du futur parti nazi, comme Alfred Rosenberg ou encore l'écrivain antisémite Dietrich Eckart, mort en 1923 et maître à penser de Hitler. Glauer est aussi propriétaire du *Münchener Beobachter*, une feuille dc chou antisémite qui deviendra le *Völkische Beobachter* du parti nazi. Enfin c'est autour de la Société de Thulé et de ses membres que naissent différents groupuscules, comme le *Deutscher Arbeiterverein* de Karl Harrer, puis le *Deutsche Arbeiterpartei* fondé en janvier 1919 par Drexler, Dannehl et Harrer, que Hitler rejoint en septembre 1919, pour le transformer en février 1920 en *National-Sozialistische Deutsche Arbeiterpartei* (NSDAP), le parti nazi[1]. Celui-ci reprendra l'emblème de la Société de Thulé, la croix gammée aryo-germanique.

On pourrait encore citer la Société de l'Edda (du nom des légendes médiévales scandinaves) de Rudolf Gorsleben, qui prêche une religion occultiste et raciste, fondée sur la magie des runes (dont on retrouverait la forme aussi bien dans les cristaux que dans les maisons à colombages ou les armoiries), et met en garde contre le métissage (un seul rapport sexuel impur pouvant contaminer à jamais « par imprégnation » la femme aryenne concupiscente). À son journal, *Liberté allemande*, qui devient ensuite *Liberté aryenne* (*Arische Freiheit*), collabore par exemple Hans Günther, le principal raciologue nazi. Il y a aussi, parmi un foisonnement d'écrits et de revues occultistes et racistes, l'éditeur de Lanz, Herbert Reichstein, qui publie le *Zeitschrift für Menschenkenntnis und Menschenschicksal* (« Journal pour la connaissance de l'homme et de son destin »), organe de la Société ariosophique, consacrée aux magies des runes, à la voyance aryenne, et qui publie des articles sur la « théorie » glaciale de

1. Phelps, 1963 ; Goodrick-Clarke, 1989, p. 212-214.

Hans Hörbiger, pleine de catastrophes glaciaires et de « races » englouties, ou sur la « théorie », importée des États-Unis, de la terre creuse – divagations qui intéressèrent Lanz et plusieurs dignitaires nazis à sa suite[1].

Certaines sectes s'efforcent de concilier paganisme et christianisme, en reprenant l'idée d'un Christ aryen dont le sens primitif aurait été ultérieurement détourné, ce que plaidait naguère Chamberlain, et maintenant Arthur Dinter[2]. De leur côté, les sectes purement néopaïennes tenteront de s'unir en 1933 dans la *Deutsche Glaubensbewegung* (« Mouvement de la foi allemande »), fondée par Jakob Hauer, ancien missionnaire protestant, professeur de sanscrit et de religion indienne à l'université de Tübingen[3]. Ce dernier, dans de nombreux ouvrages, comme *Deutsche Gottesschau* (« Vision allemande de Dieu », 1934) ou *Glaubensgeschichte der Indogermanen* (« Histoire de la foi des Indo-Européens », 1937), invente de toutes pièces une religion indo-européenne originelle, déplorant la disparition de la croyance indo-européenne en la réincarnation. Le raciologue Hans Günther en est un adepte. Malgré les ambitions de Rosenberg pour la création d'une religion germanique, ou indo-germanique, recréée, les dirigeants nazis n'y mirent pas, pour la plupart, un très grand enthousiasme, à la fois pour ne pas heurter de front les Églises chrétiennes et le Vatican, et parce que la situation militaire allait bientôt les appeler vers des tâches plus urgentes.

Ainsi, dans cette Allemagne déstructurée d'après la défaite, ravagée par la crise économique et l'inflation, de petits groupes de pseudo-intellectuels déclassés communient dans des mystiques de pacotille, exaltant un héroïque passé englouti, rêvant d'une élite qui mènerait à la revanche et à la restauration, maudissant la coalition des peuples décadents et des Juifs, traditionnels boucs émissaires des crises européennes. Mais c'est aussi la crise et l'humiliation qui allaient permettre à ces hommes de jouer un rôle historique, eux qui en d'autres temps n'auraient été ni lus ni même édités[4].

1. Goodrick-Clarke, 1989, p. 245-246, 302 ; Ley, 1947.
2. Gentile, 2013, p. 231-257.
3. Rapp, 1920 ; Linse, 1983 ; Poewe et Hexham, 2005 ; Conte et Essner, 1995, p. 13-64 et 119-188.
4. Sur les fondements idéologiques du nazisme, voir entre autres : Poliakov et Wulf, 1959 ; Arendt, 1951 ; Faye (J.-P.), 1972.

Hitler n'y croyait pas

L'occultisme aryo-germanique exerça une influence directe sur Rosenberg et d'autres. Il inspirera à Himmler le rituel de la SS, par l'intermédiaire de son mage particulier, Karl Wiligut[1]. Plus généralement, il apparaît, pour reprendre le mot de Nicholas Goodrick-Clarke, comme un « symptôme précurseur du nazisme », cristallisation de tous les fantasmes d'exclusion et de revanche générés par la révolution industrielle puis la défaite. Il prouve que l'horreur nazie n'est pas un incompréhensible accident, qu'elle était déjà banalisée de longue date dans les cerveaux. Mais le plus tragiquement dérisoire, c'est que Hitler lui-même n'y croyait pas. Dans *Mein Kampf*, il prend violemment à partie ceux qu'il appelle les « clercs nationalistes (*völkisch*) gyrovagues », « entichés des faits héroïques de l'Antiquité germanique et de préhistoire obscure », « qui brandissent dans les airs une épée de fer-blanc soigneusement copiée de l'Antiquité germanique, revêtus d'une peau d'ours apprêtée et d'un casque à cornes surmontant un visage barbu, prêchent pour le présent un combat avec des armes uniquement spirituelles et s'enfuient le plus vite possible devant chaque gourdin communiste en caoutchouc » ; eux « dont toute l'activité détourne le peuple du combat commun contre l'ennemi commun, le Juif » : c'est pourquoi « le Juif a toutes les raisons de les ménager, ces nationalistes de comédie, les préférant aux véritables défenseurs de l'État allemand à venir »[2]. Démagogue à l'esprit pratique, Hitler préférait l'efficacité de ses groupes de combat de rue et leurs lynchages concrets.

Et peintre académique formé à l'Antiquité gréco-romaine, il n'était guère fasciné par le passé germanique. Ne déclarait-il pas devant Albert Speer :

> Pourquoi attirer l'attention du monde sur le fait que nous n'avons pas de passé ? N'est-ce pas assez que les Romains aient élevé de grands bâtiments lorsque nos ancêtres vivaient dans

1. Mund, 1982 ; Goodrick-Clarke, 1989, p. 249-268 ; Kater, 1974. Voir *infra*, p. 195-196.
2. Hitler, 1925-1926, p. 395-397.

> des huttes en terre ? […] Tout ce que nous prouvons par cela est que nous lancions des haches de pierre et rampions près de foyers à ciel ouvert, au moment où la Grèce et Rome avaient déjà atteint l'apogée de leur culture. Nous devrions réellement faire de notre mieux pour rester silencieux sur ce passé[1].

On comprend qu'il avouait « tout comme de nombreux Gauleiter, n'avoir lu qu'une faible partie » du maître ouvrage germanomane de Rosenberg, *Le Mythe du XXe siècle*, « car il était écrit d'après lui d'une manière trop difficile à comprendre »[2].

Plus sinistre enfin, Hitler, comme Vacher de Lapouge, ne croyait même pas qu'il y eût une « race juive », ainsi qu'il le confia à Martin Borman dans son testament, dicté sous les bombardements de Berlin : « Le Juif au fond de son être est l'étranger […]. La race juive est avant tout une communauté d'esprit. À cela s'ajoute une sorte de lien des destins, conséquence des persécutions subies au cours des siècles […]. Et ce qui est déterminant pour la race, qui doit servir de triste preuve de la supériorité de "l'esprit" sur la chair, c'est précisément cette incapacité à être assimilé[3]. » « Si telle était l'intime conviction de Hitler », conclut l'historien allemand Benno Müller-Hill à propos des anthropologues, médecins et biologistes compromis avec le nazisme[4], « ces spécialistes des sciences humaines qui avaient des conceptions biologiques n'auront été pour lui que des complices de meurtre : sans doute idiots, mais utiles ».

Les ralliements des archéologues

Wirth, Lanz, List, Eckart, Rosenberg : lorsque Hitler arrive au pouvoir, chaque intellectuel allemand avait les moyens de vérifier quelles étaient les références « scientifiques » de la doctrine nazie dans son affirmation de la suprématie indo-germanique. Le nazisme ne les prenait pas par surprise. Avant l'*Anschluss* de 1938, l'universitaire viennois August Knoll montrait à ses

1. Speer, 1976, p. 141 ; voir Chapoutot, 2012.
2. Bollmus, 1970, p. 25.
3. Cité *in* Müller-Hill, 1989 [1984], p. 95.
4. Voir *infra*, chap. 8, p. 259.

étudiants, pour le ridiculiser, les filiations évidentes qui reliaient le nazisme aux écrits de Lanz et à sa revue *Ostara*[1]. Mais la Première Guerre, comme en France mais avec les connotations propres au pangermanisme, avait fait basculer la quasi-totalité des milieux scientifiques dans le bellicisme. Des historiens de l'Antiquité, parmi les plus grands, comme Wilamowitz-Moellendorff ou Eduard Meyer (l'un des contradicteurs de Kossinna), justifiaient, à la tête d'un mouvement « radical », la légitimité du conflit ; on les retrouvera après-guerre dans le Parti de la patrie allemande de Kapp, qui tentera un coup d'État avorté en 1920. En 1917, plus de mille intellectuels signent une pétition contre la résolution pacifiste du Parlement allemand[2]. En 1934 encore, Theodor Wiegand, directeur de l'Institut archéologique allemand (*Deutsches Archäologisches Institut* – DAI) de Berlin, et le généticien Eugen Fischer (dont nous reparlerons) prendront l'initiative d'un appel à Hitler, déjà chancelier, à la mort du maréchal-président Hindenburg[3].

C'est dans ce climat que Hitler s'empare du pouvoir le 30 janvier 1933 avec le soutien actif des milieux d'affaires, porté par un large mouvement de masse mais aussi à l'issue d'élections organisées dans la terreur. Immédiatement, dès cette première année, un septième du personnel universitaire est chassé, pour des raisons « raciales » ou politiques. Le 10 mai, un grand bûcher public des livres « indésirables » est organisé. Le 16 mai, l'archéologue Hans Reinerth, élève de Kossinna, jusque-là assistant à Tübingen et responsable de la préhistoire dans l'organisation culturelle de Rosenberg, prend la parole dans son université à propos du « combat pour la préhistoire allemande » :

> La raciologie, et particulièrement la connaissance de l'importance et de la spécificité de la race nordique, doit être reconnue comme le fondement de la conception national-socialiste du monde, et par là même le fondement de toute science [...]. Si nous voulons devenir à nouveau un grand peuple uni, nous devons nous relier à cette époque où le noyau racial nordique était encore pur et sans taches, associé à une civilisation aristocratique qui rayonnait sur l'Europe entière. C'est l'époque

1. Goodrick-Clarke, 1989, p. 272 ; Daim, 1958.
2. Schnapp, 1977, p. 18 ; Böhme, 1976.
3. Bollmus, 1970, p. 304, note 23.

> de l'Antiquité germanique, de la préhistoire allemande. Bien que les preuves de la grandeur culturelle de nos ancêtres soient connues depuis longtemps grâce aux trouvailles du sol, on attribue aux Germains une barbarie pire que ne le pensaient les Romains, leurs ennemis. [...] On nous pose en débiteurs de la Méditerranée, depuis qu'il y a eu des hommes sur le sol allemand[1].

Reinerth s'en prend particulièrement à l'Institut archéologique allemand de Berlin (dirigé par Theodor Wiegand) et à la *Römisch-Germanische Komission* (Commission romano-germanique de Francfort), dirigée par Gerhard Bersu, d'origine juive, qui privilégient l'archéologie du monde méditerranéen, avec leur « international-pacifisme » et leur « politique de démission au sens national et politique » face à la Pologne et à la France. Il dénonce nommément plusieurs collègues, et réclame finalement la création d'un Institut de préhistoire allemande. Puis, faute de mieux, il transforme la Société pour la préhistoire allemande de Kossinna, mort deux ans plus tôt, en une Ligue d'État (*Reichsbund*) pour la préhistoire allemande, qu'il préside aussitôt, et obtient la chaire de préhistoire de Berlin (celle qu'occupait Kossinna) en 1935.

Reinerth est typique de cette couche de jeunes universitaires opportunistes, décidés à user de leurs positions politiques pour accélérer à n'importe quel prix leur carrière. Il obtiendra le renvoi, entre autres, non seulement de Bersu, mais même du célèbre professeur de préhistoire de Marbourg, Gero von Merhardt. Tous deux l'avaient appuyé pour l'obtention de son poste d'assistant à Tübingen. Les enjeux idéologiques qu'il défend sont ceux de l'archéologie préhistorique nationale et nationaliste face à la prestigieuse archéologie classique gréco-romaine ou orientale ; c'est le Nord contre le Sud. Mais cet affrontement traverse aussi la problématique aryenne : fallait-il considérer les Grecs et les Romains comme la réussite par excellence du peuple aryen, les Germains en étant une modeste périphérie (c'était, on l'a vu, la position de Hitler), ou bien l'aryanité la plus pure n'était-elle pas en Germanie – comme le pensaient Kossinna et tous

1. *Ibid.*, p. 154 ; Schnapp, 1977, p. 3 ; Krall, 2005 ; Hassmann, 2000 ; Fetten et Härke, 2000 ; Halle, 2002.

les germanomanes, dont Reinerth et le Service Rosenberg ? Le débat avait été ouvert dès les années 1890, lorsque le jeune Kaiser Guillaume II déclarait lors d'une rencontre nationale sur l'éducation : « Il nous manque avant tout la base nationale. Nos principes doivent être allemands ; nous devons élever de jeunes Allemands, et non de jeunes Grecs ou de jeunes Romains[1]. »

La position adverse des antiquisants était bien illustrée par l'historien Helmut Berve, professeur à Leipzig, qui, en préface à un ouvrage collectif sur « la nouvelle image de l'Antiquité » (*Das neue Bild der Antike*), déclare en 1942 à propos des liens entre Rome, la Grèce et les Allemands : « L'instinct racial qui s'est réveillé dans notre peuple nous permet de reconnaître que chacun des deux peuples de l'Antiquité est à sa manière de notre sang et de notre façon ; il nous enferme avec eux dans le cercle de sa parenté d'être[2]. » Berve sera aussi l'un des défenseurs de la théorie d'une « invasion dorienne » en Grèce, les Doriens, dont les Spartiates, étant censés représenter une « indo-européanité » plus pure et plus proche des Germains, face aux Ioniens, dont les Athéniens, décadents – théorie fondée sur une lecture littérale des mythes grecs, et remontant à l'historien allemand Karl Otfried Müller au début du XIXe siècle[3]. Les universitaires respectables chercheront un temps à résister passivement aux attaques de Reinerth et du Service Rosenberg. Theodor Wiegand et le préhistorien Karl Schuchardt, traditionnel concurrent académique de Kossinna et nationaliste modéré, publient ainsi à compte d'auteur un manifeste contre Reinerth[4]. Mais ils devront bientôt se trouver d'étranges alliés : la SS de Heinrich Himmler.

SS contre SA, et pillages en pays conquis

Himmler était sans doute, des chefs nazis, l'un des plus férus d'occultisme germanomane. Il s'était attaché les services d'un voyant, l'officier viennois en retraite Karl Maria Wiligut. Ce

1. Cité *in* Smolla, 1979-1980, p. 3 ; voir Chapoutot, 2012.
2. Berve, 1942, p. 7-8 ; cité *in* Schnapp, 1977, p. 21.
3. Berve, 1937 ; Müller (K. O.), 1824. Voir Will, 1956 ; Schnapp-Gourbeillon, 1979. Voir *infra*, chap. 15, p. 438.
4. Bollmus, 1970, p. 158, 303, 306.

dernier se disait descendre d'une lignée fabuleuse vieille de 78 000 ans, les Wiligoten (la mémoire clairvoyante ancestrale de Wiligut lui permettait de remonter à 228 000 ans, au temps des nains et des géants). Il pouvait aussi « sentir » les lieux sacrés aryens, tels le prétendu sanctuaire germanique des *Externsteine*, près de Detmold, où la SS conduira des fouilles, ou bien celui du *Raidenstein* près de Gaggenau, dont la fouille, prévue, ne put avoir lieu du fait de la guerre. Les *Externsteine* sont des rochers sculptés par l'érosion, où fut aménagée au XIIe siècle une petite résidence aristocratique médiévale[1] ; il n'y a jamais eu de site germanique à cet endroit, qui est pourtant devenu très récemment un lieu de cérémonies néopaïennes.

Après un séjour de trois ans en asile psychiatrique à Salzbourg pour paranoïa, Wiligut devient en 1933 chef du département de préhistoire de la SS, et l'intime de Himmler, avec le grade de général. C'est lui qui choisit le château du Wewelsburg comme place centrale des SS, comparable au Marienburg des chevaliers Teutoniques et que des projets architecturaux titanesques devaient transformer en une sorte de Vatican nazi. C'est lui qui dessine la bague des SS, le *Totenkopfring* orné d'une tête de mort, de la croix gammée et de runes germaniques, qu'on devait ramener au Wewelsburg à la mort au combat de chaque dépositaire. Il conçoit aussi mariages et rituels guerriers[2]. Himmler pensait quant à lui être la réincarnation d'Henri le Lion, duc de Saxe et de Bavière au XIIe siècle et adversaire de Frédéric Barberousse – Alfred Rosenberg voyait en lui le premier vrai héros allemand.

Face aux prétentions culturelles et historiques de Rosenberg et de son Service, le *Reichsführer* Himmler entend créer en 1935 sa propre organisation : ce sera l'*Ahnenerbe*, qui comptera près d'une quarantaine de sections, de la botanique à la préhistoire, de la « musicologie indo-européenne » à l'« expérimentation des sciences dites occultes ». Himmler parrainera ainsi l'expédition SS de 1938-1939 au Tibet, conduite par l'ornithologue Ernst Schäfer et première expédition allemande dans ce pays. Elle comprend notamment l'anthropologue Bruno Beger, qui s'illustrera

1. Halle, 2002.
2. Mund, 1982 ; Goodrick-Clarke, 1989, p. 249-268.

en 1944 dans la collecte criminelle à Auschwitz de « crânes de Juifs[1] ». Celui-ci prend de méticuleuses mesures sur la population tibétaine et note la présence de « plusieurs personnes aux yeux bleus, des enfants aux cheveux blond foncé et quelques types aux traits europoïdes marqués[2] ». En effet, dans la lignée de Helena Blavatsky et ses émules, certains milieux occultistes, dont Himmler, continuaient à partager l'idée d'une origine himalayenne des Indo-Européens. Après la guerre, les participants de l'expédition, tous SS, affirmèrent que celle-ci avait été seulement scientifique et que le parrainage de l'*Ahnenerbe* fut purement opportuniste et dû à la dureté des temps. De fait, l'expédition, accueillie à Berlin par Himmler en personne, rapportait de nombreux échantillons botaniques et zoologiques, ainsi que de précieux ouvrages bouddhistes. Mais les archives de Beger lui-même prouvent quel était aussi l'enjeu « anthropologique » sous-jacent[3].

Quant à l'archéologie, Himmler s'entoure dans un premier temps de germanomanes douteux, tel Wilhelm Teudt, « découvreur » du site des *Externsteine*, ou bien Hermann Wirth, l'atlantomane hollandais déjà nommé et premier président de l'*Ahnenerbe*. Mais son désir de respectabilité intellectuelle le pousse bientôt à s'attacher les services de véritables universitaires archéologues. D'abord Alexander Langsdorff, spécialiste d'art celtique, et Hans Schleif, responsable des fouilles d'Olympie, puis le préhistorien Werner Buttler, un élève de Merhardt qui deviendra aussi conseiller au ministère de l'Éducation pour les problèmes archéologiques et patrimoniaux, l'antiquisant Franz Altheim, et surtout le protohistorien Herbert Jankuhn[4]. Ce dernier, qui poursuivra après la guerre à Kiel une brillante carrière universitaire, devient responsable de la section « fouilles » de l'*Ahnenerbe*, avec le grade de *Sturmbannführer* SS. Il mène avec la SS la fouille du site viking de Haithabu près de Hambourg, qui sera pour longtemps l'une des fouilles de référence de l'archéologie allemande. Jankuhn y

1. Voir *infra*, chap. 8, p. 258.

2. Beger, 1944, p. 47. Sur cette expédition : Sünner, 1999 ; Engelhardt, 2008 ; Hale, 2005 ; Mierau, 2006.

3. Conte et Essner, 1995, p. 255, et note 68, p. 405.

4. Bollmus, 1970 ; Kater, 1974 ; Schnapp, 1977, 1980 et 1981 ; Krall, 2005 ; Pringle, 2006 ; Wiwjorra, 1996 ; Mees, 2008 ; Olivier, 2012 ; Olender, 2009, p. 125-126.

développe le concept de *Siedlungsarchäologie*, non plus au sens de Kossinna d'« archéologie de l'occupation », mais au sens novateur d'une « archéologie de l'habitat », portée vers l'étude de l'organisation interne des villages et de leurs systèmes sociaux – tout comme l'archéologie soviétique à la même époque.

Certes, les tensions ne manqueront pas entre germanomanes amateurs et universitaires. Theodor Weigel, qui reconnaît pourtant le dessin de runes dans la forme des colombages des maisons allemandes rurales, dénonce l'incompétence du voyant Günther Kirchhoff, détecteur visionnaire de sanctuaires aryens disparus et protégé de l'autre voyant Wiligut[1]. Wirth, trop encombrant, est remplacé à la tête de l'*Ahnenerbe* par Walther Wüst, professeur de linguistique indo-européenne et bientôt recteur de l'université de Munich, où il sera l'un des accusateurs de deux étudiants opposants au régime, Hans et Sophie Scholl, animateurs du réseau la Rose blanche, arrêtés et décapités en 1943. Ce linguiste dénonçait dans son principal manuel tout apparentement possible, pourtant soutenu par Kossinna lui-même, entre langues indo-européennes et langues finno-ougriennes, s'élevant contre « des parallèles dus au hasard qui rabaissent notre allemand bien-aimé, notre germanique, par un voisinage insupportable avec les langues et les dialectes de peuples arriérés de chasseurs-cueilleurs[2] ». Mais les tensions les plus vives opposent les deux organisations concurrentes, celle de Rosenberg et celle de Himmler, qui s'affronteront parfois personnellement et violemment pour le contrôle des recherches. Tout comme les généraux allemands préférèrent les SS aux SA, les universitaires se rallient massivement à l'*Ahnenerbe*, dont les formes de contrôle étaient normalement plus subtiles et les mirent partiellement à l'abri des attaques vulgaires et sans nuances de Reinerth et des siens. Ce fut au prix d'accommodements scientifiques (les confortables moyens de la SS servaient à fouiller les *Externsteine*, mais aussi Haithabu) et, plus grave, d'indéniables accommodements éthiques.

La concurrence entre services fut particulièrement vive pour le pillage archéologique des pays occupés. En URSS, Reinerth, aidé de Joachim Benecke, Werner Hülle, Modrijan, dévalise les musées de Kharkov et de Kiev, tandis que Himmler, nommé en 1939

1. Goodrick-Clarke, 1989, p. 260 ; Bollmus, 1970, p. 198, 214.
2. Cité *in* Römer, 1985, p. 61.

Commissaire du Reich pour le renforcement du germanisme, agit de même avec le *Sonderkommando Jankuhn* et la division SS *Wiking* dans les musées de Rostov, Novotcherkask, Vorochilovsk, Piatigorsk, et bien d'autres, ainsi qu'avec les collections et bibliothèques privées[1]. En Pologne, ce sont les SS du *Kommando Paulsen*, un préhistorien de Berlin, qui visitent les musées et reprennent les fouilles de Biskupin, avec les archéologues Kurt Willvonseder, Wilhelm Unverzagt et Robert Schmidt ; les SS fouillent aussi en Croatie, en Serbie, en Bulgarie. En Grèce, c'est le *Sonderkomando Griechenland* de Rosenberg qui pille les biens juifs et entreprend diverses fouilles sous la direction de Reinerth et Richard Harder, aidés de Siegfried Lauffer et Otto Wilhelm von Vacano, court-circuitant les institutions archéologiques « normales ». Il s'agissait en particulier de montrer que les populations néolithiques n'étaient pas encore indo-européennes, et de repérer l'arrivée des Aryens, un thème également cher à Fritz Schachermeyr, professeur de préhistoire à Iéna et l'un des principaux soutiens du régime dans le milieu archéologique ; il théorise la « guerre des races » et la « dénordification » (*Entnordung*) qui entraîne la décadence[2]. Certes, ces archéologues n'ont pas eu nécessairement à commettre des crimes contre l'humanité tels que ceux menés, sur des prisonniers par exemple, par d'autres scientifiques nazis. Mais, comme le rappelle Alain Schnapp, « des célébrités internationales comme Unverzagt ou Jankuhn n'ont pas craint de se livrer à des actes qui du point de vue intellectuel sont de véritables crimes scientifiques. [...] On peut malheureusement penser que seule leur qualité d'archéologues les a préservés des crimes de sang[3] ».

Lâchetés et complicités internationales

La seule décharge que l'on puisse leur trouver n'est pas que, en des temps voisins, des scientifiques d'autres pays ont pu se rendre complices d'exactions comparables, comme lors des guerres coloniales menées par la France ou l'Angleterre. Elle est plutôt

1. Kater, 1974, p. 156 *sq.*
2. Losemann, 1977 ; Schnapp, 1980 ; Chapoutot, 2008 et 2012.
3. Schnapp, 1977, p. 17-18.

que le régime nazi ne rencontra auprès de la communauté scientifique internationale aucune réprobation particulière qui eût pu susciter un embryon de résistance intérieure ; au contraire, on peut même parler parfois de formes de tacite complicité. Ainsi, alors que tous leurs collègues juifs allemands en ont été chassés et que de rares scientifiques étrangers comme Henri Frankfort ou Christopher Hawkes en démissionnent, le directeur de l'École française d'Athènes ainsi que les hellénistes Robert Demangel, Paul Lemerle ou Pierre de La Coste-Messelière acceptent en 1938 de se faire élire à l'Institut archéologique allemand. La même année, le préhistorien Raymond Vaufrey organise à l'intention d'une délégation du *Reichsbund für deutsche Vorgeschichte* de Reinerth une visite de l'Institut de paléontologie humaine qu'il dirige, suivie d'une autre, cette fois menée par l'abbé Breuil et Claude Schaeffer, au musée des Antiquités nationales de Saint-Germain-en-Laye. Comme le remarque Alain Schnapp, « la relation satisfaisante que publie la revue *Germanenerbe* ("Héritage des Germains") de ce voyage laisse entendre que les interlocuteurs français n'ont pas troublé les préjugés raciaux de leurs invités nazis par une quelconque allusion à la mémoire de Salomon Reinach[1] », l'ancien directeur (juif) de ce musée.

C'est le même Vaufrey qui, en 1933, dans l'une des principales revues françaises de préhistoire, *L'Anthropologie*, se félicitait déjà d'une circulaire du ministre allemand de l'Intérieur, Frick, imposant ses consignes idéologiques pour l'enseignement de la préhistoire : « En se préoccupant, par-dessus la mêlée des partis, de donner au peuple allemand le sentiment de sa dignité nationale et de la grandeur de son pays, les hommes politiques d'outre-Rhin nous donnent un exemple que les nôtres pourraient suivre, sinon à leur avantage, du moins à celui de notre patrie[2]. » Devant les réactions soulevées, notamment chez les scientifiques anglais, par cette circulaire, Vaufrey tente de se justifier dans le numéro suivant : « Devons-nous répéter que, par sa naïve exagération même, la circulaire du docteur Frick ne nous paraît pas menacer l'avenir de la science allemande[3] »...

1. *Ibid.*, p. 22.
2. *L'Anthropologie*, 43, 1933, p. 205 ; cité *in* Schnapp, 1980, p. 27.
3. *L'Anthropologie*, 44, 1934, p. 447-450 ; cité *in* Schnapp, 1980, p. 27.

Cinquante ans plus tard, en 1986, à l'occasion de la tenue en Angleterre du Congrès quinquennal de l'Union internationale des sciences préhistoriques et protohistoriques (UISPP), les scientifiques anglais convinrent, dans le cadre des sanctions internationales contre l'apartheid, d'interdire à la délégation sud-africaine de participer au Congrès, en raison de la politique raciste de ce pays. Le directeur de l'Institut de paléontologie humaine, successeur de Vaufrey et membre du Comité directeur de l'Union, Henri de Lumley, obtint avec quelques autres, lors d'une séance tenue dans cet Institut, que l'on retire à la Grande-Bretagne l'organisation du Congrès, pour la confier à... l'Allemagne, où la délégation sud-africaine sera la bienvenue. Le lourd passé racial de ce pays ne dérangea visiblement pas les organisateurs, alors même que la question du racisme était au cœur du débat.

L'anthropologie française, avec Henri-Victor Vallois, ne fera guère mieux face au nazisme, comme on le verra. C'est en Angleterre, pays qui n'eut jamais la moindre attirance pour le mythe des origines indo-européennes, ou aux États-Unis que des archéologues exprimèrent leur condamnation du dévoiement scientifique du nazisme : démissions déjà évoquées de Christopher Hawkes ou Henri Frankfort de l'Institut archéologique allemand ; protestations en 1934, dans la revue *Nature*, contre la circulaire Frick, signe « que l'Allemagne est prête à abandonner tous les étalons de l'honnêteté scientifique » ; soutien officiel en 1936, dans la revue *Antiquity*, à la Commission romano-germanique de Francfort, attaquée par Reinerth. Alors que Hitler vient à peine de prendre le pouvoir, le préhistorien Gordon Childe ouvre ainsi son premier cours de l'année universitaire 1933-1934 : « Aucune des personnes qui ont lu *Mein Kampf* ne peut manquer d'apprécier l'effet profond que les théories sur la supériorité des "Aryens" ont exercé sur l'Allemagne contemporaine. Au nom de ces théories des gens ont été exclus de la vie politique et contraints au silence dans des camps de concentration, des livres ont été brûlés et l'expression des opinions personnelles étouffée[1]. » Et Childe d'affirmer plus loin qu'il faudrait « considérer toute personne qui parle de "mentalité raciale" comme un charlatan ».

1. Childe, *Antiquity*, 7, 1933, p. 410 ; cité *in* Schnapp, 1980, p. 24.

Après la guerre, hormis Hans Reinerth qui dirigera néanmoins le Musée archéologique privé d'Unteruhldingen, une « cité lacustre » fantaisiste réconstituée sur les bords du lac de Constance, aucun archéologue compromis avec le nazisme ne sera durablement inquiété, et la plupart, tel Herbert Jankuhn, poursuivront leurs brillantes carrières universitaires[1].

Le nazisme n'aura-t-il été qu'une parenthèse monstrueuse et aberrante dans le déroulement normal, sinon irréprochable, des études indo-européennes ? Au cœur du paradigme indo-européen canonique, il y a dès l'origine, sinon comme origine, l'opposition entre Aryens et Sémites, ce « couple providentiel », pour reprendre le sous-titre du livre de Maurice Olender, *Les Langues du Paradis*. Jean-Pierre Vernant en concluait ainsi la préface : « Dans les deux miroirs-mirages, accouplés et dissymétriques, où les savants européens du XIXe siècle tentent, en s'y projetant, de discerner les traits de leur propre figure, comment pourrions-nous aujourd'hui ne pas voir, comme à l'arrière-plan obscur d'un tableau, se profiler l'ombre des camps et monter la fumée des fours[2] ? »

1. Olivier, 2012.
2. Vernant *in* Olender, 1989, p. 12.

7
Un berceau qui tourne en rond

*Où l'on examine comment les recherches archéologiques continuaient à se développer dans toute l'Eurasie, apportant une matière de plus en plus riche aux différentes théories indo-européennes – Mais où l'on voit pourquoi la préhistoire et la protohistoire françaises restent pour l'essentiel une pratique d'amateurs – Où l'on découvre que l'archéologue australien Gordon Childe, le plus grand préhistorien de la première moitié du XXe siècle, commença sa carrière en recherchant les traces archéologiques des « Aryens » et trouva d'abord « élégante » et « consistante » la théorie scandinave de Kossinna – Pourquoi il reconnut cependant à la fin de sa vie que cela avait été « infantile, et non childien » (*childish, not Childeish*) – Où l'on se demande sur quoi reposait le prestige à cette époque de l'hypothèse « nordique », face à l'hypothèse « steppique » – Où l'on constate toutefois que certains archéologues croyaient encore à une origine asiatique du Peuple originel, et organisaient des fouilles lointaines en conséquence – Et pourquoi on continuait également à chercher les Indo-Européens dans les steppes du nord de la mer Noire – Où l'on voit comment de jeunes archéologues soviétiques transformèrent l'archéologie en « histoire de la culture matérielle » et passèrent d'un paradigme géologique de la préhistoire à une vision sociale, transformant totalement les méthodes de fouilles – Mais aussi comment leur directeur, Nikolaï Marr, inventa une théorie linguistique loufoque qui ravagea la discipline avant d'être condamnée par Joseph Staline.*

Jusqu'à la fin du XIXe siècle, les indo-européanistes ont donc usé essentiellement, dans leur quête du Foyer originel, d'arguments de paléontologie linguistique, tandis que les « données » anthropologiques (la mesure des crânes) pouvaient être tournées dans n'importe quel sens. Quant aux vestiges préhistoriques connus, cités lacustres suisses, grottes périgourdines, *terramare* italiens ou dolmens atlantiques, ils peinaient à éclairer cette quête. Les préhistoriens, tels Gabriel Mortillet puis Joseph Déchelette, s'y refusaient en général. Mais le flux continu des fouilles nouvelles au cours de tout le premier quart du XXe siècle a désormais charrié vers les musées une telle masse de documents, qu'il devient difficile de ne pas tenter d'y recourir. Schrader, qui regardait vers les steppes, n'avait pu exhiber comme pièces à conviction que les trésors en or des tombeaux scythes, datés des environs du Ve siècle avant notre ère, ou les frustes isbas de bois de la Russie de son temps. On dispose désormais de plusieurs grands ensembles de trouvailles, bientôt baptisés « cultures », qui s'échelonnent de la mer Noire à la Baltique.

Les « cercles culturels » du néolithique européen

On a vu dans le précédent chapitre comment l'archéologie pré- et protohistorique européenne, intellectuellement dominée par la recherche allemande, avait commencé à partir du début du XXe siècle à définir des « cultures », chacune caractérisée par des types particuliers d'outils, de poteries, d'habitations ou de rites funéraires. Ces cultures étaient elles-mêmes souvent regroupées dans de vastes « cercles culturels » (*Kulturkreise*), tels que l'ethnologie allemande ou autrichienne, avec Wilhelm Schmidt ou Wilhelm Koppers à Vienne, les définissait pour les sociétés humaines de l'ensemble du globe. Une demi-douzaine de ces *Kreise* se partagent désormais l'Europe néolithique, époque cruciale pour la définition du Foyer originel, puisque les périodes suivantes de l'âge du bronze et de l'âge du fer voient déjà émerger des peuples historiquement attestés (voir annexes, 6, p. 604).

En Scandinavie et dans le nord de l'Allemagne, le néolithique le plus ancien, par lequel sont introduits agriculture et élevage, paraît associé à des dolmens, parfois baptisés « lits de Huns », chambres funéraires en grosses dalles de pierre, incluses sous des tertres de terre et contenant un nombre plus ou moins important de squelettes. Ces défunts sont accompagnés de poteries au décor gravé et au col évasé. On parlera pour cela plus tard de « culture des Gobelets en Entonnoir », mais on parle alors de

« culture des mégalithes », voire de « culture nordique ». Plusieurs périodes peuvent y être distinguées.

En Europe centrale (Tchéquie, Slovaquie, Hongrie, Pologne, Allemagne, et jusqu'au Bassin parisien), les sites les plus anciens se caractérisent par une céramique très homogène, avec des formes hémisphériques et un décor gravé aux motifs curvilignes de rubans, souvent remplis de hachures ou de pointillés : ce sont les « Danubiens » ou culture de la « Céramique Linéaire » (ou *Bandkeramik*, « Rubanée » en français). Ils construisent de longues maisons rectangulaires en bois, dont le toit est soutenu par cinq rangées longitudinales de denses poteaux de bois ; Buttler, conseiller pour le patrimoine du ministre national-socialiste de l'Éducation, réalisera sur plusieurs hectares à Cologne-Lindenthal dans les années 1930 la fouille exemplaire de l'un de ces villages, tout comme il rédigera une des premières synthèses développées sur le néolithique allemand[1] – avant d'être tué au front en 1940.

Puis, dans l'ensemble de cette Europe centrale et septentrionale mais aussi orientale, s'étend ensuite une nouvelle culture, celle de la Céramique Cordée (*Schnurkeramik*) ou des « Haches de Combat », avec ses poteries décorées par impressions horizontales de cordelettes et ses haches perforées en pierre, à un ou deux tranchants. Les morts sont enterrés sous des tertres de terre. Poteries et haches caractéristiques se retrouvent de la Scandinavie (où l'on parle aussi de « culture des Sépultures Individuelles », car les tombes collectives mégalithiques ont disparu) jusqu'à l'Ukraine et la Russie centrale (où l'on parle dès les années 1880 d'une culture de Fatjanovo), mais aussi çà et là dans les Balkans, et jusqu'à Troie en Turquie.

En Roumanie, mais aussi en Moldavie et en Ukraine, on découvre des villages aux maisons de terre bien conservées, rangées en cercles concentriques, parfois construites sur de petits socles en terre, dont la poterie porte cette fois un très riche décor polychrome de volutes et de spirales : c'est la « culture de Cucuteni » en Roumanie (où l'archéologue allemand Hubert Schmidt, l'un des fouilleurs de Troie puis d'Anau, fouille le site éponyme en 1909-1910), appelée « culture de Tripolje » en Ukraine, où l'archéologue soviétique Tatijana Passek fouille dans

1. Buttler, 1938.

les années 1930 plusieurs de ces villages sur de grandes surfaces, appliquant les principes d'une archéologie des structures sociales dont nous reparlerons. En Grèce (à Sesklo, Dimini et Servia) et en Bulgarie (où le consul de France à Plovdiv fouille, avec l'École française d'Athènes, les premiers *tells* néolithiques), on met au jour une céramique peinte aux décors géométriques. Ces poteries peintes d'Europe orientale sont souvent rapprochées de la *Bandkeramik* danubienne, avec laquelle elles partagent le même répertoire ornemental et les mêmes règles décoratives. C'est pourquoi on regroupe parfois l'ensemble dans un même grand cercle culturel, tandis que d'autres incluent toutes les poteries peintes d'Europe orientale dans une immense civilisation des « Vase-Painters » qui s'étend jusqu'à Anau au Turkménistan et Suse en Iran.

Des Carpates à l'Oural et jusqu'au Caucase, les civilisations pré- et protohistoriques des steppes inhumaient leurs morts sous de grands tertres de terre, les *kurgans*, visibles de loin et mieux connus depuis que l'État russe, à partir de la seconde moitié du XVIIIe siècle, prend peu à peu le contrôle de ces vastes espaces. Les *kurgans* ont attiré depuis longtemps l'attention des pilleurs de trésors, d'autant que ceux d'époque scythe, dans les derniers siècles avant notre ère, renfermaient souvent des parures en or. Les plus anciens sont moins riches. Ils contiennent en général une céramique fruste à décor d'impressions sommaires et à fond pointu, parfois quelques objets en cuivre, voire aussi des « haches de combat » en pierre. Les morts, déposés dans des chambres en bois ou dans des puits plus ou moins profonds et la plupart du temps en position fœtale (comme dans presque tout le néolithique européen), sont abondamment saupoudrés d'ocre rouge, et on regroupe souvent ces tombes sous le nom de « culture des Tombes à Ocre ». L'officier en retraite et archéologue russe Vasily Gorodcov, fondateur de l'Institut archéologique de Moscou, y reconnaissait trois périodes successives, celle des « Tombes à Fosses » (*Jamnaja kultura*), celle des « Tombes à Catacombes » (*Katakumbnaja kultura*) et celle des « Tombes à Charpente » (*Timber grave* en anglais, *Srubnaja* en russe). Après le préhistorien allemand Max Ebert en 1921, l'archéologue finlandais Aarne Michaël Tallgren en présenta en 1926, dans sa revue *Eurasia Septentrionalis Antiqua*, une grande synthèse en français à l'intention des savants occidentaux[1].

À l'autre bout du continent enfin, un dernier cercle regroupe, un peu par défaut, différentes manifestations de l'Europe de l'Ouest et du Sud-Ouest : c'est le « cercle occidental » de Buttler ou Childe[2]. On y trouve les cités lacustres des lacs alpins ou jurassiens, la céramique à décor géométrique gravée dite du Chasséen, les « allées couvertes » mégalithiques du Bassin parisien (ou « culture de Seine-Oise-Marne »), les récipients évasés de la « culture de Michelsberg » d'Allemagne du Sud-Ouest, etc. On parle souvent de « style en sac » (*Beutelstil*) pour toutes ces poteries de forme arrondie, et Childe y voyait l'imitation de récipients originellement en cuir. La facture plutôt grossière de la céramique suggère une origine indigène locale pour toutes ces populations.

Des chronologies européennes encore incertaines

Dans ce tableau, la recherche préhistorique française apparaît peu, malgré quelques ouvrages de seconde main dus à des archéologues amateurs[3]. D'une part, mais on ne le saura que plus tard, la néolithisation de la France est un phénomène tardif et périphérique, qui a laissé moins de traces dans le sol qu'ailleurs, à part les mégalithes atlantiques pillés de tout temps. Mais surtout l'archéologie du sol français reste, du fait de cette absence d'enjeux nationaux déjà abondamment évoquée, une affaire d'amateurs. De fait, dans l'entre-deux-guerres et jusqu'au début des années 1950, tous les travaux précis, dont la définition de « cultures », sur le néolithique français émanent de savants étrangers, tels Bosch Gimpera, Serra Rafols, Childe, Sandars, Daniel, Hawkes, Piggott, Bernabò Brea ou Vogt[4]. Les fouilles se concentrent en outre sur les grottes paléolithiques, à la fois aisées à découvrir et symétriquement absentes des sols lœssiques

1. Ebert, 1921 ; Tallgren, 1926.
2. Buttler, 1938 ; Childe, 1925.
3. Par exemple Goury, 1931-1933 ; Poisson, 1928-1929, 1939.
4. Coye, 1997 ; Gran-Aymerich, 1998 ; Hurel, 2007 ; Hurel et Coye, 2011.

de l'Europe centrale et septentrionale, au demeurant recouverts de glaciers pendant ces hautes époques.

L'enjeu de ces fouilles n'est pas en France l'origine de telle nation moderne, mais l'histoire « naturelle » de l'humanité tout entière. Joseph Déchelette, un industriel du textile, traitait par le mépris, dans son *Manuel*, la « controverse aryenne », « un de ces carrefours de sciences qui deviennent aisément, à l'heure actuelle, un carrefour[1] ». Finalement, la mort de Déchelette au Chemin des Dames (il avait considéré avec suspicion et scepticisme l'identification dans le Bassin parisien, par l'archéologue allemand Paul Reinecke, de sites de la culture de la Céramique Linéaire, une civilisation allochtone), puis la crise de 1929, qui ruine les rentiers dilettantes, interrompront presque entièrement cette activité scientifique d'« amateurs » (qui restera pourtant jusque dans les années 1960 la forme principale d'archéologie sur le territoire métropolitain), que n'avait de toute façon jamais tentés la quête archéologique des origines aryennes – la quête des linguistes ou des mythologues français, celle de Meillet, Benveniste ou Dumézil, étant pour leur part celle des origines de la civilisation européenne tout entière.

Une bonne partie de ces cultures ou cercles culturels définis dans les premières décennies du XXe siècle conservent, de nos jours, leur valeur taxonomique en tant que grandes entités stylistiques. Mais, d'une part, le tableau s'est singulièrement compliqué au fil des nouvelles découvertes, et des dizaines d'autres « cultures » sont venues s'y ajouter[2] ; et surtout, grâce aux datations par le radiocarbone, l'espace chronologique s'est considérablement dilaté à partir des années 1950. Jusque-là, on avait daté les périodes récentes de la préhistoire européenne, à partir de l'âge du bronze, par référence aux civilisations contemporaines de Mésopotamie et d'Égypte, pour lesquelles on disposait de calendriers et de dates. Des objets importés de ces régions et retrouvés associés avec des objets « indigènes » en Europe permettaient le raccord de proche en proche. Mais, pour les périodes antérieures, c'était juste affaire d'estimation. C'est pourquoi l'on plaçait vers 2600 avant notre ère le début du néolithique en Europe, aujourd'hui daté… de quatre

1. Déchelette, 1914, vol. 2, p. 10, note 2.

2. Voir par exemple Lichardus *et al.*, 1985 ; *infra*, chap. 11, p. 319, et annexes, 12, 15, p. 607 et 609.

mille ans plus tôt ! De quelques siècles, les périodes néolithiques et chalcolithiques durent maintenant quatre millénaires et demi et révèlent au moins six grands horizons chronologiques successifs (voir annexes, 1, p. 600-601) ; trois horizons chronologiques et près de deux millénaires séparent désormais le Danubien des « Haches de Combat », cultures, selon les auteurs, plus ou moins contemporaines durant les années 1920. Cet écrasement temporel d'alors, qui persistera jusque dans les années 1950, rend donc caduc le détail des discussions, et en particulier toutes les comparaisons entre les civilisations proche-orientales et le matériel européen, devenu entre-temps antérieur.

Deux soucis sous-tendaient en outre tous ces travaux : l'identification « raciale » et le diffusionnisme. Nous traiterons plus en détail dans le chapitre suivant de la première question. La plupart des archéologues, Childe compris, ne dissocient pas l'identification de « races » de la définition des « cultures » et s'interrogent sur la forme des crânes de chaque site abordé. De même, les comparaisons entre des formes ou des décors de poteries séparées par des centaines, sinon des milliers, de kilomètres pour retracer des migrations sont responsables de nombreux « romans » préhistoriques dont l'intérêt n'est plus qu'anecdotique et reste secondaire pour l'histoire des idées.

Mais quant à la question indo-européenne, les « faits » archéologiques viendront tout naturellement, comme auparavant et comme ultérieurement, se couler dans les différentes hypothèses échafaudées dans d'autres champs, les mêmes « faits » autorisant au besoin des conclusions diamétralement opposées. Et le lecteur (la lectrice) aura sans doute deviné que la culture de la Céramique Cordée ou des « Haches de Combat » occupera une place importante dans les discussions : ces vases décorés et ces haches dont le nom suffit à évoquer la guerre et la conquête, que l'on retrouve éparpillés du Danemark à la Volga, ne seraient-ils pas ceux du *Urvolk*, et dans ce cas, dans quel sens faut-il lire leur diffusion ?

Childish, not Childeish !

Vere Gordon Childe est sans doute le préhistorien le plus important de la première moitié du XXe siècle et son itinéraire scientifique est exemplaire de l'archéologie de cette époque. Ses idées progressistes l'avaient incité à s'éloigner de sa trop conservatrice patrie, l'Australie, pour se fixer en Grande-Bretagne. Passé de la philologie classique à la préhistoire afin de découvrir, « comme Kossinna », disait-il lui-même, « le berceau des Aryens », il publia en 1926 un ouvrage, son deuxième, sur « l'origine des Aryens », dans lequel il prend très au sérieux les théories de Kossinna, mais leur préfère cependant l'hypothèse steppique. Dans les années 1930, sous l'influence à la fois de l'ethnologie fonctionnaliste et du marxisme, il tentera une explication plus complexe, en partie évolutionniste et antimigrationniste, du phénomène indo-européen. En 1957 enfin, peu de temps avant sa retraite puis son suicide sur les lieux de son enfance, récapitulant dans un testament scientifique plein d'humour et de lucidité l'ensemble de son œuvre considérable, il conviendra de la vanité globale de sa quête particulière des « origines aryennes »[1].

C'est en 1925 que Gordon Childe peut présenter une première synthèse cohérente de l'ensemble de ces « faits » archéologiques, sous le titre significatif de *The Dawn of European Civilization*[2], qui est aussi une allusion à l'œuvre de son maître John Linton Myres, *The Dawn of History*. L'ensemble du néolithique européen y est compris sous le « thème unificateur de l'irradiation de la barbarie européenne par la civilisation orientale, dogme traditionnel en Grande-Bretagne et pour lequel [sa] foi avait été renforcée en réaction contre les doctrines de Kossinna et de Hubert Schmidt (qu'il était bien plus aisé de reconnaître comme des slogans de l'impérialisme allemand après la victoire de la Première Guerre mondiale, qu'après la désillusion qui suivit la Seconde Guerre mondiale)[3] ». Il venait donc de l'archéologie classique, qu'il avait pratiquée à Oxford avec Sir Arthur Evans, le fouilleur de Knossos, et John Myres, et pour laquelle « les bronzes, les terres cuites et la poterie (à condition d'être peinte) étaient respectables, tandis que les outils de pierre et d'os étaient

1. Childe, 1926, 1958. Sur Childe : Green, 1981 ; McNairn, 1980 ; Trigger, 1980 ; Veit, 1984.

2. Childe, 1925 ; la traduction française (1949), celle de la 4e édition, est très inexacte.

3. Childe, 1958, p. 70.

d'un ennui vulgaire[1] ». Il dut donc se former par lui-même à la préhistoire, et auprès de la plus développée d'alors, la préhistoire allemande. Il y apprit « le concept allemand de culture, défini mais non constitué par une poterie distincte et représentant un peuple », afin de construire « à partir des vestiges archéologiques un substitut antérieur à l'écriture de l'histoire politico-militaire conventionnelle, avec, à la place des hommes d'État, des cultures comme acteurs et des migrations à la place des batailles »[2]. Ce sera donc son premier grand livre, *The Dawn*. L'archéologie allemande lui avait aussi appris l'importance de l'espace, de la géographie et de l'environnement, tandis que la préhistoire anglaise était essentiellement intéressée, comme la française, à la typologie des outils de pierre, chargés de définir des « âges » successifs à l'instar des périodes géologiques.

C'est l'année suivante, qu'il peut aborder de front son sujet premier d'intérêt, avec *The Aryans. A Study of Indo-European Origins*, qu'avait précédé un mémoire de maîtrise (« B. Litt. thesis ») sur « les Indo-européens en Grèce », mais dont n'a subsisté que le résumé. De ce livre de 1926, « inspiré par J. L. Myres et derrière lui par Schrader et Jevon, [dans lequel] [il] recherchai[t] avec des yeux bien trop crédules les traces des cavaliers steppiques dans les marais du Pripet », il dira simplement sans en citer le titre, dans ce même « testament » de 1957, que « c'était infantile, et non childien » (*This was childish, not Childeish*)[3] ! L'ouvrage est cependant l'exposé très clair de l'état de la « question aryenne » dans les années 1920, et résume aussi bien les thèses de la paléontologie linguistique que les différentes hypothèses quant à la localisation (asiatique, centre-européenne, nordique et steppique) du Berceau originel. Il résume aussi toutes les contradictions de l'époque, entre la plasticité des « faits » et le piège circulaire de la notion de « culture », entre la quête du point-origine de l'arborescence et la défiance lucide vis-à-vis des dérives idéologiques. Childe ne peut être soupçonné ni d'extrémisme idéologique ni d'inculture scientifique. Il a aussi le mérite d'être explicite. C'est pourquoi il vaut qu'on s'y arrête.

1. *Ibid.*, p. 69.
2. *Ibid.*, p. 70.
3. *Ibid.*, p. 70.

De la supériorité des déclinaisons

Childe n'éprouve en effet aucune sympathie pour l'exaltation de la « race aryenne » et les fondements pseudo-scientifiques qu'avaient tenté de lui donner Vacher de Lapouge en France, Penka ou Chamberlain en Allemagne, et maintenant Dean Inge en Angleterre et Lothrop Stoddard aux États-Unis : « La corrélation entre profil du crâne et caractéristiques intellectuelles, si elle existe, reste à découvrir[1]. » Il raille les « fantaisies des anthroposociologues », non seulement « sans valeur » et « sans une parcelle de preuve », mais surtout « positivement malfaisantes » :

> L'apologie des Nordiques a été liée à des politiques impérialistes et de domination du monde : le mot « Aryen » est devenu le mot de passe de dangereuses factions et particulièrement des formes d'antisémitisme les plus flagrantes et les plus brutales. Aussi l'abandon et le discrédit dans lesquels est tombée en Angleterre l'étude de la philologie indo-européenne sont très largement attribuables à une légitime réaction contre les extravagances de Houston Stewart Chamberlain et de ses semblables, et la plus grave objection contre le mot aryen, c'est d'être associé aux pogroms (p. 164).

En introduction de son livre, Childe rappelle l'hypothèse linguistique indo-européenne (il préfère le mot « aryen »[2], plus bref et moins « maladroit ») et poursuit ainsi :

> Le langage, bien qu'une abstraction, est un critère bien plus subtil et pénétrant d'individualité que le groupe culturel formé par la comparaison de silex ou de tessons de poterie ou les « races » du mesureur de crânes. [Les Aryens] ont dû posséder une certaine unité spirituelle reflétée dans et conditionnée par leur communauté de langue. À leurs héritiers linguistiques, ils léguèrent, à défaut de types de crânes et de caractéristiques corporelles, au moins quelque chose de cette identité

1. Childe, 1926, p. 163. Les numéros des pages dans les citations qui suivent renvoient à la même édition.

2. Sur l'histoire du terme « aryen » et des termes liés, voir Siegert, 1941-1942 ; Koerner, 1982 ; Olender, 1989, p. 34.

> spirituelle plus subtile et plus précieuse [...]. Les langues indo-européennes et leur langue mère présumée ont été à tous égards des instruments de pensée exceptionnellement délicats et flexibles. Ils étaient presque les seuls, par exemple, à posséder un substantif verbal et au moins une machinerie rudimentaire pour construire des propositions subordonnées susceptibles d'exprimer des relations conceptuelles dans une chaîne de raisonnements. Il s'ensuit que les Aryens doivent avoir été doués d'exceptionnelles qualités mentales, même s'ils n'ont pas joui d'une haute culture matérielle (p. 4).

Et Childe de mettre au crédit des Aryens la première science abstraite, les premières religions universalistes (zoroastrisme, bouddhisme, voire le monothéisme du pharaon réformateur Aménophis IV, *via* le royaume « aryen » du Mitanni), mais aussi la poésie et les qualités littéraires.

Cet hymne à la supériorité linguistique des langues à flexion nous ramène plus d'un siècle en arrière, au temps de Schlegel et du romantisme allemand. Il participe tout autant de l'idéologie du national-socialisme. Bruno Kurt Schultz, professeur d'anthropologie à Berlin et à Prague (qui terminera paisiblement sa carrière après-guerre à l'université de Münster), directeur de la section « raciologie » (*Rassenkunde*) de la SS, écrivait par exemple en 1934 dans un manuel : « Tandis que nous-mêmes, en allemand, ainsi que dans les langues qui lui sont apparentées, construisons un lien logique entre le sujet de la phrase, la proposition de la phrase et son objet, le complément d'objet, ce n'est pas le cas de la plupart des autres langues – où le sens est donné par le simple ajout de suffixes ou par la position respective des mots dans la phrase[1]. »

Deux cents pages plus loin, après avoir examiné les différentes théories sur le Foyer originaire et proposé la sienne, Childe précise sa vision de l'histoire :

> La victorieuse expansion de la culture nordique, quelle que soit son origine, est le fait dominant de la préhistoire européenne entre 2500 et 1000 av. J.-C. Le chemin du préhistorien qui veut tirer des conclusions anthropologiques à partir des données archéologiques est souvent semé d'embûches [...]. Mais ces

1. Schultz, 1934, p. 66 ; cité *in* Römer, 1985, p. 134.

> réserves ne s'appliquent pas à l'avancée quasi miraculeuse des cultures nordiques. Dans leur progression triomphante, elles annexèrent à plusieurs reprises des régions occupées auparavant par des types supérieurs de culture. Et ce remplacement du supérieur par l'inférieur n'est explicable qu'en termes raciaux. Que la culture nordique soit originaire des rives de la mer Noire ou de celles de la Baltique, ses auteurs se développèrent à partir d'un groupe pauvre et insignifiant, pour atteindre à la domination du monde occidental (p. 200).

Plus précisément :

> Quelle fut leur contribution positive au capital du progrès humain ? Nous pouvons au moins dire qu'ils n'ont pas été que des destructeurs. Ils surent tirer profit et améliorer les réalisations de leurs victimes. Sur les champs qu'ils avaient dévastés poussèrent des fleurs de choix (p. 207).

Dans la vision cataclysmique de cette dernière phrase, d'une histoire qui n'enfanterait que dans la douleur, on retrouve les chevauchées esquissées quelques années plus tard par Émile Benveniste ou Georges Dumézil[1].

Et Childe peut conclure son œuvre par cet ultime paragraphe :

> Comment précisément les Aryens accomplirent-ils cela ? Ce ne fut pas par la supériorité de leur culture matérielle. Nous avons rejeté l'idée qu'un génie particulier résidait dans la conformation des crânes nordiques. Nous le faisons avec d'autant plus de confiance que, au temps où le génie aryen trouva sa véritable expression en Grèce et à Rome, les traits nordiques purs avaient été en majeure partie absorbés par le substrat méditerranéen. Le don durable légué par les Aryens aux peuples conquis ne fut ni une culture matérielle plus haute, ni une supériorité physique, mais ce que nous avons mentionné dans le premier chapitre – un langage plus parfait et la mentalité qu'il engendrait [...]. En même temps le fait que les premiers Aryens aient été des Nordiques n'est pas sans importance. Les qualités physiques de cette souche lui permettent, par le simple fait de sa vigueur supérieure, de conquérir même des

1. Voir *supra*, chap. 5, p. 155 *sq*.

> peuples plus avancés et d'imposer ainsi sa langue dans des régions d'où son type physique a presque entièrement disparu. C'est la vérité sous-jacente aux panégyriques des tenants de la théorie germanique : la supériorité physique des Nordiques leur permit d'être les véhicules d'un langage supérieur (p. 211-212).

Le plus remarquable dans l'idéologie du Childe de 1926, ce sont sans doute ses contradictions autour de la notion de « race ». De fait, nous y reviendrons, le « racisme scientifique » est en train de se défaire dans le monde anglo-saxon, au moment même où il va devenir en Allemagne un terrifiant instrument du pouvoir politique – les scientifiques français occupant une position intermédiaire et ambiguë. Childe, comme la plupart de ses contemporains, pense encore que l'on peut mesurer des crânes (avec le décalage habituel entre l'anthropologie du moment, qui s'éloigne de ces méthodes, et celle qu'ont apprise et utilisent les chercheurs d'autres disciplines) ; il en connaît aussi les limites. Mais il pense que les cultures archéologiques reflètent les peuples, et que ceux-ci ont une « âme » : c'est le *Volksgeist* romantique qui sous-tend la notion de « culture », celle de Kossinna, que rien ne distingue ici de Childe, opinions politiques mises à part, si ce n'est une différence de degré dans l'incarnation « raciale » du génie des peuples. Childe oppose ainsi l'inventivité aryenne aux cultures « conservatrices » des paysans néolithiques danubiens ou des constructeurs de dolmens, « absorbés dans un culte funéraire » qui « monopolise et paralyse toutes leurs activités » : « Le ferment qui a transmué les sociétés de clans agricoles en ces tribus héroïques des âges du bronze et du fer, ouvrant ainsi la voie à l'initiative et à l'individualité, nous le considérons comme aryen. Ainsi les Aryens apparaissent partout comme les promoteurs du véritable progrès, et leur expansion en Europe marque le moment où la préhistoire de notre continent commence à diverger de celles de l'Afrique ou du Pacifique » (p. 211).

Des crânes et des mots

C'est muni de cet appareillage idéologique franc et explicite, certainement commun à tous les chercheurs de l'époque, que Childe examine les différentes théories quant au Foyer aryen originel. Dans les années 1920 et 1930, les quatre principales localisations proposées sont, d'est en ouest, l'Asie centrale, les steppes pontiques, l'Europe centrale, la Scandinavie. Ce sont les quatre que nous avons vues successivement surgir au cours du XIXe siècle, les mêmes entre lesquelles se répartissent (inégalement) les chercheurs en ces débuts de XXIe siècle. Trois champs offrent leurs données : l'anthropologie, la paléontologie linguistique, l'archéologie. L'anthropologie continue d'être sollicitée avec constance, alors même qu'elle est incapable d'apporter la moindre information neuve. Les nombreuses classifications « raciales » de l'humanité qui fleurissent alors (celles de Deniker, Coon, Keith, Pittard, Ripley, Sergi, Czekanowski, Montandon, Stolyhovo, Günther, Haddon, Fischer, Eickstedt, Elliot Smith, Fleure, etc.[1]) ne font que répéter à l'infini de robustes évidences géographiques ; ordonner ensuite ces « races » dans un arbre et une histoire est l'occasion de tortueuses spéculations dont aucune n'a surnagé. L'Europe n'en est qu'un cas particulier : chacun s'accorde à reconnaître que les Européens sont plutôt grands et blonds vers le nord, petits et bruns vers le sud. On les découpe alors, rituellement, en trois : les « Nordiques » au nord, les « Méditerranéens » au sud, les « Alpins », transitionnels, au milieu. Au-delà, c'est un labyrinthe de nuances et d'exceptions, où s'embrouillent, se cherchent et s'affrontent, à la recherche des migrations aryennes, les préjugés nationalistes et capillaires hérités du XIXe siècle.

La paléontologie linguistique en est au même point. Tout, ou presque, a été dit avec Schrader, y compris ce qu'on pouvait, déjà, lui objecter. Par quelque bout que l'on prenne le vocabulaire commun, le Berceau originel, reconnaît Childe, « peut être localisé en n'importe quel point de l'Eurasie ». Chacun des « arguments » censément décisifs par leur présence ou leur absence (le hêtre, le saumon, le bouleau, l'anguille, la tortue, la mer, le sel, l'ours, le lion, etc.) peut être retourné : ou bien le mot peut avoir changé de sens pour désigner une réalité nouvelle à la faveur de migrations ; ou bien une « réalité » que l'on croyait absente d'une région à exclure y est brusquement découverte, surtout compte tenu des modifications climatiques

1. Voir *infra*, chap. 8, p. 245.

(il y avait bien des tortues en Scandinavie, il y a des saumons dans la mer Noire, il a pu y avoir des hêtres à l'est de Königsberg...). Ceci n'empêche aucunement une nouvelle génération de linguistes de s'y appliquer avec constance, tels par exemple, dans les années 1920-1930, le Belge Albert Carnoy, le Suédois Jarl Charpentier ou l'Anglais Harold Bender[1].

Sigmund Feist, issue d'une famille juive et l'un des européanises les plus prudents de l'époque, insista à plusieurs reprises sur les périls de la « méthode »[2]. Significativement, c'est lui que Max Ebert, élève et successeur de Kossinna à la chaire de préhistoire de Berlin et éditeur d'un monumental *Dictionnaire de préhistoire* en 15 volumes (1924-1928), charge d'y rédiger la rubrique « Indo-Européens » (*Indo-Germanen*), tout comme celle sur les « Germains ». Feist ouvre ainsi l'article : « Les Indo-Germains, ou plus rarement "Ariens", appelés Indo-Européens hors d'Allemagne, ne sont pas un peuple attesté historiquement, mais seulement une abstraction à partir de faits de langue[3]. » Et Feist, après avoir passé en revue les langues proprement indo-européennes, montre que la plupart des affirmations fondées sur l'anthropologie ou la paléontologie linguistique quant à un Peuple et à un Foyer originels, et particulièrement scandinaves, « relèvent du domaine du mythe ».

Significativement aussi (nous y reviendrons à propos de la « race »), la rubrique est suivie d'un très bref paragraphe sur « l'anthropologie des Indo-Européens » dû au raciologue raciste Otto Reche, titulaire de la chaire d'anthropologie de Leipzig :

> Indo-européen : terme emprunté à la linguistique comparée et utilisé la plupart du temps pour désigner la race blonde nord-européenne (*Homo europaeus*, voir ce terme), mais qui peut prêter à confusion puisque dans la plupart des territoires originairement peuplés par les Nord-Européens, race et langue ne se recouvrent plus depuis longtemps, du fait de l'abâtardissement (*Bastardierung*) des locuteurs nord-européens des langues indo-européennes.

1. Bender, 1922 ; Carnoy, 1921 ; Charpentier, 1926.
2. Feist, 1913, 1914, 1916, 1927.
3. Feist, 1927, p. 54.

En ces temps pré-nazis, le *Dictionnaire* délimite le champ du débat. Mais Feist, on l'a vu[1], préfère démissionner dès avant la Première Guerre de la Société de préhistoire de Kossinna ; il sera l'objet constant d'insultes antisémites de la part des tenants de l'hypothèse nordique, tels Karl Felix Wolff, Rudolf Much (le fils du germanomane Matthäus Much), le brillant germaniste Gustav Neckel ou encore Waldemar Barthel et Carl Atzenbeck, auteurs d'un dictionnaire de préhistoire qui paraîtra en 1936[2].

La domination de la théorie nordique

C'est donc de l'archéologie, devant l'essoufflement de l'anthropologie et de la paléontologie linguistique, que provient dans l'entre-deux-guerres l'essentiel des arguments neufs relatifs aux différents foyers. En Allemagne, l'hypothèse nordique, malgré les mises en garde de Schrader et même Hirt dans la génération précédente, devient après la Première Guerre intellectuellement dominante. La vulgate qui s'impose peu à peu au fil des contributions successives de Kossinna (qui s'est plusieurs fois contredit) et de ses disciples postule ceci : après la fin de la dernière glaciation, les chasseurs de rennes magdaléniens, ceux qui ont laissé les grottes peintes du Périgord (et donc la civilisation alors la plus prestigieuse du paléolithique), remontèrent vers le nord. C'est là que, en Scandinavie, se forme la civilisation « pré-indo-européenne », qui a laissé les amas coquilliers du Danemark et les cultures de Maglemose et Ellerbeck, et la « race » qui les porte, celle des grands dolichocéphales blonds, au caractère trempé dans la rudesse climatique. Peu à peu, cette civilisation s'« indo-européanise », invente la poterie et l'agriculture, construit les premiers dolmens (certains archéologues allemands continuent parfois à y voir une influence méridionale) et part à la conquête du monde (voir annexes, 7, p. 605). Deux courants peuvent se distinguer, l'un, méridional, celui des « Indo-européens du Sud », s'incarnerait d'abord dans la Céramique Linéaire ou Rubanée, dans les cultures à céramique peintes des Balkans (et de là, pense Kossinna, part fonder la

1. Voir *supra*, chap. 6, p. 178.
2. Römer, 1981 et 1985, p. 67, 81, 97.

civilisation minoenne en Crète) ; il donnerait naissance aux peuples parlant des langues *satem* : Slaves, Baltes, Indo-Iraniens, etc. L'autre courant, plus spécifiquement nordique, correspondrait archéologiquement à la civilisation de la Céramique Cordée et des « Haches de Combat », et linguistiquement aux langues *centum* (celles où le son *s* des langues *satem* se prononce *k* ou *kh* : ainsi, le nombre « cent » se dit *satem* en sanscrit et *sto* dans les langues slaves, mais *centum* [kentoum] en latin et *hundert* en allemand). Ce sont les Germains, les Celtes, les Italiques, les Grecs. Cette division binaire *satem/centum*, classique à l'époque, est aujourd'hui considérée comme obsolète.

La théorie nordique est donc l'une des composantes idéologiques essentielles du nationalisme allemand et de son incarnation politique du moment, le nazisme. Après la guerre, on qualifiera parfois, à la suite de Hans-Jürgen Lutzhöft[1], de « pensée nordique » (*Nordische Gedanke*) ou « nordicisme » cette idéologie, transmuée ainsi en « pensée normale », acceptable, comparable à n'importe quelle autre « pensée normale ». C'est ainsi qu'elle est gravement décrite dans plusieurs rubriques de la récente *Encyclopédie philosophique universelle* des Presses universitaires de France. Le terme de « germanomanie » serait beaucoup plus adéquat, pour une pathologie de la pensée fondée sur une somme d'erreurs scientifiques, instrument d'une politique de haine et d'extermination. Nous y reviendrons à propos de la « race », car l'équation Peuple originaire = « race nordique » blonde, et réciproquement, est l'un des postulats de la théorie.

Mais la théorie nordique est, jusqu'en 1945, loin d'être considérée comme un fait marginal. Outre le respect de Déchelette pour Kossinna juste avant la Première Guerre[2], Childe pouvait affirmer en 1926 :

> Au moment présent, la théorie scandinave est la plus attractive, du fait qu'elle a été développée avec une richesse de détails et une complète maîtrise par des chercheurs aussi profonds que Kossinna, Schliz et Schuchardt. [...] [elle] est la synthèse la plus compréhensible et la plus consistante jamais présentée

1. Lutzhöft, 1971.
2. Déchelette, 1914, vol. 2, p. 10, note 2. Voir *supra*, chap. 6, p. 169 et 176.

sur les peuples indo-européens. C'est la seule doctrine dont l'exposition détaillée peut prétendre combiner les résultats les plus récents de la recherche archéologique avec ceux de la philologie. En même temps, c'est l'un des exposés les plus élégants et les plus économiques jamais proposés quant au développement d'une civilisation européenne particulière[1].

Des universitaires très respectables

Derrière Kossinna, professeur à Berlin (qui n'avait fait que donner une consistance archéologique à une théorie définie d'abord par des germanomanes amateurs et des raciologues, mais aussi par des linguistes comme Hirt), c'est une grande partie des préhistoriens allemands les plus autorisés qui suivent, y compris son adversaire personnel, Carl Schuchardt, directeur du département de préhistoire du musée de Berlin[2]. On y trouve certes des archéologues amateurs mais prolixes, comme les médecins Alfred Schliz, spécialiste de la Céramique Linéaire et de la Céramique Cordée, ou Georg Wilke, qui considère non seulement que le mégalithisme fut inventé en Scandinavie, mais que de là il diffusa sur la terre entière, de la Bretagne à l'Afrique du Nord, et jusqu'en Inde[3]. Mais aussi un grand nombre de titulaires de chaires de préhistoire d'alors, comme Walther Schulz, élève de Kossinna, professeur à Halle et directeur du musée de cette ville (parmi les plus anciens d'Europe), l'un des rares soutiens universitaires de Rosenberg et Reinerth, et qui poursuivra son travail en RDA dans les mêmes institutions[4] ; le professeur Alfred Götze, qui soutint à Iéna le premier doctorat en préhistoire du pays, et l'un des fouilleurs de Troie ; Herbert Kühn, élève de Kossinna et professeur à Cologne, mais qui perdra son emploi et devra s'exiler à la suite des attaques de Reinerth pour « francophilie » et « union non aryenne »[5] ; Martin Jahn, autre élève de Kossinna, professeur à

1. Childe, 1926, p. 166 et 178.
2. Schuchardt (K.), 1919.
3. Schliz, 1906 ; Wilke, 1918.
4. Schulz (W.), 1935, 1938. Voir Bollmus, 1970, p. 174, 308, 318, 321.
5. Kühn, 1932. Voir Bollmus, 1970, p. 155, 175, 234, 302.

Breslau (et après la Seconde Guerre, à Halle, en RDA), membre de la section de préhistoire de la Ligue de combat de Rosenberg, brouillé ensuite avec Reinerth, mais qui défendra encore en 1941 Kossinna contre les attaques méthodologiques d'Ernst Wahle[1] ; le professeur Hans Seger, qui précède Martin Jahn à Breslau et partage les mêmes options politiques[2], etc.

Si tous les archéologues allemands ne s'occupent pas des Indo-Germains, la plupart d'entre eux soutiennent l'origine scandinave ou nord-germanique de la Céramique Cordée, laquelle est à cette époque l'enjeu archéologique principal de l'hypothèse scandinave. Plus précisément, remarque ironiquement Gordon Childe, après la perte en 1918 de la province danoise du Schleswig-Holstein, font-ils glisser de cette région, « vers le sol plus complètement germanique de Saxe-Thuringe, le foyer des Sépultures Individuelles et autres cultures des "Haches de Combat", et donc celui des Indo-Européens[3] ». C'est le cas de Gustav Schwantes, professeur à Kiel, d'Ernst Sprockhoff, qui remplace Bersu en 1935 après son éviction de la direction de la Commission romano-germanique[4] – deux universitaires favorables au régime mais qui bataillèrent contre les menées de Reinerth et Rosenberg –, et de nombreux collaborateurs de la revue de Kossinna, *Mannus* (tels Tode, Bicker, Agde, etc.).

Dans les régions de culture germanique, si Moritz Hoernes, le professeur de préhistoire de Vienne, reste réservé, son successeur à partir de 1917, Oswald Menghin, ne l'est plus du tout ; il sera ministre de l'Éducation en Autriche, nazi actif et le seul archéologue, autrichien il est vrai, contraint à l'exil – en Argentine – après 1945, où il poursuivra sa carrière[5]. Il corrige au besoin les rééditions des synthèses de son maître Hoernes, notamment sur l'art préhistorique de l'Europe, et publie des manuels racistes[6]. C'est lui qui dénonça en 1938 le linguiste

1. Voir Jahn, *Nachrichtenblatt für deutsche Vorzeit*, 1941, p. 73 *sq.* ; Bollmus, 1970, p. 165, etc. ; Hassmann, 2000 ; Fetten et Härke, 2000.

2. Seger, 1936.

3. Childe, 1957, p. 218 (6e édition de *The Dawn* … ; trad. française 1949, p. 201).

4. Voir *supra*, chap. 6, p. 194.

5. Kohl et Perez Gollan, 2002.

6. Hoernes et Menghin, 1925 ; Menghin, 1934, 1935.

Troubetzkoy à la Gestapo et le fit chasser de l'université de Vienne[1]. En Scandinavie, alors que, dans la génération précédente, le Suédois Oscar Montelius, fondateur de la méthode typologique, ou le Danois Sophus Müller, longtemps directeur du musée de Copenhague, non seulement n'avaient jamais eu la moindre inclinaison pour les théories nordiques de Kossinna mais les avaient même combattues, désormais l'archéologue suédois Nils Aberg, le plus marquant de la première moitié du siècle pour ce pays, les reprend en grande part[2]. En Finlande, Aarne Michaël Tallgren, premier professeur d'archéologie à l'université d'Helsinki à partir de 1923 et dont la revue, *Eurasia Septentrionalis Antiqua*, jette un pont scientifique entre les archéologues soviétiques et ceux du reste de l'Europe (nous y reviendrons), considère que la Céramique Cordée, identifiée aux « Indo-Européens du Nord », résulte bien d'un mouvement d'ouest en est (excluant tout rôle de Foyer originel pour les steppes pontiques). C'est aussi le point de vue, dans la même revue, de son compatriote et successeur Aarne Äyräpää (dit Europaeus), mais également, en Pologne, du préhistorien et homme politique Leon Kozłowski, professeur à Lvov et sénateur[3].

Ce prestige intellectuel de l'hypothèse nordique ne tient donc pas qu'à des affinités idéologiques, puisque ni Childe ni Tallgren, entre autres, ne sont soupçonnables d'indulgence pangermaniste. Il tient à la position scientifiquement dominante de la préhistoire allemande de l'époque. Grâce à leur réseau d'institutions scientifiques, d'universités, de bibliothèques, de musées, grâce aussi à leur apport décisif, dès le siècle précédent, à la constitution du patrimoine culturel national, les archéologues allemands de la première moitié du XXe siècle bénéficient de moyens et de méthodes d'importance primordiale. Ils sont les premiers (en France, il faudra un demi-siècle de plus) à identifier les vestiges de maisons néolithiques de terre et de bois, ce qui permit à Werner Buttler dans les années 1930 de réaliser la fouille majeure du village Rubané de Cologne-Lindenthal. Ils mènent de grandes

1. Troubetzkoy, 1996, p. 229.
2. Aberg, 1918.
3. Tallgren, 1926 (notamment p. 143 et 227) ; Äyräpää, 1936 ; Kozłowski, 1924.

opérations sur les villages lacustres alpins, auxquelles Reinerth prend une part active. Cette archéologie attachée à la fouille extensive des habitats anciens est systématisée par Herbert Jankuhn, et ses fouilles extensives sur le site viking de Haithabu. Les outils théoriques sont également allemands : c'est la notion de « culture », définie par Kossinna, et celle de « type », issue de Montelius mais développée désormais par Gero von Merhardt au sein de l'« école de Marbourg », dans l'université du même nom. Beaucoup de jeunes préhistoriens d'Europe centrale ou orientale viennent se former en Allemagne ou en Autriche, à l'instar de Gordon Childe. On ne saurait donc prendre à la légère les thèses des préhistoriens allemands.

L'un des apogées symboliques de l'hypothèse germanique, et la preuve de son prestige, sera la publication en 1936 d'un ouvrage d'hommages à Hermann Hirt, le premier linguiste à l'avoir formulée, à l'occasion de ses soixante-dix ans. Hirt, depuis longtemps aveugle, malade, et qui mourra dans l'année, avait pourtant refusé l'idée d'une « race aryenne » et raillé en leur temps les germanomanes Penka et Wilser. Pourtant son élève et éditeur du livre, le germaniste raciste Helmuth Arntz, « récupère » le vieillard dans l'introduction de l'ouvrage. Certes, reconnaît-il, Hirt n'a pas touché à l'aspect racial du problème indo-européen, mais il en était informé ; et du moins a-t-il préparé la voie à d'autres, surtout depuis l'avènement « du Troisième Reich, cet État que nous nous sommes donné » et avec lequel Arntz « se sait en accord », et Hirt avec lui[1]. Dans un article paru l'année suivante, Arntz approuvera les lois antijuives du Reich, seules capables de restaurer l'unité de la culture, de la « race » et de la langue[2]. À ce volume collaborent les principaux raciologues nazis du moment : Otto Reche, Hans Günther et son mouvement le *Nordische Ring*, Bruno K. Schultz, directeur de la section « raciologie » de la SS ; mais aussi des savants étrangers, parmi lesquels… Émile Benveniste, qui donne son point de vue sur le tokharien. Il est vrai également qu'à cette époque le milieu académique croyait pouvoir séparer, au sein d'une république des lettres, ce qui relevait de la science, présumée objective et

1. Arntz, 1936, introduction, p. VII. Voir Römer, 1985, p. 72.
2. Arntz, 1937.

neutre, et ce qui relevait des opinions politiques personnelles, et donc de la sphère privée. Il fallut la Seconde Guerre et ses atrocités pour que l'on admette que les idées pouvaient tuer.

Arntz réussit après la guerre, malgré son appartenance au parti nazi, aux SA et au groupe paramilitaire des Casques d'Acier (*Wehrstahlhelm*), à obtenir un redressement de carrière rétrospectif car, victime des règlements de comptes entre SA et SS, il aurait subi des retards d'avancement ; il devint plus tard président de la Société allemande de documentation, puis président de la Fédération internationale de documentation, et reçut en 1998 la Grande Croix du mérite fédéral (*Grosse Bundesverdienstkreuz*), la plus haute distinction allemande[1].

Cette même année 1936 paraît à Vienne, sous la direction de l'ethnologue Wilhelm Koppers, un autre volume collectif consacré à *Die Indogermanen- und Germanenfrage* (« La question indogermanique et germanique »), auquel collaborent Nehring et Childe, mais qui ne fait aucune place ni à la raciologie ni à l'hypothèse nordique, sinon pour la critiquer[2].

Faiblesses de l'hypothèse nordique

L'hypothèse nordique a de fait bien des faiblesses. En plus de ses outrances idéologiques et de son abrupt postulat anthropologique dolichocéphale, elle n'est même pas cohérente par rapport aux règles usuelles de la paléontologie linguistique du temps. On ne trouve en Scandinavie ni les villes fortifiées (**polis*, **teichos*) ni les chevaux du vocabulaire commun. Certes, neige et hiver y sont bien attestés et il n'y a pas de tigres, de chameaux ou de lions (absents dudit vocabulaire). Mais l'abeille, l'anguille ou la tortue (« arguments » de Hirt et de Kossinna) n'existent pas dans toutes les langues indo-européennes et sont d'ailleurs ubiquistes sur le sol européen, tout comme le bouleau, tandis que le mot pour le hêtre (**bhagos*) a des significations fort variables. Le mot soi-disant pour la mer (**mari*) ne semble désigner qu'une surface d'eau restreinte et d'ailleurs la plupart des termes grecs

1. Maas, 2010 ; Klee, 2005.
2. Koppers, 1936.

pour la navigation (*okeanos*, *pelagos*, *thalassa*, *agkuros*, *kubernètès*) ne sont pas d'origine indo-européenne. De même, la pêche et l'ambre, deux activités économiques manifestement importantes pour la préhistoire scandinave, ne se retrouvent pas dans le vocabulaire commun.

Mais surtout, l'hypothèse était archéologiquement, concrètement, critiquable. D'un point de vue radical, on pouvait mettre en doute le présupposé même de la « culture archéologique » et de son équation : un peuple = un pot. C'est ce que firent Eduard Meyer ou Moritz Hoernes, puis Ernst Wahle, pourtant un élève de Kossinna, et Hans Jürgen Eggers. Plus précisément, la filiation supposée des cultures nordiques successives était problématique : entre les chasseurs-cueilleurs du Maglemosien et les constructeurs de mégalithes et leurs gobelets « en entonnoir », puis entre ceux-ci et la culture des Sépultures Individuelles, de la Céramique Cordée et des « Haches de Combat », enfin entre cet ensemble et le brillant âge du bronze scandinave, nulle continuité indiscutable. On sait que Kossinna usera en dernier recours de l'argument « racial » pour la postuler. Un point crucial réside dans la genèse de la Céramique Cordée : puisqu'on la rencontre de la Scandinavie aux steppes de Russie et d'Ukraine, son origine pouvait se trouver en n'importe quel point de ce très vaste territoire. L'archéologue et historien russe Mikhaïl Rostovtzeff date du milieu du IIIe millénaire au moins, par le jeu des importations avec le Proche-Orient, les très riches tombes tumulaires de la culture de Maïkop dans le Caucase, apparentée aux Tombes à Ocre des steppes, qui contiennent parfois des « haches de combat » et de la céramique cordée. Tallgren, par d'autres biais, propose une date de mille ans plus récente. Au terme de son livre sur les Aryens, Childe est conscient que de l'une ou l'autre datation dépend tout le sens de la migration supposée, et donc le choix entre un foyer scandinave ou steppique ; même si ses préférences vont au second, il admet que la question reste ouverte[1].

Un renversement explicite de l'hypothèse nordique, au profit d'une origine de la culture Cordée à partir des steppes, avait été suggéré déjà par Sophus Müller en Suède, puis repris par John

1. Rostovtzeff, 1922 ; Tallgren, 1926 ; Childe, 1926.

Myres, le maître de Childe à Oxford, ainsi que par Harold Peake[1]. Ernst Wahle, puis l'archéologue polonais Tadeusz Sulimirski et à nouveau Gordon Childe tentèrent de l'étayer archéologiquement[2]. Sulimirski s'appuyait sur la typologie des vases à décor cordé, dont les formes semblaient plus anciennes et plus uniformes à l'est. En outre la répartition de la « race nordique » n'était pas celle de la Céramique Cordée – ce qui expliquerait les étrangetés phonétiques du germanique par rapport aux autres langues indo-européennes (ce qu'on appelle la « mutation consonantique »). Cette idée (maligne) que les Germains n'étaient pas de « vrais » Indo-Européens mais des sortes de Finno-Ougriens acculturés à l'accent particulier n'était pas nouvelle : elle remontait à Isaac Taylor, voire à Quatrefages et à sa « race prussienne ». Feist l'avait également développée, et on retrouvera assez régulièrement sous la plume d'anthropologues non allemands, comme Sergi ou Poisson, l'hypothèse d'une origine à la fois allochtone et mélangée de la « race nordique »[3].

Aujourd'hui, presque un siècle plus tard, la solution de la genèse de la Céramique Cordée n'a paradoxalement guère progressé[4]. Toutes les opinions continuent d'être avancées, entre un développement local en un point ou un autre du domaine, ou bien une formation multipolaire à partir de plusieurs foyers, ou encore une origine steppique, sans argument décisif. En revanche, les arguments font défaut pour une genèse entièrement autochtone du premier néolithique (ou chalcolithique) nordique, celui de la culture des Gobelets en Entonnoir (*Trichterbecherkultur*, abrégée TRBK en allemand) avec ses mégalithes, à partir du fonds mésolithique de Maglemose et Ertebølle. La discussion s'est plutôt reportée sur le mode d'apparition de ce premier néolithique scandinave, en liaison, soit avec le néolithique de tradition danubienne (Céramique Linéaire et dérivés), soit avec les steppes, et sur l'importance de la composante indigène avec l'une ou l'autre de ces deux traditions, ou les deux.

1. Myres, 1911 ; Peake, 1922 ; Peake et Fleure, 1928.
2. Wahle, 1932 ; Sulimirski, 1933 ; Childe, 1936.
3. Taylor, 1890 ; Feist, 1914, 1926, 1932 ; Sergi, 1903 ; Poisson, 1934, 1939.
4. Voir *infra*, chap. 11, p. 336-337 ; annexes, 1, 12, p. 600-601 et 607.

Le berceau asiatique fait de la résistance

Face à l'hypothèse nordique, majoritairement allemande, les indo-européanistes d'autres pays européens, pays en général qui avaient combattu l'Allemagne durant la Première Guerre, tenaient presque tous pour l'une des trois autres « solutions » : Asie centrale, steppes russes, Europe centrale. L'hypothèse asiatique, « la plus vénérable », comme le rappelait Childe, avait toujours ses partisans, même si on était descendu des hauts plateaux du Pamir jusque dans les steppes. Même en Allemagne, le philologue national-socialiste Hermann Güntert la soutenait, au grand dam de ses amis politiques[1]. Or le géologue américain Raphael Pumpelly avait fouillé en 1904 à Anau dans le Turkestan russe, assisté de Hubert Schmidt, du Museum für Völkerkunde de Berlin, un site néolithique qui avait produit une belle poterie peinte[2]. Il s'agissait en fait d'un faciès périphérique du néolithique proche-oriental, maintenant daté du VIe millénaire. Pumpelly, qui était venu explicitement y rechercher « le berceau des Aryens », avait rapidement déchanté : Anau n'avait rien de spécifiquement « aryen », même si le cheval y était attesté, en une variété bientôt baptisée *equus Pumpellii.* Mais le site contribua à nourrir l'hypothèse asiatique. On chercha même à relier entre eux tous les sites néolithiques à céramique peinte, de l'Égypte à la Transylvanie en passant par l'Iran, Anau, Knossos ou la Bulgarie, en cette vaste civilisation des « Vase-Painters » – en fait des phénomènes sans liens et dispersés sur plusieurs millénaires – éventuellement identifiable aux Aryens (dans une version kossinnienne, c'était au contraire l'aboutissement vers l'est du mouvement des « Indo-Germains du Sud »)[3].

Certaines ressemblances entre les poteries du néolithique européen et celles de la Turquie, qu'il s'agisse ou non des vases peints par ces fameux « vase-painters », avaient été également remarquées. C'est pourquoi le Britannique Adalbert Sayce, l'un des premiers chercheurs à avoir travaillé sur la civilisation hittite,

1. Güntert, 1934. Voir Römer, 1985, p. 74.
2. Pumpelly, 1908.
3. Voir Childe, 1926, p. 103-116 ; annexes, 6, p. 604.

après avoir été successivement partisan d'un Foyer indo-européen primitif situé dans l'Hindou Kouch, puis d'un foyer européen, se ralliera en 1927 à l'hypothèse d'une origine proche-orientale, plus précisément en Turquie, des langues indo-européennes[1]. Il y ajoutait diverses autres considérations, notamment anthropologiques. Cette hypothèse sera régulièrement reprise par la suite, en associant la question de l'origine des langues indo-européennes et celle de l'origine du néolithique européen.

La localisation asiatique bénéficiait aussi des théories sur l'origine de l'homme, qui persistaient souvent à placer dans l'Hindou Kouch son apparition, en continuité avec l'Inde mythique des débuts du XIXe siècle, qui avait servi de relais provisoire au jardin d'Éden. La découverte dans les années 1920 des restes de « sinanthropes » chinois à Choukoutien, une variété locale d'*Homo erectus* remontant à un demi-million d'années, confortait ces théories (la plus ancienne forme humaine, l'« australopithèque », avait été découverte dès 1925 en Afrique du Sud, mais on n'osait pas encore classer comme un « homme » cette espèce surgie dans le continent noir : son nom signifiait « singe-du-sud »). La théorie asiatique reposait sur peu d'arguments archéologiques. Elle se fondait sur une certaine représentation des migrations aryennes, celle des envahisseurs steppiques des époques historiques, Huns ou Mongols, qui déferlèrent régulièrement sur l'Europe. Le vocabulaire commun connaît le cheval et le char, et plus l'élevage que l'agriculture ; et le cheval semble jouer un rôle important dans certaines religions indo-européennes d'époque historique (Rome, Inde) ; or le cheval sauvage (le « cheval de Przewalski ») habitait encore les steppes mongoles au XIXe siècle (il ne survit plus désormais que dans des réserves ou des zoos) et cet animal joue un grand rôle dans les mythologies locales. Par ailleurs, certaines ressemblances entre les langues indo-européennes et d'autres groupes linguistiques (langues finno-ougriennes, langues du Caucase, langues sémitiques) avaient été remarquées depuis longtemps, au point que dès le début du siècle le Danois Holger Pedersen ou l'Italien Alfredo Trombetti avaient envisagé une origine commune à toutes ces langues, voire un arbre de toutes les langues du monde (nous y reviendrons, puisque ces théories sont redevenues à la mode).

1. Sayce, 1927.

Les steppes asiatiques sont sans doute la zone de contact la plus économique à imaginer entre ces différentes langues.

Comme les nomades modernes sont surtout pasteurs mais que les Indo-Européens originels paraissaient néanmoins avoir pratiqué un peu d'agriculture (ce que confirmait Anau), plusieurs chercheurs imaginent dans les années 1930 que le Peuple originel résulterait d'une fusion entre des pasteurs nomades (plutôt finno-ougriens) et des agriculteurs (plutôt caucasiens, ou plus méridionaux), chacun apportant ses techniques, son idéologie et sa langue – ce qui expliquerait à la fois les différentes affinités linguistiques, et aussi certaines incohérences de la langue reconstruite. Cette idée d'une « fusion » centripète, en nette rupture avec le modèle usuel arborescent-centrifuge, fut développée diversement, à la fois dans le domaine religieux, par l'ethnologue viennois Wilhelm Koppers[1], et dans le domaine linguistique par le Hollandais Christianus Cornelius Uhlenbeck[2]. Le livre collectif, déjà évoqué[3], édité en 1936 à Vienne par Wilhelm Koppers, reflète en grande partie cet état d'esprit, et ses contributeurs (Wilhelm von Brandenstein, Alfons Nehring – le continuateur de Schrader –, Wilhelm Koppers, Gordon Childe, etc.), en opposition explicite à l'*Hommage à Hermann Hirt*, penchent pour une origine steppique et complexe du phénomène indo-européen, que ces steppes soient asiatiques ou eurasiatiques. En France, cette idée sera reprise dans deux ouvrages du préhistorien et anthropologue amateur Georges Poisson[4].

Fouilles en Asie centrale

Le principal archéologue orientaliste français du début du XXe siècle est Jacques de Morgan qui, après avoir dirigé le service des Antiquités égyptiennes, sera placé en 1897 et jusqu'en 1912 à la tête de la délégation en Perse du ministère de l'Instruction publique et des Beaux-Arts. Découvreur du code d'Hammourabi

1. Koppers, 1929, 1935, 1936.
2. Uhlenbeck, 1935, 1937.
3. Koppers, 1936.
4. Poisson, 1934, 1939.

et de la stèle de Naram-Sin, il laisse à sa mort en 1924 une vaste synthèse en trois volumes, publiée à titre posthume, sur *La Préhistoire orientale*[1]. Il y retrace l'histoire de l'Asie depuis les origines de l'homme jusqu'à l'âge du fer et consacre de longs développements au berceau et aux migrations des Indo-Européens. Il émet l'idée d'un berceau successivement sibérien puis centre-asiatique d'où les Indo-Européens, chassés par le froid, se seraient ensuite répandus vers l'Inde, l'Iran et l'Europe en vagues successives, apportant l'agriculture, l'élevage puis le métal. Il ne dispose d'à peu près aucun argument archéologique nouveau, même s'il avait pratiqué en 1890 un bref sondage sur le site iranien de Khargush Tépé, près d'Astarabad. L'hypothèse d'un refroidissement climatique du berceau centre-asiatique remonte à 1820 au moins et à l'iranisant allemand Rhode[2]. À son tour, et il ne sera pas le dernier, Morgan invoque donc l'Avesta.

Une autre partie de l'argumentaire de Morgan est anthropologique. Il reprend les hypothèses avancées au XIXe siècle par certains membres de la Société d'anthropologie de Paris, tels Piétrement ou encore Ujfalvy, qui appelait en 1887 à aller fouiller les steppes d'Asie centrale : les vrais Aryens étaient, en Europe, ces brachycéphales bruns, ou « race alpine », d'origine asiatique. Des anthropologues, comme l'Italien Sergi[3], développeront cette théorie qui aboutissait à refuser aux dolichocéphales blonds d'Europe toute aryanité originelle. Entre les « Nordiques » au nord et les « Méditerranéens » au sud, les cartes anthropologiques ne montraient-elles pas l'*Homo alpinus* s'enfonçant tel « un énorme coin » depuis l'Asie centrale jusqu'à la pointe de l'Armorique[4] ? Saisissante interprétation raciale et historique d'un phénomène biologique général, l'éclaircissement progressif de la pigmentation humaine du sud vers le nord à mesure que diminue l'intensité locale du rayonnement solaire. Force est d'ailleurs aux raciologues d'admettre alors de nombreux « mélanges » dans les zones de contact entre « races »[5].

Morgan repousse avec énergie l'hypothèse des steppes pontiques développée par Schrader, au prétexte que ces régions auraient

1. Morgan, 1925-1927, vol. 1, p. 160-200 ; vol. 3, p. 380-389.
2. Voir *supra*, chap. 3, p. 61.
3. Sergi, 1903. Voir *supra*, chap. 4, p. 122.
4. Morgan, 1925-1927, vol. 1, p. 186 et 189.
5. Par exemple Morgan, 1925-1927, vol. 1, p. 186.

été inhabitées et inhabitables avant l'arrivée, tardive, des Aryens brachycéphales – ce qui l'oblige à considérer comme « douteux » les sites paléolithiques ukrainiens, pourtant très spectaculaires avec leurs constructions en ossements de mammouths datées de plus de vingt mille ans, en pleine période glaciaire. Rien n'est évidemment venu depuis étayer son récit, les découvertes archéologiques ayant de surcroît bouleversé le schéma chronologique sur lequel il tâchait de se fonder et qui supposait, comme chez Childe, une contemporanéité du début du néolithique européen avec les premières civilisations urbaines proche-orientales du IIIe millénaire. Mais comme ce récit, ancien alors d'un demi-siècle au moins et d'inspiration purement anthropologique, émanait d'un archéologue éminent auteur de fouilles récentes qui venaient remplir le musée du Louvre ; il pouvait difficilement être négligé. Les fouilles menées en Asie centrale et dans le nord de l'Iran dans l'entre-deux-guerres auront à cœur, parmi d'autres objectifs, de repérer l'éventuel passage des Indo-Européens.

La région-clef paraissait être celle des steppes turkmènes au sud de la mer d'Aral, qu'arrosent Syr-Daria et Amou-Daria et qui débouchent au sud, entre la Caspienne et l'Elbourz à l'ouest et l'Hindou Kouch à l'est, vers le plateau iranien. Cette localisation de plaine se trouvait désormais à l'ouest de celle, montagnarde (les hauts plateaux du Pamir et de l'Hindou Kouch), qu'avaient proposée pendant tout le XIXe siècle, de Rhode à Deniker en passant par Pictet ou Virchow, les tenants du berceau asiatique. La nouvelle localisation, moins frappante pour l'imaginaire, était cependant plus raisonnable : les voyageurs avaient repéré dans ces régions des *tépés* (*tells* en arabe), collines artificielles formées de l'accumulation de villages préhistoriques successifs. En fouillant l'un d'eux à Anau dans l'extrême sud du Turkménistan russe et près de la frontière iranienne, Pumpelly se trouvait donc à la périphérie méridionale de ce berceau putatif, là où les hordes indo-européennes avaient pu se mettre en branle pour gagner l'Iran puis l'Inde. Plusieurs autres sites, de part et d'autre de cette frontière, vont être fouillés dans l'entre-deux-guerres. Les fouilles du côté soviétique, telles celles de Maruščenko à Ak Dépé près d'Ashkhabad, ne seront guère connues avant la Seconde Guerre. Du côté iranien (et occidental), ouvert aux archéologues étrangers à partir de 1930, ce seront la mission suédoise de Ture Arne à Shah Tépé et les missions américaines de Frederick Wulsin à Tureng Tépé et d'Erich Schmidt à Tépé Hissar[1].

Ces travaux soigneux permettront de préciser la culture matérielle du néolithique et de l'âge du bronze dans une région jusque-là fort peu connue. Mais ils semblent bientôt mettre en évidence un fait historique : à une poterie ornée de motifs géométriques peints en noir sur fond rouge succéderait une poterie plus austère, de couleur uniformément grise. Plus ou moins clairement selon les auteurs, la première serait l'œuvre des cultivateurs indigènes, la seconde celle des nomades indo-européens venus des steppes. Comme le conclut sans sourciller Schmidt à propos de la fin de la période « Hissar I » (celle de la poterie peinte) : « Il n'y a pas suffisamment de crânes à Hissar I et II pour déterminer avec certitude les différences raciales entre les deux peuples mais, ainsi que nous pouvons l'observer, des crânes nettement allongés apparaissent dans la couche II alors que des crânes plus larges semblent avoir prévalu parmi le peuple de l'âge de la poterie peinte[2]. »

Cet engouement racial n'est pas toujours unanime. Otto Reche, raciologue nazi de renom (auteur de la rubrique « race indo-européenne » dans le grand dictionnaire de préhistoire d'Ebert), avait pu affirmer sur de simples photographies que plusieurs crânes de Shah Tépé étaient nettement dolichocéphales et nordiques. Le Suédois Ture Arne remarque avec malice dans la publication finale que ces crânes, mesures faites, sont en réalité « les moins dolichocéphales ». Les monographies archéologiques ne pouvaient cependant se passer de raciologue. L'étude des crânes des grandes fouilles de Mohenjo-Daro, qui révèlent à Sir John Marshall la civilisation de l'Indus, est confiée à l'anthropologue Arthur Keith, figure de proue du « racisme scientifique » britannique. Ce dernier s'enthousiasme en 1931 sur les traces archéologiques des Indo-Européens : « Là était le foyer originel des inventeurs ou pionniers de notre civilisation moderne. Depuis le plateau iranien, nos pionniers descendirent dans les terres arrosées de l'Inde et de l'Arabie, usant probablement du travail indigène pour mettre en œuvre leurs grands desseins[3]. »

1. Arne, 1945 ; Schmidt (E.), 1933 et 1937 ; Wulsin et Smith, 1932.
2. Schmidt (E.), 1933, p. 365.
3. Keith, *Illustrated London News*, 1931, p. 1000, cité *in* Cleuziou, 1986, p. 222.

La problématique des céramiques grises « indo-européennes » s'amplifiera, anthropométrie en moins, après la Seconde Guerre. Avec l'archéologue soviétique Vadim Masson ou les archéologues français Roman Ghirshman et Jean Deshayes, les poteries grises deviendront le marqueur des migrations indo-européennes à travers l'Asie, voire au-delà. En réalité rien ne prouvait que ces deux catégories de céramiques, peintes ou grises, se soient réellement succédé dans le temps. Leurs formes sont parfois très semblables et on les trouve même, à Tépé Hissar par exemple, déposées ensemble dans certaines tombes.

Retour en Europe (de l'Est)

Quittant l'Asie pour l'Europe, on se souvient que l'archéologie allemande ordonnait à cette époque le néolithique du continent selon trois principaux cercles culturels (*Kulturkreise* : voir annexes, 6, p. 604). Chacun des trois servira, alternativement et contradictoirement, de support à l'hypothèse d'un foyer européen. Le premier cercle, souvent qualifié de « nordique » ou de « mégalithique », englobe toutes les variétés de dolmens, et apparentés, du nord-ouest de l'Europe (Scandinavie, Allemagne, Hollande). Pour la plupart des chercheurs de l'époque, ces manifestations dérivent plus ou moins des chasseurs-cueilleurs indigènes du mésolithique local. Dans une phase récente, apparaît dans cette zone, et sans rupture nette, la Céramique Cordée (*Schnurkeramik*) et ses « haches de combat » en pierre, et qui s'étend cette fois jusqu'à la Pologne et l'Ukraine. Le deuxième cercle correspond, dans son acception la plus large, aux sociétés néolithiques d'Europe sud-orientale et centrale ; la poterie est décorée de riches motifs géométriques, soit peints comme dans les Balkans et jusqu'en Ukraine occidentale, soit gravés comme dans la Céramique Linéaire d'Europe centrale. L'origine de ces civilisations est discutée. Enfin le troisième cercle s'étend sur l'ensemble de l'Ukraine et de la Russie méridionale, jusqu'au Caucase. C'est celui des Tombes à Ocre, où les morts, abondamment saupoudrés d'ocre rouge, sont enterrés en position fœtale dans des puits ou des chambres en bois recouverts de tertres de terre, les *kurgans*.

Le problème pour les archéologues du Foyer originel est d'abord d'ordonner chronologiquement ces ensembles et de les articuler historiquement, c'est-à-dire de rechercher origines, évolutions, voire migrations ou conquêtes ; puis, éventuellement, d'y lire l'expansion du Peuple originel. En fait, étant donné les incertitudes encore grandes de la documentation et l'absence de méthodes de datations physico-chimiques précises, toutes les hypothèses restaient encore largement possibles. Chaque cercle pouvait servir de foyer, les deux autres étant soit des foyers secondaires, soit des cultures indépendantes vouées à disparition.

Pour Kossinna et ses épigones, les choses sont simples[1] : le mésolithique scandinave, lui-même issu du Magdalénien des grottes peintes du sud de la France, débouche sur le « cercle nordique » et ses dolmens, qui s'identifie au Peuple originel et à la « race nordique » ; il se répand à la fois vers l'est (la Céramique Cordée et les langues *centum*) et le sud-est (la Céramique Linéaire, les céramiques peintes balkaniques et les langues *satem*). Quant aux Tombes à Ocre, elles sont laissées de côté, ou bien sont considérées sous l'influence de la Céramique Cordée, attestée en tant que telle dans l'ouest de l'URSS. Cette position, on l'a vu, est majoritaire chez les archéologues même non allemands, de Déchelette à Tallgren ou au premier Childe. Parmi les voix discordantes, nul ne conteste le caractère indigène du mégalithisme nordique. Seul pouvait faire problème le sens de l'expansion de la Céramique Cordée, plusieurs archéologues dans les années 1930, dont Wahle, Sulimirski et Childe, ayant proposé une direction d'est en ouest. Et dans ce cas, s'il n'y avait pas d'expansion du « cercle nordique », il ne pouvait postuler au « foyer ».

Toujours les steppes pontiques

La localisation du berceau dans les steppes pontiques, la plus ancienne puisqu'elle remontait à Leibniz, avait, dans l'élan du rapatriement vers l'Europe, reçut sa première formulation détaillée avec le linguiste Schrader. L'œuvre méticuleuse du savant allemand avait emporté la conviction d'un certain nombre d'historiens, de

1. Voir *supra*, chap. 6, p. 176 *sq*.

philologues et d'anthropologues qui, dans le premier tiers du XXe siècle, seront de moins en moins allemands. Ainsi en Grande-Bretagne l'antiquisant oxfordien John Myres, l'un des maîtres de Childe et le premier éditeur de la revue *Man* ; l'ethnologue et raciologue Alfred Haddon, l'un des fondateurs de l'ethnologie de terrain ; l'historien Harold Peake et le géographe et raciologue Herbert Fleure[1]. En France, c'est l'hypothèse qu'avait retenue Émile Benveniste en 1939. Le développement des fouilles dans cette région avait permis aux premières synthèses archéologiques de voir le jour durant l'entre-deux-guerres avec, en Occident, les travaux de Tallgren, Ebert ou Childe. Que ces travaux soient ou non en accord avec l'hypothèse de Schrader, du moins ne peuvent-ils l'ignorer.

Childe expose en 1926, sans en être entièrement convaincu, l'argumentaire steppique[2]. Le matériel des Tombes à Ocre semble en effet en accord avec les données de la paléontologie linguistique schradérienne, tout comme l'environnement naturel. La pauvreté même des tombes suggère un mode de vie nomade. L'élevage, dont celui du cheval, est bien attesté par les ossements retrouvés, ainsi qu'un peu d'agriculture. Des maquettes d'argile prouvent l'existence du chariot. Le cuivre est présent, sous forme de poignards et de pointes, mots attestés dans le vocabulaire commun. Les haches en pierre ou en cuivre rappellent par leur forme celles de Mésopotamie ; or le mot grec pour la hache (*pelekus*) peut se comparer au mot assyro-babylonien *pilakku* et au mot sumérien *balag*, tout comme, pour le cuivre, la racine indo-européenne **roudhos* évoque le sumérien *urud*. De même la racine pour l'étoile, **ester*, peut sans doute être comparée au nom de la déesse mésopotamienne Ishtar, dont l'idéogramme se note par le dessin d'une étoile ; or on trouve dans les *kurgans* quelques rares figurines féminines nues qui ont une « claire ressemblance » avec celles d'Ishtar en Mésopotamie. D'ailleurs, l'uniformité du rituel funéraire des Tombes à Ocre pourrait refléter des croyances religieuses communes, voire l'adoration d'une divinité principale unique, ce **Dyeus* de l'indo-européen reconstitué, de même que « cette uniformité culturelle nous permettrait peut-être d'inférer

1. Peake, 1922 ; Peake et Fleure, 1928 ; Haddon, 1925 ; Myres, 1911.
2. Childe, 1926, p. 183-200.

également l'usage d'une langue unique[1] ». Enfin les éléments communs entre langues indo-européennes et finno-ougriennes (finlandais, lapon, etc.) d'une part, mésopotamiennes de l'autre, s'expliquent bien si le Foyer originel est effectivement situé à mi-chemin entre Mésopotamie et Europe septentrionale. Ajoutons qu'il s'agit d'un peuple « généralement grand, dolichocéphale, orthognathe et leptorrhinien, en un mot nordique. Il existait, cependant, au moins une petite minorité de brachycéphales parmi la population[2] ».

La démonstration est donc ténue et pourrait sans doute s'appliquer à bien d'autres « cultures » d'Europe ou d'ailleurs. Childe en est si conscient qu'il utilise très souvent le conditionnel au cours de cet exposé. Une partie de l'argumentation (les haches, le cheval) « ne peut être considérée comme décisive au regard de la masse d'évidences documentaires réunies par les avocats de la thèse germanique[3] ». Un point crucial reste l'interprétation du sens de la diffusion de la Céramique Cordée, que l'on trouve répartie de la Scandinavie à la Russie (culture de Fatjanavo) et à l'Ukraine en passant par la Pologne (culture de Zlota), certains gobelets se retrouvant déposés dans des tombes à ocre, associés à de la poterie locale, comme dans la nécropole de Jakovica. L'opinion majoritaire dans les années 1920 est en faveur d'un mouvement d'ouest en est, y compris parmi des auteurs non allemands comme Tallgren (qui attribuait en fait aux tombes à ocre une date beaucoup trop basse) et Äyräpää en Finlande ou Leon Kozłowski en Pologne.

Seul Max Ebert développe un point de vue original dans sa monographie de 1921 sur « la Russie méridionale antique » (*Südrussland im Altertum*). Originaire d'Allemagne orientale, il fut professeur de préhistoire à Riga, dans la Lettonie alors indépendante, ainsi qu'à Königsberg, en Prusse-Orientale. Dans cette monographie, il considère certes que la Céramique Cordée provient d'Europe du Nord-Ouest, mais sa présence dans les steppes n'est que marginale. Quant au « foyer steppique » en général, il résume brièvement les arguments de Schrader pour

1. *Ibid.*, p. 183.
2. *Ibid.*, p. 183.
3. *Ibid.*, p. 192.

rappeler que, dans cette hypothèse, soutenue essentiellement par des linguistes, « chaque point de la démonstration est contestable d'un point de vue linguistique[1] ». Il souhaite ici se cantonner à l'archéologie, « même si le problème indo-européen est avant tout un problème linguistique et ne peut être résolu à l'aide du seul matériel archéologique[2] ». La riche culture ukrainienne à céramique peinte, celle de Tripolje, lui semble stylistiquement appartenir au même cercle culturel que l'ensemble de la Céramique Linéaire. Ce grand ensemble est lui-même « en contact étroit et se recoupe » avec la culture du mégalithisme nordique.

C'est donc toute l'Europe néolithique, du Dniepr à l'Atlantique, qui est à comprendre comme un complexe culturel unique, celui de l'« Europe ancienne » (*Alteuropäisch*), au sein duquel il n'existe aucune frontière tranchée ; c'est ce complexe qui doit être identifié avec les Indo-Européens primitifs. Implicitement, cette conception pouvait laisser supposer, en remontant dans le temps, une origine asiatique, ou plus précisément proche-orientale, des Indo-Européens primitifs, puisque l'on supposait généralement (d'ailleurs à juste titre) que le néolithique européen provenait de cette région. C'est pourquoi Adalbert Sayce avait placé en Anatolie le Foyer primitif. Face à ce complexe « européen ancien », la culture des Tombes à Ocre n'a, dans sa culture matérielle, rien à voir, pas plus qu'avec les cultures ultérieures de l'âge du bronze, identifiables avec des peuples indo-européens historiques : « Elle s'évanouit dans la steppe sans laisser de traces[3]. »

Ebert meurt en 1929 à cinquante ans, après seulement deux ans d'enseignement à l'université de Berlin. Il n'eut donc pas le temps de poursuivre ses hypothèses ni de former une tradition de recherche, même si le terme d'*Alteuropäisch* connaîtra ensuite des fortunes diverses, archéologiques ou linguistiques, pour désigner le substrat néolithique européen. L'identification, finalement assez économique mais modérément migrationniste, de l'indo-européanité primitive avec ce néolithique européen ne refera vraiment surface que quarante ans plus tard, à partir des années 1960, sans références particulières à Max Ebert.

1. Ebert, 1921, p. 58.
2. *Ibid.*, p. 58.
3. *Ibid.*, p. 59.

Childe lui-même ne mentionne pas Ebert dans sa revue des théories. Il se contente d'évoquer l'hypothèse du linguiste britannique Giles qui, en 1922[1], avait proposé, sans référence à une culture archéologique particulière mais pour des raisons environnementales, de situer le Foyer originel en Europe centrale entre Carpates, Balkans et Alpes. Childe balaie la tentative, car la Céramique Linéaire, qui occupe précisément cette région à l'époque néolithique, ne saurait correspondre aux spécifications de la paléontologie linguistique. Il s'agit en effet de petites communautés peu différenciées d'agriculteurs pacifiques d'origine méditerranéenne, où « les femmes fabriquent sans aucun doute les vases, imitant avec le conservatisme féminin les récipients en calebasses de leurs lointains ancêtres[2] ». Sans « souscrire aux extravagances des "psychologues raciaux" », Childe doit admettre que leurs activités ont forcément donné à ces néolithiques une « mentalité de paysans ». Il est donc « hautement improbable que ce conservatisme étroit, cet intense attachement au sol ait jamais développé de lui-même ce goût inépuisable des voyages et des conquêtes qui non seulement a diffusé les langues des Aryens dans la moitié du globe, mais les a également imposées à tant de peuples non aryens[3] ». Ce sera souvent l'argument, implicite ou non, contre une hypothèse identifiant Foyer originel et néolithisation de l'Europe.

Marxisme et archéologie

À la fin de son ouvrage de 1926, Childe est visiblement embarrassé. « Élégante », la thèse germanique ne pouvait que susciter ses réticences idéologiques. Mais la thèse steppique paraissait manquer d'arguments. « Que la culture nordique [c'est-à-dire indo-européenne] soit originaire des rives de la mer Noire ou de celles de la Baltique... » lâche-t-il dans ses dernières pages, à propos de deux théories pourtant antagonistes. Les années qui viendront apporteront au moins, à lui et à d'autres, des arguments (pas tous fondés) en faveur d'une diffusion d'est en ouest de la

1. Giles, 1922.
2. Childe, 1926, p. 140.
3. *Ibid.*, p. 143.

Céramique Cordée. Mais entre-temps, au fur et à mesure que progressaient sa collecte des données archéologiques et leur mise en forme, il avait pu mesurer combien son travail était vain, sinon « infantile ». Il avait aussi pris contact, à la faveur de ses sympathies politiques, avec l'archéologie soviétique naissante. Or celle-ci s'efforçait, pas toujours de manière heureuse, de penser autrement l'histoire des sociétés.

Jusqu'à la révolution d'Octobre, l'archéologie russe avait été en grande partie une affaire d'amateurs, dont les plus éclairés travaillaient sous l'influence de l'archéologie allemande, mais aussi de Montelius ou de Déchelette. Il existait une Commission impériale de l'archéologie qui supervisait recherches et découvertes, sous la présidence du comte Alexej Uvarov. Mais c'était la comtesse Uvarova qui finançait à titre privé une partie des fouilles, telles celles de Vasily Gorodcov, un officier qui esquissa la première chronologie des tombes à ocre des steppes pontiques. Après la révolution, l'archéologie russe se professionnalise tandis que la Commission se transforme en une Académie d'État d'histoire de la culture matérielle (GAIMK), sous la direction du linguiste et archéologue juif Nikolaï Jakovlevitch Marr, avant de devenir l'un des Instituts de l'Académie des sciences d'URSS, organisme central de recherche[1].

Durant les années 1920, celles de la Nouvelle Politique économique (NEP) inaugurée par Lénine, le climat intellectuel reste libéral, et même fécond dans le domaine de la pensée marxiste. En archéologie, si certains émigrent tel l'antiquisant et économiste Rostovtzev, d'autres poursuivent leurs recherches dans la même tradition, comme Vasily Gorodcov, Alexander Spitsyn ou encore Alexander Miller, ancien élève de Mortillet et professeur à l'université de Saint-Pétersbourg. Les contacts avec l'Occident restent actifs, notamment grâce à la revue finlandaise *Eurasia Septentrionalis Antiqua*, éditée par Aarne Tallgren à partir de 1926. Outre son grand panorama, déjà évoqué, de « la Pontide pré-scythique », ce dernier rend régulièrement compte des progrès des archéologues soviétiques dont il publie de nombreuses

1. Sur l'archéologie soviétique de l'entre-deux-guerres : Bulkin *et al.*, 1982 ; Trigger, 1989 (p. 207-243) ; Malina et Vašíček, 1990 ; Miller (M. O.), 1956 ; Sklenar, 1983 ; Bloch (M.), 1985 ; Gellner, 1980 ; Davis (R.), 1983 ; Shnirelman, 1995.

contributions. Il insiste lui-même sur l'intérêt d'une approche matérielle et économique des sociétés anciennes et engage à délaisser les études purement classificatoires et typologiques, qu'il appelle, comme en URSS, « formalistes ».

Tout change dès la fin des années 1920, avec l'avènement de la terreur stalinienne. Comme toute la société soviétique, l'archéologie est frappée. Plusieurs dizaines d'archéologues sont chassés de leurs fonctions (comme Vasily Gorodcov, plus tard réhabilité et décoré), contraints à l'exil (comme Alexander Miller), arrêtés ou bien simplement disparaissent. Tallgren, sympathisant de la révolution en ses débuts et engagé personnellement contre l'extrême droite finlandaise, sera le premier à s'en émouvoir. Dès 1928, il publie une « lettre ouverte » aux autorités académiques soviétiques. Lors de la relation en 1936 de son ultime voyage dans ce pays, il décrit dans sa revue le climat de peur et évoque les disparitions, tandis qu'un autre article du même numéro consacré à « la méthode de l'archéologie préhistorique » dénonce l'interférence entre science et politique aussi bien en Allemagne qu'en URSS[1]. L'archéologue nazi Bolko von Richthofen, professeur à Königsberg, lui répond en 1938 dans la même revue que la raciologie est bien une science et que ces reproches ne sauraient concerner les archéologues allemands qui, à la différence des Soviétiques, ne citent jamais d'hommes politiques dans leurs écrits. Les autorités soviétiques interdisent Tallgren de séjour et lui retirent son titre de membre d'honneur de la GAIMK. Il met fin à sa revue en 1938 et meurt en 1945.

Marr, Staline et la linguistique

Néanmoins, l'émergence dans les années 1920 d'une nouvelle génération de jeunes archéologues élevés dans le marxisme et dont certains étaient militants communistes eut aussi des conséquences scientifiques. L'attention désormais portée au fonctionnement des sociétés, et pas seulement à leur étiquetage selon la forme ou le « type » de leurs objets, orientait les fouilles vers le dégagement de grandes surfaces afin de mieux comprendre l'organisation spatiale des habitats. La construction de tableaux chronologiques fastidieux

1. Tallgren, 1936a, 1936b. Sur Tallgren : Kivikoski, 1954.

ou la recherche d'hypothétiques et inévitables migrations faisaient place à l'étude des transformations socio-économiques successives – toutes problématiques qui suscitent rapidement l'intérêt d'un Tallgren en Finlande, d'un Childe en Grande-Bretagne ou, un peu plus tard, d'un Bosch Gimpera en Espagne ou d'un Leroi-Gourhan en France. Les études de technologie s'attachent aux modes de fabrication et aux usages des poteries ou des outils, débouchant bientôt sur les travaux pionniers de Semenov dans l'analyse microscopique et expérimentale des traces d'utilisation des outils en pierre. L'ethnicité elle-même n'est plus comprise comme la permanence d'entités intemporelles (le *Volksgeist*), mais comme la cristallisation, à un moment donné du temps, de processus historiques et économiques, ce que Tallgren reprend à son compte dans un ouvrage de 1939 en finnois consacré à l'« Ethnogenèse, ou réflexions sur la naissance des nations[1] ». Ainsi, Yevgeni Kriševskij proposera en 1933, à l'âge de vingt-trois ans, un schéma d'émergence progressive des langues indo-européennes à partir de l'Europe centrale, et plus précisément de la Céramique Linéaire – dans un article que Childe considérera, d'un œil néanmoins critique, comme « remarquable »[2].

Ce renversement fondamental de perspective va pourtant avorter en URSS (Kriševskij disparaît de toute façon en 1942 à trente-deux ans), à cause à la rencontre, paradoxale mais symptomatique, du dogmatisme intellectuel propre à la glaciation stalinienne et de théories linguistiques rescapées du début du XIXe siècle : ce sera l'œuvre de Nikolaï Jakovlevitch Marr, premier directeur de la GAIMK et décédé en 1934. D'une part, selon l'évolutionnisme esquissé en 1883 par Engels dans *L'Origine de la famille, de la propriété privée et de l'État*, lui-même emprunté à l'ethnologue américain Lewis Morgan, l'humanité était vouée à passer par une série de stades de développement socio-économiques. Simple à comprendre mais encore ouverte à une époque où les recherches archéologiques restaient balbutiantes, la théorie va se fossiliser sous Staline en vérité révélée et intangible. D'autre part, on se souvient que les premières classifications linguistiques, celles des frères Schlegel reprises par Bopp et bien d'autres, distinguaient, dans

1. Tallgren, 1936a, 1939 ; Kivikoski, 1954, p. 111.
2. Kriševskij, 1933.

l'ordre d'une complexité croissante qui n'était pas sans rappeler « les règnes de la nature », trois groupes de langues : isolantes, agglutinantes, à flexions[1]. Au moment de l'essor de l'évolutionnisme, Max Müller, un disciple de Bopp, avait corrélé ces trois classes avec trois stades d'évolution sociale : les langues isolantes avec une organisation « familiale », les langues agglutinantes avec une organisation « nomade » et les langues indo-européennes et sémitiques avec une organisation « étatique »[2].

C'est cette périodisation que reprend Marr en se rapprochant d'Engels, avec sa « théorie stadiale » : les langues isolantes correspondent au stade initial du « communisme primitif », les langues agglutinantes à l'apparition de la division du travail et les langues à flexions aux sociétés de classe. Marr avait aussi créé le groupe des langues « japhétiques », qui réunissaient pêle-mêle les langues du Caucase, les langues hamito-sémitiques, le basque ou encore le burushaski, célèbre petite langue isolée du nord du Pakistan. Le premier langage humain se fondait sur quatre racines fondamentales (*ber*, *jon*, *ros*, *sal*), que l'on pouvait retrouver dans toutes les langues du monde[3]. Les savants soviétiques étaient fermement priés de repenser en ces termes toute la linguistique mais aussi toute l'archéologie. Ainsi Vladislav Ravdonikas, chef de file des jeunes archéologues « marristes », pourra affirmer que la Crimée n'avait jamais connu le moindre changement de population, mais seulement, en moins de deux millénaires, une évolution linguistique interne : les populations locales virent leur langue cimmérienne (langue « japhétique » pour Marr) se transformer d'elle-même, en fonction de l'évolution sociale, en scythique (une langue classiquement indo-iranienne), puis en gothique (une langue cette fois germanique, mais dont la germanité sera farouchement niée) et enfin en slave[4] ! Les hypothèses migratoires étaient rejetées avec d'autant plus de véhémence que l'archéologie devait affronter un autre scandale : d'après les sources historiques, le premier État russe, celui de Kiev et Novgorod, aurait été fondé au IXe siècle par un groupe de Vikings, les Varègues.

1. Voir *supra*, chap. 2, p. 46.
2. Müller (M.), 1876, p. 69 ; Römer, 1985, p. 117 ; Olender, 1989, p. 157-175.
3. Marr, 1923. Sur le marrisme : Murra *et al.*, 1951 ; L'Hermitte, 1969 ; Bulkin *et al.*, 1982 ; Miller, 1956.
4. Ravdonikas, 1932 ; Bulkin *et al.*, 1982, p. 275.

Troubetzkoy considérait que Marr était clairement « fou » et, plus grave, que le marrisme a « immobilisé pour longtemps [...] le développement de la linguistique soviétique », laquelle « est devenue la risée du monde civilisé et, ce qui est pire, a perdu tout contact avec les courants véritablement progressistes et révolutionnaires qui se font jour dans la linguistique en Europe et en Amérique[1] » – une affirmation contenue dans une note impitoyable mais longtemps inédite de son fameux texte sur les Indo-Européens[2]. Cette « folie », reprise par la jeune garde marriste qui mêlait en dosage variable, comme il est souvent d'usage en pareille situation, enthousiasme juvénile, formation scientifique inachevée, intolérance et carriérisme, eut des conséquences tragiques. Les archéologues récalcitrants furent au mieux traités d'idéalistes réactionnaires et de nationalistes bourgeois. Les linguistes ne furent pas plus épargnés et l'un des plus brillants, Jevgeny Dmitrievich Polivanov, destitué dès 1929 et arrêté en 1937 pendant les grandes purges, mourut en détention l'année suivante, avant d'être réhabilité en 1963. Si le carcan intellectuel se relâcha un peu pendant la Seconde Guerre mondiale (dite Grande Guerre patriotique en URSS), la Guerre froide raviva les pressions. L'un des élèves de Marr, Ivan Ivanovič Meščaninov, amena la doctrine de Marr à un point plus caricatural encore ; il dirigeait d'ailleurs l'Institut Marr de la langue et de la pensée[3], tandis qu'au même moment l'agronome Lyssenko ravageait l'agriculture soviétique au nom d'une biologie prolétarienne.

En juin 1950, Staline condamna du jour au lendemain la doctrine marriste, et le lyssenkisme subit le même sort. Soljenitsyne a décrit sous une forme romancée, dans *Le Premier Cercle*, la vanité dérisoire qui avait pu pousser le dictateur à s'aventurer personnellement dans un domaine aussi éloigné de son quotidien. Le texte de Staline, qui sera diffusé et cité à l'infini, est émaillé de robustes évidences. La langue, contrairement à la *nouvelle théorie* marriste, ne saurait être une simple « superstructure », reflet de l'infrastructure économique, puisque plus de trente années de révolution socialiste n'ont induit aucune transformation

1. Troubetzkoy, 1996, p. 228-229.
2. Voir *supra*, chap. 5, p. 164 *sq.*
3. Meščaninov, 1949.

dans la langue russe. Comme l'affirme avec autorité le dictateur et ancien séminariste, la langue est « un moyen, un instrument grâce auquel les hommes communiquent entre eux, échangent leurs pensées et cherchent à se comprendre[1] ». Mais il n'y a pas dans ce texte que du naïf bon sens, même assorti de cette perversité politique qui poussait régulièrement Staline, en URSS et dans les pays « frères », à décapiter les élites qui l'avaient trop longtemps servi. Il réhabilite l'idée d'une « langue nationale » unique et homogène, « langue commune à l'ensemble du peuple », indépendante des conditions sociales et historiques et dont la seule évolution possible serait « l'amélioration de la structure grammaticale ». Il renoue ainsi avec la tradition du *Volksgeist*. La réfutation du marrisme, accompagnée d'une condamnation de toute sociologie linguistique, « n'en a pas pour autant entraîné un nouvel essor de cette discipline, car elle lui a imposé de nouvelles entraves et de nouveaux dogmes », concluait en 1964 le linguiste Vinogradov, lorsque la parole commença à devenir plus libre au sein de la linguistique soviétique[2]. Marx et Engels, rappelle-t-il, n'avaient jamais envisagé le langage comme pure communication et l'avaient jugé inséparable de l'idéologie.

Paradoxalement, les truismes autodidactes de Staline rejoignaient l'évolutionnisme baroque de Ravdonikas dans la même préoccupation impériale : la perpétuation de l'identité nationale au fil du temps. Et au-delà, ils ne faisaient que retrouver le *Volksgeist* romantique et son funeste avatar kossinnien – et tout autant l'identité de la langue et de la nation telle que l'enseignaient Meillet et son école. Mais quel qu'ait été le dévoiement politique et intellectuel du marxisme par la tragédie stalinienne, de nouvelles pistes et de nouvelles manières de penser la langue et l'ethnie ont été un moment entrouvertes parmi les archéologues, les linguistes et les ethnologues soviétiques et, plus durablement, parmi ceux qui les lisaient en Occident.

1. Staline, 1950.
2. Vinogradov, 1969.

8

Dérives et crimes des théories raciales

Où l'on rappelle qu'il existe trois principales formes imbriquées de racisme : culturel, institutionnel, scientifique, et comment certains scientifiques se sont mis spontanément au service du pouvoir politique – Comment le moine morave Gregor Mendel inventa la génétique, mais pourquoi personne n'en sut rien, pas même Charles Darwin – Comment au XXe siècle la santé et « l'hygiène » sont prises en charge par les États, au point de mettre en place des politiques de stérilisation des indésirables sous le nom d'eugénisme – Sous quelles formes la génétique et la psychologie prirent le relais de la mesure des crânes, tombée en désuétude, pour justifier le racisme, les inégalités et finalement les politiques d'exclusion et d'apartheid – Et où l'on voit comment de brillants généticiens allemands justifièrent scientifiquement la politique raciale du nazisme et se rendirent consciemment complices de crimes – Et pourquoi ils furent presque tous blanchis après la guerre et poursuivirent leur carrière – Comment l'anthropologie physique resta prospère en France, sous l'égide d'Henri-Victor Vallois, et se montra pour le moins compréhensive avec l'anthropologie allemande – Et comment sous la France de Vichy certains anthropologues se lancèrent aussi dans la collaboration.

L'extermination de six millions d'êtres humains dans les chambres à gaz fut l'aboutissement extrême de l'idéologie aryenne. Non qu'elle en fût la seule cause. Pour parvenir à ce degré d'horreur, il a fallu, comme à des degrés moindres pour tant d'autres massacres plus ordinaires, l'exceptionnel désastre économique, social, politique, moral qui a suivi l'effondrement du Deuxième Reich allemand après moins d'un demi-siècle d'existence. Mais la revendication de la pureté aryenne a été l'habillage du génocide, après en avoir peu à peu permis par anticipation, sinon la banalisation, du moins la représentation. Elle a laissé s'installer auprès des opinions publiques des pays étrangers, et plus encore de leurs élites scientifiques, une molle tolérance quant à ses intentions, qui ne réclamaient plus qu'un aveuglement volontaire pour pouvoir s'accomplir.

Cet aveuglement n'a pas été général, puisque Gordon Childe dénonçait dès 1933 les camps de concentration du nazisme, sans pouvoir imaginer encore qu'ils allaient devenir d'extermination. Mais les condamnations ont été fort rares, singulièrement en France. C'est que les théories raciales, alors même que leurs fondements scientifiques s'étaient délités dès la fin du siècle précédent, restaient idéologiquement dominantes, avec une virulence variable, dans les pays occidentaux de la première moitié du XXe siècle. De même, les recherches archéologiques, bien distinctes au XIXe siècle des problématiques anthropologiques, s'imbriquent désormais étroitement avec elles dans la localisation du Berceau indo-européen originel. Néanmoins, il existe des nuances dans les traditions scientifiques. Les deux approches se confondent en Allemagne dans l'école de Kossinna. Aux États-Unis et en Grande-Bretagne, l'entre-deux-guerres est marquée par un reflux progressif du « racisme scientifique », à défaut du racisme institutionnel et culturel. La France, où l'anthropologie raciale possédait une forte tradition mais où l'enjeu aryen restait faible, occupe une position intermédiaire, où la compréhension de certains de ses anthropologues pour l'« hygiène raciale » nazie annonce la collaboration.

Racisme ordinaire et racisme institutionnel

Quoique nécessairement imbriquées et interdépendantes, il y a bien trois formes de racisme, selon le lieu où elles sont élaborées et pratiquées. Le racisme culturel baigne toute la société et informe sa vision du monde ; le racisme institutionnel en est la mise en œuvre politique, avec ses différentes formes d'apartheid, coloniales comme métropolitaines, plus ou moins codifiées ; enfin le racisme scientifique, celui qui nous intéresse ici, vise à donner une cohérence à l'ensemble, essentiellement à l'usage des couches dirigeantes, avec toutes ses pesanteurs idéologiques mais aussi, quelles qu'en soient les contradictions, avec le souci d'établir des règles de méthode et de validation.

Ces trois racismes tiennent aussi à l'état historique des sociétés qui les élaborent. La France et la Grande-Bretagne auront, jusque dans les années 1960, de grands empires coloniaux ; l'Allemagne perdra le sien dès 1918, trop tard constitué pour être de grande taille ; mises à part quelques possessions extérieures achetées ou prises par force (Hawaï, Porto Rico, Alaska, Philippines pour un temps, etc.), les États-Unis ont constitué par conquêtes récentes un territoire homogène mais doivent gérer à la fois leurs minorités ethniques (amérindiennes, hispanophones), les descendants des esclaves africains et une immigration continuelle. La place des Juifs, pour des raisons historiques, est différente dans ces quatre nations. Enfin, la crise économique touchera différemment ces mêmes nations ; l'Allemagne, déjà ruinée moralement et économiquement par la défaite, sera certes affectée, mais les États-Unis aussi. Paradoxalement, les traditions scientifiques allemandes restent fortes et, face au lent déclin de l'anthropométrie, la génétique y connaît un brillant développement.

Il convient aussi de se garder de certains anachronismes. À des degrés divers, un racisme spontané informe au moins jusqu'au début des années 1950, sans autocensure, toutes ces sociétés – sinon toutes les sociétés. De plus, au XIXe siècle, l'hypothèse d'une origine polygénétique de l'homme était aussi un moyen de se dégager du carcan idéologique de la Bible et d'ouvrir de nouveaux espaces à la réflexion. Aussi Paul Broca était-il militant républicain et progressiste, le postulat de « races inférieures » s'accompagnant d'un encouragement à en améliorer le sort peu fortuné. De même, on le verra, lorsqu'on passe de la mesure des crânes à celle des gènes, le souci « eugéniste » peut prendre des formes « progressistes », comme sous la république de Weimar : il s'agit d'améliorer l'espèce humaine, tout comme on améliore les espèces animales domestiques. Les préoccupations peuvent être louables, les postulats scientifiques erronés, et les résultats politiques et sociaux désastreux.

S'y ajoutent certaines ambiguïtés sémantiques, parfois inconscientes mais jamais innocentes : lorsque l'on parle, à cette époque, d'« hygiène raciale », il peut s'agir d'améliorer, soit telle « race » particulière en la protégeant de la contamination par les autres, soit d'améliorer la « race humaine », au sens d'espèce biologique, tout entière. On sait en outre que la détermination des frontières entre le « bon » eugénisme (détection et élimination prénatales de la trisomie par exemple) et l'eugénisme criminel (infanticide des filles, génocide) exige de la part de la morale universelle une vigilance constante. Enfin, jusque dans les années 1960, la science est toujours conçue positivement ; elle ne peut que contribuer au progrès humain. C'est avec les déboires des années 1970 (crise économique, pollution, changement climatique, nouvelles pandémies, accidents nucléaires) que, au moins dans les sociétés occidentales, la science a commencé à être créditée d'aspects négatifs[1].

Ce rappel d'un climat idéologique différent du nôtre n'excuse rien. D'une part, des esprits rebelles aux préjugés scientifiques de leur temps se sont, à tout moment, élevés contre une vision raciale du monde. D'autre part, c'est précisément parce que le racisme du quotidien était banal qu'il a pu déboucher sans trop d'encombre sur la banalité du crime.

L'impasse anthropologique

Jusqu'aux années 1890, les savants allemands, anthropologues comme Virchow ou linguistes comme Schrader, avaient eu pour la plupart une vision très prudente et modérée quant aux implications raciales de l'hypothèse indo-européenne. C'est avec la dernière décennie du siècle, au moment où, dans un contexte de crise économique et de revendications des minorités, le nationalisme allemand devient, comme d'autres, une idéologie réactionnaire que se noue l'équation entre Germains et Indo-Germains. Avec le philologue devenu archéologue Kossinna se cristallisent deux démarches, l'identification générale de toute culture archéologique avec un « peuple défini », l'identification des populations mésolithiques de l'Allemagne du Nord et de

1. Blanckaert, 1993. Voir le dossier « La science face au racisme », *Le Genre humain*, 1, automne 1981.

la Scandinavie avec le Peuple originel (*Urvolk*) indo-européen. Coïncidence, la démonstration linguistique venait justement d'être faite par Hermann Hirt[1].

Mais la démonstration archéologique posait quelques problèmes. Si Kossinna pensait que les chasseurs-cueilleurs mésolithiques de la civilisation d'Ertebølle-Ellerbeck avaient spontanément donné naissance à la civilisation néolithique des Dolmens (qu'on appellera plus tard culture des Gobelets en Entonnoir), le lien culturel, dans le style des objets, entre cette dernière et le brillant âge du bronze scandinave qui lui fait suite, paraissait beaucoup moins évident (curieusement, de nos jours, le problème est inverse pour les archéologues, mais nous le verrons plus loin). Kossinna, et tout autre archéologue de son temps, doit donc s'appuyer sur la continuité biologique de la « race nordique » dolichocéphale, censée bien établie, pour revendiquer la continuité culturelle et donc la localisation nordique du Foyer originel. La question de la « race » est alors cruciale pour l'identité indo-germanique, et donc germanique. D'autant que la modestie des vestiges matériels de cette Antiquité lointaine, qui choquait jusqu'à Hitler, ne parlait pas non plus en faveur des archéologues.

La démonstration anthropométrique n'était pas non plus sans faille. Au moment même où, à l'usage du grand public, paraissaient tant de manuels de classification des « races » du monde[2], l'objectivité des mesures se dérobait et le doute s'installait. En outre, l'hétérogénéité physique de la nation allemande était patente. Il était difficile, par exemple, de classer parmi la « race nordique », grande et blonde, des exemplaires aussi éminents qu'Adolf Hitler ou Joseph Goebbels. Jouer sur les trois « races » allemandes, la nordique, la dalique et l'alpine (ou leurs synonymes), comme Broca jouait jadis sur les Galls et les Kimris pour rendre compte de l'hétérogénéité française, relevait d'un exercice plutôt laborieux. Kossinna s'en était tiré par une patriotique pirouette en assurant que « dans l'âme de chaque Allemand est fermement ancré l'idéal de l'essence nordique[3] ». Mais c'était une affirmation un peu courte au regard des exigences

1. Voir *supra*, chap. 6, p. 95 *sq*.
2. Voir *supra*, chap. 4, p. 127.
3. Kossinna, 1926, p. 128 (cité *supra*, chap. 6).

légitimes d'une démarche scientifique. Le « racisme scientifique » n'était-il pas chose trop sérieuse pour être laissé entre les mains des seuls archéologues et anthropométriciens ? De fait, plus on prenait de mesures sur des crânes (jusqu'à cinq mille !), moins on parvenait évidemment à définir des groupes (des « races ») bien délimités. Ce qui n'empêchait pas la poursuite de certains travaux anthropométriques classiques. Ainsi Carleton Coon, professeur à Harvard, publia-t-il en 1939 un ouvrage sur « les races de l'Europe » (*The Races of Europe*) qui entendait mettre à jour la synthèse publiée quarante ans plus tôt par Ripley, à qui le livre était dédié[1]. La « race nordique » était présentée comme une variante dépigmentée de la « race méditerranéenne ». Coon publiera après la guerre un autre livre, cette fois sur *The Origin of Races*[2].

Presque la même année[3], Georges Dumézil, dans la préface de son *Jupiter, Mars, Quirinus*, pouvait affirmer à propos des Indo-Européens, lesquels « appartenaient à la race blanche », « qu'ils comptaient des représentants des trois principaux types d'hommes alors fixés en Europe, avec prédominance marquée du type nordique »[4].

Secours et recours de la génétique

Dans le troisième quart du XIXe siècle, un obscur moine morave dépressif, Gregor Mendel, multipliait à Brno, dans le silence du jardinet expérimental de son monastère, de patientes expériences sur l'hybridation des petits pois qu'il publia en allemand en 1866. Il venait de découvrir les fameuses trois « lois de Mendel », celles de l'hérédité, qui furent aussitôt oubliées. Darwin, qui en eut connaissance, ne fit pas le lien avec sa propre théorie de l'évolution. Lorsque Mendel mourut en 1884, son successeur à la tête du couvent, l'abbé Anselm Rambousek, brûla même toutes ses archives. Il fallut trente-cinq années de plus pour que,

1. Coon, 1939 ; Ripley, 1899.
2. Coon, 1962.
3. Voir *supra*, chap. 5, p. 157.
4. Dumézil, 1941b, p. 13.

de manière indépendante, Carl Correns en Allemagne, Erich von Tschermak en Autriche et Hugo De Vries aux Pays-Bas, redécouvrent les lois de Mendel. La génétique moderne, en tant que « science de l'hérédité », venait de naître ; elle prit dans plusieurs pays un essor considérable. Mais cette nouvelle discipline apportait aussi un support scientifique à deux préoccupations politiques et sociales majeures des États industrialisés, l'une de santé publique et, moins clairement formulée, une autre de filtrage, de tri, voire d'exclusion, parmi les populations qui les composaient ou voulaient s'y adjoindre.

Avec le développement de l'État, la santé devient une affaire collective. Elle n'est plus laissée seulement à l'initiative individuelle ou caritative, mais elle est prise en charge, d'autant que les conquêtes de la médecine, de Louis Pasteur à Alexander Fleming, font reculer de manière éclatante la mortalité tandis que, pour la première fois, la taille moyenne des individus augmente. La santé est une question de discipline quotidienne et civique, et on lui donne donc un nom grec : c'est « l'hygiène ». Dans l'euphorie de ces progrès incontestables, il est tentant de chercher à faire reculer toutes les formes de maux et, plutôt que de soigner des pathologies déclarées, soit d'en pratiquer l'éradication à la source, c'est-à-dire à la naissance, soit au moins de soumettre des formes de « vaccination », littérales ou métaphoriques. Le contrôle du mal dès la naissance ou, mieux, avant la naissance est le programme de ce qu'on entend souvent sous ce terme très ambigu d'« eugénisme », créé en 1883 par le psychologue et statisticien Sir Francis Galton[1]. Aussi, dès la fin du XIXe siècle et sans que le débat soit toujours clair, la médecine se trouve face au vertige de ses nouveaux pouvoirs. La responsabilité de la génétique est patente : elle seule peut déterminer si telle maladie grave est ou non héréditaire. Certes, c'est le pouvoir politique qui, en dernière instance, prendra les décisions radicales (stérilisation des porteurs, voire euthanasie) ; mais il est rare qu'il l'ait fait de lui-même, sans une incitation préalable du pouvoir médical. De telles décisions n'ont pas été le seul apanage de régimes totalitaires : les États-Unis[2], le Canada, la Suisse ou la Suède

1. Voir *supra*, chap. 4, p. 137 *sq*.
2. Adams, 1990 ; Black, 2012 ; Kühl, 1994 ; Stern (A.), 2005 ; Kline, 2001.

ont pratiqué la stérilisation forcée pendant la première moitié du XXe siècle et jusque dans les années 1970-1980 – voire pendant les années 1990 au Pérou à l'encontre des populations pauvres amérindiennes.

Mais la génétique, en tant que science de l'hérédité, apporte aussi une légitimité nouvelle à « l'étude scientifique des races humaines » – ainsi que Broca définissait l'anthropologie. Puisque Franz Boas avait pu démontrer que le célèbre indice céphalique variait avec l'alimentation et changeait de valeur en une ou deux générations d'immigration[1], l'anthropométrie avait échoué. Partout où le racisme culturel débouchait sur un racisme institutionnel, la génétique pouvait venir au secours d'une anthropologie moribonde. Mais si elle permettait de déterminer scientifiquement des caractères héréditaires, il restait à établir quels caractères l'étaient réellement, et qu'il existait bien des groupements stables de caractères héréditaires, autrement dit des « races ». Comme on le saura plus tard, si yeux bleus et cheveux blonds sont bien chacun des caractères héréditaires, ils s'héritent indépendamment les uns des autres. C'est pourtant avec ces incertitudes de taille qu'un certain nombre de médecins et de généticiens, particulièrement en Allemagne, vont se muer en « théoriciens de la race ». Puis de là, appliquant concrètement les principes extrêmes de l'eugénisme à une logique d'exclusion raciale, ils passeront, au nom de la science, de la science incertaine au crime réel. Bien peu, d'ailleurs, auront ensuite à en souffrir.

Eugénisme et supercheries scientifiques

Cette sinistre trajectoire ne fut pas qu'une aberration propre aux dictatures. L'eugénisme, on l'a vu, est né dans l'Angleterre victorienne du dernier quart du XIXe siècle avec Sir Francis Galton et Karl Pearson. Ce sont leurs élèves, Cyril Burt, Raymond Cattell, Sir Ronald Fisher et Charles Spearman qui, au sein de l'« école de Londres » de psychologie raciale, armés avec assurance d'outils statistiques sophistiqués, proclament pendant tout le premier tiers du XXe siècle l'inégalité des « races » humaines. Cattell, qui

1. Boas, 1911.

recommandait « l'amour de l'excellence », afin que « les hommes et les races les moins capables disparaissent », considérait à propos des Africains, dans *The Fight for our National Intelligence* (1937), que « même quand la race est, de par sa constitution même, naturellement bonne et aimable, une capacité mentale inférieure entraîne une arriération, une rusticité et le poids mort du conservatisme[1] ». Il redoutait « le crépuscule de la civilisation occidentale » et la montée des « sous-hommes » qui s'attaquent « insidieusement à la racine même de la vie nationale »[2]. Et de même que Pearson souhaitait remplacer le principe de l'élection par « une classe oligarchique ayant une éducation scientifique », le même Cattell était partisan d'une « dictature bienveillante » pour les individus « aux capacités mentales limitées ».

Cyril Burt remarquait de son côté que « les émigrés irlandais et juifs sont notoirement fidèles à leur caractère racial dans le monde entier[3] ». Et pour Charles Spearman dans *The Abilities of Man : Their Nature and their Measurements* (1927) : « Sur le chapitre de l'intelligence, la race germanique a en moyenne un net avantage sur celle de l'Europe du Sud. Le résultat a eu, semble-t-il, des conséquences pratiques vitales dans l'élaboration des récentes lois américaines sur l'admission des émigrants[4]. » De fait, entre 1911 et 1930, vingt-quatre États des États-Unis votèrent des lois pour la stérilisation des « inadaptés » sociaux et trente autres pour la restriction des mariages mixtes, tandis qu'un décret fédéral de 1924 restreignait l'immigration des personnes « racialement inférieures »[5]. Des programmes de stérilisation forcée, sur une base « scientifique » eugéniste, furent votés à la même époque dans deux provinces du Canada (Alberta et Colombie-Britannique), dans le Japon impérial, en Suède (où la loi eut cours de 1934 à 1976), dans le canton suisse de Vaud, en Australie, en Islande, etc.[6]. L'apartheid qui eut officiellement cours aux États-Unis jusque dans les années 1960, sans compter celui qui se poursuivit en Afrique du Sud quelques décennies

1. Cité *in* Billig, 1981, p. 32.
2. Cité in *ibid.*, p. 38.
3. Cité in *ibid.*, p. 34.
4. Cité in *ibid.*, p. 35.
5. Chase, 1977 ; Gossett, 1963 ; Kline, 2001 ; Kühl, 1994 ; Finzsch, 1999.
6. Broberg et Roll-Hansen, 2005.

encore, reposait bien sur une vision « raciale » prétendument « scientifique ».

Pourtant, à la différence de l'Allemagne, le « racisme scientifique » commence à refluer dans les pays anglo-saxons à partir des années 1930. Au sein même du milieu scientifique, des contre-attaques démontent les arguments raciaux, telles celles de Franz Boas, déjà évoquées, aux États-Unis, ou de Julian Huxley en Grande-Bretagne. Ce dernier, eugéniste à l'origine et un temps président de la British Eugenics Society, publie en 1935 avec l'ethnologue Alfred Haddon le livre retentissant *We Europeans : A Survey of « Racial » Problems*, dans lequel la notion de « race » est critiquée et abandonnée[1]. Ce mouvement intellectuel et scientifique contribuera à l'élaboration de la déclaration de l'Unesco sur le racisme – et Huxley sera le premier secrétaire général de cette organisation. On s'aperçut aussi que le sérieux des travaux « biométriques » du racisme scientifique était sujet à caution, au point qu'une partie des données de Burt sur les jumeaux avaient été purement et simplement inventée par lui[2] !

Les rêves de généticiens allemands

L'anthropologie allemande du XIXe siècle n'était pas plus raciste qu'une autre. Au début du XXe siècle, l'Allemagne est plutôt moins raciste que les États-Unis, avec leurs lois d'apartheid et leurs restrictions à l'immigration (lois de 1921 et 1924), la limitation d'accès des Juifs aux universités américaines, l'interdiction des mariages interraciaux dans plus de la moitié des États – ou encore les trois à six millions de membres du Ku Klux Klan dans les années 1920. La toute nouvelle génétique allemande n'était pas non plus vouée nécessairement à être raciste. Mais au moment où elle prend son essor, le contexte idéologique est en train de changer. Comme le nationalisme en général, naguère libérateur, et les études indo-européennes en particulier, jusque-là plutôt descriptives, les sciences biologiques appliquées à l'homme se développent dans ce climat défensif et réactionnaire du tournant

1. Huxley et Haddon, 1935 ; Barkan, 1992.
2. Hearnshaw, 1979.

du siècle qui marque, en Allemagne et ailleurs, une bonne partie des idéologies et affecte les disciplines aux implications sensibles.

On peut se demander quel aurait été le rôle des eugénistes anglais si un régime autoritaire avait pris le pouvoir en Grande-Bretagne. Heureusement pour eux, la question restera théorique, même si un certain nombre étaient idéologiquement fort proches de leurs collègues allemands. Les revues respectives *Eugenics Review* et *Archiv für Rassen- und Gesellschaftsbiologie* (« Archives de biologie raciale et sociale ») s'adressaient des politesses réciproques, et le fondateur allemand de l'*Internationale Gesellschaft für Rassenhygiene* (« Société internationale d'hygiène raciale »), Alfred Ploetz, thuriféraire de la « race nordique », proposa avec succès à Sir Francis Galton d'en être le premier président d'honneur[1]. De même, Cattell cite avec ferveur, à l'appui de ses angoisses sur la dégénérescence raciale, les écrits de Hans Günther, le raciologue officiel du nazisme.

Dans tous les cas, pour les raciologues et eugénistes allemands, l'avènement du nazisme et les lois racistes de Nuremberg leur offraient la mise en pratique des rêves de toute leur vie scientifique[2]. Des chercheurs aussi renommés que les professeurs Falk-Alfred Ruttke, Ernst Rüdin, Eugen Fischer, le baron Otmar von Verschuer ou Friedrich Lenz soutinrent avec enthousiasme dans les colonnes d'*Archiv für Rassen- und Gesellschaftsbiologie* la politique antisémite nazie et se mirent d'emblée à son service. Fischer salua ainsi l'arrivée de Hitler : « Nous construisons maintenant un État de terre et de sang, un État fondé à partir de la communauté du peuple allemand uni dans le *Volkstum*, la race et l'âme germaniques[3] », tandis qu'Otmar von Verschuer reconnaissait en Hitler « le chef de l'ethno-empire [qui] est le premier homme d'État qui ait fait des données de la biologie héréditaire et de l'eugénique un principe directeur dans la conduite de l'État ».

Dès 1904, l'étude d'Eugen Fischer sur les « bâtards de Rehoboth », métis nés d'Européens et d'Africaines dans la colonie alors alle-

1. Billig, 1981, p. 44.

2. Müller-Hill, 1984 ; Conte et Essner, 1995 ; Billig, 1981, Weinreich (M.), 1946 ; Massin, 1998 et 1999 ; Kaupen-Haas et Saller, 1999 ; Römer, 1985 ; Adams, 1990 ; Weindling, 1998 [1989] ; Olff-Nathan, 1993 ; Schmuhl, 2005 et 2008 ; Lipphardt, 2008.

3. Cité *in* Field, 1977.

mande de l'actuelle Namibie (où les Allemands avaient installé contre les Hereros les premiers camps de concentration de l'histoire humaine, juste après ceux construits par les Anglais en Afrique du Sud pour parquer les Boers vaincus), fit proscrire en 1912 tout mariage interracial dans ladite colonie. C'est sans doute l'une des premières études raciologiques prétendant, de manière d'ailleurs inadéquate, utiliser la génétique[1]. Eugen Fischer sera ensuite le coauteur, avec le phytobiologiste Erwin Baur et l'hygiéniste racial Fritz Lenz, du volumineux *Menschliche Erblichkeitslehre und Rassenhygiene* (« Hérédité humaine et hygiène raciale »), publié pour la première fois en 1921 et constamment réédité ensuite.

Des crânes aux crimes

Dans la plus jeune génération, on remarque la présence notable du futur prix Nobel et l'un des fondateurs de l'éthologie moderne, Konrad Lorenz, professeur à Königsberg, qui met en garde dans deux articles de 1940 et 1943 contre la « décadence génétique » qui menace la « pureté raciale » et en appelle à « une politique de la race scientifiquement fondée » : « L'idée de la race, qui est le fondement de notre régime politique, a déjà accompli beaucoup de choses dans cette direction »[2]. Il précise même dans une correspondance de 1942 : « Du pur point de vue biologique de la race, c'est un désastre de voir les deux meilleurs peuples germaniques du monde se faire la guerre pendant que les races non blanches, noire, jaune, juive et mélangées restent là en se frottant les mains[3]. »

À côté des nouvelles disciplines que sont la génétique et l'éthologie, la craniométrie traditionnelle continue pourtant à s'épanouir dans le contexte racial du Troisième Reich. Son plus éminent spécialiste est Hans Günther, surnommé « Rassengünther » et obsédé par la « race aryenne ». Son *Rassenkunde des deutschen Volkes* (« Raciologie du peuple allemand ») publié en 1922 fut pendant deux décennies la référence absolue en Allemagne,

1. Fischer (E.), 1913.
2. Lorenz, 1940, 1943 ; Billig, 1981, p. 47-48.
3. Burkhardt, 1993, et 2005, p. 276.

et le régime lui multiplia les honneurs[1] – de même qu'il sera honoré par la Nouvelle Droite française dans les années 1970[2]. Ludwig Ferdinand Clauss développait dans le même esprit une « psychologie raciale » avec ses « styles raciaux », dont le plus majestueux est « l'âme nordique », titre de l'une de ses œuvres majeures (*Die nordische Seele*), régulièrement rééditée pendant les années 1920 et 1930, tandis qu'il défend aussi la théorie d'un « Christ Aryen »[3]. Les luttes de pouvoir font parfois rage parmi les anthropologues, ceux liés aux SA comme Friedrich Merkenschlager et Karl Saller perdant la partie là comme ailleurs – ce qui permit au second, après la guerre, de se faire passer pour un résistant idéologique au nazisme[4].

Cependant la collaboration au nazisme des biologistes allemands les plus éminents ne se borna pas à alimenter la propagande du régime par des justifications pseudo-scientifiques. Elle en mena un certain nombre à la complicité d'assassinat. Tous les instituts d'anthropologie acceptèrent d'établir des « certificats raciaux » concernant les individus suspectés d'être juifs, ou bien dont une partie des ascendants étaient juifs et l'autre partie « aryenne ». De fait, chaque Allemand était muni d'un passeport racial « aryen » (*Ariernachweis*), où figurait sa généalogie certifiée, avec ses parents, ses quatre grands-parents et ses huit arrière-grands-parents[5]. Pour ceux dont l'ascendance n'était pas « pure », les certificats permettaient de décider s'ils pouvaient être tolérés ou bien devaient être envoyés en camp et exterminés – dans la logique de l'eugénisme. De même, l'élimination ou, au minimum, la stérilisation des homosexuels, handicapés et malades mentaux, soit quatre cent mille personnes stérilisées et soixante-dix mille assassinées, furent organisées avec détermination par le Troisième Reich[6].

La persistance du modèle craniométrique poussa à la constitution, à l'université de Strasbourg, ville alors annexée d'une sinistre

1. Lutzhöft, 1971 ; Field, 1977.
2. Voir *infra*, chap. 9, p. 282 et 292 *sq*.
3. Clauss, 1934 ; Conte et Essner, 1995, p. 76-78. Voir *supra*, chap. 6, p. 190.
4. Merkenschlager et Saller, 1934 ; Saller, 1961 ; Conte et Essner, 1995, p. 93-111.
5. Ehrenreich, 2007.
6. Müller-Hill, 1989, p. 15-70.

collection de moulages et de squelettes « juifs » et « bolchéviques », sous la houlette de trois anthropologues liés à l'*Ahnenerbe* de la SS, August Hirt, Hans Fleischhacker et Bruno Beger (l'un des membres de l'expédition SS au Tibet)[1]. Ceux-ci vinrent personnellement choisir une centaine de leurs « sujets d'étude » à Auschwitz, les firent transporter jusqu'au camp de Natzweiler près de Strasbourg, où ils furent gazés. Mais on était déjà en septembre 1944 et la « collection » ne put être mise en place. Les trois anthropologues s'efforcèrent alors d'effacer les traces de leurs crimes mais ne purent en détruire qu'une partie. Hirt se suicida en juin 1945 ; Beger poursuivit des recherches anthropologiques après la guerre et subit cependant une condamnation symbolique vingt-cinq ans plus tard ; Fleischhacker fut nommé professeur d'anthropologie à l'université Goethe de Francfort en 1971, là où avait professé Hirt avant de venir enseigner à Strasbourg.

Enfin on connaît les sinistres expériences que mena sur les déportés le docteur Josef Mengele, surnommé l'« ange de la mort », assistant du réputé Otmar von Verschuer. Ce dernier, qui continua après la guerre sa brillante carrière universitaire, supervisait les travaux de Mengele et de son autre assistante, Karin Magnussen, qui impliquaient par exemple, dans les protocoles, la dissection des yeux hétérochromiques (de couleurs différentes) d'enfants tziganes, ou encore l'étude d'organes provenant de déportés volontairement contaminés par la typhoïde à Auschwitz[2].

Après la défaite, Josef Mengele passera cinq années sans être inquiété en Allemagne, avant d'être recherché et de fuir vers l'Amérique latine, où il mourra vers 1979. Tous ses autres collègues, médecins et anthropologues, seront lavés de toute accusation et poursuivront paisiblement, d'Eickstedt à Verschuer ou Eugen Fischer, leur carrière universitaire. Certains plaisantent avec cynisme dans leur correspondance privée, tel Verschuer, sur les *Persilschein*, les « certificats Persil » (allusion à une célèbre lessive d'alors, dont la « blancheur » était l'argument de vente) qu'ils se faisaient décerner par de bienveillantes commissions de

1. Conte et Essner, 1995, p. 231-262 ; Kaul (F. K.), 1968. Voir *supra*, chap. 6, p. 196-197.

2. Müller-Hill, 1989 [1984], p. 76-80, 170-175 ; Schmuhl, 2005 et 2008 ; Olff-Nathan, 1993.

« blanchiment »[1]. Dès 1949 le baron von Eickstedt ressuscite la revue raciologique *Zeitschrift für Rassenkunde* sous le titre rénové de *Homo. Zeitschrift für die vergleichende Biologie des Menschen* (« Homo. Journal de biologie humaine comparée »).

Le généticien et historien Benno Müller-Hill a interviewé au début des années 1980 les derniers survivants, assistants ou descendants de ce milieu scientifique[2]. Tous protestèrent de leur bonne foi, de leur apolitisme passé, de leur ignorance des crimes commis sous leur responsabilité, assurèrent que leurs meilleurs amis étaient juifs et déplorèrent les excès de quelques-uns, minoritaires et dévoyés, qui avaient un temps déconsidéré leur science. Certains d'entre eux interdirent cependant au chercheur la publication de leur interview, malgré toutes ces accumulations de justifications. Comme le suppose Benno Müller-Hill, « il est possible que cette masse d'ignorance et de proclamations d'innocence, si facilement exprimée de vive voix, leur ait paru épouvantable – mensonge ou vérité – une fois consignée par écrit[3] ». Ilse Schwidetzky (qui sera honorée en 1980 par la Société d'anthropologie de Paris[4]) affirme vertueusement, dans une histoire autojustificatrice de l'anthropologie allemande, que son institut, dirigé par Eickstedt dont elle était l'assistante, s'était refusé à établir des certificats d'appartenance « raciale ». Malheureusement, l'historien Benoît Massin en a retrouvé, signés de sa main, dans les archives dudit institut[5]...

Mentionnons enfin le programme *Lebensborn* de la SS, avec ses centres de reproduction censés produire des enfants de « race pure » en unissant des femmes « aryennes » avec des SS, et qui comptèrent environ vingt-deux mille petits pensionnaires, y compris en France[6], sans compter les enfants diagnostiqués comme « aryens » dans les territoires occupés, enlevés à leurs parents et confiés à des familles allemandes.

1. Müller-Hill, 1989 [1984], p. 92.
2. *Ibid.*
3. *Ibid.*, p. 13.
4. Voir *infra*, chap. 10, p. 307.
5. Spiegel-Rösing et Schwidetzky, 1982 ; Massin, 1999, p. 42 et note 105.
6. Sur le *Lebensborn :* Henry et Hillel, 1975 ; Lilienthal, 2003 ; Maroger, 2008 ; Thiolay, 2012. Voir aussi les documentaires *Lebensborn, les enfants de la honte* de Chantal Lasbats, Capa Presse TV, 1994 ; et *Les Pouponnières du IIIe Reich* de Romain Icard, 2014.

Et la France ?

Si, en France, la question des origines indo-européennes est peu présente, celle de la « race » traitée par l'anthropométrie reste centrale pendant toute la première moitié du XXe siècle et au-delà, dans la tradition de la Société d'anthropologie de Paris, d'autant que le vaste empire colonial français pose la question de l'identité et de la gestion de populations très variées[1]. Alors même que la génétique s'y développe moins rapidement qu'en Allemagne, la craniométrie y restera une tradition forte, principalement autour d'Henri-Victor Vallois, et ce jusqu'au début des années 1980.

Certes, on l'a vu, dès 1891, Paul Topinard, pourtant héritier spirituel direct de Broca, pouvait affirmer : « La race n'existe pas[2] », au moment où la multiplication des mesures faisait se dissoudre les frontières « raciales ». L'archéologue Joseph Déchelette manifestait tout autant son scepticisme à propos des « races » et des « types », à la veille de la Première Guerre :

> Au lieu d'un petit nombre de formes nettement définies et susceptibles d'être groupées dans le cadre d'une classification simple, nous rencontrons des types multiples comportant de nombreuses variétés. Aussi, malgré les efforts persévérants des spécialistes, les théories relatives à l'origine et à la répartition des anciennes races européennes, théories nombreuses et souvent confuses, ne procurent à l'histoire primitive de l'humanité que des données trop problématiques. Les conclusions générales des anthropologues ne concordent pas exactement sur bien des points, avec les observations de l'archéologie. On a élevé de part et d'autre, sur des bases fragiles, maintes doctrines ingénieuses, mais éphémères[3].

Cette lignée scientifique, sceptique, réaliste et antiraciste, se poursuit dans l'entre-deux-guerres avec des savants comme Henri Neuville, le recteur Étienne Patte (il sera révoqué par Vichy) ou encore Jacques Millot[4].

1. Reynaud Paligot, 2006, 2007.
2. Topinard, 1891, p. 4. Voir *supra*, chap. 4, p. 128.
3. Déchelette, 1927, vol. 1, p. 482.
4. Neuville, 1933 ; Patte, 1938a et b ; Lester et Millot, 1939. Voir Bocquet-Appel, 1989.

Mais à l'autre extrémité du spectre, des raciologues développent pendant l'entre-deux-guerres, en phase avec le climat de l'époque, des thèses racistes voire antisémites, comme René Martial et surtout Georges Montandon. L'eugénisme est présent aussi, avec le médecin Alexis Carrel, qui avait reçu le prix Nobel en 1912 pour ses travaux sur les vaisseaux sanguins[1]. Tous trois seront conduits naturellement vers une collaboration engagée, sinon criminelle dans le cas du second.

Entre ces deux tendances minoritaires se déploie, dans la tradition anthropologique et raciologique française de Broca, l'école d'Henri-Victor Vallois qui régnera durablement sur ces études. Dans l'ensemble de sa carrière, il aura été professeur au Muséum national d'histoire naturelle puis directeur du musée de l'Homme, directeur de l'Institut de paléontologie humaine, directeur du laboratoire d'Anthropologie de l'École pratique des hautes études, rédacteur en chef de la revue *L'Anthropologie*, et secrétaire général de la Société d'anthropologie de Paris, entre autres... Ses articles et comptes-rendus dans la revue *L'Anthropologie* donnent le *la*. Ainsi les travaux d'Eugen Fischer, du baron Egon von Eickstedt ou du baron Otmar von Verschuer en matière d'« hygiène raciale » y font de sa part l'objet de recensions complaisantes. Vallois est d'ailleurs membre du comité éditorial de la revue *Zeitschrift für Rassenkunde*, fondée par Eickstedt. De l'un des livres de ce dernier, *Rassenkunde und Rassengeschichte der Menschheit* (« Raciologie et histoire raciale de l'humanité »), Vallois commente en 1936, sans plus de recul, l'ultime chapitre : « Adoptant l'idée de l'inégalité, non seulement anatomique mais aussi psychologique des races, l'auteur conclut en déclarant qu'une sélection raciale rigoureuse est le seul moyen de s'opposer à l'anéantissement de notre civilisation[2]. » Eickstedt y écrivait notamment : « La race, le sang et la terre sont plus importants que des travaux parlementaires[3]. »

Et à propos d'un autre ouvrage d'Eickstedt, consacré aux « Fondements de la psychologie raciale », Vallois, qui estime ladite psychologie raciale « généralement mal connue », s'inquiète :

1. Carol, 1995 ; Schneider, 1990.
2. Eickstedt, 1934 ; Vallois, in *L'Anthropologie*, 1936, p. 429.
3. Eickstedt, 1934, p. 889 : « Rasse, Blut und Boden sind wichtiger als parlamentarische Tageserfolge. »

> Ainsi, conclut M. von Eickstedt, la psychologie raciale s'est élevée à la hauteur d'une science véritable, [...] personne, en Allemagne du moins, ne met en doute son importance. Cette conclusion sera-t-elle partagée par tous les anthropologistes ? On peut craindre que non. Les généralisations prématurées des auteurs [...] ont nui à cette science, du moins dans l'esprit de beaucoup. Pour se réhabiliter, elle aurait besoin de recherches nombreuses, faites sans esprit de parti, et par des méthodes déductives plutôt qu'inductives[1].

Rendant compte la même année d'un travail de l'anthropologue autrichienne Rosa Koller qui distinguait Ashkénazes et Sépharades à Constantinople à partir de leurs crânes, il en commente les résultats : « Ces dispositions osseuses seraient corrélatives du développement de certains muscles faciaux ; elles seraient donc en rapport avec la mimique si caractéristique d'un grand nombre d'israélites européens[2] »...

À la mort du théoricien du racisme aryen Georges Vacher de Lapouge[3], Vallois rédige une brève nécrologie dans *L'Anthropologie* :

> Esprit observateur et laborieux, M. Vacher de Lapouge a certainement mérité mieux que l'oubli dans lequel il était relégué. L'outrance des théories qu'il développait, la façon trop catégorique dont il exposait ses « lois » [...], expliquent probablement le vide qui a été fait autour de ses recherches. Il y a cependant des choses exactes dans celles-ci, et il serait injuste de l'oublier [...]. Il est curieux, quand on relit ces ouvrages, d'y trouver, exprimées déjà dans toute leur intégralité, et avec toutes leurs conséquences pratiques, les théories sur le racisme qui devaient prendre beaucoup plus tard une si grande extension en Allemagne[4].

On n'en saura pas plus sur les « choses exactes ».

Rendant compte du Congrès démographique tenu à Paris en 1938 et qui réunissait en particulier des eugénistes allemands

1. Eickstedt, 1936 ; Vallois, compte-rendu in *L'Anthropologie*, 46, 1936, p. 427-429.
2. Vallois, in *L'Anthropologie*, 46, 1936, p. 455 ; cité *in* Schnapp, 1980, p. 26.
3. Voir *supra*, chap. 4, p. 129 *sq*.
4. Vallois, in *L'Anthropologie*, 46, 1936, p. 481.

et anglais, Vallois déclare benoîtement : « D'importantes communications y ont été faites sur les problèmes de la pureté de la race, des races supérieures et inférieures, enfin de l'eugénique et de l'hygiène raciale [...] aucune conclusion ne s'est dégagée de tous ces exposés, mais un échange de vue loyal et dépourvu d'arrière-pensée est toujours chose utile entre hommes étudiant les mêmes problèmes[1]. » Cette même année 1938, celle où Hitler entre à Vienne et annexe une partie de la Bohême, se tient à Copenhague le Congrès international des sciences anthropologiques et ethnologiques qui voit s'affronter, sur les questions raciales, la délégation allemande d'une part, avec notamment Eugen Fischer, et celles des pays anglo-saxons et scandinaves d'autre part ; les enjeux scientifiques et politiques sont très clairs, mais Vallois s'abstient de participer aux débats.

Puis vient l'Occupation allemande. Paul Rivet, fondateur du musée de l'Homme et homme de gauche, est révoqué de son poste de professeur au Muséum par le ministre de l'Éducation, l'archéologue et historien Jérôme Carcopino, auteur de la loi excluant les Juifs de l'enseignement – et accessoirement de la loi sur l'archéologie, dite « loi de 1941 » ou « loi Carcopino ». Vallois est candidat contre Millot, lequel est appuyé par les professeurs du Muséum, tandis que l'Académie des sciences, également consultée, reste partagée. Le président de l'Académie, le vétérinaire Emmanuel Leclainche, avait ironisé en 1937 à propos des « races » : « Il est entendu que, pour les savants, il n'y a plus de races humaines. Mais, malheureusement ou heureusement, il n'est point que des savants sur terre. La masse des ignorants persiste à croire qu'il existe tout de même des Blancs, des Noirs et des Jaunes et qu'on les reconnaît sans trop de peine[2]. »

Le ministre Carcopino, conseillé notamment par l'abbé Breuil, choisit Vallois[3] – l'épisode est passé sous silence dans la notice nécrologique de *L'Anthropologie* qui paraît en 1982 à la mort de Vallois, tout comme dans la totalité du numéro spécial que lui consacrent la même année les *Bulletins et Mémoires de la Société*

1. Vallois, in *L'Anthropologie*, 48, 1938, p. 161 ; cité *in* Bocquet-Appel, 1989, p. 29.
2. Leclainche, 1937, p. 1279 ; cité *in* Bocquet-Appel, 1989, p. 31.
3. *Ibid.*

d'anthropologie de Paris. Après la guerre, Vallois publie en 1960 une recension favorable d'un manuel d'anthropologie du baron Otmar von Verschuer, l'ancien supérieur de Mengele[1], dans laquelle il déplore que « certains biologistes », au nom de la génétique, remettent en cause l'idée de « race », c'est-à-dire « toute l'œuvre accomplie depuis plus d'un siècle par des centaines d'anthropologistes »[2] – Ottmar von Verschuer, celui qui, en connaissance de cause, écrivait en 1942 dans le *Völkischer Beobachter* : « Le danger racial unique que représentaient les Juifs a trouvé, par la politique du national-socialiste, un règlement définitif[3]. »

Le *Que sais-je ?* de Vallois sur les « races humaines », rédigé pendant la guerre et paru en 1944, sera régulièrement réédité jusqu'à sa mort[4]. Il y distingue quatre grands groupes raciaux (dont celui des « races primitives », les Australiens et les Veddas), groupes eux-mêmes subdivisés en vingt-sept « races ». Le groupe des « races blanches », comporte notamment les « races » respectivement nordique, est-européenne, dinarique, alpine, méditerranéenne, sud-orientale, indo-afghane, anatolienne, aïnou et touranienne.

Ceux qui collaborèrent

Il sort de ce cadre le traitement de la politique antisémite de Vichy, bien étudiée par ailleurs[5], qui emprunte à l'occupant allemand le terme de aryen pour désigner juridiquement les « non-juifs ». Mais il vaut néanmoins d'évoquer l'engagement de l'anthropologie française dans la collaboration, minoritaire, mais réel. Le médecin Alexis Carrel, prix Nobel en 1912, avait publié en 1935 *L'Homme, cet inconnu*. Dans son chapitre sur la « Reconstruction de l'homme », il préconise notamment :

1. Voir *supra*, p. 258.
2. Verschuer, 1959 ; compte-rendu de Vallois, in *L'Anthropologie*, 1960, p. 343-344.
3. Müller-Hill, 1989 [1984], p. 48.
4. Vallois, 1944.
5. Entre autres Paxton *et al.*, 1999 ; Rousso, 1990 ; Burrin, 1997. Voir aussi *Le Genre humain*, 28, novembre 1994 (*Juger sous Vichy*), et 30-31, été-automne 1996 (*Le Droit antisémite de Vichy*).

> Le conditionnement des criminels les moins dangereux par le fouet, ou par quelque autre moyen plus scientifique, suivi d'un court séjour à l'hôpital, suffirait probablement à assurer l'ordre ; quant aux autres, ceux qui ont tué, qui ont volé à main armée, qui ont enlevé des enfants, qui ont dépouillé les pauvres, qui ont gravement trompé la confiance du public, un établissement euthanasique, pourvu de gaz appropriés, permettrait d'en disposer de façon humaine et économique. Le même traitement ne serait-il pas applicable aux fous qui ont commis des actes criminels ?

La préface à l'édition allemande de 1936 précise même :

> En Allemagne, le gouvernement a pris des mesures énergiques contre l'augmentation des minorités, des aliénés, des criminels. La situation idéale serait que chaque individu de cette sorte soit éliminé quand il s'est montré dangereux[1].

De fait, entre quarante mille et cinquante mille handicapés et malades mentaux mourront de faim et de froid dans les hôpitaux français sous le régime de Vichy[2]. Alexis Carrel, qui a adhéré entre-temps au Parti populaire français de Jacques Doriot, est nommé par Pétain à la tête de la Fondation française pour l'étude des problèmes humains, nouvellement créée et chargée de « l'étude, sous tous ses aspects, des mesures les plus propres à sauvegarder, améliorer et développer la population française dans toutes ses activités ». La Fondation sera dissoute à la Libération et Alexis Carrel mourra de maladie à la fin de la même année. Cité comme référence dans les années 1990 par les dirigeants du Front national, sa biographie et son œuvre seront alors réexhumées, et la faculté de médecine de Lyon, qui portait son nom, sera débaptisée (au profit de René Laennec), tout comme plusieurs rues françaises. La Fondation trouvera néanmoins son prolongement dans l'Institut national d'études démographiques (INED) dont certains responsables seront liés ultérieurement à des courants d'extrême droite[3].

1. Bonnafé et Tort, 1996.
2. Lafont, 1993 ; Bueltzingsloewen, 2007.
3. Liauzu, 1999.

René Martial s'était signalé avant la guerre par son livre de 1934 sur *La Race française*, couronné par l'Académie française, et par ses travaux sur les dangers du métissage et de l'immigration[1]. Confronté au même dilemme que ses prédécesseurs anthropologues français, il avait dû admettre que ladite « race française » était composée d'harmonieux métissages, mais qu'elle devait en revanche se garder de tous mélanges avec des « races » africaines ou asiatiques. L'« indice biochimique du sang » devait permettre de n'admettre que les immigrants du groupe sanguin O, et notamment d'exclure les Juifs, censés appartenir au groupe sanguin B. Il est l'un des rares anthropologues à rendre hommage à Vacher de Lapouge et à son *Aryen* lors de son décès en 1936, et le salue comme un « prophète », dont « les travaux furent et sont encore maintenus dans les oubliettes, parce qu'ils heurtent tous ceux qui prêchent le laisser-faire en matière de métissage humain ». Et il précise en 1942 : « Le seul usage du mot "race" était déjà choquant. La pensée totalement enjuivée résistait de manière furibonde à toute discussion raciale[2]. »

De fait, René Martial devient sous Vichy professeur d'« anthropologie des races » à la faculté de médecine de Paris et codirecteur en 1942 du nouvel Institut d'anthroposociologie, créé par le Commissariat général aux questions juives et placé sous l'égide de l'Institut Pasteur et de l'Académie de médecine ; il est présidé par Claude Vacher de Lapouge, fils de Georges, qui connaît ainsi une revanche posthume. Il publie en 1943 *Notre race et ses aïeux*, rapport sur la « question juive », à la demande de la Fondation française pour l'étude des problèmes humains. Il prend sa retraite avant la fin de la guerre et publie encore en 1955 un ouvrage sur *Les Races humaines*[3].

Partenaire et rival de Martial, Georges Montandon, suisse naturalisé français, ira plus loin dans la collaboration[4]. Professeur d'ethnologie dès 1933 à l'École d'anthropologie de Paris, il publie en 1935 *L'Ethnie française*. Ami de Céline, il devient le directeur du nouvel Institut d'études des questions juives auprès

1. Schneider, 1990 et 1994 ; Taguieff *et al.*, 1999 ; Liauzu, 1999 ; Larbiou, 2005.

2. Martial (R.), 1942.

3. Martial, 1955 ; Larbiou, 2005 ; Taguieff *et al.*, 1999.

4. *Ibid.*

du Commissariat général aux questions juives dirigé par Xavier Vallat. Il y publie sa revue, *Ethnie française*, fait traduire le livre d'Otmar von Verschuer, participe de très près à la conception de l'exposition « Le Juif et la France », et publie comme René Martial un certain nombre d'écrits racistes et antisémites, tel *Comment reconnaître le Juif*. Il délivre également des certificats raciaux dans son cabinet (certains très bien rétribués) ou au camp d'internement de Drancy, envoyant à la mort, ou non, les Juifs arrêtés par la police française[1]. Il est grièvement blessé par la Résistance lors de la Libération de Paris en août 1944, mais différentes hypothèses existent sur son décès. Dans les années 1960, il est encore cité en exemple dans certains manuels d'anthropologie[2], et sera l'une des autorités « scientifiques » dont se réclamera la Nouvelle Droite des années 1970[3].

L'horreur des génocides commis au nom de la science et des scientifiques fut pour les nations occidentales un tel traumatisme qu'il fallut après 1945 réexaminer de fond en comble la question des « races », examen qui suscita en particulier plusieurs brochures de l'Unesco, dont le livre percutant de Claude Lévi-Strauss, *Race et Histoire*, publié en 1952. Toutefois, il n'y eut jamais de critiques de fond de l'anthropologie physique venues des anthropologues eux-mêmes. Les quelques exemples que nous avons donnés dans ce chapitre, et que nous développerons plus loin[4], le montrent. En France même, les anthropologues se contentèrent de changer… de nom : de « physique », l'anthropologie devint « biologique ». Et à partir de la fin des années 1960, le temps à peine d'une génération, les idéologies racistes et « aryennes » ressortirent peu à peu au grand jour.

1. Wieviorka et Laffitte, 2012.
2. Olivier (G.), 1965, p. 129-132.
3. Voir *infra*, chap. 9, p. 279.
4. Voir *infra*, chap. 10, p. 303 *sq*.

TROISIÈME MOUVEMENT
(de 1945 au IIIe millénaire)

Tout est re-résolu !

Après un quart de siècle de relatif silence, des idéologies « aryennes » comme des grandes synthèses historiques sur le Foyer originel du Peuple originel, les unes et les autres s'épanouissent à nouveau de plus belle à partir des années 1970. Les premières, comme si de rien n'était, en droite ligne du national-socialisme ; les secondes, avec tout le clinquant que la médiatisation des sciences sait désormais conférer aux objets faciles à comprendre. Des savants réputés présentent comme des découvertes conceptuelles ou archéologiques inédites des théories vieilles d'au moins un siècle. Des généticiens, des linguistes et des statisticiens construisent des outils hypersophistiqués mais sans changer de modèle interprétatif. Des travaux érudits de grande qualité se multiplient, en linguistique comme en mythologie ou en archéologie, voire en génétique, sans que leur interprétation ultime dans les termes d'un Peuple originel parlant sa langue originelle dans une Patrie originelle soit leur explication nécessaire. De fait, les progrès des recherches dans d'autres champs de la linguistique, mais aussi de l'histoire et de l'archéologie ouvrent la voie à des modèles infiniment plus complexes, fructueux et intéressants.

9

Le retour de l'extrême droite aryenne et païenne (de 1945 à nos jours)

Où l'on doit rappeler comment l'extrême droite française ressurgit au grand jour à partir des années 1960, et pourquoi il faut distinguer entre les courants traditionalistes et populistes, et les courants élitistes et païens qui débouchent sur la « Nouvelle Droite » – Comment la stratégie de la Nouvelle Droite des années 1970 était d'avancer masquée et de prendre d'abord le pouvoir « métapolitique », et comment les Indo-Européens rêvés en étaient l'une des pièces maîtresses – Où l'on voit que les thèmes traditionnels du national-socialisme se retrouvent dans les écrits de la Nouvelle Droite, qui n'est donc pas si nouvelle – Où l'on constate que l'ésotérisme et l'extrême droite continuent à faire bon ménage – Comment un ministre de l'Intérieur fait écrire son livre par des « nègres » de la Nouvelle Droite, y exalte les Indo-Européens et dénonce « l'erreur égalitaire » et « la prétendue intelligentsia » – Et sous quelle forme la Nouvelle Droite prit un temps le pouvoir dans un très influent hebdomadaire et comment certains de ses membres entrèrent au Front national – Où l'on examine comment un manuel universitaire expliqua que les Indo-Européens originels étaient blonds aux yeux bleus, références bibliographiques nazies à l'appui – Et pourquoi une université française abrita un temps un « Institut d'études indo-européennes » lié à des idéologues négationnistes – Où l'on constate que les Aryens sont désormais présents sur Internet et les « réseaux sociaux », tout comme la musique « europaïenne » – Et qu'il existe une « Internationale raciste », dont les thèmes contaminent les extrêmes droites populistes, actuellement en plein essor en Europe.

L'effondrement du nazisme n'a pas signifié l'effondrement des idéologies d'extrême droite. Des dictatures proches du fascisme se sont maintenues en Espagne et au Portugal avec l'assentiment, sinon le soutien, des puissances occidentales dans le nouveau contexte géopolitique de la Guerre froide. De nombreux dignitaires nazis ont échappé à tout jugement, certains ayant trouvé refuge en Amérique du Sud, voire en Syrie. Sur le continent sud-américain et ailleurs (Grèce, Corée, Vietnam du Sud, Iran, Indonésie, Afrique du Sud, etc.), les États-Unis et leurs alliés favorisent un peu partout des régimes dictatoriaux qui leur paraissent un moindre mal face à ce qu'ils estiment être le danger d'une subversion communiste. Dans les pays du bloc de l'Est, un antisémitisme et différentes formes de racismes culturels (contre les Tziganes par exemple) continuent à prospérer plus ou moins au grand jour.

Une si « Nouvelle » Droite ?

Dans les démocraties d'Europe occidentale toutefois, les mouvements se revendiquant plus ou moins explicitement de cette extrême droite déconsidérée restèrent longtemps marginaux même si, en France, la guerre d'Algérie leur donna un temps une certaine visibilité. Certes, de petites maisons d'édition publiaient des revues confidentielles et rééditaient des ouvrages anciens ou bien des disques de chants militaires ou nazis. Mais après les horreurs de la guerre, l'élan triomphant de la reconstruction et des Trente Glorieuses, appuyé sur le baby-boom et sur des réussites techniques éclatantes (la conquête spatiale, les progrès médicaux, l'énergie nucléaire, etc.), laissait peu de place à cette idéologie extrême. Les leçons du traité de Versailles avaient servi, et il n'avait plus été question d'humilier à nouveau l'Allemagne vaincue.

À partir des années 1970 cependant, tandis que s'éloigne le souvenir du nazisme et des collaborations, l'optimisme des sociétés occidentales fléchit. Les crises énergétiques puis économiques, les nouvelles maladies, la montée des angoisses écologiques, le lent effondrement des régimes communistes et des espoirs qu'ils avaient suscités à l'Ouest, sont autant de raisons de douter. Il y a place à nouveau pour des idéologies de l'exclusion et pour des boucs émissaires, au moment où l'immigration venue des anciennes colonies, jusque-là l'un des moteurs de l'économie, se heurte à la progression du chômage. Ces idées réémergent au grand jour, avec le Front national en France, le *National Front* en Grande-Bretagne ou le NPD (*Nationaldemokratische Partei Deutschlands*) en Allemagne, mais elles prennent aussi des formes renouvelées, sinon masquées. En France, le mouvement de pensée dit « Nouvelle Droite » en sera l'une des formes les plus médiatisées, les plus élaborées et les mieux connues, même s'il ne s'agit pas à proprement parler d'une doctrine totalement constituée, mais plutôt d'une nébuleuse évolutive d'individus, de mouvements, de revues et de doctrines, où se retrouvent néanmoins les thèmes classiques des extrêmes droites d'avant-guerre : détestation de l'égalité, de la démocratie, du « judéo-christianisme », de l'impérialisme américain, de la « ploutocratie » néolibérale, du métissage, exaltation d'une Europe impériale, aristocratique, élitiste voire « païenne », revendication d'une inégalité des « races » – et, bien sûr, d'un « héritage indo-européen ». Le tout sous la rhétorique traditionnelle « ni droite ni gauche » de l'extrême droite.

De ce point de vue, cette Nouvelle Droite n'est donc pas très « nouvelle », même si elle-même et les courants similaires dans d'autres pays ne coïncident pas avec les mouvements politiques populistes et nationalistes d'extrême droite évoqués plus haut, qui prennent leur essor en Europe à partir des années 1980. Ou plus exactement, on peut distinguer au sein de l'ensemble des mouvements de l'extrême droite européenne deux grandes tendances : l'une, majoritaire jusqu'à présent, s'appuyant sur un conservatisme chrétien traditionnel, sinon intégriste, mais aussi nationaliste et raciste, et qui entretient parfois des rapports troubles, sinon poreux, avec la droite conservatrice de gouvernement ; l'autre minoritaire, plus proprement « païenne » et dans la filiation intellectuelle du nazisme – celle qui nous intéresse ici.

Les prodromes des « magiciens »

On pourrait, au moins en France, en identifier l'un des premiers symptômes avec la parution, en 1960, du best-seller de Louis Pauwels et Jacques Bergier, *Le Matin des magiciens*, lequel déboucha à son tour sur la création de l'éphémère revue *Planète*.

Ce livre est en grande partie une compilation, due à l'érudit parascientifique Jacques Bergier, de thèmes à sensation voués à proliférer par la suite : parapsychologie, soucoupes volantes, trouvailles archéologiques prétendument mystérieuses (« cosmonaute » de Palenque, pistes de Nazca et autres piles du musée de Bagdad), etc.[1]. Mais un bon quart de l'ouvrage, qu'il est difficile de lire sans malaise, fait de Hitler et des siens, dans la pure tradition des délires « armaniques » et aryo-germaniques[2], de « grands initiés médiumniques » en contact avec « l'ailleurs absolu », dont « le but véritable, c'est de faire œuvre de création, œuvre divine, le but de la mutation biologique », « l'apparition d'une humanité de héros, de demi-dieux, d'hommes-dieux »[3]. L'obscure Société de Thulé, l'une des composantes initiales du parti nazi mais disparue dès 1925, devient « un instrument capable de changer la nature même de la réalité », « une société secrète d'initiés en contact avec l'invisible », « centre magique du nazisme »[4]. La Guerre mondiale n'aura été en définitive qu'« un grand conflit spirituel ».

L'historien anglais Nicholas Goodrick-Clarke a montré sans peine (s'il en était besoin), en annexe à sa remarquable analyse intellectuelle des *Racines occultistes du nazisme* (ouvrage curieusement traduit en français par les soins d'une maison d'édition de la Nouvelle Droite)[5], sur quelles erreurs ou approximations historiques reposaient les rares éléments concrets de la « démonstration » de Pauwels qui, outre une imaginaire « Loge du Vril », attribuait un rôle central à cette éphémère Société de Thulé et à deux de ses membres supposés, Dietrich Eckardt (*sic*) et Karl Haushofer. Ce dernier n'était en fait qu'un spécialiste de géopolitique à l'université de Berlin, qui n'eut avec Hitler que des rapports lointains et n'appartint jamais à ladite Société de Thulé. Quant à Eckart, inspirateur effectif du Führer, il ne fit que fréquenter cette société, sans en être membre ; en revanche, il est présenté dans le livre, non comme un idéologue antisémite exalté, mais comme « un singulier

1. Pauwels et Bergier, 1960. Sur ce courant parascientifique, voir Stoczkowski, 1999.
2. Voir *supra*, chap. 6, p. 188 *sq*.
3. Pauwels et Bergier, 1960, p. 353.
4. *Ibid*., p. 433.
5. Goodrick-Clarke, 1989.

personnage, poète, dramaturge, journaliste, bohême »... De fait, nous retrouverons sans surprise Louis Pauwels un peu plus loin.

C'est à partir de 1968 que va se déployer progressivement l'ensemble du dispositif intellectuel de la Nouvelle Droite, autour de deux revues, *Nouvelle École* et *Éléments* (auxquelles s'ajoute en 1988 *Krisis*) et d'un mouvement, l'explicite GRECE, Groupement de recherche et d'études pour la civilisation européenne[1]. Les responsables de ces revues et des mouvements liés, et en particulier Alain de Benoist ou encore Dominique Venner (ce dernier, ancien parachutiste en Algérie et membre de l'OAS), sont directement issus de groupuscules d'extrême droite plus ou moins violents et plus ou moins antisémites, comme Jeune Nation puis Europe-Action, dont ils avaient finalement mesuré les limites de l'activisme politique, ou de la Fédération des étudiants nationalistes (FEN). Un certain nombre d'entre eux sont employés comme journalistes pendant les années 1960-1970 dans les revues *Valeurs actuelles* et *Spectacle du monde* du groupe de presse de Raymond Bourgine, comme François d'Orcival, Alain de Benoist, Jean-Claude Valla, Jean Mabire, Patrice de Plunkett ou Michel Marmin, revues dans lesquelles ils commencent alors (et continueront en partie jusqu'à nos jours) à diffuser leurs idées[2].

Influencés par le mouvement culturel de 1968, ils développent l'idée que, pour prendre un jour le pouvoir politique, il faut d'abord prendre le pouvoir « métapolitique », c'est-à-dire intellectuel et culturel – une idée que Benoist emprunte explicitement au révolutionnaire marxiste italien Antonio Gramsci. Mai 1968 n'était-il pas l'explosion politique au grand jour de revendications culturelles et sociales peu à peu formulées par la génération du baby-boom ? Pour prendre un autre exemple, que ne citait pas *Nouvelle École*, ne pouvait-on pas dès cette époque prévoir avec deux décennies d'avance l'écroulement inéluctable de l'URSS ? Le rêve des jeunes Russes d'alors était d'écouter du rock and roll, de porter des chemises ou des bas en nylon et d'écrire avec des stylos à bille, toutes choses introuvables dans leur pays ; le

1. Sur la Nouvelle Droite : Algazy, 1989 ; *Art Press*, 1997 ; Billig, 1981 ; Biscarat, 2000 ; Brunn, 1979 ; Camus, 2006 ; Camus et Monzat, 1992 ; Desbuissons, 1984 ; Duranton-Crabol, 1988 ; François, 2008 ; Germinario, 2002 ; Monzat, 1992 ; Olender, 2009, p. 95-137 ; Schnapp et Svenbro, 1980 ; Taguieff, 1994.

2. Duranton-Crabol, 1988, p. 34-35.

régime n'avait pu susciter sa propre culture, malgré les chœurs de l'Armée rouge, les groupes folkloriques et les ballets du Bolchoï. L'Union soviétique avait d'abord perdu la bataille culturelle, avant de perdre la bataille économique et technique, et finalement politique. Les premiers numéros de *Nouvelle École* développent donc le programme « métapolitique » d'une semblable prise de pouvoir culturel dont rêvait cette extrême droite.

Vu de (l'extrême) droite

Ainsi, le *Bulletin* intérieur confidentiel du GRECE recommande dès 1969 : « Il importe d'être très prudent dans les conséquences à tirer de *Nouvelle École*. Il nous faut être également très prudents sur le vocabulaire employé. En particulier, il est nécessaire d'abandonner une phraséologie périmée, de nouvelles habitudes doivent être créées[1]. » Ce programme fut dès lors mené avec un indéniable sens tactique et déboucha sur de réels succès idéologiques. *Nouvelle École* offrit bientôt tous les caractères d'une revue intellectuelle de bonne tenue (avec des moyens financiers qui ne sont pas tous connus). Son comité de patronage scientifique est un savant panachage de personnalités nettement à droite, voire en filiation directe avec le nazisme, mais aussi d'intellectuels reconnus et beaucoup plus neutres, sinon naïfs. Au milieu de thèmes anodins, tout le nouveau credo rafraîchi de l'extrême droite traditionnelle y est exposé systématiquement, mais avec des arguments nouveaux. Une rhétorique s'y ajoute, qui déplore usuellement qu'il soit fait aussi peu de cas des théories et des théoriciens exposés, qui seraient systématiquement ignorés, sinon ostracisés. Le désir de respectabilité se marque aussi par l'emploi répété des titres de « docteur » ou de « professeur » pour les auteurs sollicités, tandis qu'il est régulièrement fait référence à la bibliothèque de « trente mille livres » d'Alain de Benoist, photographies éventuelles du lieu à l'appui (devenue en juin 2012, à l'occasion d'une interview sur France Culture, « la plus grande bibliothèque privée de France qui compte plus de cent cinquante mille, voire deux cent mille, ouvrages »).

1. Cité *in* Brunn, 1979, p. 380.

La somme « théorique » de la Nouvelle Droite fut synthétisée dans le principal livre d'Alain de Benoist, *Vue de droite* (1977), qu'il présenta lui-même en introduction, sinon comme une « encyclopédie », du moins comme une « anthologie », une partie en ayant auparavant paru sous forme d'articles dans diverses revues.

La première section de cet ouvrage, sous le titre « Héritage », s'ouvre sur une photographie à contre-jour des menhirs du grand monument mégalithique de Stonehenge, dans une atmosphère de drame wagnérien. Elle est vouée en grande partie au « Monde des Indo-Européens », dont on apprend que la thèse de leur origine « nordique ou germanique » s'appuie sur leurs caractères physiques : « blondeur des cheveux, yeux bleus ou clairs, taille élevée, minceur des hanches, finesse des lèvres, proéminence du menton, dolichocéphalie », « spécifiques des sous-races nordique et falique, formées à partir d'un substrat cro-magnonoïde dans un territoire comprenant les rives de la mer du Nord et de la Baltique ainsi que leur *hinterland* »[1]. Bref, c'est la thèse de Kossinna, lequel n'est pas cité, contrairement à une douzaine d'autres auteurs allemands. La thèse steppique est également mentionnée, mais ces peuples des *kurgans* pourraient n'être qu'« une simple extension pastorale d'une culture indo-européenne qui se serait d'abord développée dans l'Europe du Nord ». Pour la « vue-du-monde » (un calque de l'allemand *Weltanschauung* – qu'on traduit normalement par « idéologie » en français standard) de ces Indo-Européens, l'auteur se réfère souvent à Georges Dumézil.

Quant à la « race » des Indo-Européens, notion « dynamique, évolutive, statistique », Alain de Benoist invoque l'autorité de l'anthropologue raciste et antisémite Georges Montandon, coutumier des « visites raciales » pendant l'Occupation, dont les diagnostics pouvaient envoyer à la mort (il sera lui-même exécuté à la Libération par la Résistance[2]), ainsi que celle de l'écrivain néofasciste Giorgio Locchi, membre de la Nouvelle Droite, pour qui aux époques anciennes « à chaque groupe racial correspondait une langue spécifique[3] ». Puis Alain de Benoist retrouve quelques-uns des thèmes ésotériques favoris de l'extrême droite, du nazisme

1. Benoist, 1978, p. 33.
2. Voir *supra*, chap. 8, p. 267.
3. *Ibid.*, p. 37.

à nos jours : l'Atlantide, patrie des Indo-Européens originels, aurait bien été située en mer du Nord dans l'île de Heligoland, thèse d'Alfred Rosenberg dans son *Mythe du XXe siècle*[1] et de Hermann Wirth, le premier président de l'*Ahnenerbe* SS, et reprise après la guerre par le pasteur ex-nazi Jürgen Spanuth, sur l'autorité duquel s'appuie Benoist et dont les livres seront régulièrement réédités par la Nouvelle Droite[2]. De même, les Vikings et les Templiers, sinon les Troyens, auraient conquis l'Amérique du Sud et seraient les véritables fondateurs des prestigieuses civilisations précolombiennes, que les indigènes auraient été bien incapables de créer par eux-mêmes – thèse cette fois de Jacques de Mahieu, ancien combattant de la division SS Charlemagne réfugié en Argentine après la guerre, autre auteur habitué des presses d'extrême droite[3]. Un peu plus loin défilent les ouvrages sur les civilisations et les savoirs « perdus », le paranormal, la gnose (avec référence à l'écrivain collaborateur Raymond Abellio), voire sur les OVNI, avec référence à Louis Pauwels et Jacques Bergier. Les auteurs du *Matin des magiciens* et de *L'Homme éternel* sont cités avec faveur, tout comme deux gourous de l'entre-deux-guerres, René Guénon et Georges Gurdjieff (ce dernier « maître » de Pauwels), références obligées des milieux occultistes, ou encore les travaux d'Arthur Koestler sur la parapsychologie.

De Gobineau à Konrad Lorenz

Alain de Benoist dévoile ensuite au fil du livre ses références et sa vision du monde. Après avoir invoqué Nietzsche et la volonté de puissance, la caution de l'éthologue et prix Nobel Konrad Lorenz lui permet d'offrir une base biologique à ladite volonté : « L'esprit de compétition, le goût du risque, le sens de l'honneur, la volonté d'entreprendre et même le dynamisme industriel, sont, au même titre que la *guerre*, des "sous-produits" d'une pulsion agressive dans les structures les plus fines de l'organisme. S'attaquer à cette pulsion reviendrait à enlever à

1. Voir *supra*, chap. 6, p. 185.
2. Sur le mythe de l'Atlantide, l'ouvrage de référence est : Vidal-Naquet, 2005.
3. Sur ces « théories », voir Adam, 1988.

l'espèce son goût de la lutte, son vouloir-vivre. À la condamner à mort[1]. » Konrad Lorenz, membre du parti nazi, avait cautionné à l'époque la politique raciale du nazisme comme on l'a vu plus haut[2], ce qui provoqua de vives polémiques lorsque lui fut attribué le prix Nobel de médecine en 1972. Si son importante œuvre scientifique ne se réduit pas à cet aspect, Lorenz fut l'objet de toutes les attentions de la part de la Nouvelle Droite et Alain de Benoist se déplaça pour aller l'interviewer à son domicile en 1975 pour sa revue *Nouvelle École*.

Deux autres cautions scientifiques importantes en matière « raciale » sont celles de la sociobiologie d'Edgar Wilson et, évidemment, les théories sur l'hérédité et l'inégalité de l'intelligence de Hans Eysenck et d'Arthur Jensen[3]. Elles autorisent Benoist à des développements sur l'inégalité des « races » en matière d'intelligence, tandis qu'il évoque les travaux de Cyril Burt, ce fameux psychologue convaincu d'avoir truqué ses résultats sur l'hérédité de l'intelligence chez les jumeaux.

Dans le reste de l'ouvrage, Alain de Benoist commente ses auteurs de détestation (Marx, Freud, Jésus et leurs disciples) et de prédilection : les idéologues racistes Arthur de Gobineau et Alexis Carrel, le socialiste révolutionnaire Georges Sorel, les écrivains réactionnaires Alfred Fabre-Luce et Jean Cau, l'intellectuel fasciste ésotériste italien Julius Evola (préfacier entre autres du célèbre faux antisémite *Les Protocoles des Sages de Sion*[4]) ou encore l'académicien Roger Caillois, spécialiste du sacré et de la fête. Leurs livres, ou les ouvrages qui leur sont consacrés, font l'objet de commentaires appuyés mais orientés, tout comme l'œuvre de Richard Wagner ou encore la « révolution conservatrice » de l'Allemagne de Weimar. De nombreuses pages portent sur les mouvements régionalistes français d'Occitanie, des Flandres et de Bretagne, avec une attention particulière pour ceux liés à l'extrême droite, en particulier pendant la dernière guerre. Vers la fin, un long chapitre discute paisiblement de « l'énigme hitlérienne », avec d'abondantes citations complaisantes du Führer lui-même et de

1. Benoist, 1978, p. 150.
2. Billig, 1981, p. 47-48. Voir chap. 8, p. 256.
3. Voir *infra*, chap. 10, p. 316.
4. Olender, 2009, p. 74-80.

certains historiens ou témoins – et sans la moindre allusion au génocide. De même, le chapitre sur « le Japon éternel » insiste sur le sens de l'honneur des élites japonaises et sur les horreurs commises par les Alliés.

Une extrême droite réarmée

En résumé, cette « anthologie » se présente bien comme un manuel des thématiques (des « éléments de langage », dirait-on maintenant) à manier par les militants d'une extrême droite intellectuellement relookée et modernisée, sinon réarmée, mais dans une stricte filiation avec les extrêmes droites d'avant-guerre.

La lecture des numéros de *Nouvelle École* ou d'*Éléments* permet de confirmer et de préciser cette impression. La rubrique « Éphémérides », par exemple, égrène dans chaque numéro les dates historiques importantes, et ne manque pas d'évoquer régulièrement les atrocités des armées alliées durant la dernière guerre. L'iconographie met à l'honneur les artistes du régime nazi, comme le sculpteur Arno Breker, le peintre Wilhelm Petersen ou le dessinateur et lithographe Georg Sluyterman van Langeweyde[1]. L'une des illustrations de *Vue de droite* est éclairante à cet égard : elle représente un fier cavalier médiéval armé d'une lance, dû à la plume du même Georg Sluyterman van Langeweyde, qui ornait à l'origine la couverture du numéro d'août 1940 de *Germanien*, la revue de l'institut « culturel » de la SS, *Ahnenerbe* ; Alain de Benoist s'est contenté de l'inverser de gauche à droite et, infime détail, de remplacer la croix gammée initiale par un aigle bicéphale. D'autres illustrations de *Germanien* seront empruntées à l'identique pour agrémenter les pages de *Nouvelle École* ou de la revue du GRECE.

Les archéologues et raciologues allemands nazis sont à l'honneur, invariablement qualifiés de « professeurs », qu'ils y écrivent ou bien qu'on en dresse les louanges, de Hans Günther à Hans Reinerth, en passant par Hermann Wirth, premier président de l'*Ahnenerbe* et germanomane convaincu[2], ou encore Herbert Jan-

1. Monzat, 1997.
2. Voir *supra*, chap. 6, p. 185 *sq*.

kuhn, le responsable archéologique de l'*Ahnenerbe*[1]. Des notices nécrologiques leur rendent hommage. Les références ésotériques, appuyés sur des faux, abondent dans ces revues de la Nouvelle Droite, avec l'Atlantide, les Vikings d'Amérique du Sud, la fausse chronique « germanique » d'*Ura-Linda*, ou encore le continent Mu, promu par un certain Louis-Claude Vincent, anthropologue amateur, ingénieur et inventeur de la « bioélectronique ». L'ancien *Waffen-SS* français Saint-Loup, pseudonyme de Marc Augier, condamné à mort par contumace après la guerre puis gracié, occupe une place de choix dans les grandes figures de référence ; mort en 1990, il a toujours revendiqué son passé.

La Nouvelle Droite entretient aussi d'étroits rapports politiques et intellectuels avec le Club de l'Horloge, une officine de pensée très à droite fondée en 1974 par le vicomte Henry de Lesquen du Plessis Casso, et qui entend construire des passerelles durables entre la droite classique et le Front national. Certains de ses membres fondateurs, comme Bruno Mégret, Yvon Blot, Jean-Claude Bardet ou Jean-Yves Le Gallou, venus des partis de la droite classique mais aussi proches ou membres du GRECE, rejoindront le Front national, puis en général la dissidence Mégret. Henry de Lesquen dirige depuis 2006 Radio Courtoisie. Ainsi se tisse à partir des années 1970 un large réseau influent d'associations, de clubs, de revues, qui propage les idées de cette extrême droite rénovée – et se prolonge aujourd'hui sur Internet, y compris avec une chaîne de télévision, TV Libertés. Les éditions Copernic sont fondées en 1976 par le GRECE et diffusent au fil de leurs collections (« L'Or du Rhin », « Nation armée », « Cartouches », etc.) les œuvres de Hans Eysenck, Oswald Spengler, Julius Evola et de membres du GRECE (*Vue de droite* d'Alain de Benoist est réédité plusieurs fois entre 1977 et 1979).

Cette stratégie connaît vers la fin de cette décennie 1970 un réel succès. *Vue de droite* d'Alain de Benoist est couronné en 1978 par… le Grand Prix de l'essai de l'Académie française, dont le secrétaire perpétuel, Jean Mistler, ancien dignitaire de Vichy, fait part dans *Nouvelle École* de son admiration pour la revue. Benoist affirme même que c'est le numéro spécial de *Nouvelle*

1. Voir sa notice nécrologique par Alain de Benoist, in *Nouvelle École*, 46, 1990, p. 141-142 ; voir Olender, 2009, p. 125-126.

École consacré à Dumézil en 1972 qui, envoyé à tous les académiciens sur la suggestion de Mistler, aurait assuré l'élection du savant à l'Académie en 1978[1]. En 1977, le biologiste Yves Christen, membre fondateur du GRECE, devient même rédacteur en chef de l'importante revue de vulgarisation scientifique *La Recherche* ; les Éditions du Seuil, responsables de la revue, devront l'en écarter après avoir réalisé un peu tard quelles étaient ses options biologisantes inégalitaires.

En 1978 également paraît un livre de Michel Poniatowski, ministre de l'Intérieur et numéro deux du gouvernement de Valéry Giscard d'Estaing, intitulé *L'avenir n'est écrit nulle part* et qui se présente comme un tel décalque des thèses de la Nouvelle Droite qu'il n'a pu être écrit que par l'un, ou plusieurs, de ses membres (Alain de Benoist en fera d'ailleurs un compte-rendu élogieux dans *Le Figaro Magazine*). Le ministre, qui fit pour cet ouvrage une abondante promotion dans les médias, y exalte « l'héritage génétique » des Indo-Européens, « hommes actifs, durs pour eux-mêmes comme pour les autres [...], attachés à ce qui enracine, famille, fonction, cité, culture, race », que leur « esprit d'invention, de création, a conduits, en quatre mille cinq cents ans, par une longue marche progressive, des bords de la Baltique jusqu'à la Lune »... Et de déplorer que le « fait indo-européen soit éludé, pis, ignoré et ne figure dans aucun programme de faculté ». De fait, « l'histoire de l'Occident » est à comprendre comme « la même énergie inépuisable, la même âpreté à la guerre et la volonté de conquête, qui ont caractérisé les peuples indo-européens ». Car « c'est la race indo-européenne qui porte l'élan scientifique, technique, culturel et qui imprime sa marque à l'essor de nos sociétés »[2]. Quant au chapitre sur « Hérédité, milieu et intelligence », il dénonce « l'erreur égalitaire » et reprend les travaux de Hans Eysenck sur le QI pour démontrer « l'héritabilité de l'intelligence », qui prime très largement sur le milieu social et culturel[3]. Konrad Lorenz est également appelé à la rescousse pour se garder de la « surinformation » médiatique, voire de « la prétendue intelligentsia ».

1. Voir *infra*, chap. 16, p. 487 *sq*.
2. Poniatowski, 1978, p. 145-158.
3. *Ibid*., 78, p. 225-248.

D'autres ouvrages de droite parus à la même époque reflètent une forte influence des thèses de la Nouvelle Droite, comme *Le Terreau de la liberté* (1978) du maire de Nice et ministre Jacques Médecin (il jumela sa ville avec Le Cap au pire moment de l'apartheid sud-africain, et fut plus tard condamné et emprisonné pour délits financiers), qui avait d'ailleurs présidé en 1974 le Congrès « pour la défense de la culture » organisé dans sa ville par le GRECE ; ou encore *Renaissance de l'Occident ?* rédigé par le groupe anonyme Maiastra autour d'Olivier Giscard d'Estaing ; ou les travaux de chercheurs de l'Institut national d'études démographiques (INED) autour de Jacques Dupâquier[1] ; ou les publications du Club de l'Horloge déjà cité, et bien d'autres[2].

Mais leur plus grand succès médiatique sera l'entrée en masse des cadres de la Nouvelle Droite (Alain de Benoist en tête, mais aussi Jean-Claude Valla, Patrice de Plunkett, Yves Christen, Michel Marmin, Jean Varenne, Guillaume Faye, certains écrivant aussi sous divers pseudonymes)[3] dans le comité de rédaction du *Figaro Magazine*, supplément hebdomadaire du *Figaro* créé en 1978 par Louis Pauwels. Le magazine connaît immédiatement un très grand succès, pour atteindre un tirage d'un million d'exemplaires, et diffuse en grand et sous une forme populaire et accessible tous les thèmes idéologiques de la Nouvelle Droite. Visiblement les lecteurs du *Figaro Magazine* ne semblent pas s'effaroucher, ou au moins s'étonner, si tant est qu'ils les remarquent, de formules, souvent dues à la plume d'Alain de Benoist, telles que : « culte de l'énergie », « volonté de conquête », « prométhéisme », « instinct tragique », « aristocratisme », etc. La droite gaulliste conservatrice classique, écartée du pouvoir après la démission de Jacques Chirac de son poste de Premier ministre, et la droite giscardienne, qui s'avance vers la défaite de 1981 malgré ses premiers moments réformateurs (droit de vote à dix-huit ans, avortement), sont idéologiquement déboussolées. La Nouvelle Droite apporte un corpus de références culturelles qui semblent nouvelles à beaucoup.

1. Liauzu, 1999.
2. Duranton-Crabol, 1988, p. 189.
3. *Ibid.*, p. 192.

Les limites de l'« entrisme »

Toutefois un premier coup d'arrêt à cette expansion intellectuelle et politique est donné à partir de l'été 1979, quand un certain nombre d'intellectuels et de journalistes entreprennent de se ressaisir et de mettre en lumière la claire généalogie idéologique de la Nouvelle Droite[1]. Une campagne de presse initiée par un article du journaliste Thierry Pfister dans *Le Monde*, suivie par *Le Nouvel Observateur* et *Le Matin de Paris*, étale au grand jour la stratégie de la Nouvelle Droite et met en lumière certaines de ses « références nazies », que confirment plusieurs articles d'analyse[2]. Une partie de l'argumentaire se trouvait dès 1974 dans une brochure anonyme diffusée par un certain Groupement d'action et de recherche pour l'avenir de l'homme (GARAH), groupuscule chrétien traditionaliste hérissé par les références « païennes » et eugénistes de la Nouvelle Droite ; ses deux rédacteurs étaient Michel de Guibert et Georges Souchon, ce dernier à l'origine membre éphémère du GRECE[3]. Cette campagne de presse de 1979, qui suscita plusieurs centaines d'articles et émissions dans les médias, obligea la Nouvelle Droite à se découvrir et à répliquer soit de manière feutrée, comme lors du passage d'Alain de Benoist à l'émission de télévision *Apostrophes* ou de sa présence régulière au *Panorama* de France Culture dans ces années, soit plus insultante, comme dans un article du même Benoist (sous le pseudonyme de David Barney) dans *Éléments*, intitulé « Le stade pipi-caca de la pensée » et qui s'en prenait en particulier à l'historienne Madeleine Rebérioux, à l'archéologue Alain Schnapp et à moi-même[4].

À la fin de l'année 1980, Louis Pauwels, sous la pression de l'opinion, et surtout de la droite traditionnelle du *Figaro*, Jean d'Ormesson en tête, ainsi que du propriétaire du journal, Robert Hersant, renvoie du comité de rédaction du *Figaro Magazine* une grande partie des collaborateurs de la Nouvelle Droite, tandis

1. Brunn, 1979 ; Duranton-Crabol, 1988, p. 172-203.

2. Schnapp et Svenbro, 1980 ; Seidel, 1981 ; Taguieff, 1981 et 1984 ; Olender, 2009, p. 95-137.

3. Guibert et Souchon, 1974 ; Duranton-Crabol, 1988, p. 171.

4. Barney, 1982.

que lui-même ainsi que Patrice de Plunkett vont bientôt se convertir au catholicisme. En outre, avec l'arrivée de la gauche au pouvoir en mai 1981, la droite traditionnelle se tourne vers de nouveaux thèmes idéologiques, comme l'ultralibéralisme économique dans le sillage de Ronald Reagan et Margaret Thatcher et en rupture patente avec l'étatisme gaulliste, ce qui l'éloigne des thèses de la Nouvelle Droite. Symétriquement, certains membres de la Nouvelle Droite soutiennent l'impérialisme soviétique (ou au moins russe) contre l'impérialisme américain, au nom des valeurs immémoriales de l'Europe et dans la tradition du national-bolchevisme, l'une des composantes inattendues de la « révolution conservatrice » allemande des années 1920. De même, le GRECE est partisan du droit à l'avortement, au nom de l'eugénisme, et certains de ses membres ont une attitude nuancée sur l'immigration étrangère, au nom d'un ambigu « droit à la différence », voire d'un « tiers-mondisme ».

La montée du Front national pose aussi un problème aux membres de la Nouvelle Droite. Certains, comme Alain de Benoist, sont partisans de poursuivre le combat « métapolitique » en dehors de la politique tout court, et trouvent ce parti politique un peu trop vulgaire eu égard à leur aristocratisme proclamé ; mais d'autres, poursuivant la stratégie « entriste », rejoignent ce parti, comme Pierre Vial, Jean Haudry ou Jean Varenne, qui deviennent membres de son « Conseil scientifique » et de son « Institut de formation », tandis que, venus du Club de l'Horloge, Yvan Blot et Jean-Yves Le Gallou intègrent son Bureau politique, et que Jean Mabire anime le FN Jeunesse de Haute-Normandie. C'est naturellement, quand se produit la scission avec le départ de Bruno Mégret et la formation du Mouvement national républicain en 1998, que ces personnalités le suivront : Mégret représente en effet la tendance « païenne » mais minoritaire du FN, face à la tendance traditionnelle chrétienne conservatrice et majoritaire, représentée par son chef.

Les années 1990 vont alors être marquées par des exclusions, scissions et démissions au sein de la Nouvelle Droite, comme il est usuel dans les mouvements groupusculaires. La stratégie « métapolitique » est remise en cause : à force d'avancer masqué, ne finit-on pas par perdre toute visibilité ? Ce qui est le risque de toute démarche entriste, comme on a pu le voir à l'autre extrémité de l'échiquier politique, avec le trotskisme. Certains historiens spécialistes de la Nouvelle Droite parlent alors de « reflux », tandis que d'autres, ou les mêmes, insistent sur les différences doctrinales, au demeurant fluctuantes, entre tel ou tel membre ou courant de ce mouvement, ou plutôt de cette nébuleuse idéologique. Il est vrai que toute compréhension historique d'un phénomène peut provoquer à la longue de l'empathie, qui peut elle-même déboucher sur de la sympathie – d'autant qu'il est difficile d'étudier durablement un objet que l'on n'aime pas. Aussi certains intellectuels, plus ou moins piégés, en vinrent même à engager le dialogue avec la Nouvelle Droite, y compris en écrivant dans ses revues, comme s'il s'était agi d'opinions normales et recevables – ce qui suscita en réaction en 1993 un « Appel à une Europe de la vigilance contre l'extrême droite » lancé par Yves Bonnefoy, Lucy Vines et Maurice Olender avec le soutien du philosophe Roger-Pol Droit dans le journal *Le Monde*[1].

L'idéologie « aryenne » contemporaine

En réalité les idées-forces du corpus idéologique de la Nouvelle Droite appartiennent à un courant de pensée politique, aux frontières certes floues, que l'on peut suivre en Europe dès la fin du XIXe siècle et dont le nazisme, lui-même à plusieurs facettes, n'a été que l'une des manifestations historiques les plus monstrueuses. Appelons ici ce courant « aryen », pour faire court. La Nouvelle Droite au sens strict, avec ses revues officielles, en représente la version la plus intellectuelle et policée ; mais des mouvements plus radicaux dans leur expression, sinon leurs actions, lui sont étroitement liés, avec tout un continuum depuis les associations ou clubs les mieux identifiés et les mieux insérés socialement et politiquement, jusqu'aux groupes marginaux plus ou moins informels et plus ou moins violents, y compris sur les scènes « musicales » de la musique dite « europaïenne », et avec la démultiplication qu'offre désormais Internet. Les « Indo-

1. Texte de l'Appel, noms des quarante premiers signataires et bibliographie *in* Olender, 2009, p. 244-248 ; Droit, 1993 ; Bonnefoy, 2013. Voir aussi le dossier spécial de la revue *Art Press*, n° 223, 1997.

Européens » ou « Aryens », parfois réduits aux « Celtes » ou aux « Germains », jouent un rôle essentiel dans ces constructions.

Par contraste avec ce courant « aryen », le Front national et ses équivalents étrangers actuels se distinguent sur plusieurs points : ce « national-populisme » se veut effectivement populaire et démagogique, loin des idéologies « aryennes » aristocratiques, et entend parvenir au pouvoir ou au moins y participer, y compris démocratiquement, comme cela a déjà été le cas en Autriche, en Italie ou en Hongrie – au point de rassembler au début des années 2010 entre 15 % et 25 % des voix dans plusieurs pays européens, dont la France. Ce national-populisme est étroitement nationaliste, aux limites du racisme dans certaines de ses expressions orales du moins, et s'oppose vigoureusement à l'immigration étrangère, promue bouc émissaire. Il est traditionaliste sur le plan des mœurs (du moins officiellement) et lié souvent au christianisme le plus conservateur, sinon intégriste. D'un point de vue économique, il a longtemps été ultralibéral, à l'exemple des dictatures sud-américaines, prônant par exemple la suppression de l'impôt sur le revenu, avant de devenir plus étatiste, en France par exemple, à l'instar du national-socialisme originel.

À l'opposé, on peut distinguer chez l'extrême droite « aryenne », cinq grandes idées-forces qui en synthétisent le credo, quelles qu'en soient les variantes propres à tel ou tel sous-groupe :

1) D'un point de vue historique, les Européens sont les descendants directs des Indo-Européens de la préhistoire, une ethnie d'exception qui s'est forgée il y a quelques millénaires sur les bords de la Baltique. Leur religion et leur société étaient païennes, guerrières, aristocratiques, hiérarchisées. Nous devons donc aujourd'hui, selon les mots de l'idéologue Guillaume Faye, poursuivre cette « conception païenne de la société – à la fois libertaire et souveraine, conviviale et régalienne, animée par le principe de plaisir comme par la volonté de puissance[1] ». Ce qui comprend la résurgence de rituels païens (réels ou imaginaires), tels ceux liés aux solstices d'hiver et d'été[2]. Ce paganisme peut

1. Faye (G.), 1983, p. 25.
2. Benoist, 1981.

aussi s'accompagner de croyances ésotériques et occultistes (y compris en des Templiers réinventés) et de références régulières à l'hindouisme, qui aurait su préserver intact l'antique polythéisme hiérarchique indo-européen.

2) Contre l'idéologie égalitaire et des droits de l'homme issue du judéo-christianisme, il faut affirmer le « droit à la différence » ou autrement dit à l'identité, c'est-à-dire à la spécificité des cultures, sinon des « races ». De ce point de vue, le communautarisme est admissible, tandis que les races sont différentes voire irréductibles l'une à l'autre, chacune avec sa spécificité, sans qu'il soit toujours indispensable d'y introduire une hiérarchie. Le darwinisme social reste néanmoins présent souvent en arrière-plan, tandis qu'on proclame le refus des « métissages ». Un discours raciste, antisémite, parfois même étroitement lié au négationnisme, est cependant présent dans certaines fractions importantes et officielles de la Nouvelle Droite.

3) Contre l'État national jacobin uniformisateur, on doit construire un Empire ethnique européen sans frontières fortes internes, mais où chaque ethnie possède sur son propre territoire sa propre identité et une large autonomie – la Commune de Paris, avec son programme décentralisateur et autogestionnaire, tout comme certains socialistes utopiques du XIXe siècle, étant parfois une référence paradoxale. C'est au nom de ce programme impérial que des écrivains comme Drieu La Rochelle et Brasillach s'étaient ralliés au nazisme, quitte à être déçus par son application nationaliste strictement germano-centrée.

4) Contre l'impérialisme uniformisateur politique et culturel anglo-saxon et son idéologie économique ultralibérale, il faut développer une économie de solidarité, dans le cadre d'une société « organique », voire socialiste, en référence notamment aux socialistes révolutionnaires comme Georges Sorel (qui sera revendiqué aussi bien par Mussolini que par le conservateur pronazi Carl Schmitt ou encore les fondateurs du parti Baas), sinon au national-socialisme. Cette économie peut prendre un caractère écologique – dans une continuité certaine avec la *Lebensreform* de la fin du XIXe siècle allemand.

5) Du point de vue des mœurs, l'idéologie aryenne admet l'avortement au nom de l'eugénisme, tout comme l'euthanasie et le suicide – et le suicide de Henry de Montherlant à soixante-dix-sept ans, devenu aveugle à la suite d'un accident, est une référence, tout comme celui de Pierre Drieu La Rochelle à la Libération, ou plus récemment celui de Dominique Venner en 2013 à Notre-Dame de Paris, sans compter le *seppuku* de l'écrivain japonais Yukio Mishima en 1970. Une certaine insistance est mise sur les amitiés viriles (la *Kamaradenschaft*, peut-on lire sur certains sites), au point que l'homosexualité masculine est largement admise, avec les cautions de l'écrivain allemand nazi Hans Blüher, de Robert Brasillach, Maurice Bardèche, Gabriel Matzneff, Pierre Gripari (membre du GRECE), Alain Daniélou, Michel Caignet (ancien du groupe néonazi Fédération d'action nationale et européenne, directeur de la revue *Gaie France*, mais aussi condamné pour pédophilie), ou encore du néonazi allemand Michaël Kühnen, proche du précédent et auteur de *National-socialisme et homosexualité* (2004). Aussi la présence de certains de ces mouvements violents dans les manifestations opposées au « mariage pour tous » de 2012-2014 était quelque peu paradoxale et fut source d'une certaine confusion interne.

Ces cinq grands thèmes, dont on vérifiera facilement la prégnance dans les publications de la Nouvelle Droite et jusqu'à aujourd'hui, suggèrent plusieurs réflexions. D'une part, un certain brouillage idéologique apparent pourrait faire croire, en l'absence d'un minimum de culture historique, qu'une partie de ces idées seraient nouvelles, voire pas très éloignées de celles d'une partie de la « gauche » actuelle, comme l'intérêt pour les mouvements régionalistes, pour le nationalisme arabe (dans certains cas par antisémitisme[1]) ou encore pour l'écologie – alors même que le retour à la nature, voire le naturisme, fut une constante de l'extrême droite allemande depuis la fin du XIXe siècle, ce qui ne disqualifie pas pour autant l'écologie politique de gauche, dont le programme est tout autre[2]. Symétriquement, l'éloignement

1. Voir Olender, 2009, p. 221-222.
2. Pouchain, 1999.

d'une partie de ces thèses « aryennes » de celles du Front national pourrait faire croire qu'elles ne seraient donc pas d'extrême droite, comme l'hostilité au nationalisme strict, l'affirmation du « droit à la différence » ou les positions sur l'avortement et l'euthanasie, voire sur l'homosexualité masculine. En réalité, leur filiation séculaire est éclatante, à travers une partie du nazisme (dans sa variante « aristocratique », incarnée par la SS) et les mouvements extrémistes d'après-guerre, comme Europe-Action. Seules la rhétorique et certaines références littéraires ou scientifiques sont nouvelles.

Un « Que sais-je ? » racial

Les écrits, même récents, de la Nouvelle Droite sur les Indo-Européens sont en effet éclairants. Ils reprennent intégralement, depuis le « Que sais-je ? » du linguiste Jean Haudry de 1981 (réédité en 2010) au numéro spécial de *Nouvelle École* de 1997 (rédigé presque exclusivement par Jean Haudry et Alain de Benoist) sans compter quelques ouvrages plus récents encore et répétitifs, les théories de Kossinna et de ses disciples nazis sur un Foyer originel situé sur la Baltique, voire sur une fantasmatique Atlantide engloutie[1]. Mais surtout, de *Vu de droite* à ce même « Que sais-je ? », l'idée d'une « race aryenne » grande, blonde et aux yeux bleus est réaffirmée, avec des références explicites à Hans Günther, le raciologue officiel du nazisme, célébré à plusieurs reprises dans *Nouvelle École*. On peut suivre ces thèses sur un certain nombre de sites internet actuels, tel celui du mouvement Terre et Peuple (référence transparente à l'exaltation nazie du *Blut und Boden* – Sang et Terre), fondé et animé par les universitaires en retraite Pierre Vial et Jean Haudry. Il va sans dire que cette « blondeur », qui remonte on s'en souvient à Vacher de Lapouge[2], est purement fantasmatique, comme l'a bien montré Bernard Sergent[3] : il existe des héros bruns, comme le Germain Sigurdr (c'est-à-dire Siegfried !), le mot grec que l'on traduit

1. Haudry, 1981 ; *Nouvelle École*, n° 49, 1997.
2. Voir *supra*, chap. 4, p. 117 et 130 *sq.*
3. Sergent, 1995, p. 434-441.

par « blond » est *xanthos*, qui veut aussi bien dire « fauve » ou « roux » ; et le rouge est souvent associé au guerrier dans les mythologies indo-européennes.

Dans son « Que sais-je ? » sur *Les Indo-Européens*, qui fait suite à un premier volume presque purement linguistique consacré à *L'Indo-Européen*[1], Jean Haudry décrit une société proto-indo-européenne idéale, qui pour l'essentiel relève tout autant de fantasmes, de plus en plus apparents au fil des pages[2]. Cette société primitive reposerait sur un anachronique « lien national » (p. 66). Aristocratique, elle s'opposait à « la lutte des classes » (p. 52) et à « l'ennemi caché de l'intérieur » (p. 24). Aussi « les Indo-Européens ont exclu, en matière de gouvernement, la loi du nombre sous toutes ses formes, démocratiques et ploutocratiques » (p. 57). Leur morale n'était guère différente du programme du Front national originel puisqu'ils auraient édicté des « dispositions tendant à favoriser la fécondité, à dissuader du célibat, à réprimer l'avortement et l'homosexualité » (p. 106). La religion indo-européenne était « païenne », « tolérante », « sans fanatisme » et ignorante des « dogmes » (p. 71). Elle était aussi « ésotérique » et certains individus, dotés de « pouvoirs supranormaux », « produisent les divers phénomènes recensés et étudiés par les parapsychologues » (p. 29). Cette dernière notation n'est pas indifférente car nous avons vu, du nazisme à la Nouvelle Droite, cette fascination constante de l'extrême droite pour l'ésotérisme et l'occultisme.

La référence idéologique au national-socialisme se retrouve jusque dans l'expression littérale. Au *Blut und Boden* nazi répond dans le livre de Haudry « le sol et le sang » (p. 49), et au *Lebensraum* « l'espace pour vivre » (p. 101) et « leur goût des libres espaces, leur volonté de domination » (p. 122 et 50). Il ne manque même pas « le crépuscule des dieux » (p. 88). La citation devient plus explicite encore à la fin de l'ouvrage, lorsque l'auteur aborde la question du « type physique » des Indo-Européens.

1. Haudry, 1979 ; compte-rendu critique de Jean-Louis Perpillou in *Bulletin de la Société de linguistique de Paris*, t. LXXVI, fasc. 2, 1981, p. 113-114.

2. Sergent, 1982 ; Taguieff, 1984 ; Biscarat, 2000 ; Olender, *Le Nouvel Observateur*, 20 février 1982, et la réponse de Jean Haudry, *Le Nouvel Observateur*, 20 mars 1982 ; Olender, 1983, 2009, p. 111-115 ; Demoule, 1982, *L'Histoire*, n° 43, p. 116. Les citations qui suivent sont tirées de Haudry, 1981, le numéro des pages étant indiqué entre parenthèses.

En effet, les témoignages des textes antiques « concordent pour désigner la race nordique, sinon comme celle de l'ensemble du peuple, au moins comme celle de sa couche supérieure » (p. 122). La démarche n'est pas nouvelle : elle date de Vacher de Lapouge dont l'ouvrage *L'Aryen, son rôle social*[1] contenait en annexe une série de citations de textes antiques où les héros sont décrits comme grands et blonds, un travail sur lequel s'appuyait Kossinna. Mais cette blondeur ne concerne en général que la « couche supérieure », remarque Haudry, car « l'unité raciale de l'aristocratie indo-européenne a dû être renforcée par l'endogamie ; son type physique a été perçu comme une marque de supériorité » (p. 124).

De fait, « si le type nordique est considéré comme un idéal physique, c'est qu'il était celui de la couche supérieure de la population » (p. 123), à l'exception, justement, des Germains, du moins tels que nous les décrit Tacite, qui étaient tous de « type nordique » quelle qu'ait été leur place dans la société. Les seuls Indo-Européens racialement purs sont donc bien les Germains. Et plus explicitement, Haudry s'appuie sur l'autorité de « l'anthropologie moderne » : il s'agit des ouvrages du raciologue nazi Hans Günther, *Rassenkunde des deutschen Volkes* (« Raciologie du peuple allemand », 1933) et *Die nordische Rasse bei den Indogermanen Asiens. Zugleich ein Beitrag zur Frage nach der Urheimat und Rassenherkunft des Indogermanen* (« La race nordique chez les Indo-Germains d'Asie. Avec une contribution à la question de la patrie originelle et de l'origine raciale des Indo-Germains », 1934)[2]. Il y ajoute la réédition récente d'un ouvrage posthume du germaniste nationaliste Rudolf Much, décédé en 1936 et fils du germanomane amateur et inspirateur de Kossinna Matthäus Much (Haudry confondant d'ailleurs père et fils) ; cette réédition était due aux bons soins de Herbert Jankuhn, l'ancien responsable des fouilles archéologiques de la SS (à cette époque « dénazifié » et professeur à l'université de Göttingen, où il occupa le rang de doyen) et du germaniste Wolfgang Lange[3].

1. Voir *supra*, chap. 4, p. 129.
2. Haudry, 1981, p. 122-123, notes 36 et 40 ; Günther, 1933, 1934.
3. Haudry, 1981, p. 122, note 40 ; Much, Jankuhn et Lange, 1967.

Ces certitudes anthropologiques permettent à Haudry d'identifier le Berceau indo-européen originel. Il ne s'agit même plus de la Scandinavie, comme le suggérait Kossinna, mais bien du Grand Nord, hypothèse de Vacher de Lapouge et de Rosenberg. Le chapitre qui en traite (p. 119-121) est intitulé « Ultima Thulé ». Cette référence apparente au voyageur grec Pythéas, qui avait désigné sous ce nom une île nordique inconnue dont il avait entendu parler, est une allusion transparente à la Société de Thulé, l'un des groupuscules à l'origine du parti national-socialiste, dont Pauwels et Bergier avaient largement exagéré le rôle historique ; sans compter le Groupe de combat Thulé, très actif dans la sanglante contre-révolution qui suivit en 1919 la Commune populaire de Munich. À l'appui de sa thèse, Jean Haudry évoque des passages obscurs extraits des légendes celtiques de l'Irlande médiévale ainsi que de l'Avesta, livre sacré de la religion zoroastrienne, daté du Ier millénaire avant notre ère. Il mentionne aussi un texte manuscrit et allusif d'un préhistorien français disparu, Franck Bourdier. Et enfin l'ouvrage d'un érudit indien du début du XXe siècle, Bâl Gangâdhar Tilak, opportunément traduit peu de temps auparavant par une maison d'édition liée à l'extrême droite, et qui plaçait déjà au pôle Nord le Berceau originel[1]. Il rappelle enfin que la racine indo-européenne **sek^{w}*, qui signifierait à la fois « suivre à la trace », « suivre » et finalement « voir » et « raconter », serait bien l'un des « vestiges de la langue d'un peuple de chasseurs »[2]. On le voit, le dossier est un peu mince. L'hypothèse de l'origine polaire sera néanmoins reprise dans le numéro ultérieur, déjà cité, de *Nouvelle École*, spécialement consacré aux « Indo-Européens »[3] et entièrement rédigé par Alain de Benoist et Jean Haudry. Dans la même veine, un certain Carl-Heinz Boettcher développe une version à peine modernisée des thèses kossinniennes dans la revue *Études indo-européennes* éditée par l'Institut d'études indo-européennes de l'université de Lyon-III, fondé par Jean Haudry[4]. Le Peuple originel s'identifie bien à la culture mésolithique scandinave d'Ertebølle-Ellerbeck.

1. Tilak, 1903 ; Haudry, 1981, p. 119-121.
2. *Ibid.*, p. 121.
3. Haudry, 1997.
4. Boettcher, 1996.

On peut s'étonner que les respectables Presses universitaires de France, présidées alors par feu Michel Prigent, aient pu publier dans une collection prestigieuse un ouvrage aux références idéologiques aussi éclatantes. De fait, il faudra attendre près de vingt ans, en 1998, pour que le livre, plusieurs fois réédité entre-temps, soit retiré du catalogue des PUF ; il ne sera d'ailleurs épuisé qu'en 2003. Une maison d'extrême droite rééditera les deux « Que sais-je ? », fondus en un seul, en une version « mise à jour »[1].

Cet Institut d'études indo-européennes fut donc créé par Jean Haudry en 1981 avec l'appui vigoureux de Jacques Goudet, le président de l'université, mais sera dissous en 1998[2]. On y trouvait plusieurs membres du GRECE, comme l'indianiste Jean Varenne et le germaniste Jean-Paul Allard (qui deviendra directeur de l'Institut en 1987), tandis qu'enseignaient aussi dans cette université l'historien Pierre Vial (spécialiste des Templiers, dans une vision parfois ésotérique), le juriste Bruno Gollnisch (un temps numéro deux du Front national), le sociologue Jacques Marlaud (ancien d'Afrique du Sud), le bretonnisant Georges Pinault (ancien des guerres coloniales et pratiquement sans diplômes universitaires), ou encore l'africaniste Bernard Lugan (propagandiste de l'apartheid), tous liés à l'extrême droite, et plus précisément au GRECE, recrutés dans cette université selon des procédures parfois contestables – mais partis en retraite, sans relève, au cours des années 2000. C'est ce groupe d'enseignants qui fut impliqué directement dans des travaux négationnistes, en particulier la thèse d'Henri Roques soutenue à Nantes en juin 1985, devant un jury composé de Jean-Paul Allard, Jean-Claude Rivière et Pierre Zind, et que le ministre de l'Éducation nationale fit annuler ; un article de l'économiste Bernard Notin, également enseignant dans cette université ; et enfin la maîtrise (on dit aujourd'hui un « master ») du libraire et éditeur négationniste Jean Plantin, soutenue en 1990, cette fois délivrée par d'autres enseignants de Lyon-III, et qui fit aussi l'objet d'un recours[3].

1. Haudry, 2010.
2. Olender, 2009, p. 120-123 ; Rousso, 2004, p. 59, note 24 ; Biscarat, 2000.
3. Rousso, 2004.

Leur départ en retraite, s'il signa la fin de leur reconnaissance universitaire, ne fit cependant pas disparaître ce groupe. Pierre Vial et Jean Haudry animent désormais le groupuscule *Terre et Peuple*, déjà mentionné. Les Indo-Européens occupent une place de choix sur le site internet de ce groupe, comme sur d'autres. De même, l'association des Amis des études celtiques, qui a son siège à la Sorbonne, reste contrôlée par Jean Haudry et des sympathisants idéologiques, et tient régulièrement des « journées d'étude » orientées dans la même direction.

Une part croissante des idéologies d'extrême droite passe désormais par Internet et plusieurs dizaines de sites de référence dits « identitaires », comme le site très fréquenté « François Desouche », animé par un militant du Front national, Pierre Sautarel, mais hébergé en Suède – ou encore la chaîne de télévision TV Libertés créée en 2014. On y rencontre aussi les « Indo-Européens », en sus de tous les autres thèmes usuels de l'extrême droite, comme l'exaltation de la « race », l'islamophobie, la dénonciation du « judéo-capitalisme », etc. Cette diffusion sur Internet marque un rajeunissement culturel de ces thèmes, lui-même cohérent avec un autre pan, celui de la musique dite « europaïenne », et plus généralement du néopaganisme[1]. Il existe cependant, d'une certaine manière, un paganisme « de droite » et un paganisme « de gauche ». Ce dernier se situe plutôt dans le courant *New Age* et est souvent associé à des mouvements féministes, pacifistes et écologistes, le plus souvent anglo-saxons, comme la mouvance dite *Wikka*, qui prône une sorte de culte d'une déesse mère primitive inventée, mouvance que l'indo-européaniste Marija Gimbutas a fréquentée à la fin de sa vie et pour laquelle elle était devenue une référence[2]. Le paganisme « de droite », sinon d'extrême droite, brandit les valeurs symétriques de force brutale dans une mythologie guerrière tout aussi inventée, avec des rassemblements, des « cérémonies » liées par exemple aux solstices et des concerts de musique dite païenne. Ce néopaganisme a été théorisé sous une forme plus intellectuelle par la Nouvelle Droite, et notamment par Pierre Vial et Alain de Benoist.

1. François, 2006, 2007, 2008.
2. Voir *infra*, chap. 14, p. 396-399.

L'Internationale raciste

La réémergence au grand jour des idéologies d'extrême droite disqualifiées par la défaite du nazisme n'a évidemment pas été propre à la France, sur laquelle nous nous sommes plus particulièrement étendu. Dès la fin des années 1960 se tissent aux États-Unis et en Europe les réseaux de ce que l'historien anglais Michael Billig a appelé l'« Internationale raciste[1] ». Ces réseaux ont un socle commun, fondé sur des théories inégalitaires et eugénistes, sinon racistes[2], et sur une référence à un mythique passé indo-européen. Dès l'après-guerre, l'anthropologue britannique Roger Pearson fonde la *Northern League for North European Friendship*, qui rassemble d'anciens nazis comme le raciologue Hans Günther (qui écrivait désormais sous un pseudonyme), l'ancien SS Arthur Ehrhardt ou Franz Altheim, collaborateur de Himmler à l'*Ahnenerbe* (il sera après la guerre professeur à Halle en RDA, puis à Berlin-Ouest), et des néonazis et néofascistes comme, en Grande-Bretagne, Colin Jordan, Alastair Harper ou John Tyndall. Il crée deux ans plus tard la revue *Mankind Quaterly*, porte-voix du « racisme scientifique », avec Robert Gayre et notamment le généticien nazi Ottmar von Verschuer, le supérieur de Mengele[3]. L'anthropologue français Henri-Victor Vallois fait partie du comité d'honneur de la revue. Pearson crée également, en tant que maison d'édition et de diffusion, l'Institute for the Study of Man, au nom fort neutre mais subventionné en particulier par le Pioneer Fund, qui soutient les publications racialistes et racistes. Pearson est également membre de la *World Anti-Communist League* et en lien avec des organisations similaires, comme la secte Moon.

En 1973, Pearson, toujours par l'intermédiaire de l'Institute for the Study of Man, fonde le *Journal of Indo-European Studies*, qui va devenir rapidement une revue de référence du domaine. Le comité éditorial comprend quatre membres, Robert Pearson lui-même, l'archéologue Marija Gimbutas, le linguiste finnois Raimo Anttila et Edgar Polomé, indo-européaniste belge

1. Billig, 1981.
2. Voir *infra*, chap. 10, p. 303.
3. Voir *supra*, chap. 8, p. 258 et 264.

– Polomé, Pearson et Gimbutas figurant par ailleurs au comité de patronage de *Nouvelle École*. Ces trois autres personnalités sont scientifiquement indiscutables, tout comme la plupart de l'« Editorial advisory board » du *Journal of Indo-European Studies*, lequel compte à l'origine trente-six membres, en majorité tout aussi reconnus. Mais on y trouve néanmoins le même Franz Altheim, collaborateur de Himmler, également membre du comité de patronage de *Nouvelle École*, tout comme, parmi les autres membres appartenant aux deux comités, Mircea Eliade, Scott Littleton et Rüdiger Schmitt – sans qu'il soit toujours possible de savoir si ces scientifiques étaient pleinement informés de la nature de cette dernière revue.

Lc *Journal of Indo-European Studies* se présentera jusqu'à aujourd'hui comme une revue purement scientifique. Cette neutralité de bon aloi peut être comprise comme un exemple d'action éditoriale « métapolitique » de la part de Pearson, même si au détour d'une chronique bibliographique Edgar Polomé, personnalité plutôt conservatrice, salue la qualité de *Nouvelle École*, « the fascinating French Journal devoted to original, even if controversial ideas », à l'occasion du numéro de 1997 entièrement consacré aux Indo-Européens (dans leur version kossinnienne), déjà mentionné[1]. En deux pages de louanges, Polomé (francophone belge) ne voit visiblement aucun lien entre le Foyer originel nordique, sinon « circumpolaire », proposé par Benoist et Haudry et les théories de Kossinna et de Rosenberg. Et il peut conclure : « This volume stands out as an excellent *status questionnis* of the IE problem that no serious scholar in the field can afford to bypass. » Quelques pages plus loin, Polomé publie également un fort bref mais tout aussi laudatif compte-rendu du livre d'Alain de Benoist sur *Famille et Société* (1996), « fascinating book », « brilliant overview », « amply documented, well written and easily readable »[2].

On signalera aussi dans la même mouvance états-unienne la revue *The Occidental Quaterly* et le site web « The Occidental Observer », édités par la Charles Martel Society, à l'appellation transparente.

1. Polomé, « Book Chronicles », *Journal of Indo-European Studies*, 25, 1-2, p. 234-235.

2. *Ibid.*, 25, 1-2, p. 266-267. Sur ce livre, compte-rendu critique *in* Le Bras, 1997.

Les sujets traités y portent pour l'essentiel sur les menaces qui pèsent sur la « race blanche ». L'éditeur de la première, Kevin McDonald, professeur de psychologie à l'université de Californie, Long Beach, traite de la « stratégie eugéniste et ethnocentriste » qu'auraient mise en place les Juifs pour prendre le contrôle des « majorités blanches d'Europe et d'Amérique » et s'interroge sur l'existence d'une « race juive ». L'un des contributeurs (on y retrouve aussi Alain de Benoist), John Day, est l'auteur d'un volumineux *The Indo-Europeans Origins : The Anthropological Evidence* (2001), précisément publié par The Institute of the Study of Man (c'est même la seconde monographie publiée par cet organisme, juste après les hommages à Marija Gimbutas), et qui prétend résoudre par l'anthropologie physique la question des origines indo-européennes. Une anthropologie très biaisée, même enrichie d'une dose d'analyses par ADN, puisqu'elle s'appuie, dans la lignée de Gobineau, Vacher de Lapouge et Kossinna, sur le « type physique nordique » supposé de l'élite indo-européenne ancienne dont témoigneraient les textes antiques. L'auteur écarte vigoureusement l'hypothèse anatolienne de Colin Renfrew et se rapproche, sans oser totalement l'affirmer, de l'hypothèse nordique de Kossinna, et aussi de ses conclusions historico-politiques : puisque les Indo-Européens étaient une élite, ils étaient minoritaires et ont donc en partie disparu dans la masse des peuples conquis. C'est le cas notamment des patriciens romains, dont on perd la trace au début de l'Empire romain, ce qui permet à John Day de conclure à ce propos l'un de ses articles : « Si nous, Occidentaux, voulons éviter un semblable destin, nous avons beaucoup à apprendre de l'histoire des Indo-Européens. » Déplorant le terrorisme intellectuel contre la Nouvelle Droite française tout comme dans l'« Allemagne démocratique » (entre guillemets), il se réfère, à propos du déclin des peuples, à Ilse Schwidetzky, une des anthropologues, déjà rencontrée, du national-socialisme[1].

D'étroites collaborations

Ainsi, grâce à la *Northern League*, l'« Internationale raciste » bénéficie de l'actif réseau de revues comme *Mankind Quaterly*,

1. Day, 2001, 2002 ; Schwidetzky, 1954.

Nouvelle École et, en Allemagne, *Neue Anthropologie*, l'organe de la *Gesellschaft für biologische Anthropologie*, Eugenik und Verhaltensforschung (« Société pour l'anthropologie biologique, l'eugénisme et la science du comportement »), animée notamment par les néonazis Hans Georg Amsel et Jürgen Rieger, un disciple de Günther. Les liens entre la France et l'Allemagne sont particulièrement forts. L'un des membres français de la Nouvelle Droite, Pierre Krebs, vit en Allemagne et anime le *Thulé-Seminar* (une référence transparente à la Société de Thulé déjà rencontrée), lequel se définit comme une *Forschungs- und Lehrgemeinschaft für die indoeuropäische Kultur*, c'est-à-dire une « Association pour la recherche et l'enseignement sur la culture indo-européenne ». Krebs y a créé successivement les revues *Elemente* (de 1986 à 1996), puis *Metapo* (en référence à la stratégie « métapolitique ») de 1999 à 2001, et ensuite *Mars Ultor* (Mars le Vengeur, un dieu qui avait son temple à Rome). Les sites internet qui en dépendent adoptent un graphisme et une iconographie qui évoquent explicitement le nazisme, y compris avec le « soleil noir » qui ornait le sol de la grande salle du Wewelsburg, le quartier général de la SS. Une fière devise s'y affiche : *Wissen eint ! Wille siegt !* : « Le savoir unit ! La volonté vainc ! » Parmi les collaborateurs français de ces revues, on rencontre sans surprise ceux de *Nouvelle École*, comme Jean Haudry, Pierre Vial ou Guillaume Faye, ainsi que, au moins au début des années 1990, Alain de Benoist, qui dirigeait en Allemagne une collection « culturelle » dans la maison d'édition d'extrême droite Grabert, connue pour ses publications antisémites voire négationnistes, dont certaines ont été condamnées par la justice allemande.

En Italie, la *Nuova Destra* est fondée en 1977 par des membres de différents groupes de jeunesse néofascistes[1]. Comme sa grande sœur et modèle français, elle publie la revue *Elementi* et se revendique anticapitaliste, antidémocratique, biologisante, antiégalitaire, et admiratrice de Julius Evola. On remarque dans cette mouvance les noms de Claudio Mutti, ancien député néofasciste, traducteur de plusieurs écrits négationnistes et du faux antisémite *Les Protocoles des Sages de Sion* ; de Mario Tarchi et ses revues *Diorama litterario* et *Transgressioni* ; ou encore d'Alessandro Campi et sa revue *Futur Presente*, calque de *Nouvelle École*.

1. Ferraresi, 1984 ; François, 2008.

Il faudrait encore évoquer la Belgique, flamande comme wallonne, tout aussi liée à la Nouvelle Droite française, avec la revue néopaïenne *Antaïos*, la Suisse avec son Cercle Thulé, l'Autriche, la Grèce, l'Espagne (où en Catalogne existe un homonyme du GRECE), etc.[1]. Le site internet d'extrême droite « Metapedia », référence explicite à « Wikipedia » dont il plagie la mise en page et la maquette, publie des rubriques dans près d'une vingtaine de langues européennes. En 2013, les rubriques en hongrois, les plus nombreuses, atteignaient presque le chiffre de cent cinquante mille, contre quelques milliers pour la plupart des autres langues. Les thèmes privilégiés en sont la Seconde Guerre mondiale, les mouvements fascistes, l'antisémitisme, le négationnisme.

Tous ces mouvements contemporains ont en commun de prolonger l'héritage politique et intellectuel que le nazisme allemand et le fascisme italien ont, chacun dans sa voie, poussé au paroxysme d'une réalisation concrète. La perpétuation imaginaire d'un « héritage » indo-européen reconstruit, certainement bien éloigné de ce que furent les sociétés préhistoriques européennes, assortie d'un néopaganisme de pacotille, pourrait rester marginale et anecdotique. Mais les groupuscules qui donnèrent naissance au nazisme ne commencèrent pas autrement – ils n'eurent même pas en leurs débuts l'audience intellectuelle qu'a rencontrée la Nouvelle Droite en France. Or, dans l'Europe d'aujourd'hui, l'extrême droite proprement populiste a le support de 5 % à 20 % des électeurs d'une part ; et la droite conservatrice traditionnelle est elle-même contaminée dans ses franges par les discours des droites extrêmes.

1. Sur les extrêmes droites européennes contemporaines : Duranton-Crabol, 1991 ; Milza, 2002 ; François, 2008.

10

De l'anthropologie raciale à l'anthropologie biologique

Où l'on remarque que l'on continua de mesurer des crânes et de définir des « races » en France jusque dans les années 1980 alors que cela tombait ailleurs en désuétude, et comment la Société d'anthropologie de Paris remit une médaille à une ancienne anthropologue nazie – Et comment l'anthropologie physique se transforma en « anthropologie biologique » par un tour de passe-passe – Mais pourquoi la mesure des crânes (craniométrie) n'observe dans tous les cas aucun mouvement de population depuis les steppes de la mer Noire vers l'Europe centrale et occidentale – Comment les théories racistes de Vacher de Lapouge et Kossinna se rencontrent dans des ouvrages américains apparemment scientifiques – Comment l'anthropologie physique abandonna la mesure des crânes pour l'analyse des marqueurs sanguins et de l'ADN – Comment des généticiens construisirent l'arbre généalogique de tous les gènes du monde, censé coïncider avec l'arbre de toutes les langues du monde, les deux arbres se confortant l'un l'autre dans un cercle vicieux interdisciplinaire sous le nom de « Nouvelle Synthèse » – Et quelles sont les trois conditions pour qu'une « découverte » scientifique connaisse une large médiatisation – Et pourquoi cette coïncidence « marche » de loin, mais pas du tout dans les détails, et comment on confond frontière linguistique et frontière politique – Comment une équipe franco-russe a affirmé « avoir retrouvé les Indo-Européens » parce qu'il y avait eu il y a deux mille ans du côté de Krasnoïarsk en Sibérie des humains aux yeux et aux cheveux clairs – Comment le racisme continue à s'appuyer sur la psychologie et ses techniques statistiques les plus sophistiquées.

La première moitié du XXe siècle avait vu s'effacer progressivement la craniométrie, à des rythmes plus ou moins rapides suivant les pays et les traditions scientifiques, tandis que la génétique émergeait. La seconde moitié du même siècle verra la poursuite de ce double mouvement inverse. Mais l'anthropologie physique, l'étude des squelettes, ne disparut pas totalement en tant que discipline scientifique, ou plus exactement elle se trouva d'autres modes d'existence, y compris par des techniques nouvelles et modernes. La génétique de son côté parut avoir largement remporté la victoire, si tant est que, derrière des débats scientifiques apparents, il y avait aussi des luttes de pouvoir académiques. L'étude génétique de populations vivantes paraissait pouvoir se passer totalement de celle de squelettes anciens, pourtant témoins réels de populations disparues ; le coût financier, entre autres, en était nettement moindre et il n'était en principe plus besoin pour cela de mener des fouilles archéologiques longues et complexes. Pourtant, malgré la sophistication croissante des études d'ADN, les modèles explicatifs sont restés pour l'essentiel ceux du XIXe siècle, au temps de la craniométrie triomphante. Et de même qu'Alfredo Trombetti, il y a un siècle, retraçait la dispersion des humains et de leurs langues depuis un point central unique et himalayen, de même des généticiens et des linguistes construisent désormais le Grand Arbre de tous les gènes et de toutes les langues – dans lequel vient se loger l'arborescence des langues indo-européennes, portée par les migrations du Peuple primordial.

Le crépuscule des « races »

En apparence, l'anthropologie physique résista aux traumatismes de la Seconde Guerre mondiale et aux conséquences de son dévoiement par la politique raciale du Troisième Reich et des territoires qui en dépendirent un temps, comme la France de Vichy. Henri-Victor Vallois[1] n'aura aucun souci à la Libération. Il continuera de régner durablement sur l'anthropologie française, jusqu'à son décès en 1981. Ses élèves continueront à suivre fidèlement ses traces, comme Denise Ferembach ou encore Raymond Riquet.

Ce dernier, professeur d'anthropologie à l'université de Bordeaux à partir de 1977, identifiait inlassablement les « races »

1. Voir *supra*, chap. 8, p. 261 *sq.*

préhistoriques et passa en revue quelque sept cents crânes du néolithique et de l'énéolithique français[1]. Parfaitement représentatif de l'anthropologie française de l'époque, il distinguait les « races d'inspiration mésolithique ou paléolithique », donc « autochtones », au sein desquelles on trouvait les « types de haute taille » avec le « type cro-magnonoïde au sens strict », le « type de Brünn (Brno) » et le « type de Borrebey » « non attesté en France » ; et les « types de petite taille » avec le « type proto-alpin » (« défini par sa brachycéphalie nettement moins accentuée que chez l'Alpin actuel »), le « type mésocéphale séquanien », le « type dolichocéphale aquitain ». Il identifiait par ailleurs les « envahisseurs néolithiques », également subdivisibles en « types » de grande et de petite taille. Parmi les premiers, on remarque la « race cordée » (définie par Coon, et qui « correspond au type de Hinkelstein de Schliz, au type II de Reche, à la forme dolichocéphale de l'Allemagne de l'Est de Scheidt et au type I d'Ulrich »). Comme le remarque Riquet, « cette race correspond à de grands sujets très dolichocéphales [...]. L'origine de ce type est inconnue mais peut être recherchée du côté des steppes de la mer Noire, si la Céramique Cordée a effectivement pris naissance dans ces mêmes régions, comme on le suppose généralement. On peut d'ailleurs aussi bien supposer que cette race est indigène. Avec la race de Brünn, elle forme les composantes essentielles du Nordique actuel »[2].

Riquet distingue encore le « type mégalithique de Coon » ; le « type danubien » qui « correspond sans doute à la plus ancienne vague des envahisseurs néolithiques » et « présente un caractère nettement méditerranéen », tout comme « la race de Baumes-Chaudes », qui « est bien une race mégalithique ». Enfin il faut ajouter les « envahisseurs du début du Bronze », avec des « Dinariques, ou plus exactement des Dinaroïdes » (mais dans lesquels on a sans doute « confondu les types très voisins craniologiquement de l'Arménoïde, du Dinarique vrai d'origine balkanique et du type lorrain d'origine centro-européenne ») ; la « race ibéro-insulaire ». Enfin, si « la race nordique sous son aspect actuel n'existe guère avant le premier âge du fer [...], ce

1. Riquet, 1951.
2. *Ibid.*, p. 205-206.

qu'on rencontre à l'Énéolithique n'est le plus souvent que du Proto-nordique : Cro-magnonoïde et Cordé. La filiation que nous proposons ainsi n'est d'ailleurs pas indiscutable »[1].

Raymond Riquet n'utilise jamais les mots « indo-européen » ou « aryen », dans une tradition qui remonte à Broca, faite de défiance d'une part, de désintérêt sans doute aussi. Toutefois, la problématique reste présente à l'arrière-plan, avec cette « race cordée » peut-être venue de la mer Noire, à moins qu'elle ne soit indigène et nordique, ce qui laisse une certaine latitude. On voit aussi comment s'entremêlent et se brouillent les notions de « race », de « type », de « culture » et de « céramique » ; mais aussi, sans entrer dans le détail des travaux de Riquet, combien les frontières entre ces « races » paraissent floues et fluctuantes, illustrant le constat, déjà vieux alors d'un demi-siècle, que les groupes s'estompent en proportion du nombre de mesures anthropométriques que l'on prend – constat qui avait conduit Déchelette, entre autres, à refuser toute pertinence à cette discipline.

Médailles et survivances

On a évoqué[2] comment les anthropologues allemands, y compris les plus compromis, avaient pu poursuivre une paisible carrière universitaire dans l'après-guerre, tandis que leur discipline n'était nullement remise en cause[3]. Dès 1956, Eugen Fischer, l'inspirateur « scientifique » des lois raciales de Nuremberg, est à la place d'honneur lors du congrès international qui célèbre les cent ans de la découverte de l'homme de Neandertal éponyme. Il faudra attendre les années 1980 pour qu'une nouvelle génération scientifique, pour l'essentiel allemande et anglo-saxonne, s'empare du dossier et mène les nécessaires travaux historiques critiques[4].

Ces affinités intellectuelles culmineront avec la remise en 1980

1. *Ibid.*, p. 210.
2. Voir *supra*, chap. 8, p. 258-259.
3. Voir aussi Kaupen-Haas et Saller, 1999.
4. Müller-Hill, 1984 ; Conte et Essner, 1995 ; Billig, 1981 ; Weinreich (M.), 1946 ; Massin, 1998 et 1999 ; Kaupen-Haas et Saller, 1999 ; Römer, 1985 ; Adams, 1990 ; Weindling, 1998 [1989] ; Olff-Nathan, 1993 ; Schmuhl, 2005 et 2008 ; Lipphardt, 2008.

du prix Paul-Broca à l'anthropologue allemande Ilse Schwidetzky, sous l'égide de la Société d'anthropologie de Paris et du CNRS, à l'occasion des cent ans de la mort de Broca[1]. Malgré ses dires, Ilse Schwidetzky, qui succéda au baron Egon von Eickstedt à la tête de l'Institut d'anthropologie de Mayence, s'était bel et bien compromise avec le nazisme[2]. Il y eut alors un scandale public dans les locaux du CNRS et une crise au sein de la Société d'anthropologie de Paris. Denise Ferembach regretta, dans le rapport moral annuel de la Société, ces « incidents déplorables », qui « heureusement, n'ont guère affecté le déroulement du colloque »[3]. Mais la Société dut néanmoins l'année suivante (celle de la mort de Vallois) organiser une séance spéciale sur les « problèmes d'éthique en anthropologie physique », au cours de laquelle « la responsabilité de l'anthropologue, le contexte émotif entourant la notion de race dont le concept ne peut être abandonné, l'exploitation des travaux scientifiques à des fins idéologiques, en les détournant de leur sens réel, entraînant des attaques non justifiées envers l'anthropologie, ont tour à tour été abordés en même temps que la façon dont les anthropologues devaient réagir contre les attaques formulées à l'égard de notre discipline[4] ».

L'anthropologie physique française va cependant cesser d'exister sous sa forme traditionnelle au cours des années 1980, à mesure que ses adeptes disparaissaient. Toutefois, même si elle aura persisté plus longtemps en France qu'ailleurs, la craniométrie n'a pas totalement disparu. Elle reste par exemple une problématique actuelle au Japon, pays qui consacre sans doute le plus de moyens à son archéologie nationale. On peut dans certains musées savoir, grâce à un écran interactif et en rentrant ses caractéristiques physiques, si l'on est « Jomon » (c'est-à-dire du « type » physique supposé être celui du premier peuplement japonais) ou bien « Yayoï » (c'est-à-dire de la couche de population supposée être venue du continent au cours des derniers siècles avant notre ère). Il est vrai que les squelettes se conservent très

1. Bocquet-Appel, 1996, p. 116.
2. Voir *supra*, chap. 8, p. 259.
3. Ferembach, 1980, p. 351.
4. Ferembach, 1981, p. 474.

mal dans le sol volcanique du pays, ce qui limite singulièrement les données ; et que par ailleurs l'anthropologie japonaise n'a pas été compromise dans des crimes contre l'humanité.

En 1973 encore, l'anthropologue indien Kumar donne, dans la première livraison du nouveau *Journal of Indo-European Studies*, un article sur les « composants ethniques des bâtisseurs de la civilisation de l'Indus et l'arrivée des Aryens » dans lequel il décrit, à la suite de son collègue Dutta, les squelettes retrouvés de cette civilisation, comme formant un « groupe composite homogène, caractérisé par certaines variables attribuables à des éléments proto-nordiques, proto-méditerranéens ou méditerranéens, alpins-arménoïdes et veddoïdes/protoaustraloïdes ». En revanche, il reste réservé sur l'identification des « types aryens » qui auraient mis à bas la civilisation de l'Indus, même si des anthropologues indiens et anglais de l'entre-deux-guerres avaient pensé les distinguer des indigènes de par leur « haute voûte crânienne, leur face longue et leur nez proéminent »[1].

La craniométrie s'était également maintenue à l'université de Genève, autour de Marc-Rodolphe Sauter. L'un de ses élèves, Roland Menk, publie dans les années 1980 plusieurs travaux, renforcés par des analyses statistiques multivariées, dans l'optique traditionnelle d'identifier « cro-magnonoïdes » ou « méditerranéens » sur le territoire européen, notamment par rapport aux migrations supposées des peuples des *kurgans*[2]. Pris au pied de la lettre néanmoins, ses résultats ne montrent aucun mouvement migratoire depuis les steppes vers l'Europe centrale et occidentale, ce que certains pourront certes interpréter comme le fait que les Indo-Européens originels n'étaient qu'une petite élite militaire anthropologiquement invisible, avec tous les risques de l'argumentation par l'absence[3].

Des détournements idéologiques restent malgré tout présents, comme ceux déjà évoqués d'un certain John Day, clairement lié à l'extrême droite américaine[4], dont on peut s'étonner que l'ouvrage

1. Kumar, 1973 ; Dutta, 1972.
2. Menk, 1980, 1981.
3. Sergent 1995, p. 254, 285 ; Menk, 1980 ; Schwidetzky, 1980 ; Xirotiris, 1980.
4. Voir *supra*, chap. 9, p. 300.

The Indo-Europeans Origins : The Anthropological Evidence[1] figure en référence anthropologique, sans aucun commentaire, dans des manuels sérieux.

Le débat sur l'anthropologie physique n'est cependant pas si simple. Certes, les « races » au sens où l'entend le sens commun, ou tout aussi bien Vallois et Riquet, n'existent pas, pour reprendre le constat de Topinard il y a déjà un siècle. On ne saurait délimiter des « groupes » ou des « types » stables puisque tous les intermédiaires existent d'un « groupe » à l'autre, d'autant que les changements alimentaires influent sur la taille et même sur la forme du crâne, tandis que les caractères s'héritent en partie indépendamment les uns des autres. Néanmoins les humains se ressemblent entre eux par grandes régions, ne serait-ce que du fait des mariages traditionnels sur place, avant que les mouvements migratoires récents viennent peu à peu brouiller l'image – sans compter les effets de l'environnement, de la température et de l'ensoleillement, sur la sélection naturelle[2]. De fait, les populations du monde réagissent différemment à certains aliments (laitages en Asie) ou à certains médicaments. Ressemblances et différences témoignent d'une longue histoire biologique qui pourra sans doute être peu à peu reconstituée. Si la craniométrie, malgré un siècle de tentatives, n'a jamais pu en être un outil opératoire à grande échelle, des études très locales peuvent permettre, encore aujourd'hui, de mettre en évidence des continuités ou au contraire des ruptures dans les « types » physiques d'une population donnée, avec toutes les précautions d'usage, et d'identifier des parentés génétiques.

Des crânes aux globules

Étonnamment, il n'y a jamais eu en France de bilan critique de l'anthropologie physique, du moins venu de la discipline elle-même, malgré quelques utiles notes historiographiques[3].

1. Day, 2001, 2002.
2. Voir le dossier in *Current Anthropology*, 53, supplément 5 : *The Biological Anthropology of Living Human Populations : World Histories, National Styles, and International Networks* (avril 2012).
3. Bocquet-Appel, 1989, 1996.

La discipline changea juste de nom, passant d'« anthropologie physique » à « anthropologie biologique », et se concentra sur d'autres champs, comme la paléodémographie, les marqueurs sanguins, l'ADN, la paléopathologie, voire l'« archéothanatologie » – c'est-à-dire tout simplement l'étude fine des processus de décomposition des cadavres après leur enfouissement, laquelle permet de préciser les gestes accomplis lors de l'inhumation. La paléodémographie retrace, grâce aux décomptes des défunts d'une civilisation donnée (à condition que les tombes laissent des traces visibles) et grâce à des modèles mathématiques sophistiqués, les effectifs et les évolutions des populations[1]. La paléontologie humaine se développa aussi, avec la multiplication des missions en Afrique dans les dernières décennies, qui découvrirent de nombreux fossiles anciens remontant jusqu'à huit millions d'années. Cette réorientation vers les formes humaines plus anciennes contribua aussi à délaisser les classifications raciologiques des humains modernes.

Dans d'autres pays, on continua pourtant à parler d'« anthropologie physique », comme aux États-Unis où au sein des « départements d'anthropologie » restent toujours associées trois disciplines, comme à l'origine : « anthropologie physique », « anthropologie sociale » et « préhistoire ». Symétriquement, le terme d'« anthropologie sociale », importé des États-Unis notamment par Claude Lévi-Strauss, voire d'« anthropologie » tout court, a eu tendance à remplacer celui d'« ethnologie » parmi une bonne partie des ethnologues français.

L'étude des marqueurs sanguins avait pris son essor dans le monde dès les années 1920, y compris en France, où elle resta cependant longtemps en marge des problématiques de l'anthropologie officielle[2]. De telles recherches furent consacrées par la nomination au Collège de France de Jacques Ruffié en 1972, sur une chaire dite d'anthropologie physique, mais traitant en réalité de la génétique et de la distribution géographique des marqueurs sanguins, ce que l'on appellera l'hémotypologie[3]. Ces recherches s'attachèrent à caractériser certaines populations, depuis les Basques

1. Bocquet-Appel, 2008 ; Dutour *et al.*, 2005a, 2005b.
2. Schneider, 1995.
3. Bernard et Ruffié, 1966.

jusqu'aux Papous, l'un des problèmes étant la représentativité des échantillons par rapport aux populations étudiées. Avec le développement des analyses d'ADN à partir des années 1990, de nouveaux moyens de caractérisation apparurent, notamment pour mettre en évidence des mouvements migratoires anciens. Marqueurs sanguins et ADN présentaient aussi un important avantage en termes de pouvoir académique : point n'était besoin de fouilles archéologiques lointaines et coûteuses pour rassembler du matériel humain, puisqu'on était censé pouvoir parvenir au même résultat par de simples prélèvements génétiques sur des humains vivants actuels.

Une si nouvelle synthèse ?

Ce fut tout le succès de la « Nouvelle Synthèse » (*New Synthesis*) des années 1990. À partir de quelques centaines d'analyses sur l'ensemble de la planète, le généticien et statisticien italien Luigi Luca Cavalli-Sforza et son équipe américaine proposèrent à partir de la fin des années 1980 un arbre des gènes de tous les humains du monde[1]. Concrètement, ces quelques centaines d'humains étaient regroupées en « populations » (les « Indiens », les « Sardes », les « Bantous », les « Européens », les « Philippins », etc.), et une classification arborescente était censée exprimer les relations de plus ou moins grande proximité entre ces différents groupes. Il est évident que d'autres modèles sont concevables pour exprimer lesdites proximités, ainsi que la représentativité de l'échantillon, même étendue à plusieurs milliers, pose problème pour rendre compte de toute l'histoire de l'humanité. En effet, le postulat explicite est que cet arbre de classification est un arbre généalogique, celui de tous les *Homo sapiens* apparus en Afrique, à partir de l'évolution d'*Homo erectus* locaux, il y a quelque cent mille ans, et descendants éventuels d'une hypothétique « Ève africaine »[2].

Plus fracassant encore, cette équipe mit son arbre de tous les gènes du monde côte à côte avec l'arbre de toutes les langues du

1. Cavalli-Sforza *et al.*, 1986, 1988, 1994 ; Cavalli-Sforza, 1997.
2. Pellegrini, 1995.

monde, que les linguistes américains Joseph Greenberg et Merritt Ruhlen avaient entrepris de construire dans ces mêmes années à partir des quelque six mille langues humaines connues, censées toutes descendre d'une proto-langue originelle commune, celle de l'« Ève africaine ». Or les deux arbres coïncideraient strictement : ce serait la « Nouvelle Synthèse » (voir annexes, 16, p. 610). Après avoir émergé il y a cent mille ans quelque part dans le quart nord-est de l'Afrique, les *Homo sapiens* auraient transporté leurs gènes et leurs langues, en se répandant sur toute la planète et en se divisant en groupes humains successifs, chacun muni de sa langue, laquelle évolua et se subdivisa à son tour jusqu'à aboutir aux six mille langues actuelles, parlées par les sept milliards d'humains contemporains – la famille des langues indo-européennes venant se loger dans l'ensemble.

On comprend qu'un tel résultat, illustré de surcroît par des dessins évocateurs, ait pu faire, à partir des années 1990 et jusqu'à maintenant, la Une de maints magazines de par le monde. Trois conditions sont en effet nécessaires pour qu'un travail scientifique atteigne à la célébrité médiatique : 1) la recherche doit être simple à comprendre ; 2) elle doit utiliser des techniques et/ou des appareillages sophistiqués (ici la lexicostatistique et la génétique) ; 3) elle doit retrouver un grand mythe (ici la tour de Babel et le paradis terrestre).

Cette coïncidence entre arbre des langues et arbre des gènes de la « Nouvelle Synthèse » est pourtant contestable à de nombreux points de vue[1]. Le terme lui-même n'était pas « nouveau », puisque les sociobiologistes l'avaient déjà utilisé à peine quinze ans plus tôt pour baptiser, avec une modestie et un sens de l'autopromotion comparables, leur propre nouvelle discipline, avec laquelle le Grand Arbre n'a évidemment rien à voir. Sur le fond, le modèle ne fait finalement pas autre chose que reprendre, en passant des crânes aux gènes, le vieux modèle de Trombetti au début du XXe siècle, même si l'Himalaya est remplacé par les savanes de l'Afrique orientale. Quant à la méthode, l'organisation arborescente n'est que l'une des façons d'organiser des ressemblances, qui pourraient tout aussi bien être exprimées par des réseaux beaucoup plus complexes. La critique proprement

1. Sims-Williams, 1998.

linguistique du modèle Greenberg-Ruhlen sera reprise plus loin[1]. Mais dans le détail, les coïncidences affirmées entre les deux arbres ne sont pas si établies. Ainsi, les populations du nord de l'Inde, qui parlent des langues indo-européennes du groupe indo-iranien, sont bien plus proches génétiquement de leurs compatriotes du sud de l'Inde, lesquels parlent des langues dites « dravidiennes » bien différentes, qu'elles ne le sont des locuteurs européens de langues indo-européennes. De même les Éthiopiens sont-ils génétiquement beaucoup plus proches des Africains sub-sahariens, alors même qu'ils parlent une langue éloignée, classée dans le groupe dit « afro-asiatique », auquel appartiennent aussi les langues berbères et les langues sémitiques.

En fait, les proximités, ou inversement les frontières, entre les gènes et entre les langues ne font qu'exprimer une banalité, celle des proximités et des frontières géographiques, elles-mêmes dépendantes de la géopolitique. En fin de compte, ces deux arbres sont, soit une évidence (nous descendons tous des premiers *Homo sapiens* africains – même si l'on sait depuis 2010 qu'il y eut en Eurasie des croisements avec des descendants d'*Homo erectus* locaux, dont les hommes de Neandertal) ; soit, au contraire, ils sont invérifiables, car ni la « langue mère » et les premières hypothétiques « proto-langues » ne sont connaissables dans l'état actuel de la recherche, ni le détail des premières migrations préhistoriques ne peut encore être finement retracé, pas plus que le détail de l'« horloge moléculaire » qui daterait la vitesse des mutations génétiques. L'hypothèse générale du Grand Arbre est donc bien, soit banale, soit invérifiable (« infalsifiable », comme disent les philosophes des sciences).

On a retrouvé les Indo-Européens !

Au niveau continental et non plus mondial, les mêmes généticiens s'essayèrent également à retracer les mouvements de populations anciens à partir de la répartition des populations actuellement vivantes. Cavalli-Sforza avait en effet modélisé auparavant, avec l'archéologue Ammerman, la « vague d'avancée »

1. Voir *infra*, chap. 13, p. 363, et chap. 17, p. 517 *sq.*

et la progression démographique des agriculteurs néolithiques qui avaient colonisé l'Europe à partir du Proche-Orient. Cette fois, son équipe cartographia la répartition et la fréquence d'un certain nombre de marqueurs génétiques chez des Européens modernes. Ces répartitions furent interprétées comme la trace de migrations préhistoriques. En particulier, Cavalli-Sforza affirma retrouver les traces génétiques de la migration des agriculteurs néolithiques depuis le Proche-Orient, puis de mouvements de population depuis les steppes de la mer Noire en direction de l'Europe occidentale – autrement dit, la trace des migrations indo-européennes supposées[1]. Ces résultats sont contestés pour de multiples raisons. La répartition des gènes actuels sur le continent européen ne nous dit rien sur la date à laquelle se serait produite telle ou telle migration préhistorique. Qu'il y ait en Europe, extrême pointe occidentale de l'Eurasie, des diffusions d'est en ouest n'a rien que de très naturel – l'inverse serait étonnant. Mais les proximités génétiques peuvent tenir au moins autant à des proximités géographiques qu'à des phénomènes de diffusion linguistique[2].

Les progrès des techniques d'analyse de l'ADN ont cependant permis ces dernières années de travailler, non plus seulement à partir d'humains modernes, mais aussi sur de l'ADN ancien. Le résultat le plus spectaculaire en a été la découverte en 2010, grâce au séquençage de l'ensemble des gènes d'hommes de Neandertal, que les Européens et les Asiatiques modernes possédaient entre 2 % et 4 % de gènes néandertaliens, et qu'il y avait donc eu à date ancienne des métissages entre hommes modernes et néandertaliens – qui étaient donc interféconds. D'autres analyses d'ADN semblent suggérer que les premiers agriculteurs néolithiques étaient bien distincts des chasseurs-cueilleurs indigènes d'Europe, et que ces derniers ont joué un rôle démographique modeste dans la mise en place du nouveau mode de production[3]. Ils n'ont pas été éliminés mais absorbés, tandis que divers mouvements de population se sont poursuivis au cours du néolithique et du chalcolithique, ceux interprétés

1. Menozzi *et al.*, 1978 ; Cavalli-Sforza *et al.*, 1994.
2. Rosser *et al.*, 2000.
3. Par exemple : Bentley *et al.*, 2002 ; Price et Borić, 2013.

comme originaires d'Europe orientale étant d'ailleurs nettement inférieurs en nombre à ceux interprétés comme originaires de l'Europe du Sud-Ouest[1].

En juin 2009, un communiqué de presse du CNRS annonça, couplé avec une visioconférence : « On a retrouvé les Indo-Européens. » En réalité, les travaux de cette équipe franco-russe portaient sur l'analyse génétique de vingt-six squelettes datés entre le milieu du IIe millénaire avant notre ère et celui du Ier millénaire de notre ère dans la région de Krasnoïarsk en Sibérie[2]. Une majorité de ces défunts avaient eu de leur vivant des yeux et des cheveux clairs. Dans une extrapolation un peu hâtive, les chercheurs en déduisaient que ces vingt-six individus répartis sur deux millénaires provenaient nécessairement des steppes du nord de la mer Noire et qu'ils validaient donc l'hypothèse de Marija Gimbutas quant à une provenance steppique du Peuple originel indo-européen supposé[3]. Toutefois, dans la théorie steppique dont nous reparlerons, la dispersion originelle date des Ve et IVe millénaires. Les individus analysés peuvent donc provenir de régions fort diverses, y compris du Proche-Orient – une des hypothèses concurrentes de celle des steppes. En outre, en termes de marqueurs, les ressemblances génétiques de ces individus avec des humains actuels vont vers l'Europe centrale, et pas du tout vers les steppes du nord de la mer Noire. En conclusion, de telles analyses apportent certainement des informations nouvelles et intéressantes, mais il faudra encore un certain temps pour que leur accumulation puisse déboucher sur des résultats historiques bien étayés quant aux migrations anciennes – et pour pouvoir affirmer avec certitude : « On a retrouvé les Indo-Européens. »

Les progrès de la chimie osseuse ont apporté également ces dernières années d'autres résultats, grâce à l'analyse du strontium. En effet le strontium que l'on fixe dans les dents reste en quantité stable et définitive. En revanche, celui du reste du squelette évolue en fonction de l'alimentation. S'il y a une différence entre les deux chez un individu donné, cela implique qu'il n'est pas mort au même endroit que là où il est né, et donc qu'il s'est

1. Brandt *et al.*, 2013.
2. Keyser *et al.*, 2009.
3. Voir *infra*, chap. 14.

déplacé. Cette nouvelle méthode paraît très prometteuse, même si on ne dispose pas encore suffisamment de données pour pouvoir préciser le détail des migrations anciennes. Il est à prévoir que d'autres techniques comparables seront encore à découvrir au cours des décennies à venir.

Le racisme grâce à la psychologie et au QI

Tout au long du XIXe siècle, comme dans la première moitié du XXe, recherches et débats avaient souvent eu pour véritable enjeu, derrière le masque apparent de la science, la justification du racisme et de l'inégalité entre humains. Il s'agissait de distinguer les « Indo-Européens », ou tout autre équivalent, du reste de l'humanité, et de démontrer leur spécificité, sinon leur excellence. Ces tentatives ne se sont pas plus découragées au cours des dernières décennies qu'au cours de toutes celles qui les ont précédées. À côté de la raciologie, s'étaient développées dès la fin du XIXe siècle, avec les travaux de Sir Francis Galton et de Karl Pearson, les théories de l'inégalité de l'intelligence. Les travaux de cette « école de Londres » se poursuivent dans la première moitié du XXe siècle avec Cyril Burt, Raymond Cattell, Sir Ronald Fisher ou Charles Spearman. S'il y a bien un recul du « racisme scientifique » dans l'anthropologie biologique, ces psychologues continuent d'élaborer leurs théories de l'inégalité.

Le mouvement se poursuit après la Seconde Guerre, avec des personnages comme Hans Jürgen Eysenck, d'origine allemande et professeur de psychologie à l'université de Londres jusqu'en 1983[1], Arthur Jensen, professeur de psychologie à l'université de Berkeley, ou encore le prix Nobel de physique (pour l'invention du transistor) William Shockley. Adeptes du QI et jouissant d'une importante réputation scientifique, ils argumentent que les Blancs sont plus intelligents que les Noirs, qu'il existe des différences d'intelligence selon les classes sociales (ce qui explique la moindre réussite des classes pauvres) ou encore que la criminalité est héritée génétiquement. Les deux premiers sont engagés politiquement, et très à droite. Eysenck et Jensen furent

1. Eysenck, 1973. Sur Eysenck et Jensen : Billig, 1981.

d'importantes références « scientifiques » pour justifier le racisme dans les écrits de la Nouvelle Droite française, y compris dans le livre de l'ancien ministre Michel Poniatowski[1].

Le relais fut repris en 1994, toujours en pays anglo-saxon, avec la parution du livre du psychologue Richard Herrnstein et du politologue Charles Murray : *The Bell Curve : Intelligence and Class Structure in American Life* – livre qui devint bientôt un best-seller aux États-Unis. Le titre du livre évoquait la « courbe en cloche » ou « courbe de Gauss » de l'intelligence humaine mesurée par le QI, et sa thèse, appuyée sur un impressionnant appareil statistique, était simple : les Blancs sont plus intelligents que les Noirs, donc il est inutile de dépenser de l'argent public pour des programmes sociaux au profit des seconds[2]. Quelque cent vingt-cinq ans plus tôt, Clémence Royer, on l'a vu, qui pistait par ailleurs les Indo-Européens à travers l'Eurasie, pouvait déjà assurer : « Pendant que tous les soins, tous les dévouements de l'amour et de la pitié sont considérés comme dus aux représentants déchus ou dégénérés de l'espèce, rien ne tend à aider la force naissante, à la développer, à multiplier le mérite, le talent ou la vertu[3]. » On peut penser que le « racisme scientifique » n'est pas près de dépérir.

Ainsi l'anthropologie biologique de ces dernières décennies offre aujourd'hui un bilan contrasté. Elle paraît éclatée en disciplines aux méthodes et aux objectifs fort variés. Il est probable que les techniques d'analyse biologique en progrès continu devraient apporter dans le futur des résultats importants. Encore faudrait-il qu'elles ne soient pas mises seulement au service de modèles historiques obsolètes et simplificateurs, sinon politiquement biaisés.

1. Voir *supra*, chap. 9, p. 284.
2. Herrnstein et Murray, 1994. *Contra* : Fischer (C.) *et al.*, 1996 ; Fassin, 1997.
3. Voir *supra*, chap. 4, p. 123 *sq.*

11

Ce que nous dit l'archéologie aujourd'hui

Où l'on passe en revue l'état actuel des connaissances archéologiques sur les sociétés pré- et protohistoriques de l'Europe et du Proche-Orient – Où l'on voit que l'agriculture et l'élevage (le néolithique) ont été inventés indépendamment dans plusieurs points du monde, mais pas en Europe – Que c'est depuis le Proche-Orient que les premiers agriculteurs néolithiques pénètrent en Europe à partir du VIIe millénaire avant notre ère – qu'ils absorbent régulièrement, au fur et à mesure de leur pénétration, les chasseurs-cueilleurs indigènes mésolithiques – Que ceux-ci résistent cependant dans les lieux les moins favorables à l'agriculture, sur les bords de la Baltique, de la mer du Nord et de la mer Noire, mais qu'ils finissent néanmoins par être progressivement acculturés – Que lorsque toute l'Europe est occupée par les sociétés agricoles en constante croissance démographique, on voit apparaître au cours du Ve millénaire les premières inégalités sociales visibles et pérennes, et l'augmentation régulière des violences entre communautés (période dite chalcolithique ou âge du cuivre) – Que les quatre derniers millénaires avant notre ère verront en Europe l'alternance de sociétés fortement hiérarchisées (monuments mégalithiques, cimetière de Varna, Crète minoenne, monde mycénien, etc.) et des moments où les différences sociales s'amenuisent, jusqu'à l'extension irréversible et définitive, au cours du dernier millénaire avant notre ère, des cités méditerranéennes de Grèce et d'Italie – Qu'avec les premiers États apparaissent aussi les premières écritures et les premiers textes, qui nous permettent de mettre un nom sur une partie des « peuples » de ce temps-là, d'appréhender leurs langues en tout ou partie, et de les situer géographiquement – Qu'ainsi certains pensent pouvoir remonter dans le temps et retrouver les migrations du « peuple indo-européen originel » à partir de son Foyer d'origine supposé.

Par rapport aux problématiques de la première moitié du XXe siècle, l'archéologie du début du XXIe siècle s'est considérablement transformée, sur le triple plan de l'enrichissement de la documentation, de la diversification des méthodes et des techniques, et enfin des modèles explicatifs. Dans tous les pays de l'Est, après la Seconde Guerre mondiale, les recherches archéologiques se sont multipliées ; l'État voulait manifester son intérêt pour la culture, mais aussi pour les témoignages de l'identité nationale. Les fouilles ont été conduites sur de vastes surfaces, afin de reconstituer l'ensemble de la vie sociale, dans la tradition de l'archéologie soviétique des années 1920. Mais en même temps, malgré des références infrapaginales obligées aux pères du marxisme-léninisme, les problématiques culturelles restaient marquées par le paradigme kossinnien, beaucoup des anciennes générations scientifiques ayant été formées en Allemagne ou en Autriche, pays dont l'archéologie apparaissait comme un modèle. La France est restée longtemps en retrait, puisque l'archéologie métropolitaine (tout comme la question indo-européenne) ne jouait qu'un rôle marginal dans l'exaltation du sentiment national[1]. C'est seulement dans les années 1970 que ce retard a commencé à être comblé, lorsque les fouilles de sauvetage, puis préventives, sont devenues plus systématiques, mieux financées et conduites par des archéologues professionnels ; l'influence de l'archéologie centre-européenne, en particulier allemande, tchèque et polonaise, a d'ailleurs joué un rôle non négligeable dans ce renouvellement[2].

L'intérêt pour l'environnement (faune, flore, évolution des sols et du climat, etc.), le traitement statistique d'un grand nombre de données grâce à l'essor de l'informatique, les recherches sur la provenance des objets (détermination des matières premières) et leur circulation, sur leurs techniques de fabrication (technologie) et sur leur utilisation (étude microscopique des traces) ont apporté des informations entièrement nouvelles sur les modes de vie anciens et permis aussi de réfléchir différemment. On a moins cherché à pister les migrations et à établir la généalogie des peuples qu'à étudier l'économie, les techniques et les relations des

1. Cleuziou *et al.*, 1991 ; Demoule, 1999b.
2. Demoule, 2012b.

sociétés à leur environnement. Les archéologues américains appelleront même *New Archaeology* l'ensemble de ces manifestations. Par un logique et usuel mouvement de balancier générationnel, à ces préoccupations, dominantes dans les années 1960-1970, a succédé à partir des années 1980-1990 un retour de l'intérêt pour les phénomènes culturels et idéologiques – ce que, avec un sens certain du marketing scientifique, d'autres archéologues anglo-saxons nommeront cette fois « archéologie postprocessuelle », en référence au « postmodernisme » des sciences humaines du moment. À partir des années 2000 toutefois, on assistera à un retour des préoccupations environnementales, lié sans doute à la montée des angoisses écologiques.

Pendant tout le troisième quart du XXe siècle, les archéologues ont marqué peu d'intérêt pour la question indo-européenne. En Allemagne, elle était disqualifiée ; à l'est, on s'occupait officiellement d'histoire sociale et économique, tout comme, sur un autre registre, dans les pays anglo-saxons. L'intérêt va rebondir dans les années 1970 avec les travaux de Marija Gimbutas sur le néolithique des steppes et ses théories, spectaculaires et simples à comprendre, des vagues successives d'envahisseurs « Kurgans ». La quête du Foyer originel, réhabilitée, devient aussi objet de challenges académiques. Bientôt, Colin Renfrew lance, avec autant, sinon plus, de succès médiatique, l'hypothèse d'une origine proche-orientale des Indo-Européens, bientôt relayée par les promoteurs, plus médiatisés encore, de l'arbre généalogique de toutes les langues du monde et de tous les gènes du monde. Le Rideau de fer s'étant entre-temps dissipé, la recherche de la Patrie originelle abandonne en partie le terrain des luttes idéologiques pour celui du marché médiatique.

Examinons donc l'état actuel des connaissances et des arguments, au vu de la trajectoire globale des sociétés européennes depuis l'apparition de l'homme moderne (voir annexes, 1, 9, 12-15, p. 600-601, 606 et 607-609).

Les premiers Européens

Sans remonter au Déluge, on se rappellera que l'Europe est peuplée d'humains depuis 1,5 à 2 millions d'années, avec l'arrivée des premiers descendants des *Homo habilis* et *Homo ergaster* africains, sous diverses formes que la rareté des vestiges empêche de structurer en un arbre précis : *Homo georgicus* de Dmanissi en Géorgie, *Homo antecessor* d'Atapuerca en Espagne, et plus généralement *Homo erectus* et *Homo heidelbergensis*. L'évolution humaine en Europe et en Asie occidentale aboutit vers 300 000 avant notre ère à l'émergence de l'homme de Neandertal, dont la capacité crânienne et l'aspect physique, ainsi que l'aptitude au langage articulé, sont très proches de l'homme moderne, l'*Homo sapiens sapiens* (« l'homme sage sage »), appelé encore « homme anatomiquement moderne ». Ce dernier est censé émerger il y a environ cent mille ans à partir de l'évolution locale d'*Homo erectus* en Afrique nord-orientale. Une fois apparu, il part en quelques dizaines de milliers d'années à la conquête de l'ensemble des terres habitées, y compris celles qui ne l'étaient pas encore (Amériques, Australie, Océanie), éliminant les descendants locaux, quand ils existent, des *Homo erectus*, Neandertal compris. C'est le scénario dit « de l'Ève africaine », sur lequel se fondent, d'un point de vue linguistique, les tenants d'un arbre unique de tous les gènes et de toutes les langues du monde[1]. Il a été nuancé depuis 2010 par la découverte, parmi les Européens et les Asiatiques, d'un faible pourcentage de gènes néandertaliens, témoignant donc d'hybridations – sans compter la permanence dans l'île indonésienne de Florès, il y a moins de quinze mille ans, de formes naines d'*Homo erectus* sinon d'*Homo habilis*, l'*Homo floresiensis*.

Cet homme moderne prend pied en Europe il y a environ quarante mille ans, à partir du Proche-Orient puis de la péninsule des Balkans, et se répand apparemment d'est en ouest (mais aussi d'ouest en est vers l'Asie), tandis que les derniers néandertaliens s'éteignent vers 27000 avant notre ère dans la péninsule Ibérique. On appelle « Aurignacien », du nom d'une grotte de Haute-Garonne, sa première culture, elle-même au sein du paléolithique supérieur, la période qui caractérise la préhistoire européenne à partir de l'arrivée d'*Homo sapiens*. C'est avec l'Aurignacien qu'apparaissent aussi les premières formes d'« art », art rupestre de la grotte Chauvet en Ardèche ou art mobilier des figurines d'ivoire du Jura souabe (grottes de Hohlenstein-Stadel

1. Voir *supra*, chap. 10, p. 311-312, et *infra*, chap. 17, p. 517-520.

et de Hohlefels), sans compter un art musical, matérialisé sous la forme de flûtes en os d'oiseaux (Hohlefels encore, ou Isturitz au Pays basque). Du point de vue des langues indo-européennes, le plus économique serait évidemment de considérer que ces Aurignaciens parlaient l'ancêtre des langues indo-européennes, et cette thèse, ancienne, continue d'être soutenue.

Cette arrivée en Europe se déroule pendant la dernière glaciation, celle de Würm, qui dure entre 115000 et 10000 environ avant notre ère. Durant cette dernière période glaciaire, les glaciers recouvrent tout le nord de l'Eurasie d'une épaisse calotte, qui descend jusqu'au niveau de la Belgique et s'étend aussi sur les massifs montagneux, arc alpin en premier lieu. Au sud, dans les espaces laissés libres et dont l'environnement naturel évoquerait l'actuelle Norvège, nomadisent de petits groupes dispersés de chasseurs-cueilleurs. Leur alimentation carnée repose sur la chasse aux grands mammifères, chevaux, bisons, aurochs, mammouths ou rennes, qui parcourent en troupeaux ces espaces. D'après la forme de leurs outils, on distingue parmi ces groupes différentes cultures ou civilisations, tel le Magdalénien en Europe occidentale, qui nous a laissé les grottes peintes du Périgord et des Pyrénées et constitue dans ces régions la dernière période du paléolithique supérieur.

Mais bientôt le climat se réchauffe progressivement, en oscillations successives, pour aboutir aux températures que nous connaissons. La fonte de l'épaisse calotte glaciaire amène une lente remontée du niveau des mers, jusque-là situé une centaine de mètres plus bas que le niveau actuel, lequel ne sera atteint que vers 2000 avant notre ère. L'Europe se couvre d'une épaisse forêt tempérée, composée surtout de chênes et de tilleuls, et les espèces animales liées au froid, rennes ou mammouths, remontent vers le nord, tandis que d'autres, plus adaptatives mais vivant en prairies découvertes, comme les chevaux, se regroupent dans les zones de steppes et notamment dans cette longue bande qui s'étend, au nord de la mer Noire et de la Caspienne, depuis les Carpates jusqu'au Turkestan chinois. Nous sommes depuis lors dans un interglaciaire, sans doute pour encore au moins cinq mille ans, en fonction des oscillations de l'axe de la Terre, si du moins nous ne modifions pas significativement le climat. Cette Europe des douze derniers millénaires offre un tableau relativement cohérent, dont il n'est pas inutile de retracer les grandes lignes, dans un premier temps indépendamment de la question indo-européenne. Si l'on retrouve une partie des civilisations déjà identifiées par les archéologues des années 1930[1], l'inventaire en est devenu bien plus détaillé grâce à la multiplication des fouilles. En même temps, le développement des datations par le radiocarbone à partir de la fin des années 1950 a considérablement allongé les durées. Estimé à quelques siècles à l'époque de Childe, le néolithique européen s'étend maintenant sur quatre millénaires.

Une partie des chasseurs-cueilleurs recolonisent les espaces septentrionaux libérés par les glaces, conservant ainsi partiellement leur antique environnement. Une autre partie s'adapte aux nouvelles conditions de la forêt tempérée et se réorientent vers la chasse au cerf, au chevreuil, à l'aurochs et au sanglier. On appelle traditionnellement « mésolithique » cette période qui voit une économie de chasse et de cueillette perdurer dans un environnement devenu tempéré[2]. Ce mésolithique européen est caractérisé par une disparition de l'art figuratif au profit, sauf exception (en Scandinavie ou en Espagne orientale), de rares motifs abstraits peints ou gravés sur des galets ou des parois rocheuses, mais aussi par une forte diminution de la dimension d'une partie des outils de silex ; on parle alors d'un outillage « microlithique ».

On divise classiquement le mésolithique d'une grande partie de l'Europe en trois principales périodes, successivement l'Azilien, le Sauveterrien et le Tardenoisien. Ce dernier est caractérisé par des outils de très petite taille et, en particulier, des pointes de flèches en silex dont l'extrémité se termine par un tranchant. Les Tardenoisiens vivent en groupes de quelques dizaines d'individus nomadisant sur de vastes territoires ; leur densité est très faible. Dans les régions littorales, certains groupes se sont spécialisés dans les ressources aquatiques, coquillages, poissons, mammifères marins, ce qui leur permet un mode de vie plus sédentaire. On les rencontre en particulier autour de la Baltique (ce sont les Maglemosiens), en Grande-Bretagne, au Portugal, en Bretagne ou encore le long

1. Voir *supra*, chap. 7, p. 203.
2. Ghesquière et Marchand, 2010 ; Bailey et Spikins, 2008.

des grands fleuves de Russie et d'Ukraine. Certains ont même domestiqué le loup, devenu le chien domestique, non pas dans un but alimentaire mais par une association d'intérêts réciproques entre humains et canidés.

La révolution néolithique

Ce tableau n'est pas propre à l'Europe. On trouve partout, sur l'ensemble du globe, des civilisations de chasseurs-cueilleurs, adaptés à chaque fois à des ressources locales. Mais bientôt, dans plusieurs régions et indépendamment les uns des autres, des groupes humains entreprennent de domestiquer certaines espèces animales et végétales : millet, riz, buffle en Asie orientale ; courge, maïs, haricot, lama, cobaye en Amérique, par exemple[1].

Au Proche-Orient, vers 9000 avant notre ère, dans une région qui s'étend de la Syrie au Néguev et atteint vers l'est les collines du Zagros, frontalières entre l'Iran et l'Iraq, des chasseurs-cueilleurs appelés Natoufiens se sédentarisent et domestiquent progressivement mouton, chèvre, bœuf et porc, ainsi que le blé et l'orge[2]. Cette nouvelle économie d'agriculteurs-éleveurs, dite aussi « néolithique », assure un meilleur contrôle des ressources alimentaires ce qui, joint à la sédentarité, aboutit à un rapide accroissement démographique, comme le montre l'augmentation de la taille et du nombre des villages. Les agriculteurs néolithiques débordent donc bientôt de leur zone d'origine pour s'étendre à l'ensemble du Croissant fertile, mais aussi à la Turquie.

Vers 6500 avant notre ère, dans ce processus d'accroissement continu, ils atteignent le sud-est de l'Europe, c'est-à-dire la péninsule Balkanique (Grèce, Bulgarie, Albanie, ex-Yougoslavie) et, de là, toujours accompagnés de leurs animaux et plantes domestiques dont la plupart n'étaient pas indigènes en Europe, se répandent d'est en ouest sur l'ensemble du continent. Une partie d'entre eux longent les côtes de la Méditerranée mais la plupart, une fois la péninsule Balkanique entièrement occupée, se dirigent vers l'Europe centrale en remontant dans le bassin

1. Demoule, 2007a, 2010.
2. Lichardus *et al.*, 1985 ; Cauvin, 1994 ; Aurenche et Kozłowski, 1999.

du Danube[1]. En parvenant sur le moyen Danube, ils quittent pour la première fois l'environnement de type méditerranéen où ils vivaient jusqu'alors et doivent s'adapter, eux-mêmes et leurs espèces domestiques, à un climat continental tempéré. Le front de colonisation prend la forme d'une culture nouvelle, celle dite de la Céramique Linéaire, ou du Danubien ou Rubanée ou *Bandkeramik*. On a vu plus haut[2] que cette culture a été caractérisée par la recherche allemande dès le début du XXe siècle et que Gordon Childe en avait reconnu l'importance dans la néolithisation du continent.

Ces deux courants de colonisation finissent par se rencontrer à nouveau à l'extrémité occidentale de l'Europe, et en particulier dans l'actuel territoire français. Celui-ci, extrême péninsule de l'Eurasie, est néolithisé presque en dernier, à la fois par le courant « méditerranéen » à partir de 5800 environ, puis par le courant « danubien », qui pénètre dans le Bassin parisien à partir de 5000 avant notre ère. Vers 4500, l'ensemble des territoires européens les plus favorables à l'agriculture est donc occupé par les agriculteurs néolithiques. Cette migration massive peut être suivie de proche en proche, presque de site en site, la forme des poteries, des habitations, des outils de pierre et d'os, mais aussi les pratiques funéraires et rituelles se transformant peu à peu, à la fois dans l'espace et dans le temps. Elle a pu également être modélisée d'un point de vue démographique. C'est donc, après l'arrivée de l'homme moderne en Eurasie, le second moment archéologique possible pour une incarnation historique du Peuple indo-européen originel supposé – hypothèse médiatisée en particulier par l'archéologue anglais Colin Renfrew[3].

Des chasseurs-cueilleurs sédentaires

Face à cette colonisation massive, les petits groupes de chasseurs-cueilleurs mésolithiques indigènes ne pèsent évidemment que d'un faible poids et sont presque aussitôt absorbés (les analyses

1. Lichardus *et al.*, 1985 ; voir annexes, 9, p. 606.
2. Voir *supra*, chap. 7, p. 205.
3. Voir *infra*, chap. 13, p. 353 *sq.*

de l'ADN le confirment), les territoires les plus favorables à une agriculture primitive – vallées alluviales, zones à sols légers tels les lœss – étant occupés en premier. C'est seulement dans des régions marginales, moins propices à l'agriculture et où, inversement, l'environnement offre aux chasseurs-cueilleurs des conditions d'implantation particulièrement favorables, que ces derniers vont se maintenir plus longtemps, entretenant même avec les agriculteurs des relations de contact et d'échange.

Les rivages de la Baltique et de la mer du Nord sont l'une de ces régions. Les populations maglemosiennes pratiquent une chasse très variée (élan, renne) qui s'accompagne d'un intérêt marqué pour les ressources aquatiques (poissons, coquillages, mammifères marins, etc.). Elles accumulent sur leurs lieux d'habitation des quantités considérables de coquilles consommées, qui forment de grands amas de plusieurs mètres de hauteur et plusieurs centaines de mètres de longueur (en danois, les *kjøkkenmødding*). Dans la première moitié du Ve millénaire, elles entrent en contact avec le front pionnier des agriculteurs néolithiques danubiens parvenus à proximité, ceux de la culture régionale de Rössen, attestée dans une grande partie de l'Allemagne. Ainsi naît une culture originale, dite d'Ertebølle (ou Ellerbeck en Allemagne du Nord), où des chasseurs-cueilleurs fabriquent une poterie grossière et commencent peu à peu à domestiquer le porc et le bœuf. Des formes d'agriculture du blé et de l'orge sont peut-être même présentes. Mais cette économie particulière sera bientôt absorbée par l'extension du néolithique à l'ensemble de l'Europe du Nord, avec la culture dite des Gobelets en Entonnoir. Cette dernière, caractérisée par ses sépultures en dolmens et ses poteries au col évasé « en entonnoir », avait été reconnue, on l'a vu[1], dès l'époque de Kossinna ; mais ce dernier la faisait dériver de la culture d'Ertebølle. En fait, son extension, les dates et le nombre de ses sites rendent impossible une telle origine, tandis que la plupart des caractéristiques de sa culture matérielle la rapprochent du néolithique de tradition danubienne, dont elle constitue une évolution et une extension.

À l'autre extrémité de l'Europe, au même moment, d'autres populations de chasseurs-cueilleurs avaient établi leurs campements

1. Voir *supra*, chap. 6, p. 171 et 204.

sur les rives septentrionales de la mer Noire et de la Caspienne, et le long des grands fleuves qui viennent s'y jeter – Prut, Bug, Dniestr, Dniepr, Donetz, Don, Volga, et tous leurs affluents[1]. Cette région, les actuelles Ukraine et Russie méridionales, forme aussi la partie la plus orientale de cette longue bande de steppes, d'un millier de kilomètres de large, qui s'étend sur sept mille kilomètres de longueur depuis le delta du Danube et le revers oriental des Carpates jusqu'au Xinjiang (naguère orthographié Sinkiang, ou encore appelé « Turkestan chinois » ou « oriental »). On distingue la steppe proprement dite, la plus méridionale, et la steppe forestière, qui fait transition avec la grande forêt russe. La chasse au sanglier, à l'aurochs, au cerf, au chevreuil, voire au bison d'Europe et au cheval (sauvage, par définition), est complétée par la pêche et le ramassage intensif de coquillages. L'abondance de ressources aquatiques permet certaines formes de sédentarité, comme au même moment sur les bords du Danube moyen (culture de Lepenski Vir) ainsi que dans le nord-est de l'Eurasie, voire jusqu'au Japon. Lorsqu'ils parviennent, justement, sur le cours inférieur du Danube et pénètrent dans le bassin des Carpates, les agriculteurs néolithiques ne cherchent pas, dans un premier temps, à aller plus loin vers l'est, à la fois solidement tenu par ces chasseurs-cueilleurs et où les sols steppiques sont moins favorables à leur agriculture, mais dirigent tous leurs efforts vers la colonisation de l'Europe centrale puis occidentale.

Néanmoins, on voit bientôt, durant la seconde moitié du VIe millénaire, les chasseurs-cueilleurs des rives du Bug et du Dniestr, la zone la plus proche du front pionnier du néolithique balkanique, entreprendre de fabriquer une poterie assez grossière, dont les décors gravés s'inspirent en partie de ceux des cultures néolithiques contemporaines et limitrophes, dites de Criș et de la Céramique Linéaire : c'est la culture de Bug-Dniestr. Au fil du temps, une domestication du porc et du bœuf (espèces qui existaient localement à l'état sauvage) commence à être pratiquée, puis des espèces animales domestiques étrangères à la région, moutons et chèvres, sont finalement introduites ; la pratique de la culture des céréales, elles aussi introduites de l'extérieur, paraît beaucoup plus discrète. De proche en proche, la céramique puis

1. Wechler, 2002 ; Ošibkina, 1996 ; Parzinger, 2009.

la domestication des animaux se répandent sur l'ensemble des steppes pontique, tandis que d'autres influences ont pu aussi venir par le Caucase, c'est-à-dire finalement du Proche-Orient également. Néanmoins, la chasse continue longtemps à fournir l'essentiel de l'alimentation carnée.

Ces sociétés des steppes témoignent donc d'une forme originale de néolithisation, par acculturation progressive plus que par colonisation. Plusieurs ensembles culturels peuvent être distingués, d'ouest en est, outre la culture de Bug-Dniestr, vers la fin du VIe millénaire et le début du Ve[1]. Sur les bassins inférieurs du Dniepr et du Donetz s'étend la culture de « Sursk-Dniepr », à laquelle succède celle de « Dniepr-Donetz »[2]. Enfin, à l'est de la Caspienne et du fleuve Oural (qui marque plus ou moins artificiellement la frontière entre Europe et Asie), la culture de Kelt'eminar associe, sur une bonne partie du Kazakhstan occidental, une économie de chasseurs-cueilleurs avec une poterie à fond pointu et décor incisé qui fait sans doute transition avec des phénomènes comparables, mais plus anciens, attestés en Sibérie, en Chine et jusqu'au Pacifique[3].

Dans le même temps, en d'autres régions marginales de l'Europe et moins propices à l'agriculture, notamment en plusieurs points de la côte atlantique, du Portugal à la Hollande, des phénomènes de sédentarisation de communautés de chasseurs-cueilleurs peuvent être constatés, mais à une échelle plus réduite, ainsi que des interactions discrètes et temporaires avec le front de colonisation agricole (voir annexes, 9, p. 606).

Naissance des chefs

Vers le milieu du Ve millénaire, l'ensemble du continent européen est donc occupé par des agriculteurs-éleveurs, à l'exception des franges septentrionales et des zones les plus montagneuses. Il n'existe plus aucune terre vierge continentale à conquérir, tandis

1. Lichardus *et al.*, 1985, p. 318-323 ; Danilenko, 1969 ; Dolukhanov, 1979 ; Markevič, 1974 ; Wechler, 2002 ; Mallory, 1989 ; Artemenko, 1985 ; Telegin et Potekhina, 1987.
2. Wechler, 2002.
3. Jordan et Zvelebil, 2011 ; Brunet, 2011 ; Ošibkina, 1996.

que l'accroissement démographique ne cesse de se poursuivre. Pendant les six millénaires qui vont suivre, et jusqu'au début de la colonisation européenne du reste du monde, le même espace, les mêmes ressources environnementales devront donc suffire à supporter une population en augmentation constante. C'est pourquoi se fait jour dès cette date une première série d'innovations, à la fois techniques et sociales. Sur le plan technique, les inventions de l'araire, de la traction animale et de la roue autorisent de meilleurs rendements et la mise en culture de sols plus lourds et moins propices à l'agriculture. On voit aussi s'intensifier la production et l'échange en masse d'objets utilitaires, haches en silex ou en roche verte, lames de silex, sel, etc., qui supposent une organisation beaucoup plus spécialisée.

Sur le plan social, apparaissent en même temps, un peu partout en Europe mais avec des formes régionales différentes, les premières manifestations d'inégalités et de hiérarchies sociales. Jusque-là, aussi bien les villages que les cimetières du néolithique ne montraient pas de différences sensibles de richesses entre individus, si ce n'est celles liées au sexe ou à l'âge. Ce n'est désormais plus le cas. En Bulgarie par exemple, avec la culture de Gumelniţa-Karanovo VI, certains individus sont inhumés avec de riches parures en or, sceptres, bracelets, perles, appliques de vêtements. Sur la façade atlantique de l'Europe, on construit les premiers dolmens, chambres funéraires en blocs massifs de granite pesant plusieurs dizaines de tonnes et recouvertes d'un tertre de terre et de pierres ; elles sont réservées à quelques individus, déposés avec des parures en pierres semi-précieuses et de longues haches en roche verte importées depuis les Alpes.

Cette nouvelle période, qui s'étend entre 4500 et 2200 avant notre ère, est souvent dénommée « chalcolithique », « âge-de-la-pierre-et-du-cuivre » (*Copper Age* en anglais, *Kupferzeit* en allemand), car c'est le moment où apparaît la première métallurgie, celle du cuivre, et aussi de l'or et de l'argent (celle du fer ne se développera en Europe qu'au Ier millénaire avant notre ère)[1]. Mais le cuivre, tant qu'il ne sera pas allié à un certain pourcentage d'étain, vers 1500 avant notre ère, reste un matériau encore peu résistant. Le métal a donc essentiellement une fonction de prestige

1. Lichardus *et al.*, 1985 ; Lichardus-Itten et Demoule, 1997 ; Guilaine, 2007.

social ; son utilité technique viendra plus tard. Le chalcolithique est avant tout une révolution sociale, celle qui voit l'émergence en Europe des premières sociétés inégalitaires, qu'on appelle souvent « sociétés à chefferies » – les premiers États, comparables à ceux que connaissent l'Égypte et la Mésopotamie à partir de 3000 avant notre ère, n'apparaîtront qu'avec les premiers palais crétois puis mycéniens, et surtout les premières cités-États de Grèce et d'Italie, au Ier millénaire avant notre ère. Ces inégalités s'observent dans les tombes, plus ou moins riches, la présence de tombes d'enfants « riches » indiquant en outre que l'inégalité et le statut deviennent pérennes ; ces inégalités peuvent se lire aussi dans l'architecture des habitations.

Cette révolution sociale s'est certainement accompagnée d'intenses bouleversements idéologiques, à même de justifier l'ordre nouveau. Au néolithique, les activités religieuses, dont témoignent de petites statuettes en majorité féminines, ne paraissent pratiquées qu'à l'échelle de la maisonnée. Avec le chalcolithique, de véritables sanctuaires collectifs sont élevés, telles ces grandes enceintes cérémonielles, faites de fossés et de palissades monumentales, que l'on rencontre de l'Europe centrale à la Scandinavie et à la Grande-Bretagne. De même, alors que les morts n'étaient jusque-là déposés que dans des fosses individuelles, une fois pour toutes, on bâtit ou on creuse désormais des sépulcres collectifs, où les défunts sont introduits successivement au fur et à mesure des décès, tandis que les corps sont fréquemment et régulièrement manipulés, réduits, déplacés, voire dispersés.

Ces mutations socio-économiques décisives sont parfois réduites dans la littérature archéologique anglo-saxonne à une « révolution des produits secondaires », telle que l'a conceptualisée l'archéologue britannique Andrew Sherratt[1]. Pour faire face à leur accroissement démographique continu sur une terre finie, les sociétés néolithiques européennes auraient développé leurs moyens de production, et tout particulièrement l'exploitation du lait, de la laine et de la traction animale, c'est-à-dire les « produits secondaires » des animaux, avec les techniques afférentes, par rapport au « produit primaire », leur viande. C'est une vision

1. Sherratt, 1981.

très réductrice du chalcolithique, et en outre inexacte. En effet, concernant les laitages, on sait maintenant qu'ils ont été travaillés dès les phases les plus anciennes du néolithique européen[1]. Quant à la castration des animaux, et en particulier des bœufs, qui permet d'obtenir des animaux de plus grande taille et plus dociles, notamment pour la traction, elle a été identifiée dès le plus ancien néolithique des Balkans, à Kovačevo en Bulgarie, dès la fin du VIIe millénaire[2].

Le chalcolithique voit aussi apparaître un phénomène nouveau, la guerre. Si la violence individuelle est attestée à tous les âges de l'humanité, on a désormais affaire à une violence collective et organisée. Une partie des villages s'installent en des emplacements naturellement défendus, sur des hauteurs ou entourés d'eau. C'est l'époque des fameuses cités lacustres des bords de lacs alpins et jurassiens, qui ne témoignent nullement d'un mode de vie idyllique mais au contraire des tensions qui ont poussé certains groupes à s'installer sur des terroirs ingrats mais plus aisés à protéger. Les agglomérations se fortifient par des palissades en bois, des remparts de pierres sèches, des talus de terre, des fossés. Les traces de blessures, voire de massacres de masse, se multiplient, tout comme les incendies volontaires de villages entiers. Des armes spécifiques, comme les haches « de bataille » en pierre, sont mises au point.

Si le facteur démographique et territorial a joué un rôle incontestable dans ce nouvel ordre social, il n'a certainement pas été suffisant. Une explication historique globale devrait prendre en compte un faisceau complexe de causes économiques, sociales et idéologiques[3]. Toutes les sociétés d'agriculteurs égalitaires n'ont en effet pas débouché, partout dans le monde, sur des sociétés à chefferie. De même, dans les millénaires qui suivront, à des moments de fortes inégalités sociales (comme ce premier chalcolithique européen, avec sa métallurgie précieuse et ses dolmens) succéderont des périodes où les différences paraissent s'atténuer. Il y a bien un balancement régulier entre des tendances à la

1. Vigne, 2008 ; Vigne et Helmer, 2007.
2. Détermination Norbert Benecke, Deutsches archäologisches Institut, Berlin.
3. Lichardus-Itten et Demoule, 1997 ; Coudart, Demoule et Manolakakis, 1999 ; Lichardus, 1991.

concentration du pouvoir et des tendances à la résistance aux pouvoirs – et qui n'est pas spécifique à l'Europe[1].

Que s'est-il passé dans les steppes ?

Dans ce moment de « chalcolithisation » de l'Europe entière, certaines régions méritent une attention particulière, eu égard à la problématique indo-européenne, dont évidemment la région des steppes pontiques. Pendant le Ve millénaire en effet, le front de colonisation néolithique issu des Balkans, qui, on l'a vu, s'était stabilisé immédiatement à l'est des Carpates et à proximité du cours du Bug, reprend son mouvement d'extension vers l'est, dans les plaines de la Moldavie et de l'Ukraine, jusqu'à atteindre le Dniepr. C'est la culture de Cucuteni-Tripolje, connue par des centaines de villages aux longues maisons quadrangulaires de bois et de terre, dont certains ont pu regrouper plusieurs milliers d'habitants. Parmi les animaux domestiques apparaissent les premiers chevaux, qui existaient à l'état sauvage dans ces steppes pontiques. Cette culture produit une magnifique céramique décorée de motifs peints en plusieurs couleurs et commence à pratiquer aussi, pour la première fois dans cette région, la métallurgie de l'or et du cuivre ; plus précisément, elle se « chalcolithise » progressivement. Elle entretient des liens étroits avec d'autres brillantes cultures chalcolithiques balkaniques, la plus célèbre étant celle de Gumelniţa-Karanovo VI, déjà citée, dont les nécropoles, telle celle de Varna en Bulgarie, contiennent des objets de prestige en or (voir annexes, 12, p. 607).

La culture de Cucuteni-Tripolje exerce également une forte influence sur ces populations évoquées plus haut, issues du substrat mésolithique et en voie de néolithisation, situées immédiatement à l'est, dans le reste de l'Ukraine et les régions limitrophes. Certaines se sont spécialisées dans la chasse aux troupeaux de chevaux sauvages qui se sont réfugiés à la fin de la dernière glaciation dans les espaces découverts. Cette chasse spécialisée débouche progressivement sur une véritable domestication du cheval, une des plus anciennes attestées au monde, mais qui n'est sans doute

1. Demoule, 1993 ; Miller *et al.*, 1995 ; Flannery et Marcus, 2012.

pas la seule en Europe. Le moment exact du passage de la chasse à la domestication est encore en débat, dans la mesure où, dans un premier temps, les deux variétés, sauvage et domestique, sont encore très proches l'une de l'autre et donc difficiles à distinguer. Ce n'est qu'après plusieurs siècles de sélection systématique par les éleveurs que les différences deviennent apparentes. Le mode d'habitat, la poterie et les outils de pierre et d'os poursuivent les traditions techniques et stylistiques antérieures. On note cependant l'apparition d'une métallurgie du cuivre, encore modeste, et de différents objets de prestige, déposés dans les tombes les plus riches. Ces tombes riches peuvent être parfois recouvertes d'un tertre de terre et de pierres. Différents noms ont été donnés à ces populations steppiques en cours de chalcolithisation. L'archéologue Dmitri Telegin les a regroupées en un seul groupe culturel, appelé Serednij Stog II (du nom d'un site particulier) ; au contraire son compatriote Yuri Rassamakin tend à distinguer différents faciès régionaux, chacun avec une histoire particulière[1].

Quoi qu'il en soit, un certain processus d'unification stylistique se produit au cours du temps et, à l'horizon suivant (ou « chalcolithique moyen », ou encore « âge du bronze ancien », selon les terminologies régionales ; voir annexes, 1, 13, p. 600-601 et 608), à partir de la fin du IVe millénaire avant notre ère, on réunit en général l'ensemble des steppes pontiques dans une même culture, dite des Tombes à Fosses car les morts sont déposés au fond de fosses circulaires en forme de puits. On trouve parfois à côté du mort des véhicules en bois à roues pleines, un objet nouvellement inventé ; parmi les ossements d'animaux également déposés dans la tombe, il y a quelquefois (mais pas seulement) des ossements de chevaux. C'est aussi une période climatique d'aridité croissante, la forêt reculant pour ne subsister que dans les vallées humides, quand elle ne disparaît pas. Cette aridité suscite une économie semi-nomade, où le cheval joue un rôle, même si ses formes de domestication restent discutées.

Mais avant cet horizon des Tombes à Fosses, on assiste à la disparition progressive des riches cultures du néolithique balka-

1. Telegin, 1973 ; Telegin *et al.*, 2001 ; Rassamakin, 1999, 2002, 2004 ; Lichardus *et al.*, 1985, p. 355-366 ; Lichardus et Lichardus-Itten, 1998 ; Parzinger, 2009 ; Govedarica, 2004.

nique, telles celle de Cucuteni-Tripolje en Ukraine et en Moldavie ou celle de Gumelniţa-Karanovo VI en Bulgarie et en Roumanie méridionale. Dans le même temps, certains objets considérés comme typiques des cultures steppiques se rencontrent dans ces régions balkaniques, comme des sortes de masses en pierre en forme de tête de cheval, baptisées « sceptres »[1]. La tentation a donc été forte d'attribuer le déclin des cultures balkaniques à l'intrusion brutale de pasteurs nomades venus des steppes et ayant domestiqué le cheval – et ce, d'autant plus que la problématique des invasions indo-européennes steppiques était évidemment présente, depuis Schrader, à l'esprit de tous les archéologues travaillant sur ces régions. Nous tâcherons de montrer plus loin[2] que les faits archéologiques sont plus complexes et peuvent être interprétés tout autrement.

De l'âge du cuivre à l'âge du bronze

À partir de 3500 avant notre ère environ, tandis que la culture des Tombes à Fosses s'étend sur les steppes pontiques, on trouve en Europe centrale, dans l'ensemble de la péninsule Balkanique et même dans le nord-ouest de la Turquie, un vaste ensemble culturel souvent réuni sous le nom de « culture de Baden », avec de nombreuses variantes régionales et des poteries sombres décorées de cannelures. Sur toute l'Europe du Nord la culture des Gobelets en Entonnoir poursuit son évolution. Enfin, différentes cultures caractérisent l'Europe de l'Ouest (dans le Bassin parisien, on parle de « culture de Seine-Oise-Marne »). Elles enterrent souvent leurs morts, non plus sous des dolmens monumentaux, réservés à quelques-uns, mais dans des coffres collectifs faits de minces dalles de pierre et appelés « allées couvertes », et dans lesquels étaient déposés, jusqu'à plusieurs centaines, tous les morts d'une communauté, ou au moins d'un lignage, au fur et à mesure des décès.

Après cet horizon chronologique du chalcolithique moyen (mais déjà appelé « âge du bronze » dans les Balkans, Grèce com-

1. Lichardus *et al.*, 1985, p. 391-393 ; Dodd-Opritescu, 1978 ; Morintz et Roman, 1968 ; Lichardus et Lichardus-Itten, 1998 ; Mallory, 1989 ; Parzinger, 2009 ; Govedarica, 2004.

2. Voir *infra*, chap. 14, p. 385 *sq.*

prise), le chalcolithique s'achève par une période dite « récente », entre 2800 et 2200 environ avant notre ère (voir annexes, 1, 14, p. 600-601 et 608). Deux phénomènes principaux la caractérisent en Europe centrale et occidentale, la Céramique Cordée et la Céramique Campaniforme. La première, qui décore ses poteries par impression de cordelettes sur la pâte fraîche, se rencontre dans toute la moitié nord de l'Europe, et les morts les plus importants sont souvent enterrés sous des tertres de terre et accompagnés de haches d'apparat, dites « haches de combat ». Nous avons vu que, avant la Seconde Guerre[1], cette culture, appelée alors culture des « Haches de Combat » (*Streitaxtkultur* en allemand), avait joué un rôle important dans la problématique indo-européenne. L'un des débats portait sur son origine et sa diffusion, les uns, avec Kossinna, la faisant venir de Scandinavie, les autres lui donnant une origine steppique. De nos jours, si la première hypothèse a été définitivement écartée par l'archéologie, les discussions opposent les tenants de la seconde aux partisans d'une naissance sur place à partir de la culture des Gobelets en Entonnoir – avec des variantes intermédiaires. Dans tous les cas, la Céramique Cordée apparaît désormais comme un phénomène historique récent, qui ne peut être identifié à une migration originelle mais, au mieux, à une migration secondaire et tardive.

L'autre phénomène occidental est celui de la Céramique Campaniforme, ou culture des Gobelets Campaniformes (*Bell Beakers, Glockenbecherkultur*), dont les poteries les plus caractéristiques ont la forme d'une cloche renversée, décorée de bandes horizontales de motifs gravés. On la rencontre de la péninsule Ibérique jusqu'à la Hollande, et de la Grande-Bretagne à la Hongrie. Il ne s'agit cependant pas d'une occupation d'un seul tenant, mais de plaques discontinues, les poteries campaniformes accompagnant souvent des céramiques locales, différentes dans chaque région. L'origine et le sens de diffusion de cette céramique font encore problème, la Hollande et la péninsule Ibérique restant les deux régions, pourtant bien éloignées l'une de l'autre, les plus souvent citées comme possible foyer de formation. Certains arguent même que cette céramique particulière, simple bien d'échange, a circulé à travers l'Europe sans être liée à un groupe culturel particulier.

1. Voir *supra*, chap. 7, p. 205 *sq*.

En Europe sud-orientale, on parle d'« âge du bronze » à partir de l'horizon du chalcolithique moyen, c'est-à-dire à partir de 3500 environ, même si la métallurgie du cuivre puis du bronze (un alliage de cuivre avec en moyenne un dixième d'étain) n'y joue qu'un rôle fort modeste, surtout dans les premières phases. En Grèce, c'est la période et la civilisation de l'Helladique ancien, jusqu'à la fin du IIIe millénaire, date à laquelle commencent l'Helladique moyen sur le continent et le Minoen moyen en Crète, ce dernier marqué par l'émergence des premiers palais crétois et donc des premiers phénomènes étatiques et urbains de l'Europe, sur cette extrême frange sud-orientale. Si cette émergence se fait sans rupture en Crète, en revanche on constate une série de restructurations sur le continent, vers la fin de l'Helladique ancien, mises par certains chercheurs au compte d'« invasions indo-européennes », c'est-à-dire plus précisément de l'« Arrivée des Grecs » – *The Coming of the Greeks* dans la littérature anglo-saxonne[1]. La civilisation mycénienne, avec les imposantes forteresses de Mycènes ou de Tirynthe et ses masques funéraires en or, commence autour de 1500 avant notre ère avec l'Helladique récent et s'étend alors à la Crète (Minoen récent) ; son écriture, dite « linéaire B », note un grec archaïque qui, avec le hittite et la langue des hymnes védiques indiens, constitue l'une des trois langues indo-européennes les plus anciennement connues.

Plus au nord-est, la culture des Tombes à Fosses (également classée par les chercheurs russes dans le « Bronze ancien »), est suivie sans rupture majeure à partir de 2400 avant notre ère environ par la culture des Catacombes, du nom donné aux sépultures importantes, auxquelles on accède par un couloir souterrain. Les phénomènes d'aridité climatique se poursuivent, confortant un mode de vie semi-nomade, cependant que des villages fortifiés apparaissent, leurs différences de taille indiquant même une hiérarchie entre habitats. Certains groupes du nord de l'Ukraine décorent leurs poteries d'impressions de cordelettes et sont parfois mis en rapport avec la Céramique Cordée d'Europe du Nord. Sur l'ensemble des steppes d'Europe orientale et d'Asie centrale s'étendent alors aux IIIe et IIe millénaires diverses cultures en intéraction, soit issues des zones pontiques, soit du substrat

1. Voir *infra*, chap. 15, p. 430 *sq*.

local, comme celle de Botaj ; on en regroupe une bonne partie sous le nom d'Andronovo[1].

À partir de 2200 avant notre ère environ commence, dans la plupart des régions de l'Europe, l'âge du bronze – même si cette terminologie est employée, comme on vient de le voir, en Europe orientale et balkanique à partir des cultures classées ailleurs dans un « chalcolithique moyen » puis « récent », c'est-à-dire plus de deux millénaires auparavant. On y voyait jadis une coupure fondamentale. En fait, il ne constitue pas une rupture historique essentielle, l'invention du bronze n'étant qu'une amélioration technique marginale : la vraie rupture, celle de l'avènement de sociétés inégalitaires à chefferies, remonte bien au chalcolithique. De fait, les sociétés de l'âge du bronze, si ce n'est en Grèce, gardent ce même niveau d'organisation sociale et économique, même si de vastes réseaux d'échanges de biens de prestige associés à une culture aristocratique se déploient dans toute l'Europe, sinon au-delà[2].

De nouveaux réseaux de pouvoir

Une métallurgie du cuivre, la plus ancienne du monde, est donc attestée à partir du début du Ve millénaire au moins, notamment dans les Balkans – sachant que le martelage de cuivre natif est pratiqué au Proche-Orient au moins dès le IXe millénaire.

Toutefois, une véritable réduction du minerai de cuivre dans des bas-fourneaux, après extraction dans des mines, et à distinguer de la simple fonte dans des creusets, n'est actuellement bien connue qu'à partir du Ve millénaire dans le Levant, d'où elle s'étendra progressivement dans les différentes directions[3]. Cette première métallurgie n'a pas été une révolution radicale dans le domaine des techniques : le cuivre est en effet trop mou pour produire des outils efficaces, et l'on utilisera encore longtemps la pierre et l'os dans la vie quotidienne. En revanche, parures et objets en cuivre (et en or, car la métallurgie de l'or apparaît au même moment) sont de puissants marqueurs des pouvoirs émergents.

1. Voir *infra*, chap. 15, p. 444 *sq.*
2. Voir *supra*, chap. 11, p. 338 *sq.* ; annexes, 1, 15, p. 600-601 et 609.
3. Pigott (V.), 1999 ; Amzallag, 2009.

On les trouve dans les tombes les plus riches, mais aussi dans certains habitats particuliers. Le site croate de Vučedol, sur les bords du Danube près de Vukovar, en est un exemple emblématique datant du IIIe millénaire[1] : sur une acropole naturelle dominant le reste du village et isolée par des fossés et un talus, se trouvaient deux grands bâtiments accompagnés d'installations de métallurgie et les tombes d'un couple et d'enfants.

Le cuivre par ailleurs n'est pas répandu uniformément dans la nature. Certaines régions en sont dépourvues, comme la Mésopotamie ou la Scandinavie. L'émergence d'élites tirant en particulier leur prestige de la possession d'objets en cuivre les a donc obligées à constituer de vastes réseaux d'échanges à longue distance pour s'en procurer. Mais lorsqu'on eut l'idée vers la fin du IIIe millénaire – sans doute au vu de la plus grande résistance qu'apportaient au cuivre certaines impuretés naturelles comme l'arsenic ou l'étain – d'ajouter au cuivre un dixième environ d'étain, on obtint un nouvel alliage, le bronze, beaucoup plus résistant. Il permettait de créer, non plus de simples copies en métal d'objets de pierre ou d'os, mais de nouvelles formes, aussi spectaculaires qu'efficaces, comme l'épée longue, qui permet de tuer de plus loin, le casque, les jambières, la cuirasse, la lance, sans compter des parures beaucoup plus variées. L'étain, toutefois, est encore plus rare que le cuivre, et ses gîtes ne sont pas situés dans les mêmes régions. On le trouve, à l'époque, dans le sud des îles Britanniques (que les Grecs appelleront « Cassitérides », du nom grec de l'étain, peut-être dû lui-même au peuple antique des Cassites), au Portugal, en Espagne, en Bretagne, aux monts Métallifères (Erzgebirge, à la frontière germano-tchèque), et sinon en Asie du Sud-Est, dans la province chinoise du Yunnan et en Malaisie, encore aujourd'hui importantes régions de production[2]. Les textes proche-orientaux retrouvés notamment à Alalakh, Ebla, Mari ou encore Ougarit, attestent de l'importance de ces échanges d'étain dans toute l'Asie occidentale, et jusqu'à la vallée de l'Indus d'une part, et la péninsule Ibérique de l'autre.

À partir de la généralisation du bronze, au cours du IIe millénaire avant notre ère, vont donc se mettre en place de vastes

1. Schmidt (R.), 1945.
2. Muhly, 1985 ; Amzallag, 2009.

réseaux d'échanges de cuivre et d'étain à l'état de lingots, mais aussi d'objets finis en bronze, à l'échelle de l'ensemble de l'Eurasie et dans le cadre d'un véritable « âge du bronze »[1]. Les besoins propres aux royaumes et empires du Proche-Orient, mais aussi aux principautés minoennes et mycéniennes, tout comme aux puissantes chefferies d'Europe du Nord généralisent ces échanges, associés à d'autres biens de prestige qui les accompagnent ou circulent en contrepartie, comme l'ambre de la Baltique, le sel, les produits animaux et sans doute les esclaves. La métallurgie du bronze atteint jusqu'à la Chine – qui recèle par ailleurs des ressources en étain – à l'époque de la dynastie Shang, celle où l'on considère que se mettent en place les premiers royaumes centralisés, avec les cultures successives d'Erlitou et d'Erligang, ainsi que les tout débuts de l'écriture[2]. Ainsi, une chaîne continue d'échanges et d'interactions s'étend sur toute l'Eurasie, reliant de proche en proche les rives de l'Atlantique à celles du Pacifique.

Dans la première moitié du IIe millénaire, une nouvelle invention guerrière et de prestige, le char à roues à rayons, fait son apparition, peut-être d'abord en Asie centrale. Le cheval avait été domestiqué dans les steppes ukrainiennes à partir du Ve ou du IVe millénaire, d'abord pour sa viande, puis pour la traction et, avec la mise au point du mors, pour la monte[3]. Au fil du temps la taille des chevaux grandit, et ils semblent être impliqués également dans des échanges en tant que biens de prestige. La roue, de même, est bien attestée en Europe et en Orient à partir du IVe millénaire, mais il s'agit d'abord de lourdes roues pleines. L'invention de la roue à rayons autorise des véhicules beaucoup plus maniables et rapides, qui se généralisent dans les batailles rangées des grands empires orientaux (l'indécise bataille de Qadesh, entre les Hittites et les Égyptiens de Ramsès II, est l'une des plus connues), et que l'on retrouve aussi dans les tombes des élites européennes. Le char et la lance, tout comme l'épée, apportent de nouvelles techniques de combat, mais aussi un très grand prestige à leurs possesseurs.

La fabrication comme le maniement de ces nouvelles pano-

1. Kristiansen et Larsson, 2005 ; Kohl, 2007 ; voir annexes, 1, 15, p. 600-601 et 609.
2. Bagley, 1999 ; Mei, 2000.
3. Voir *infra*, chap. 14, p. 407 *sq.*

plies guerrières des élites nécessitent des apprentissages et des savoirs nouveaux, très spécialisés. Les mythologies antiques, tout comme les enquêtes ethnologiques dans diverses parties du monde, notamment en Afrique, nous montrent le prestige dont bénéficient les métallurgistes, souvent aussi magiciens, détenteurs de connaissances secrètes, tout comme évidemment celui des guerriers. De fait l'archéologie nous révèle à cette époque, partout en Eurasie, des transformations idéologiques essentielles. Les représentations féminines, typiques du paléolithique et du néolithique, disparaissent au profit de la représentation de guerriers en armes, de chars, d'armes, de roues, de navires ou encore d'astres[1]. Le disque de bronze et d'or trouvé récemment à Nebra dans le nord de l'Allemagne et accompagné d'épées, dans ce qui a dû être un sanctuaire, en est typique avec ses figurations solaires et stellaires. De telles représentations sont communes à la même époque dans l'art rupestre européen, des Alpes à la Scandinavie. Un style décoratif mobilier dit « aristocratique », avec ses motifs curvilignes de spirales enlacées, se retrouve sur beaucoup d'objets de prestige, dont des manches de fouet en ivoire, des Carpates jusqu'au monde mycénien et à la Turquie[2].

De la protohistoire à l'histoire

Les premières périodes de l'âge du fer, qui commence vers 750 avant notre ère, ne s'accompagnent pas non plus de bouleversements socio-économiques fondamentaux. Ce n'est qu'avec l'émergence définitive, sur les rives de la Méditerranée, des sociétés étatiques et urbaines de Grèce et d'Italie, que des transformations décisives se font jour. Elles apportent aussi en Europe l'usage de l'écriture et, avec elle, la description et la dénomination d'un certain nombre de « peuples » européens et, pour plusieurs d'entre eux, de textes et de langues.

Le tableau ethnographique et linguistique que nous offrent, avec toutes leurs lacunes et leurs manipulations, les historiens grecs puis romains à partir du Ve siècle avant notre ère, est évidemment

1. Briard, 1991 ; Brun, 1996 ; Kaul (Fl.), 1998 ; Demoule, 2007b.
2. Kristiansen, 2009 ; Brun et Ruby, 2008.

irremplaçable. Il permet d'assigner à un certain nombre de populations une place dans l'espace et dans le temps. En gros, ceux qu'on appelle « Celtes » ou « Gaulois » se trouvent pour l'essentiel dans les territoires actuels de la France, de la Grande-Bretagne, de l'Allemagne méridionale, de l'Autriche et de la Suisse. Plus au nord, on trouve les Germains. Les péninsules Ibérique, Italique et Grecque ont chacune leur originalité culturelle. Les Thraces occupent l'actuelle Bulgarie, les Illyriens l'ex-Yougoslavie, les Gètes et Daces l'actuelle Roumanie, les Scythes l'actuelle Ukraine ; si la langue de ces derniers appartient au groupe indo-iranien des langues indo-européennes, celles des quatre autres « peuples » mentionnés sont à peine connues. La situation est plus obscure pour les régions plus éloignées de l'Europe centrale et nord-orientale.

Néanmoins, si l'on confronte ce tableau ethnique, celui des derniers siècles avant notre ère, avec la réalité archéologique des deux derniers millénaires avant notre ère, ceux des âges du bronze et du fer, on observe une certaine coïncidence. Plusieurs « complexes culturels » peuvent être reconnus dès 2000 avant notre ère, c'est-à-dire à partir de la fin des phénomènes Cordé et Campaniforme, et se retrouvent avec des frontières pour l'essentiel inchangées aux périodes historiques[1]. On identifie ainsi le complexe dit « nord-alpin », où se succèdent à l'âge du fer, les cultures archéologiques de Hallstatt puis de La Tène, avec les peuples dits celtiques, porteurs des langues du même nom ; ou le complexe dit « nordique » avec les peuples dits germaniques. Mais on distingue aussi, pendant l'âge du bronze et une bonne partie de l'âge du fer, un « complexe atlantique » qui comprend le sud-ouest de l'Angleterre, la France occidentale et le nord-ouest de la péninsule Ibérique ; il n'est cependant pas identifiable à un « peuple » historiquement connu. Et surtout, il n'est pas certain que le terme de « peuple », défini comme une entité historique homogène, soit opératoire pour décrire les réalités protohistoriques. Enfin, les témoignages des historiens antiques sont à bien des égards sujets à caution.

1. Brun, 1987 ; Kristiansen et Larson, 2005.

À la recherche des Indo-Européens

Si l'on s'en tient néanmoins à l'hypothèse canonique d'un Peuple indo-européen originel, il est clair qu'au moment où l'archéologie et les textes anciens peuvent se rejoindre, c'est-à-dire dans les derniers siècles avant notre ère, on a affaire à des langues indo-européennes déjà fort éloignées les unes des autres. Et si l'on admet qu'une partie de ces langues indo-européennes sont parlées par les porteurs de cultures qui occupent sensiblement les mêmes espaces depuis le début de l'âge du bronze, il est raisonnable de situer avant cette période le moment d'éclatement de ce Peuple originel (voir annexes, 2, 8, p. 602 et 605). Nous allons donc passer en revue les différentes hypothèses qui sont actuellement proposées, en résumant à chaque fois leurs arguments et leurs difficultés. Pour autant, nous verrons qu'elles s'enracinent toutes dans une longue tradition historiographique et que, quelle que soit la richesse des données archéologiques issues des fouilles des dernières décennies, dont est issu le tableau historique qui vient d'être présenté, il s'agit en fait de la perpétuation d'hypothèses antérieures.

Dans tous les cas, ces hypothèses doivent pouvoir répondre à deux conditions :

1) Existe-t-il, quelque part en Eurasie, une culture archéologique dont les caractéristiques correspondent à l'idée du Peuple originel, tel qu'il peut être inféré de la paléontologie linguistique, de la mythologie comparée et de toute autre donnée textuelle ou linguistique ?
2) Une fois une telle culture reconnue, peut-on identifier, à partir de son Berceau d'origine, des mouvements migratoires successifs, dont l'aboutissement coïncide en fin de compte avec la localisation géographique des peuples décrits par les historiens antiques ?

La première question n'est pas triviale, puisque nous avons vu les difficultés posées par la représentation que l'on pouvait avoir du Peuple originel à partir des données textuelles. La seconde suppose que l'on puisse reconnaître archéologiquement des migrations ; elle est assortie d'un postulat très fort : la permanence des entités ethniques à travers le temps.

12

Archéologie : et si les Indo-Européens avaient toujours été là ?

Où l'on se demande si les Indo-Européens n'auraient pas toujours été là, comme le supposait déjà Paul Broca dans les années 1860 – Où l'on rappelle toutefois que la thèse de l'autochtonie est aussi celle de Kossinna, des nationalistes allemands et surtout des nationaux-socialistes, persuadés que le Peuple originel « indo-germanique » venait de la Baltique, sinon du pôle Nord, voire d'une Atlantide nordique engloutie – Et que cette thèse est reprise avec constance par l'extrême droite contemporaine, du moins celle qui s'intéresse au problème – Où l'on montre néanmoins pourquoi il n'y a aucun mouvement migratoire archéologiquement démontrable qui proviendrait de la Baltique au cours des derniers millénaires, mais qu'il s'agit de tout le contraire – Où l'on découvre cependant qu'un linguiste italien soutient la thèse d'une « continuité paléolithique », avec des arguments linguistiques très discutables – Où l'on rappelle comment quelques archéologues tout à fait sérieux soutiennent également cette hypothèse, non d'une origine baltique, mais d'une continuité de peuplement et de langue depuis les chasseurs-cueilleurs du paléolithique, que n'aurait que fort peu affectés l'introduction de l'agriculture en Europe par des colons venus du Proche-Orient.

L'hypothèse la plus économique quant au Peuple originel est évidemment celle de l'autochtonie. Les populations paléolithiques de l'Europe, et leurs descendants mésolithiques, auraient déjà parlé des langues indo-européennes et la question d'une migration récente ne se poserait pas. Cette hypothèse n'est pas neuve. Paul Broca l'avait en son temps vigoureusement défendue : ce sont des langues, non des hommes, qui s'étaient diffusées en

Europe[1]. Déjà, l'enjeu était clair. Il s'agissait de défendre l'autochtonie des deux « races » françaises, face à certaines prétentions allemandes, selon lesquelles le Peuple originel était une « race » blonde et grande venue de l'Asie originelle. Cette revendication transparente n'est pas propre à la France. Aujourd'hui, certains archéologues indiens placent en Inde le Foyer originel, tout comme, pour des périodes plus récentes, certains archéologues polonais ont identifié en Pologne le berceau de tous les Slaves tandis que, en Albanie ou au Pays basque, d'autres archéologues pensent observer une totale continuité de peuplement, depuis le paléolithique jusqu'à nos jours.

Une trouble autochtonie

Face aux revendications françaises de Broca, l'autochtonie se trouvera bientôt, avec Kossinna, de l'autre côté du Rhin. La « race originelle » est grande et blonde et, de plus, elle vient de l'Allemagne du Nord et de la Scandinavie ; les Proto-Indo-Européens sont ces descendants des chasseurs magdaléniens qui, remontant vers le nord avec la fin de la dernière ère glaciaire, forment la civilisation d'Ertebølle-Ellerbeck, d'où ils partiront à la conquête de toute l'Europe, en quatorze vagues successives. Paradoxalement, Kossinna fut le premier indo-européaniste à développer une démonstration archéologique pour l'identification du Foyer originel, une démarche dont Déchelette avait salué la « réelle compétence » et Childe « l'élégance ». Avant et pendant l'entre-deux-guerres, le modèle de Kossinna a certainement été, parmi les archéologues intéressés à la question, l'un des plus en faveur. En Allemagne même, de nombreux universitaires la reprennent à leur compte, comme Walther Schulz, Alfred Götze, Herbert Kühn, Martin Jahn, Hans Seger, etc.[2]. Aussi, la position de Kühn, élève de Kossinna, n'est donc pas une « intéressante suggestion » comme la considère Colin Renfrew[3], mais se situe bien dans le contexte intellectuel de l'époque. Notons que Kühn

1. Voir *supra*, chap. 4, p. 116 *sq.*
2. Particulièrement Kühn, 1932. Voir *supra*, chap. 7, p. 220.
3. Renfrew, 1990, p. 52.

sera chassé de sa chaire universitaire de Cologne en 1935, car sa femme, Rita Gersmann, était juive ; il ne sera réintégré, cette fois à Mayence, qu'en 1946.

L'hypothèse de Kossinna, sous sa forme canonique, s'est effondrée en 1945. Directement liée à l'idéologie nationale-socialiste, elle n'a plus été portée par personne pendant trois décennies. Dans le même temps, le progrès de la recherche archéologique la rendait sans objet. Elle supposait en effet un développement linéaire entre la culture mésolithique de Maglemose, puis celle, en partie néolithisée, d'Ertebølle-Ellerbeck, enfin celle, complètement néolithique et même chalcolithique, des Gobelets en Entonnoir. Or tout montre que la néolithisation de la culture d'Ertebølle n'est pas un processus interne, mais qu'elle résulte d'un phénomène de contact avec les colons agricoles de la culture de Rössen. Quant à l'apparition de la culture des Gobelets en Entonnoir, elle peut difficilement être mise au crédit des chasseurs-cueilleurs mésolithiques, même partiellement néolithisés. En effet, son territoire est beaucoup plus large que celui d'Ertebølle, puisqu'elle s'étend aussi à la Pologne, à la Bohême, au nord de l'Allemagne et aux Pays-Bas ; de plus, elle partage bien des éléments communs avec d'autres cultures d'origine centre-européenne, comme les tombes mégalithiques (les dolmens) ou les grandes enceintes cérémonielles faites de fossés, de palissades et de levées de terre. Les petits groupes de chasseurs-cueilleurs résiduels ont donc été absorbés, sans laisser de traces particulières, par la culture des Gobelets en Entonnoir. On n'observe finalement aucune trace archéologique de départs de migrations qui auraient la Scandinavie pour origine, c'est-à-dire d'objets apparus d'abord dans cette région et que l'on verrait se répandre peu à peu vers le sud. En réalité, cette région septentrionale et excentrée, peu propice à l'agriculture, ne fait l'objet que d'une colonisation humaine tardive et son peuplement restera longtemps d'une faible densité.

À défaut d'être soutenue par des archéologues, l'hypothèse kossinnienne sera néanmoins reprise dans la littérature « scientifique » de l'extrême droite à partir des années 1970[1]. Archéologiquement intenable, elle s'affiche à nouveau au grand jour après

1. Voir *supra*, chap. 9, p. 279 *sq.* et 295 *sq.*

un silence de trois décennies, sans rien renier de ses origines. Kossinna n'appartient plus seulement au passé.

Une continuité paléolithique ?

Il existe cependant aujourd'hui des archéologues et des linguistes qui, indépendamment de Kossinna et des idéologies d'extrême droite, soutiennent que les premiers *Homo sapiens* du paléolithique supérieur auraient déjà parlé des langues indo-européennes. Du côté des linguistes, il s'agit surtout de l'Italien Mario Alinei, et de sa « théorie de la continuité paléolithique » (ou *Paleolithic Continuity Paradigm*)[1]. Dans son principal ouvrage, encyclopédique et foisonnant (il affirme, au passage, pouvoir déchiffrer l'étrusque à partir du hongrois, entre autres), il croise linguistique, archéologie, génétique, géographie, géologie, ethnologie, toponymie, paléoanthropologie, sciences cognitives, etc., pour affirmer que les familles de langues indo-européennes sont constituées et distinctes les unes des autres de très longue date, reflétant une permanence qui remonterait au paléolithique. Cela suppose de faire table rase d'une grande partie des principes de la grammaire comparée traditionnelle, de ses lois et de ses rythmes supposés d'évolution. De fait, il raisonne essentiellement sur les comparaisons lexicales, et pratiquement pas sur les structures grammaticales. De même, il s'appuie beaucoup sur les dialectes, censés être plus conservateurs que les langues officielles standardisées. En termes de continuité, les Celtes seraient ainsi établis dans les îles Britanniques et l'ouest de la France dès le mésolithique, et il n'y aurait jamais eu d'invasions celtiques venues d'Europe centrale, comme cela a été longtemps soutenu. L'une des preuves serait la fréquence de l'emprunt de mots celtiques dans les langues germaniques, et l'absence d'exemples inverses ; et notamment le nombre de termes considérés comme celtiques pour la pêche dans les autres langues indo-européennes. De même, le mécanisme phonétique appelé « lénition », le passage de consonnes « fortes » à des consonnes « douces » (du *t* au *d*

1. Alinei, 1996-2000, 2000, 2004 ; Ballester, 2009. Voir aussi le site : http://www.continuitas.org/

par exemple, le latin *vita* évoluant vers l'espagnol ou l'occitan *vida*), serait caractéristique de cette zone celtique originelle, qui est aussi celle où l'on construisait des mégalithes, preuve de son ancienneté.

Alinei croise ainsi, sur des faits ponctuels, linguistique et archéologie. Constatant la présence de la « mort » (**mer*) dans le vocabulaire commun, mais l'absence d'un terme commun pour « tombe » ou « cimetière », il en déduit que les différents peuples indo-européens se seraient séparés avant l'invention de la tombe, donc au cours du paléolithique supérieur – ce qui, sur cet exemple précis, est d'ailleurs inexact : les plus anciennes tombes sont attestées dès l'homme de Neandertal, il y a au moins cent mille ans. De fait, les références archéologiques de Mario Alinei sont de fiabilité variable. Ainsi plaide-t-il pour une permanence des frontières linguistiques à travers les millénaires, qui recouperait la permanence des frontières archéologiques ; mais l'exemple qu'il invoque de la frontière (récente) entre parlers romans et parlers germaniques ne correspond, malgré ses dires, à aucune frontière culturelle pendant la période néolithique.

Dans la mesure où la « théorie de la continuité paléolithique » a jusqu'à présent été très peu discutée par d'autres linguistes[1], on pourrait la considérer comme un phénomène scientifique marginal, comme il en existe dans de nombreuses disciplines. Toutefois elle a reçu l'appui d'au moins deux archéologues reconnus, le paléolithicien Marcel Otte en Belgique[2], et le néolithicien Alexander Häusler en Allemagne[3]. Ou plus exactement, chacun des deux considère que, d'un point de vue archéologique, il n'y a pas eu de bouleversements de population notables depuis l'arrivée d'*Homo sapiens* en Europe il y a quarante mille ans, et donc que la communauté linguistique indo-européenne originelle doit remonter au paléolithique. Cette hypothèse a été également défendue aux États-Unis par Homer Thomas, qui suppose une continuité depuis la civilisation gravettienne (il y a vingt-cinq mille ans) jusqu'au néolithique, ou plus récemment, à propos du

1. Compte-rendu favorable *in* Le Dû, 2003 ; défavorable *in* Adiego, 2002 ; Renzi, 1997.
2. Otte, 1995, 2012.
3. Häusler, 1998, 2002a et b.

problème de « l'arrivée des Grecs en Grèce », par l'archéologue grec Theodoros Giannopoulos[1].

Cette certitude dépend de l'interprétation du phénomène néolithique en Europe. Un certain nombre de chercheurs, en dehors de toute préoccupation linguistique et dans la tradition anti-diffusionniste anglo-saxonne, ont tendance à minimiser l'apport démographique des populations d'agriculteurs venus du Proche-Orient. Ils y voient pour l'essentiel un phénomène de transfert technologique. Cette position est difficilement soutenable pour de nombreuses raisons[2]. Dans le détail, les points de ressemblance aussi bien dans le style des objets, les techniques, le mode de vie, que l'économie peuvent être suivis de proche en proche sur deux millénaires depuis les rives du Bosphore jusqu'à celles de l'Atlantique. Au demeurant, toutes les espèces animales domestiques européennes sont génétiquement de souche proche-orientale et aucune n'a été domestiquée sur place. La seule exception, notable, où il semble que des populations indigènes de chasseurs-cueilleurs aient adopté l'agriculture et l'élevage concerne les steppes d'Europe orientale, où la culture de Bug-Dniestr, sur les bords de ces deux fleuves, au contact du néolithique balkanique, emprunte peu à peu le nouveau mode de vie – ce qu'on appelle une « acculturation ». Mais c'est la seule région où par un tel emprunt, qui reste débattu, les chasseurs-cueilleurs seraient demeurés majoritaires – ce qui resterait à confirmer, notamment par des analyses d'ADN.

L'idée d'une continuité linguistique depuis le paléolithique et l'arrivée d'*Homo sapiens* se heurterait également, tout comme l'hypothèse de Colin Renfrew d'une indo-européanité néolithique proche-orientale, à l'existence ancienne de langues non indo-européennes en Europe[3]. Se pose aussi la question de la durée d'évolution des langues indo-européennes, qui serait alors beaucoup plus longue que dans le modèle steppique ou même anatolien – bien qu'il y ait toujours un risque de cercle vicieux dans les tentatives d'évaluer une telle durée, puisque l'on ne dispose d'aucune chronologie externe indépendante. Enfin les analyses

1. Thomas (H. L.), 1991, 1992 ; Giannopoulos, 2012.
2. Voir *supra*, chap. 11, p. 325-327.
3. Voir *infra*, chap. 13, p. 374 *sq.*

de l'ADN des populations européennes anciennes montrent que la part des indigènes mésolithiques a été très faible.

C'est pourquoi la thèse paléolithique, si l'on met à part la dimension idéologique liée à l'extrême droite, reste actuellement anecdotique.

Après avoir mis de côté l'hypothèse d'une présence autochtone, remontant au paléolithique, des langues indo-européennes en Europe, nous allons examiner successivement les deux principales autres hypothèses, toutes deux migrationnistes et toutes deux anciennes mais remises régulièrement au goût du jour : une origine proche-orientale, liée à l'arrivée des colons néolithiques, d'une part ; une origine depuis les steppes du nord de la mer Noire, d'autre part. Nous verrons que les difficultés qu'elles soulèvent l'une et l'autre doivent nous inciter à remettre en cause le modèle très (trop) simple sur lequel elles reposent toutes deux.

13
Les Indo-Européens sont-ils vraiment venus de Turquie ?

*Où l'on montre comment l'archéologue britannique Colin Renfrew, bientôt Baron of Kaimsthorn et par là même membre de la Chambre des Lords, retrouva la solution anatolienne d'Alexandre Bertrand, Max Ebert, Adalbert Sayce ou encore Pedro Bosch Gimpera, et soutint que les colons néolithiques qui prirent pied en Europe à partir du VIIe millénaire étaient les Indo-Européens originels – Comment il expliqua que les Indo-Européens étaient venus d'une région où il n'y avait pas de langues indo-européennes, ce qui pose le problème non résolu du statut de la langue hittite, et comment il retrouve le Grand Arbre de toutes les langues du monde de Greenberg et Ruhlen, quoique pas complètement – Comment il ajouta ensuite une dose de mélanges de langues (*Sprachbund*) en Europe centrale – Pourquoi, cependant, du fait qu'il subsistait des langues non indo-européennes à l'issue de la colonisation néolithique de toute l'Europe par le peuple indo-européen originel supposé, son modèle marche sauf quand il ne marche pas, et n'est donc pas vérifiable (ou « falsifiable ») – Comment il se débarrassa prestement de la paléontologie linguistique, de Georges Dumézil et d'Émile Benveniste – Et où l'on voit pourquoi les Indo-Européens ne sont pas forcément venus de Turquie.*

Compte tenu des faiblesses de l'hypothèse paléolithique ou autochtoniste, que nous venons de voir dans le précédent chapitre, la seconde hypothèse la plus économique serait de faire coïncider l'indo-européanisation du continent avec le mouvement de colonisation néolithique. Là non plus, cette hypothèse n'est pas nouvelle, c'est l'une des plus anciennes, et il convient d'en faire un bref rappel historique. À peine inventés, dès le début du XIXe siècle, les Indo-Européens originels sont placés en Asie, d'où ils auraient apporté en Europe, à la faveur de leurs migrations, tous les bienfaits de la civilisation. Comme le précisait un peu plus tard Alexandre Bertrand, en s'appuyant cette fois sur la documentation archéologique de l'époque, l'origine asiatique de « la civilisation aryenne » est un « axiome inattaquable » accepté « par tous les corps savants de l'Europe », et de nombreux auteurs l'avaient soutenue[1]. Ce sont les Indo-Européens qui auraient apporté à l'Europe l'agriculture, l'élevage et la métallurgie, repoussant aux marges du continent les indigènes, dont il ne resterait plus que les dolmens. Cet « axiome inattaquable » sera remis en cause à la fin du XIXe siècle par Salomon Reinach, conservateur, comme Alexandre Bertrand, au musée des Antiquités nationales, et qui se fera le pourfendeur de l'*ex oriente lux* (« la lumière vient de l'orient »). C'est l'époque du rapatriement vers l'Europe du Foyer originel. Il y aura donc dissociation progressive entre l'apparition de l'agriculture et de l'élevage, dont peu contestent l'origine orientale, et la migration indo-européenne. En outre, avec Schrader, le Peuple primordial abandonne ces qualités bucoliques et idéales dont l'avait paré Pictet, pour prendre les allures plus classiques d'un peuple guerrier et conquérant. Le vocabulaire commun suggérerait d'ailleurs un rôle assez faible de l'agriculture.

Ex oriente lux

Au fur et à mesure que progressaient les connaissances archéologiques, le plus ancien néolithique européen, avec les cultures à céramiques peintes des Balkans et la Céramique Linéaire (ou Rubanée, ou du Danubien) d'Europe centrale, ne semblait guère correspondre au modèle guerrier postulé par Schrader. Childe en tira toutes les conséquences : le « conservatisme féminin » et la « mentalité de paysans » des agriculteurs danubiens de la Céramique Linéaire interdisent de voir là le Peuple originel[2]. Le préhistorien allemand Max Ebert était d'un avis contraire.

1. Bertrand, 1864. Voir aussi, dans le même volume des *Bulletins de la Société d'anthropologie de Paris*, p. 316-317 ; Schmidt (J.), 1890 ; Link, 1821 ; Brunnhofer, 1885 ; Hehn, 1870 ; Delitzsch, 1873 ; Hommel, 1879.
2. Childe, 1926, p. 140-143. Voir *supra*, chap. 7.

En 1922, contre l'opinion de Kossinna auquel il succède à la chaire de préhistoire de Berlin, il soutient que l'ensemble du néolithique européen, aussi bien celui des Balkans, dont la très riche culture à céramique peinte de Cucuteni-Tripolje, la Céramique Linéaire centre-européenne et même le néolithique nordique avec ses dolmens (c'est-à-dire la culture des Gobelets en Entonnoir), appartient à un seul et unique ensemble culturel, celui de « l'Europe ancienne » (*Alteuropäisch*), qui doit être identifié avec les Indo-Européens[1].

Cette opinion alors très minoritaire tombera dans l'oubli (Ebert meurt en 1929). Sans référence à Ebert, le terme même de *Alteuropäisch* sera repris, pour tout autre chose, par le linguiste Krahe pour rendre compte des affinités entre un certain nombre d'hydronymes (noms de rivières) européens, trace selon lui d'une langue commune disparue, celle des Indo-Européens d'Europe lorsqu'ils arrivèrent dans ce continent, avant de se diviser selon les langues connues[2]. Le même terme, traduit en anglais (*Old Europe*), sera ensuite utilisé par l'archéologue Marija Gimbutas pour désigner, toujours sans le citer, la même chose qu'Ebert, c'est-à-dire l'ensemble des cultures néolithiques européennes – vouées selon elle à être ensuite envahies par les Indo-Européens venus des steppes[3].

La thèse d'Ebert supposait implicitement une origine asiatique des langues indo-européennes, puisque c'est de là que le néolithique européen était manifestement originaire – Childe développera bientôt ce dernier point dans ses nombreux travaux. C'est pourquoi Adalbert Sayce avait en 1927 situé le Foyer primitif en Anatolie[4]. C'est plus ou moins ce qu'on pourrait appeler l'hypothèse Ebert-Sayce que reprendra trois décennies plus tard, avec une documentation archéologique enrichie, l'archéologue catalan (devenu mexicain après la guerre civile espagnole) Pedro Bosch Gimpera en 1960, dans un livre aussitôt traduit en français[5]. Pour lui, le lieu de formation des peuples indo-européens est la

1. Ebert, 1921. Voir *supra*, chap. 7.
2. Krahe, 1954, 1957.
3. Voir *infra*, chap. 14, p. 396 *sq*.
4. Sayce, 1927. Voir *supra*, chap. 7.
5. Bosch Gimpera, 1960 ; traduction française peu précise de Raymond Lantier : 1961.

culture à Céramique Linéaire centre-européenne, qui comprendrait une forte composante de chasseurs-cueilleurs indigènes, bientôt pénétrés par la diffusion du néolithique proche-orientale. Il insiste néanmoins sur le caractère éminemment instable des entités culturelles pré- et protohistoriques, rejetant le modèle de l'arbre généalogique. C'est par des processus d'« agglomération », de « cristallisation », de « contact », d'« infliltration », que se forment, évoluent, voire disparaissent les entités ethniques, dont Bosch Gimpera rappelle constamment l'instabilité et la « fluidité ». L'information archéologique utilisée par Bosch Gimpera est maintenant largement périmée, d'autant que les analyses d'ADN les plus récentes montrent la très faible part de la composante indigène parmi les porteurs de la culture à Céramique Linéaire. Mais l'originalité méthodologique de cette hypothèse reste entière. D'un point de vue historiographique, elle est également un jalon important dans la permanence de l'hypothèse qui lie la néolithisation de l'Europe à son indo-européanisation.

Parallèlement à ces approches archéologiques, plusieurs linguistes soviétiques proposèrent dans les années 1980 une localisation proche-orientale du Berceau originel. Ils se fondaient sur des ressemblances supposées, interprétées comme des indices de contacts anciens, entre le groupe des langues indo-européennes, celui des langues sémitiques et celui des langues du Caucase méridional (parmi lesquelles le géorgien). Le Proche-Orient étant le seul point de rencontre géographique possible entre ces trois groupes de langues, les uns, Tamaz Gamkrelidze et Vjačeslav Ivanov, avaient plus précisément proposé un foyer caucasien ; un autre, Aaron Dolgopolsky, un foyer anatolien[1].

Une hypothèse nouvelle ?

Ainsi, lorsqu'il paraît en 1987[2], le livre de Colin Renfrew, *L'Énigme indo-européenne : archéologie et langage*, ne sort pas, contrairement à ce qu'une très importante médiatisation aurait pu laisser croire, de nulle part. Il s'inscrit au contraire dans une

1. Gamkrelidze et Ivanov, 1984 (voir annexes, 4, p. 603) ; Dolgopolsky, 1988.
2. Renfrew, 1987 (trad. française 1990).

tradition scientifique constante, qui remonte aux origines mêmes de la question indo-européenne. Il ne fait en réalité que remettre au goût du jour une hypothèse traditionnelle que l'impact tout récent des propositions de Marija Gimbutas sur les invasions steppiques[1] avait laissée tomber dans l'oubli – propositions qui, elles-mêmes, avaient bruyamment ranimé le débat sur le Foyer originel, resté en sourdine, à quelques exceptions près (dont Bosch Gimpera), depuis 1945. La thèse de Renfrew est simple et son développement n'occupe d'ailleurs qu'un dixième à peine des trois cents pages de l'ouvrage, consacré pour l'essentiel à un exposé très pédagogique de tous les problèmes historiographiques et méthodologiques posés par « l'énigme indo-européenne » : les agriculteurs néolithiques venus du Proche-Orient qui colonisent l'Europe à partir de la fin du VIIe millénaire sont les Indo-Européens, dont le Foyer originel peut donc être placé en Turquie (voir annexes, 9-10, p. 606).

La réaffirmation de cette hypothèse ancienne était pourtant un paradoxe par rapport au trajet intellectuel de Colin Renfrew. Les archéologues britanniques de l'après-guerre s'étaient plutôt définis contre la tradition diffusionniste de l'archéologie allemande. À partir des années 1960, et grâce aussi aux datations par le radiocarbone, ils tendent à insister sur l'autonomie du développement européen. Ainsi les dolmens et les menhirs étaient traditionnellement considérés comme une conséquence lointaine des pyramides égyptiennes. Dans son testament intellectuel, Childe rappelait avec ironie qu'une bonne partie de ses travaux avaient été placés sous « le thème unificateur de l'irradiation de la barbarie européenne par la civilisation orientale[2] ». Le radiocarbone montre maintenant que ces monuments mégalithiques étaient en fait antérieurs de près de trois millénaires aux fameuses pyramides, ce qui fournit à Renfrew le titre de l'un de ses livres : *Les Origines de l'Europe. La révolution du radiocarbone*[3], qui fait pendant à la « révolution néolithique » de Childe, issue du Proche-Orient.

Renfrew plaidait aussi pour une « invention indépendante » de la métallurgie en Europe, sans lien avec celle du Proche-Orient, tandis

1. Voir *infra*, chap. 14.
2. Childe, 1958, p. 70 ; *supra*, chap. 7, p. 210.
3. Renfrew, 1973.

que, à la même époque, d'autres archéologues anglo-saxons allaient jusqu'à soutenir que le néolithique européen avait été inventé sur place, sans aucune influence proche-orientale. Plus généralement, l'archéologie anglo-saxonne des années 1960-1970 se caractérisait par une attention particulière pour l'étude de l'environnement préhistorique et des processus d'adaptation sur place des sociétés anciennes, privilégiant l'évolution par rapport à la diffusion et mettant en avant la nécessaire rigueur des raisonnements et des mécanismes de preuve. Colin Renfrew lui-même avait organisé la publication de plusieurs ouvrages collectifs méthodologiques et théoriques, qui mettaient l'accent sur la nécessité de construire en archéologie des modèles explicatifs beaucoup plus complexes.

C'est pourquoi il pouvait paraître très surprenant que l'un des chefs de file de cette école archéologique ait brusquement montré un grand intérêt pour l'un des problèmes les plus traditionnels, sinon les plus éculés de l'archéologie de tradition allemande, le lieu même de tous les débats diffusionnistes et migrationnistes. Pourtant, parce que Colin Renfrew était un archéologue respecté, son livre eut immédiatement un très grand succès et fut traduit en plusieurs langues, y compris en japonais (ce fut le livre traduit de l'anglais le plus vendu au Japon l'année de sa parution dans ce pays). Il suscita de nombreuses interventions dans les médias, plusieurs revues engagèrent des débats approfondis sur ses thèses, comme *Antiquity* en Grande-Bretagne, *Current Anthropology* aux États-Unis ou même, à un plus modeste niveau français, la revue *Topoï* de l'université de Lyon-II[1]. Rapidement, dans les ouvrages de vulgarisation anglo-saxons, la thèse de l'origine proche-orientale des Indo-Européens fut présentée comme évidente et acquise[2]. Peu de temps après, Colin Renfrew fut nommé Lord par la reine Elizabeth (avec le titre de Baron of Kaimsthorn), une distinction dont un seul autre archéologue britannique avait été honoré avant lui, John Lubbock, le créateur des termes « néolithique » et « paléolithique », en son temps ardent pourfendeur du diffusionnisme.

On se souvient que tout Foyer originel doit répondre à deux conditions : a) on doit prouver son « indo-européanité » ; b) il doit être l'épicentre d'un phénomène migratoire. Colin Renfrew

1. *Antiquity*, 62, 1988 ; *Current Anthropology*, 29, 3, 1988 ; *Topoï*, vol. 2, 1992.
2. Voir Mallory et Adams, 1997, p. 307.

va s'acquitter avec élégance de ces deux tâches, en retenant le seul mouvement migratoire d'ampleur qui fasse la quasi-unanimité des préhistoriens européens et en se dispensant de la première condition. Dans le cas présent, il n'y a donc pas matière à discuter de la réalité de la migration des agriculteurs néolithiques[1], mais à s'interroger sur ce qui peut permettre d'associer ce fait historique avec les Indo-Européens. Plusieurs points font en effet problème, qu'il vaut de reprendre en détail :

a) les langues indo-européennes sont peu présentes dans le Foyer originel supposé ;
b) les ressemblances entre langues indo-européennes ne s'organisent pas de proche en proche suivant l'axe de diffusion, du sud-est vers le nord-ouest, de la colonisation néolithique de l'Europe ;
c) la vague de colonisation de l'Europe néolithique, supposée indo-européenne, a laissé subsister en Europe des langues non indo-européennes ;
d) le vocabulaire commun ne contient aucun terme évoquant la flore et la faune méditerranéenne, environnement naturel du Foyer originel supposé ;
e) enfin les sociétés néolithiques européennes, simples et égalitaires comme le révèle l'archéologie, n'ont aucun des traits fréquemment retenus par les études comparées portant sur les mythes, le vocabulaire et les institutions, qui suggèrent une société guerrière et très hiérarchisée.

La langue du Foyer originel

Quant au premier point, il est en effet surprenant que le Foyer originel proposé soit une zone où il y ait eu peu de langues indo-européennes aux époques historiques. Au Proche-Orient, on parlait principalement des langues sémitiques (akkadien, araméen, hébreu, phénicien, arabe, etc.) ou apparentées (comme l'égyptien), ainsi que des langues ni indo-européennes ni sémitiques : sumérien et élamite de Mésopotamie, hatti et hourrite d'Asie Mineure. Les

1. Voir *supra*, chap. 11, p. 325.

seules langues indo-européennes attestées le sont en Turquie : hittite, louvite, palaïte au IIe millénaire et, sans doute apparentés, lycien, lydien et phrygien au Ier millénaire avant notre ère. Face à la difficulté, Renfrew propose donc de limiter le Foyer originel des langues indo-européennes à la seule Turquie. Mais la Turquie n'est pas un foyer primaire de néolithisation. La zone originelle de domestication des animaux et des plantes comprend essentiellement les territoires actuels de la Syrie, d'Israël, de la Palestine et de l'Iraq occidental. C'est d'ailleurs ce que confirment les analyses génétiques sur les céréales[1]. C'est dans un second temps, à partir de la fin du VIIIe millénaire, que les populations néolithiques, en accroissement constant, s'étendent dans les différentes directions, et en particulier vers la Turquie. Les fouilles y ont révélé plusieurs sites spectaculaires, dont celui de Çatal Höyük, dans le sud-est du pays, avec ses fresques et ses crânes de taureaux, est le plus célèbre. Il est cependant fort improbable que les agriculteurs néolithiques, qui sont apparus et se sont développés dans une zone géographique où, aux époques historiques, ne sont attestées que des langues sémitiques, se soient mués, en s'étendant à la Turquie, en locuteurs de langues indo-européennes.

Il y aurait éventuellement trois parades possibles. La première, que Renfrew ne tente même pas, serait de supposer que l'extension du néolithique depuis la Syrie et l'Iraq vers la Turquie ne serait qu'un phénomène d'emprunt, sans mouvement de population. Mais c'est l'ensemble de la culture matérielle de la zone originelle que l'on retrouve en Turquie où, auparavant, le peuplement mésolithique est évanescent.

De l'indo-européen à l'indo-hittite ?

La deuxième parade, que Renfrew ne songe pas à utiliser dans la version originelle de son travail mais qu'il proposera ultérieurement[2], ferait des langues indo-européennes de Turquie (hittite, palaïte, louvite, etc.[3]) les descendantes directes de la

1. Colledge *et al.*, 2004.
2. Renfrew, 1999.
3. Voir *supra*, même page, et *infra*, chap. 15, p. 461 *sq.*

« langue originelle ». Elles devraient, en toute logique, en être les plus proches. Or, précisément, la place du hittite dans l'arbre généalogique des langues indo-européennes fait problème. Cette langue fut découverte en dernier, dans les années 1920, alors que la grammaire comparée était totalement constituée. Son déchiffrement par le linguiste tchèque Bedřich Hrozný est même venu démentir la tranquille assurance d'Antoine Meillet trente années plus tôt qui, dans la première édition de son *Introduction à l'étude comparative des langues indo-européennes*, estimait que la grammaire comparée était parvenue « à un terme impossible à dépasser » et qu'aucune trouvaille nouvelle n'était à attendre[1]. Le célèbre linguiste, un temps réticent aux découvertes de Hrozný[2], en minimisa ensuite l'intérêt. De nos jours encore, la place du hittite reste discutée. Pour certains, il s'agit d'une langue si particulière qu'elle doit être classée à part ; on a même proposé, à la suite des travaux d'Emil Forrer puis d'Edgar Sturtevant dans les années 1920, de créer le terme englobant d'« indo-hittite », qui désignerait une famille de langues encore plus vaste, dont les deux branches seraient, d'une part les langues indo-européennes « classiques », d'autre part le hittite et les autres langues anatoliennes moins connues. Pour d'autres au contraire, le hittite aurait subi des processus de dégradation. Pour d'autres enfin, le hittite serait une sorte de pidgin, langue de contact entre un fort substrat linguistique non indo-européen (hatti en particulier) et une langue indo-européenne d'envahisseurs, avec de fortes influences des langues mésopotamiennes[3]. En résumé, le hittite, la plus ancienne langue indo-européenne attestée, pose de grands problèmes de classification, loin d'être résolus. Il est donc difficile, dans tous les cas, d'y voir le descendant direct de la langue originelle, parlée dans la Patrie originelle supposée.

C'est pourtant ce qui sera fait. Parallèlement aux travaux de Renfrew, le linguiste Aaron Dolgopolsky avait repris en 1988

1. Meillet, 1903, p. 410-411 ; comparer avec l'édition de 1937, p. 479-480.
2. Meillet, 1921, p. 99, note 1.
3. Sur cette discussion, voir Neu et Meid, 1979 (notamment les contributions de W. P. Schmid et de W. Meid) ; Adrados, 1982 et 1990 ; Justus, 1992 ; Schmidt (K-H.), 1992 ; Schmid, 1979 ; Oettinger, 1986 ; Forrer, 1921 ; Sturtevant, 1929 et 1962 ; Wagner (H.), 1985 ; Schlerath, 1987 ; Voegelin et Voegelin, 1973 ; Finkelber, 1997 ; Polomé, 1980 ; Holm, 2008.

l'hypothèse indo-hittite, en insistant par ailleurs sur la possibilité de contacts linguistiques entre les langues indo-européennes, les langues du sud du Caucase (groupe kartvélien, dont le géorgien est le plus connu) et les langues sémitiques[1]. Ces contacts seraient prouvés par un certain nombre de mots apparentés, soit empruntés d'un groupe linguistique à l'autre, soit remontant à un ancêtre commun : c'est l'hypothèse « nostratique », qui remonte au début du XXe siècle[2] et désigne une langue primitive qui aurait été à l'origine des langues de l'Europe, de l'Asie occidentale et de l'Afrique du Nord – « nostratique », car « notre » langue, par opposition aux autres. La zone géographique la plus vraisemblable pour de tels contacts serait la Turquie, ce qui incitait donc à y placer le Berceau indo-européen originel. La démarche n'était pas nouvelle. Ces contacts possibles entre proto-indo-européen et sémitique ont été remarqués depuis le XIXe siècle, en particulier des ressemblances concernant le chiffre « sept », les mots pour « taureau », « étoile », « soleil », « vin », « chèvre », « sel », etc., soit entre une vingtaine et une quarantaine de racines comparables, selon les chercheurs. C'est pourquoi, on l'a vu, plusieurs des linguistes qui se sont intéressés, en dehors de toute argumentation archéologique, à la localisation du Foyer originel ont régulièrement proposé un foyer proche-oriental, zone présumée des contacts possibles entre ces deux familles linguistiques. Ainsi, sans remonter à Sayce, Hodge avait supposé en 1981 un Foyer originel égyptien, tandis que Gamkrelidze et Ivanov, s'appuyant en outre, comme Dolgopolsky, sur des contacts éventuels avec les langues du Caucase, avaient fixé à la même époque le foyer dans ces hautes montagnes[3].

Exprimées dans les mêmes années, les hypothèses respectives de Renfrew et de Dolgopolsky paraissaient se rejoindre par des voies indépendantes – ce qui ne manqua pas d'être souligné. Néanmoins la rencontre ne tient que si l'hypothèse générale de Renfrew est démontrée (ce dont nous sommes en train de discuter) ; que si l'hypothèse « indo-hittite », dans sa variante particulière qui ferait des langues anatoliennes les plus ancien-

1. Dolgopolsky, 1988.
2. Voir *infra*, chap. 17, p. 518.
3. Sayce, 1927 ; Hodge, 1981 ; Gamkrelidze et Ivanov, 1984.

nement détachées de l'arbre généalogique indo-européen, était également validée (ce qui est loin d'être le cas, on vient de le voir) ; enfin que si les phénomènes de contacts linguistiques relevés par Dolgopolsky sont interprétés et datés de la période néolithique. Si Dolgopolsky, dans son article de 1988, paraît plutôt supposer qu'il s'agit d'emprunts, on peut aussi admettre l'hypothèse d'une proto-langue commune et encore antérieure, ce qui nous mène à la troisième parade possible.

S'insérer dans l'arbre de toutes les langues du monde ?

En effet, la troisième parade à cette faible représentation des langues indo-européennes dans le foyer hypothétique consiste à réunir dans une même famille linguistique l'ensemble des langues du Proche-Orient. C'est ce que développera Renfrew peu de temps après la parution de son livre, lorsque émergent spectaculairement les travaux de généticiens et de linguistes américains, déjà évoqués[1], qui sous le nom de « Nouvelle Synthèse » prétendent reconstruire un arbre généalogique global de tous les gènes du monde et, simultanément, de toutes les langues du monde[2].

Dans ce modèle du Grand Arbre, Renfrew loge en effet une hypothèse particulière : l'essentiel des diffusions linguistiques serait lié à la diffusion de l'agriculture, en général par migration, au cours des derniers millénaires. Plus précisément, les chasseurs-cueilleurs de la civilisation natoufienne, au sein de laquelle émergent progressivement au Proche-Orient l'agriculture et l'élevage vers 9000 avant notre ère, auraient été les locuteurs d'une langue particulière, foyer non seulement des langues indo-européennes, mais aussi de plusieurs autres familles linguistiques, dont celle des langues sémitiques. Lorsque, par suite de leur forte croissance démographique, elle-même due à un meilleur système alimentaire, les proto-agriculteurs sortent de leur berceau pour se répandre peu à peu dans différentes directions, se seraient formées, par scissiparité, les langues mères des différentes grandes familles linguistiques :

1. Voir *supra*, chap. 10, p. 311.
2. Ruhlen, 1991 ; Cavalli-Sforza, 1997 ; Pellegrini, 1995 ; *supra*, chap. 10, p. 311, et *infra*, chap. 17, p. 521 ; voir annexes, 16, p. 610.

la proto-langue indo-européenne aurait donc émergé au moment où les agriculteurs s'installaient en Turquie, tandis que l'ancêtre de toutes les langues sémitiques se serait sans doute formé sur place, l'ancêtre du groupe « élamo-dravidien » se serait formé en Mésopotamie, d'où certains agriculteurs auraient poursuivi leur chemin jusque dans le sud de l'Inde. Ainsi s'expliqueraient ces quelques ressemblances, relevées depuis plus d'un siècle, entre les langues indo-européennes et d'autres groupes linguistiques, dont les langues sémitiques. Mais surtout, à un niveau évidemment plus spéculatif encore, se trouverait résolu ce paradoxe de faire provenir le « Peuple indo-européen originel » d'une zone linguistique essentiellement sémitique.

Dans un premier temps, la démarche du Grand Arbre s'était contentée de rapprocher l'arbre génétique de l'arbre linguistique, en en montrant les coïncidences d'embranchements. Ces embranchements n'étaient eux-mêmes pas précisément datés dans le temps, sinon par les techniques, approximatives, de l'« horloge moléculaire » et par celles, beaucoup plus contestées, de la glottochronologie[1]. Ils n'étaient donc pas mis en relation avec des événements historiques particuliers. La démarche de Renfrew vient donc apporter cette incarnation historique : non seulement au Proche-Orient, mais sur une bonne partie de la planète, l'expansion des grandes familles linguistiques coïnciderait avec l'expansion des agriculteurs-éleveurs, au détriment des chasseurs-cueilleurs, dont la démographie était beaucoup plus faible[2]. Personne ne nie qu'au cours des dix derniers millénaires les agriculteurs-éleveurs aient progressivement éliminé de la planète, par assimilation ou destruction, les sociétés de chasseurs-cueilleurs. On admet généralement que l'épicentre proche-oriental est responsable de la néolithisation de toute l'Asie occidentale, d'une bonne partie de l'Afrique du Nord et de la totalité de l'Europe. Mais peut-on mettre en relation ce phénomène historique général avec des faits linguistiques ?

Cette affirmation repose sur au moins deux hypothèses fortes :

a) que l'on puisse reconstruire un arbre généalogique de l'ensemble des groupes linguistiques impliqués dans ce processus ;

1. Voir *infra*, chap. 17, p. 505.
2. Bellwood, 2005, 2009.

b) que l'on puisse reconstituer le cheminement migratoire des locuteurs de chacun de ces groupes linguistiques, en mettant en relation dans l'espace et dans le temps, depuis l'épicentre proche-oriental, une chaîne de cultures archéologiques aboutissant à des sociétés dont les langues soient identifiées – à l'instar de ce que Renfrew, dans un premier temps, avait proposé pour la seule famille indo-européenne.

De la difficulté des classifications

La première question n'est qu'un cas particulier, local, du Grand Arbre général. L'idée que les langues indo-européennes ne soient qu'un tel cas particulier remonte, sinon à la tour de Babel, du moins à Franz Bopp, le fondateur de la grammaire comparée, qui s'était essayé à des comparaisons bien au-delà du groupe indo-européen, et même jusqu'en Océanie[1]. Des rapprochements possibles entre langues indo-européennes, langues sémitiques, langues finno-ougriennes (hongrois, finlandais, estonien, lapon, mordve, mari, etc.), voire langues du Caucase et langues dravidiennes d'Inde du Sud, ont été régulièrement proposés au cours du XIXe siècle. C'est ce qui, déjà, avait conduit Alfredo Trombetti à proposer en 1905 un arbre de toutes les langues du monde. Au même moment, Meillet signalait, sans les détailler, des « concordances frappantes » entre ces différentes familles de langues. Tout en appelant à la prudence, il n'excluait pas la possibilité de construire un arbre plus vaste, mais avec quelques limites : « On entrevoit seulement que toutes les langues des peuples de race "blanche" seraient apparentées entre elles[2]. » Holger Pedersen avait développé l'hypothèse dans les années 1920 sous le nom de « nostratique » ; puis ces recherches tomberont un peu dans l'oubli, jusqu'à ce qu'elles reprennent dans les années 1960 avec le linguiste soviétique Vladislav Illič-Svityč, qui entreprit même un dictionnaire du « nostratique ». Son école, après sa mort prématurée, poursuivra ses travaux ; la chute du bloc soviétique, en favorisant les contacts Est-Ouest, leur donnera

1. Voir *supra*, chap. 2, p. 44.
2. Meillet, 1937, p. 38-39.

bientôt une nouvelle et bien plus ample audience, marquée par de nombreux volumes collectifs[1]. Le courant « nostratique » sera bientôt rejoint par l'entreprise universaliste de Joseph Greenberg et Merritt Ruhlen et l'alimentera en retour[2].

Toutefois, par rapport à la question précise posée ici, on doit constater que la situation de ces apparentements reste plutôt confuse. En effet, au temps de Meillet, on esquissait des rapprochements entre indo-européen, langues sémitiques, langues hamitiques (liées aux précédentes : égyptien ancien, copte, langues éthiopiennes), langues du Caucase, langues finno-ougriennes ou ouraliennes, langues altaïques (turc, mongol, toungouse et langues apparentées, qu'on rapproche parfois des langues finno-ougriennes dans un unique et controversé groupe « ouralo-altaïque »). Vladislav Illič-Svityč engloba l'ensemble de ces langues dans son propre « nostratique ». Il distinguait néanmoins, parmi les langues du Caucase, entre celles du sud (kartvélien), qui appartiennent au « nostratique », et celles du nord, qui lui sont étrangères ; et il y ajoutait le groupe des langues dravidiennes.

En revanche, la classification de Greenberg et Ruhlen est assez différente : ils définissent en effet un vaste « eurasiatique », qui comprend le groupe indo-européen, le groupe ouralo-altaïque (auquel ils adjoignent le coréen, le japonais et l'aïnou), les langues eskimos et aléoutiennes, les langues sibériennes tchouktches et du Kamtchatka. Cet « eurasiatique » sera à son tour regroupé dans un encore plus vaste ensemble, « eurasien-américain », couvrant l'essentiel de l'Eurasie, des Amériques et de l'Afrique du Nord et comprenant, outre l'eurasiatique, quatre autres groupes : l'*amerind* (soit la plupart des langues amérindiennes), le groupe dravidien, le kartvélien du Sud-Caucase et l'« afro-asiatique », lequel correspond à peu près au groupe des langues hamito-sémitiques. Seules sont classées à part les langues de l'Afrique subsaharienne, celles de l'Asie du Sud-Est et d'Océanie, ainsi qu'un ensemble « déné-caucasien » qui regroupe le chinois, le tibétain, le basque, le burushaski (une petite langue isolée du nord du Pakistan), le ienisséen sibérien, les langues nord-caucasiennes, certaines langues

1. Pedersen, 1931 ; Cuny, 1924 ; Illič-Svityč, 1971-1984 ; Dolgopolsky, 1970, 1989 ; Kaiser et Shevoroshkin, 1988 ; Shevoroshkin, 1989a et b ; Bomhard, 2008.
2. Voir *infra*, chap. 17, p. 518.

nord-américaines, voire le sumérien – tandis que d'autres linguistes, comme Diakonov, placent les langues nord-américaines na-déné dans le « nostratique »[1].

Il n'y a donc pas de coïncidence entre les deux classifications, même si l'« eurasien-américain », vu son ampleur planétaire, les inclut toutes deux. Certes, Merritt Ruhlen traite avec beaucoup de considérations les tenants du « nostratique »[2] ; il est vrai que l'érudition philologique des linguistes russes est considérable et que leurs tentatives de rapprochements sont beaucoup plus détaillées que les comparaisons limitées et sommaires auxquelles il invite le lecteur à participer. À première vue, la plus grande ancienneté de la recherche sur le « nostratique », jointe au sérieux de l'école linguistique russe, pourrait paraître une caution pour l'arbre greenbergien. À seconde vue, les différences entre les deux systèmes les affaiblissent l'un et l'autre. Les matériaux de départ étant les mêmes, les difficultés sont aussi les mêmes : ce sont celles de méthodes d'apparentements qui ne reposent pas sur des bases linguistiques incontestables et testables. Comme pour toute recherche linguistique généalogique, mais avec des matériaux bien plus évanescents, il s'agit d'abord de rechercher des ressemblances entre des mots, puis de les interpréter (source commune ? emprunts postérieurs ? hasard ?). Il n'est pas inutile de rappeler les incertitudes de la méthode, tout comme l'effet de circularité interdisciplinaire avec le Grand Arbre des gènes.

Les effets linguistiques de l'agriculture ?

Mais c'est surtout l'explication historique de cette éventuelle diffusion linguistique qui fait problème – c'est le second point, externe, que soulevait l'hypothèse nostratique, outre celui de sa cohérence interne. Dans la conception de Greenberg et Ruhlen, à partir de son berceau africain, l'humanité aurait connu une première séparation entre les porteurs de langues subsahariennes, restés sur place et occupant peu à peu l'Afrique, et tous les autres, destinés à peupler le reste de la planète. Seraient d'abord partis

1. Pour la place du sumérien, voir Bengston, 1991 ; Diakonoff, 1997.
2. Par exemple Ruhlen, 1994, p. 185-188.

les porteurs des langues amenées à devenir celles de l'Asie du Sud-Est, de l'Océanie et de l'Australie, puis le groupe « déné-caucasien », qui aurait occupé une grande partie de l'Eurasie. Mais un dernier groupe s'en serait à son tour détaché, le groupe « eurasien-américain », dont l'expansion aurait été encore plus large, puisqu'il aurait peuplé les Amériques, le nord de l'Afrique, mais surtout, avec son sous-groupe « eurasiatique », l'Eurasie et, dans cette dernière région, au détriment du précédent qui, en dehors de la zone sino-tibétaine, se serait trouvé confiné dans des isolats (Caucase, basque, burushaski, Ienisseï, etc.). Ce sous-groupe « eurasiatique », précise Ruhlen, « est probablement, lui aussi, originaire du Proche-Orient[1] ». Malheureusement, il ne dispose d'aucun argument – par exemple dans un éventuel vocabulaire commun qui aurait décrit un environnement de type proche-oriental.

Renfrew, en se servant à son tour de l'arbre greenbergien des langues, y a ajouté un argument historique supplémentaire : la diffusion de la plupart des grandes familles linguistiques correspondrait à celle de l'agriculture. Ce ne peut toutefois être le cas de la macro-famille « eurasienne-américaine » de Greenberg-Ruhlen, puisqu'elle comprend le groupe *amerind* auquel on doit la première colonisation de l'Amérique, à partir du détroit de Béring, laquelle est le fait de chasseurs-cueilleurs paléolithiques ; l'agriculture n'apparaîtra que beaucoup plus tard, en Méso-Amérique et dans la zone andine. Ce ne peut être non plus le cas, à un niveau inférieur, du groupe « eurasiatique », puisqu'il comprend également des sociétés de chasseurs-cueilleurs notoires aux époques anciennes, comme les locuteurs des langues tchouktches-kamtchatka, eskimo-aléoutes, ouraliennes et d'au moins une partie des langues altaïques (surtout si l'on admet l'adjonction du japonais et de l'aïnou à ce dernier groupe). Ni la dispersion de la macro-famille « eurasienne-américaine » ni celle du groupe « eurasiatique » ne peuvent donc coïncider avec celle de l'agriculture à partir de l'épicentre proche-oriental ; si ces migrations ont existé, elles sont donc antérieures à l'agriculture. Il faudrait alors supposer des vagues de migration successives, d'abord de chasseurs-cueilleurs, puis d'agriculteurs. Mais les

1. *Ibid.*, p. 191.

uns et les autres coexistent à des embranchements différents de la classification de Greenberg-Ruhlen, comme à l'intérieur du « nostratique ». Dans ce cas, tout devient possible, ce qui est plus commode, mais rien n'est non plus vérifiable.

On pourrait en effet ne conserver, à l'intérieur du « nostratique », que les seules langues associées à des sociétés notoirement agricoles aux époques historiquement connues – et c'est à peu près ce que fait Renfrew. Le foyer linguistique proche-oriental postulé par Ruhlen serait aussi le foyer agricole reconnu par l'archéologie et s'en seraient donc respectivement détachés les porteurs des langues sémitiques (restés sur place ou partis vers l'Afrique du Nord), le groupe dravidien (parti vers l'Inde après avoir laissé en Mésopotamie l'élamite), le groupe indo-européen parti vers l'Anatolie et le groupe sud-caucasien parti vers les montagnes du même nom. Mais, d'une part, méthodologiquement, ce raisonnement est strictement circulaire : comme il y a eu une diffusion de l'agriculture, il a dû y avoir une diffusion linguistique et donc une source commune aux langues des différentes civilisations agricoles d'Eurasie occidentale ; comme les affinités entre plusieurs familles linguistiques permettent de postuler une source commune, il a forcément dû y avoir une expansion générale de population à partir du Foyer originel. On retrouve, un cran plus haut, les problèmes posés par l'équation : expansion indo-européenne = colonisation néolithique de l'Europe.

En outre, plusieurs problèmes classificatoires restent posés, si même on admettait les affinités démontrées. D'une part, l'expansion du vaste groupe des langues finno-ougriennes (ou ouraliennes) et altaïques à partir de ce même foyer commun n'est pas expliquée archéologiquement (Renfrew la place dans le temps, sans explication, après la diffusion de l'agriculture[1]) ; or ces langues sont aussi proches des langues indo-européennes que les langues sémitiques selon la théorie nostratique, et même plus proches encore selon la théorie de Greenberg. Par ailleurs le modèle de Renfrew suppose que le proto-indo-européen se serait séparé du proto-sémitique au moment de l'extension du néolithique à la Turquie, c'est-à-dire vers 7500 avant notre ère, puis que le proto-indo-européen d'Europe se serait séparé du

1. Renfrew, 1992, p. 457-459.

proto-indo-européen de Turquie (c'est-à-dire de l'ancêtre des langues dites anatoliennes, comme le hittite) au moment où le néolithique atteint la péninsule Balkanique, c'est-à-dire vers 6500 avant notre ère. En toute logique linguistique, on devrait attendre des apparentements linguistiques relativement forts entre le hittite et les langues sémitiques. Ce n'est pas le cas, et pour Greenberg et Ruhlen les langues sémitiques (comprises dans leur groupe « afro-asiatique ») sont plus éloignées des langues indo-européennes que le japonais ou l'eskimo.

Ainsi, en résumé, la première interrogation posée par l'hypothèse de Renfrew, à savoir la faible présence de langues indo-européennes dans le foyer commun, ne reçoit pas de réponse satisfaisante. On peut même ajouter que les affinités supposées, et proposées dans un second temps, entre les langues indo-européennes et d'autres groupes linguistiques, dont celui des langues sémitiques, posent plus de questions qu'elles n'en résolvent puisqu'on ne trouve pas les apparentements que l'on devrait attendre. La structure des apparentements, cette fois interne, fait l'objet de la seconde interrogation.

Le retour de Troubetzkoy

En effet, si les langues indo-européennes se sont diffusées en même temps que la colonisation néolithique de l'Europe, il serait légitime de s'attendre à retrouver un gradient de ressemblances entre langues de proche en proche à partir du sud-est vers le nord-ouest[1]. Ainsi le grec et l'albanais (et les autres langues balkaniques anciennes mal connues) devraient être très proches l'un de l'autre, et proches aussi, d'une part des langues anatoliennes (situées dans le berceau supposé), d'autre part des langues italiques (le néolithique s'est diffusé à la fois par l'Europe centrale en remontant le bassin du Danube, et en suivant les côtes méditerranéennes). Puis le groupe des langues celtiques, localisé au Ier millénaire avant notre ère entre la Bohême et le Bassin parisien, devrait faire le pont entre les langues précédentes, implantées sur la Méditerranée, et les langues germaniques de

1. Renfrew, 1990 [1987], p. 192-193.

l'Europe du Nord. Ces deux derniers groupes devraient entretenir des relations particulières avec les langues baltes et slaves, situées au nord-est. Les langues indo-iraniennes, placées encore plus à l'est, devraient donc avoir des rapports particuliers avec les langues slaves, tout comme le tokharien, la plus orientale de toutes les langues indo-européennes. Enfin l'arménien, situé dans le Caucase, devrait être assez proche des langues anatoliennes et notamment du hittite. Puisqu'il s'agirait d'un phénomène de diffusion progressive à partir d'un point-origine, l'arbre généalogique des langues indo-européennes devrait s'organiser selon cette diffusion.

Or ce n'est pas du tout le cas. On verra plus loin[1] qu'il n'existe actuellement aucun accord, parmi les linguistes, sur l'organisation d'un arbre généalogique de l'ensemble des langues indo-européennes. Même la classification, longtemps traditionnelle, entre les langues *centum*, à l'ouest, et les langues *satem*, à l'est[2], a été abandonnée – d'autant que le tokharien, le plus à l'est, est une langue *centum*. Et parmi les différents arbres actuellement concurrents, aucun n'exprime les rapprochements suggérés plus haut. Nous verrons qu'une seule classification, celle esquissée par l'anthropologue Alfred Kroeber, mais qui n'a pas de structure généalogique, exprime des affinités géographiques[3]. On pourrait rétorquer que les langues indo-européennes connues ne remontent, pour les plus anciennes, qu'à 1500 avant notre ère (hittite, mycénien, sanscrit), et bien moins pour la plupart des autres, alors que l'arrivée du néolithique en Europe se produit vers 6500 avant notre ère : pendant ces cinq mille ans intermédiaires, bien des transformations ont pu se faire, soit de manière interne dans l'évolution ultérieure de chacune des langues, soit de manière externe, leur position géographique telle qu'elle est connue aux périodes historiques ne reflétant plus leur situation initiale au moment de la colonisation de l'Europe du fait de probables migrations successives. Ainsi, on a souvent supposé que les Grecs historiques n'auraient rejoint la Grèce qu'au cours de l'âge du bronze ; la situation géographique des Slaves actuels

1. Voir *infra*, chap. 17, p. 516 *sq.*
2. Voir *supra*, chap. 7, p. 219.
3. Voir *infra*, chap. 17, p. 525 *sq.*

date du début du Moyen Âge ; les langues romanes sont issues, on le sait, de l'expansion de l'Empire romain ; les langues celtiques, après une vaste expansion dans les derniers siècles avant notre ère, ont vu leur territoire fortement réduit par les langues germaniques et les langues romanes. Toutefois, admettre que des migrations successives auraient brouillé les relations géographico-généalogiques originelles des langues indo-européennes jusqu'à les rendre illisibles revient à dire qu'on ne peut rien dire.

Il en va de même quant aux possibilités de reconstituer l'évolution interne de chacune des familles de langues indo-européennes pendant tous ces millénaires inconnus. Quelques tentatives ont été faites. Pour Dolgopolsky[1], une fois les Indo-Européens parvenus, depuis leur Foyer originel anatolien, dans la péninsule Balkanique, une nouvelle fragmentation linguistique se serait effectuée, d'où auraient rayonné les migrations ultérieures. À preuve, le nombre proportionnellement plus grand de langues indo-européennes dans les Balkans, au regard du reste de l'Europe, qui ferait de cette région un jalon de la dispersion indo-européenne. Néanmoins, si l'on exclut les langues parvenues tardivement dans la péninsule Balkanique (langues slaves méridionales, roumain et dialectes valaques apparentés) et celle dont l'origine balkanique est controversée (arménien), la plupart de ces langues balkaniques anciennes sont à peine connues (illyrien, thrace, dace, macédonien antique, voire « pélasge ») et la connaissance de leur existence n'est due qu'à la présence, à leurs frontières, de civilisations à écriture ; plus au nord, elles n'auraient laissé aucune trace et donc, *a contrario*, une même diversité préhistorique a pu exister dans le reste de l'Europe.

De même, Colin Renfrew a tenté de reprendre à son compte une hypothèse ancienne, celle de l'« européen-ancien » (*alteuropäisch*), déjà mentionné, du linguiste Hans Krahe[2], et à distinguer de l'*alteuropäisch* de Max Ebert[3]. Krahe, à partir de l'étude d'un certain nombre de noms de lieux et de cours d'eau de plusieurs régions d'Europe, mots réputés conservateurs, avait fait

1. Dolgopolsky, 1988.
2. Krahe, 1954, 1957 ; Schmid, 1968, 1987 ; Renfrew, 1990 [1987], p. 194-198, 290. Pour un recensement bibliographique de la discussion : Sergent, 1995, p. 139-140.
3. Ebert, 1921.

l'hypothèse d'une couche linguistique archaïque, indo-européenne dans ses racines, mais non rattachable à une langue précise. Par exemple, des mêmes noms de rivières comme « Alba » ou « Ara » se retrouvent de l'Angleterre jusqu'à l'Allemagne. Il l'avait donc considérée comme la langue des Indo-Européens originels, une fois parvenus en Europe. Ces études de toponymie et d'hydronymie sont un des grands classiques des recherches sur les langues disparues, qu'elles soient présumées indo-européennes ou pré-indo-européennes, et ont donné lieu à d'innombrables, et la plupart du temps indécidables, spéculations[1]. Ces dernières ont été particulièrement développées par les linguistes des pays balkaniques, parce que l'on disposait, grâce aux textes grecs et latins mentionnant des noms de lieux, de peuples ou de personnes de ces contrées « barbares », d'un certain matériel linguistique ; mais aussi parce que, dans ces nations récentes découpées et « balkanisées » au gré des puissances occidentales, la reconstitution, coûte que coûte, d'un passé lointain, imaginaire ou non, était un enjeu essentiel, sinon une cause nationale. Même si ces fossiles linguistiques sont, faute de mieux, précieux, il serait périlleux d'y voir la moindre démonstration à l'appui de la thèse de Renfrew – ou de toute autre thèse.

Deux autres archéologues britanniques, Andrew et Susan Sherratt[2], dans une discussion de la thèse de Colin Renfrew, ont souhaité y ajouter leur contribution, en supposant que, à partir du foyer anatolien, les langues indo-européennes se soient dispersées en Europe sous la forme d'une *koinê* (nom qu'on donne à l'expansion et à l'homogénéisation du grec à l'époque hellénistique à la suite des conquêtes d'Alexandre) et de contacts commerciaux poussés – ce qui recule encore un peu plus loin les frontières de l'indécidable. C'est pourtant une hypothèse proche que reprendra Renfrew une douzaine d'années plus tard. Nuançant son modèle initial, il supposera qu'une telle *koinê* ou *Sprachbund*, selon le terme de linguistique aréale explicitement emprunté à Troubetzkoy, ait pu se former dans la péninsule Balkanique à la faveur de contacts culturels prolongés durant tout le néolithique et le

1. Voir aussi Georgiev, 1961, 1973 (également cité par Renfrew) et, plus généralement, Sergent, 1995, p. 96-105, 138-147.
2. Sherratt et Sherratt, 1988.

chalcolithique[1]. Alors que la colonisation néolithique initiale de l'Europe ouest-méditerranéenne aurait donné naissance aux langues italiques, et que la colonisation initiale de l'Europe tempérée par la Céramique Linéaire aurait fait de même pour les langues celtiques et germaniques, le reste des langues indo-européennes serait issu de ce *Sprachbund* balkanique. Quant au tokharien, ce serait le lointain résidu de la colonisation initiale des steppes pontiques.

Ce *Sprachbund* balkanique rendrait compte de la parenté des langues indo-européennes dites *satem*[2]. Sans parler de la pertinence de cette division ancienne, désormais considérée comme obsolète, il est clair que cette nouvelle hypothèse est d'autant plus spéculative que l'arbre généalogique de Renfrew, qui s'inspire en partie de celui du linguiste Adrados[3], est aussi contestable que bien d'autres : il ne rend pas compte, par exemple, des nombreuses affinités entre langues baltes et langues germaniques. Il suppose également acquis que la néolithisation des steppes s'est faite par colonisation à partir des Balkans (c'est l'un des piliers de sa critique de la théorie steppique). La démonstration d'une continuité, dans le mobilier archéologique, entre le *Sprachbund* chalcolithique balkanique et les différentes langues indo-européennes historiquement attestées et qui en dériveraient n'est pas non plus faite.

En résumé, il n'y a pas de réponse satisfaisante à la seconde objection posée au modèle de Renfrew, à savoir celle de la structure géographico-généalogique supposée par le modèle.

Un modèle non vérifiable

La troisième objection est l'existence de langues non indo-européennes au sein de l'espace eurasiatique occupé par la vague de colonisation néolithique issue du Proche-Orient. Ces langues non indo-européennes sont de statut et d'histoire divers. L'arrivée tardive de certaines d'entre elles est en effet historiquement documentée : les Hongrois au IXe siècle de notre ère dans le

1. Renfrew, 1999.
2. Voir *supra*, chap. 7, p. 219.
3. Adrados, 1987, 1990.

bassin des Carpates ; les Proto-Bulgares, locuteurs d'une langue altaïque, en Bulgarie, au VIIe siècle ; les Turcs ottomans dans la péninsule Balkanique à partir du XIIIe siècle. D'autres occupent depuis des temps certainement anciens les marges septentrionales de l'Europe. C'est le cas des langues finno-ougriennes ou ouraliennes : lapon (ou same), finnois, estonien, mari, etc., et c'est de leur groupe que se sont détachés les Hongrois. L'emplacement géographique actuel de ces langues constitue une limite à l'extension vers le nord des langues indo-européennes de l'Europe. De même, l'interpénétration de groupes linguistiques différents en Asie ne pose pas de problèmes particuliers. Mais, sans compter les nombreuses langues du Caucase, il existe une langue moderne, le basque, et plusieurs langues anciennes qui ne sont pas considérées comme indo-européennes et qui se trouvent enclavées au milieu du groupe indo-européen.

Parmi ces langues anciennes, la plus antique est celle notée par l'écriture linéaire A dans la Crète du IIe millénaire avant notre ère, celle des premiers palais crétois ; elle n'est toujours pas déchiffrée mais est normalement distinguée du groupe indo-européen. Au Ier millénaire avant notre ère, l'étrusque d'Italie du Nord est dans la même situation, malgré quelques tentatives peu probantes pour le rapprocher de l'indo-européen[1]. À la même époque, des langues de la péninsule Ibérique, également mal connues, ont été transcrites dans des alphabets d'inspiration méditerranéenne au moment où des formes de civilisation étatique et urbaine apparaissent au sud et à l'est de la péninsule ; elles sont également considérées comme non indo-européennes[2]. Enfin le picte, connu par des noms de lieux et de personnes et quelques inscriptions d'époque médiévale, est considéré comme une langue non indo-européenne parlée en Écosse avant l'arrivée des Celtes[3].

À l'existence de ces enclaves linguistiques, Colin Renfrew répond que, soit il s'agit de langues antérieures à la colonisation néolithique, qui lui ont résisté, soit il s'agit de langues installées postérieurement – une alternative qui relève du bon sens. La

1. Voir Sergent, 1995, p. 149-150 ; Adrados, 1989.

2. Sur ces langues en général : Untermann, 1961, 1975, 1997 ; Tovar, 1961, 1987 ; Anderson (J.), 1980 ; Villar, 1990 ; Neumann et Untermann, 1980.

3. Jackson, 1955.

première hypothèse a été développée plus avant dans le modèle planétaire de Greenberg et Ruhlen[1], même s'ils n'abordent pas le cas des langues anciennes rares (linéaire A, picte, étrusque, ibérique). Le basque appartiendrait, on se souvient, à ce vaste ensemble « déné-caucasien », qui comprend, entre autres, les langues du Caucase du Nord, l'infime burushaski du Pakistan, le vaste groupe sino-tibétain, le ienisséen et les langues na-déné d'Amérique du Nord. Il s'agirait d'une première vague d'expansion, depuis le foyer proche-oriental, à travers toute l'Eurasie. L'expansion suivante, dite « Eurasie-Amérique », aurait repoussé la précédente dans ses réduits actuels, avec d'évidentes difficultés, pour distinguer ce qui tiendrait à l'expansion de l'agriculture, dans la variante Renfrew.

Cette hypothèse est cependant démentie, si l'on regarde concrètement le matériel archéologique, par la progression régulière, méthodique, de la colonisation néolithique, que les archéologues peuvent suivre presque pas à pas, du sud-est vers le nord-ouest du continent européen. On se souvient[2] que trois zones de néolithisation ancienne peuvent en effet être reconnues en Europe : celle des Balkans, à partir de 6500 avant notre ère environ, caractérisée par une céramique peinte très homogène sur l'ensemble de la péninsule ; celle des côtes méditerranéennes, à partir de 5900 environ, également avec une culture matérielle homogène, dont une poterie décorée d'impressions de poinçons et de coquillages ; enfin, depuis la zone balkanique, celle de toute l'Europe tempérée, à partir de 5500 environ, avec une poterie décorée de motifs gravés et dite Céramique Linéaire, qui s'étend bientôt des rives de la mer Noire à celles de l'océan Atlantique et des Alpes jusqu'à la Baltique. Au début du Ve millénaire, l'ensemble du continent est néolithisé, hors les marges (les côtes de la Baltique et celles de la mer Noire, la grande forêt russe), suivant ce processus continu.

Ces marges mises à part, rien ne permet d'identifier des isolats où la néolithisation résulterait d'un processus d'adoption et d'emprunt, par des populations locales de chasseurs-cueilleurs, du mode de production néolithique. Ni le nord de l'Italie, ni la péninsule Ibérique, ni le sud-ouest de la France (si l'on écarte les

1. Ruhlen, 1996, p. 191.
2. Voir *supra*, chap. 11, p. 325-326.

revendications autochtonistes de quelques archéologues basques) n'ont un comportement divergent. Quant à la Grande-Bretagne, lorsque l'agriculture et l'élevage y apparaissent vers la fin du Ve millénaire, c'est avec une culture matérielle et symbolique (architecture funéraire monumentale, grandes enceintes cérémonielles) en tous points comparable à celle du continent à la même époque. Symétriquement, dans ces zones où l'on a pu constater des phénomènes d'acculturation, autour de la Baltique et au nord de la mer Noire, il n'existe pas de langue non indo-européenne connue. Quant à la deuxième hypothèse, l'arrivée ultérieure de locuteurs non indo-européens, elle ne repose non plus, dans chacune des régions concernées, sur aucune évidence archéologique.

Il est évidemment une troisième hypothèse, qui aurait le mérite de l'économie : toutes ces langues non indo-européennes, en général mal connues et non déchiffrées, seraient en fait indo-européennes. L'obscurité de la documentation s'y prête, d'autant que, tout ou presque ayant été tenté en matière de déchiffrement, il existe pour chacune de ces langues au moins un linguiste qui s'est risqué à l'exercice (et plusieurs qui l'ont réfuté). C'est bien le cas pour l'étrusque (langue pourtant considérée comme de type « agglutinant »), pour la langue écrite en linéaire A crétois, et même pour le « tartessien », l'une des langues ibériques[1]. Renfrew évoque, en passant, cette hypothèse indo-européenne pour l'étrusque et pour le tartessien, tandis qu'il s'est essayé lui-même au problème du minoen[2].

Ainsi, en résumé quant à cette difficulté de la présence d'isolats non indo-européens, il n'y a pas non plus de réponse probante : en d'autres termes, le modèle marche sauf quand il ne marche pas. Il n'est pas vérifiable.

1. Pour l'étrusque, voir Adrados, 1989 ; Sergent, 1995, p. 49-50. Pour le Linéaire A, par exemple Owens, 1999. Pour le tartessien, Villar, 1990 ; Tovar, 1961 ; Sergent, 1995, p. 147-148.
2. Renfrew, 1998.

Comment se débarrasser du cahier des charges initial

Les deux dernières difficultés soulevées ont été par avance repoussées par Colin Renfrew. Il s'agit des données de la paléontologie linguistique et, plus généralement, de l'étude comparée des mythes, des institutions et du vocabulaire – dont Renfrew ne reconnaît aucun des résultats. En effet, jusqu'à présent, toute recherche de Foyer originel tâchait de faire coïncider des données du « vocabulaire commun » avec une zone géographique et une culture archéologique particulières. La localisation du foyer dans un environnement méditerranéen et relativement méridional (la Turquie, et plus généralement le Proche-Orient), dans une démarche traditionnelle, aurait pu se fonder aussi sur l'existence éventuelle de données environnementales (faune, flore, paysage, etc.) propres à cette région. Or, comme on l'a remarqué depuis longtemps, aucun mot du vocabulaire commun n'évoque la zone méditerranéenne. Au contraire, le mot grec pour la mer (*thalassa*) est d'étymologie notoirement non indo-européenne, tout comme plusieurs mots grecs touchant à l'agriculture et aux plantes[1]. De même, une bonne partie des noms de plantes ou des outils agricoles en grec n'appartiennent pas au vocabulaire commun, mais sont d'origine proche-orientale, alors même que les Indo-Européens sont censés être d'abord passés par la Grèce. Mais dans la mesure où Renfrew a dénoncé auparavant « le leurre du protolexique[2] », cette objection ne peut guère le gêner.

Il en va de même des mots du vocabulaire commun qui, symétriquement, suggéreraient une société guerrière et hiérarchisée, possédant le cheval et le char. Renfrew rappelle que les choses ne sont pas si claires. Les termes supposés communs pour désigner le char sont relativement rares (sanscrit *ratha*, « chariot », latin *rota*, char, roue), la plupart des pièces (sauf le joug et le moyeu) diffèrent d'une langue à l'autre et une partie des termes techniques communs de la charrerie peuvent tenir à des métaphores

1. Haarmann, 1994, p. 274-275.
2. Renfrew, 1990 [1987], p. 100-109.

communes pour les désigner[1]. Quant au cheval, comme l'avait remarqué le linguiste Robert Coleman, il existe également plusieurs racines différentes selon les langues ; en outre, rien ne prouve que l'animal ainsi désigné ait été d'emblée un cheval domestique, puisque des chevaux sauvages résiduels semblent avoir été présents dans différentes régions d'Europe et du Proche-Orient[2]. Ainsi, c'est la vision préconçue d'un Peuple originel de conquérants à cheval qui, de manière circulaire, solliciterait quelques données incertaines touchant au cheval et au char pour fixer dans les steppes, lieu supposé de la domestication primaire de cet animal, le Berceau originel.

De même, Colin Renfrew se débarrasse en une dizaine de pages des travaux de Georges Dumézil et d'Émile Benveniste : les structures mises au jour tiendraient simplement au caractère général de toute société guerrière hiérarchisée, comme l'étaient celles dont ils ont étudié le vocabulaire et les mythologies. Plus concrètement, si l'on peut comparer, pour désigner le roi, les mots *rajah* de l'Inde, *rex* de Rome et *rix* des langues celtiques (présent dans *Vercingétorix*), rien ne prouve que la racine commune n'ait pas eu un sens beaucoup plus vague à l'origine ; elle aurait connu une évolution ultérieure, mais seulement dans quelques langues, pour désigner la fonction royale quand elle est apparue, de manière parallèle au sein de plusieurs sociétés européennes. Renfrew reprend aussi à son compte les critiques de l'anthropologue Jack Goody à propos du vocabulaire de la parenté, interprété par Benveniste comme patrilinéaire[3].

Renfrew objecte à Georges Dumézil que la structure trifonctionnelle des mythologies indo-européennes, avec sa tripartition entre rois-prêtres, guerriers et travailleurs, pourrait se retrouver dans n'importe quelle société hiérarchisée, qu'elle soit à chefferie ou déjà étatique[4]. Il cite d'ailleurs l'exemple de la mythologie japonaise, naguère rapprochée par deux disciples japonais de Dumézil, Atsuhiko Yoshida et Taryô

1. Renfrew, 1987, p. 86 ; Renfrew, 1989, p. 845 ; Coleman (R.), 1988 ; Specht, 1944. Voir *infra*, chap. 14, p. 414.

2. Renfrew, 1989, p. 845 ; Coleman (R.), 1988 ; Vörös, 1981 ; Uerpmann, 1990 ; Boessneck et Driesch, 1976 ; Levine, 2005. Voir *infra*, chap. 14, p. 407.

3. Goody, 1959 ; Renfrew, 1987, p. 80 et 258.

4. Voir *infra*, chap. 18, p. 536.

Obayashi, des mythologies indo-européennes – une difficulté que j'avais signalée dès 1980[1]. Néanmoins, Colin Renfrew n'a pas cherché à traiter de front les résultats de Georges Dumézil et on peut le trouver sur ce point quelque peu désinvolte. Il se borne d'ailleurs à renvoyer le lecteur à deux résumés généraux de l'œuvre de Dumézil, dont l'un, publié dans la principale revue de la Nouvelle Droite, est dû à un auteur de cette mouvance[2]. Discuter de l'indo-européanité des correspondances structurales relevées par Dumézil, comme je propose de le faire[3], et nier toute réalité à ces correspondances au nom de l'universalité des idéologies, comme le prétend Renfrew, ne relève pas de la même démarche.

Pourtant, Colin Renfrew n'est pas totalement à l'aise et admet *in fine* la validité d'un travail sur le vocabulaire : « Je ne doute pas qu'une analyse fine et une interprétation du vocabulaire commun, dans la mesure où on saura le reconstruire, pourra, un peu à la manière de ce qu'avait entrepris Benveniste, y répondre[4]. »

Une démarche critique inachevée

La lecture du livre de Colin Renfrew laisse, finalement, le sentiment d'un paradoxe. L'auteur a voulu, à son tour, apporter sa solution à un problème qui hante les sciences humaines occidentales depuis au moins deux siècles. Le résoudre était donc tentant et la solution n'était pas si nouvelle. Mais pour ce faire, Renfrew, tout en conservant la question sous sa formulation traditionnelle (retrouver la *Urheimat*, là où le *Urvolk* parlait la *Ursprache*), s'affranchit de la plupart des contraintes du cahier des charges usuel – et en particulier des données du vocabulaire et de la mythologie. Du coup, si peu contrainte, son hypothèse

1. Renfrew, 1987, p. 257 ; Yoshida, 1977, 1981 ; Demoule, 1980, p. 113. Voir *infra*, chap. 16, p. 494.

2. Rivière, 1973 ; Littleton, 1973. Colin Renfrew, qui n'en avait certainement pas mesuré la signification, a laissé mettre son nom sur la liste du « comité scientifique » de la revue *Nouvelle École*.

3. Voir *infra*, chap. 16, p. 394-397.

4. Renfrew, 1990 [1987], p. 308.

n'est pas vérifiable – ou, dans le vocabulaire des philosophes des sciences, n'est pas « falsifiable », c'est-à-dire qu'on ne possède aucun moyen de prouver qu'elle est éventuellement fausse. Dans le meilleur des cas, on peut dire : pourquoi pas ? – mais tout autant : pourquoi ? En outre, une série d'indices viennent plutôt s'inscrire en faux contre l'hypothèse proche-orientale. On peut alors regretter que l'élan critique de Colin Renfrew ne l'ait pas amené à s'attaquer au cœur même du modèle, c'est-à-dire à une conception aussi simple d'une diffusion centrifuge à partir d'un point-origine unique. C'est à quoi ses travaux antérieurs, antidiffusionnistes et soucieux de règles de validation, auraient pu le conduire.

C'est sans doute pourquoi il se croit, symétriquement et accessoirement, autorisé à caricaturer ma propre approche : « C'est dire à quel point la position de l'archéologue français Jean-Paul Demoule semble inacceptable à la communauté scientifique lorsqu'il affirme que le groupe linguistique indo-européen n'a pas d'existence réelle, et que les similarités observées sont dérisoires, insignifiantes et fortuites[1]. »

De ce point de vue, son article plus récent sur la question, déjà mentionné plus haut[2], fait montre d'un certain remords par rapport au caractère simplificateur et diffusionniste de son hypothèse. Il tente en effet d'y introduire deux éléments de complexité. Le premier est une concession à l'archéologie anglo-saxonne, traditionnellement réticente au diffusionnisme. Contre toute évidence en effet, certains archéologues ont minimisé, dans la diffusion de l'agriculture, l'importance du mouvement de peuplement au profit de simples phénomènes de contact et d'emprunt[3]. On peut suivre pourtant de proche en proche, dans l'ensemble de la culture matérielle, ce mouvement migratoire depuis l'Anatolie jusqu'à l'Europe du Nord-Ouest. En outre, la disproportion démographique manifeste entre les petits groupes de chasseurs-cueilleurs indigènes et la population colonisatrice ne pouvait mener qu'à l'absorption des premiers par les seconds, même si ce phénomène a été plus lent dans les zones marginales.

1. Renfrew, 1987, p. 42 ; 1990 (trad. française), p. 59.
2. Renfrew, 1999.
3. Par exemple, Dennell, 1983 ; Zvelebil, 1986 ; Zvelebil *et al.*, 1997.

Reprenant une hypothèse de Marek Zvelebil[1], Colin Renfrew concède donc que, sur les marges septentrionales de l'Europe, des chasseurs-cueilleurs aient pu emprunter aux agriculteurs leur langue en même temps que leur agriculture, même si, faute d'éléments de démonstration, il en reste explicitement au stade de l'intuition : « J'ai maintenant le sentiment que la position énoncée par Zvelebil [...] était en gros correcte[2]. »

Le second élément de complexité, évoqué plus haut, est l'introduction d'une dose de convergence au sein d'un modèle de pure divergence, avec la notion de *Sprachbund*. Ce *Sprachbund* hypothétique tente de répondre à l'une des objections soulevées plus haut : le modèle linéaire de diffusion de la colonisation néolithique ne correspond à aucun des arbres (parfois contradictoires) proposés par les linguistes pour rendre compte des affinités entre les différentes langues indo-européennes. On aurait alors une diffusion linguistique en deux temps : la première accompagnant la diffusion originelle de l'agriculture, la seconde à partir du *Sprachbund* balkanique, lequel aurait résulté d'interactions locales durant les deux millénaires du néolithique récent et du chalcolithique (entre 5000 et 3000 avant notre ère). Là encore, la question n'est pas celle du « pourquoi pas ? », car en ce domaine bien des hypothèses sont admissibles, mais, à partir du moment où l'on entend se placer dans le registre de la démonstration, celle du « pourquoi ? ». Aussi Renfrew multiplie-t-il les précautions oratoires tout au long de son exposé, employant par exemple six fois le mot *perhaps* en dix-huit lignes, sans compter les conditionnels[3].

Néanmoins, la médiatisation considérable de l'hypothèse de Colin Renfrew et son association avec les tenants du Grand Arbre des langues et des gènes en font actuellement la théorie dominante dans les médias anglo-saxons. Dès 1993, l'édition du *Times Atlas of World History* la considérait comme acquise, au point que l'archéologue James Mallory, partisan de l'hypothèse steppique, regardait sa propre cause comme provisoirement perdue, au moins sur le plan médiatique[4].

1. Zvelebil et Zvelebil, 1990 ; Zvelebil, 1995.
2. Renfrew, 1999, p. 259 : « I now feel that the position as stated by Zvelebil [...] was broadly correct. »
3. Renfrew, 1999, p. 275.
4. Mallory et Adams, 1997, p. 307.

En réalité, parmi les indo-européanistes stricts, linguistes ou archéologues, du moins ceux qui pensent possible de localiser le « Berceau originel » et même si la situation diffère selon les traditions scientifiques propres à chaque pays, la théorie steppique reste majoritaire. Nous allons l'examiner en détail.

14

Les Indo-Européens sont-ils vraiment venus des steppes de la mer Noire ?

Comment Marija Gimbutas, une jeune archéologue lituanienne, se réfugia à la fin de la dernière guerre en Allemagne où elle soutint sa thèse, puis émigra aux États-Unis où elle fit une brillante carrière – Comment elle rafraîchît la théorie steppique d'Otto Schrader, Alfred Haddon, Herbert Fleure ou encore Gordon Childe, à la lumière des nouvelles publications archéologiques soviétiques, qu'elle était à peu près la seule Américaine à pouvoir lire – Et comment les rudes cavaliers patriarcaux indo-européens déboulés des steppes détruisirent la pacifique civilisation matriarcale de la « Vieille Europe », ce qui fit de Marija Gimbutas l'égérie des mouvements féministes et New Age *de Californie – Pourquoi il n'est en rien certain que l'équitation et le char de guerre aient été inventés dans les steppes du nord de la mer Noire – Et comment le cheval a pu également être domestiqué à la même époque dans d'autres régions d'Europe – Où l'on constate qu'il n'y a actuellement aucune preuve archéologique (ni d'ailleurs du point de vue de l'anthropologie biologique) de vastes migrations qui seraient parties des steppes du nord de la mer Noire et auraient rayonné sur toute l'Europe et une partie de l'Asie – Comment en revanche commença dans toute l'Europe des Ve et IVe millénaires, au moment où toutes les terres cultivables sont colonisées par les agriculteurs, la période dite chalcolithique ou âge du cuivre, celle de l'émergence des premières inégalités sociales visibles et de l'exacerbation des conflits armés entre les communautés humaines.*

Des steppes aux océans : ainsi s'intitulait l'ouvrage, paru en 1986, qu'André Martinet, l'un des principaux linguistes français de sa génération, a consacré sur le tard au problème indo-européen. Et une horde de chevaux galopant en ornait la couverture. Cette vision, plus ou moins précise, hante à ce point les rêves de maints indo-européanistes, que l'on pourrait croire qu'il en a toujours été ainsi : les steppes de la mer Noire, n'était-ce pas l'hypothèse de Leibniz ? Pourtant, les chevaux des chefs indo-européens n'y galopent que depuis un siècle à peine, dans ces steppes. Pendant le XIXe siècle, le Peuple originel provenait d'une lointaine Asie et sa civilisation était plutôt pacifique : celle, bucolique, que décrivait Adolphe Pictet. L'arrivée des Indo-Européens en Europe s'identifiait à celle de la civilisation elle-même, avec l'agriculture, l'élevage et la métallurgie, comme l'avait expliqué l'archéologue Alexandre Bertrand aux bons docteurs de la Société d'anthropologie de Paris. Mais vers la fin du XIXe siècle, tandis que s'accumulent sur l'Europe en crise les indices de guerres à venir et que la conquête coloniale prend parfois un tour plus sanglant encore, les « bons sauvages » se muent en « rudes barbares ». L'Antiquité n'est plus le seul support de l'imaginaire, et l'ethnographie de terrain comme l'archéologie de terrain viennent apporter des matériaux plus concrets et moins idéaux. Le « berceau » revient lentement vers l'Europe, les steppes de l'Asie centrale débouchent sur celles de l'Ukraine, tandis que les germanomanes les plus radicaux, avec Pösche, Penka, Much, Hirt et enfin Kossinna installent les Indo-Germains en Germanie.

Une hypothèse (très) ancienne

Le linguiste allemand Otto Schrader avait apporté les arguments fondateurs de la théorie steppique, une « théorie nouvelle » saluée en 1892 par Salomon Reinach. Tout repose sur la paléontologie linguistique, sur une argumentation que nous avons qualifiée de « linguistique de l'absence »[1]. C'est la rareté des termes communs pour désigner les montagnes, les opérations agricoles et les espèces d'arbres qui suggérerait une société de pasteurs nomades se déplaçant dans un paysage dénudé, tandis que tous les contre-exemples possibles (les poissons, l'ours, le sel, etc.) sont écartés sous différents prétextes. Pour le reste, Schrader, dont ni la grande érudition ni l'honnêteté scientifique ne sont en cause, utilise l'effet incantatoire des illustrations de son *Dictionnaire*,

1. Voir *infra*, chap. 3, p. 84.

parmi lesquelles l'archéologie des Scythes et l'ethnographie des Slaves de Russie et d'Ukraine jouent un rôle essentiel[1].

L'inconsistance méthodologique de la démonstration de Schrader, qui ne peut encore se targuer d'aucun argument archéologique, et ses raisonnements circulaires assoient pour longtemps le Peuple originel dans les steppes pontiques. C'est l'horizon de Meillet, Benveniste et Dumézil, lorsqu'ils évoquent, à un détour de phrase, les antiques chevauchées des conquérants indo-européens – même si Benveniste est le seul à évoquer précisément les steppes pontiques[2]. C'est aussi celui des premières fouilles qu'entreprennent les archéologues russes dans les steppes de l'Ukraine à partir de la fin du XIXe siècle. Elles révèlent des tertres funéraires, les *kurgans* qui portent le nom de tombes à ocre, car cette matière a fréquemment été saupoudrée sur les défunts. L'officier tsariste Vasily Gorodcov, plus tard rallié à la révolution, puis chassé de ses fonctions, puis réhabilité, en avait proposé une première chronologie. Ces découvertes viennent donner une consistance archéologique à la théorie steppique. Si cette dernière est, durant l'entre-deux-guerres, moins populaire en Allemagne qu'ailleurs, elle est admise en Grande-Bretagne par John Myres, Alfred Haddon, Harold Peake, Herbert Fleure ou encore, avec quelques hésitations, Gordon Childe[3]. Ce dernier résume assez bien le dossier archéologique à cette époque, le dossier linguistique n'ayant pas progressé depuis Schrader. On trouve des ossements de chevaux dans ces tombes, ainsi que des objets en cuivre et de petites maquettes de chariots en argile. La pauvreté de ce mobilier funéraire est l'indice d'un mode de vie nomade, tandis que son uniformité évoque des croyances communes, et peut-être même une langue commune. Malgré l'apport nouveau des données archéologiques, le dossier est encore assez faible, d'autant qu'il est peu de preuves d'une diffusion à partir de ce foyer supposé. Il y a bien cette céramique cordée avec ses gobelets décorés d'impressions de cordelettes. On les retrouve de la Scandinavie à la Pologne et jusqu'en Ukraine (et, dans cette

1. Reinach, 1892, p. 121 ; Schrader, 1901, 1907 ; Schrader et Nehring, 1917-1929.
2. Voir *infra*, chap. 5, p. 155 *sq*.
3. Childe, 1926, p. 183-200. Voir *supra*, chap. 7, p. 234-238.

dernière région, parfois déposés dans des tombes à ocre) ; mais beaucoup d'archéologues pensaient alors qu'ils s'étaient plutôt diffusés d'ouest en est, que l'inverse.

Aujourd'hui, le dossier de la paléontologie linguistique n'a pas fondamentalement progressé depuis Schrader. Il repose toujours sur le cheval et le char – puisque la plupart des autres caractéristiques culturelles, y compris le cuivre, pourraient se rencontrer en de nombreux points de l'Eurasie. C'est cette faiblesse des fondements linguistiques de l'hypothèse steppique qui permettait à Colin Renfrew de l'écarter au profit de l'hypothèse proche-orientale. Quant à l'argumentation archéologique, nous tâcherons de montrer qu'elle n'a pas non plus notablement progressé depuis Childe. Certes, la masse des données a sans doute été multipliée par cent. Les informations sur les différents groupes culturels qui se succèdent à partir du VIe millénaire dans les steppes pontiques sont considérables. Mais la démonstration de l'indo-européanité présumée de certains d'entre eux n'est pas mieux argumentée que du temps de Schrader ou de Childe (c'est pourquoi Childe avait fini par y renoncer). De même l'hypothèse de migrations généralisées à partir de cette région est susceptible de nombreuses critiques.

De Vilnius à Los Angeles

Pourtant, lorsqu'ils paraissent, d'abord discrètement pendant les années 1950-1960, puis avec un très grand retentissement à partir de 1973, les articles successifs de l'archéologue américaine Marija Gimbutas consacrés à l'exposé de la thèse steppique prétendent développer une théorie nouvelle, que seul l'état le plus récent de la recherche archéologique dans ces régions lointaines aurait pu permettre.

Fille de médecins, Marija Gimbutas est née en Lituanie en 1921 et accomplit l'essentiel de ses études d'archéologie dans ce pays marqué, dans ce domaine scientifique, par une forte tradition germanique et, plus généralement, par un problème d'identité nationale et culturelle face aux impérialismes séculaires de l'Allemagne et de la Russie, voire de la Pologne. Intégrée à la Pologne puis occupée par la Russie, la Lituanie, comme les deux autres États baltes, ne connut sa première indépendance politique moderne qu'en 1919, après le traité de Versailles, la Pologne en annexant néanmoins une partie. En 1940, l'URSS l'occupe à son tour, jusqu'à l'invasion allemande de juin 1941. Elle est alors placée sous le protectorat du Troisième Reich, qui parvient sans trop de problèmes, comme dans la Slovaquie ou l'Ukraine voisines, à y mener à bien sa politique d'extermination des Juifs, grâce à une efficace collaboration locale – aujourd'hui encore, l'histoire officielle de ce pays, dans ses manuels comme dans ses musées, flirte avec le négationnisme.

En 1944, l'Union soviétique pénètre à nouveau sur son territoire, sur les talons de l'armée allemande. Staline entend recouvrer les antiques possessions de l'empire des tsars, et la Lituanie devient l'une des Républiques socialistes soviétiques. Marija Gimbutas émigre alors, avec son mari, sous une fausse identité, d'abord en Autriche. Elle suit à Vienne les cours d'Oswald Menghin, un partisan des thèses de Kossinna, ainsi que de son assistant, Christian Peschek ; elle assiste également, à Innsbruck, à ceux de Leonhard Franz. Mais bientôt l'Armée rouge entre aussi en Autriche. Menghin, qui avait été ministre de l'Instruction, sera interné dans un camp américain avant de s'exiler définitivement pour poursuivre sa carrière en Argentine[1]. Marija Gimbutas part pour Tübingen, en Allemagne[2]. Elle présente à l'Institut de préhistoire de cette ville, traduit en allemand, le manuscrit de sa thèse, emportée depuis la Lituanie et consacrée aux *Sépultures préhistoriques en Lituanie*. Elle la soutient dès mars 1946 auprès de Peter Goessler, un spécialiste d'archéologie romaine qui avait été mis à l'écart de l'Université en 1934 par le régime nazi. Comme elle le précise en avant-propos, « le but du travail est de fournir des matériaux quant à la répartition et au développement historique des tribus baltes et à leur culte funéraire en Lituanie ».

Elle suivra encore des cours à Tübingen, Munich et Heidelberg, avant d'émigrer en 1949 aux États-Unis. Marija Gimbutas y

1. Kohl et Perez Gollan, 2002.

2. Voir l'interview de M. Gimbutas in *Los Angeles Times Magazine*, 11 juin 1989 (cité *in* Poruciuc, 1995) et le curriculum vitae publié dans sa thèse (Gimbutas, 1946, p. 233-234). Je remercie vivement Manfred Eggert pour m'avoir communiqué ce dernier document. La thèse est publiée sous le nom de Marija Alseikaité-Gimbutiené, Alseika étant le nom de son père. Voir aussi Polomé, 1987a.

bénéficiera d'abord de plusieurs postes temporaires de recherche et d'enseignement, notamment à Harvard, avant d'obtenir en 1963 une chaire de professeure d'archéologie européenne au département d'Études classiques de l'université de Californie-Los Angeles (UCLA). Cette localisation n'est pas sans conséquence : la Californie où se développe à partir du milieu des années 1960 une « révolution culturelle » bien connue, marquée en particulier par un mouvement féministe qui aura des effets directs sur les théories de Marija Gimbutas ; un département de *Classics*, c'est-à-dire à l'écart d'une autre révolution intellectuelle, celle de la *New Archaeology*, forte remise en cause des méthodes de raisonnement traditionnelles de l'archéologie au profit de modèles plus riches et mieux argumentés. Or cette révolution-là ne touche que les départements « d'anthropologie », c'est-à-dire de préhistoire et d'ethnologie.

De par sa formation, Marija Gimbutas sera donc, dans sa carrière scientifique, tributaire des méthodes de raisonnement et des centres d'intérêt de l'archéologie diffusionniste allemande de la première moitié du siècle, par laquelle elle a été formée – sans compter l'ambiance culturelle de son pays d'origine (*wie die Juden machen* – « comme font les Juifs », me dit-elle un jour pour traduire en allemand, notre langue de communication, le mot « marchander »). S'y ajoutera un intérêt personnel pour l'histoire, l'ethnographie et finalement l'identité de la Lituanie et des Baltes : elle publie pendant la guerre, entre sa vingt et unième et sa vingt-troisième année, une douzaine d'articles sur la préhistoire lituanienne et l'origine des Baltes, et continuera toute sa vie à s'intéresser au folklore balte. Sa connaissance des langues de l'Europe orientale, et notamment du russe, en fera rapidement un intermédiaire obligé (d'autant que Childe, qui en faisait jusque-là fonction, meurt en 1956) entre l'abondante littérature archéologique de ces régions et le public universitaire anglo-saxon. Elle publie en particulier, dans les années 1950-1960, deux volumes de synthèse, respectivement sur le néolithique et le chalcolithique, puis sur l'âge du bronze, de l'Europe orientale[1], ainsi que des ouvrages de vulgarisation sur les Baltes et sur les Slaves[2].

1. Gimbutas, 1956, 1965a.
2. Gimbutas, 1963a, 1971.

Prudences initiales

Son premier article scientifique en langue occidentale, publié en 1952, porte la marque de ces origines intellectuelles. Il est consacré au Foyer primitif des Indo-Européens[1], plus précisément à celui des Indo-Européens du nord de l'Europe, parmi lesquels les Baltes. Elle y expose que les Baltes doivent être d'emblée distingués des Slaves (même si ces deux groupes linguistiques sont très proches l'un de l'autre) et que leur « Territoire originel » était autrefois beaucoup plus vaste. Plus généralement, elle s'interroge sur l'existence d'un berceau unique de tous les peuples indo-européens et adopte sur ce point une position sceptique, sinon sarcastique : « C'est devenu presque une tradition de rechercher les origines inconnues dans les "mystérieuses" steppes de la Russie méridionale[2]. » Si elle admet que les cultures archéologiques de ces steppes ont pu donner naissance à des groupes indo-européens particuliers, et sans doute aux porteurs des langues indo-européennes orientales, c'est-à-dire indo-iraniennes, on ne saurait généraliser. À un moment où, juste avant l'invention de la datation par le radiocarbone, les archéologues font encore commencer le néolithique au IIIe millénaire, elle peut affirmer : « Les cultures de Russie méridionale du IIe millénaire avant J.-C. ne sont pas la mère de toutes les cultures plus tardives qui sont attribuées aux locuteurs "indo-européens" du Sud, de l'Ouest et du Nord[3]. »

Pour elle, reprenant Max Ebert qu'elle cite explicitement, et annonçant les thèses de Pedro Bosch Gimpera, l'origine de tous ces Indo-Européens d'Europe est à rechercher dans la Céramique Linéaire, ou « Danubien I », c'est-à-dire le plus ancien néolithique de l'Europe tempérée, qui est lui-même, comme elle le suppose à la suite d'autres, d'origine orientale : « Les données linguistiques[4] coïncident plutôt avec le matériel archéologique de l'économie du "Danubien I", basée sur la culture de l'orge,

1. Gimbutas, 1952.
2. Gimbutas, 1952, p. 604.
3. *Ibid.*, p. 604.
4. *Ibid.*, p. 606-607.

du blé amidonnier, des fèves, des pois, des lentilles et du lin. » Elle peut en conclure :

> Il existe des preuves que les locuteurs de l'« indo-européen » du Nord se sont développés à partir du noyau « danubien » de l'Europe centrale, mais rien ne vient appuyer la supposition que les « Indo-Européens » orientaux soient également originaires d'Europe centrale. Un groupe ethnique n'imprime pas toujours sa marque sur les produits de la culture matérielle. Toute tentative de « reconstruction » de la culture mère « indo-européenne » au moyen de l'archéologie appartient largement à la théorie ; les dialectes existent à tous les stades de la langue et de la culture et la large répartition « indo-européenne » montre que sa culture originelle ne peut être restreinte à une petite zone[1].

On retient donc de ce premier article à la fois une grande prudence méthodologique et la référence à Max Ebert. Marija Gimbutas est en effet très réservée sur l'idée même d'un « Berceau originel unique » et sur les possibilités de l'archéologie. « Indo-Européen » est la plupart du temps placé entre guillemets. Elle pense aussi que les steppes pontiques n'ont joué qu'un rôle marginal – un peu moins marginal, néanmoins, que pour Ebert. Ce dernier n'assignait pas non plus une origine ponctuelle aux Indo-Européens mais les rattachait à l'ensemble du processus de néolithisation de l'Europe. Ebert, d'ailleurs, avait enseigné l'archéologie à Riga après la Première Guerre mondiale, dans les premiers temps de la Lettonie indépendante, limitrophe de la Lituanie. C'est Ebert également qui avait rassemblé les cultures du néolithique européen sous un terme unique, celui d'« Européen ancien » (*Alteuropäisch*), que Gimbutas allait bientôt reprendre.

Cet article mesuré et bien informé tranche évidemment avec la suite de l'œuvre de l'auteure. Ayant pris connaissance du développement des recherches soviétiques au nord de la mer Noire, avec les travaux de Nikolaï Merpert (auquel elle emprunte son système chronologique), Dmitri Telegin ou encore Valentin Danilenko, elle attribue bientôt aux cultures nord-pontiques une place déterminante. C'est chose faite dans sa communication au Congrès international des sciences ethnologiques qui se tint en 1956 en

1. *Ibid.*, p. 607-608.

Pennsylvanie[1] ainsi que dans une autre prononcée en 1959 au colloque de Prague sur « L'Europe à la fin de l'âge de la pierre[2] », tout comme dans sa monographie de 1956 sur le néolithique de l'Europe orientale[3] ; enfin dans son compte-rendu du livre de Pedro Bosch Gimpera sur *Les Indo-Européens*, qu'elle publie, comme son article de 1952, dans la revue *American Anthropologist*[4].

C'est pourquoi, lorsqu'elle reviendra, à la fin de sa vie, sur ce premier article de 1952, à l'occasion d'un recueil de ses travaux d'indo-européaniste, elle n'hésitera pas à y apporter de significatives retouches[5]. Les éditeurs du recueil, publié trois ans après sa mort survenue en 1994, signalent d'ailleurs qu'elle travaillait sans doute aux corrections de cet article au moment de sa mort puisque ses notes le concernant étaient encore incomplètes[6]. Certaines corrections se justifiaient puisque, grâce au radiocarbone, l'ensemble des datations du néolithique et du chalcolithique européen devaient être repoussées de plusieurs millénaires. Mais deux passages au moins sont éclairants. Dans l'un, cité plus haut, elle supprime la négation pour affirmer désormais : « Les cultures de Russie méridionale du cinquième millénaire avant J.-C. *sont* la mère de toutes les cultures plus tardives qui sont attribuées aux locuteurs "indo-européens" du Sud, de l'Ouest et du Nord[7]. » Quant au passage méthodologique, également cité plus haut, sur le peu de vraisemblance d'une Patrie originelle restreinte, il est purement et simplement supprimé[8]. En outre, plus subtilement, les corrections chronologiques sont sélectives : dans certains cas, elle corrige ses dates de 1952 en utilisant les datations absolues du radiocarbone (soit un début du chalcolithique au Ve millénaire et non plus au IIe) ; dans d'autres, elle ne les corrige pas. Aussi des événements qui, situés au IIe millénaire en 1952, concernaient la fin du néolithique et l'éclatement des groupes culturels issus du complexe danubien en accord avec la théorie

1. Gimbutas, 1960.
2. Gimbutas, 1961.
3. Gimbutas, 1956.
4. Gimbutas, 1963b.
5. Gimbutas, 1997, p. 1-11.
6. *Ibid.*, p. XIII.
7. Gimbutas, 1997, p. 3. Mes italiques.
8. Comparer Gimbutas, 1952, p. 607-608 et Gimbutas, 1997, p. 6.

de 1952, paraissent en 1994, toujours situés au IIe millénaire, concerner désormais la fin du chalcolithique et l'âge du bronze, en accord avec la théorie de 1994[1].

Ainsi, avec très peu de corrections et quelques non-corrections, Marija Gimbutas transforme un article de jeunesse hostile à l'hypothèse steppique et prudent, sinon sceptique, sur l'idée d'un Peuple originel, en un article favorable à l'hypothèse steppique et qui paraît même en poser les fondements au départ de son œuvre. S'il est parfaitement normal que la pensée d'un chercheur se transforme au fil du temps et du développement des connaissances, il est pour le moins inhabituel d'intervenir à ce point, sans le signaler et d'une manière quasi « soviétique », sur sa propre histoire intellectuelle.

Le retour des steppes

Même dans les travaux suivants, le système de Marija Gimbutas n'est pas encore établi, dans la mesure, il est vrai, où la révision chronologique induite par le radiocarbone à partir de la fin des années 1950 n'est pas entièrement effective. Si elle prend désormais en considération les cultures nord-pontiques, elle ne leur confère pas le rôle principal. C'est une vaste culture, celle dite des Tombes à Fosses, qu'elle situe alors à l'est de la basse Volga et sur une bonne partie de l'Asie centrale, qui devient le « Foyer indo-européen originel »[2]. Cette culture, à partir de son « berceau », se répandrait dans un premier temps dans l'ensemble les steppes nord-pontiques puis, en une unique migration, dans tout le reste de l'Europe ; on lui devrait en particulier la destruction de la culture de l'Helladique ancien II en Grèce ainsi que de la ville de Troie II, au cours de l'âge du bronze ancien[3]. Ce schéma sera ensuite nuancé, à la faveur des datations au radiocarbone qui vont étirer la durée du chalcolithique des steppes, et surtout grâce aux nombreuses fouilles menées en Ukraine, en Russie méridionale et en Asie centrale

1. Gimbutas, 1997, p. 5-7.
2. Gimbutas, 1960, 1961, 1963b.
3. Voir *infra*, chap. 15, p. 436 *sq.*

par les archéologues soviétiques dans les années 1950-1960. Leurs résultats sont peu à peu publiés, pour l'essentiel en russe et en ukrainien, tandis que Marija Gimbutas effectue plusieurs voyages en Europe orientale. L'accent sera de plus en plus mis sur les steppes nord-pontiques, mais il restera toujours une trace de la première version de son hypothèse steppique : le Foyer originel reste à l'est de la Volga et au nord de la Caspienne, dans les cultures chalcolithiques successives dites de Samara (nom d'une rivière tributaire de la Volga et aussi d'une ville) et de Khvalinsk, et c'est dans un second temps que les steppes nord-pontiques seront « indo-européanisées ». Il s'agit donc d'une variante particulière de la thèse steppique, qui n'est d'ailleurs pas indispensable au modèle général et que ne valident pas forcément les données archéologiques – en dehors même de la question indo-européenne.

À partir des années 1970, le modèle canonique de Maria Gimbutas va prendre sa forme définitive (voir annexes, 11, p. 607). Elle n'en fera toutefois jamais d'exposé complet sous la forme d'un volume monographique général et cohérent, mais le développera seulement à l'occasion d'une douzaine d'articles échelonnés sur près d'une quarantaine d'années, partiellement de vulgarisation, relativement répétitifs d'une fois sur l'autre, avec toutefois des retouches ou des glissements plus ou moins explicites de l'un à l'autre. Ce travail de retouches s'est amplifié lorsque l'auteure, peu avant sa mort, entreprit de réunir ces articles dans ce recueil général[1]. Ainsi, en l'absence d'une synthèse générale, on dispose de sédimentations successives, cause d'un certain flou sur les détails de l'ensemble.

Féminisme et envahisseurs

Simple à comprendre, ce modèle diffusionniste ne diffère pas dans ses principes généraux de celui qu'exposaient Schrader à la fin du XIXe siècle et Childe en 1926. Il s'est juste enrichi d'une information archéologique considérable. Mais il offre aussi une

1. Gimbutas, 1997.

originalité supplémentaire, qui tient au contexte californien évoqué plus haut.

Au début des années 1970, les études indo-européennes pouvaient, même aux États-Unis, porter encore la marque de leur fâcheux passé récent. Lorsque Marija Gimbutas participe à la création en 1973 du *Journal of Indo-European Studies*, le responsable de la publication est, pour un certain temps encore, Robert Pearson, fondateur en 1957 d'un mouvement d'extrême droite raciste, la *Northern League*, vouée à l'exaltation de la « race aryenne » – même si cette revue scientifique, rapidement reconnue, reste pour l'essentiel apolitique[1]. Marija Gimbutas accepte également, dans le même temps, de figurer parmi le « comité de parrainage » de la revue *Nouvelle École*, principal périodique de la Nouvelle Droite française et qui compte la quête d'un passé indo-européen supposé glorieux parmi ses thèmes favoris[2]. Développer des thèses sur l'origine des Indo-Européens dans le contexte intellectuel des campus californiens des années 1970 n'était pas forcément dans l'air du temps. Marija Gimbutas prendra pourtant au pied de la lettre, voire grossira l'idéologie guerrière et conquérante traditionnellement attribuée aux Indo-Européens primitifs. Mais, au lieu de l'exalter comme il était d'usage jusque-là, elle l'opposera, dans une dualité assez simpliste, à celle des sociétés conquises, supposées pacifistes et féministes[3]. D'un côté, une société agricole sédentaire, vivant dans de vastes agglomérations, avec un système « matrilinéaire égalitaire » et une idéologie « pacifique, aimant l'art et où la femme est créatrice » (c'est la « Old Europe ») ; de l'autre une société pastorale où le cheval est domestiqué, les villages de petite taille avec des maisons rudimentaires semi-enterrées, un système « patrilocal patriarcal » et une idéologie « guerrière et où l'homme est créateur ».

Marija Gimbutas s'intéressait en effet aux religions néolithiques. Elle avait recensé et classifié les figurines en argile ou en pierre que l'on trouve en abondance dans le néolithique de l'Europe du Sud-Est et s'était attachée, en recherchant leurs

1. Voir *supra*, chap. 9, p. 298.
2. Voir *supra*, chap. 9, p. 277 *sq*.
3. Gimbutas, 1997, table 3, 1990, tables 1 et 2 ; Anthony, 1996.

traits récurrents, à reconstituer une sorte de panthéon préhistorique, centré sur la figure de la Déesse Mère[1]. L'idée n'était pas neuve : dès le XIXe siècle, la fréquence des figurines féminines, au sein de l'art plastique, dès les « Vénus » paléolithiques et pendant tout le néolithique, avait fait supposer que les religions anciennes adoraient une grande déesse de la Fécondité voire, à la suite des travaux de l'érudit suisse Bachofen, que ces sociétés vivaient sous le régime politique du matriarcat primitif[2]. On évoquait aussi l'importance des divinités féminines dans les panthéons orientaux, comme Isis en Égypte ou Ishtar au Proche-Orient, ainsi que dans certains aspects jugés archaïques de la religion grecque, liés au culte de Déméter, déesse de la Terre nourricière, que l'on célébrait lors de cultes secrets à l'occasion des Mystères d'Éleusis. Religion féminine et Société originelle matriarcale sont des thèmes fréquents à la fin du XIXe siècle en Europe ; elles appartiennent indéniablement aux fantasmes de savants masculins, qui les détaillent à la faveur des grandes fresques évolutionnistes qui jalonnent cette période. Childe lui-même constatait le « conservatisme féminin » des paysans néolithiques danubiens, qui interdisait qu'on puisse voir là le fameux Peuple indo-européen originel[3]. Et depuis Marx et Engels, on rencontrait l'idée persistante qu'à un matriarcat tourné vers l'agriculture aurait succédé une période de pastoralisme patriarcal. Ce thème se retrouvait chez les archéologues des pays d'Europe orientale soucieux de témoigner de leur orthodoxie marxiste[4].

Tombé ensuite en désuétude, le matriarcat primitif est redécouvert dans les années 1960-1970 lors de l'essor des mouvements féministes américains, qui formeront un peu plus tard l'une des composantes du « politiquement correct ». Leurs représentantes dessineront peu à peu une société idéale des débuts, lorsque « Dieu était une femme » et que la paix et l'amour régnaient sur terre[5]. Puis les mâles prirent le pouvoir, et avec eux la violence, l'inégalité et la guerre. Ces mouvements politiques eurent leurs

1. Gimbutas, 1974, 1989, 2005 (traduction française de 1989).
2. Bachofen, 1861 ; Demoule, 1994 ; Testart, 2010.
3. Childe, 1926, p. 140. Voir *supra*, chap. 7, p. 238.
4. Par exemple : Neustupný, 1967.
5. Par exemple : Stone, 1976.

mérites. Outre la dénonciation de l'oppression, violente ou ordinaire, des femmes dans nos sociétés contemporaines, ils permirent, dans les sciences humaines et en particulier en ethnologie et en archéologie, de développer des recherches, jusque-là négligées, sur le rôle des femmes dans les sociétés – telle la *gender archaeology*, l'« archéologie du genre » ou de la différence des sexes[1].

Mais, concernant le matriarcat primitif, cette approche s'est contentée en réalité de reprendre à son compte un fantasme masculin, en retournant seulement l'échelle des valeurs. L'idée d'une Grande Déesse primitive, simple inversion du monothéisme mâle, oublie que le monothéisme lui-même est une idée récente, liée à l'émergence d'empires à vocation universelle, et qui n'apparaît que dans les derniers siècles avant notre ère. Toutes les sociétés traditionnelles sont polythéistes. Enfin les raisonnements de Marija Gimbutas, qui, on l'a dit, s'était tenue à l'écart des révolutions méthodologiques de la *New Archaeology* nord-américaine, sont très critiquables : circularité, sélection d'éléments isolés confortant ses thèses, etc. Il est de ce point de vue surprenant, bien que compréhensible, que la maison d'édition française Des Femmes ait traduit et publié en 2005 son livre de 1989 sur *Le Langage de la Déesse*.

Sur le plan de l'organisation sociale, aucun témoignage historique, ethnologique ou archéologique ne permet non plus de supposer que des sociétés matriarcales, c'est-à-dire où le pouvoir politique aurait été détenu exclusivement par les femmes, ait jamais existé. La domination masculine, avec des degrés variables, semble un fait universel. Tout autre est le fait que la résidence des époux soit celle de l'épouse (matri- ou uxorilocalité) ou que le nom (matrilinéarité), voire que les biens se transmettent par la mère. Quant à l'abondance des représentations féminines, souvent avec des traits sexuels exacerbés, parmi l'art pré- et protohistorique, elle n'a rien à voir avec le pouvoir politique mais témoigne simplement de l'importance du principe féminin, sinon de la sexualité considérée d'un point de vue masculin, dans ces sociétés[2]. Celles qui représentent abondamment les femmes ne sont pas celles qui les oppriment le moins, bien au contraire.

1. Coudart et Olivier, 1995 ; Coudart, 1999.
2. Demoule, 2007b ; Testart, 2010.

Plus précisément, rien n'indique que les plus anciennes sociétés néolithiques de l'Europe (comme du Proche-Orient) aient été celles de la « créativité pacifique des femmes » – ne serait-ce que parce qu'il y existe aussi des traces de violence, comme dans plusieurs villages de la Céramique Linéaire en Allemagne[1] et parce que les sociétés chalcolithiques qui sont censées avoir été détruites par les guerriers indo-européens étaient elles-mêmes très hiérarchisées, les tombes les plus riches étant masculines, comme on le voit par exemple à Varna en Bulgarie. Rien, dans le matériel retrouvé dans les tombes néolithiques les plus anciennes, ne parle non plus pour un statut particulier des femmes. Et même si les représentations féminines sont largement majoritaires à cette époque, il existe aussi des représentations masculines et des représentations phalliques.

Pourtant ses thèses valurent à Marija Gimbutas une très grande popularité auprès des mouvements féministes américains, dont elle devint dans les années 1980-1990 l'une des principales égéries[2]. Elle participa dans ce cadre à de nombreuses rencontres, à des débats et à des interviews. Une partie des cérémonies lors de son décès, survenu en 1994, se déroula sous ces auspices, dans une atmosphère très *New Age*.

Une nouvelle démonstration ?

Il n'en reste pas moins que, de même que son « féminisme » perpétue la tradition de l'évolutionnisme du XIXe siècle, de même son modèle de l'indo-européanisation reprend explicitement la thèse de l'invasion. Elle se réfère à Antoine Meillet pour affirmer que « les locuteurs indo-européens avaient été gouvernés par une puissante aristocratie[3] ». Il s'agirait d'un processus de conquête par une aristocratie militaire, « qui offre des analogies avec d'autres expansions pendant les périodes préhistoriques et historiques[4] ». La « prise de contrôle » des deux tiers de l'Europe

1. Wahl et Strien, 2007 ; Boulestin *et al.*, 2009.
2. Anthony, 1996.
3. Gimbutas, 1963b, p. 827.
4. *Ibid.*, p. 829.

par le peuple des *kurgans* permettrait aux archéologues d'observer des « processus d'hybridisation », avec « dégénérescence et disparition graduelle des éléments locaux »[1]. Le vocabulaire commun confirmerait cette interprétation :

> Les éléments *kurgans* correspondent pleinement avec la couche ancienne des mots indo-européens concernant la structure sociale, l'organisation de l'habitat, l'architecture (petites maisons rectangulaires en rondins), l'économie (élevage prédominant, agriculture à petite échelle) et la religion (sacrifice du cheval, symbolisme solaire, etc.). Aucune des cultures des Balkans, de l'Europe centrale ou septentrionale, ne montrerait, avant l'intrusion des peuples des *kurgans*, cette correspondance. C'est l'argument fondamental pour repousser l'idée que les cultures de Tripolje, du Danubien et des Gobelets en Entonnoir aient été indo-européennes[2].

Outre les articles mentionnés, les thèses de Marija Gimbutas sur l'origine steppique des Indo-Européens ont également été prolongées par les travaux, souvent plus détaillés, de son principal élève, l'archéologue irlandais James Mallory[3]. Elles ont également été reprises par d'autres archéologues, parfois sous une forme encore plus simplifiée, tel l'Américain David Anthony[4]. Enfin, plus généralement, elles rejoignent les recherches d'un certain nombre d'archéologues est-européens qui, sans nécessairement faire une référence directe à la recherche d'un « peuple indo-européen originel », ont mis l'accent sur les mouvements qui paraîtraient avoir agité les steppes pontiques au cours des Ve et IVe millénaires avant notre ère[5]. Dans tous les cas, la quête du Foyer originel ne pouvait leur être inconnue et il est manifeste qu'elle a souvent informé leur réflexion, avec tous les risques de cercles vicieux afférents.

Il convient désormais de discuter l'ensemble du dossier, suivant trois axes :

1. *Ibid.*, p. 827.
2. *Ibid.*, p. 827.
3. Mallory, 1989 ; Mallory et Adams, 1997, 2006.
4. Anthony, 1990, 1992, 2007.
5. Telegin, 1973 ; Danilenko, 1974 ; Lichardus *et al.*, 1985 ; Lichardus, 1991 ; Dodd-Opritescu, 1978 ; Morintz et Roman, 1968 et 1973 ; Todorova, 1986.

1) La théorie steppique est-elle unifiée, stable et cohérente ?
2) Quels arguments, tirés des textes et des langues, permettraient de placer dans les steppes pontiques le « Foyer indo-européen originel » ?
3) Quels arguments archéologiques démontrent que, à partir de ce foyer supposé, des mouvements migratoires de grande ampleur se seraient progressivement étendus à l'ensemble de l'Europe et à une partie de l'Asie ?

On se souvient[1] que, dans les steppes pontiques entre Bug et Volga, des communautés de chasseurs-cueilleurs avaient conservé plus longtemps qu'ailleurs leur mode de vie traditionnel, en raison de l'avancée, plus lente et limitée qu'ailleurs, du front de colonisation néolithique, de l'abondance en ressources aquatiques des grands fleuves de Moldavie et d'Ukraine – mais aussi du caractère peu favorable des sols steppiques pour l'agriculture traditionnelle que pratiquaient les civilisations balkaniques. Par une acculturation progressive, ces chasseurs-cueilleurs avaient développé des formes d'élevage et d'agriculture, mais restées longtemps moins importantes que la chasse, la pêche et la cueillette. Les chevaux figuraient parmi les animaux chassés.

Vers le milieu du Ve millénaire, lorsque des formes de hiérarchie sociale apparaissent un peu partout en Europe avec la période chalcolithique, les plus spectaculaires sont sans conteste celles, issues du néolithique balkanique, des bords de la mer Noire, avec les cultures de Gumelniţa-Karanovo VI en Bulgarie et Roumanie, Cucuteni-Tripoje en Roumanie, Moldavie et Ukraine, avec leurs grandes agglomérations fortifiées et leur métallurgie de prestige (voir annexes, 12, p. 607). Cette inégalité se développe aussi, de manière beaucoup moins ostentatoire, chez les communautés issues des chasseurs-cueilleurs des steppes pontiques, qui se trouvent au contact immédiat de la culture de Tripolje. Ces contacts sont confirmés par la circulation d'objets d'une région à l'autre. La coexistence durera près d'un millénaire, pendant lequel les morts steppiques, du bassin du Dniepr à celui de la Volga, commencent à être inhumés dans les *kurgans*. Vers le milieu du IVe millénaire, les brillantes civilisations balkaniques font place à des cultures un peu plus

1. Voir *supra*, chap. 11, p. 327-329 ; annexes, 9, 12, p. 606 et 607.

ternes, comme celles de Baden ou de Ezero. Sur l'ensemble des steppes s'étend une nouvelle culture, toujours attachée aux *kurgans*, la culture dite des Tombes à Fosses attestée depuis l'ouest de l'Asie centrale, aux confins de l'Oural, jusqu'au Danube. En Ukraine occidentale et en Moldavie, elle occupe donc l'ancien territoire de la culture de Tripolje (voir annexes, 13, p. 608).

À partir de ce tableau historique général, plusieurs lectures, très différentes les unes des autres, sont possibles.

La lecture de Marija Gimbutas et de ses disciples est simple et radicale. Au Ve millénaire, dans la zone de steppes et de steppes forestières située au nord de la mer Caspienne, entre Volga et Oural, des cultures de chasseurs-cueilleurs se néolithisent progressivement et entreprennent la domestication des plantes et des animaux. Outre les espèces usuelles en Europe et au Proche-Orient (chien, porc, bœuf, mouton, chèvre), ils domestiquent également le cheval, dont les troupeaux sauvages abondent dans la steppe, ce qui leur permet des déplacements saisonniers dans le cadre de la transhumance, mais aussi des voyages à longue distance. Le cheval est utilisé pour sa viande, mais aussi comme bête de somme (c'est le moment où apparaissent les premiers véhicules à roues) et comme monture (des outils perforés en bois de cerf sont interprétables comme des éléments de mors). Une certaine hiérarchie sociale apparaît durant la seconde moitié du Ve millénaire, en même temps qu'une idéologie patriarcale et guerrière. Certains morts importants sont enterrés sous de petits tertres, accompagnés parfois de symboles de statuts, de bracelets en pierre, de figurines animales représentant notamment des chevaux. L'usage d'ocre, saupoudrée sur les défunts, est fréquent. Les nécropoles les plus importantes sont celles de Khvalynsk et de S'eszee, si bien qu'on parle, entre autres, de culture de Samara ou de Khvalynsk-S'eszee, ou encore « Kurgan I » pour désigner ces communautés, qui représenteraient donc le « Peuple indo-européen originel », dans son « Berceau originel » – une région d'environ 100 000 km², soit un cinquième du territoire français.

Dans un second temps, vers le dernier quart du Ve millénaire, sortant de son berceau et munie à la fois de sa maîtrise de l'équitation et de son idéologie guerrière, la culture de Khvalynsk-S'eszee se répandrait sur l'ensemble des steppes pontiques jusqu'au Dniepr, frontière orientale de la culture balkanique de Cucuteni-Tripolje. C'est la « première vague » d'invasion de Marija Gimbutas. Elle donne naissance au chalcolithique nord-pontique, souvent réuni sous le terme de « culture de Serednij Stog », caractérisé par des rites funéraires tout à fait comparables à ceux des nécropoles de Khvalynsk-S'eszee et qui seraient en rupture avec ceux de la culture indigène de Dniepr-Donetz. La phase récente de Serednij Stog est parfois qualifiée de « Kurgan II ». À partir de cette zone déjà plus vaste, une « deuxième vague » s'étendrait à la fois vers l'est et vers l'ouest, à partir de 3500 environ avant notre ère. Vers l'est, c'est-à-dire au contact du Caucase, elle donnerait naissance à la brillante culture de Maïkop, dont le site éponyme a livré une spectaculaire sépulture princière. À l'ouest, la vague aboutit à la destruction pure et simple de la culture de Gumeltniţa-Karanovo VI en Bulgarie et Roumanie méridionale et à son remplacement par un groupe d'affinité steppique, la culture de Cernavoda I. En Moldavie et en Ukraine occidentale se forme une culture mixte, dite notamment d'Usatovo (ou « Kurgan III »), résultat de la prise de contrôle de la culture de Cucuteni-Tripolje par l'aristocratie guerrière de Serednij Stog.

Ce mouvement migratoire débouche donc sur la formation, vers 3100, d'un ensemble culturel encore plus vaste, qui s'étend maintenant du Caucase jusqu'à l'embouchure du Danube, la culture des Tombes à Fosses (*Jamnaja kultura*) ou « Kurgan IV » (voir annexes, 13, p. 608). De cet ensemble partirait une « troisième vague », qui étendra cette fois la culture indo-européenne à l'ensemble de l'Europe et du Proche-Orient. En Europe centrale, ce serait par le moyen de la culture de Baden, en Europe septentrionale par celle dite de la Céramique Cordée. Ainsi, de proche en proche, l'ensemble de l'Europe serait « kourganisé », pour reprendre l'expression de Marija Gimbutas. Vers l'est, c'est-à-dire vers l'Asie centrale, la culture des Tombes à Fosses donnera naissance à celle d'Afanasievo, dans la seconde moitié du IIIe millénaire, qui débouchera elle-même sur celle d'Andronovo, au début du IIe millénaire. Cette dernière serait à l'origine directe des migrations indo-iraniennes qui apporteraient les langues indo-européennes au Pakistan et dans le nord de l'Inde, provoquant ainsi la destruction de la civilisation de l'Indus (c'est l'« arrivée des Aryens »), ainsi qu'en Iran et dans les régions limitrophes.

L'interprétation la plus opposée à la lecture de Marija Gimbutas et de ses disciples, directs ou spontanés, est celle de Colin Renfrew, examinée au chapitre précédent. Pour lui, il n'y a jamais eu de mouvement migratoire issu des steppes. Le néolithique de ces régions résulte au contraire de la poursuite du mouvement de colonisation agricole issu de la péninsule Balkanique, et de son adaptation à un environnement différent. La domestication du cheval pour la monte est un phénomène beaucoup plus tardif, tout comme le char de guerre. Quant à la présence des langues indo-iraniennes en Asie, Colin Renfrew admet deux scénarios possibles[1] : l'un au début du néolithique, dans le mouvement général de colonisation à partir de la zone originelle anatolienne ; l'autre au chalcolithique, sous la forme d'une migration guerrière effectivement originaire des steppes – mais ces dernières ayant été elles-mêmes, comme on vient de le voir, « indo-européanisées » à partir de la péninsule Balkanique.

Entre ces deux hypothèses extrêmes, il y a évidemment place pour des positions intermédiaires, qui admettent par exemple la possibilité de mouvements migratoires issus des steppes, mais en limitent la portée et l'extension, et ne les lient pas nécessairement au Foyer originel hypothétique.

Une théorie unifiée et cohérente ?

La théorie de Marija Gimbutas a connu trois formes successives. La première, en 1952, reprend explicitement les thèses de Max Ebert : le Peuple indo-européen originel n'a rien à voir avec les « mystérieuses » steppes russes et doit être identifié avec les cultures néolithiques balkaniques et centre-européennes. La deuxième, en 1960-1963, place désormais le Foyer originel dans les steppes et plus précisément à l'est de l'interfleuve Don-Volga, mais ne reconnaît encore qu'une seule vague migratoire, correspondant à la culture des Tombes à Fosses. À partir des années 1970, les

1. Renfrew, 1987, p. 178-210, 1990, p. 213-249.

trois vagues sont mises en place. De fait, dans un article moins cité et qu'elle n'a pas reproduit dans son recueil d'ensemble, Marija Gimbutas reprend à son compte, à l'occasion d'un colloque tenu à Prague en 1959 et publié en 1961, la chronologie en quatre périodes que vient de mettre au point un jeune archéologue soviétique, Nikolaï Merpert (décédé en 2012), pour les cultures chalcolithiques des steppes[1]. Ce sera donc les quatre périodes « Kurgan » de son système, chacune des trois dernières donnant aussi naissance à une « vague » d'expansion. En fait, le système chronologique de Merpert sera rapidement modifié, ou plus exactement deviendra beaucoup plus complexe au fur et à mesure de la croissance des données, tandis que d'autres archéologues soviétiques proposeront des systèmes différents.

De ses origines, la théorie conservera à la fois l'idée d'un Foyer originaire situé à l'est du Don et une chronologie en quatre périodes. Toutefois le mouvement de la culture des Kurgans vers les territoires à l'ouest du Don sera de moins en moins affirmé. En 1963, Marija Gimbutas pouvait assurer que « la culture nord-pontique » (c'est-à-dire à l'ouest du Don) « fut la première victime de l'invasion du peuple steppique oriental[2] ». Mais ultérieurement cette première invasion ne sera pas comptabilisée dans les trois « vagues » successives. En 1979, Marija-Gimbutas parle même du « peuple cavalier de Khvalynsk-Serednij Stog II », unifiant ainsi les deux régions. En 1989, James Mallory, pourtant dans la lignée de Marija Gimbutas, sera plus réservé encore : « Pour l'heure, l'archéologie est donc loin d'expliquer précisément la formation de ce vaste cordon de cultures apparentées, qui s'est étendu sur toute la région pontico-caspienne au chalcolithique ancien[3]. » Il se contentera d'attribuer à un archéologue soviétique, Igor Vasiliev, l'hypothèse d'une antériorité éventuelle de la zone caspienne par rapport à la zone pontique, c'est-à-dire l'hypothèse initiale de Marija Gimbutas.

La chronologie et l'extension des trois « vagues » souffrent, d'un article à l'autre, d'imprécisions identiques – favorisées il est vrai par l'imprécision de la chronologie des cultures néolithiques

1. Gimbutas, 1961 ; Merpert, 1961.
2. Gimbutas, 1963b, p. 821. Voir encore Gimbutas, 1965b, table 4, p. 494.
3. Mallory, 1989, p. 210 [1997, p. 235].

de ces régions et par celle des datations au radiocarbone. De ce point de vue, le résumé que nous avons fait de la théorie des « trois vagues » est une présentation moyenne. L'insertion, par exemple, du groupe présumé steppique de Cernavoda I n'est pas toujours très claire. Mais surtout, les limites des effets de chaque vague sont fluctuantes. La première vague atteint parfois, mais pas toujours, la culture de Rössen en Allemagne, c'est-à-dire pratiquement la vallée du Rhin[1]. La culture chalcolithique scandinave des Gobelets en Entonnoir (ou *Trichterbecherkultur*, ou TRBK) est parfois placée en dehors de la zone de « kourganisation », parfois considérée comme « kourganisée ». C'est que les processus induits par les « vagues » sont, de l'aveu même de Marija Gimbutas, fort variés. Il peut s'agir de migration massive, mais aussi d'« infiltrations » de petits groupes de cavaliers, voire de simples « influences ».

C'est l'ensemble de ces phénomènes pas toujours explicites qui sont regroupés sous le terme de « tradition Kurgan » ou de « kourganisation ». Or la définition en est large :

> La « tradition Kurgan » est définie par des traits collectifs socio-économiques et idéologiques observables dans le temps et l'espace. Cette tradition – caractérisée par une économie pastorale, une filiation agnatique, une structure sociale hiérarchique, des habitats saisonniers, de petites constructions semi-souterraines et de grandes maisons de chefs, des rites funéraires spécifiques incluant des sacrifices humains et animaux et des systèmes symboliques où le soleil est un motif dominant – peut être suivie à travers les millénaires dans chaque région géographique occupée par le peuple Kurgan et dans chaque population locale qu'il a « kourganisée »[2].

On conçoit que la définition est si large qu'on pourra trouver pour chacun de ces traits aussi bien des attestations bien antérieures à l'expansion Kurgan supposée, que des contre-exemples au sein même de l'espace Kurgan. C'est ce que James Mallory a reconnu lui-même par la suite, admettant à la fois que la théorie

1. Comparer par exemple Gimbutas, 1997, fig. 15, p. 217 (= 1977) et table 1, p. 305 (= 1985).
2. Gimbutas, 1997, p. 197 (= Gimbutas, 1977).

des trois vagues était beaucoup trop simple, et la définition de la « tradition Kurgan » beaucoup trop lâche[1].

Aussi, pas plus que la théorie des trois vagues de Marija Gimbutas, faute de synthèse globale, n'est entièrement cohérente et achevée, il n'y a d'accord précis, autre que le paradigme schradérien général, sur l'expansion steppique. James Mallory est moins détaillé que Marija Gimbutas dans son livre de 1989, et bien plus en retrait, paradoxalement, dans l'*Encyclopedia of Indo-European Culture* qu'il a coéditée en 1997[2]. L'archéologue américain David Anthony, quant à lui, ne s'encombre guère des subtilités des cultures steppiques et balkaniques et se contente d'une expansion indo-européenne à partir de la culture des Tombes à Fosses (« Kurgan IV » de Gimbutas), c'est-à-dire l'une des premières hypothèses de Marija Gimbutas[3]. Quant aux archéologues plus particulièrement spécialisés sur le chalcolithique de l'Europe orientale, ils ont également de nombreuses divergences de vue, mais appuyées sur une connaissance concrète et précise des données archéologiques, qui seront examinées plus loin.

Le cheval, nécessairement...

Sur quels éléments de la proto-culture indo-européenne reconstituée la localisation steppique peut-elle se fonder ? Le vocabulaire commun est sujet à des incohérences internes innombrables et abondamment soulignées[4]. C'est en leur nom que Colin Renfrew, comme bien d'autres, réfutait la paléontologie linguistique comme méthode. Si l'on accepte toutefois d'y recourir, on doit constater que la plupart des faits culturels et naturels du vocabulaire commun peuvent s'appliquer à n'importe quelle culture néolithique ou chalcolithique de l'Europe, voire d'une partie de l'Asie (voir annexes, 5, p. 604). Deux arguments vont toutefois en être extraits par les tenants de la théorie steppique : l'argument du cheval et celui du char. Le cheval domestique, d'une part, le char,

1. Article « Kurgan tradition », *in* Mallory et Adams, 1997, p. 338-341.
2. Mallory, 1989 [1997] ; Mallory et Adams, 1997.
3. Anthony, 1986, 1990, 1992, 1994, etc.
4. Voir *infra*, chap. 17, p. 530-535.

de l'autre, seraient parfaitement attestés dans le vocabulaire commun et particulièrement valorisés dans les mythologies indo-européennes les plus anciennes, le sacrifice du cheval étant le sacrifice royal par excellence[1]. Georges Dumézil n'affirmait-il pas à propos des Indo-Européens originels : « Pour une raison inconnue, grâce à la suprématie que constituaient le cheval de guerre et le char à deux roues, ils se sont répandus dans toutes les directions par vagues successives, jusqu'à l'épuisement des réserves[2] » ?

Or la première attestation archéologique du cheval, comme celle du char, serait limitée à la zone des steppes pontiques et remonterait au Ve millénaire avant notre ère. C'est là le noyau dur linguistique de la théorie steppique, les autres traits (des mots désignant la mer, la montagne, le saumon, certains arbres, etc.) étant beaucoup plus généraux – sans compter des indices contradictoires comme l'ours, dont la racine **rkPo-s* est présente dans sept, sinon huit des principales familles linguistiques indo-européennes, tandis que l'animal réel est parfaitement absent des steppes. C'est aussi l'essence même de la représentation traditionnelle des Indo-Européens, guerriers jaillis du fond des steppes sur leurs chevaux et leurs chars de guerre. Nous évoquions d'entrée le livre d'André Martinet (1986) et sa couverture. On peut rappeler aussi bien, avec tout le respect dû au précédent[3], l'enthousiasme du raciologue nazi Hans Günther : « Dans la joie pour le cheval noblement dompté s'exprime quelque chose de l'essence spirituelle de l'Indo-Européen authentique[4]. »

La racine la plus commune pour le cheval se retrouve certes dans une grande partie des langues indo-européennes : latin *equus*, sanscrit *asva*, gaulois *epo-*, tokharien *yakwe*, vieil-anglais *eoh*, etc., tous mots pouvant être dérivés d'une racine reconstruite **ekwo-* ou **ekuo-*. Cette racine est si bien attestée, et de longue date, qu'elle est à la source de la célèbre fable de Schleicher, ce

1. Negelein, 1903 ; Benveniste, 1939 ; Maringer, 1981 ; Dumézil, 1966 et 1975, p. 145-156, 177-219 ; Puhvel, 1970 et 1987, p. 270-276 ; Sergent, 1995, p. 363-365 ; Polomé, 1994a et b.

2. Dumézil, 1987, p. 110.

3. Sur Martinet et sa vision d'un « lobby juif » et d'un « fonds juif » en linguistique, voir Olender, 2009, p. 78-79.

4. Günther, 1934, p. 29 (cité *in* Römer, 1985, p. 76).

premier texte écrit en proto-indo-européen reconstitué, intitulée « Le mouton et les chevaux » (Schleicher avait à l'époque (re)construit une racine **akvas* plus proche du sanscrit) et qui traitait justement de la domestication du cheval[1]. Les linguistes considèrent souvent que cette racine est de formation récente ; ils la rapprochent parfois d'un adjectif signifiant « rapide »[2]. Toutefois le grec *hippos* est considéré comme irrégulier par rapport à cette série, tandis que la racine manque en arménien, en albanais, en slave et qu'elle est discutée en hittite. Son absence en slave est d'autant plus surprenante que le « berceau » historique des Slaves est souvent supposé avoir été dans les steppes nord-pontiques, ou à proximité, là où se placeraient les premières domestications du cheval.

De fait, il existe quatre autres racines différentes dans les langues indo-européennes pour désigner le cheval[3] : la racine **marko-* attestée en celtique et en germanique (*mare* en anglais) ; une racine **kurs-*, que l'on retrouverait dans l'anglais *horse* ; une racine **her-*, présente dans le lituanien *arklys* ; et enfin le mot *koni*, qui désigne le cheval dans la plupart des langues slaves. À cela s'ajoutent des innovations plus récentes : le mot *alogo* en grec moderne ; le latin *caballus* (qui donnera cheval ou *cavallo*), à l'origine duquel on suppose tantôt un mot d'un substrat balkanique non indo-européen, tantôt un emprunt au gaulois, tantôt un ethnonyme paneuropéen[4] ; l'allemand *Pferd*, qui dérive du bas-latin *para-veredus*, le premier terme repris du grec et le second emprunté au gaulois ; le russe *losad*, supposé emprunté au turc. Il s'y ajoute évidemment, dans les différentes langues, les mots plus spécifiques désignant la jument ou le poulain. Enfin la racine **ekwo* peut être retrouvée dans les langues finno-ougriennes (on considère en général qu'il s'agit d'un emprunt aux langues indo-européennes), et éventuellement dans les langues sémitiques et caucasiennes ; de même, la racine **marko-* a été rapprochée de mots désignant le cheval en mongol, toungouse, coréen, japonais, chinois ou encore tamoul[5]. Pour résumer :

1. Schleicher, 1868. Voir chap. 2, p. 52.
2. Hamp, 1990 ; Meid, 1994 ; Zimmer, 1994 ; Raulwing, 2000.
3. Coleman (R.), 1988, p. 450.
4. Ernout et Meillet, 1939, p. 124.
5. Gamkrelidze, 1994, p. 39 et 41.

l'unité et la spécificité étymologiques du cheval indo-européen sont donc beaucoup moins évidentes qu'il n'y paraît.

De plus, une large attestation de la racine **ekwo-* n'implique pas qu'elle ait désigné un animal déjà domestiqué. Après tout, la racine **ulkuo-* désigne le « loup » dans la plupart des langues indo-européennes, et sous une forme plus régulière que celle pour le cheval. À cela on objecte que, si le loup était répandu dans l'ensemble de l'Eurasie, le cheval n'aurait existé à l'état sauvage que dans les steppes eurasiatiques et notamment pontiques et que son plus ancien foyer de domestication serait ces steppes pontiques. Cette thèse a été abondamment développée dans les années 1970-1980 par l'archéologue et zoologue hongrois Sándor Bökönyi[1] et la zoologue soviétique Valentina Bibikova[2]. Les steppes pontiques auraient en effet développé dès le début du néolithique (cultures de Bug-Dniestr et de Dniepr-Donetz) des formes autonomes de domestication à partir d'espèces animales locales, porc et bœuf ; puis, avec le chalcolithique (culture de Serednij Stog), aurait été entreprise la domestication du cheval, qui vivait en larges hordes sauvages dans ces régions dénudées. L'habitat de Dereivka, avec sa nécropole, en serait le témoignage le plus éclatant : les deux tiers des ossements retrouvés appartiennent à des chevaux, tous domestiques ; des tiges perforées en bois de cerf peuvent être interprétées comme les montants qui fixaient le mors de part et d'autre de la bouche du cheval et permettaient d'y accrocher les rênes ; enfin des traces de rituels liés au cheval y ont été retrouvées. Plus généralement, son importance idéologique se manifesterait, dans l'ensemble des steppes pontiques, par des représentations de cet animal, sous forme de plaquettes en os (par exemple dans la nécropole de Khvalynsk) ou d'objets de pierre se présentant comme une sorte de hache à tête de cheval, usuellement qualifiés de « sceptres » par les archéologues.

Tout paraissait donc acquis, lorsque l'on a assisté, ces dernières années, à une remise en question de la plupart de ces points :

1) La date de domestication du cheval paraît en fait beaucoup plus tardive qu'on l'avait affirmé. Un réexamen des ossements,

1. Bökönyi, 1974, 1978, 1991.
2. Bibikova, 1967-1970, 1986.

à Dereivka comme dans d'autres sites comparables et en se fondant aussi bien sur leur morphologie que sur l'âge d'abattage des animaux, suggère qu'il s'agit pour l'essentiel de chevaux encore sauvages, et donc chassés pour leur viande[1]. De fait, le premier néolithique steppique, auquel on attribuait traditionnellement une domestication précoce et autonome du porc et du cheval, semble avoir pour l'essentiel vécu de chasse et de pêche, comme l'ont montré les réexamens zoologiques récents de Norbert Benecke[2]. C'est pourquoi il n'est pas étonnant que, même dans la culture de Serednij Stog, le cheval reste un animal chassé.

2) Après la fin de la dernière glaciation, durant laquelle le cheval sauvage était présent dans toute l'Europe libre de glace, cet animal ne s'est pas cantonné aux seules steppes pontiques. La présence de chevaux sauvages est attestée en réalité dans l'ensemble de l'Europe et même en Anatolie[3]. Sa fréquence décroît simplement d'est en ouest, en fonction de la végétation, les chevaux sauvages préférant les espaces découverts.

3) C'est pourquoi d'autres centres autonomes de domestication du cheval peuvent être mis en évidence en Europe en dehors des steppes pontiques, ainsi que le montre la variation des types de chevaux domestiques dans l'Europe chalcolithique et de l'âge du bronze[4]. À chaque fois, ces formes domestiques régionales sont plus proches des formes sauvages locales que des formes steppiques. Il n'y a donc pas eu nécessairement domestication du cheval puis diffusion à partir d'un point unique, mais plusieurs domestications parallèles, en plusieurs points d'Europe, au moment où les sociétés chalcolithiques commencent à utiliser les animaux, non seulement pour leur viande, mais pour leur force de travail.

4) La domestication pour la monte est fortement remise en cause. Elle reposait sur ces fameuses tiges perforées en bois de cerf. Si des objets de forme proche ont pu servir de mors à des époques plus récentes (comme pendant l'âge du bronze italien), un examen plus minutieux montre que les traces d'usure des

1. Levine, 1990,
2. Benecke, 1997.
3. Benecke, 1994 et 2002 ; Uerpmann, 1990 et 1995 ; Boessneck et Van den Driesch, 1976 ; Becker, 1994.
4. Benecke, 1994 ; Becker, 1994 ; Uerpmann, 1990 et 1995 ; Müller (H. H.), 1994.

perforations et des extrémités ne correspondent pas à l'utilisation supposée[1]. En outre ces objets sont rarement présents par paires. On peut donc penser tout aussi bien à des outils, en particulier pour le travail du silex. Jadis, les fameux « bâtons de commandement » du paléolithique supérieur, baguettes en bois de renne perforées et souvent décorées, avaient pu être interprétés comme des mors ; il s'agissait en fait d'outils pour redresser les hampes de flèches. Des mors de cette forme seraient surtout adaptés à la conduite de chars de guerre, un objet, on le verra, qui n'apparaît que beaucoup plus tard. On a aussi beaucoup glosé sur le crâne d'un étalon de Dereivka dont une dent montrait des traces d'usure dues à un mors ; l'archéologue américain David Anthony l'avait présenté en toute simplicité comme « le premier cheval connu jamais monté dans le monde », d'autant que ledit crâne semblait appartenir à une fosse « cultuelle »[2]. Malheureusement, une datation par le radiocarbone du fameux crâne a fourni une datation plus récente… de mille cinq cents ans, ce qui suggère que la fosse le contenant provenait d'occupations ultérieures également présentes sur le site, ce qu'avait déjà suggéré l'archéologue allemand Alexander Häusler[3]. Le fouilleur même de Dereivka, Dmitri Telegin, en a depuis convenu[4]. Il n'y a donc plus de preuve décisive que le cheval ait été monté pour la première fois dès le chalcolithique des steppes. De fait, les linguistes doivent reconnaître qu'il n'y a, dans le vocabulaire commun, ni mot pour le mors ni même pour la monte ou l'équitation[5]. Les plus anciens textes le confirment, même s'ils sont bien postérieurs au chalcolithique : l'équitation est à peine présente dans les textes indiens védiques, et guère plus chez Homère[6]. C'est pourquoi certains archéologues et historiens ne datent pas les débuts de la monte avant le dernier millénaire avant notre ère, à l'âge du fer, trois millénaires après les premiers signes de domestication[7].

1. Dietz, 1992 ; Hüttel, 1994 ; Häusler, 1994 ; Becker, 1994 ; Rassamakin, 1999.
2. Anthony et Brown, 1991 ; Anthony, 1994.
3. Häusler, 1994, p. 232 ; Rassamakin, 1999, p. 145.
4. Telegin, 1995 ; Anthony et Brown, 2000.
5. Zimmer, 1990a et b, 1994 ; Meid, 1994.
6. Falk, 1994 ; Plath, 1994.
7. Drews, 2004.

5) L'importance idéologique et cultuelle du cheval doit tout autant être relativisée. Si l'on met à part la fosse « cultuelle » tardive de Dereivka, il existe bien des dépôts d'ossements de cheval dans certaines tombes du chalcolithique steppique ; mais leur fréquence ne dépasse pas celle de n'importe quel autre animal usuel, sauvage ou domestique. De même, parmi les représentations gravées, peintes ou sculptées des cultures steppiques, le cheval n'est pas plus présent que les poissons, le sanglier, les oiseaux, le cerf, le chien, l'élan, le sanglier[1]. On note d'ailleurs que ces représentations animales semblent le plus souvent liées à la chasse, ce qui placerait aussi le cheval du côté du sauvage. Les tombes de chevaux, déposés entiers, ne sont pas attestées en Eurasie avant la fin du chalcolithique ou le début de l'âge du bronze, au début du IIe millénaire avant notre ère. Quant aux fameux « sceptres » en pierre en forme de tête de cheval, ils peuvent être rattachés à une tradition plus générale et ancienne de haches en forme d'animaux, attestées chez les chasseurs-cueilleurs mésolithiques d'Europe orientale depuis la Carélie au nord jusqu'au Daghestan au sud, et qui se poursuit parmi le néolithique et le chalcolithique des steppes ; elles peuvent représenter, entre autres, des chevaux, mais aussi des élans, des ours, des chevaux, des cygnes, des canards, des rapaces, sans être toujours clairement identifiables[2]. Pour les exemplaires chalcolithiques, l'absence de perforation rend d'ailleurs leur utilisation problématique. De plus, aucun des exemplaires chalcolithiques raisonnablement interprétables comme des têtes de cheval et qui appartiennent à une série typologique assez homogène, n'a été découvert dans les steppes pontiques : à l'exception d'un exemplaire caucasien, ils proviennent tous de la péninsule Balkanique et leur origine « steppique », pourtant souvent considérée comme acquise, n'est pas démontrée[3].

6) Symétriquement, il n'est pas sûr qu'il faille accorder au cheval une place particulière dans les mythologies indo-européennes anciennes. Beaucoup reposent sur le rapprochement, à première vue séduisant, par le mythologue Georges Dumézil entre le sacrifice du cheval d'Octobre fait au dieu Mars dans la Rome

1. Häusler, 1994, p. 231-244.
2. *Ibid.*, p. 244-247, et fig. 14, p. 238.
3. Voir carte *in* Lichardus, 1988, p. 123, et Govedarica, 2004, p. 240.

antique et le sacrifice indien dit de l'*Ashvamedha* dans l'Inde ancienne, auxquels des éléments plus épars, celtiques et germaniques, ont parfois été rattachés[1]. Même importants, ces rituels n'occupent pas une place centrale dans les systèmes religieux. En outre, ils sont plus différents l'un de l'autre qu'il n'y paraît, et leurs ressemblances n'impliquent pas nécessairement une origine commune[2]. Enfin, à l'inverse, l'intérêt pour le cheval n'est pas une particularité indo-européenne. On le rencontre, sous des formes qui ont pu être rapprochées, chez de nombreux peuples de l'Eurasie, de la Sibérie au Caucase ou à la Mongolie[3]. Earl Anderson a montré que la structure rituelle du cheval d'Octobre et des sacrifices du cheval qui ont pu lui être rapprochés se retrouve sous une forme frappante chez les Mongols et les Turcs, par définition non indo-européens[4]. Par défaut et par excès, ce n'est pas l'indo-européanité qui rend compte de ces similarités mythologiques – et ce n'est pas le seul cas.

Avec un aussi mince dossier, l'argument du cheval, *a priori* emblématique de l'indo-européanité, ressemble beaucoup à un cercle vicieux. C'est ce que suggérait l'archéologue et zoologue allemand Norbert Benecke, quand il regrettait que « les archéozoologues et les interprétations archéozoologiques des données subissent l'influence pour une bonne part excessive des différentes conceptions et modèles évolutifs des archéologues à propos de la domestication du cheval et des théories qui lui sont liées (par exemple le "problème indo-européen")[5] ».

... et le char, bien sûr

L'argument du char n'est pas d'une nature très différente. Selon une image récurrente, les premiers Indo-Européens se seraient répandus dans le monde sur leurs chars de guerre attelés de deux chevaux. La réalité, linguistique et archéologique, est plus com-

1. Dumézil, 1966 et 1975, p. 145-156, 177-219 ; Puhvel, 1970 et 1987, p. 270-276 ; Sergent, 1995, p. 363-365 ; Anderson (E.), 1999.
2. Polomé, 1994a et b.
3. Koppers, 1929, 1936 ; Uhlenbeck, 1937 ; Anderson (E.), 1999 ; Brun, 2001.
4. Anderson (E.), 1999.
5. Benecke, 1994, p. 123.

plexe. Là encore, on s'est depuis longtemps appuyé sur plusieurs racines indo-européennes communes désignant le char, la roue et certaines autres parties du char[1]. Le mot principal pour le char ou le chariot serait une racine **uegh-*, qui signifie « mouvoir », ou « aller en voiture » : latin *vehiculum*, grec mycénien *woka*, allemand *wagen* (avec le français « wagon », emprunté à l'anglais), grec *ochos*, vieux-slave *vozu*, ainsi que dans les langues indo-iraniennes, celtiques et baltes. Mais il existe aussi une racine **hem-haks-iha*, attestée en grec (*amaxa*) et en tokharien, et une racine **krsos*, présente en celtique, d'où viendrait le latin *carrus*, qui a donné le mot *char* en français. Pour désigner la roue, on dispose de la racine **kwekwlo-*, dont le redoublement de la racine est peut-être aussi une onomatopée ; on la retrouve dans l'anglais *wheel*, le grec *kuklos* (d'où vient le mot « cycle » en français), ainsi qu'en tokharien (*kokale*), dans les langues indo-iraniennes et, sous une forme non redoublée, en slave (*kolo*). Mais il existe une seconde racine pour la roue, **rotho-*, présente dans les langues indo-iraniennes (*ratha*, qui signifie « char de guerre »), en latin (*rota*, d'où le français « roue »), en germanique (*Rad* en allemand), en balte et en celtique. Il existe au moins deux autres racines pour la roue, **hurgi-*, présente en hittite et en tokharien, que l'on rapproche du latin *vertere*, tourner ; et **dhrogho-*, attestée en grec (*trochos*, où le verbe *trechein* signifie « courir ») ; sans compter *a-mo*, la roue à rayons en grec mycénien. Il existe aussi une racine pour le moyeu des roues (**nobh-o)*, mais qui signifie en même temps, et plus largement, le nombril ; avec le sens de « moyeu », on la trouve dans les langues germaniques, baltes et indiennes. Si la désignation pour l'axe ou essieu des roues provient d'une racine **aks-* ou **heks-*, présente en grec, latin, slave, balte, celtique et indo-iranien, il existe plusieurs racines pour le timon (**dhur*, **is*, **teng-s-*).

Cette situation appelle plusieurs commentaires. Malgré la présence de racines communes à plusieurs langues, parfois géographiquement éloignées, il ne se dégage pas d'image globalement cohérente. Commenté depuis longtemps[2], ce fait ne

1. Meid, 1994 ; Zimmer, 1994 ; Gamkrelidze, 1994 ; Raulwing, 1998 et 2000 ; Mallory et Adams, 1997 (p. 625-628 et 640-641).
2. Dressler, 1965.

va pas dans le sens d'une invention précise, délimitée dans l'espace et le temps. Il permet encore moins d'identifier des types de chars ou de chariots particuliers. Certaines de ces racines ont un sens plus large (le nombril et le moyeu, le déplacement et le chariot, etc.), ce qui peut suggérer qu'on ait, pour désigner les pièces du char au moment de leur invention, utilisé des mots préexistants en leur donnant un sens technique plus restreint. Colin Renfrew[1] en tirait argument pour rendre compatibles l'invention, relativement tardive, du char et l'hypothèse d'une origine néolithique, donc beaucoup plus ancienne, du peuplement indo-européen de l'Europe. Dans tous les cas, ces flottements de sens viennent brouiller les rapprochements linguistiques. De fait, avant l'invention du char proprement dit, plusieurs techniques rotatives sont bien attestées dès le début du néolithique, et même auparavant. Ainsi, l'utilisation d'un archet pour faire pivoter rapidement dans un sens, puis dans l'autre, une tige verticale permet soit de faire du feu par frottement et échauffement, soit de perforer des objets (perles, fusaïoles, poids de filet ou de métier à tisser, etc.) ; ces archets peuvent en outre, comme l'atteste l'ethnologie, être munis de pièces circulaires supplémentaires, notamment pour faire volant d'inertie. De même, les fuseaux à filer la laine sont lestés dès le début du néolithique d'une rondelle d'argile, plus rarement de pierre, la fusaïole, qui permet de mieux faire tourner l'instrument, soit en l'air, soit à terre à la façon d'une toupie. On peut penser aussi aux rondins à l'aide desquels on déplaçait des masses importantes, en particulier pour la construction des monuments mégalithiques. Toutes ces techniques utilisaient donc des mouvements et des objets circulaires, qui possédaient nécessairement des termes pour les désigner.

Quant aux premières attestations archéologiques du char ou du chariot, elles posent, comme celles du cheval, tout autant de problèmes. Les plus anciens véhicules à roues sont connus archéologiquement à partir de la seconde moitié du IVe millénaire, de manière discontinue depuis la Scandinavie jusqu'à la Mésopotamie, en passant par la Suisse, l'Europe centrale, les

1. Renfrew, 1989, p. 845, à propos d'une remarque d'Edgar Polomé.

steppes de l'Europe et de l'Asie centrale, la Syrie[1]. Il s'agit de représentations gravées sur la pierre ou sur des poteries, de petits modèles en argile cuite parfois déposés dans des tombes[2], ou enfin de roues ou de chariots véritables, retrouvés soit dans des habitats où ils ont pu être préservés, comme au bord des lacs suisses, soit dans des tombes, comme dans la culture steppique des Tombes à Fosses. Dans tous les cas où le type de chariot peut être précisé, il s'agit d'un lourd véhicule à deux ou quatre roues en bois pleines, normalement faites de trois planches ajointées. Ces chariots ne pouvaient donc être tirés que par des bœufs, comme le confirme l'iconographie. Le char de guerre attelé de chevaux est beaucoup plus récent et suppose une invention technique capitale : la roue à rayons. Seule cette dernière est suffisamment légère et souple pour autoriser des mouvements rapides, que ce soit pour la chasse ou pour la guerre, voire pour le prestige. Elle n'est pas attestée avant le début du IIe millénaire avant notre ère, en particulier dans la culture de Sintashta, au sud de l'Oural, variante locale du vaste complexe steppique dit d'Andronovo, où les traces de telles roues ont été retrouvées dans des tombes de l'élite.

Il existe donc un important hiatus technologique, mais aussi géographique et chronologique, entre les lourds chars à bœufs à quatre (plus rarement deux) roues pleines et les chars légers à deux roues à rayons tirés par des chevaux. On a pu donc supposer que la roue aurait été inventée indépendamment au moins deux fois, sous deux formes différentes[3], deux formes que ne permettent pas de distinguer les différents noms de la roue, la multiplicité de ces noms parlant au contraire pour une multiplicité des lieux d'invention. En définitive, le char de guerre emblématique des combats du IIe millénaire, du Proche-Orient à la Chine en passant par l'Inde et l'Égypte (et peu après dans l'Europe mycénienne, puis finalement celtique et germanique), est une invention tardive adoptée par des civilisations très variées, aux langues tout aussi variées, qui ne saurait donc être un marqueur d'« indo-européanité ». Sa mise au point par les sociétés

1. Piggott, 1983.
2. Bondár, 2012.
3. Kaiser, 2011.

étatiques et guerrières du Proche-Orient paraît, s'il y avait un seul foyer d'invention, la mieux étayée[1].

Invasions guerrières ou cercle vicieux ?...

Le troisième volet de la théorie concerne l'évidence, ou non, de mouvements migratoires partis des steppes. On a vu que les populations de chasseurs-cueilleurs semi-sédentaires du nord de la mer Noire ont progressivement, à partir du VIe millénaire, adopté l'agriculture et l'élevage, en partie sous l'influence des agriculteurs néolithiques des Balkans, voire également de ceux du Proche-Orient par la voie directe du Caucase[2]. Au sein de ces populations néolithisées émergent à partir du Ve millénaire, comme en Europe centrale et occidentale, les phénomènes de complexité sociale du chalcolithique. Des personnages plus importants que les autres sont inhumés avec un mobilier plus riche (premiers objets en cuivre, figurines, parures, etc.), parfois sous les fameux *kurgans*. Dans la théorie steppique canonique de Marija Gimbutas et James Mallory, ou dans ses variantes, ce sont ces populations chalcolithisées, et donc hiérarchisées et guerrières, ayant domestiqué le cheval, qui auraient mis à bas à partir de la fin du Ve millénaire les riches cultures du nord-ouest et de l'ouest de la mer Noire (Gumelnița, Cucuteni-Tripolje, etc.) et auraient progressivement pris le contrôle de toute l'Europe, en imposant aux populations soumises leurs langues indo-européennes, tandis qu'une partie d'entre elles seraient également parties vers l'est et le sud (langues indo-iraniennes, anatoliennes, tokharien, etc.).

Cette vision apparemment cohérente pourrait cependant être tout autant considérée comme un cercle vicieux logique : c'est parce qu'on postule qu'il y a eu des mouvements de population d'est en ouest qu'on les vérifie dans les données archéologiques. Or, depuis deux décennies, un certain nombre de chercheurs, mais qui ont le tort d'écrire la plupart du temps en russe ou à la rigueur en allemand, et ne connaissent donc pas le même succès médiatique que des auteurs anglo-saxons, mettent en

1. Raulwing, 2000.
2. Voir *supra*, chap. 11, p. 326-329.

avant de bons arguments archéologiques pour proposer la thèse inverse[1]. Ce seraient les puissantes cultures balkaniques et ouest-pontiques, avec leur métallurgie innovante du cuivre et de l'or (la plus ancienne du monde) et leurs denses agglomérations de plusieurs milliers d'habitants que l'on pourrait parfois qualifier de « proto-urbaines », qui auraient au contraire influencé l'évolution des cultures steppiques.

Ainsi Blagoje Govedarica a repris récemment le dossier des plus anciennes tombes de type dit « steppique », caractérisées par le saupoudrage d'ocre rouge sur le mort, lequel est couché sur le dos les jambes repliées, et accompagné d'objets rares de prestige – parures et outils en cuivre, longues lames de silex ou d'os, têtes de cheval en pierre (qualifiées de « sceptres »), masses d'armes en pierre, etc.[2]. Or une analyse chronologique très fine, au siècle près, au sein de cette seconde moitié du Ve millénaire, montre que les tombes les plus anciennes, une centaine, de ces premiers « chefs » d'Europe orientale apparaissent non à l'est, en milieu purement steppique, mais au contraire à l'ouest, au sein du vaste complexe Cucuteni-Tripolje d'origine balkanique. De fait, les « sceptres » à tête de cheval les plus réalistes sont les plus occidentaux, tandis que les exemplaires en milieu steppique en sont de frustes imitations – alors qu'ils ont longtemps été considérés comme des « éléments steppiques » témoignant de l'arrivée des guerriers orientaux. De même, les haches perforées en cuivre connues en milieu Cucuteni-Tripolje ne se rencontrent plus à l'est que sous la forme d'imitations en bois de cerf. La nouvelle idéologie funéraire liée à l'émergence des premières élites européennes semble ainsi apparaître là où les différences sociales sont les plus fortes, pour se répandre ensuite de proche en proche dans les régions périphériques.

Yuri Rassamakin de son côté a mis en ordre le millier de sépultures chalcolithiques des steppes datant de la seconde moitié du Ve millénaire et du IVe millénaire[3]. Il débrouille la mosaïque complexe de cultures qui s'étendent et se succèdent à cette époque du delta du Danube jusqu'à la Volga et au Caucase,

1. Govedarica, 2004 ; Rassamakin, 2004 ; Häusler, 2002a et b.
2. Govedarica, 2004.
3. Rassamakin, 2004.

et met en évidence les réseaux d'échanges d'objets de prestige. La chronologie montre que l'essentiel des influences culturelles et des circulations d'objets s'effectue d'ouest en est, depuis la zone balkano-carpatique et ouest-pontique avec les puissantes cultures de Gumelniţa-Karanovo VI et Cucuteni-Tripolje, vers les cultures steppiques nord- et est-pontiques. En particulier, les steppes orientales de la mer Noire, là où se trouvaient les cultures de Samara et Khvalynsk-S'eszee, le « Kurgan I » de Marija Gimbutas, ne jouent qu'un rôle tout à fait périphérique dans ces relations culturelles et ne sauraient guère être interprétées comme le Foyer originel d'où seraient parties toutes les migrations indo-européennes.

Rien n'indique donc que ces puissantes cultures chalcolithiques susnommées se soient effondrées sous le coup de pasteurs guerriers surgis du fond des steppes. De tels effondrements marquent régulièrement la trajectoire de l'Europe protohistorique et sont rarement l'effet de brutales invasions – tout comme dans bien d'autres régions du monde à d'autres époques, de l'île de Pâques aux Mayas ou du monde mycénien aux sociétés mississippiennes[1]. Il s'agit en effet de systèmes socio-économiques surdimensionnés, où les élites manifestent une richesse ostentatoire disproportionnée, comme on peut le voir dans la nécropole bulgare de Varna, et où les concentrations humaines, réunissant pour la première fois dans l'histoire de l'Europe plusieurs milliers d'habitants, exigent des efforts d'organisation sans précédent. Ce sont donc des sociétés très fragiles, vulnérables aux moindres fluctuations, qu'elles soient environnementales, sociales, économiques, politiques, voire idéologiques. De fait, à la fin du Ve millénaire, dans toute la zone balkanique et nord-ouest-pontique, et en particulier les actuelles Roumanie, Moldavie et Ukraine occidentale, certains grands sites sont abandonnés, les villages deviennent de plus petite taille et se dispersent, une partie de la culture matérielle, poterie par exemple, paraît de moins bonne qualité.

Les tenants de la théorie steppique, Marija Gimbutas en tête, en tirent évidemment argument pour y voir un effondrement généralisé sous les coups des pasteurs guerriers et cavaliers

1. Diamond, 2011.

venus des steppes. C'est une interprétation hâtive et biaisée des faits. Un examen détaillé des formes, décors et techniques de la poterie par exemple ne montre nulle rupture stylistique, mais une évolution continue, avec une simplification générale. De même, l'unité stylistique et culturelle caractéristique de Cucuteni-Tripolje pendant la seconde moitié du Ve millénaire fait place à une fragmentation régionale progressive tout au long du IVe millénaire, avec les groupes de Gorodsk, Usatovo, Horodiştea, Folteşti, Sofievka, etc.[1]. Comme à d'autres moments ultérieurs (la fin de la civilisation de l'Indus ou celle du monde mycénien, entre autres), ce n'est pas la lumière qui ferait place à des « âges sombres » (*Dark Ages*) dans un cataclysme brutal et généralisé, mais un système socio-économique surdimensionné et centralisé qui s'effondre lentement sur lui-même pour faire place à des communautés villageoises de plus petite taille, finalement mieux à même d'exploiter de façon adéquate leur environnement naturel.

À l'éparpillement caractéristique de la seconde partie du chalcolithique ancien (c'est-à-dire de la première moitié du IVe millénaire), succède à partir de la seconde moitié du IVe millénaire la réapparition de grandes entités culturelles dans un horizon parfois déjà qualifié d'âge du bronze dans une partie des Balkans et des steppes pontiques, mais de chalcolithique moyen en Europe centrale[2]. Dans toutes les steppes pontiques s'étend la culture des Tombes à Fosses, en Grèce l'Helladique ancien, en Hongrie et dans les régions limitrophes la culture de Baden (avec des variantes balkaniques et jusqu'en Anatolie du Nord-Ouest), en Europe septentrionale la culture des Gobelets en Entonnoir (voir annexes, 13, p. 608). Ces différentes cultures partagent un certain nombre de traits en commun, mais jamais de manière absolue et avec de nombreuses diversités régionales. Le monumentalisme funéraire pour les personnages les plus importants peut s'exprimer, suivant les régions, par la construction de monuments mégalithiques ou bien de tertres de pierre et de terre, mais sans les phénomènes ostentatoires du premier mégalithisme atlantique ou bien des dépôts d'objets en

1. Lichardus *et al.*, 1985, p. 394-398 ; Lichardus et Lichardus-Itten, 1998.
2. Lichardus *et al.*, 1985 ; Lichardus et Lichardus-Itten, 1998. Voir *supra*, chap. 11, p. 333-335.

or illustrés précédemment, au milieu du Ve millénaire, par la nécropole bulgare de Varna. Du point de vue des techniques, la métallurgie du cuivre poursuit son développement tandis que l'usage de la roue, de l'araire et des animaux de trait, dont le cheval nouvellement domestiqué, s'affirme. Les agglomérations sont de plus en plus souvent protégées par des fortifications de bois et de terre, et souvent installées sur des hauteurs. En résumé, l'Europe poursuit et conforte sa « chalcolithisation », c'est-à-dire l'établissement de sociétés « à chefferies » dans le vocabulaire des anthropologues sociaux. Y voir une nouvelle vague de migrations steppiques, comme Marija Gimbutas ou David Anthony à sa suite, serait beaucoup solliciter les données. Il s'agit de phénomènes de recompositions culturelles permanentes, où des ressemblances stylistiques témoignent certes de vastes réseaux de contacts à longue distance, mais qui ne sauraient être interprétés, pas plus que dans la période précédente, comme la preuve de mouvements migratoires d'un point (les steppes pontiques) à un autre (le reste de l'Europe).

... ou migrations pacifiques et invisibles ?

C'est pourquoi l'archéologue James Mallory, tenant de l'hypothèse steppique et l'un des meilleurs connaisseurs de la documentation archéologique, peut constater avec une grande honnêteté intellectuelle : « Beaucoup argumenteront que la certitude d'expansions venues de la steppe reste limitée (il n'y a pas de certitude assurée au-delà de la rivière Tisza en Hongrie) et il est par conséquent très difficile d'expliquer la dispersion indo-européenne dans la plupart des régions d'Europe, de même que la certitude d'intrusions en Grèce ou en Anatolie n'est guère plus forte[1] » ; « Comme modèle explicatif unique, le concept de l'expansion d'une tradition Kurgan telle qu'il est actuellement présenté n'est pas suffisamment robuste pour fournir une solution convaincante au problème des origines indo-européennes[2] ».

1. Mallory et Adams, 1997, p. 299.
2. *Ibid.*, p. 341.

Aussi Mallory, plutôt que pour des conquêtes militaires, plaide actuellement pour une diffusion linguistique pacifique et progressive :

> Le modèle d'une élite kourgane colonisant l'Europe peut peut-être apporter une solution partielle au problème, mais ne peut en aucun cas être envisagé comme une solution en soi. La diffusion d'une langue est un phénomène social qui implique l'adoption par une population indigène d'un nouvel idiome (langue-cible) en plus du sien dans les différents domaines sociaux dans lesquels cet idiome est initialement introduit. Les langues indo-européennes se seraient répandues de ces domaines d'origine à tous les aspects du lexique, jusqu'à remplacer complètement les langues locales dans la plupart des régions eurasiennes. Souvent l'apprentissage d'un nouveau langage peut être lié au souhait d'être associé à une nouvelle idéologie, un nouveau système social ou une nouvelle opportunité économique. Une interprétation plus nuancée de l'hypothèse des steppes consisterait donc à mettre l'accent sur la signification sociale des sceptres à tête de cheval, des chevaux domestiques, des chars, des tumulus, et des nouvelles armes (haches perforées, poignards) associés à l'expansion des steppes, qui sont susceptibles d'avoir reflété les nouvelles valeurs de la culture des steppes. Des innovations idéologiques, économiques, de nouveaux symboles sociaux, de nouveaux moyens de locomotion sont autant d'éléments permettant l'intégration de vastes populations, et constituent précisément des domaines favorables à l'adoption d'une nouvelle langue. L'avenir de l'hypothèse des steppes est ainsi lié à la capacité de ses partisans à montrer comment l'impact archéologique des migrations de population depuis les steppes a généré les changements linguistiques et sociaux suggérés par la dispersion des langues indo-européennes[1].

Le problème de cette variante mesurée de l'hypothèse steppique est qu'elle est encore moins démontrable dans les données archéologiques.

Nous pouvons donc reprendre finalement les trois points sur lesquels repose ce dossier steppique, et conclure simplement :

1. Mallory, 2010, p. 35.

1) La théorie steppique sous sa forme actuelle n'est ni unifiée, ni stable, ni cohérente, puisqu'elle a varié tout au long de l'œuvre de Marija Gimbutas et que son principal disciple et continuateur, James Mallory, en reconnaît, avec une grande honnêteté, les faiblesses.
2) Les arguments linguistiques et culturels pour l'indo-européanité des steppes reposent pour l'essentiel sur le cheval et le char. Or ces deux éléments clés recouvrent des réalités très diverses, souvent beaucoup plus récentes que le moment supposé de dispersion steppique originelle, et sans que leurs inventions et diffusions soient l'exclusivité de sociétés de langue indo-européenne.
3) Il n'existe aucun argument archéologique convaincant pour suivre pas à pas un ou plusieurs mouvements migratoires qui seraient partis des steppes pontiques pour s'étendre dans l'ensemble du domaine linguistique indo-européen connu à date historique. Bien plutôt, les Ve et IVe millénaires avant notre ère sont le moment, à l'échelle de toute l'Europe, de l'émergence des premières sociétés hiérarchisées, avec tous les bouleversements sociaux, économiques, politiques, techniques et idéologiques afférents.

Il est de ce point de vue singulier que la plupart des ouvrages récents, souvent de seconde voire de troisième main il est vrai, consacrés à la question indo-européenne (ou bien l'abordant en passant) par des auteurs français non archéologues reprennent comme un fait d'évidence la théorie steppique canonique, sans la soumettre à la moindre critique[1]. Avec une désarmante honnêteté, l'auteur de l'un de ces récents ouvrages, le spécialiste d'histoire moderne russe Georges Sokoloff, confesse d'ailleurs :

> Je me suis aventuré dans ce domaine de connaissance en amateur. « Éclairé », au moins ? Simplement averti par la pratique de disciplines où l'on apprend à repérer les invraisemblances ; puis par la lecture des travaux d'indo-européanistes compétents. Finalement très séduit. Au point de proposer à

1. Entre autres, par ordre de parution : Martinet, 1986 ; Freu, 1989 ; Cuisenier, 1990, p. 43 ; Walter, 1994, p. 21-23 ; Sergent, 1995 ; Lebedynsky, 2006 ; Sokoloff, 2011.

> un public d'« honnêtes gens » d'emprunter ensemble les pistes de recherche ouvertes par ces experts. En me disant que ce regard jeté sur un passé peuplé d'êtres immémoriaux, marqué d'incroyables distances et d'énigmes infinies, pourrait devenir, pour ce public aussi, un thème de réflexions rêveuses[1].

Démarche sympathique, certes, et confirmation que les Indo-Européens sont bien dans l'air du temps, mais qui n'aide guère à la réflexion critique sur une question complexe. Se recopiant les uns les autres, ces ouvrages à répétition peuvent donner l'impression que la cause est entendue. On en est pourtant loin.

1. *Ibid.*, p. 13.

15

De la préhistoire à l'histoire : les routes retrouvées des Indo-Européens ?

Où l'on montre comment les archéologues peuvent prouver (ou non) l'arrivée d'une nouvelle population et comment ils font pour remonter dans l'histoire d'une population dont on sait qu'elle parlait une langue indo-européenne en un lieu et en un temps donnés – Et où l'on découvre pourquoi les Grecs ont pu en principe arriver en Grèce en différents moments du temps, mais dont aucun n'est pourtant certain – Où l'on se demande pourquoi l'on parle des langues indo-européennes dans le nord de l'Inde, mais sans qu'on puisse vraiment dire à quel moment les Indiens ont bien pu arriver – Pourquoi l'on cherche toujours par où sont arrivés les Tokhariens, qui parlaient au VIII*e siècle de notre ère dans le Xinjiang chinois une langue indo-européenne disparue depuis – Et comment les Hittites ont pu parvenir en même temps en Anatolie, surtout si leur langue est ancienne bien que complètement à part ; ou bien plus tard, s'il s'agit au contraire d'un créole issu d'un phénomène de conquête récent – Et pourquoi l'on cherche toujours par où sont arrivés les Romains (les Latins), puisque le seul mouvement migratoire à peu près plausible serait celui qui a donné naissance à la civilisation des Terrramare du nord de l'Italie au IIe millénaire avant notre ère ; mais que c'est aussi toutefois l'origine la plus plausible de la civilisation des Étrusques, qui ne parlaient pas une langue indo-européenne – Comment l'on peut faire peut-être remonter l'origine des Celtes au IIIe millénaire et à la culture dite des Gobelets Campaniformes des bords de l'Atlantique, bien qu'elle n'ait aucun rapport avec l'Europe orientale et centrale – Et comment les cultures protohistoriques des bords de la Baltique au IIe millénaire avant notre ère sont revendiquées aussi bien par les Germains que par les Slaves ou les Baltes.*

Diffusionniste par définition, le modèle indo-européen canonique suppose plusieurs moments migratoires successifs ou, plus exactement, plusieurs lieux et moments sur lesquels portent aujourd'hui des débats quant à des mouvements migratoires éventuels. Il s'agit en effet de retracer l'ensemble des migrations qui auraient mené, après le big-bang fondateur à partir du « Berceau originel » (steppique ou anatolien, pour ne garder que les deux thèses les plus en vogue à l'heure actuelle), jusqu'à l'emplacement où est identifié chacun des peuples locuteurs de langues indo-européennes au moment où ils entrent dans l'histoire, c'est-à-dire au moment où ils nous laissent leurs premières traces écrites. Pour cela, il convient de procéder en sens inverse, en partant à chaque fois logiquement de la région où est historiquement attesté, grâce à des sources écrites incontestables, un peuple donné, à un moment donné, et en remontant dans le temps. Or ces moments sont très variables et s'étalent sur à peu près trois millénaires, depuis le milieu du IIe millénaire avant notre ère avec les premiers textes matériels mycéniens (écrits en linéaire B) de Grèce et hittites de Turquie (l'âge des premiers textes védiques indiens leur est sans doute contemporain, bien qu'ils n'aient été transcrits que beaucoup plus tard), et les langues écrites le plus récemment : l'albanais (ou plutôt les dialectes albanais) à partir du XIIIe siècle de notre ère, le vieux-prussien (langue balte éteinte) au XIVe siècle, le letton et le lituanien au XVIe siècle (voir annexes, 2, 8, p. 602 et 605).

Comment prouver une migration ?

La théorie anatolienne de Colin Renfrew[1] pose peu de problèmes migratoires, puisqu'une seule et unique grande migration, celle des agriculteurs-éleveurs venus de Turquie à partir du VIIe millénaire, expliquerait l'ensemble de l'indo-européanisation linguistique de l'Europe et de l'Asie sud-occidentale. Le seul débat, sur lequel Renfrew ne tranche pas, est celui de l'Inde, où il admet deux modèles possibles : une colonisation agricole venue de l'ouest au VIe millénaire à partir du même foyer anatolien, ou bien

1. Voir *supra*, chap. 13.

une invasion guerrière (*elite dominance*) venue du nord par les steppes au IIe millénaire avant notre ère[1]. Nous reviendrons plus loin sur cette seconde hypothèse, car elle est commune à l'autre grand modèle, le modèle steppique de Marija Gimbutas.

Si les deux modèles, l'anatolien comme le steppique, prennent naissance au néolithique, sinon au chalcolithique, les migrations ultérieures se déroulent pendant l'âge du bronze, et même au-delà. Nous examinerons donc successivement les principaux débats qui touchent à « l'arrivée » des Grecs en Grèce, des Indiens (ou « Aryens ») en Inde, des lointains Tokhariens en Asie centrale, des Italiques en Italie, des Celtes sur les bords de l'Atlantique, des Germains en Europe nord-occidentale, des Slaves en Europe orientale, et même des Hittites en Turquie – débats qui, malgré un siècle de recherches archéologiques et de discussions innombrables, ne sont tranchés dans pratiquement aucun cas, comme l'a fort bien montré James Mallory, pourtant tenant de la thèse steppique[2].

Pour déterminer une migration ou une invasion, l'archéologie dispose d'un certain nombre d'instruments. Il est des mouvements migratoires qui font l'objet d'un large consensus, et plus encore s'ils sont corrélés à des événements relatés par des textes, comme l'expansion de l'Empire romain ou une partie des mouvements de population du haut Moyen Âge européen. Pour les périodes antérieures, dans une région donnée, on parlera de migration ou d'invasion :

a) si l'on constate qu'un certain nombre de sites sont détruits et/ou abandonnés à la même époque sur une partie significative de cette région ;
b) si la culture matérielle des sites nouveaux qui leur succèdent, aux mêmes emplacements ou non, est significativement différente de celle qui précédait sur les sites détruits et/ou abandonnés, et qu'on puisse lui trouver une origine géographique extérieure à ladite région.

Toutefois, ces remarques de bon sens ne sont pas si aisées à mettre en application pour plusieurs raisons :

1. Renfrew, 1990 [1987], p. 244, fig. 8.4.
2. Mallory, 1989 [1997], chap. 8.

a) la notion de « destruction » repose parfois sur des interprétations forcées et dépend de la taille de la fouille. Si un archéologue découvre dans un sondage de quelques mètres carrés un reste de bâtiment incendié, il peut s'agir aussi bien d'un accident limité à ce bâtiment. Et même si l'ensemble du village a brûlé, ce peut être également accidentel, s'agissant de constructions en grande partie en bois, chaume et terre. Et si l'on prouvait que cet incendie résulte d'un acte hostile (cadavres portant des blessures, pointes de flèches éparses, etc.), ce n'est pas nécessairement la preuve d'une invasion généralisée, mais il peut s'agir d'affrontements ponctuels entre deux communautés voisines, à une époque d'émergence de pouvoirs centralisés contraignants et où beaucoup d'agglomérations sont fortifiées ;

b) il faut également prouver que les destructions qui ont affecté plusieurs agglomérations sont rigoureusement synchrones. En effet, les possibilités de datation de l'archéologie de ces périodes, qu'elle recoure au radiocarbone ou au style des poteries, ne sont guère inférieures à la durée de deux ou trois générations au mieux. On voit donc que plusieurs incendies, limités ou non, accidentels ou non, sur plusieurs sites, peuvent donner l'impression d'un cataclysme général, alors qu'il s'agit d'événements d'importance diverse échelonnés dans le temps ;

c) il faut aussi démontrer que ce qui apparaît comme nouveau l'est réellement, et que telle ou telle forme de poterie, telle ou telle pratique funéraire, n'est pas attestée de manière encore minoritaire dans la période antérieure ;

d) Enfin, il faut identifier l'origine géographique présumée des innovations, afin de pouvoir retracer le mouvement migratoire supposé.

The Coming of the Greeks

On appliquera d'abord ces considérations méthodologiques au premier problème migratoire, celui de l'« Arrivée des Grecs ». Il s'agit en effet d'une question scientifique prestigieuse, si prestigieuse en effet est la culture gréco-romaine dans laquelle baignaient jusqu'il y a peu les élites occidentales – les premiers instituts archéologiques du monde n'ont-ils pas été implantés en Grèce, peu après son indépendance en 1830, par chacune de leurs nations ? En outre, la langue qui se parlait, ou du moins s'écrivait à l'époque mycénienne, un grec archaïque, est l'une des trois plus anciennes langues indo-européennes connues. Le déchiffrement de cette écriture, dite « linéaire B », par Michael Ventris et John Chadwick en 1952[1], fut une révolution : la langue que parlaient les seigneurs des palais de Mycènes, Tirynthe ou Pylos, et des derniers palais crétois, était, contre l'opinion jusque-là admise, déjà du grec ! Par conséquent, les Grecs étaient présents en Grèce dès le milieu du IIe millénaire avant notre ère, et sans doute assez avant, puisque l'émergence du monde mycénien (qui correspond à l'« âge du bronze récent » dans la terminologie locale) ne semble pas s'être faite dans la douleur. Aussi le *Coming of the Greeks* est-il un sujet de prédilection de maints hellénistes, archéologues, historiens ou philologues.

Or, si l'on remonte dans le temps, les sociétés néolithiques de Grèce ne passent traditionnellement pas pour avoir été indo-européennes. Les récits antiques racontent qu'un peuple indigène occupait à l'origine la Grèce, les Pélasges. En outre, les linguistes repèrent au sein du grec des racines non indo-européennes (les mots se terminant en *-nthos*, comme la ville de Corinthe, ou en *-ssos*, comme *thalassa*, la mer, ou Knossos, par exemple – soit environ cent soixante mots) qu'ils attribuent à une langue indigène préexistante, ce qu'on appelle un « substrat »[2]. Ce substrat supposé est à distinguer de la langue des premiers palais crétois, écrite en linéaire A mais qui reste à ce jour indéchiffrée, malgré d'innombrables tentatives[3]. De même et paradoxalement, l'étymologie de la plupart des noms des peuples de la Grèce classique est considérée comme non indo-européenne. On convient en général que le néolithique grec est venu du Proche-Orient, que ce soit par une migration massive

1. Ventris et Chadwick, 1953.
2. Haley et Blegen, 1928 ; Windekens, 1952 ; Merlingen, 1955 et 1967 ; Hester, 1965 ; Capovilla, 1964 ; Strunk, 2004, etc. Voir aussi *infra*, chap. 19, p. 577.
3. Duhoux, 1998.

ou par des influences ou infiltrations[1]. Sauf à adopter la théorie anatolienne de Colin Renfrew, voire une théorie autochtoniste remontant au paléolithique[2], on doit donc repérer un moment de rupture historique, soit au cours du néolithique, soit durant l'âge du bronze qui lui succède.

Le néolithique lui-même ne témoigne d'aucun moment de rupture et on peut y lire, malgré la variété et la richesse des styles ornementaux des poteries, une évolution continue[3]. L'âge du bronze grec, qui lui succède, est traditionnellement divisé en trois grandes périodes, comme c'est la plupart du temps le cas en archéologie, de par la fascination qu'exerce le chiffre trois. On distingue un âge du bronze « ancien », un âge du bronze « moyen », et finalement un âge du bronze « récent », lequel correspond à la période mycénienne – chacune de ces périodes elle-même subdivisée en trois par des chiffres romains, et parfois resubdivisée : on peut ainsi parler d'un « Helladique récent IIIA2 », par exemple[4]. D'un point de vue géographique, on distingue l'« Helladique ancien, moyen, récent » pour l'âge du bronze continental, le « Cycladique ancien, moyen, récent » pour les îles des Cyclades, et le « Minoen ancien, moyen, récent » pour la Crète. On met à part la séquence de la Grèce du Nord, en parlant d'un « Thessalien », voire d'un « Macédonien ».

L'« Arrivée des Grecs » ne peut donc se produire qu'au début de l'une ou l'autre période ou sous-période de cet âge du bronze, chacune distinguée par sa culture matérielle, et plus précisément les formes et décors des artefacts (poteries, outils, armes, figurines, etc.), l'architecture et les pratiques funéraires. On peut donc situer ladite « arrivée », soit au début de l'âge du bronze et donc de l'Helladique ancien I, lequel commence aux environs de 3200 avant notre ère ; soit, en théorie, au début de l'Helladique ancien II, c'est-à-dire vers 2700 (mais cette théorie est peu attestée) ; ou au début de l'Helladique ancien III, soit vers 2300 ; soit encore au début de l'Helladique moyen, vers 2000 (mais on considère actuellement qu'il n'y a eu aucune rupture stylistique avec l'avè-

1. Demoule et Perlès, 1993 ; Perlès, 2001.
2. Giannopoulos, 2012.
3. Demoule et Perlès, 1993.
4. Treuil *et al.*, 2008 ; Dickinson, 1994 ; Shelmerdine, 2008.

nement de cette période) ; soit enfin avec l'Helladique récent vers 1550, c'est-à-dire l'avènement de la civilisation mycénienne[1].

Or, en fonction des considérations méthodologiques posées en introduction, nous allons voir qu'aucune des démonstrations proposées pour chacun des quatre moments de « rupture » identifiés n'est convaincante, ni ne fait l'objet d'un consensus minimal.

Au début de l'âge du bronze

Le premier moment proposé est donc celui du début du Bronze ancien (c'est-à-dire de l'Helladique ancien I ; voir annexes, 13, p. 608). L'un de ses plus récents défenseurs en est l'archéologue John Coleman qui, en fait, déroule simplement le scénario originel de Marija Gimbutas en prolongeant sa « quatrième vague steppique » jusqu'en Grèce[2]. Il s'appuie sur deux arguments. Le premier est la rareté des sites archéologiques pendant la première moitié du IVe millénaire dans l'ensemble de la Grèce, et donc l'abandon corollaire de la plupart des sites chalcolithiques (*Final Neolithic* dans la terminologie anglo-saxonne) occupés jusque-là. Le second argument est, lorsque commence en Grèce le Bronze ancien avéré au cours de la seconde moitié du IVe millénaire (l'Helladique ancien I, période au demeurant assez mal connue), l'existence de ressemblances typologiques entre la poterie de cet Helladique ancien et celle du reste des Balkans, voire de l'Europe centrale.

L'argument d'un hiatus au IVe millénaire est en réalité à relativiser, et tient surtout à l'état de la recherche. Des fouilles récentes, bien qu'encore peu publiées, ont révélé un certain nombre de sites qui, stratigraphiquement comme du point de vue de l'évolution stylistique, viennent se placer dans cet intervalle, autour du milieu du IVe millénaire, tels ceux de Petromagoula, Mikrothivi et Palioskala en Thessalie, Dikili Tash en Macédoine, Doliana en Épire, Rachi Panagias en Phtiotide, etc.[3].

Or ces sites offrent, sans rupture stylistique avec la période précédente, des formes et des décors de poteries que l'on retrou-

1. Voir Carruba, 1995, p. 12, repris par Coleman (J.), 2000, p. 105.
2. Coleman (J.), 2000.
3. Tsirtsoni, 2010 (carte) ; Maran, 1998a et b ; Johnson, 1999.

vera à la période immédiatement postérieure, celle du Bronze ancien proprement dit. Ce sont par exemple, sans érudition typologique excessive, des écuelles à bords renflés intérieurement, des décors de boudins d'argile appliqués et portant des impressions de doigts, des gobelets tronconiques étroits, des vases à anse dépassant le bord, des décors gravés en motifs curvilignes, des cannelures verticales sur le ressaut des récipients. De tels éléments se rencontrent à la même époque plus au nord, dans les cultures centre-européennes dites de Boleraz et de Cernavoda III, et aussi sur la côte nord-ouest de la Turquie, à Kum Tepe (couche Ib) par exemple. Certains objets circulent même physiquement, comme des couvercles (à moins qu'il ne s'agisse d'écuelles) en terre cuite à décor gravé de spirales (dits « de Bratislava ») ou encore l'obsidienne des Carpates, qui atteint le nord de la Macédoine grecque (site de Mandalo, par exemple).

Il reste à expliquer pourquoi les sites de cette période intermédiaire sont beaucoup plus rares en Grèce qu'auparavant, une situation qui affecte également la Bulgarie, mais n'est pas générale en Europe orientale, puisque la Roumanie ou la Hongrie continuent d'être densément peuplées. Ce problème n'est donc pas lié à nos méthodes de datation physico-chimique, comme c'est le cas à d'autres moments. Cette rareté pourrait alors tenir à deux raisons non exclusives : ou bien les sites sont difficiles à détecter pour les archéologues, ou bien la Grèce s'est vidée de ses habitants. La première raison peut elle-même tenir à un changement de mode de vie – dans des cas semblables, les archéologues supposent souvent l'adoption d'une économie plus nomade et pastorale, avec des habitats aux constructions plus ténues. Quant à la seconde, cette dépopulation pourrait tenir à son tour à plusieurs causes : épidémies, difficiles à prouver pour cette époque ; dégradation climatique, non attestée par les climatologues ; ou bien sûr invasion, en l'occurrence depuis les steppes. Mais, dans ce dernier cas, on devrait trouver trace des envahisseurs, c'est-à-dire d'un matériel archéologique profondément étranger à la région, ce qui n'est nulle part constaté, puisque les rares sites grecs connus prolongent les traditions précédentes et annoncent les suivantes. De telles situations d'apparent dépeuplement ne sont pas rares en archéologie. Pour en rester à la Grèce, ce sera le cas pendant les « âges obscurs », du XIe au IXe siècle avant notre ère, entre l'effondrement du monde mycénien et l'essor des cités. Toutes sortes d'hypothèses ont été faites là aussi : invasions, séismes, peste, dégradation climatique, etc. – mais aussi problèmes de lisibilité archéologique, avec des modes de sépultures devenus « invisibles » et des constructions seulement en terre et bois, alors même qu'une continuité culturelle traverse cette période[1].

Dans tous les cas, à partir du dernier tiers du IVe millénaire et sans rupture notable dans les formes de la culture matérielle, émerge un vaste ensemble stylistique des Carpates à la Grèce et au nord-ouest de la Turquie, et qui porte différents noms : culture de Baden sur une grande partie de l'Europe centrale et du nord des Balkans[2], Ezero-Karanovo VII en Bulgarie, Troie I en Turquie du Nord-Ouest, Maliq III en Albanie, Sitagroi IV-V/Dikili Tash III en Macédoine grecque, Helladique ancien en Grèce centrale et méridionale – pour les principales cultures. Hormis pour la culture de Baden, classée dans le chalcolithique centre-européen, c'est avec celles-ci que commence l'âge du bronze ancien dans les Balkans. Les poteries de cet ensemble se situent dans un « air du temps » stylistique quelles que soient les régions et se caractérisent par des teintes sombres, des décors de cannelures sur la panse des vases ainsi que par des motifs gravés sur la pâte fraîche, de petits vases à boire à une ou deux anses dépassant le bord.

Les parentés stylistiques entre toutes les régions de ce vaste ensemble sont indéniables et ont déjà été notées[3]. Elles ne permettent toutefois pas d'inférer un mouvement d'expansion particulier, soit à partir des steppes, soit au contraire à partir de la Turquie (comme cela a été proposé aussi), soit de toute autre région. Concernant les steppes, rien n'autorise à conclure pour ce phénomène, comme l'admet James Mallory lui-même, à un important mouvement de population depuis le nord de la mer Noire vers l'ouest et le sud. Il le précise en connaissance de cause : « La certitude d'intrusions en Grèce ou en Anatolie n'est guère plus forte[4]. » Un détail, parmi d'autres, est frappant : aucun des sites de cette période, ni en Grèce ni même en Bul-

1. Schnapp-Gourbeillon, 2002, p. 256-261.
2. Voir *supra*, chap. 11, p. 335 ; annexes, 13, p. 608.
3. Nemejcova-Pavukova, 1982, 1991, 1992 ; Maran, 1998b.
4. Mallory et Adams, 1997, p. 299.

garie, n'a livré d'ossements de chevaux, alors même qu'il s'agit de l'un des « marqueurs » les plus invoqués pour la théorie steppique, qui aurait dû nécessairement accompagner tout important mouvement migratoire. En outre, les pratiques funéraires, qui sont un marqueur identitaire fort, sont très variées dans tout ce vaste ensemble et comprennent aussi bien l'incinération que l'inhumation. En revanche, beaucoup de sites sont installés sur des hauteurs et fortifiés, indices de tensions intercommunautaires.

Tuiles, céramiques grises et tombes princières

Le deuxième moment proposé pour l'« Arrivée des Grecs », longtemps le plus populaire chez les hellénistes, était la transition entre l'Helladique ancien II et l'Helladique ancien III, soit vers 2300 avant notre ère. Cette hypothèse se fondait sur un fait archéologique ponctuel mais spectaculaire, la destruction de la « maison des Tuiles » sur le site de Lerne dans le Péloponnèse, là où la mythologie situait la redoutable hydre terrassée par Héraclès. Il s'agit d'une imposante demeure de pierre dont la toiture était recouverte de tuiles en terre cuite, technique encore rare à l'époque et indice d'un statut social important. Le fouilleur, l'Américain John Caskey, mit cette destruction en rapport avec d'autres destructions présumées contemporaines sur d'autres sites grecs, et avec le renouvellement de la culture matérielle dans la période suivante, l'Helladique ancien III[1]. En fait, une révision soigneuse de l'ensemble de la documentation archéologique a illustré parfaitement les problèmes méthodologiques que nous soulignions d'emblée : toutes ces destructions ne sont pas rigoureusement contemporaines ; elles ne sont attestées parfois que dans des sondages très limités en surface ; la plupart des éléments considérés comme nouveaux à l'Helladique ancien III existent déjà, même en petit nombre, à la période précédente ; enfin ces innovations ne viennent pas d'un point particulier, mais certaines apparaissent sur place, d'autres proviennent certes du nord des Balkans, mais d'autres d'Anatolie, ou même de l'ouest[2].

1. Caskey, 1960.
2. Forsén, 1992 ; Coleman (J.), 2000.

Plutôt que d'une migration brutale, il faut donc parler de réseaux d'échanges à moyenne ou longue distance suscitant des innovations stylistiques, ainsi que de tensions intercommunautaires pouvant provoquer effectivement des destructions, mais dans le cadre de rivalités politiques internes au Péloponnèse. En outre il semble que cette période ait été marquée par une sécheresse climatique, ce qui aurait pu exacerber les tensions, tandis que la maison des Tuiles elle-même aurait pu être détruite et incendiée par un violent séisme, dont d'autres traces contemporaines existent. De fait un monument funéraire est construit sur les ruines de ladite maison, ce qui plaide plus pour une continuité culturelle et idéologique que pour l'arrivée d'immigrants hostiles.

Le troisième moment possible est l'avènement de l'Helladique moyen, vers 2000 avant notre ère[1]. La céramique peinte des périodes précédentes disparaît au profit d'une céramique grise soignée, dite « minyenne ». Pendant une partie du XXe siècle en effet, certains archéologues ont pisté la présence de poteries de couleur grise, de la Grèce à l'Inde en passant par l'Iran, en y voyant un marqueur des Indo-Européens[2]. Rappelons que la couleur grise provient d'un phénomène technique lié à la cuisson, dans une atmosphère dite réductrice, c'est-à-dire avec peu d'apport d'oxygène extérieur. Sur le long cours, les civilisations protohistoriques montrent une appétence tantôt pour des poteries de couleurs vives, obtenues par des cuissons dites oxydantes, tantôt pour des couleurs sombres. Il ne s'agit donc pas d'un phénomène d'ensemble qu'on suivrait à travers l'Eurasie, mais de choix culturels à un moment donné, qui se retrouvent à des périodes et sous des latitudes très variées qui tiennent aussi, à certains moments, à un simple « air du temps ». On ne considère donc plus que l'Helladique moyen aurait été une période de rupture, et tous les archéologues soulignent au contraire les continuités stylistiques avec la période précédente[3]. La céramique grise n'apparaît d'ailleurs pas d'un coup mais des prototypes dits « protomyniens » sont connus dès la période précédente.

Enfin le dernier moment proposé pour une « arrivée des Grecs »

1. Haley et Blegen, 1928.
2. Voir *supra*, chap. 7, p. 233.
3. Treuil *et al.*, 2008, p. 253-285.

est celui de l'avènement de l'Helladique récent, c'est-à-dire de la civilisation mycénienne, au cours du XVIe siècle avant notre ère (voir annexes, 15, p. 609). Cet argument repose en grande partie sur la présence du char de guerre à Mycènes, objet alors d'invention récente[1]. Mais nous avons vu la fragilité de l'argument du char[2] : cette innovation technique se diffuse dans des cultures très diverses, sans impliquer de migrations ou d'invasions. Plus largement, on argue de contacts culturels à longue distance entre le monde mycénien et les steppes, et notamment la culture proto-urbaine de Sintashta au sud de l'Oural, dont des tombes de prestige contiennent parmi les plus anciens chars de guerre connus[3]. Cette même culture est évoquée par certains comme point de départ des migrations supposées des Indo-Iraniens vers l'Iran et l'Inde[4]. Là encore, on a beaucoup plus affaire à la circulation de biens de prestige, voire de styles de prestige, qu'à des migrations hypothétiques dont rien ne témoigne directement.

Il en va de même pour la fin de la civilisation mycénienne, naguère attribuée à une « invasion dorienne » racontée par les mythes grecs, qu'auraient suivie des « âges sombres » ou « siècles obscurs » (*Dark Ages*) entre 1150 et 800 environ avant notre ère, à l'issue desquels jaillirait le « miracle grec ». Cette invasion régénératrice de Doriens indo-européens plus purs que les autres Grecs avait d'ailleurs tenu une certaine place auprès des hellénistes nazis cultivés[5]. Le réexamen récent des faits à la faveur de la multiplication des fouilles archéologiques montre en réalité que la civilisation des palais mycéniens, surdimensionnée, s'est effondrée sur elle-même, que les « invasions doriennes » sont un mythe de fondation de Sparte, et que les « âges sombres » ont été au contraire une période de restructuration et d'invention, où se sont peu à peu mis en place tous les traits de la civilisation des cités grecques[6].

Ainsi, il n'existe aujourd'hui aucune solution convaincante à

1. Muhly, 1979 ; Drews, 1988.
2. Voir *supra*, chap. 14, p. 414.
3. Lichardus et Vladar, 1996 ; Penner, 1998.
4. Voir *infra*, p. 439.
5. Will, 1956 ; Schnapp-Gourbeillon, 1979, 2002, p. 344-346, note 3. Voir *supra*, chap. 6, p. 195.
6. Schnapp-Gourbeillon, 2002.

l'« Arrivée des Grecs ». La seule certitude est que l'on parlait déjà un grec archaïque dans les palais mycéniens. Ce sont ces différentes apories qui ont suggéré à un jeune archéologue grec, Theodoros Giannopoulos, d'adopter la thèse autochtoniste paléolithique, laquelle se heurte néanmoins à de nombreuses difficultés[1]. Une fois encore, c'est sans doute le modèle général lui-même, trop simple, qui devrait être mis en question.

L'arrivée des « Aryens » en Inde ?

L'Inde occupe une position symbolique dans la question des migrations indo-européennes, puisqu'elle figure dans leur nom ; et que, depuis Voltaire ou Schlegel, l'Inde a hanté la recherche des origines, au point d'avoir été un temps le premier Foyer originel supposé des Indo-Européens. Lorsqu'elle ne l'a plus été, s'est symétriquement posé le problème de l'arrivée en Inde des locuteurs de langues indo-européennes, ou plus précisément appartenant à la sous-famille dite « indo-aryenne », laquelle regroupe les langues des actuels territoires de l'Inde, du Pakistan, de l'Iran, de l'Afghanistan, du Tadjikistan, sans compter les Kurdes (divisés entre Turquie, Iran, Iraq et Syrie), les Ossètes du Caucase, et auxquelles s'ajoutent à date ancienne les langues des antiques Scythes et Alains, ainsi que du royaume proche-oriental du Mittani, etc. La découverte à partir des années 1920, au Pakistan et dans le nord de l'Inde, de la brillante civilisation de l'Indus (entre 2700 et 1700 environ avant notre ère), sous l'égide de l'*Archaeological Survey of India* organisé par les colonisateurs britanniques, a donné plus de chair à ces problématiques archéologiques. Il s'agissait d'une nouvelle civilisation urbaine, à peine plus récente que celles d'Égypte et de Mésopotamie, avec ses vastes cités telles Harappa ou Mohenjo-Daro et son écriture toujours indéchiffrée.

Les archéologues britanniques, Sir Mortimer Wheeler en premier lieu, l'un des fondateurs de la méthode de fouille dite stratigraphique, échafaudèrent un scénario historique toujours vivace, qui combinait données archéologiques et interprétations des plus

1. Giannopoulos, 2012. Voir *supra*, chap. 12, p. 350.

anciens textes indiens, les hymnes védiques. Selon ce scénario, qui figure toujours dans de nombreux manuels scolaires indiens, des envahisseurs indo-européens venus du nord sur des chars de guerre attelés à des chevaux, les « Aryas » des textes védiques (d'où le nom d'« Aryens » comme synonyme d'« Indo-Européens », qui peut qualifier aussi la langue, dite « indo-aryenne », ce qui ne simplifie rien[1]), auraient mis à bas les cités de l'Indus et provoqué l'effondrement de toute cette civilisation, faisant d'ailleurs place à une période archéologique très peu documentée. Le scénario a été enrichi de l'hypothèse que les porteurs de la civilisation de l'Indus auraient parlé des langues dravidiennes (groupe linguistique très éloigné des langues indo-européennes) et se seraient repliés dans le sud de l'Inde, où ces langues sont actuellement parlées. Les hautes castes de l'Inde, singulièrement celle des brahmanes (les prêtres) et celle des *kshatriya* (les guerriers), descendraient en revanche directement des envahisseurs « Aryas » – et seraient censées posséder souvent une peau et des yeux plus clairs. Symptomatiquement, ce scénario convenait aussi bien aux colonisateurs britanniques (qui ne faisaient finalement que le rejouer) qu'aux hautes castes. Mais c'est aussi celui que retiennent les historiens et hommes politiques marxistes indiens, qui ne font qu'en renverser l'interprétation : la domination de ces hautes castes est celle d'envahisseurs illégitimes, qui doivent être remis à leur place – un peu comme la noblesse française sous la Révolution, qui s'était prétendue d'ascendance franque.

La vision a changé avec la montée du nationalisme hindou, lequel peut prendre des formes violentes, comme lors de la démolition de la mosquée d'Ayodhya en 1992 qui provoqua des émeutes et deux mille morts dans tout le pays, sans compter des assassinats politiques réguliers. Désormais ces nationalistes revendiquent l'autochtonisme des « Aryas ». Dans ce cas, non seulement la civilisation de l'Indus serait indo-européenne, mais l'Inde elle-même serait le fameux foyer des Proto-Indo-Européens originels avant leur dispersion générale, ce qui par un biais inattendu renoue avec les thèses proposées deux siècles plus tôt par les premiers indo-européanistes. Dans la version religieuse extrême, les dieux de l'hindouisme étant éternels, ils ont de

1. Voir *supra*, chap. 3, p. 59 *sq.*

tout temps été présents sur le sol de l'Inde[1]. Il ne s'agit pas d'un phénomène marginal, puisque le parti extrémiste hindou, le *Bharatiya Janata Party* (BJP, « le Parti du peuple indien »), gouverne plusieurs des États de la fédération indienne, a déjà dirigé le pays au niveau national avec des conséquences sur la réécriture des programmes scolaires, et a remporté à nouveau les élections nationales en 2014. La thèse autochtoniste n'est pas portée que par des Indiens, puisqu'on y trouve des érudits comme le Français Michel Danino ou le Grec Nicholas Kazanas[2]. Les débats sont acharnés, au point que le très sérieux *Journal of Indo-European Studies* a consacré pas moins de deux livraisons successives à réfuter un article autochtoniste de Nicholas Kazanas, que les éditeurs de la revue ont cependant publié avec ses contradicteurs, après avoir beaucoup hésité[3].

Les données concernant les Indo-Européens en Inde impliquent, comme ailleurs, la linguistique, l'archéologie et accessoirement l'anthropologie biologique, avec, comme ailleurs, un risque permanent de cercles vicieux interdisciplinaires, chaque science pensant l'hypothèse bien établie chez sa voisine. Comme ailleurs, le point de départ est linguistique : on s'accorde à regrouper l'ensemble des langues évoquées plus haut dans le groupe dit « indo-iranien », dont on cherchera le point-origine ainsi que les modes de diffusion. Les ressemblances entre les plus anciens textes de l'Inde (les hymnes védiques, dont le *Rig-Veda*) et les plus anciens textes de l'Iran (l'Avesta) suggèrent une séparation, si séparation il y a eu, pas trop éloignée dans le temps. Comme l'on a eu tendance ces dernières années à remonter la date des textes iraniens et que les textes védiques sont datés traditionnellement de la seconde moitié du IIe millénaire avant notre ère (mais ils n'ont été transcrits qu'au moment de l'invention de l'écriture dans les États de l'Inde, au cours des tout derniers siècles avant notre ère), cette séparation remonterait au plus tard au IIe millénaire avant notre ère.

Une telle chronologie s'accorderait donc avec l'effondrement de la civilisation de l'Indus, bien datée des environ de 1700

1. Fussman, 2003 ; Witzel, 2003, 2006 ; Trautmann, 1997.
2. Danino, 2006, 2010 ; Kazanas, 2009.
3. *Journal of Indo-European Studies*, vol. 30 et 31.

avant notre ère. Le problème est que les dernières décennies ont vu s'amenuiser de plus en plus les preuves archéologiques d'une invasion guerrière qui aurait mis à bas ladite civilisation[1]. Les grandes cités de l'Indus ne sont pas incendiées ou détruites, mais lentement abandonnées. Les cadavres qui, pour les archéologues britanniques des générations précédentes tels Mortimer Wheeler ou Raymond et Bridget Allchin, jonchaient les rues des villes dévastées se sont révélés provenir de tombes très normales et d'ailleurs postérieures. Les chevaux ne sont pas présents en Inde en plus grand nombre après l'effondrement de la civilisation de l'Indus qu'avant. Ainsi, l'avis général des archéologues est désormais que cette brillante civilisation urbaine, contemporaine de celles de l'Égypte, de la Mésopotamie ou encore de Jiroft en Iran, surdimensionnée par rapport à ses possibilités environnementales et sociales, s'est effondrée sur elle-même, peut-être fragilisée par des oscillations climatiques[2]. Elle ne fait pas place à une nouvelle culture totalement différente, celle des envahisseurs supposés, mais à des communautés villageoises traditionnelles et moins hiérarchisées, mieux à même d'exploiter leurs ressources.

Parallèlement, les invasionnistes ont longtemps invoqué le *Rig-Veda*, le plus ancien texte de l'Inde. Ce recueil d'hymnes souvent obscurs est notamment consacré aux luttes des forces du Bien contre celles du Mal. Du côté du Bien il y a les « Aryas », et leurs adversaires s'appellent les « Dasyas ». Comme ces derniers sont noirs et « sans nez », on a voulu y voir la description peu amène des populations indigènes supposées dravidiennes, celles de la civilisation de l'Indus, qu'auraient repoussées vers le sud les envahisseurs « aryens » venus du nord sur leurs chars de guerre. Il existerait un vague gradient de couleur de peau, du nord vers le sud du sous-continent indien, tout comme en Afrique et en Océanie, la sélection naturelle privilégiant les peaux plus sombres dans les régions les plus exposés au rayonnement solaire, et inversement. En revanche, si les populations du sud de l'Inde parlent des langues appartenant au groupe linguistique dit « dravidien » (comme le telegu, le kannara, le tamoul ou le

1. Shaffer, 1984 ; Fussman *et al.*, 2005 ; Jarrige, 1973, 1988 et 1995 ; Danino, 2006.
2. Francfort, 2005.

brahoui), radicalement différent de la famille indo-européenne et que l'on rapproche de l'élamite, parlé dans l'Iran ancien (sans compter un troisième groupe linguistique, dit « munda », dans le centre-est du sous-continent), il est difficile de définir une « civilisation dravidienne » distincte. Et on oublie aussi que les Dasyas du *Rig-Veda*, en plus de leur peau sombre et de leur absence de nez (ou de leur « nez aplati »), ont parfois trois têtes, ce qui complique leur identification à des populations réelles. C'est pourquoi l'anthropologie physique n'a pas non plus apporté de résultats probants[1].

Le *Rig-Veda* ne saurait donc être interprété historiquement – tout comme le mythologue Georges Dumézil a montré avec vraisemblance que l'histoire romaine des origines était en fait la transposition sous forme historique de récits mythologiques[2], même si de tels récits peuvent évidemment intégrer aussi des faits matériels de la vie des sociétés d'alors. Et les « Aryas » du *Rig-Veda* sont donc les « hommes de bien ». Ce mot d'« arya » est commun à l'ensemble des langues indo-iraniennes et son origine reste débattue. Pour le linguiste Oswald Szemerényi, ce serait même un emprunt à une langue proche-orientale non indo-européenne comme l'ougaritique, et signifierait « parent, compagnon »[3]. Ce terme problématique sera pourtant retenu par beaucoup pour désigner, selon les cas, les langues indo-européennes de l'Inde, voire les langues indo-européennes tout court, ou encore l'ensemble du « peuple » indo-européen, ou même, dans l'idéologie nazie, la « race » indo-européenne.

Aux textes anciens il faut ajouter la toponymie. Un certain nombre de noms de lieux et de noms de cours d'eau actuels sont en effet en Asie centrale considérés comme d'origine iranienne ou indo-iranienne[4]. Toutefois des populations locutrices de langues indo-iraniennes ont été également présentes dans ces régions à d'autres moments de l'histoire. Enfin les linguistes repèrent dans les langues indo-iraniennes un certain nombre d'emprunts aux langues finno-ougriennes, dont on pense souvent qu'elles étaient

1. Kumar, 1973.
2. Voir *infra*, chap. 16.
3. Szemerényi, 1977, p. 125-149.
4. Kuz'mina, 2007.

parlées par les chasseurs-cueilleurs de la grande forêt russe située au nord des steppes, et dont les descendantes sont parlées aujourd'hui par un certain nombre de minorités de la Fédération de Russie, comme le mordve, le mari, le komi, le syrienne, l'ostiak ou le khanty, le vogoul ou mansi, etc. Des linguistes à l'esprit fertile, comme l'indianiste finnois Asko Parpola, en ont tiré, supposant des contacts à dates anciennes et mettant à contribution l'archéologie, divers scénarios imaginatifs mais impossibles à étayer[1].

Monde des steppes et enjeux nationaux

Pour revenir au dossier archéologique, celui-ci doit partir, comme en Grèce, d'un fait simple : les langues indo-européennes de l'Inde sont éloignées des deux autres groupes linguistiques du sous-continent (langues dravidiennes et langues mundas), et très proches des langues iraniennes, ce qui impliquerait une certaine communauté linguistique à un moment historique donné. La thèse steppique classique identifie en général les Indo-Iraniens indivis, c'est-à-dire les ancêtres supposés de ceux qui parleront les langues de l'Iran, de l'Inde et des régions voisines, avec la culture archéologique dite d'Andronovo-Fedorovka, qui s'étendait en Asie centrale, au début du IIe millénaire avant notre ère, de la Caspienne et de l'Oural jusqu'au fleuve Ienisseï et à l'Altaï (voir annexes, 15, p. 609). En fait, il vaudrait mieux parler d'un vaste complexe culturel, qui comprend de nombreuses variantes régionales et phases chronologiques (Alakul, Fedorovo, Karasuk, Aleksejevka, Tazabagjab, Kajrak Kum, etc.), et occupe une région immense encore largement inexplorée sur le plan archéologique. Ce complexe culturel est lui-même issu d'une série de manifestations successives, d'abord la partie asiatique de la culture des Tombes à Fosses de la fin du IVe millénaire et du début du IIIe, première culture des steppes classée dans l'âge du bronze[2], avec son ultime extension orientale, dite Afanasievo ; puis les cultures des Catacombes (dans les steppes européennes), de Poltavka (qui continue la tradition des Tombes à Fosses),

1. Parpola, 2012.
2. Voir *supra*, chap. 14.

Abashevo et Fatjanovo-Balanovo (cette dernière considérée souvent comme une ultime extension orientale de la Céramique Cordée nord-européenne) au IIIe millénaire et au début du IIe ; et finalement Petrovka-Sintashta au début du IIe millénaire, plus ou moins distinguée d'Andronovo – pour ne mentionner que les principales. Andronovo est elle-même contemporaine de la culture des Tombes à Charpente dans la partie européenne des steppes.

Toutes ces différentes cultures steppiques sont définies par le style de leurs poteries, façonnées à la main, à pâte grossière, à décor imprimé ou incisé. Les rites funéraires sont très variés, même si les personnages importants sont souvent inhumés sous des *kurgans*. Les objets de prestige sont en bronze, dans une région où les ressources en minerai sont abondantes. L'économie repose sur l'agriculture, parfois même irriguée, et sur l'élevage (moutons, bœufs, chevaux, porcs), compte tenu de phénomènes d'aridité climatique à partir de la fin du IVe millénaire, qui font régresser les forêts dans les fonds de vallée tout comme les pâturages, et obligent à des formes de semi-nomadisme pastoral. Toutefois les habitats sont permanents, avec de vastes maisons de terre et de bois, et les plus importants sont fortifiés. La présence du porc est un indice de sédentarité. Le véritable nomadisme cavalier, tel qu'il est connu aux époques historiques, n'apparaît pas avant le Ier millénaire avant notre ère.

Pour le modèle indo-européen steppique canonique, ces cultures de l'Asie centrale sont censées provenir des steppes européennes du nord de la mer Noire[1]. Or rien n'est moins sûr. Il y a bien une extension vers l'est de la culture dite des Tombes à Fosses individuelles, d'origine pontique (et donc « indo-européenne » pour la théorie steppique), au cours du IIIe millénaire, mais les steppes d'Asie centrale n'étaient pas vides d'habitants auparavant. Des chasseurs-cueilleurs y avaient adopté la poterie puis l'élevage, par exemple avec la culture de Kelt'eminar, qui exploite les ressources aquatiques, ou celle de Botaj, qui chasse les chevaux en masse et les a sans doute domestiqués. La très forte variabilité de la « culture » d'Andronovo sur son vaste territoire tient donc aux interactions multiples et constantes entre des sociétés d'origines diverses, aux systèmes socio-économiques différents, et

1. Voir *supra*, chap. 14.

donc très probablement aux langues et aux idéologies distinctes – regroupées par les archéologues en une « culture » unique par commodité, comme il est souvent d'usage.

La culture de Sintashta quant à elle, révélée par les fouilles des trois dernières décennies, est relativement spectaculaire, avec des cités fortifiées de forme circulaire et des tombes princières où ont été déposés parmi les plus anciens chars à roues à rayons connus. Ses relations éventuelles à longue distance avec le monde mycénien ont déjà été évoquées[1]. Outre le site éponyme de Sintashta, le plus médiatisé est celui d'Arkaïm, découvert en 1987 et fouillé par un archéologue controversé, Gennady Zdanovich. Celui-ci, sans doute dans le but louable de sauver (avec succès) ce site d'un projet de lac artificiel, en a fait une sorte de capitale originelle des « Aryens ». Bientôt baptisé « Swastika City » ou « Mandala City », comparé à Stone Age et considéré comme un observatoire astronomique, il est devenu la proie d'un certain nombre de mages *New Age*, qui organisent au solstice d'été de grandes cérémonies païennes inventées, mais aussi de mouvements nationalistes d'extrême droite. Arkaïm est désormais « la Cité de la hiérarchie aryenne et de la pureté raciale », celle « où le grand-prêtre vieux-russe Zoroastre est inhumé ». Comme l'a bien analysé l'archéologue russe Viktor Shnirelman[2], cette découverte, tombant au moment de l'effondrement de l'Empire soviétique, permettait de réaffirmer, *via* leur « aryanité », la slavité de ces territoires pourtant conquis à date récente par les armées des tsars. Aussi le président russe, Vladimir Poutine, a tenu à se rendre sur les lieux. Zdanovich n'a-t-il pas affirmé : « Nous les Slaves, nous nous considérons nous-mêmes comme de nouveaux arrivants. Mais cela est faux. Les Indo-Européens et les Indo-Iraniens ont vécu ici [dans le sud de l'Oural] depuis l'âge de pierre et ont incorporé, unis par un même lien, Kazakhs, Bachkirs et Slaves[3]. » Et la boucle est bouclée lorsqu'il est affirmé que les Indo-Européens venaient bien du Grand Nord avant de s'établir dans l'Oural.

1. Voir *supra*, chap. 14, p. 417, et ce chapitre, p. 438 et 445.

2. Shnirelman, 1998a et b, 1999, 1999-2000 ; Shnirelman et Komarova, 1997.

3. Cité *in* Shnirelman, 1998a, p. 38.

On voit donc que, même dans ces terres éloignées dont l'étude exige une certaine érudition archéologique, les enjeux apparemment scientifiques sont tout sauf innocents. Et l'identification des cultures de Sintashta et d'Andronovo aux Indo-Iraniens originels avant leur marche vers le sud est ainsi biaisée dès l'origine. D'autant que les preuves du caractère « indo-iranien » de ces cultures sont assez faibles. L'existence de foyers, y compris dans des tombes, pouvant évoquer le culte du feu chez les Indo-Iraniens ultérieurs, ou bien le sacrifice de chevaux, de taureaux et de moutons pourraient se retrouver dans de nombreuses autres régions du monde. Au-delà même du cas caricatural d'Arkaïm, l'affirmation d'un lien culturel ancien entre la Russie et l'actuelle Asie centrale turcophone (et soviétique jusqu'en 1992) est évidemment un enjeu fort, que les archéologues impliqués en soient ou non conscients.

Mais ce sont surtout les preuves d'un mouvement vers le sud, et jusqu'en Inde et en Iran, qui font défaut. En effet, entre les Andronoviens et l'Inde fleurissait au début du IIIe millénaire, dans les oasis du sud de l'Asie centrale, une puissante et prospère civilisation proto-urbaine, dite en français « de l'Oxus » (le nom antique du fleuve Amou-Daria), et « Bactria-Margiana Archaeological Complex » (BMAC) en anglais. Les fouilles de ces trente dernières années ont révélé plusieurs centaines de sites, dont les plus notables, à part les fouilles plus anciennes de Namazga et Altyn Depe, sont Gonur, Togolok, Kelleli, Taip, Djarkutan, Dashly Depe ou encore Sapalli Depe – le premier, Gonur, étant parfois interprété comme une capitale[1]. Il s'agit d'une véritable civilisation urbaine, avec fortifications, temples et palais de briques crues, assise sur une économie agricole prospère et irriguée, et contrôlant un réseau de villages alentour. Les tombes de l'élite contiennent de riches objets de cuivre et de bronze. De fait, la région est riche en ressources précieuses : or, cuivre, plomb, argent, étain, turquoise, lapis-lazuli. L'artisanat est développé et une grande partie de la poterie est faite au tour. L'existence de sceaux est un indice de complexité économique, tout comme les échanges à longue distance de produits de luxe. La civilisation de l'Oxus appartient donc à cette ceinture urbaine de l'Asie du

1. Sarianidi, 1999, 2005, 2007 ; Francfort, 1989, 2005 ; voir annexes, 14, p. 608.

Sud-Ouest semi-aride, qui passe par la Mésopotamie, l'Iran avec l'Élam et la culture de Jiroft, se termine à l'est avec la civilisation de l'Indus, et s'épanouit dans la seconde moitié du IIIe et le début du IIe millénaire. Des objets échangés témoignent aussi de contacts entre les habitants de ces cités et les porteurs de la vaste culture steppique d'Andronovo, situés immédiatement au nord.

Migrations invisibles et Kulturkugel

On entrevoit donc la problématique : lesquels des deux sont les Indo-Iraniens, les gens d'Andronovo ou ceux de l'Oxus, sachant que leurs cultures matérielles tout comme leurs systèmes économiques sont radicalement différents ? Les deux réponses ont évidemment été proposées, avec des arguments recevables, et l'on ne résumera pas ici des débats très techniques qui ne sont pas près de s'achever, entre les tenants de l'identification de l'Oxus aux Indo-Iraniens[1] (on se souvient que c'est là qu'Adolphe Pictet avait situé en 1859 le Berceau originel !), et les tenants des steppes[2]. Les arguments archéologiques pour certifier l'« indo-iranité » de tel site peuvent être en effet discutables[3]. On invoque l'existence d'un « culte du feu », du broyage de plantes pour obtenir un breuvage enivrant (le *soma* des Indiens, le *haoma* des Iraniens – dont on ignore tout), de l'exposition et du décharnement des cadavres ou au contraire de l'incinération, etc. Mais aucune de ces activités ne laisse de traces archéologiques univoques et spécifiques. La crémation n'est pas plus ancienne dans les steppes que sur l'Oxus, et elle est d'ailleurs un marqueur ethnique peu pertinent, quelles que soient les époques[4]. En revanche l'examen de l'iconographie des objets de luxe de la civilisation de l'Oxus ne montre pas une thématique qui puisse être retrouvée dans les textes anciens indo-iraniens. On y voit une déesse, un héros-oiseau de proie, un dragon et un dieu-bouquetin, qui évoquent à la fois un fonds commun eurasien et de nettes influences de

1. Sarianidi, 1999 ; Hiebert, 1994 ; Hiebert et Mair, 1998. Voir aussi Sergent, 1997, avec comptes-rendus *in* Fussmann, 1998 et Elst, 1999.
2. Kuz'mina, 2007 ; Mallory, 1989.
3. Francfort, 1989 p. 449-454 ; Kellens, 2005.
4. Francfort, 2005, p. 297.

l'Élam ; seuls quelques vases en argent portent des scènes qui pourraient éventuellement, selon Henri-Paul Francfort, être rapprochées des mythologies indo-iraniennes[1].

De même que les cultures des steppes sont d'origine historique variée et pas seulement pontique, de même la civilisation de l'Oxus a des antécédents, archéologiquement constatables dans la culture matérielle, aussi bien sur place que plus à l'ouest, lorsque se mit en place le mode de vie néolithique. Il est donc très difficile de lui trouver une origine steppique. C'est ce que confirme pour mémoire l'anthropologie biologique, avec toutes les limites de cette approche, qui montre la permanence des caractères physiques dans la civilisation de l'Oxus, et le peu de mélanges avec les populations des steppes[2].

Une chose au moins est admise : si ces civilisations urbaines, celle de l'Oxus comme celle de l'Indus, s'effondrent dans la première moitié du IIe millénaire, ce n'est pas sous les coups des barbares steppiques andronoviens. Il s'agit de la lente décomposition d'un pouvoir centralisé autoritaire, qui ne laisse pas la place à un champ de ruines, mais seulement à des agglomérations villageoises de taille plus modeste. Et nulle trace d'objets andronoviens au sud de la civilisation de l'Oxus, pas plus qu'en direction de l'Inde *via* les passes de l'Hindou Kouch. Et nulle trace non plus, on l'a vu, dans la vallée de l'Indus. Mais comme les langues actuelles du nord de l'Inde appartiennent bien au groupe linguistique indo-européen, il n'y a plus qu'une seule solution pour sauver le modèle invasionniste, ou du moins l'idée d'une « arrivée des Indo-Iraniens » : les migrations invisibles.

À cet effet, par exemple, James Mallory a forgé le concept militaire de *Kulturkugel* (« projectile culturel »)[3] – comme si, peut-être, un terme germanique pouvait dédouaner de façon semi-humoristique un auteur anglo-saxon d'utiliser un modèle diffusionniste. Le dessin explicatif de Mallory montre une balle de fusil (ou un obus, c'est selon) dont la pointe est la culture matérielle, et la charge la langue. Ainsi, les Indo-Aryens nomades des steppes auraient traversé de part en part la civilisation de

1. *Ibid.*, p. 281-285 et 300-302.
2. *Ibid.*, p. 302-303 ; Hemphill *et al.*, 1997.
3. Mallory, 1998.

l'Oxus en se délestant au passage de toute leur culture matérielle mais pas de leur langue, et seraient descendus vers les plaines de l'Indus en devenant archéologiquement indétectables, pour y imposer leur nouvelle culture et leur langue intacte, sans que cette culture nouvelle soit d'ailleurs identifiable à l'une des cultures archéologiquement attestées à cette époque…

L'indianiste Gérard Fussman, très réservé sur le modèle invasionniste classique, s'est appuyé de son côté sur des comparaisons avec des exemples historiquement et ethnologiquement attestés de populations en mouvement qui ne laissent pratiquement pas de traces archéologiques. Ainsi, « les Lohars indiens, forgerons itinérants, se déplacent encore de village en village pour reforger les outils des paysans. On les voit campant par groupes de cinq à dix chariots à la lisière des villages ou des villes. Ils y achètent les tissus, la poterie, la nourriture dont ils ont besoin. Lorsqu'ils lèvent le camp, seules quelques cendres vite balayées témoignent de leur passage[1] ». De même les pasteurs transhumants pashtounes d'Afghanistan, au contact d'agriculteurs sédentaires parlant ouzbek ou persan et placés sous leur domination, s'en différencient fortement par la langue et les coutumes. Mais, « lorsqu'ils lèvent le camp, il ne reste que des trous de piquet, quelques ordures, des cendres, des débris de vaisselle et de poterie achetées au bazar, rien qui soit véritablement caractéristique[2] ». Effectivement, de tels campements laisseraient peu de traces à de futurs archéologues ; en revanche, ces déplacements ne sont pas liés, dans un cas comme dans l'autre, à des phénomènes de diffusion linguistique.

L'aporie actuelle des multiples tentatives pour concilier linguistique et archéologie (voire anthropologie biologique) quant à « l'arrivée des Aryens en Inde » ne signifie ni que le « Peuple indo-européen originel » supposé aurait émergé en Inde (cela poserait les mêmes problèmes, mais en sens inverse), ni que des « migrations invisibles » n'ont pas existé dans le passé. Cette aporie signifie seulement que, dans l'état actuel des connaissances, aucune des hypothèses émises n'est sérieusement démontrable. Ce qui, au regard des enjeux, ne peut qu'inciter à la plus extrême prudence.

1. Fussman, 2003, p. 225.
2. *Ibid.*, p. 226.

Les mystères des Tokhariens

Au début du XXe siècle, des missions occidentales, dont celles de l'Austro-Anglais Aurel Stein, des Allemands Emil Sieg, Wielhelm Siegling et Albert von Le Coq, ainsi que du Français Paul Pelliot, découvrirent dans la province actuellement chinoise du Xinjiang des manuscrits dont l'écriture était d'origine indienne, mais la langue inconnue jusqu'alors. Il s'agissait plus précisément du bassin du Tarim et des oasis qui s'y trouvaient. Datés des VIIe et VIIIe siècles de notre ère, le plus souvent bouddhistes, ces textes représentaient une découverte inattendue et remarquable, car cette langue se révéla appartenir à la famille indo-européenne. On la baptisa « tokharien », car les *Tokharoi* étaient un peuple attesté ailleurs en Asie centrale par les historiens grecs antiques, tandis qu'un texte plus récent mentionnait dans la région, en ouïghour, un peuple nommé *Twgry*. Et l'on y distingua plus précisément deux langues ou deux dialectes, dits tokharien A (ou agnéen, ou tourfanien, ou karashahrien) et tokharien B (ou koutchéen) – sachant que l'on convient que ce terme de « tokharien » est contestable, mais qu'il est entré dans les usages.

Les linguistes furent frappés de certains caractères du (ou des) tokharien(s). Il(s) offrai(en)t moins d'affinités avec d'autres langues indo-européennes géographiquement proches, comme les langues indo-iraniennes (sinon par des emprunts de date récente), qu'avec des langues indo-européennes beaucoup plus éloignées, notamment d'Europe proprement dite. Ainsi, le tokharien était d'un point de vue phonétique une langue *centum*, c'est-à-dire occidentale (comme le latin, le grec, le germanique, etc.), et non *satem* (comme l'indo-iranien, le balte ou le slave[1] ; la terminaison du passif était en – *r* (comme en latin et en hittite) ; d'autres traits le rendaient comparable aux langues slaves, et d'autres encore au grec[2].

Les Tokhariens originels auraient donc parcouru, à une date à déterminer, au moins 4 000 kilomètres depuis l'Europe orientale

1. Voir *supra*, chap. 7, p. 219.
2. Pinault, 1989 ; Ringe, 1996.

pour aboutir dans le Xinjiang, et sans rencontrer, ou marginalement, d'Indo-Iraniens. Or à l'époque néolithique, au IVe millénaire avant notre ère, cette région ne se distingue pas des régions chinoises plus à l'est, et la culture de Yangshao, avec ses poteries peintes, puis celle de Longshan y sont bien présentes. L'« arrivée » des Tokhariens se situerait donc dans l'intervalle entre la fin du néolithique et les plus anciens textes connus, au milieu du Ier millénaire de notre ère, ce qui est large. À l'époque des textes tokhariens ou peu de siècles avant, les sources chinoises nous décrivent diverses populations dans cette région, sans que leur identification avec les locuteurs des langues tokhariennes soit toujours acquise, les annalistes chinois n'étant pas linguistes. Outre les petits États des oasis du bassin du Tarim (Kucha, Karshahr, Tourfan), sont mentionnés notamment les Xiongnu, les Wusun ou encore les Yüchi, souvent en guerre les uns contre les autres. Des peintures murales montrent également des personnages de cette période, certains avec des cheveux teints en rouge et des yeux verts, ce qui a fait beaucoup gloser sur leur caractère physique « indo-européen », tout comme une mention chinoise décrivant les Wusun avec des cheveux rouges, des yeux bleus et ressemblant à des singes.

À la fin du Ier millénaire de notre ère, des populations turcophones venues de Mongolie, les Ouïghours, occupent la région et font disparaître les langues tokhariennes, avant d'être eux-mêmes soumis par les Mandchous à partir du XVIIIe siècle et intégrés au XIXe siècle, avec le soutien des Britanniques, à l'Empire chinois – le mot *xinjiang* signifiant « nouvelle frontière ».

Quant à l'archéologie du Xinjiang, elle reste encore en grande partie à faire, dans une région équivalant à trois fois la France. Néanmoins, l'attention des indo-européanistes s'est polarisée sur la découverte de plusieurs cimetières, tels ceux de Gumugou, Shanpula, Subeixi, Wupu ou Zhaghunluk, qui ont fourni des corps naturellement momifiés dans un état de conservation particulièrement spectaculaire grâce au climat désertique. Cela concerne aussi bien les parties organiques que les tissus colorés qui les enveloppaient. Il existe néanmoins des cimetières où les corps se sont décomposés, ne laissant que le squelette, comme à Hejing, Xianbabai ou Yanbulak. Ces tombes sont échelonnées dans le temps, du IIe millénaire avant notre ère jusqu'au Ier de notre ère, et sont donc pour la plupart plus anciennes que les textes tokhariens. Une partie des corps sont considérés comme de « type europoïde ». C'est pourquoi on y a évidemment vu l'arrivée des Tokhariens, depuis leur lointaine Europe.

Le scénario serait donc simple. Au début du IIe millénaire avant notre ère, des populations appartenant à la culture steppique d'Afanasievo (issue des Tombes à Fosses) auraient progressé toujours plus vers l'est et se seraient installées dans le Xinjiang, et notamment le bassin du Tarim. Plus tard converties au bouddhisme, c'est là que, deux millénaires et demi plus tard, on les retrouverait sous la forme des « Tokhariens », entre les VIe et VIIIe siècles de notre ère, avant que ne surviennent de Mongolie les Ouïghours, à la fin du Ier millénaire. Un colloque organisé en grande pompe en 1996 à Philadelphie par le sinologue Victor Mair fut censé acter la solution.

La réalité est malheureusement beaucoup moins simple, car ces momies ne représentent pas un phénomène historique homogène, éparpillées qu'elles sont sur trois millénaires, avec en outre des incertitudes de datation, tandis que la distinction entre « mongoloïdes » et « europoïdes » est loin d'être si tranchée, dans un territoire où les populations se sont sans arrêt mêlées et où des « europoïdes » ont été de tout temps attestés. Les sources chinoises mentionnent vers l'an 600, sur le haut Ienisseï, des Kirghiz (ethnonyme turc) décrits comme blonds ou roux, aux yeux verts et à la peau blanche, et qui parlent une langue turque – alors que les Kirghiz actuels, toujours turcophones, sont « mongoloïdes »[1]. Aussi le linguiste allemand Stefan Zimmer, dans une mise en garde argumentée, a-t-il raillé la « nécromancie moderne » de ceux qui voulaient « faire parler les momies »[2], citant à nouveau Max Müller qui, un siècle auparavant, avait déjà rappelé qu'il n'y avait pas plus de « sang aryen » que de « crânes aryens ».

Ajoutons que l'impression d'une longue, sinon héroïque, migration des Tokhariens depuis leur Foyer originel supposé vers cet Extrême-Orient tient simplement à ce que ce sont les seules langues anciennes qui soient bien connues dans cette région, car leurs locuteurs ont été aussi les seuls à déboucher sur

1. Bazin, 1986, p. 81-82.
2. Mair, 1998a et b ; Zimmer, 1998 ; Francfort, 1999.

une civilisation étatique et urbaine, donc pourvue de l'écriture – alors même que l'on ne sait rien sur les langues parlées dans les régions intermédiaires.

Nos ancêtres les Celtes

Les Celtes jouissent actuellement d'un grand prestige, non seulement à cause de « nos ancêtres les Gaulois », mais aussi, les ventes en librairie en font foi, par tout ce que véhiculent les idéologies *New Age* et les réinventions et bricolages religieux divers, pour lesquels les Celtes seraient détenteurs d'une antique sagesse à redécouvrir. Le mot « celte » recouvre pourtant des réalités fort diverses.

Du point de vue des historiens antiques des tout derniers siècles avant notre ère, c'est le nom (*Keltoi*) que donnent les Grecs à ceux que les Romains appellent Gaulois (*Galli*). Il désigne donc, selon des descriptions géographiques plus ou moins floues, un ensemble de peuples qui occupent alors l'Europe tempérée depuis les îles Britanniques jusqu'à l'Europe centrale, mais qui mènent aussi des incursions vers le sud, puisque des Gaulois prennent Rome en 390 avant notre ère et occupent tout le nord de l'Italie, la Gaule cisalpine (« de ce côté-ci des Alpes » pour les Romains), jusqu'à ce qu'ils soient soumis par Rome au cours du IIe siècle avant notre ère ; d'autres, les Scordisques, s'installent à la confluence du Danube et de la Save ; d'autres enfin, après avoir traversé la Grèce, fondent en Turquie centrale au IIIe siècle le royaume des Galates et mènent des guerres régulières contre les principautés helléniques, avant d'être réduits par Rome. Sur ces différents peuples nous possédons les témoignages partiels et partiaux des historiens grecs et romains, dont Jules César est le plus connu, et qui dressent de ces « Barbares », de leurs coutumes et de leurs pérégrinations, des portraits peu flatteurs.

D'un point de vue linguistique, les langues dites celtiques forment un groupe autonome au sein des langues indo-européennes. Si les survivantes actuelles sont le breton, le gallois et le gaélique d'Écosse et d'Irlande, les premiers textes utilisables ne datent que du Moyen Âge et racontent, en sus des livres chrétiens, un certain nombre de légendes des îles Britanniques. Les plus anciens textes sont cependant bien antérieurs, mais très lacunaires, comme les quelques inscriptions gauloises trouvées en France, datant pour la plupart de la période romaine[1], et, encore auparavant, les inscriptions dites lépontiques, présentes entre le VIIe et le IIe siècle avant notre ère autour des lacs alpins du nord de l'Italie. C'est donc seulement à partir des légendes médiévales, postérieures d'un demi-millénaire à la christianisation des îles Britanniques, que des mythologues comme Dumézil ont pu faire des hypothèses et en extraire des représentations sur ce qu'avaient pu être les religions celtiques primitives.

D'un point de vue archéologique enfin, on identifie les Celtes historiques à la culture de La Tène (du nom d'un site des bords du lac de Neuchâtel en Suisse) qui émerge au début du Ve siècle avant notre ère dans une zone qui s'étend de la Bohême au Bassin parisien, englobant la Suisse, l'Autriche et le sud de l'Allemagne – et qui caractérise aussi dans cette région le « second âge du fer ». C'est de cette zone effectivement que partent au cours du IIIe siècle avant notre ère les migrations celtiques attestées par les historiens antiques, et ce sont des objets « laténiens » (épées en fer, bracelets, torques et fibules en bronze, etc.) que l'on retrouve sur les routes de ces migrations. De nombreux toponymes, patronymes et noms de peuples mentionnés par les historiens antiques pour cette même zone (certains toponymes ayant survécu, transformés, jusqu'à nos jours) peuvent être mis en relation avec la famille des langues celtiques.

Il y a donc une relative coïncidence entre ces différentes sources d'informations, qui permet de considérer que, dans cette zone géographique, vivaient au Ve siècle avant notre ère des peuples parlant des langues celtiques ; et qu'une partie de ces populations migrèrent peu après vers le sud, avant de refluer ou d'être absorbées, et sans doute aussi vers les îles Britanniques, à une date qui reste cependant sujet à discussion. Les conquêtes romaines s'étendirent ensuite à la totalité de la zone de la culture de La Tène, où les langues celtiques disparurent peu à peu. Elles ne se maintinrent que dans les îles Britanniques, mais où les invasions successives des Angles et des Saxons germaniques, puis des Franco-Normands de Guillaume le Conquérant, les

1. Lambert, 2002.

confinèrent finalement à la Cornouaille (le cornique qui était presque éteint est aujourd'hui parlé, de manière volontariste, par environ mille cinq cents personnes), à l'île de Man (le manxois, disparu en 1974, fut réintroduit peu après de la même manière et on en compterait une cinquantaine de locuteurs), à l'Écosse et à l'Irlande, tandis que par un chemin inverse le breton prenait pied au Moyen Âge en Bretagne à partir de l'Angleterre – les langues celtiques, dans ces trois pays ou régions, étant en position plus ou moins dominée par rapport à l'anglais ou au français.

Il faut donc, pour rattacher les Celtes à un Foyer indo-européen originel, repartir de la culture de La Tène et remonter dans le temps. Cette culture est précédée, sur un périmètre géographique sensiblement identique, par celle de Hallstatt (du nom d'un cimetière fouillé en Autriche), qui s'étend de 800 à 480 avant notre ère environ – et qu'on appelle aussi « premier âge du fer ». On a longtemps cru que la culture de La Tène résultait d'une invasion depuis l'Europe centrale, qui aurait conquis et absorbé les populations de la culture de Hallstatt. Cette théorie des Celtes venus d'Europe centrale se retrouve encore fréquemment dans des ouvrages de deuxième ou troisième main. En réalité, des études régionales systématiques ont montré qu'il y avait à chaque fois une parfaite continuité, sans rupture, entre la période de Hallstatt et celle de La Tène ; ou plus exactement, que les changements d'une période à l'autre, notamment dans l'implantation des sites et le style des objets, sont dus pour l'essentiel à des transformations sociales et politiques, avec l'effondrement des forteresses proto-urbaines (les « résidences princières ») qui quadrillaient le territoire hallstattien[1].

Si l'on remonte encore dans le temps, on arrive à la période dite du Bronze final, de 1200 à 800 avant notre ère environ. Celle-ci a longtemps été appelée dans une partie de l'Europe « période des Champs d'Urnes ». En effet, alors que les périodes précédentes de l'âge du bronze (de 2200 à 1200 avant notre ère ; voir annexes, 15, p. 609), soit l'âge du bronze ancien et l'âge du bronze moyen, inhumaient majoritairement leurs morts, la crémation se répand à ce moment dans une grande partie de l'Europe. En même temps, beaucoup de régions adoptent un style décoratif nouveau qui consiste, sur des vaisselles fines de couleur

1. Demoule, 1999a ; Brun et Chaume, 1997.

sombre et au profil marqué, à pratiquer des cannelures verticales ou obliques. On parlera donc, à partir de la fin du XIXe siècle, de « Champs d'Urnes » pour ces cimetières où l'on enterre ces vases cannelés contenant les cendres des morts. Et la diffusion de cette mode à la fois funéraire et stylistique est évidemment attribuée à l'invasion d'un « peuple des Champs d'Urnes ». Cette théorie ancienne se retrouve encore chez Marija Gimbutas, quand elle déroule la suite des migrations après le grand big-bang steppique.

Toutefois, comme pour le passage de Hallstatt à La Tène, là encore en analysant région par région, les archéologues n'observent plus de mouvements de population d'un point du continent à un autre. La diffusion de l'incinération semble bien relever de la diffusion d'une nouvelle idéologie funéraire, tout comme le nouveau style décoratif relève de la diffusion de nouvelles modes décoratives[1].

Comme, dans ce cas, il n'y a pas non plus de ruptures en remontant tout le reste de l'âge du bronze, ni non plus entre le début de l'âge du bronze ancien et la dernière période du chalcolithique, caractérisée en Europe centrale et occidentale par la civilisation des Gobelets Campaniformes, c'est donc cette dernière qui pourrait être la candidate la plus vraisemblable pour la mise en place des Celtes[2]. Cette civilisation est apparue assez rapidement vers 2600 avant notre ère ; il s'agit de la diffusion dans une grande partie de l'Europe d'une forme de récipient particulier, au profil de cloche renversée – d'où son nom, du latin *campana*, « cloche », les Anglais parlant de *Bell Beakers* et les Allemands de *Glockenbecher*[3]. On trouve ces gobelets de la péninsule Ibérique au Danemark en passant par les îles Britanniques, et des côtes françaises atlantiques jusqu'à la Hongrie, non pas en une nappe continue, mais en flaques discontinues[4]. Le territoire couvert, malgré son hétérogénéité, englobe celui où apparaîtront plus tard les Celtes historiques, mais le dépasse aussi.

Ces gobelets sont décorés de motifs géométriques horizontaux très répétitifs, gravés sur la pâte fraîche des récipients et

1. Brun et Mordant, 1988.
2. Brun, 2006.
3. Voir *supra*, chap. 11, p. 336 ; annexes, 14, p. 608.
4. Needham, 2005 ; Van der Linden, 2006 ; Fokkens et Nicolis, 2012.

qui permettent de distinguer des styles régionaux. Les rites funéraires sont très codés, les corps en position fléchie, du côté droit pour les femmes, du côté gauche pour les hommes, ces derniers emportant souvent des pointes de flèches en silex, un poignard en cuivre et un brassard en pierre protégeant le poignet. Certains habitats proches de ces tombes contiennent surtout de la céramique campaniforme, d'autres lui associent des poteries locales différentes selon les régions.

L'origine du phénomène Campaniforme continue à faire débat, alors que les colloques et les publications à son sujet ne cessent de se multiplier. Pour certains archéologues hispaniques, il est né dans la péninsule Ibérique, avec quelques bons arguments ; pour des archéologues néerlandais, il provient au contraire du nord de l'Europe et est lié à la culture plus septentrionale de la Céramique Cordée ou des « Haches de Combat »[1] ; pour des archéologues allemands, la migration, partie de la péninsule Ibérique, aurait atteint l'Europe centrale pour repartir en sens inverse ; pour certains archéologues anglo-saxons, il s'agirait seulement de réseaux d'échanges de biens de prestige entre élites, sans mouvement de population. On en est là. Ce phénomène représente à coup sûr un événement nouveau par rapport à la séquence des cultures néolithiques qui l'ont précédé et, plutôt que réduit à un facteur explicatif simple, il doit être interprété en termes d'interactions historiques complexes. C'est une période de remaniements importants, que suivra un millénaire et demi de relative stabilité des frontières culturelles, à l'issue duquel émergent les Celtes historiques. Un lien entre ces deux phénomènes, Campaniforme et Celtes, est donc plausible, mais c'est l'origine même du premier qui resterait alors à élucider, et dans tous les cas ne rentrerait guère dans le moule du modèle invasionniste steppique.

Romains et Italiques

Les linguistes considèrent que les langues celtiques anciennes sont assez proches des langues italiques, au point de parler parfois d'un groupe italo-celtique. De ces langues italiques, la

1. Voir *supra*, chap. 11, p. 336.

plus connue est évidemment le latin, qui donna naissance à toutes les langues romanes actuelles, mais les Romains n'étaient à l'origine que l'un des peuples de la péninsule, et pas le plus nombreux. On range aussi dans ce groupe italique des langues beaucoup moins bien connues, comme l'osque, l'ombrien, le samnite, le volsque, le sicule, voire le vénète, etc. L'Italie n'a été touchée que marginalement par le phénomène Campaniforme, présent notamment en Sicile. Auparavant, à partir de la première colonisation néolithique à poterie imprimée issue de la côte adriatique balkanique, les cultures se sont succédé sans mouvement de population décelable, la moitié méridionale de la péninsule entretenant plutôt des relations culturelles avec le monde égéen, et la partie nord avec le monde alpin – c'est de la culture chalcolithique de Remedello que date le célèbre Ötzi, le plus ancien corps momifié naturellement d'Europe, trouvé dans un glacier à la frontière austro-italienne et mort vers 3300 avant notre ère. Certains considèrent cette culture de Remedello comme indo-européenne, car les morts importants reposent parfois dans des chambres souterraines que l'on compare à celles de la culture steppique des Tombes à Fosses. Mais on connaît en Italie des tombes d'architecture identique bien antérieures, comme à Cuccuru S'Arriu en Sardaigne[1], où toute influence steppique est exclue, et qui prouvent simplement qu'il s'agit de phénomènes de convergence, les solutions pour des constructions funéraires monumentales n'étant pas infinies. Le mégalithisme, à la même époque, affecte par ailleurs de nombreuses régions d'Europe, aux cultures diverses et sans déplacement de population.

Durant l'âge du bronze moyen et récent de l'Italie du Nord, entre 1650 et 1150 avant notre ère, la plaine du Pô est occupée par une culture très spectaculaire, celle dite des Terramare, dont les fouilles, dès la fin du XIXe siècle, appartiennent à l'épopée de la recherche archéologique italienne. Il s'agit d'une société presque proto-urbaine, dont les habitats quadrillent la plaine alluviale, où un système de digues et de canaux sophistiqués assure la gestion des eaux[2]. Ces habitats sont hiérarchisés et leur situation en milieu humide a assuré une remarquable conservation des

1. Santoni, 1999.
2. Bernabò Brea *et al.*, 1997 ; voir annexes, 15, p. 609.

vestiges. La densité des sites, dès le début, suggère un apport de populations nouvelles, que confirmeraient un certain nombre de ressemblances dans les formes de poteries et les outils en métal et en os (dont des mors de chevaux), ressemblances qui évoquent l'Europe centrale. Dès le XIXe siècle ce phénomène a été mis en relation par certains avec une arrivée « des » Indo-Européens et des langues italiques. On expliquait ainsi que si le mot *pons* veut dire « pont » en latin, mais que la même racine signifie « chemin » dans les langues slaves (*put* en russe), baltes (*pintis* en vieux-prussien) et indo-iraniennes (*panthah* en sanscrit), c'est à cause des canaux et des ponts des Terramare.

Cette société brillante s'effondre peu à peu au cours du XIIe siècle avant notre ère, par suite d'une pluralité de facteurs, dont une forte dégradation climatique, des saisons plus froides et humides ayant raison du fragile système de contrôle des eaux. Le peuplement se disperse et devient peu visible. Après deux siècles de vide archéologique émerge cependant dans tout le nord de l'Italie, à partir du début du Ier millénaire avant notre ère, la culture dite Protovillanova, du nom d'une nécropole des environs de Bologne, qui se prolonge avec la culture de Villanova proprement dite, ses spectaculaires nécropoles et son organisation proto-urbaine. Durant ce même début du Ier millénaire, s'étend juste au nord-ouest, sur les contreforts de la plaine du Pô, la culture de Golasecca, à laquelle sont attribuées les inscriptions celtiques lépontiques[1] et qu'il faut donc considérer, au moins en partie, comme celtique. Il serait tentant de voir dans Protovillanova la continuation de la brillante culture des Terramare, dont la population aurait déserté un environnement devenu par trop hostile et se serait dispersée. Les deux cultures ont par exemple en commun la pratique de l'incinération. Le seul problème est que la culture de Villanova débouche directement sur la civilisation… étrusque, dont la langue reste très mal connue mais est tout sauf indo-européenne[2].

En l'état, il n'y a donc pas de solution archéologique au problème de l'« arrivée des Italiques ».

1. Voir *supra*, p. 455.
2. Pallottino, 1984 ; Thuillier (J.-P.), 2006.

Hittites et Anatoliens

Le hittite est la plus ancienne langue indo-européenne attestée, les premiers textes datant des environs de 1700 avant notre ère. Comme à chaque fois, l'émergence de textes écrits est liée à celle d'un système politique étatique et urbain, ce qui autrement dit signifie que ces textes ont été produits par et pour une élite dominante, mais n'implique pas nécessairement que la totalité de la population parlait la langue écrite qui nous a été transmise[1]. De fait on trouve à cette époque en Anatolie, sur le territoire de l'actuelle Turquie où s'épanouit l'Empire hittite, une pluralité de langues. Outre le hittite proprement dit, ou nésite, des textes officiels apparentés, on connaît le palaïte et le louvite[2], qui peuvent être écrits en caractères cunéiformes ou hiéroglyphiques et dont descendront, après la fin de l'Empire hittite, diverses langues plus ou moins bien attestées dans l'Antiquité classique, comme le lycien, le sidétique, le lydien, le cilicien, voire le carien, sans compter le phrygien, classé à part.

Mais on parlait ou écrivait en même temps dans l'Empire hittite le hatti, qui n'est pas une langue indo-européenne, le hourrite, qui ne l'est pas non plus ; l'akkadien, sémitique et cunéiforme, qui est la langue diplomatique des relations internationales de l'époque ; le sumérien, alors disparu mais dont on continuait à recopier les textes antiques sacrés ; le « mitannien », du groupe indo-iranien, dont il subsiste des noms propres et des termes d'équitation. Les membres des classes dirigeantes du royaume dit du Mitanni, essentiellement hourrite, portaient indifféremment des noms hourrites ou des noms indo-iraniens. Ce foisonnement linguistique est typique d'un empire en formation – et encore ne connaît-on que les langues qui ont été transcrites et dont les textes se sont conservés jusqu'à nous. Il est aussi typique des sociétés traditionnelles, dans lesquelles le multilinguisme est la règle, et non l'exception.

Lors de sa découverte au début du XXe siècle et de son déchiffrement par le Tchèque Bedřich Hrozný, le caractère indo-européen

1. Bittel, 1976 ; Bryce, 2002.
2. Yakubovich, 2009.

du hittite fut fortement mis en doute. L'illustre linguiste Antoine Meillet a pu un temps écrire : « L'interprétation est encore très hypothétique, et l'affirmation que le hittite serait indo-européen paraît bien aventurée ; elle a été contestée par la plupart de ceux qui ont examiné les documents[1]. » Pour se rattraper, il observa un peu plus tard dans le hittite des « innovations si importantes que certains linguistes ont d'abord hésité à reconnaître le hittite pour une langue complètement indo-européenne[2] ». De fait le hittite comporte toutes sortes de particularités, comme un système de déclinaisons plus réduit, l'absence du féminin et du duel, un médio-passif en *-r* comme les langues celtiques et le latin, l'absence de comparatif et de superlatif, l'absence de l'aoriste (ou passé simple), du subjonctif et du mode optatif (le mode du souhait, bien connu en grec ancien). Bref, sensiblement contemporain du sanscrit des premiers hymnes védiques, le hittite en diffère de manière radicale.

Aussi, l'interprétation du hittite en termes de linguistique historique continue à faire débat[3], notamment entre ceux qui, comme naguère Meillet, y voient des altérations récentes ; ceux qui le considèrent au contraire comme un état très ancien, au point d'élargir la classification et de parler d'une famille linguistique « indo-hittite » originelle[4] ; et ceux pour lesquels le hittite est une forme de langue hybride, fortement influencée par ses contacts avec les autres langues de la région[5]. Ces mélanges d'influences sont tout aussi présents dans la religion et les institutions.

Pour la théorie anatolienne de Colin Renfrew, l'origine géographique des Hittites ne pose en principe pas de problème : ils se trouvent exactement dans le Foyer originel, avec toutes les difficultés que cette hypothèse soulève[6]. On rejoint également l'idée d'un « indo-hittite », selon laquelle le hittite se serait détaché le premier d'un tronc commun, toutes les autres langues indo-européennes s'étant différenciées ensuite. On retrouve également

1. Meillet, 1921, p. 99, note 1.
2. Meillet, in *L'Anthropologie*, 1933, p. 86.
3. Neu et Meid, 1979 ; Schmidt (K.-H.), 1992.
4. Sturtevant, 1962.
5. Wagner (H.), 1985 ; Justus, 1992.
6. Voir *supra*, chap. 13 ; annexes, 9-10, p. 606.

certains travaux statistiques récents qui placent le hittite au départ de l'arborescence générale des langues indo-européennes[1], si ce n'est que d'autres travaux tout aussi sophistiqués proposent au contraire l'hypothèse steppique[2].

Pour la théorie steppique, les Hittites sont censés être arrivés depuis les steppes à une époque à déterminer. On se souvient cependant que, pour James Mallory lui-même, les preuves d'une migration des steppes vers l'Anatolie ne sont nullement avérées. On retrouve en fait le débat précédent sur l'arrivée des Grecs, que certains mettent en rapport avec la culture de Baden[3]. Il existe bien à partir du dernier quart du IVe millénaire un certain « air du temps » stylistique dans les poteries sur une partie de l'Europe centrale et des Balkans, et jusqu'en Anatolie du Nord-Ouest (culture de Troie I). Mais il est d'autant plus difficile d'en déduire un mouvement migratoire qu'un tel mouvement a aussi bien été proposé d'Europe vers l'Asie que l'inverse. Il n'y a pas trace de chevaux à cette époque dans les Balkans, et de même les tombes de la culture anatolienne de Troie I ne connaissent pas les tumulus funéraires si typiques, en principe, des cultures des Kurgans steppiques. Là encore, si rien ne s'oppose à ce que des locuteurs du hittite soient arrivés depuis les steppes à un moment ou à un autre, rien ne le prouve non plus dans l'état actuel des connaissances archéologiques.

Leurs ancêtres les Germains

On terminera cet inventaire migratoire avec plusieurs cas moins débattus, ou comportant moins d'enjeux. Les Germains apparaissent dans l'histoire antique avec la migration des Cimbres et des Teutons, vaincus par Marius en 101 avant notre ère. Mais ils ne seront identifiés que plus tard en tant que Germains, à une époque où tout le sud de l'actuelle Allemagne est occupé par la culture de La Tène, considérée comme celtique. Jules César lui-même brouille les pistes, en fixant contre toute évidence le

1. Bouckaert *et al.*, 2012.
2. Voir *infra*, chap. 17, p. 522 et 527.
3. Voir *supra*, p. 435 ; annexes, 11, 13, p. 607-608.

Rhin comme frontière entre Gaulois et Germains : sa conquête des Gaules n'avait pu aller au-delà du fleuve et il fit donc croire que son œuvre était achevée. Le premier texte conséquent dans une langue germanique est celui de la traduction de la Bible par l'évêque goth Wulfila (les Goths occupant alors les bords de la mer Noire), au IVe siècle de notre ère. Par conséquent une grande partie de la mythologie germanique nous est inconnue dans la mesure où, comme souvent, l'introduction de l'écriture a coïncidé avec la christianisation. Par ailleurs les langues germaniques comportent un certain nombre de particularités, qui font classer ce groupe à part au sein des langues indo-européennes, quand on n'invoque pas l'idée d'un substrat indigène non indo-européen préexistant, ou encore, comme pour Antoine Meillet, une absence d'unité linguistique de départ au profit d'un mélange ethnique.

On s'accorde en général pour identifier aux Germains historiques un certain nombre de cultures archéologiques (Jastorf, Przeworsk, Wielbark ou Willenberg-Malbork, etc.) de la moitié nord de l'Allemagne et de la Scandinavie, qui pratiquent notamment le rite de l'incinération des morts. Tout n'est pas clair, car l'identification de ces cultures à des Germains ou au contraire à des Slaves représentait évidemment un enjeu géopolitique lourd. Les Germains historiques eux-mêmes sont souvent interprétés par les historiens comme le résultat de mélanges ethniques fort complexes[1]. La plupart des « peuples » germaniques mentionnés semblent en fait des rassemblements d'opportunité, comme l'indique le nom de certaines tribus : les Marcomans sont les « hommes de la frontière », les Alamanni sont « les hommes de toute origine »[2]. En remontant dans le temps, il n'y a pas de ruptures culturelles nettes entre ces cultures de l'âge du fer et l'âge du bronze précédent, lequel est lui-même issu, dans ces régions, de la culture à Céramique Cordée[3].

Il a bien sûr été suggéré une origine steppique de la Céramique Cordée, mais rien ne le prouve dans la culture matérielle, si ce n'est l'existence de petits tumulus funéraires, à une époque où les sépultures monumentales (tumulus, mégalithes, hypogées,

1. Ament, 1986 ; Pohl, 2004.
2. Zimmer, 1990a, p. 153. Voir *infra*, chap. 19, p. 563-565.
3. Voir *supra*, chap. 11, p. 336 *sq.* ; annexes, 14-15, p. 608-609.

etc.) sont de toute façon la règle pour les élites émergentes dans tout le chalcolithique européen. Les dates au radiocarbone ne confortent pas non plus un tel mouvement. L'idée d'interactions et d'échanges, y compris dans le domaine idéologique et funéraire, sur l'ensemble de cette vaste zone possède de meilleurs arguments archéologiques[1]. La Céramique Cordée elle-même émerge au début du IIIe millénaire à partir de la culture des Gobelets en Entonnoir et des différents groupes régionaux qui en sont issus, dont la culture des Amphores Globulaires (*Kugelamphorenkultur*), centrée sur la Pologne, la Bohême et l'Allemagne orientale[2] ; elle est la première à pratiquer l'agriculture dans le nord de l'Europe. Ses propres débuts, à la fin du Ve millénaire, restent débattus, mais elle est issue pour l'essentiel des premiers agriculteurs de l'Europe tempérée (la Céramique Linéaire), avec absorption des populations mésolithiques locales de la culture d'Ertebølle et peut-être, selon certains, avec des influences plus orientales[3].

En résumé, il est vraisemblable que les sociétés germaniques historiques aient été le débouché de l'évolution de l'ensemble de ces cultures protohistoriques successives, à partir de l'introduction de l'agriculture et de l'élevage dans l'Europe du Nord-Ouest. Il est difficile d'en dire beaucoup plus, car l'adoption du modèle steppique demanderait de prouver que les cultures successives des Gobelets en Entonnoir puis de la Céramique Cordée résulteraient bien de mouvements migratoires avérés et issus des steppes, ce qui n'est pas le cas. En outre, ces mêmes cultures chalcolithiques sont parfois évoquées pour être au contraire à l'origine des Baltes et des Slaves.

Slaves ou Germains ?

Les premiers textes en langue slave (aujourd'hui la plus importante famille linguistique d'Europe en nombre de locuteurs) datent de la fin du Ier millénaire de notre ère avec, comme pour le germanique, la traduction des textes sacrés chrétiens

1. Furholt, 2003.
2. Voir *supra*, chap. 11, p. 327 ; annexes, 13-14, p. 608.
3. Lichardus *et al.*, 1985 ; Midgley, 1992 ; Madsen, 1997 ; Häusler, 2002a et b.

à des fins d'évangélisation, et également la création d'écritures adaptées, à partir des alphabets grec et hébreu, à ces langues : successivement l'alphabet glagolitique puis cyrillique ; toutefois les pays slaves catholiques utiliseront l'alphabet latin. Ces plus vieux textes slaves sont dits en « slavon d'Église », assez proche du bulgare actuel. Mais, à cette date, les Slaves sont mentionnés historiquement depuis plusieurs siècles.

La parenté relativement grande entre les différentes langues slaves actuelles (voir annexes, 2, p. 602), qui rappelle un peu celle des langues romanes entre elles, suggère une séparation relativement tardive. Leur territoire a été considérablement plus grand qu'actuellement, puisqu'elles ont recouvert au moment de leur plus grande extension l'ensemble de l'Europe centrale et orientale et des Balkans, sachant que l'arrivée ultérieure des Magyars a séparé géographiquement les Slaves de l'Ouest (Polonais, Tchèques, Slovaques, Sorabes) de ceux du Sud (Slovènes, Serbes, Croates, Macédoniens, Bulgares), tandis que les purifications ethniques du XXe siècle ont réduit leur place dans les Balkans.

Les historiens romains évoquent un peuple des Vénètes, situé entre les Germains à l'ouest et les Scythes et Sarmates au sud-est, et qu'on identifie souvent aux Wendes ou Slaves. Ces « Vénètes » n'ont rien à voir avec le peuple gaulois homonyme d'Armorique qui a laissé son nom à la ville de Vannes, ni avec les autres Vénètes qui ont laissé leur nom à la Vénétie et parlaient peut-être une langue italique. Mais c'est seulement à partir du VIe siècle de notre ère que les historiens byzantins évoquent des « Sclavènes » et des « Antes » apparentés, et que les empereurs byzantins sont confrontés à des invasions massives. Ils ne desserreront l'étau qu'un temps, lorsque l'empereur Basile II encercla l'armée bulgare en 1014 et fit crever les yeux de tous les prisonniers, à l'exception d'un laissé borgne tous les cent – ce qui lui valut le titre de « Bulgaroctone ». D'un point de vue archéologique, c'est au VIe siècle que les archéologues parlent d'un complexe culturel dit Prague-Penkov-Kolochina, largement répandu au nord-ouest de la mer Noire, entre le Danube et la Volga. Il se caractérise notamment par des vases hauts à fond plat et bord évasé, relativement grossiers et dits « type de Prague », et dont on peut suivre l'extension jusqu'au sud des Balkans, ainsi que par des maisons semi-enterrées.

En remontant dans le temps, on trouve dans cette même

région, dans le deuxième quart du Ier millénaire de notre ère, la culture archéologique de Černjakov, avec sa poterie noire polie. Toutefois, si certains archéologues russes et ukrainiens y voient la culture des « Proto-Slaves », des archéologues allemands y reconnaissent au contraire celle des Goths, une population germanique venue de la Baltique et historiquement attestée dans la région. En outre, la partie méridionale de cette région, l'Ukraine actuelle, était clairement occupée, durant le dernier demi-millénaire avant notre ère, par les célèbres Scythes, qui parlaient une langue indo-iranienne, tandis que la partie occidentale était peuplée par les Daces. Aussi cette culture de Černjakov a dû représenter en fait un mélange ethnique complexe, d'autant que les cartes sont brouillées au cours du IVe siècle par l'arrivée des Huns. Or ces derniers ne représentaient pas non plus une entité ethnique homogène et on sait que la fameuse bataille des champs Catalauniques en 451 opposait en réalité deux coalitions composées pour l'essentiel de populations germaniques, un fait historique qui devrait inciter à la réflexion.

Encore auparavant, autour du changement d'ère, on trouve la culture dite de Zarubinec, située immédiatement au nord de Černjakov, et souvent considérée aussi comme proto-slave. Elle est cependant assez proche géographiquement de la culture de Przeworsk, centrée sur la Pologne actuelle et revendiquée comme slave par les archéologues polonais, mais comme germanique par des archéologues allemands. De même, si l'on remonte encore, on trouvera les cultures de Komarov, sur le futur territoire de Zarubinec, et celle de Trzciniec, sur le futur territoire de Przeworsk (voir annexes, 15, p. 609) – mais cette dernière est vivement revendiquée par les archéologues baltes comme une de leurs possibles origines. Et c'est dans cette même région, on s'en souvient, que se trouvait au IIIe millénaire avant notre ère la vaste culture de la Céramique Cordée, qui peut donc être revendiquée par de multiples nations actuelles.

Ainsi, plus nous remontons dans le temps, plus les traces « des » Slaves, comme celles « des » Germains ou « des » Italiques s'estompent et se brouillent. Aussi, au moins pour le haut Moyen Âge, un certain nombre d'historiens et d'archéologues ont abandonné ces dernières années l'idée d'ethnies culturellement et linguistiquement homogènes conçues jusqu'ici comme autant d'États-nations et que l'on pourrait constater comme identiques sur des millénaires[1]. Or cette époque présente le rare avantage de permettre une confrontation des textes et de l'archéologie, s'agissant de sociétés encore en grande partie de type « protohistorique », antérieures à la formation de véritables États. Ce débat sera donc repris plus loin[2], tant il est d'importance pour les représentations du phénomène indo-européen.

On ne traitera pas le cas d'autres porteurs de langues indo-européennes, comme l'arménien ou l'albanais, sans compter les langues beaucoup moins bien connues (thrace, etc.), même si on peut imaginer que la littérature ne manque pas sur ces sujets. On espère seulement avoir montré qu'il serait pour le moins présomptueux d'affirmer que les routes migratoires des Indo-Européens depuis leur Foyer originel seraient désormais parfaitement balisées.

1. Pohl et Mehofer, 2010 ; Pohl et Zeller, 2012 ; Curta, 2001, 2005 ; Tejral, 2009.
2. Voir *infra*, chap. 19, p. 553 *sq*.

16

Georges Dumézil, un héros français

Où l'on examine l'œuvre de Georges Dumézil, l'un des savants français les plus érudits et les plus célèbres du XXe siècle – Où l'on rappelle comment il présenta lui-même sa vie et son œuvre comme une épopée, avec la révélation de 1938 qu'il fallait étudier les mythologies des peuples indo-européens comme des systèmes structurels d'ensemble – Comment ces mythologies seraient organisées selon les trois fonctions de la souveraineté magico-religieuse, de la violence guerrière et de la fécondité (cette dernière aux multiples aspects) – Et sous quelles formes des thèmes narratifs comparables se retrouvent dans diverses mythologies indo-européennes éloignées géographiquement – Et comment cette structure « trifonctionnelle » se rencontre aussi dans des épopées et des récits historiques – Comment Georges Dumézil fut d'abord marginalisé, avant de devenir deux fois académicien – Où l'on constate qu'il fut tour à tour proche de l'Action française, franc-maçon, fervent catholique, agnostique, voire occultiste – Et comment la Nouvelle Droite tenta de l'instrumentaliser – Pourquoi des thèmes des mythologies indo-européennes se retrouvent dans d'autres mythologies non indo-européennes, mais pas dans toutes les mythologies indo-européennes – Où l'on s'interroge sur la notion d'héritage, et comment on la distingue, ou non, de l'emprunt – Comment l'archéologie constate la mise en place à l'âge du bronze, dans toute l'Eurasie, de réseaux aristocratiques d'échanges de biens de prestige et sans doute de mythes, sans qu'une seule origine commune en soit nécessaire.

Dans le dernier quart du XXe siècle, il était impossible en France d'évoquer les Indo-Européens sans que surgisse l'incontournable figure de Georges Dumézil, disparu en 1986 à l'âge de quatre-vingt-huit ans. Professeur au Collège de France de 1949 à 1968, membre de l'Académie des inscriptions et belles-lettres et de l'Académie française, Dumézil appartenait alors au panthéon des sciences humaines françaises et comptait parmi les derniers représentants vivants de la génération intellectuelle née pendant la décennie 1890. Il pratiquait couramment plusieurs dizaines de langues vivantes ou anciennes – au point d'avoir rédigé la grammaire de l'oubykh, une langue caucasienne qui ne comptait plus alors qu'un seul locuteur –, sa personnalité, sa gigantesque érudition, sa puissance de travail fascinaient. Au soir de sa vie, il proposa en trois livres (le dernier posthume et édité par Joël Grisward), avec une rare générosité intellectuelle, cent une courtes notices ou « esquisses de mythologies », comme autant de dossiers que l'auteur estimait ne plus avoir le temps d'explorer à fond mais qu'il offrait à ses successeurs[1]. Dans le même temps, il publiait en 1984 *Le Moyne noir en gris dedans Varenne. Sotie nostradamique*, analyse dumézilienne de Nostradamus, oscillant subtilement entre le premier et le second degré.

Le sens de l'épopée

Il était régulièrement interviewé dans les médias. Les débats suscités sur le tard par son œuvre et certains aspects de sa vie avaient même inspiré en 1992 au journaliste et philosophe Didier Eribon un livre au titre provocateur : *Faut-il brûler Dumézil ?* – lequel manqua de peu cette année-là le prix Médicis de l'essai[2]. Aux États-Unis, on avait baptisé, avec un sens usuel de la formule, l'œuvre de Dumézil de : *New Comparative Mythology*. Si d'autres mythologues se sont attaqués aux religions de peuples locuteurs de langues indo-européennes, la plupart sont des élèves directs ou indirects de Dumézil, dont ils se sont efforcés de prolonger l'œuvre. Quelques-uns, à la suite de Mircea Eliade, ont pratiqué un comparatisme à encore plus large échelle, à la recherche d'« archétypes » de la nature humaine ; d'autres enfin ont une œuvre marginale et anecdotique. C'est pourquoi on traitera essentiellement ici, pour faire le point sur la mythologie comparée, de l'œuvre du seul Dumézil.

1. Dumézil, 1983b, 1985a, 1994.
2. Eribon, 1992. Sur Dumézil, voir aussi Dumézil, 1987 ; Olender, 2009, p. 83-94 et 138-153.

Les années ayant passé, il est en effet plus aisé de questionner dans la sérénité son œuvre, de toute façon imposante (dix-sept mille pages et une soixantaine de volumes publiés), et d'en évaluer la pertinence vis-à-vis des différentes interprétations de la question indo-européenne. Les tensions autour de cette œuvre tiennent à l'exploitation qui en a été faite par la Nouvelle Droite, éphémère avatar intellectuel de l'extrême droite durant les années 1970-1990[1], et aux polémiques qui en ont résulté. Mais elles tiennent également à l'homme lui-même, qui a su mettre en scène sa trajectoire intellectuelle en lui donnant des allures d'épopée, la présentant souvent en des termes guerriers, comme un long combat, affirmant aimer la polémique. Se posant parfois en victime, il rappelait, ou ses disciples à sa place, que les débuts de sa carrière académique avaient été difficiles, car il eut à l'origine de mauvais rapports avec Antoine Meillet, qui régnait alors en maître sur les études indo-européennes et les carrières des chercheurs qui s'y consacraient[2].

Dumézil décrivait aussi sa vie intellectuelle comme un parcours initiatique, avec des moments de révélation. D'après lui, ses premières années de recherche, et en particulier sa thèse d'État de 1924 sur *Les Festins d'immortalité*, auraient été des errements dans la tradition comparatiste de l'anthropologue britannique James Fraser et de son monumental *Rameau d'or* en douze volumes (1911-1915). Dans une vision primitiviste des sociétés anciennes, les mythologues comparatistes se focalisaient alors sur les grandes forces naturelles (soleil, orage, nuit, etc.) qui auraient été parées de vertus surnaturelles – et l'on peut en trouver des échos chez Antoine Meillet lui-même.

Les Trois Fonctions

Mais serait venu en 1937 le déclic ou l'intuition, sorte de pomme de Newton ou de baignoire d'Archimède, et à tout le moins rupture épistémologique au sens des historiens des sciences : la mise en rapport entre les trois castes, ou *varnas*, indiennes (celles des

1. Voir *supra*, chap. 9.
2. Voir *supra*, chap. 5.

prêtres ou *brahmanes*, des guerriers ou *kshatriya*, et des producteurs ou *vaishya*) et les trois grands prêtres ou « flamines majeurs » de Rome, ceux respectivement de Jupiter, roi des Dieux, de Mars, dieu de la Guerre, et de Quirinus, qui préside à l'assemblée des citoyens – intuition qu'il publia dans un article de 1938 sur « La préhistoire des flamines majeurs[1] ». Ainsi, la religion indo-européenne originelle ne serait pas à rechercher dans une sorte d'animisme primitif, mais aurait déjà le niveau d'élaboration de celles connues aux époques historiques. Sa méthode de reconstruction s'inspire explicitement de la linguistique, au sens où Antoine Meillet définissait l'indo-européen comme « un système de correspondances » linguistiques : « avec toutes les adaptations que commande la différence des matières, nous essayons d'obtenir sur le domaine indo-européen, pour les faits religieux, ce que d'autres comparatistes ont obtenu pour les faits linguistiques : une image aussi précise que possible d'un système préhistorique particulier, dont un certain nombre de systèmes historiquement attestés sont, pour une bonne part, la survivance[2] ». Venu de la linguistique saussurienne, le structuralisme s'étend avec lui à la mythologie comparée, même si Dumézil se défendra toujours, malgré l'intérêt que lui vouera Claude Lévi-Strauss, d'être « structuraliste » au moment où ce mouvement était dominant dans les sciences humaines françaises – mais admettra seulement, à la rigueur, être « structuriste ». La découverte de 1937 doit pourtant au climat intellectuel structuraliste de l'époque et à sa fréquentation d'Émile Benveniste, successeur de Meillet, qui parvenait à la même époque à des résultats très proches[3].

On considère que le principal acquis des imposants travaux de Dumézil est la « trifonctionalité ». Toute l'idéologie des sociétés indo-européennes aurait été organisée selon les trois pôles, respectivement de la souveraineté magico-religieuse, de la guerre, et de la production sous toutes ses formes (travail, agriculture, sexualité, plaisir, etc.). D'abord envisagée, l'incarnation primitive réelle de ces trois principes sous la forme de catégories sociales imposées, à l'image des castes indiennes, fut abandonnée ensuite par Dumé-

1. Dumézil, 1938.
2. Dumézil, 1943, p. 26.
3. Voir Benveniste, 1938 ; Eribon, 1992, p. 160-161.

zil : cette tripartition ne concernait, à l'exception de l'Inde, que la vision du monde, que l'idéologie de la société originelle et de ses descendants. La comparaison fondatrice entre les castes de l'Inde et les trois flamines majeurs a été systématiquement étendue à d'autres mythologies, et en même temps affinée. Ainsi la première fonction, celle de la souveraineté magico-religieuse, pouvait souvent se dédoubler entre une souveraineté plus dominatrice et magique, et une souveraineté plus sereine et juridique, respectivement Varuna et Mitra en Inde, Jupiter et Dius Fidius à Rome, ou encore Odhinn (Wotan) et Tyr chez les Germains ; tandis que la souveraineté juridique peut elle-même être flanquée de deux assistants, Aryaman et Bhaga en Inde, Baldr et Hoder chez les Germains. De même la deuxième fonction comportait deux aspects symétriques, la force brutale d'une part, la force maîtrisée de l'autre, respectivement Vâyu et Indra en Inde. Enfin la troisième fonction se caractérisait par la pluralité de ses manifestations, même s'il pouvait aussi y apparaître des figures doubles, sinon jumelles, tels les Asvins ou Nasatyas védiques ou bien les Germaniques Njördr et Freyr (le père et le fils).

Outre la structure générale trifonctionnelle, des thèmes narratifs de même structure se rencontrent en différents points du domaine indo-européen. L'affrontement cosmologique entre les dieux des deux premières fonctions et ceux de la troisième se retrouve de manière comparable en Inde, chez les Germains et chez les Ossètes du Caucase, avec des péripéties identiques et une réconciliation finale. Le héros romain Horace, qui affronte et défait successivement les trois Curiaces et, de retour, tue sa sœur (amante de l'un des trois défunts) et doit être purifié de ce meurtre, peut se comparer au héros irlandais Cùchulainn, qui passe par des épreuves analogues. Le couple Odhinn, le dieu-magicien borgne, et Tyr, qui perd sa main en sauvant les dieux par un faux serment, évoque les deux héros sauveurs de Rome pendant la guerre contre les Étrusques : Horatius Cocles le borgne, qui affronte l'armée tout entière, et Mucius Scaevola qui décourage le roi ennemi de poursuivre le siège de Rome en lui faisant un faux serment qu'il rend crédible en laissant brûler sa main. Les héros ou dieux guerriers commettent successivement dans leur vie trois « péchés » contre chacune des trois fonctions, à savoir une impiété, un meurtre par traîtrise et une infraction sexuelle, à chaque fois sanctionnés dans le registre de la fonction lésée : ainsi en Inde du dieu Indra et du héros Sisupala, en Grèce d'Héraklès, chez les Germains de Sigurdr (Siegfried) et de Starkadr, et chez les Ossètes du Caucase de Batraz. De fait il y a trois formes de fléaux contre lesquelles un souverain doit se prémunir : les tromperies, les armées ennemies, la disette ; tandis que le bon souverain est loué pour sa vertu, sa protection contre l'ennemi et l'abondance de biens qu'il assure.

La structure trifonctionnelle semble informer aussi divers domaines de la vie quotidienne, comme les trois formes de médecine (par la magie, par le couteau, par les plantes), les trois formes de dommage (incantations maléfiques, violences physiques, vol), les trois formes d'expiation (purification rituelle, châtiment corporel, amende), les trois formes de capture (ensorcellement, menace physique, achat), ou encore les trois formes de mariage (don solennel d'une fille par son père, enlèvement réel ou simulé, achat réel ou simulé). Trois couleurs semblent également liées aux trois fonctions, le blanc pour la première, le rouge pour la deuxième, le bleu foncé ou le vert pour la dernière.

Les textes originels

Quant au corpus mythologique, épique ou légendaire, qui permet ces analyses, les données textuelles sont abondantes sur l'Inde et commencent avec les hymnes védiques, dont les plus anciens sont datés traditionnellement du IIe millénaire avant notre ère, mais n'ont été transcrits que plus récemment, après avoir été transmis oralement pendant de nombreuses générations. Le Veda a d'ailleurs été classé récemment par l'Unesco sur la liste du « Patrimoine mondial immatériel » de l'humanité. Outre ces hymnes, la même structure trifonctionnelle a été reconnue en 1947 par l'indianiste suédois Stig Wikander, avec l'approbation de Dumézil, dans le grand poème épique (250 000 vers) du Mahabharata, également en sanscrit, dont les parties les plus anciennes sont datées des derniers siècles avant notre ère. Les héros Pandava, qui affrontent les Kaurava tout au long du poème, se répartissent selon les mêmes trois fonctions, éventuellement dédoublées. Dans le sous-groupe indo-iranien des langues indo-européennes, des travaux similaires ont été menés avec succès par Dumézil sur les textes sacrés iraniens, l'Avesta, liés à la religion zoroastrienne et datés de la première moitié du Ier millénaire avant notre ère. À date beaucoup plus récente, nous connaissons aussi un cycle de légendes, celles des Nartes, œuvre d'un peuple du Caucase de langue indo-iranienne, les Ossètes, qu'on fait parfois descendre des Scythes de l'Antiquité. Dumézil a mis en évidence la structuration de ces légendes selon les gestes de trois familles, respectivement les Alægatæ, les Æxsærtægkatæ et les Boratæ, dont les caractéristiques respectives semblent bien correspondre à chacune des trois fonctions.

Pour rester en Asie, la religion des Hittites, qui parlaient l'une des trois autres plus anciennes langues indo-européennes connues, comporte quelques aspects trifonctionnels signalés par des disciples de Dumézil, lesquels ont proposé également des comparaisons avec d'autres mythologies, plus récentes, de l'Europe[1]. Mais pour l'essentiel, cette religion est du type de celles des grandes civilisations urbaines proche-orientales qui lui étaient contemporaines, et n'étaient pas de langues indo-européennes.

Une autre source de textes anciens concerne bien sûr la religion romaine. Selon Dumézil, l'histoire romaine serait largement mythologique, les Romains, gens pratiques et concrets, ayant projeté dans leur histoire la structure trifonctionnelle, tandis que leur religion, par ailleurs trifonctionnelle, n'est pas aussi riche en récits que celle des Grecs. Ainsi, les quatre premiers rois de Rome correspondraient, dans l'ordre, à la souveraineté magico-religieuse (Romulus, le fondateur, fils de Mars et qui sera divinisé), à la souveraineté juridique (le Sabin sage et pieux Numa Pompilius, conseillé par la nymphe Égérie), à la force guerrière (le belliqueux Tullus Hostilius, organisateur de l'armée) et à la prospérité (Ancus Martius, qui aurait fait construire le port d'Ostie). Rome elle-même est issue de la réunion des compagnons de Romulus, des guerriers de l'Étrusque Lucumon, et des riches Sabins indigènes de Titus Tatius.

L'autre grand corpus de textes antiques est celui de la Grèce. Toutefois, il ne rentre guère dans le schéma trifonctionnel, et il serait malaisé de répartir par exemple les douze dieux de l'Olympe

1. Par exemple Sergent, 1983 ; Masson, 1989, 1991.

selon les trois fonctions. Dumézil a répondu d'emblée à l'objection en considérant que le génie de la Grèce avait été justement de s'affranchir du lourd carcan des origines. Car, affirme-t-il : « Ce que j'entrevois du monde indo-européen m'aurait fait horreur. [...] Vivre dans un système trifonctionnel me donnerait l'impression d'une prison. J'étudie donc les trois fonctions, j'explore cette prison, mais je n'aurais pas voulu y vivre. Si j'allais chez les anthropophages, je tâcherais d'en savoir le plus possible sur eux, mais je me tiendrais loin de la marmite[1]. » Au contraire, « la Grèce a choisi, comme toujours, la meilleure part : aux réflexions toutes faites, aux relations préétablies des hommes et des choses que lui proposait l'héritage de ses ancêtres du Nord, elle a préféré les risques et les chances de la critique et de l'observation, elle a regardé l'homme, la société, le monde avec des yeux neufs[2] ». Certes, des chercheurs se réclamant de Dumézil (qui ne se voulait aucun disciple attitré) se sont efforcés de repérer dans la mythologie et l'épopée grecques des organisations trifonctionnelles, comme les scènes décorant le bouclier d'Achille décrit dans l'*Iliade*, ou dans les rituels d'initiation, ou dans divers rituels locaux[3].

L'écriture et, donc, les textes sont normalement liés à l'existence de sociétés étatiques et urbaines, et d'une bureaucratie afférente. Ni les sociétés de langues celtiques ni celles de langues germaniques, et *a fortiori* celles utilisant des langues indo-européennes attestées à une date plus récente encore (slaves, baltes, arménien, albanais, ossète), ne l'étaient avant que le christianisme n'y pénètre – ou l'islam, voire le bouddhisme dans le cas du tokharien parlé et écrit au Ier millénaire de notre ère. C'est pourquoi le comparatisme doit utiliser des textes de légendes ou d'épopées qui auraient survécu malgré les nouvelles religions, et dont on présume qu'ils sont la trace de textes sacrés plus anciens. Ainsi les textes celtiques (légendes irlandaises) ou germaniques (sagas islandaises) utilisés par Dumézil et ses élèves datent-ils pour l'essentiel du début du IIe millénaire de notre ère, en plein Moyen Âge. De ce point de vue, il n'est pas surprenant que des épopées médiévales, comme

1. Dumézil, 1983a, p. 23.
2. Dumézil, 1968, p. 633.
3. Voir notamment : Yoshida, 1964 ; Briquel, 1982 ; Sergent, 1979, 1998 ; Vielle, 1996.

le cycle des Narbonnais étudié par Joël Grisward, puissent être rapprochées de textes celtiques de fait contemporains, ou que ces derniers permettent des comparaisons avec des légendes caucasiennes recueillies encore plus récemment.

Ce dernier exemple suggère que certains thèmes mythologiques auraient pu avoir une durée de vie considérable. Joël Grisward, l'un des principaux disciples de Georges Dumézil, a montré en effet des ressemblances frappantes entre le schéma narratif de certaines chansons de geste, et notamment ce cycle des Narbonnais, et l'épopée indienne, concernant en particulier les rapports entre un roi et ses fils ; ou encore entre certaines légendes ossètes et certains textes celtiques[1]. Mais le Moyen Âge chrétien avait adopté entre-temps des structures mythiques bien éloignées de celles supposées pour les Indo-Européens originels – sauf si l'on voit dans les trois ordres (clergé, noblesse, tiers état) une résurgence trifonctionnelle comme est tenté de le faire Dumézil. Ce n'est donc, à l'heure actuelle, qu'une petite partie des schémas narratifs médiévaux qui se prête à la comparaison.

L'« affaire Dumézil »

Il y a eu dans les années 1980 une « affaire Dumézil », venue des liens supposés entre Dumézil et l'extrême droite, liens qui pour certains auraient pu avoir une influence sur ses recherches et sur sa vision des sociétés indo-européennes et de leur idéologie. Ces attaques et les réponses de Dumézil et de ses défenseurs ont été étonnamment violentes, sans commune mesure avec les enjeux apparents, des travaux très érudits sur de très anciennes religions disparues. Elles sont parties de deux publications de Dumézil.

La première est *Mythes et Dieux des Germains*, publiée en 1939, à l'orée de la Seconde Guerre mondiale. L'extrait que l'on cite, tiré des dernières pages du livre, est celui-ci :

> Le Troisième Reich n'a pas eu à créer ses mythes fondamentaux : peut-être au contraire est-ce la mythologie germanique, ressuscitée au XIXe siècle, qui a donné sa forme, son esprit, ses

1. Grisward, 1981.

> institutions à une Allemagne que des malheurs sans précédent rendaient merveilleusement malléable ; peut-être est-ce parce qu'il avait d'abord souffert dans des tranchées que hantait le fantôme de Siegfried qu'Adolf Hitler put concevoir, forger, pratiquer une Souveraineté telle qu'aucun chef germain n'en a connu depuis le règne fabuleux d'Odhin. La propagande « néo-païenne » dans l'Allemagne nouvelle est certes un phénomène intéressant pour l'historien des religions : mais elle est volontaire, à quelque degré artificielle. Beaucoup plus intéressant, en tout cas, est le mouvement spontané par lequel les chefs et la masse allemande, après avoir éliminé les architectures étrangères, ont coulé naturellement leur action et leurs réactions dans des moules sociaux et mystiques dont ils ne savaient pas toujours la conformité avec les plus anciennes organisations, les plus anciennes mythologies des Germains. [...] C'est cette sorte d'accord préétabli entre le passé et le présent, plutôt que les cas d'imitation consciente du passé, qui constitue l'originalité de l'actuelle expérience allemande[1].

Un chapitre précédent se concluait ainsi :

> Les considérations qui précèdent expliquent peut-être en partie certains phénomènes sociaux, parmi les plus récents, de l'Allemagne : le développement, le succès des corps paramilitaires, la *dura virtus* et les droits des Sections d'Assaut, les formes particulières de police qu'a parfois été tentée d'exercer une jeunesse en uniforme[2].

On peut effectivement éprouver un certain malaise à cette lecture, malaise en partie anachronique dans la mesure où Dumézil, même s'il ne condamne pas le régime national-socialiste, ignore à ce moment, comme la plupart de ses contemporains, le degré d'horreur qu'atteindra ce régime. Dumézil se place en fait dans la froide position descriptive de l'historien, qui à ce stade n'a pas à juger. Faut-il pourtant voir dans ces passages « une sympathie idéologique mal dissimulée pour la culture nazie », comme l'ont successivement argumenté trois historiens italiens, Arnaldo Momigliano puis Carlo Ginzburg, et enfin, dans un

1. Dumézil, 1939, p. 153-157.
2. *Ibid.*, p. 90-91.

livre plus vaste, Cristiano Grottanelli[1] ? Dumézil s'est chargé lui-même de répondre aux deux premiers avec vivacité, et de manière convaincante[2].

Il est vrai que ces accusations s'étayaient sur un fait réel, mais distinct : la sympathie idéologique de Dumézil, pendant les années 1920-1930, pour l'extrême droite française, et plus précisément l'Action française. Sa thèse d'État de 1924, *Les Festins d'immortalité*, est dédiée à Pierre Gaxotte, secrétaire de Maurras et futur intellectuel de renom dans ce mouvement. Dans les *Entretiens* qu'il eut, peu de temps avant sa mort, avec le journaliste et philosophe Didier Eribon, Dumézil évoque ouvertement cet engagement, Gaxotte l'ayant présenté à Maurras, « un homme fascinant – et lui, vraiment, d'instinct et de volonté, un maître à penser[3] ». Il précise même ainsi les raisons de cet attachement :

> Le principe non pas simplement monarchique, mais dynastique, qui met le plus haut poste de l'État à l'abri des caprices et des ambitions, me paraissait, et me paraît toujours, préférable à l'élection généralisée dans laquelle nous vivons depuis Danton et Bonaparte. [...] Bien entendu, la formule n'est pas applicable en France. [...] Chez nous le loyalisme, l'attachement un peu mystique à un symbole vivant, familial, d'unité et de durée, la fierté même de l'histoire séculaire ont disparu depuis longtemps. Ce n'est sans doute pas pour notre bien[4].

Dumézil affirme au cours de ces mêmes *Entretiens* qu'il rompt avec Maurras, ou plutôt qu'il ne le revoit plus à partir de 1926. Didier Eribon, dans le livre passionnant et passionné qu'il a consacré à la défense de sa mémoire, *Faut-il brûler Dumézil ?*, a toutefois nuancé cette affirmation[5]. De 1933 à 1935, Georges Dumézil, sous le pseudonyme de Georges Marcenay, publia dans le journal *Le Jour*, explicitement marqué à l'extrême droite, de nombreux articles de politique internationale. Comme le montrent ces articles, Dumézil, dans la tradition de l'Action française et

1. Momigliano, 1983 ; Ginzburg, 1985 ; Grottanelli, 1993.
2. Dumézil, 1985a, p. 299-318, 1985b.
3. Dumézil, 1987, p. 205-209.
4. *Ibid.*, p. 208.
5. Eribon, 1992 ; voir aussi García Quintela, 2001.

de Maurras, est violemment anti-allemand et anti-nazi. Moins pour la nature profonde de ce régime, que pour les menaces qu'il fait peser sur la sécurité de la France. En revanche, le modèle politique qu'il pose en exemple est alors l'Italie de Mussolini, dont il admire « l'humanisme universaliste ». Sans forcer le trait et pour répondre définitivement à Momigliano (qui, paradoxe, appartint au Parti fasciste italien avant de devoir fuir les lois antisémites de Mussolini[1]) et Ginzburg, on pourrait écrire que Dumézil dans les années 1930 n'était pas nazi : il était fasciste, au sens précis du terme. Cette activité journalistique était-elle seulement alimentaire, comme le soutient Didier Eribon, puisque Dumézil n'avait pas encore de poste universitaire (situation analogue, alors, à celle de Didier Eribon lui-même au moment où il écrivait ce livre, avant qu'il ne rejoigne à son tour l'université) ? De fait, Dumézil abandonnera cette activité éditoriale en 1935, dès qu'il aura obtenu un poste à l'École pratique des hautes études. On peut objecter qu'il aurait certainement pu subvenir par bien d'autres moyens aux besoins de sa famille, plutôt que de s'engager dans une activité politique aussi marquée – et qu'il a toujours tue, avant que Didier Eribon, qui, comme d'autres, en avait entendu parler, ne la mette au jour à titre posthume.

Cette vision du monde, et puisqu'il semble être resté monarchiste jusqu'à la fin de sa vie, a-t-elle eu une conséquence sur son interprétation des faits mythologiques qu'il a su mettre en relief ? Eribon montre avec pertinence que Dumézil fait partie de tout un milieu intellectuel extrêmement novateur et stimulant, qui comprend beaucoup de savants juifs, et parmi lequel on compte le linguiste Émile Benveniste, le sinologue communiste Marcel Granet (sans doute celui qui l'a le plus marqué) ou encore Jules Bloch, Marcel Mauss, Sylvain Lévi, etc.[2]. De fait, de nombreux courriers témoignent de ces forts compagnonnages intellectuels et de la parfaite intégration de Dumézil dans ce milieu, alors même que les opinions politiques des uns et des autres étaient connues. Il y avait en ce temps une parfaite séparation entre les opinions politiques et l'activité scientifique – séparation qui ne sera plus de mise après la guerre, lorsqu'il sera devenu évident

1. Olender, 2009, p. 187.
2. Eribon, 1992, p. 145-163.

que les idées pouvaient tuer. Tandis que cette guerre se rapproche et que les persécutions hitlériennes contre les Juifs s'accentuent, aucun des amis et collègues juifs de Dumézil ne songe à le soupçonner d'antisémitisme, ce dont pas un de ses écrits, privés ou publics, ne témoigne non plus – à l'exception peut-être d'une lettre tardive à Mircea Eliade[1]. Bien plus, Dumézil est violemment attaqué en 1938, avec tous ses collègues juifs et d'autres de l'École pratique des hautes études, dans un pamphlet nauséabond de Louis-Ferdinand Céline, *L'École des cadavres*, et dont voici un morceau choisi :

> Vous savez sans doute que sous le patronage du négrite juif Jean Zay, la Sorbonne n'est plus qu'un ghetto. Tout le monde le sait. Mais il existe encore un sous-ghetto, une sorte d'intrait du ghetto, à l'intérieur même de la Sorbonne, que vous entretenez aussi de vos deniers, contribuables, et qui s'intitule (pour les têtards assujettis) « École pratique des hautes études », une synagogue en surpression. Le comble des culots juifs. Le panache de notre insupportable connerie de gogos goyes. [...] Quelques noms de ces culottés, invraisemblables professeurs : Messieurs et Mesdames Mauss, Marx encore, Dumézil, Elisser, Grabar, Sylvain Lévi, Stoupack (alter ego de Mme Brunschwig), Masson, Oursel, Weill, Puech, etc. Juifs !... Juifs... Et contre-Juifs[2].

Occupation et occultisme

Les opinions politiques de Georges Dumézil, d'ailleurs changeantes mais de toute façon profondément conservatrices comme le montre sa correspondance avec Mircea Eliade[3], ne sont donc pas la clé de son œuvre. Comme je l'ai montré plus haut[4], la vision des Indo-Européens comme un peuple cavalier et conquérant n'est, jusqu'en 1945, ni de droite ni de gauche. Elle est partagée, et dans des termes superposables, aussi bien par le

1. Voir *infra*, p. 490.
2. Céline, 1938, p. 232-233 ; voir Eribon, 1992, p. 176-183.
3. Turcanu, 2013.
4. Voir *supra*, chap. 5, p. 155 *sq.*

socialiste Antoine Meillet, le linguiste juif et communiste Émile Benveniste, ou encore Georges Dumézil, si proche de l'Action française. C'est une construction idéologique pluriséculaire, que bien peu, à l'époque, remettraient en cause.

Il y a en outre, dans l'itinéraire personnel de Dumézil, un paradoxe presque tragicomique : il fut lui-même une victime de l'extrême droite maurassienne et vichyssoise. En effet, dans les années 1935-1936 et jusqu'à la guerre, il devient membre d'une loge maçonnique, la loge Le Portique, rattachée à la Grande Loge de France. Cette adhésion était à l'opposé des convictions de jeunesse de Dumézil, lorsqu'on sait la haine que Maurras vouait à la franc-maçonnerie. Pourquoi cette adhésion ? Fidèle jusqu'au bout à la tradition de secret de ces obédiences, Dumézil reste très discret dans ses *Entretiens* avec Didier Eribon, mais ce dernier a obtenu quelques documents supplémentaires sur cet engagement, y compris le plan d'un exposé prononcé par Dumézil sur « Enseignement et liberté »[1]. A sans doute joué son intérêt pour les sociétés secrètes et les rites d'initiation, l'un de ses thèmes de travail. Il a lui-même affirmé avoir « rêvé sur une possible ascendance celtique de cette organisation dite “écossaise”[2] ». Mais, comme le rappelle Didier Eribon, Dumézil a toujours éprouvé une véritable attirance pour l'occultisme[3]. Il s'était initié dans les années 1920 à la radiesthésie et, comme le précise encore le philosophe qui l'a beaucoup fréquenté à la fin de sa vie, son travail sur Nostradamus auquel il a consacré l'un de ses derniers livres, ne serait pas à prendre seulement au second degré :

> Aussi saugrenue que cette affirmation puisse paraître, Dumézil croyait à Nostradamus. Ou du moins il refusait de ne pas y croire, il se refusait à refuser, en invoquant l'étrange argument que nos connaissances, dans deux ou trois siècles, nous permettraient peut-être de mieux cerner cette « physique seconde », d'en savoir plus sur ce « *mundus* à l'envers » et de comprendre comment Michel de Nostre-Dame avait pu avoir accès aux « archives de l'avenir ». Ce qui signifierait qu'il y aurait, par-delà le réel que nous connaissons et qu'appréhendent les sciences physiques

1. Eribon, 1992, p. 164-175.
2. Dumézil, 1987, p. 74, 1985a, p. 210.
3. Eribon, 1992, p. 170-172.

> ou biologiques, un long fil qui relierait les siècles entre eux et permettrait des phénomènes de transmission de pensée : des individus exceptionnels seraient en mesure d'entrer en contact avec les événements de l'avenir, de connecter leurs équations neuronales sur les expériences et les réflexions d'un homme du futur, et Nostradamus aurait ainsi capté les pensées de Louis XVI[1].

Bien sûr, comme le rappelle aussi Eribon, ces étranges croyances n'ont eu aucune influence sur la rigoureuse méthode comparative de Dumézil. On pourra en revanche se poser plus loin la question de ses interprétations ultimes en termes de continuités et d'héritages.

Dans tous les cas, cette adhésion maçonnique vaudra à Dumézil d'être révoqué, dans un premier temps, de l'enseignement public en novembre 1941, de par les lois du régime de Vichy, dans la lignée de l'Action française, contre les Juifs et contre les francs-maçons – ce qui fera regretter amèrement à Dumézil d'avoir tenté cette expérience. D'autant qu'entre-temps, il venait de se convertir au catholicisme, avec toute l'ardeur d'un néophyte, et faisait des retraites dans un couvent dominicain[2] – pour abandonner néanmoins cette foi soudaine vers la fin de la guerre et se cantonner définitivement dans l'athéisme. Ce dernier épisode va évidemment dans le sens du caractère fluctuant, sinon fantasque, d'une partie de la vision du monde de Dumézil, ou du moins « qu'il y a plusieurs niveaux de conscience chez lui[3] ». Sa révocation ne durera qu'un an et il sera réintégré en décembre 1942, selon les dispositions qui prévoyaient de telles procédures, y compris pour les intellectuels juifs, en cas de services exceptionnels rendus, et d'autant que le nouveau gouvernement, celui de Laval, était hostile à ces révocations. Marcel Mauss, lui-même en danger et ayant démissionné du Collège de France avant même la promulgation des lois antisémites[4], rédigera une note de soutien à sa cause. Symétriquement, Dumézil devra passer – avec succès – devant une commission d'épuration à la Libération, certains ayant trouvé suspecte sa réintégration par Vichy[5].

1. *Ibid.*, p. 171.
2. *Ibid.*, p. 216.
3. *Ibid.*, 1992, p. 170.
4. Olender, 2009, p. 203.
5. Eribon, 1992, p. 244-257.

L'intellectuel nazi Karl Epting, chargé avant la guerre de l'Office universitaire allemand en France, devint sous l'Occupation le directeur de l'Institut allemand qui, sous l'autorité de l'ambassadeur Otto Abetz, avait pour mission d'attirer les intellectuels français vers l'ordre nouveau. Sa correspondance avec Céline, qu'il admirait, a été éditée, comme le livre même d'Epting, publié en 1953, *Réflexions d'un vaincu*. Il fournit après la guerre la liste de la trentaine d'intellectuels avec lesquels il était particulièrement en relation. À côté de partisans connus de la collaboration, comme l'écrivain Maurice Bardèche ou le biologiste Alexis Carrel, figure aussi le nom de Georges Dumézil. Mais comme on y trouve aussi celui de l'historien Paul Hazard, qui participa à la Résistance, on peut penser que les fréquentations de Karl Epting étaient éclectiques, comme l'étaient, on vient de le voir, les curiosités idéologiques de Dumézil, d'autant que, comme le précise Philippe Burrin dans son livre sur *La France à l'heure allemande (1940-1944)*, où il relate ce fait, « l'époque n'est pas en noir et blanc[1] ».

Tout au plus pourrait-on évoquer cet article de 1941 dans la *Nouvelle Revue française*, alors dirigée par l'écrivain fascisant Pierre Drieu La Rochelle (il se suicidera en mars 1945), article déjà cité[2]. Dumézil s'y interroge sur « l'événement le plus important de l'histoire temporelle récente de l'humanité », à savoir l'épopée conquérante des peuples indo-européens, dont les causes n'ont pas été résolues : « Impérialisme inné, appel confus du destin, maturation plantureuse d'un groupe humain privilégié ? » ; et il concluait : « Aujourd'hui, au-delà de luttes fratricides qui sont peut-être le dur enfantement d'un ordre stable, on ne voit sur la planète qu'un coin de terre où put grandir un appelant à ce triomphe. Mais sans doute arriverait-il trop tard. » Ce texte servira en même temps de préface au livre qu'il sortira la même année, *Jupiter, Mars, Quirinus*[3]. Curieusement, cette phrase étrange – quel est d'ailleurs ce « coin de terre où put grandir un appelant » qui arriverait « trop tard » ? – n'a jamais été citée à charge contre Dumézil, alors qu'elle aurait pu aisément passer pour un appel, ou au moins une résignation, à la collaboration.

1. Burrin, 1997, p. 361, et note 85, p. 530.
2. Voir *supra*, chap. 5, p. 156.
3. Dumézil, 1941a et b.

Quant aux termes « inné », « destin », « privilégié », ils peuvent difficilement passer pour un pur constat scientifique.

Drieu La Rochelle verra immédiatement comment il pouvait utiliser les travaux de Dumézil au profit de ses propres convictions collaborationnistes :

> En France, Georges Dumézil a beaucoup fait dans ces dernières années pour nous permettre de prendre une conscience beaucoup plus large et beaucoup plus précise de ces antiques harmonies qui relient l'Inde des Vedas à la Rome des premiers siècles, la Gaule des druides, la Germanie et la Scandinavie, l'ancienne Slavie. Sur de telles bases historiques peut se fonder une solide et exaltante conception de l'Europe de demain [...]. Quand on s'est assuré de cette parfaite continuité du génie aryen à travers l'Europe préhistorique, protohistorique, antique, on peut considérer d'un œil nouveau le mélange des Celtes et des Germains dans ces trois grands pays [l'Allemagne et la France, mais aussi l'Angleterre][1].

Il faudrait encore mentionner brièvement une autre polémique, plus récente mais portant sur l'un des tout premiers textes de Dumézil, publié en 1927 dans la *Revue turque d'anthropologie*, alors que Dumézil occupait une chaire d'histoire des religions à l'université d'Istanbul. Intitulé « De quelques faux massacres », l'article est consacré aux massacres qui, dans certaines mythologies, en Grèce et en Inde, servent à justifier des pratiques rituelles. Il avait déjà abordé ce thème en 1924 dans sa thèse complémentaire, *Le Crime des Lemniennes*. Le mythologue américain Bruce Lincoln a republié en 1990 cet article oublié, en suggérant que, alors salarié par le gouvernement turc, Dumézil serait venu au secours de sa négation du génocide arménien en mentionnant des exemples anciens de « faux massacres ». Si la coïncidence pourrait sembler fâcheuse à un lecteur trop pressé, Dumézil conclut en fait explicitement son article en écrivant : « Le monde a connu assez de tueries authentiques pour qu'on laisse dormir, dans le pacifique trésor des fictions humaines, des massacres qui ne se comprennent que comme mythes[2]. » Le paradoxe est que

1. Drieu La Rochelle, 1943 ; cité *in* Olender, 2009, p. 106-107.
2. Dumézil, 1927 ; Lincoln, 1990 ; Eribon, 1992, p. 48-50.

Bruce Lincoln est par ailleurs l'un des disciples américains de Mircea Eliade, ce prolifique mythologue et ésotériste d'origine roumaine, très proche ami de Georges Dumézil, mais dont les sympathies pour le régime fasciste roumain, sinon l'antisémitisme de jeunesse, sont en revanche bien avérées[1].

Un Collège, deux Académies et une Nouvelle Droite

Les années d'après-guerre seront celles de la consécration de Georges Dumézil, élu au Collège de France dès 1949 (par vingt-quatre voix contre quinze) à cinquante ans à peine, malgré l'opposition des antiquisants ou médiévistes les plus conservateurs comme André Mazon, André Piganiol ou Edmond Faral – ce dernier administrateur du Collège et favorable au contraire à la candidature du père Teilhard de Chardin sur la chaire de préhistoire, laissée vacante par le départ en retraite deux ans plus tôt de l'abbé Breuil[2]. Vingt ans plus tard, Dumézil est successivement élu à l'Académie des inscriptions et belles-lettres en 1970, puis à l'Académie française en 1978, passant ainsi dans le même temps du statut de défricheur, voire d'outsider, des sciences humaines, à celui de notable de ces mêmes sciences. On peut s'interroger sur un aussi singulier retournement. En effet, ces deux Académies ne passent pas pour accueillir les tendances les plus modernistes, ni de la recherche en sciences humaines, ni non plus de la littérature ou de la pensée. Il serait facile de faire la liste des principaux historiens français de la seconde moitié du XXe siècle qui n'y ont jamais trouvé place, ou plutôt qui n'ont jamais été sollicités pour en faire partie – et il en va de même de l'Académie des sciences morales et politiques quant à l'histoire moderne et contemporaine, la philosophie, la sociologie et le droit. Un solide conservatisme scientifique et politique y a toujours été majoritaire, et pas seulement de par l'âge avancé de ses membres.

Sur l'Académie française[3], on se souvient des deux vers ironiques d'Edmond Rostand (qui y entra pourtant peu d'années après !) :

1. Dubuisson, 2005. Voir *infra*, p. 501-503.
2. Eribon, 1992, p. 263.
3. Garcia, 2014.

« Porchères, Colomby, Bourzeys, Bourdon, Arbaud... / Tous ces noms dont pas un ne mourra, que c'est beau ! » Pour en rester aux dernières décennies, ont par exemple refusé d'y entrer Marcel Aimé, Georges Bernanos, Daniel Pennac, Jean Echenoz, Simon Leys, Le Clézio, Patrick Modiano, Milan Kundera, Pascal Quignard, ou encore Tonino Benacquista[1]... C'est cette même Académie qui avait élu avant-guerre en son sein Philippe Pétain, Charles Maurras, le ministre de Vichy Abel Bonnard et l'écrivain collaborateur Abel Hermant. Elle se crut obligée de les exclure à la Libération, mais laissa néanmoins vacants jusqu'à leur mort les fauteuils des deux premiers. Elle avait aussi couronné avant la guerre l'ouvrage eugéniste et antisémite de René Martial sur *La Race française*, lequel collabora à la politique antisémite de Vichy[2]. Lorsque Dumézil y est élu en 1978, le secrétaire perpétuel est alors le bien oublié Jean Mistler, écrivain, député et ministre radical-socialiste à l'origine, mais passé à la collaboration et membre du « Conseil national », l'instance pseudo-parlementaire du régime de Vichy. Rappelons qu'un secrétaire perpétuel de l'Académie n'est pas n'importe qui : à cette époque, il figurait au dixième rang du protocole de la République française, avant même le chef d'état-major des armées. Mistler fut également un camarade d'études de Dumézil et c'est lui qui lui remit l'épée. En 1975, trois ans avant Dumézil, l'Académie intronisait aussi l'écrivain Félicien Marceau, pseudonyme de Louis Carette, condamné en Belgique pour faits de collaboration et écrits antisémites ; cette intronisation provoqua la démission du poète et résistant Pierre Emmanuel et, ironie, c'est sur le fauteuil de Félicien Marceau que fut élu, en 2014, l'essayiste Alain Finkielkraut.

Si l'on en croit Alain de Benoist dans un entretien, c'est justement Jean Mistler qui lui aurait demandé d'envoyer à tous les académiciens le numéro spécial de la revue *Nouvelle École* qu'il venait de consacrer à Dumézil, campagne dont l'élection de Dumézil aurait été d'après lui « largement le fruit »[3]. De fait, l'Académie française allait couronner dans le même temps l'essai d'Alain de Benoist, *Vu de droite*[4]. Jean Mistler, en tant

1. Selon la rubrique « Académie française » de Wikipedia.
2. Voir *supra*, chap. 10, p. 266-267.
3. Benoist, 1997. Voir *supra*, chap. 9, p. 283-284.
4. Voir *supra*, chap. 9, p. 283 *sq.*

que secrétaire perpétuel, avait adressé dès 1974 une lettre de soutien à *Nouvelle École*, fondée et dirigée par Alain de Benoist[1]. Cette même Académie couronnera par exemple, en 1989, un ouvrage très contestable sur l'Afrique de l'historien d'extrême droite Bernard Lugan, enseignant à l'université de Lyon-III.

Ces rapprochements posent donc aussi la question, connue, des relations de Dumézil avec la Nouvelle Droite[2]. Alain de Benoist avait proposé à Georges Dumézil de lui consacrer un numéro spécial de *Nouvelle École*, rédigé pour l'essentiel par Dumézil et ses disciples ou proches, mais néanmoins préfacé par la rédaction (c'est-à-dire par Alain de Benoist). Ladite préface affirmait en particulier :

> L'héritage indo-européen que nous retrouvons et cultivons en nous-mêmes, nous le projetons donc doublement dans l'histoire, à la fois comme représentation du passé et comme « imagination » de l'avenir [...]. Ainsi, lorsque nous parlons de traditions indo-européennes, ou lorsque nous ramenons à la lumière du jour les traces oubliées du mythe, de la religion, de l'idéologie et de l'histoire des peuples dans lesquels nous voulons reconnaître nos ancêtres, nous ne regardons pas seulement en arrière. Au contraire, comme Janus, nous envisageons aussi l'avenir[3].

Dans le même temps, Dumézil entrait dans le comité de patronage de *Nouvelle École*, lui apportant ainsi sa caution scientifique. Sur cet épisode, les interprétations divergent. Pour Didier Eribon, Georges Dumézil, dépité d'être aussi peu reconnu à cette époque, aurait accepté cet hommage de la part d'une revue dont il aurait tout ignoré de l'orientation. Le regretté mythologue et linguiste Georges Charachidzé, l'un de ses plus proches collaborateurs, en a donné différentes versions, qui ne sont pas incompatibles. À Maurice Olender, il écrivit que Dumézil lui aurait avoué après coup : « Mon pauvre ami, dans quel guêpier vous ai-je fourré, bien malgré moi, croyez-le[4] ! » ; à moi-même, Georges Charachidzé confia en 1981, plusieurs années auparavant, que Dumézil lui

1. *Nouvelle École*, n° 25-26, hiver 1974-1975.
2. Voir *supra*, chap. 9.
3. *Nouvelle École*, n° 20-21, 1972, p. 10-12.
4. Olender, 1991, p. 200-201, 2009, p. 332-333.

aurait proposé de collaborer à ce numéro spécial, en lui précisant, « avec un petit rire », que c'était « pour *Nouvelle École* »[1]. Ce qui est certain en tout cas, c'est que Dumézil fit retirer peu de temps après son nom dudit comité de patronage. On peut donc supposer que Dumézil pensait connaître les orientations générales de la revue, mais qu'à la lecture de la présentation du dossier qui lui était consacré, il trouva que les choses allaient un peu trop loin.

C'est en tout cas ce qu'il déclara directement à Maurice Olender[2], en lui confirmant dans un autre entretien, celui, cité plus haut, où il déclarait se tenir « loin de la marmite » : « Je ne prends la responsabilité que de ce que je fais ou de ce que j'approuve publiquement. Il y a des études qui prétendent aller dans le sens de mes travaux et qui me hérissent. Je n'ai pas à le dire. Je ne veux pas m'occuper des fantasmes des autres. Je ne les approuve pas et ne les cite pas. Voilà tout[3] ! »

Plusieurs des membres de la Nouvelle Droite revendiqueront néanmoins des relations d'amitié, sinon de proximité intellectuelle, avec Georges Dumézil, comme Alain de Benoist ou Jean-Claude Rivière[4]. De même le linguiste Jean Haudry, autre figure marquante de ce mouvement et tout aussi habile à la captation d'héritage, écrit dans l'introduction de son « Que sais-je ? » sur *Les Indo-Européens*[5] : « Je remercie M. Georges Dumézil d'avoir bien voulu lire le manuscrit de ce livre ; il va de soi que j'en reste seul responsable[6]. » Dumézil, dans un entretien au *Nouvel Observateur* publié quelques jours avant sa mort, confiait à propos de l'autre « Que sais-je ? » de Jean Haudry, *L'Indo-Européen*, ouvrage certes purement linguistique : « On disposait déjà depuis 1979 d'une très bonne initiation : *L'Indo-Européen*, de Jean Haudry, dans la collection “Que sais-je ?”[7]. »

Sans doute pourrait-on conclure cet aspect de l'œuvre de Georges Dumézil avec le constat balancé de Pierre Vidal-Naquet

1. Entretien de Georges Charachidzé avec l'auteur en février 1981.
2. Olender, 1991, p. 200.
3. Dumézil, 1983a. Voir Olender, 2009, p. 150.
4. Rivière, 1979, p. 15.
5. Voir *supra*, chap. 9, p. 292 *sq*.
6. Haudry, 1981, p. 3.
7. Dumézil, 1986, p. 104 (interview dans *Le Nouvel Observateur*) ; Olender, 2009, p. 335, note 33.

au moment de la mort du savant : « Il fut utilisé par la "Nouvelle Droite" et tarda un peu à s'en dégager[1]. »

La publication récente de la correspondance entre Georges Dumézil et le mythologue roumain Mircea Eliade a apporté cependant des précisions sur ses opinions personnelles. Dans une lettre du 1er avril 1982, quatre ans avant sa mort, il se montre cette fois sans ambiguïté vis-à-vis du linguiste Haudry et de son groupe. En revanche, ses propos sur « un groupe de Juifs, jeunes et moins jeunes » (visant notamment sans le nommer l'archéologue Alain Schnapp, qui avait évoqué, dans le volume des hommages à Léon Poliakov[2], le fameux passage des *Dieux des Germains*) ne sont pas sans jeter une certaine part d'ombre :

> D'absurdes polémiques (racistes ou prétendues telles, contre antiracistes), dans lesquelles on voudrait m'entraîner et où l'on m'utilise sans scrupules, m'empoisonnent depuis décembre. Il s'est, en effet, fondé, à l'université de Lyon-III, sous la direction d'un linguiste, Jean Haudry, un « Centre d'études indo-européennes », à la fois médiocre et compromettant. Jean Varenne y fait figure de grand homme. D'autre part, un groupe de Juifs, jeunes et moins jeunes, auxquels s'est associé Olender, est en train de composer des *Protocoles* tristement authentiques… Voyez la revue – 4 numéros par an – *Le Genre humain* et le recueil *Léon Poliakov* paru à Bruxelles (Olender étant éditeur !). Quelle misère[3] !…

Trifonctionnalité et indo-européanité

Si l'on abandonne maintenant l'homme pour ne traiter que de l'œuvre, considérable, celle-ci pose au moins cinq principaux problèmes :

a) Les comparaisons développées par Dumézil sont-elles fondées ?
b) Le schéma de la trifonctionnalité fonctionne-t-il quoi qu'il arrive dans les mythologies concernées ?

1. Vidal-Naquet, 1986, p. 67. Voir aussi Duranton-Crabol, 1988, p. 167-168.
2. Olender, 1981 ; Schnapp, 1981.
3. Turcanu, 2013, p. 132.

c) La trifonctionnalité est-elle spécifique aux Indo-Européens, ou bien s'agit-il d'une organisation générale, sinon banale, propre à toutes les sociétés humaines, et ne la rencontre-t-on pas dans des sociétés qui ne parlent pas, ou ne parlaient pas, une langue indo-européenne ?
d) Comment Dumézil se représente-t-il et explique-t-il le mode de transmission de cet héritage idéologique au fil des millénaires ?
e) Peut-on expliquer autrement les indéniables correspondances mythologiques et narratives révélées par Dumézil ?

Sur le premier point, on ne peut guère prendre en défaut la colossale érudition de Georges Dumézil. Les reproches méthodologiques qui lui ont été faits se sont rarement appuyés sur des arguments concrets, mais sur des considérations générales, sinon des procès d'intention. Ainsi la féroce diatribe prononcée en 1949 par le slavisant André Mazon, élève d'Antoine Meillet et membre de l'Académie des inscriptions et belles-lettres, contre la candidature de Dumézil au Collège de France – candidature que soutenait au contraire vigoureusement, et finalement avec succès, un autre élève de Meillet, Émile Benveniste : « Une communauté de langue impliquerait-elle une communauté de civilisation ? Et serait-il possible, à quelques millénaires de distance, à travers un petit nombre d'étymologies et de textes d'interprétation discutable, de reconstituer une civilisation proprement indo-européenne avec ses usages, ses croyances, sa structure sociale, ses institutions et tout le complexe qu'est une civilisation ? Ce serait là une vue qui nous semble aujourd'hui anachronique et disons-le chimérique. » Et André Mazon de fustiger « les risques inhérents à ces domaines : dédain du temps et de l'espace, maniement cavalier de la critique, constructions faciles et aventureuses, hypothèses sans lendemain à moins que leur auteur, comme il arrive trop souvent, ne s'obstine à leur faire un sort, et, devenu leur prisonnier, ne soit réduit à combattre pour elles dans des polémiques sans fin »[1].

On mesure à entendre Mazon comment, en peu de décennies, Dumézil passa du statut de chercheur marginal, qu'il était alors,

1. *Proposition soumise à l'assemblée par M. Émile Benveniste sur les titres de M. Georges Dumézil*, Collège de France, 13 février 1949 ; cité *in* Eribon, 1992, p. 272, ainsi que pour la suite.

à celui de monument des sciences humaines françaises. Il reste cependant de la place aux débats sur tel ou tel point. Les historiens et archéologues de Rome ont souvent fait remarquer que, même organisées en un système mythique trifonctionnel, les origines de la ville s'appuyaient aussi sur des faits historiques concrets, comme la présence réelle des Sabins, puis des Étrusques, sur place. D'ailleurs Horatius Cocles, censé faire couple comme borgne avec Mucius Scaevola le manchot, comme le couple germanique Odhinn-Tyr, n'est pas borgne dans tous les récits : pour Plutarque, il avait seulement un aspect terrifiant, car « il avait la partie antérieure du nez si aplatie, si enfoncée, qu'il n'y avait pas de séparation entre ses yeux et que ses sourcils confluaient ».

Le second problème est celui de l'adéquation de la structure trifonctionnelle pour rendre compte de l'ensemble des phénomènes mythologiques, épiques et rituels. En effet, les deux premières fonctions pouvant se dédoubler, et la troisième étant par essence multiforme puisqu'elle recouvre à la fois le travail, le plaisir, la richesse, la reproduction, etc., existe-t-il un risque que toute divinité, voire toute action, puisse quoi qu'il arrive être placée dans une case du modèle ? L'archéologue et historien André Piganiol a parlé de « fourre-tout » pour la troisième fonction, ce qu'a récusé Dumézil[1]. Une porosité, certes toujours explicable, existe entre les trois fonctions. La troisième fonction comporte souvent, on l'a vu, deux jumeaux. Mais l'un des jumeaux divins fondateurs de Rome est Romulus, premier roi et incarnation de la fonction magico-religieuse. Les rois en général, de l'aveu même de Dumézil (ce qu'il appelle « le problème du roi »), oscillent entre la première et la deuxième fonction, quand ils ne réunissent pas les trois fonctions, ou en empruntent un peu à chacune des trois. Chez les Germains, la fonction guerrière semble avoir pris une place majoritaire, qui tiendrait au caractère belliqueux de ces sociétés – tandis que le dieu au marteau Thor, celui de la deuxième fonction, est aussi un dieu de la Fertilité. Les Dioscures, de la troisième fonction en Grèce, sont aussi des guerriers. Plus généralement, les théologies de la première fonction sont plus complexes que celles de la deuxième, et surtout de la troisième fonction, ce qui s'expliquerait par l'appartenance des prêtres à la

1. Dumézil, interview *in* Bonnet, 1981, p. 37-38.

première fonction, une fonction cependant multiforme, englobant l'ensemble des activités intellectuelles d'une société. Enfin s'il existe un grand nombre de structures ternaires, on trouve également dans les mythologies concernées des structures à quatre, voire à cinq termes, sinon au-delà[1]. Bref, on a régulièrement parlé d'une « élasticité » si grande que tout devient possible[2], même s'il faut tenir compte aussi de l'évolution dans le temps de la pensée du chercheur et des modifications qu'il y a régulièrement introduites[3].

Sans rentrer ici dans le détail de débats très érudits (mais auxquels le lecteur intéressé peut se reporter), il est bon de mentionner, par exemple, les critiques philologiques pointues que l'indianiste et iranisant allemand Bernfried Schlerath a adressées au traitement des hymnes védiques par Dumézil[4]. Selon lui, les dieux védiques n'apparaissent jamais sous la forme d'une triade trifonctionnelle et c'est par une série d'approximations que Dumézil les fait rentrer dans le schéma souhaité. Il porte les mêmes critiques à la structure trifonctionnelle affirmée par Dumézil dans les légendes nartes des Ossètes, dans les tribus romaines ou encore dans la religion germanique. De même les mariages indiens, comparés aux mariages romains, peinent à rentrer dans la structure[5].

À ses contradicteurs, qui objectaient à Dumézil que les trois fonctions étaient trois constantes de toutes les sociétés humaines (commander, se battre, travailler), sinon de la nature humaine, ce dernier a toujours rétorqué que les Indo-Européens auraient été les seuls au monde à en faire une vision du monde globale et articulée, à la différence des autres mythologies, de la Mésopotamie à la Chine et du monde arabe aux Amériques. Néanmoins, on peut penser que cet aspect universel est venu renforcer une tripartition parfois flottante et fluctuante. Notons que l'un des élèves et plus ardents défenseurs de Dumézil, Bernard Sergent, s'est voulu ensuite beaucoup moins affirmatif : « Nul n'a jamais prétendu, enfin, que la trifonctionnalité était un monopole indo-européen[6]. »

1. Dubuisson, 1985. Sur la porosité entre fonctions, voir aussi Polomé, 1996.
2. Belier, 1991 ; Schlerath, 1995-1996.
3. Vielle, 1992, p. 165, note 2.
4. Schlerath, 1995-1996.
5. Malamoud, 2005.
6. Sergent, 1995, p. 340-341.

Par défaut et par excès

Ce qui nous amène à la troisième question, celle de la coïncidence, ou non, entre sociétés de langue indo-européenne et sociétés à idéologie trifonctionnelle. De l'aveu même de Dumézil, la tripartition ne marche pas dans la religion grecque, même si on en trouvera çà et là des exemples, le Jugement de Pâris étant l'un des plus célèbres. Il en donne les raisons : « La Grèce – par rançon sans doute du "miracle grec", et aussi parce que les plus anciennes civilisations de la mer Égée ont trop fortement marqué les envahisseurs venus du Nord – contribue peu à l'étude comparative[1]. » Autrement dit, le modèle marche, sauf quand il ne marche pas. La religion des Hittites est, de même, beaucoup plus proche de celles des autres peuples proche-orientaux, avec lesquels ils sont en constante interaction politique et économique.

Symétriquement, l'idéologie trifonctionnelle se retrouve, par excès, chez des peuples qui ne parlaient pas des langues indo-européennes. J'avais signalé dès 1980 le cas japonais, validé par Dumézil lui-même peu de temps auparavant, où deux de ses élèves, Yoshida et Obayashi, avaient repéré une telle structure dans les panthéons japonais et coréen, tous comme au sein des trois objets sacrés indispensables au couronnement de l'empereur nippon (un miroir, un sabre, un joyau)[2]. De même Dumézil avait admis la tripartition du panthéon mésopotamien en dieux souverains, dieux sauveurs et dieux terrestres, ou encore celle des castes de l'Égypte du IIe millénaire avant notre ère. Pour ces deux derniers cas, il avait supposé une influence directe ; pour le cas japonais, un emprunt de steppe en steppe. Quant au Caucase, Dumézil avait argumenté que si le cycle des légendes des Nartes existait bien chez les voisins non indo-européens (Abkhazes, Tcherkesses, Tchétchènes, Ingouches, etc.) des Ossètes indo-européens, c'était sous une forme dégradée ; la trifonctionnalité originaire, empruntée par eux mais incomprise, aurait disparu[3]. Or Georges Charachidzé, le plus proche collaborateur de Dumé-

1. Dumézil, 1958, p. 91. Voir aussi *supra*, p. 473.
2. Yoshida, 1977 ; Obayashi, 1977 ; Dumézil, 1978, p. 13. Voir Demoule, 1980.
3. Dumézil, 1968, p. 570, 1978.

zil dans le domaine caucasien (ils recueillirent tous les deux le témoignage linguistique du dernier locuteur oubykh), a montré au contraire que cette « mémoire indo-européenne du Caucase » était parfaitement conservée chez ces fameux voisins, avec toute sa structure[1]. De même qu'il avait montré auparavant que les Géorgiens, de langue non indo-européenne, partageaient des mythes avec des peuples de langue indo-européenne, tel celui de Prométhée, qui fut précisément enchaîné dans le Caucase[2].

Certes, Dumézil a réfuté certains des exemples trifonctionnels extra-indo-européens qui lui ont été opposés. Il a ainsi vertement répondu à l'universitaire anglais John Brough qui avait prétendu trouver dans la Bible un certain nombre de structures trifonctionnelles – on dit même qu'il aurait appris l'hébreu tout exprès[3]. De même, l'une des raisons pour lesquelles il apprit le quechua et passa six mois au Pérou était de vérifier les possibles affinités indo-européennes de cette langue et de cette culture, ce à quoi il conclut finalement par la négative, proposant en revanche des comparaisons lexicales entre le quechua et le turc, qu'il attribua à une possible origine commune. Des traits indéniablement trifonctionnels se rencontrent néanmoins çà et là dans le monde, et notamment en Afrique[4].

Par ailleurs, nous ne connaissons qu'une très petite partie des mythologies indo-européennes. Les conquêtes successives de Rome, puis du christianisme, de l'islam ou du bouddhisme, ont fait disparaître presque toute trace écrite des religions originelles des Thraces, des Daces, des Phrygiens, des Illyriens, des Slaves, des Celtes (en grande partie), des Tokhariens, des Arméniens, des Albanais. Symétriquement, nos sources sont tout aussi muettes ou indéchiffrables sur les mythologies de peuples résolument non indo-européens de l'Europe protohistorique, comme les Minoens de Crète (dont l'écriture, le linéaire A, reste indéchiffrée), les Ibères, les Pictes des îles Britanniques, les Paléo-Basques, les Étrusques (même si Dumézil leur a consacré un petit appendice[5]) et sûrement bien d'autres.

Enfin certains traits de mythologies indo-européennes sont

1. Charachidzé, 1987.
2. Charachidzé, 1968 (avec une préface de Georges Dumézil), 1986.
3. Dumézil, 1973, p. 338-361.
4. Grottanelli, 1993.
5. Dumézil, 1966, p. 611-680.

partagés par des mythologies non indo-européennes, comme le chamanisme caractéristique des populations de langues finno-ougriennes de la Sibérie (voire, suivant la définition qu'on en donne, chez les Amérindiens, Aztèques et Incas compris, ainsi qu'en Chine et au Japon), et que l'on rencontre aussi chez les Germains et les Celtes[1] – voire dans le Moyen Âge européen[2].

Dès lors, comment distinguer héritage « génétique » et emprunt, si tout devient possible ? Le tableau suivant, qui croise mythologies et langues, montre qu'en termes de validation logique, le modèle n'est pas testable, ou autrement dit qu'il n'est pas « falsifiable » : on ne peut prouver ni qu'il est vrai ni qu'il est faux.

	Mythologies indo-européennes « classiques »	**Mythologies en partie non indo-européennes**	**Mythologies peu ou pas indo-européennes**	**Mythologies originelles peu connues ou inconnues**
Langues indo-européennes	Indo-Iraniens, Romains Germains	Germains, Scythes	Grecs, Hittites	Slaves, Daces, Thraces, Baltes, Phrygiens, Arméniens, Tokhariens, etc.
Langues non indo-européennes	Japonais, Coréens (pour la structure générale)	Mésopotamiens, castes d'Égypte, Caucasiens	Finnois, Lapons, Turcs, Sibériens, etc.	Basques, Minoens, Hongrois, Étrusques, Ibères, etc.

Cela ne signifie en rien que les correspondances mythologiques indéniables relevées par Georges Dumézil n'existent pas, bien au contraire, mais que leur interprétation dans les termes d'un peuple conquérant préhistorique n'est pas la seule possible. Avant d'aborder ce que suggèrent les données archéologiques, on peut au moins évoquer le contre-exemple du « laboratoire balkanique » : dans ce creuset d'un espace restreint, province pendant un demi-millénaire d'un Empire ottoman qui y avait aboli toute frontière politique et donc toute entrave à la circulation des hommes et des

1. Eliade, 1968, p. 296-334 ; Sergent, 1995, p. 381.
2. Voir *infra*, p. 503.

idées, un folklore uniforme s'y est construit à partir de langues et de cultures fort diverses – Turcs, Albanais, Tziganes, Grecs, Slaves, Juifs séfarades, Roumains et minorités romanophones, Tatars, Pomaques, Gagaouzes, etc. Ces phénomènes centripètes ont affecté jusqu'aux structures linguistiques[1].

Héritages et hérédités

Ce qui nous amène à la question du mode de transmission de cet héritage mental des origines indo-européennes supposées, sur lequel s'est interrogé par exemple l'indianiste Charles Malamoud[2]. Ce dernier part en effet d'un paragraphe, parfois discuté (il reprend la tripartition du nazisme en lui ajoutant cette fois la médiévale et la soviétique), de *L'Héritage indo-européen à Rome* (1949), et que Dumézil a tenu à reprendre tel quel en 1985 comme conclusion à *L'Oubli de l'homme et l'Honneur des dieux* :

> Que l'idéologie tripartite soit conforme à la nature des choses, c'est probable et peut-être est-ce justement une des raisons de l'incontestable succès temporel des Indo-Européens que d'avoir, mieux que d'autres sociétés parfois non moins bien douées, pris conscience de cette division naturelle des fonctions de la vie collective ; ce n'est sans doute pas un hasard si quelques-unes des grandes réussites ou des grands efforts de puissance, jusque dans la plus moderne histoire de notre Europe, reposent sur des reviviscences claires et simples du vieil archétype, comme dit avec bonheur M. Mircea Eliade : les trois ordres sous la monarchie française (clergé, noblesse, tiers état), les trois rouages essentiels de l'État soviétique (le parti avec la police, l'Armée rouge, les ouvriers et les paysans), ceux de l'État nazi (la *Partei* avec la police, la *Wehrmacht*, l'*Arbeitsfront*) constituaient ou constituent des machines dont l'efficacité n'est pas contestable[3].

Comme le commente alors Charles Malamoud, on peut s'interroger légitimement sur la philosophie de l'histoire que sous-tendent

1. Voir *infra*, chap. 19, p. 583-586.
2. Malamoud, 1991.
3. Dumézil, 1949, p. 241, 1985, p. 323.

ces considérations, les sociétés indo-européennes qui auraient connu un tel « succès temporel » ne pouvant être que les sociétés occidentales chrétiennes post-Renaissance, puisque à une date antérieure des sociétés comme celles de la Chine ont eu autant de « succès ». Mais dans ce cas, entre la société des trois ordres médiévaux et les régimes totalitaires du XXe siècle, les nations européennes auraient-elles donc vécu dans une sorte d'irréalité hors de la « nature des choses » ? Et pourquoi, pour se borner à la société soviétique, ces « reviviscences claires et simples du vieil archétype » n'étaient-elles nullement perçues comme telles par les intéressés puisque, toujours pour reprendre Malamoud, dans les discours officiels, « d'autres distinctions étaient formulées : le parti et le peuple ; ou bien : la classe ouvrière et les autres couches sociales ; ou encore, avant que l'URSS ne fût devenue “État du peuple tout entier”, elle était un État des ouvriers et des paysans ; ou encore, il était dit que la Révolution était le fait des conseils (soviets) d'ouvriers, de paysans et de soldats » ? Et de conclure : « De quelle sorte de vie sont donc doués les archétypes, étant bien entendu qu'il s'agit d'habitudes de pensée propres à une culture particulière, non de structures universelles ? Bref, comment comprendre l'idée d'une tradition quand nous ne pouvons rien imaginer des supports qui lui ont permis de franchir silencieusement les siècles[1] ? »

Nous avons évoqué les rapports complexes de Dumézil avec l'occultisme et la transmission à travers les siècles. Si ces croyances n'ont pas affecté la rigueur de la méthode comparative, ce n'est peut-être pas le cas de l'interprétation ultime, en termes d'un « héritage », ou d'un « sillon héréditaire », comme il le dit ailleurs, des correspondances mises en lumière. De fait, Dumézil, comme beaucoup d'indo-européanistes (tels Meillet[2]), oscille entre une attitude purement méthodologique, l'indo-européanité mythologique n'étant, comme pour les langues, qu'un pur « système logique de correspondances », et une représentation spontanée de barbares conquérants réellement incarnés. Ainsi, à propos de la Grèce, cette évocation déjà citée d'« envahisseurs venus du Nord[3] ». De même affirme-t-il à plusieurs reprises que certaines

1. Malamoud, 1991, p. 120-121, 2005, p. 268-271.
2. Voir *supra*, chap. 5, p. 147.
3. Dumézil, 1958, p. 91. Voir *supra*, ce chapitre, p. 494.

différences entre la mythologie de l'Inde védique et celle de Rome tenaient à ce que la seconde était une société d'agriculteurs sédentaires, mais la première une société de nomades – ce que rien ne confirme dans la culture matérielle[1].

L'inévitable détour par l'archéologie

Nous ferons donc un inévitable détour par l'archéologie. « Mes principaux ennemis ont été des archéologues », me commenta sobrement Dumézil, à qui, jeune étudiant, j'exposais à l'automne 1967 mes projets d'avenir lors de l'unique et brève conversation que j'eus avec lui. Pourtant, dans l'ultime page de ses *Entretiens* avec Didier Eribon, il se compare lui-même à un archéologue qui révise ses interprétations d'une campagne de fouilles à l'autre et « se corrige de compte-rendu en compte-rendu[2] ».

Nous avons vu pourquoi aucune des deux principales théories archéologiques diffusionnistes, la steppique et la proche-orientale (sans parler de la scandinave de triste mémoire), ne peut emporter la conviction dans l'état actuel de nos données. La théorie proche-orientale ou anatolienne de Colin Renfrew est par ailleurs incompatible avec la mythologie comparée, puisque les sociétés agricoles relativement pacifiques et égalitaires qui s'implantent en Europe à partir du VIIe millénaire ont peu à voir avec l'ordre du monde hiérarchisé et guerrier de ces mythologies. C'est pourquoi Renfrew avait écarté d'un revers de main les travaux de Dumézil, les mettant au compte d'universaux des sociétés humaines, ou au moins de ceux des sociétés guerrières[3]. Il est cependant difficile de faire sérieusement l'impasse sur la masse de ces données comparatives, qui montrent des ressemblances indéniables et précises en divers points de l'Eurasie quant à une vision du monde belliqueuse et hiérarchisée.

Mais il n'est pas non plus nécessaire, pour incarner historiquement les correspondances mythologiques mises au jour par Georges Dumézil, de recourir au modèle de la dispersion arborescente utilisé

1. Dumézil, 1941a, p. 385-387 (voir aussi *supra*, ce chapitre, p. 493) ; 1987, p. 110-114.
2. *Ibid.*, p. 220.
3. Voir *supra*, chap. 13, p. 379-380.

par les linguistes comparatistes pour expliquer les correspondances linguistiques. Si ce modèle venait tout naturellement à l'esprit des savants des XIXe et XXe siècles, il n'est pas le seul possible, d'autant qu'il correspond à des sociétés guerrières déjà fortement hiérarchisées. Or celles-ci n'apparaissent véritablement en Europe qu'avec l'âge du bronze au IIe millénaire avant notre ère[1], tout comme les formes sociales et politiques de l'Inde védique après la chute des cités de l'Indus. Nous y avions fait le constat d'une circulation permanente et à longue distance entre les élites de multiples objets de prestige (chars, épées, lances, parures, arcs composites, chevaux), de matières premières prisées (étain, cuivre, ambre), mais aussi des savoirs qui accompagnaient nécessairement ces échanges d'objets et de techniques. Tout cela impliquait une certaine communauté idéologique aristocratique, qui se reflète d'ailleurs dans les représentations retrouvées par l'archéologie d'un bout à l'autre du continent. Les différences que l'on constate à chaque fois, dans chaque tradition littéraire, peuvent s'expliquer tout autant par les déformations que subissent ces mythologies en voyageant dans l'espace, plutôt que comme les traces d'un lointain héritage commun. Par définition aussi, ce que nous ont transmis les textes, ce sont les témoignages des idéologies religieuses dominantes, au service des pouvoirs, bien plus que les religions populaires, sans doute beaucoup plus variables d'une région à l'autre. La même hypothèse peut être faite pour certaines formules poétiques qui se retrouvent en Grèce comme en Inde, ou pour certaines métaphores, comme celle du soleil comparé à la roue d'un char, précisément l'un des objets de prestige caractéristique de l'âge du bronze[2].

Un modèle mythologique en réseau, plutôt qu'en arbre, explique à la fois les éléments « non indo-européens » des mythologies de peuples de langue indo-européenne (comme le chamanisme par exemple), et l'existence inverse d'éléments trifonctionnels dans les mythologies de peuples de langue non indo-européenne, comme ceux dont nous avons rappelé plus haut l'existence dans le Caucase[3], ou bien à l'autre extrémité de l'Eurasie, en Corée et au Japon[4].

1. Voir *supra*, chap. 11, p. 338-341 ; annexes, 15, p. 609.
2. Voir *supra*, chap. 11, p. 340, et *infra*, chap. 18, p. 542.
3. Charachidzé, 1987.
4. Obayashi, 1977 ; Yoshida, 1977.

Et on se rappelle que le bronze et le char semblent être parvenus de l'ouest jusqu'en Chine, région par ailleurs productrice d'étain.

Sans remettre en question les analyses comparatives de Georges Dumézil, on peut proposer des modèles plus subtils et plus riches que ceux de l'arbre généalogique centrifuge et diffusionniste – sachant pour mémoire que Dumézil, même s'il a eu constamment en tête ce modèle[1], s'est toujours refusé à aller plus loin dans l'incarnation historique sous-entendue.

D'autres mythologues ?

Certes, la mythologie comparée indo-européenne ne se réduit pas à l'œuvre de Dumézil. Mais cette œuvre a dominé à ce point toute la seconde moitié du XXe siècle, qu'il est difficile de discerner des pistes de recherche qui en aient été très éloignées. Dix ans après la mort de Dumézil paraissait en 1996 un ouvrage collectif au titre programmatique et révélateur : *Indo-European Religion after Dumézil*[2]. La dizaine de contributeurs ne semblaient pas considérer que cet « après » serait très différent, mais se bornaient à développer des points de détail. Pour la plupart, les études en mythologie se sont contentées de développer plus avant les hypothèses de Dumézil, en systématisant les comparaisons, notamment dans le domaine grec, qui paraissait le plus rebelle au schéma d'ensemble, de l'aveu même de Dumézil[3].

Quels que soient l'intérêt de ces autres études comparatives et le bien-fondé des rapprochements entre des mythes et des récits géographiquement et temporellement éloignés, ils ne changent rien à la question de fond traitée plus haut : ces ressemblances supposent-elles nécessairement une origine unique il y a six ou sept mille ans (au moins), ou bien d'autres modèles, notamment de brassages millénaires centripètes, sont-ils tout autant concevables ?

Il faudrait faire un sort particulier à l'œuvre prolifique de Mircea Eliade, cet historien des religions d'origine roumaine, déjà évoqué, qui termina sa carrière universitaire couvert d'honneurs aux

1. Par exemple : Dumézil, 1941a, p. 385-387, 1987, p. 110-114.
2. Polomé, 1996.
3. Par exemple, Vielle, 1996 ; Sergent, 1983.

États-Unis, et ami proche de Dumézil – ils moururent la même année à quelques mois d'écart. Dumézil l'invita en 1945 à faire des cours à l'École pratique des hautes études, lorsqu'il arriva à Paris à la chute de la dictature roumaine, et préfaça son *Traité d'histoire des religions* paru en 1949 et dont il avait supervisé la traduction en français[1] ; Eliade invitera de même Dumézil à l'université de Chicago en 1972. Francophone, Eliade garda toujours des liens avec la France et fit partie dès sa création du comité de patronage de la revue d'extrême droite *Nouvelle École*[2], bien que parfaitement averti de l'orientation politique de la revue[3]. Longtemps considéré comme « le plus grand historien des religions du XXe siècle », son œuvre a subi à partir des années 1990 une sérieuse réévaluation. On a pu montrer que le passé intellectuel et politique, explicitement fasciste, avait été soigneusement masqué, au prix de mensonges flagrants, par l'intéressé lui-même, mais aussi que son idéologie, imprégnée d'antisémitisme et d'ésotérisme (en référence à René Guénon, Julius Evola ou Ananda Coomaraswany), avait des conséquences directes sur ses conceptions de la religion et sur son œuvre[4]. De fait, tous ses thèmes autour du « sacré », des « hiérophanies », de grands universaux mythiques paraissent, regardés à distance, beaucoup plus relever d'idéologies ésotériques, sinon d'une « imposture » intellectuelle (Daniel Dubuisson), que d'une démarche scientifique.

Touchant aux Indo-Européens, il s'appuie dans ses travaux récents sur Dumézil, mais prétend en dépasser l'interprétation au profit d'une cosmogonie universelle[5]. Ce sont sans doute les rapprochements documentaires, permis par sa vaste érudition, entre des thèmes mythiques souvent très éloignés qui pourraient rester de l'œuvre d'Eliade – mais beaucoup se trouvaient déjà dans celle de James Fraser. On compte, parmi les disciples d'Eliade, le mythologue américain Bruce Lincoln, qui fut aussi l'un des accusateurs de Dumézil à propos des « faux massacres », attitude contrastant avec sa grande mansuétude vis-à-vis de son maître.

1. Eliade, 1949.
2. Voir *supra*, chap. 9, p. 299.
3. Communication personnelle de Maurice Olender.
4. Dubuisson, 2005 ; Laignel-Lavastine, 2002. Voir aussi Turcanu, 2013 ; Idel, 2014 ; Junginger, 2008 ; Olender, 2009, p. 161-174, et note 8, p. 344.
5. Eliade, 1979, p. 199-227.

Ses travaux néanmoins ne diffèrent guère, dans leur méthode comme dans leurs résultats, de ceux de Dumézil[1].

Dans une optique différente, l'historien italien Carlo Ginzburg, qui fut également l'un des accusateurs de Georges Dumézil et, par ailleurs, représentant de la « micro-histoire », a étudié d'une manière très érudite les jugements inquisitoriaux contre les sorcières entre le XIVe et le XVIIe siècle de notre ère. Il émet l'hypothèse que, derrière les réponses suggérées aux accusées par les juges sous la torture, il y aurait eu aussi la référence à des cultes particuliers, qui pourraient témoigner de pratiques chamaniques sous extase, avec ou sans substances hallucinogènes (champignons, ergot de seigle), et dont il retrouve la trace, avec une grande érudition, en diverses régions de l'Eurasie, y compris dans le folklore et les contes. Il y voit à la fois l'existence d'un fonds préhistorique, et l'indice du voyage à travers le temps et l'espace de croyances et des rites[2]. Derrière ce cas particulier, le travail de Ginzburg est l'exemple d'une approche comparative dans le domaine religieux qui identifie des homologies sur un espace considérable et discontinu, sans qu'il soit nécessaire d'en rendre compte dans les termes d'un modèle généalogique strict.

Mentionnons enfin les travaux tout récents qui entendent reconstruire un arbre de tous les mythes du monde à partir d'un point-origine supposé, la mythologie des premiers *homo sapiens*, il y a 100 000 ans[3].

Dumézil et les mythes

Dans son discours de réception à l'Académie française de 1979, brossant, selon l'usage, l'éloge de son prédécesseur au fauteuil, l'historien et diplomate Jacques Chastenet, Georges Dumézil prononça ces étranges paroles :

> Au fond, quiconque s'adonne aujourd'hui aux travaux traditionnels de l'esprit vit dans une perspective messianique : à la manière

1. Lincoln, 1981, 1986, 2000.
2. Voir *supra*, p. 496.
3. Berezkin, 2007 ; Witzel, 2012 ; Le Quellec, 2014.

> du cardinal Bessarion, nous savons que notre Constantinople tombera bientôt et nous faisons copier fiévreusement dans les îles encore libres de notre mer Egée les manuscrits qui, lors d'une renaissance à laquelle nous nous obstinons aussi à croire, ranimeront quelque part dans le monde notre Grèce et notre Byzance, je veux dire les lettres et les sciences de l'Europe[1].

L'historien des religions serait ainsi, dans un monde en perdition telle Constantinople assiégée par les Turcs, le sauveteur « messianique » de fragments de préhistoires mythologiques voués à être recopiés de copiste en copiste, jusqu'à cette hypothétique et lointaine « renaissance » ? On peut trouver ce regard pessimiste ou optimiste, réactionnaire ou relativiste. Mais il n'est pas sans rejoindre la conclusion de Charles Malamoud dans un dossier de la *Revue d'histoire des religions* consacré au problème indo-européen, et que nous citions en exergue de ce livre :

> À la vérité, quand on prend conscience de l'extraordinaire fécondité de la démarche comparative dans le domaine des études indo-européennes [...] ; quand, d'autre part, on reconnaît le caractère si fuyant des réalités auxquelles se réfèrent les substantifs que vient qualifier l'adjectif « indo-européen », on se dit que le chercheur, lorsqu'il entreprend d'explorer les rapports entre l'esprit humain et les cultures, fabrique lui-même des mythes. Freud nous offre ici peut-être un point d'appui et l'inestimable présent de la lucidité : parlant de la théorie des pulsions, théorie qu'il a inventée et dont il fait la base de son œuvre scientifique, il remarque, à plusieurs reprises, qu'elle est « pour ainsi dire, notre mythologie »[2].

À cela Dumézil avait répondu par avance :

> À supposer que j'aie totalement tort, mes Indo-Européens seront comme les géométries de Riemann et de Lobatchevski : des constructions hors du réel. Ce n'est déjà pas si mal. Il suffira de me changer de rayon dans les bibliothèques. Je passerai dans la rubrique « romans »[3].

1. Dumézil, 1979, p. 36.
2. Malamoud, 1991, p. 121.
3. Dumézil, 1987, p. 220.

17
Reconstructions et modèles linguistiques au XXIᵉ siècle

*Où l'on constate qu'il n'y a pas de consensus parmi les linguistes indo-européanistes pour reconstruire les sons et les mots d'une langue indo-européenne originelle, y compris pour savoir si une telle langue a jamais existé – Comment il n'y a qu'une seule racine qui soit commune aux quatorze familles de langues indo-européennes (la racine pour « enfler ») et comment près de la moitié des racines reconstruites ne sont pas attestées dans plus de quatre familles de langues indo-européenne, voire moins – Comment il n'y a pas non plus de consensus pour reconstruire un arbre généalogique (*Stammbaum*) global de l'ensemble des langues indo-européennes, hormis les grandes divisions déjà présentes dans le premier de tous ces arbres, celui d'August Schleicher en 1861 – Où l'on voit comment ces arbres s'insèrent parfois dans l'arbre de toutes les langues du monde promu par les linguistes américains Greenberg et Ruhlen, et coïncident avec l'arbre de tous les gènes du monde – Et pourquoi l'on trouvera toujours 100 % de chances de comparer n'importe quelle langue à n'importe quelle autre – Où l'on apprend comment comparer n'importe quel objet selon un modèle en arbre et comment linguistes et statisticiens construisent des arbres généalogiques des langues indo-européennes avec des techniques de plus en plus sophistiquées, parfois qualifiées de « magimathics » – Où l'on voit cependant que, si l'on construit des réseaux et non des arbres, on obtient d'autres représentations des relations entre langues indo-européennes.*

La grammaire comparée a poursuivi après la dernière guerre son travail érudit, déchiffrant et éditant de nouveaux textes, débattant des reconstructions et proposant des hypothèses, sans d'ailleurs que se dessinent de consensus forts, sinon celui d'une parenté de ces langues, généralement hors du champ des recherches linguistiques les plus innovantes (ethnolinguistique, sociolinguistique, etc.). Des hypothèses « révolutionnaires » ont pu être régulièrement proposées, comme la « théorie glottalique » venue de Russie. Néanmoins le postulat de base est resté l'arbre généalogique. Il en a été de même lorsque des techniques informatisées de créations d'arbres ont été mises en place en grande pompe. Quelques linguistes tentent cependant de travailler avec des modèles plus complexes.

Retrouver les sons originels ?

La reconstruction des phonèmes (des sons) se fonde sur l'établissement de « règles (ou lois) de correspondances ». En clair, on comparera, pour un mot donné, les formes attestées dans chacune des langues qu'on présume apparentées. Ainsi, pour reprendre un exemple obligé, le mot pour la « mère » se dit *mater* en latin mais aussi en grec, *mathir* en vieil irlandais, *mothar* en gothique, *matar* dans les langues indo-iraniennes. Ou, pour en rester aux langues romanes, de même que l'on peut comparer « huit » en français, *otto* en italien et *ocho* en espagnol, de même on aura « nuit » en français, *notte* en italien et *noche* en espagnol : au son *-uit-* du français, répond donc systématiquement *-ott-* de l'italien et *-och-* de l'espagnol. Or l'on sait dans le cas précis de ces trois langues que ces correspondances s'expliquent par un « ancêtre » commun, le latin, où « huit » se disait *octo* et « nuit » *noctem* (au complément d'objet direct ou accusatif). Il y a donc deux démarches successives : l'établissement de règles de correspondances systématiques ; puis l'interprétation de ces correspondances par l'existence d'un « ancêtre commun ».

L'exemple des langues romanes n'est pas indifférent. L'arbre généalogique de ces langues, qui repose sur une documentation de vingt-cinq siècles, est de loin le mieux connu. Il constitue, y compris dans les circonstances historiques de sa diffusion, le modèle implicite ou explicite de toute l'hypothèse indo-européenne, avec tous les risques éventuels de raisonnement circulaire. Le latin permet d'étudier ces correspondances dans le temps, dans la diachronie. Par exemple, le *c* du latin (qui se prononçait *k*) se transforma en *ch* en français lorsqu'il était placé devant un *a*

– *caballus* devint « cheval », *cantare* devint « chanter » ; mais il se transforma en *c* devant *i* ou *e* – *civitas* devint « cité » et *cervus* « cerf ». Les exceptions aux lois générales s'expliquent par des lois particulières : *vincam* donne « que je vainque » (et non « que je vainche ») par analogie avec l'indicatif ; « canine », « cantique » ou « cavalier » sont des formations savantes, fabriquées directement à partir du latin à une date récente. D'une manière générale, et comme les lois de la physique, modèle explicite ou implicite des indo-européanistes, « les lois phonétiques ne souffrent pas d'exception », sinon n'importe quoi deviendrait possible. On compte plusieurs dizaines de ces lois, chacune portant le nom de son découvreur[1], et donner son nom à une nouvelle « loi » est assurément pour un indo-européaniste l'une des plus hautes formes de consécration professionnelle. Ce corpus de lois est à la fois le fondement, le résultat et la justification de la méthode comparative.

Un des succès supplémentaires de la méthode comparative est que, comme toute autre science, elle est capable de *prédire* un résultat. L'exemple le plus classique et le plus célébré est celui de la théorie des laryngales, ces sons produits par une sorte de raclement de la gorge, proche du *j* espagnol de *jota*. Ferdinand de Saussure, dans une œuvre de jeunesse, en avait postulé l'existence dans la langue primordiale, bien que ces sons soient peu présents dans les langues attestées historiquement. Le déchiffrement du hittite, plusieurs dizaines d'années plus tard, révéla l'existence de laryngales dans la plus ancienne langue indo-européenne connue. L'histoire était aussi belle que celle de l'astronome Le Verrier, prédisant en 1846 à partir des anomalies de l'orbite d'Uranus l'existence et la position de la planète Neptune, que l'on ne pouvait pas encore observer directement ; il est vrai que par des calculs analogues, Le Verrier fit aussi l'hypothèse d'une planète située entre le Soleil et Mercure, et qu'il s'était cette fois trompé – les anomalies dépendaient dans ce cas de la loi de la relativité générale… Mais en outre, cette histoire n'est belle que si le hittite est effectivement une langue indo-européenne de structure ancienne, ce qui n'est que l'une des hypothèses possibles pour cette langue. Si en revanche le hittite a subi des

1. Pour un catalogue : Collinge, 1985.

dégradations récentes, voire peut même être considéré comme un pidgin[1], l'existence de ces sons particuliers ne témoigne plus d'un état indo-européen primitif.

L'honnête homme (ou femme) souhaitant apprendre est donc fondé(e) à consulter les manuels, qui ne manquent pas, afin de s'instruire sur l'état actuel de la phonologie de l'« indo-européen » reconstruit. Il (ou elle) sera vite déçu(e). Certes de tels manuels paraissent régulièrement depuis le temps de Schleicher, qui présenta la première tentative d'ensemble, mais plus passe le temps, plus ils se contredisent, et souvent âprement[2]. L'une des illustrations récentes en est la théorie glottalique, qui postule l'existence dans la langue primordiale de consonnes produites par un claquement de la glotte, un son normalement inconnu des langues de l'Europe mais bien attesté dans celles, non indo-européennes, du Caucase, notamment en géorgien. Cette théorie fut développée à partir de 1973 par un linguiste précisément géorgien, Tamas Gamkrelidze, en association avec un collègue russe, Vjačeslav Ivanov, par ailleurs figure marquante de l'ancienne dissidence soviétique[3]. Un linguiste américain, Paul Hopper[4], était parvenu indépendamment, la même année, à des hypothèses voisines. L'existence de glottales conduirait à remanier l'ensemble du système des consonnes postulé pour la langue primordiale.

L'intérêt n'est pas d'entrer dans le détail de ladite théorie. Il est, en termes d'histoire des sciences, qu'on puisse encore à une date très récente, malgré tant d'études et de « lois », remodeler aussi profondément et à n'importe quel moment un système aussi bien assis. Il est également que cette théorie est prise très au sérieux, voire définitivement admise par certains, farouchement combattue par d'autres[5], et que l'accord ne s'est toujours pas établi. On objecte contre la nouvelle théorie un certain nombre

1. Voir *supra*, chap. 15, p. 462.

2. Parmi les plus récents : Bader, 1994 ; Beekes, 1995 ; Clackson, 2004 ; Fortson, 2009 ; Lehmann, 1996 ; Meier-Brügger, 2010 ; Szemerényi, 1996 ; Tremblay, 2005.

3. Gamkrelidze et Ivanov, 1973, 1984 ; un bref article avait été présenté dès 1972.

4. Hopper, 1973.

5. Parmi les opposants, voir par exemple : Back, 1979 ; Dunkel, 1981 ; Szemerényi, 1985 ; Haider, 1985 ; Djahukian, 1986 ; Pisowicz, 1989 ; Winter, 1992 ; réponse partielle, et polémique, *in* Gamkrelidze, 1992.

de faits : elle s'appuie sur l'inexistence supposée du son *b* dans la langue primordiale, alors que ce son semble bien attesté, en particulier en milieu de mot, dans de nombreuses racines communes indo-européennes. Elle s'appuie également sur la situation phonétique du germanique et de l'arménien, qu'on considère pourtant usuellement comme des langues beaucoup plus évoluées que d'autres par rapport à la langue primordiale. Elle n'explique pas comment l'on a pu passer phonétiquement des glottales supposées aux sons historiquement attestés. Et la présence de glottales en arménien peut tout autant tenir à des phénomènes de contamination à partir des langues voisines non indo-européennes du Caucase[1].

Dans un colloque international tenu à Pavie en 1985 sur le problème de la théorie des glottales (et des laryngales chemin faisant), l'organisateur pouvait conclure que rien n'était réglé, et que l'on était toujours loin de disposer d'un manuel de phonétique indo-européenne équivalent à celui que Fritz Bechtel avait pu écrire en… 1892[2].

Car la situation n'est pas plus claire dans d'autres domaines de la phonétique reconstruite. Les laryngales par exemple, ce grand succès du modèle, qui étaient classiquement au nombre de trois, ont pu se multiplier jusqu'à dix dans les années 1950 (c'était le point de vue du grand linguiste français André Martinet), pour se restreindre ensuite à une seule chez certains autres chercheurs (comme le linguiste magyaro-allemand Oswald Szemerényi, l'un des principaux indo-européanistes de la seconde moitié du XXe siècle[3]) – tandis que toutes les combinaisons intermédiaires peuvent se rencontrer selon les chercheurs.

Il en va de même pour les voyelles de la langue primordiale. Le XIXe siècle finit par s'accorder, après bien des discussions, sur trois voyelles primordiales : *a*, *e*, *o*. Puis on tendit à partir des années 1930 à vouloir les réduire à une seule, *la* voyelle primitive dont toutes les autres seraient issues. On ne peut s'empêcher, devant ces pulsions réductionnistes, de penser justement à l'Inde, où la liturgie brahmanique considère parfois l'onomatopée sacrée

1. Winter, 1992.
2. Vennemann, 1989, p. 269.
3. Szemerényi, 1985, 1996. Voir aussi Polomé, 1987b.

Om ! comme la résonance du Verbe créateur, résumant à elle seule, non seulement tous les textes liturgiques du Veda, mais le cosmos lui-même. Cette voyelle primordiale renvoie aux débuts de la grammaire comparée, lorsque l'histoire des langues était aussi celle de l'Esprit humain. La voyelle unique offre un autre avantage, celui de simplifier les problèmes des correspondances phonétiques. Elle est le point-origine idéal, d'où n'importe quelle voyelle peut être librement déduite.

La voyelle primordiale unique a rencontré cependant des objections, la plus logique, soulevée par le linguiste structuraliste Roman Jakobson, étant qu'il n'existe aucune langue humaine connue qui ne possède qu'une seule voyelle[1]. Cette objection elle-même entraîna dans les années 1960 des discussions fiévreuses, dont les langues caucasiennes furent l'un des enjeux les plus disputés[2]. Ces langues sont en effet connues pour leur complexité phonétique. L'oubykh par exemple, dont Georges Dumézil et Georges Charachidzé ont établi la grammaire à l'aide de son dernier locuteur vivant, Tevfik Esenç décédé en 1992, comporte quatre-vingt-trois consonnes pour… deux voyelles. Mais on dut finalement reconnaître qu'aucune des langues caucasiennes ne comportait moins de deux voyelles. Et comme la tendance était à diminuer le nombre des laryngales, on se remit symétriquement, puisque ces sons ont une fonction phonétique proche de celle des voyelles, à augmenter à nouveau le nombre des « voyelles primordiales »…

Que reconstruit-on ?

Ces incertitudes cycliques ou erratiques vont au-delà de l'anecdote. Les correspondances phonétiques entre langues sont moins en cause que leur interprétation dans les termes de la reconstruction – ou de la construction – de la langue primordiale. Rendre compte dans les termes du système phonétique d'une langue primordiale unique et cohérente – à la fois des correspondances, mais aussi de tous les systèmes phonétiques des différentes lan-

1. Jakobson, 1958.
2. Discussions résumées *in* Szemerényi, 1985, § VI.6.8.

gues supposées issues de la langue primordiale – pose en fait des problèmes jusqu'à présent insolubles. Il est facile de montrer, comme l'ont fait Jakobson ou Greenberg[1], que l'ensemble des phonèmes primordiaux ne correspond à aucune langue raisonnable, puisqu'on aboutit en général à une liste de cent vingt-cinq proto-phonèmes, alors que la plupart des langues connues n'en ont guère plus de quelques dizaines...

Il est juste de reconnaître qu'une bonne partie des indo-européanistes n'ont pas pour ambition de « reconstruire » l'intégralité de la langue primordiale, mais plutôt d'établir une série de « lois » ou de faits abstraits. « Aucun linguiste de réputation ne prétend que les reconstructions proto-indo-européennes représentent une réalité, et l'imprononçabilité des formules à astérisque n'est pas un argument légitime contre la reconstruction[2] », écrivait naguère le linguiste Ernst Pulgram (les phonèmes ou les racines considérés comme « reconstruits », mais non nécessairement attestés dans une langue connue, sont comme on le sait précédés conventionnellement d'un astérisque). Et comme l'avait déjà remarqué il y a longtemps Holger Pedersen[3], les différents mots « primordiaux » qui composent la fameuse fable indo-européenne d'August Schleicher, et même les différents phonèmes d'un même mot, n'ont sans doute jamais été tous contemporains à la fois, mais représenteraient plutôt des phénomènes linguistiques éparpillés sur une assez longue durée.

Pour Guy Jucquois et Christophe Vielle, plus radicaux, grammaire comparée et mythologie comparée ne sont que des « méta-systèmes ô combien utiles et révélateurs de significations, mais méta-systèmes seulement, qui [...] ne démontrent ni ne nécessitent l'hypothèse d'une *unité* linguistique ou ethnique originelle[4] ». Wolfgang Schmid parle quant à lui d'« un inventaire abstrait de correspondances sélectionnées entre un nombre donné de langues à comparer », d'« une théorie plus ou moins fragmentaire sur les propriétés communes des langues indo-européennes individuelles », qui « ne mène pas à un point d'origine spécifique, mais

1. Jakobson, 1958 ; Greenberg, 1987.
2. Pulgram, 1959, p. 423. Voir aussi Pulgram, 1953.
3. Cité *in* Mounin, 1967, p. 198.
4. Jucquois et Vielle, 1997, p. 179.

à une pure et simple spéculation glottogonique » ; si bien que « l'accusation de poursuivre un fantasme repose, dans certaines circonstances, sur de bons fondements »[1].

Mais débat, sinon contradiction, peut exister chez un même auteur. Nous avons vu que l'une des icônes de la linguistique indo-européenne, Antoine Meillet, pouvait tour à tour écrire que la grammaire comparée ne fournissait qu'« un système défini de correspondances entre des langues historiquement attestées » ; mais qu'il avait existé un jour une « nation indo-européenne »[2].

Finalement toute hypothèse plus précise, par exemple sur la Patrie originelle et les migrations supposées du Peuple primordial, dépendrait donc de la position particulière de chaque linguiste quant au statut de la reconstruction. Cette querelle entre les tenants de la réalité incarnée, et ceux de l'abstraction rigoureuse, entre réalistes et nominalistes, n'est pas propre aux études indo-européennes. Elle est attestée dans toutes les sciences humaines dès que l'on produit des modélisations un peu élaborées. Mais après deux siècles de reconstruction, tout ne resterait-il qu'affaire de croyance ?

Car il n'y a pas d'accord définitif sur les méthodes de la reconstruction. Comme l'a fait remarquer André-Georges Haudricourt à propos des langues océaniennes, « l'application mécanique du principe de correspondance régulière aboutit à multiplier les phonèmes reconstruits et par conséquent à multiplier le nombre des coïncidences purement accidentelles[3] ». Autrement dit, pour rendre compte de correspondances phonétiques dans les termes d'une langue originelle unique, il faut accommoder de force le regard. Le problème est connu depuis plus d'un siècle, puisque Antoine Meillet publiait dès 1908 un livre sur *Les Dialectes indo-européens*[4]. Par là, il prenait acte de ce que l'on ne pouvait remonter à une langue unique, mais que l'on devait distinguer dès l'origine, sous forme de « dialectes » contemporains, ce qui allait donner lieu aux différentes familles de langues indo-européennes. Il représentait l'ensemble sous la forme d'un « camembert » avec

1. Schmid, 1987, p. 325 et 328.
2. Meillet, 1937, p. 47 et 418. Voir *supra*, chap. 5, p. 149 *sq*.
3. Haudricourt, 1972, p. 358.
4. Meillet, 1908.

un point central et des rayons qui isolent six parties, respectivement le grec, l'italique, le celtique, le germanique, baltique et slave réunis, et enfin l'iranien, qui englobe lui-même trois sous-ensembles (albanais, arménien et sanscrit). Ce terme de « dialecte » était un peu surprenant sous sa plume, car il était par ailleurs très réservé sur la dialectologie[1]. Le terme a été plus ou moins repris et discuté depuis lors[2], en même temps que l'on continue à débattre de la manière d'articuler géographiquement les différentes familles de langues indo-européennes[3]. On en retiendra ici que, dès l'origine supposée, il n'y a pas de langue unique.

Des racines et des mots

Le rapport des indo-européanistes aux mots indo-européens est complexe. Pour Antoine Meillet par exemple : « Les faits de vocabulaire dépendent des influences qui s'exercent sur la civilisation et sont pour une large part indépendants de la structure de la langue[4]. » Autrement dit, c'est la structure des langues, la syntaxe et la morphologie, qui est pertinente pour juger de la parenté linguistique, tandis que tel ou tel mot peut très bien avoir été emprunté. C'est pourquoi la paléontologie linguistique a été relativement mise de côté dans l'entre-deux-guerres, même si Childe ou Meillet en usent, quoique avec modération, pour ne réapparaître en force que dans ces dernières décennies. L'on reprendra plus loin cette question[5], pour ne s'occuper ici que des mots et racines, sans traiter de leur sens.

Il n'est pas inutile de rappeler que le nombre de mots communs à l'ensemble des langues indo-européennes n'est pas considérable. Si l'on consulte la liste des racines indo-européennes établie par Norman Bird à partir du dictionnaire étymologique indo-européen de Julius Pokorny[6], celui-ci pointe l'occurrence des quelque

1. Meillet, 1928c, p. 16. Voir *supra*, chap. 19, p. 570 *sq.*
2. Pedersen, 1925 ; Bonfante, 1931 ; Tovar, 1980 ; Porzig, 1954 ; Levin, 1988, entre autres.
3. Voir *infra*, p. 516 *sq.*
4. Meillet, 1938, p. 105. Voir aussi 1937, p. 32.
5. Voir *infra*, chap. 18, p. 530-533.
6. Bird, 1982 ; Pokorny, 1959-1969.

deux mille racines connues selon les quatorze familles de langues indo-européennes (indien, iranien, celtique, slave, germanique, etc.). Or le nombre de racines communes à l'ensemble de ces quatorze familles est égal à… un ! Il s'agit plus précisément de la racine **te-u-*, qui signifie « enfler ». Si l'on descend à treize familles, on trouve cette fois huit racines, soit : **au-* (asperger), **bher-* (porter), **dhe-* (poser), **in* (dans), **es-* (être), **me* (moi), **sker-* (couper) et **trei* (trois). Certaines de ces racines sont importantes, d'autres moins. En descendant à douze familles, on trouve encore seulement vingt-huit racines, dont **bhrater* (frère), **mater* (mère), **tu* (tu), et les chiffres pour cinq, six, sept, huit et neuf. Puis trente-six racines communes à onze familles de langues ; soixante-seize communes à dix familles ; quatre-vingt-cinq communes à neuf familles ; et cent douze communes à huit familles. On notera que **duo* (deux) n'est présent que dans onze familles et **kuetuer* (quatre) dans dix familles.

James Mallory et Douglas Adams établissent une liste encore plus restrictive, à partir de leurs mille quatre cent soixante-quatorze racines reconstruites[1] : ils ne trouvent que quatorze ou quinze racines communes à douze familles de langues, soit 1 % du total des racines identifiées ; vingt-trois racines communes à onze familles, soit 2 % du total ; cinquante-deux racines communes à dix familles, soit 4 % du total. Si bien que les trois quarts des racines indo-européennes reconstruites ne sont en réalité attestées que dans six familles de langues ou moins ; que près de la moitié des racines reconstruites ne sont attestées que dans quatre familles ou moins ; et qu'un quart encore ne le sont que dans deux ou trois familles. Certes, cela exclut le hasard (ce que personne ne défend par ailleurs), mais relativise considérablement la notion d'une « langue originelle » bien établie avec son vocabulaire homogène et compact, la *Ursprache*, et présente plutôt l'image d'un réseau de relations linguistiques très ouvertes. On comprend mieux pourquoi certains indo-européanistes ont préféré minimiser l'importance du vocabulaire pour la définition de l'« indo-européen ».

La linguiste italienne Angela Marcantonio[2] accomplit un travail

1. Mallory et Adams, 2006, p. 108.
2. Marcantonio, 2009.

encore plus radical, dans un volume collectif qu'elle a coordonné, pourtant publié par le même éditeur que le *Journal of Indo-European Studies*, ordinairement peu réservé sur le Peuple originel. Reprenant le dictionnaire des racines verbales indo-européennes récemment paru[1], lesquelles racines sont au nombre de six cent quatre-vingt-trois, elle constate qu'un tiers de ces racines reconstruites n'existent que dans une seule langue (ou une seule famille de langues) indo-européenne, ce qui permet pour le moins de questionner leur indo-européanité, puisqu'elles pourraient être propres à cette langue, voire être d'origine non indo-européenne. Un deuxième tiers n'est attesté que dans deux langues ou familles de langues, sachant qu'Antoine Meillet lui-même demandait qu'un fait soit attesté dans au moins trois langues pour être pertinent. Si l'on fait monter l'exigence à au moins six langues ou familles de langues, on ne trouve plus que quatorze racines verbales communes. À cela s'ajoutent le flou conféré par l'utilisation des laryngales, ces sons reconstitués et controversés, mais aussi le fait que chaque racine admet plusieurs variantes, et qu'il y a la plupart du temps plus de variantes que de langues attestées. En réalité, seul un dixième des racines possède moins de variantes que de nombre de langues où elles sont attestées, et la moitié à peine de celles-ci sont attestées dans au moins trois langues ou plus.

Ce qui permet à Angela Marcantonio de conclure que les raisonnements de reconstruction de la grammaire comparée sont en grande partie circulaires, puisqu'ils procèdent de la manière suivante[2] :

a) on assume qu'un ensemble de mots sont d'origine indo-européenne ;
b) on reconstruit l'origine et l'histoire des mots en question ;
c) on observe que les mots se conforment à la reconstruction ;
d) on conclut que les mots que l'on compare sont d'origine indo-européenne puisqu'ils se conforment à la reconstruction.

Au lieu de « reconstruction », on est donc en droit de se demander s'il ne s'agit pas plutôt d'une « construction ».

1. Rix et Kümmel, 2001.
2. Marcantonio, 2009, p. 10-3.

La pensée en arbre

Derrière la reconstruction ponctuelle, il y a le modèle général en arbre, le *Stammbaum*. La pensée en arbre est aussi bien la pensée des ancêtres organisés en arbre généalogique, que celle de la hiérarchie sociale, comme la féodalité médiévale l'avait imposée et comme la Révolution française avait voulu l'abolir. Après Court de Gébelin à la fin du XVIIIe siècle et son « Arbre généalogique des langues mortes et vivantes » qui admettait déjà les mélanges de langues[1], le *Stammbaum* de Schleicher faisait explicitement référence à Darwin, comparant littéralement les langues à des « organismes naturels »[2]. Ce mariage revendiqué inaugurait alors une tradition scientifique qui s'est poursuivie jusqu'à nos jours, au point de connaître même, de par l'attrait des techniques statistiques sophistiquées utilisées (les sceptiques ont parlé de « magimathics » ou de « mathemagics »), une très grande faveur médiatique tout en présentant comme des découvertes fracassantes ce qui n'est que l'application d'un paradigme vieux de deux siècles et demi. Cette fascination actuelle pour les arbres vient même à rebours de l'opinion linguistique régnante à l'époque du triomphe des modèles formels, bien plus complexes, du structuralisme et du chomskysme, lorsqu'un Georges Mounin, on l'a évoqué, pouvait affirmer avec autorité en 1967 que le *Stammbaum* de Schleicher « n'a pas survécu aux critiques » et « paraissait inacceptable au regard des faits bien attestés »[3]. Il suffit de taper *Stammbaum* (ou *Tree Model*) et « indo-européen » (*indo-european*, *indo-germanisch*, etc.) sur Internet pour voir surgir un grand nombre de ces représentations, toutes assez semblables, malgré quelques essais d'innovations, y compris sous la forme prudente d'un camembert, donc sans embranchements, comme dans l'*American Heritage Dictionary of the English Language*, édité en 2000.

La représentation en arbre fait néanmoins l'objet de régulières critiques méthodologiques, pour son caractère singulièrement réducteur, notamment dans le domaine de la linguistique, et

1. Voir *supra*, chap. 1, p. 32.
2. Voir *supra*, chap. 2, p. 51 *sq.* ; annexes, 3, p. 603.
3. Voir *supra*, chap. 2, p. 53 *sq.*

en particulier parce qu'elle ne peut intégrer les phénomènes d'emprunts et de convergences[1]. Des tentatives très sérieuses ont été faites pour tester d'autres formes d'apparentements, dans le sillage de Troubetzkoy et aussi de la théorie du chaos, et notamment pour les langues sémitiques[2].

L'arbre de toutes les langues du monde

Bien plus, loin de se cantonner aux seules familles de langues identifiées et définies, les arbres prétendent désormais organiser toutes les langues du monde. Ce n'est pas une totale nouveauté. Quarante ans à peine après Schleicher, Alfredo Trombetti affirma avoir reconstitué en 1905 dans *L'unità d'origine del linguaggio*, au moyen de cartes en couleurs, le trajet de toutes les « races » et de toutes les langues du monde, toutes issues d'un même point-origine[3]. Il s'agissait alors de l'Himalaya, dans cette tradition remontant au début du XIXe siècle, qui y avait d'abord situé le premier berceau attitré des Indo-Européens. Trombetti écrit au point culminant de la raciologie, et le modèle arborescent vient s'appliquer dans un même mouvement aux « races » de la craniologie et aux langues. Mais c'est aussi le moment où s'achèvent, en histoire comme en anthropologie, les grands romans des origines typiques du dernier quart du XIXe siècle, avec les œuvres de Tylor, Lecky, Lubbock, James Atkinson ou encore Westermarck. Les décennies qui vont suivre seront beaucoup plus prudentes, précises et déjà marquées par les approches fonctionnalistes, structurales et synchroniques, que ce soit en ethnologie avec Malinowski et Radcliffe-Brown, en sociologie avec Durkheim, ou en linguistique avec Saussure puis Meillet. Il n'y a donc plus de place pour la spéculation à large spectre dans les sciences humaines.

Les choses vont changer à partir de la fin des années 1980 et ne sont pas, étrangement, sans lien avec l'effondrement de l'Union soviétique. Il s'était poursuivi en effet dans ce pays, dans le silence de la pénurie, une tradition linguistique encyclopédique

1. Bateman *et al.*, 1990 ; Robb, 1991, 1993 ; Drinka, 2009.
2. Edzard, 1998.
3. Trombetti, 1905.

minoritaire, marquée par les noms de Vladislav Illič-Svityč (disparu en 1966 à trente-deux ans), Igor Diakonoff (disparu en 1999), Sergej Starostin (disparu en 2005), Aaron Dolgopolsky (disparu en 2012) ou encore Vitaly Shevoroshkin. Ces chercheurs, à la suite d'Illič-Svityč, reprirent et développèrent les hypothèses de « macro-familles » de langues, dont le « nostratique » de Pedersen[1], voire d'une monogenèse de toutes les langues du monde, ce que Shevoroshkin nomma le *Proto-World*. La circulation, devenue plus libre après 1990, des chercheurs et des idées favorisa l'éclosion de colloques et de publications sur l'hypothèse d'une langue mère universelle, d'autant que, parallèlement, le linguiste américain Joseph Greenberg et son disciple Merritt Ruhlen étaient arrivés à des hypothèses proches, en regroupant toutes les langues du monde en un seul arbre[2]. Greenberg avait, dès les années 1950, proposé de classer en quatre macro-familles l'ensemble des langues africaines, pour étendre cette approche à l'Océanie puis à l'Amérique, rassemblant dans les années 1980 la quasi-totalité des langues amérindiennes (habituellement réparties en près de deux cents familles) en une seule macro-famille, qu'il nomma *amerind*.

De regroupement en regroupement, Greenberg puis Ruhlen rassemblèrent en un arbre unique les six mille langues connues en fonction de leurs affinités. Notons qu'ils ne travaillaient pour l'essentiel que sur le lexique, et non sur les structures morphologiques ou syntaxiques. En fin de compte, Ruhlen parvint à isoler une trentaine de mots qui seraient ceux de la « langue mère originelle » et auraient survécu à plusieurs dizaines de milliers d'années d'évolution linguistique depuis le Foyer originel africain des premiers *Homo sapiens* : *(m)ama* pour la mère, *(p)apa* pour le père, *maliq'a* pour le sein ou allaiter, *puti* pour la vulve, *tik* pour le doigt ou le chiffre un, *aq'wa* pour l'eau, *kuan* pour le chien, ou encore *tika* pour la terre…

Cette hypothèse de la monogenèse de toutes les langues humaines, bientôt devenue la théorie Greenberg-Ruhlen, connut un grand retentissement à partir des années 1990. Ruhlen possède en effet de grands talents de vulgarisateur, et son livre principal de 1996, *L'Origine des langues. Sur les traces de la langue mère*, donne

1. Voir *supra*, chap. 13, p. 365.
2. Ruhlen, 1996 ; voir annexes, 16, p. 610.

l'impression au lecteur de retrouver lui-même les apparentements entre langues, jusqu'à découvrir finalement la trentaine de mots de la « langue mère originelle ». Il manie en outre la polémique avec art. Il taxe de racisme ses détracteurs qui expriment leur scepticisme méthodologique et opposent ses approximations linguistiques à la rigueur de la grammaire comparée des langues indo-européennes : c'est qu'ils refuseraient aux autres peuples du monde ce qu'ils admettent pour les seules langues des Européens blancs – un argument de poids au pays du « politiquement correct ».

Pourtant de nombreux linguistes ont critiqué avec efficacité la méthode Greenberg-Ruhlen. En effet, elle admet beaucoup d'équivalences entre les différents phonèmes des différentes langues : ainsi la racine primordiale pour l'eau, *aq'wa*, peut se rencontrer selon les langues sous les formes : *kwe*, *uuku*, *agu-d*, *hoko*, *gugu*, *k'oy*, *waho*, *ku*, etc. – ce qui laisse une certaine latitude. Certes, on peut objecter par exemple que le mot français *fils* est l'exact correspondant, scientifiquement prouvé, de l'espagnol *hijo*, tous deux dérivés du latin *filius* (sans même parler de la classique équivalence entre le chiffre *deux* en français et son analogue *erku* en arménien, dérivant tous deux d'un **dw-* originel, comme l'avait montré Meillet en son temps) alors même qu'ils n'ont à première vue que peu de choses en commun, ce qui autoriserait donc à une certaine souplesse dans les comparaisons ; mais dans le cas de *filius*, la dérivation à partir du latin est parfaitement contrôlable, ce que ne sont pas les rapprochements de Greenberg-Ruhlen. En outre, la théorie admet aussi beaucoup de sens possibles pour une même racine selon les langues : *bu(n)jka* peut signifier le genou, mais aussi la courbure, le méandre, le crochet, etc. ; *aq'wa* peut signifier boire, pleuvoir, nuage, rivière, sucer, soif, hors de l'eau, laver, etc. Dans ces conditions, avec un petit nombre de voyelles et de consonnes (alors que l'on compte sur l'ensemble des langues du monde quelque deux cents voyelles et sept cents consonnes), il y a 100 % de chances de pouvoir comparer n'importe quelle langue de n'importe quelle famille avec n'importe quelle autre, comme l'ont calculé plusieurs linguistes et statisticiens[1].

1. Boë *et al.*, 2008. Voir aussi Victorri, 2000 ; Fracchiolla, 2006 ; Campbell, 2008 ; Campbell et Poser, 2008 ; Auroux, 2010 ; Métoz *et al.*, 2003 ; Métoz, 2005 ; etc.

On a vu à propos de l'hypothèse néolithique de Colin Renfrew[1] les nombreuses difficultés, sinon contradictions, que présentait cet arbre linguistique au niveau des langues indo-européennes et des langues éventuellement apparentées, tout comme celles d'une équivalence entre diffusion de ces langues et diffusion de l'agriculture. Cela, alors même que cette équivalence était censée ancrer la diffusion linguistique dans une réalité historique, celle du néolithique. Cet arbre mondial reçut pourtant un soutien de poids, présenté comme une découverte scientifique totalement nouvelle : la reconstruction, par l'équipe américano-italienne de Luigi Luca Cavalli-Sforza[2], de l'arbre de tous les gènes du monde. La coïncidence affirmée, avec les mêmes embranchements, entre les deux arbres, est censée valider l'un et l'autre, mais peut aussi bien passer pour un cercle vicieux interdisciplinaire[3].

La recherche française a été plus réservée sur cette grande question. En 1981, de manière encore très marginale, Éric de Grolier, spécialiste historique des sciences de la communication et de la documentation, organisa à Paris sous l'égide de l'Unesco un colloque de « glossogénétique » (la communication que j'y prononçai sur « The Indo-European Question and the Tree Model » fut refusée pour la publication, « malgré tout son intérêt », par manque de place)[4]. Mais ce n'est que dans les années 2000 que le CNRS, en référence explicite aux travaux de Greenberg, Ruhlen mais aussi Cavalli-Sforza, subventionna un programme de recherche sur « l'origine de l'homme, des langues et du langage », qui aboutit à plusieurs travaux et colloques[5].

Une pomme, un chapeau et une automobile

En deçà du Grand Arbre, revenons aux arbres des seules langues indo-européennes, ceux dont Schleicher planta le premier et dont on a vu que Mounin pouvait affirmer en 1967

1. Voir *supra*, chap. 13, p. 369.
2. Voir *supra*, chap. 10, p. 311-314.
3. Sims-Williams, 1998.
4. Grolier, 1983.
5. Hombert, 2005 ; Laks *et al.*, 2008.

qu'il n'avait « pas survécu aux critiques ». La rentrée en grâce de la question indo-européenne à partir des années 1970, puis sa médiatisation avec les travaux de Colin Renfrew et ceux, encore plus médiatiques, de la « Nouvelle Synthèse » ont suscité à partir des années 1990 une vaste compétition internationale, typique du système académique anglo-saxon, pour produire des arbres des langues indo-européennes toujours plus nouveaux et sophistiqués dont certains, comme ceux des linguistes Russell Gray et Quentin Atkinson[1], ont eu et ont toujours un grand retentissement.

Ces arbres phylogénétiques, empruntés à la biologie et appliqués à la linguistique, posent deux principaux ordres de problèmes. Le premier est que l'on peut toujours imposer une structure en arbre, quels que soient les objets que l'on compare. Cet arbre exprimera toujours des relations de distance en fonction de la grille descriptive choisie au départ et à laquelle on réduit chacune des langues que l'on souhaite comparer (concrètement au moyen d'une liste type de mots, éventuellement de traits morphologiques, voire grammaticaux). Mais une chose très différente est de décider que cet arbre est généalogique, c'est-à-dire qu'il exprime des relations de parenté entre les langues choisies. Je peux, en fonction d'une grille descriptive préétablie, comparer une pomme avec un chapeau et une automobile : il est probable que l'arbre que j'obtiendrai, au moyen d'une classification automatique (sophistiquée ou non), me produira un premier embranchement, séparant l'automobile d'une part, la pomme et le chapeau de l'autre, lesquels ensuite donneront lieu chacun à une branche particulière. Rien ne permet pourtant d'en déduire que, au fil du temps, un proto-objet s'est séparé à un certain moment en deux familles, celle de l'automobile d'une part, et celle du proto-pomme-chapeau de l'autre, laquelle se scindera ensuite en pomme d'un côté, et en chapeau de l'autre. Il en va de même des langues. Un arbre phylogénétique mesure des distances entre des langues en fonction des critères retenus ; rien n'indique qu'il exprime strictement une évolution génétique générale. Il suffit de choisir un autre modèle que celui en arbre.

Le second problème est celui de la validation. Les divers arbres

1. Gray et Atkinson, 2003 ; Bouckaert *et al.*, 2012.

produits en nombre croissant au long de ces trois dernières décennies se ressemblent de loin à peu près tous, en ce qui concerne leurs grands embranchements. On peut même dire qu'ils ne diffèrent guère de celui, fondateur, de Schleicher il y a plus d'un siècle et demi : on y trouve les mêmes neuf principaux groupes linguistiques (voir annexes, 3-4, p. 603), avec les mêmes apparentements : le balte avec le slave, eux-mêmes proches du germanique, le celtique avec l'italique, l'iranien avec l'indo-aryen, le grec à part et l'albanais un peu flottant (l'arménien n'y figurait pas). Depuis lors, on a découvert le tokharien, puis le hittite, deux langues qui se placent immédiatement à part dès les deux premiers embranchements des arbres actuels. En revanche, si l'on entre dans le détail de ces arbres, on tombe vite sur des questions insolubles.

Ainsi, dans un article de 2005 consacré à la construction des *Perfect Phylogenetics Networks* (PPN), trois linguistes et informaticiens parmi les meilleurs spécialistes de ces techniques proposent une série d'arbres des langues indo-européennes, où l'on retrouve à peu près les mêmes grands apparentements que dans l'arbre de Schleicher[1]. Mais, dans le détail, ils découvrent par exemple une proximité entre le proto-tokharien et le proto-slave, alors que dans la théorie classique[2], les Tokhariens sont censés être issus d'une migration steppique en direction du Xinjiang (où ils ont été identifiés au Ier millénaire de notre ère) remontant au moins au IIe millénaire avant notre ère, très loin du foyer postulé des Slaves en Europe orientale. Il suffira alors de supposer « une longue migration vers l'est en une période de temps relativement courte[3] », ce qui, d'un point de vue logique, ressemble beaucoup à un cercle vicieux. De même une proximité est suggérée entre le groupe celtique et le groupe balto-slave, alors que les populations qui parlaient ces langues étaient très éloignées les unes des autres aux périodes où elles sont historiquement connues. Dans ce cas, on supposera que « la géographie linguistique de l'Europe orientale pourrait avoir été très différente, disons au

1. Nakhleh, Ringe et Warnow, 2005.
2. Voir *supra*, chap. 15, p. 451 *sq.*
3. Nakhleh, Ringe et Warnow, 2005, p. 402 (« a long migration eastward in a relatively short period of time »).

IIIe millénaire avant notre ère[1] ». Enfin, il en va de même des proximités entre le proto-italique d'une part, et le proto-gréco-arménien de l'autre, dont les locuteurs étaient également géographiquement très éloignés : là encore, ce résultat « est surprenant mais ne peut être rejeté (étant donné le peu que nous savons sur la géographie linguistique préhistorique de l'Europe orientale)[2] ». En outre, l'assise statistique à l'appui de cette proximité reste relativement faible.

Là encore, la question n'est pas de savoir si les propositions induites par ces arbres sont vraies ou fausses – elles sont de toute façon intéressantes, sinon stimulantes. La question est que lesdites propositions sont invérifiables (ou infalsifiables), ou autrement dit que l'on trouvera toujours une explication possible. Ce qui ne nous éloigne pas tellement d'Otto Schrader, il y a un siècle, et de ses raisonnements circulaires[3].

Mesurer la vitesse d'évolution des langues

Le problème supplémentaire posé par ces arbres est celui de la datation de leurs embranchements, et en particulier de la vitesse d'évolution des changements linguistiques. Longtemps estimée variable sinon aléatoire, cette vitesse d'évolution, ou encore ce taux de renouvellement linguistique, a été supposée constante et reconstituable à la suite des travaux du linguiste américain Morris Swadesh dans l'après-guerre, créateur de la glottochronologie, spécialiste des langues amérindiennes – et victime du maccarthysme qui le contraignit à l'exil. Ce chercheur, sur les traces de l'érudit suédois Philipp Johann Tabbert von Strahlenberg plus de deux siècles auparavant[4], établit une liste des cent (ou deux cents) principaux mots du vocabulaire de base de toute langue (pronoms, parties du corps, termes de parenté, couleurs, événements naturels comme la pluie ou les étoiles, verbes d'actions simples comme voir ou donner), mots

1. *Ibid.*, p. 403 (« the linguistic geography of eastern Europe could have been very different in, say, the third millennium BC »).
2. *Ibid.*, p. 403.
3. Voir *supra*, chap. 3, p. 84 *sq.*
4. Voir *supra*, chap. 1, p. 25.

censés être beaucoup moins sujets à l'emprunt. Puis il compara les langues humaines deux à deux, estimant que, à partir de 70 % de mots communs, on pouvait penser que deux langues étaient apparentées, c'est-à-dire avaient une origine commune. Puis à partir de langues connues (indo-européennes précisément), il estima à 14 % tous les mille ans le taux de transformation ou de perte au fil du temps de ce vocabulaire de base – c'est-à-dire que, au cours de chaque intervalle de mille ans, 14 % des mots originels sont remplacés par d'autres. D'où le nom de lexicostatistique et de glottochronologie pour cette méthode[1].

On voit d'emblée l'intérêt et les limites de la méthode, qui suscita et suscite de très nombreux débats dont l'examen détaillé sort de ce cadre. Disons qu'elle marche en gros, mais évidemment pas en détail, et qu'elle n'est pas validable si on ne dispose pas d'une seconde méthode de datation. Souvent comparée à la datation par le carbone 14, elle en présente les mêmes limites : si l'on ne disposait pas, mais seulement pour les millénaires récents, de la dendrochronologie (la datation par les cernes des arbres), on ne pourrait pas « calibrer », c'est-à-dire corriger la méthode du carbone 14, car le phénomène qu'elle mesure (la décomposition du carbone radioactif des êtres vivants après leur mort) n'est pas régulier. Or ce sont, plus ou moins complexes dans leur mise en œuvre, les principes de la glottochronologie qui sont appliqués lors des modélisations mathématiques qui visent à reconstituer l'arborescence des langues et leur datation.

De l'arbre au réseau

La structure arborescente pour rendre compte de proximités n'est évidemment pas la seule possible. L'arbre de Schleicher, et un certain nombre d'autres après lui, n'était pas issu de techniques quantitatives sophistiquées, mais seulement de sa connaissance intuitive des langues. Dès la fin du XIXe siècle, les techniques statistiques se développent, telles celles que Francis Galton met au point en psychologie dans une démarche eugéniste. L'ethno-

1. Swadesh, 1972 ; Hymes, 1960 ; Bergsland et Vogt, 1962 ; Embleton, 1986 ; McMahon et McMahon, 2006.

logue et anthropologue polonais Jan Czekanowski est sans doute le premier à proposer dès 1928 une classification quantitative des langues indo-européennes, à partir de neuf des principales langues et de vingt-deux caractères linguistiques[1]. Ce travail est repris et prolongé en 1937 par l'anthropologue Alfred Kroeber et le linguiste Douglas Chrétien[2], avec cette fois soixante-quatorze caractères, empruntés à l'ouvrage d'Antoine Meillet, *Les Dialectes indo-européens* – Kroeber, l'un des anthropologues les plus marquants du XXe siècle, qui fut aussi l'un des tout premiers à traiter statistiquement du matériel archéologique dans ces mêmes années 1930. Leur article pionnier eut très peu d'écho mais fut cependant repris par Kroeber lui-même en 1960, l'année de sa mort à quatre-vingt-quatre ans, dans un nouvel article aux accents testamentaires, où il ajouta deux représentations graphiques des similarités calculées vingt ans plus tôt. Il avait déjà travaillé en 1937 à ces représentations, mais avait finalement dû les retirer de l'article initial, comme il l'explique, car il avait été « incapable de convaincre [son] partenaire de leur importance, en dehors de leur évidente signification géographique[3] ».

Reprenant donc la question, Kroeber construit, de nouveau pour la première fois, une représentation graphique non arborescente des proximités entre les neuf principales familles de langues indo-européennes (voir annexes, 19, p. 612). Or le polygone obtenu exprime à la fois, de manière cohérente, des proximités linguistiques et des proximités géographiques. Les langues celtiques et les langues indo-iraniennes sont aux deux angles opposés du polygone, et il en est de même pour les autres. Le polygone est d'ailleurs tridimensionnel, car l'arménien doit être sorti du strict plan bidimensionnel pour exprimer ses relations avec les autres langues. Le hittite ne peut être placé, ce qui le met nettement à part. Ce graphique n'est pas trivial. Il indique bien que les ressemblances entre deux langues sont d'autant plus fortes qu'elles sont géographiquement proches. Il ne va pas vraiment dans le sens d'un big-bang à partir d'un point unique.

C'est pourquoi Kroeber insiste sur la nécessité de ne pas rendre

1. Czekanowski, 1928.
2. Kroeber et Chrétien, 1937.
3. Kroeber, 1960, p. 3-5.

compte de ces ressemblances uniquement en termes simplement généalogiques :

> Il devient de plus en plus évident [...] que le langage est aussi influencé de manière mesurable par des contacts externes et internes, et que l'on doit remettre en question, voire abandonner la croyance en l'apparente prévalence d'une différenciation génétique automatique, ordonnée et lente, comme unique ou principal processus dans l'histoire du changement linguistique. [...] Les études comparées peuvent être considérablement modifiées par l'identification d'autres processus largement ignorés des comparatistes ; et leurs résultats admis jusqu'ici doivent à tout prix être considérés comme une part seulement d'une trame plus large de causes et d'effets[1].

Il rappelle que son maître Franz Boas était déjà persuadé que « les reconstructions génétiques interféreraient de manière croissante et seraient contaminées par des diffusions et des influences entre des entités génétiques originellement distinctes[2] ».

On ne peut pas dire que, plus d'un demi-siècle plus tard, les remarques aussi modestes que dévastatrices de Kroeber aient suscité beaucoup de réactions ou de vocations. Les phénomènes de mélanges, de contacts et d'emprunts restent étudiés de manière marginale par les études taxonomiques pourtant publiées à grands fracas, même si certains travaux essaient depuis peu de les prendre en compte de manière plus ou moins élaborée, voire selon des modèles non arborescents[3].

On peut donc conclure ainsi :

a) Un siècle et demi après l'arbre initial du botaniste August Schleicher, la linguistique quantitative continue, à un rythme qui va plutôt en s'accélérant (grâce en partie, mais pas seulement, au système académique compétitif anglo-saxon), de produire des arbres généalogiques des langues indo-européennes, lesquels ne diffèrent pas fondamentalement,

1. *Ibid.*, p. 17 et 18, note 2.
2. *Ibid.*, 1960, p. 19.
3. Edzard, 1998 ; Dragiev *et al.*, 2012 ; Layeghifard *et al.*, 2013 ; Heggarty, 2000 et 2006 ; Heggarty *et al.*, 2010 ; Drinka, 2009. Voir annexes, 18, p. 612.

pour leurs principaux grands embranchements, de celui de Schleicher, mais présentent en revanche de nombreuses contradictions entre eux.

b) Il n'existe donc actuellement aucun consensus sur un arbre détaillé des langues indo-européennes, et chacun des producteurs d'arbres a de bons arguments méthodologiques contre ses collègues, d'autant que, sans entrer dans les arcanes des techniques statistiques, les processus de « nettoyage » des données initiales et des graphes produits admettent certaines latitudes. De même, il n'y a pas plus de consensus quant à l'insertion éventuelle des langues indo-européennes dans le Grand Arbre de toutes les langues du monde de l'hypothèse Greenberg-Ruhlen, ou dans sa version nostratique, ou dans toute autre variante.

c) Certains de ces arbres soutiennent l'hypothèse anatolienne (Gray et Atkinson), d'autres aussi bien l'hypothèse steppique (Hans Holm, Tandy Warnow).

d) Il n'existe pas de consensus non plus pour la mesure du temps d'évolution, puisque cette mesure doit s'appuyer, soit sur le taux régulier de changement linguistique que propose la glottochronologie mais qui fait l'objet de nombreuses critiques fondées ; soit sur la correspondance avec des événements archéologiques (migrations, invasions, etc.), pour lesquels il n'existe actuellement aucun consensus.

e) À côté des modèles arborescents classiques, il n'existe que très peu de tentatives pour proposer des modèles logiques alternatifs qui intègrent des phénomènes de contacts, d'emprunts, de mélanges, etc. – ce que nous aborderons néanmoins plus loin[1].

1. Voir *infra*, chap. 19.

18

Les mots et les choses des Indo-Européens

*Où l'on se demande pourquoi, malgré les impasses de la paléontologie linguistique quant à la reconstitution de la société indo-européenne originelle supposée, un certain nombre d'indo-européanistes reconnus continuent d'utiliser sans états d'âme cette « méthode » et de reconstituer ladite société – Où l'on remarque que la démonstration par l'absence de preuves est un procédé non rare parmi les arguments de la paléontologie linguistique – Comment le linguiste Émile Benveniste fit de subtiles analyses sémantiques de divers textes en langues indo-européennes, sans néanmoins prétendre reconstituer la culture indo-européenne originelle – Comment l'on parle parfois d'une poésie indo-européenne commune originelle avec ses rythmes, ses règles de versification et ses formules – Et comment, en réalité, ces formules poétiques se réduisent à une dizaine, ne dépassant jamais plus de deux mots et ne se rencontrant jamais dans plus de deux langues (rarement trois) – Pourquoi aujourd'hui les reconstitutions de la société indo-européenne originelle (*Urvolk*) ont les mêmes défauts logiques qu'au XIXe siècle : confusion entre ce qui serait spécifiquement indo-européen et ce qu'on rencontre dans toute l'Eurasie, sinon dans le monde entier ; raisonnements circulaires se fondant sur l'absence de preuves ; idées préconçues sur la nature de la société indo-européenne originelle supposée – Comment une grande partie des manifestations culturelles ne montre aucune unité sur l'ensemble du domaine linguistique indo-européen ou, au contraire, déborde largement ce domaine – Comment l'idée préconçue d'une petite élite militaire « animée d'un désir de conquêtes » continue d'informer, sans démonstration archéologique autre que circulaire, la plupart des représentations du « Peuple indo-européen originel » supposé – Comment un tel postulat est certainement l'explication la plus pauvre et la plus réductrice, même si elle possède une lourde* *histoire idéologique, des nombreuses imbrications culturelles qui caractérisent les sociétés européennes tout au long de leurs trajectoires.*

Si l'archéologie est censée découvrir l'incarnation matérielle ultime des Indo-Européens originels, elle n'a pu commencer à être opérationnelle avant le dernier quart du XIXe siècle. Il a fallu pour cela organiser des missions dans des régions lointaines et que, en Europe même, les fouilles se multiplient. Jusque-là, c'est au travers des mots, et notamment de la paléontologie linguistique d'Adolphe Pictet, que l'on tentait d'approcher les réalités primitives. Ces recherches se sont néanmoins poursuivies en parallèle, et la volumineuse encyclopédie de Schrader est encore en grande partie fondée sur une telle démarche[1]. Néanmoins une certaine défiance s'est fait jour au cours du XXe siècle, quand il est apparu que le vocabulaire n'était pas la matière la plus pertinente pour définir la langue primitive[2]. C'est ainsi qu'Antoine Meillet considérait que « les faits de vocabulaire dépendent des influences qui s'exercent sur la civilisation et sont pour une large part indépendants de la structure de la langue[3] ». Aussi la paléontologie linguistique a-t-elle été déconsidérée pendant toute cette période. Ce n'est qu'avec le retour des Indo-Européens sur la scène scientifique à partir des années 1970 qu'elle est redevenue d'un usage courant, cependant que ses nombreux défauts et risques restaient intacts. C'est l'état actuel de la paléontologie linguistique qui sera examiné aussi, et plus largement l'état de ce qu'on pourrait appeler une « paléontologie culturelle », l'étude des sociétés anciennes à travers leurs textes, mais dans l'optique d'un *Urvolk*, d'un Peuple fondateur originel.

Les impasses de la paléontologie linguistique

Nous avons vu précédemment[4] que, contrairement à l'idée reçue, le vocabulaire commun proto-indo-européen est loin de constituer une masse imposante. Des mille cinq cents racines estimées, une

1. Voir *supra*, chap. 3, p. 77 *sq.*
2. Voir *supra*, chap. 5, p. 143, et chap. 17, p. 513.
3. Meillet, 1938, p. 105. Voir aussi 1937, p. 32.
4. Voir *supra*, chap. 17, p. 513-515.

seule (celle pour « enfler ») est commune à l'ensemble des quatorze familles linguistiques indo-européennes identifiées, et les trois quarts ne se rencontrent que dans six familles de langues ou moins. Cela est suffisant pour parler d'une « famille » de langues indo-européennes, mais peu probant pour décrire toute une civilisation. C'est avec cet œil critique qu'il faut lire le récent manuel de Douglas Adams et James Mallory[1], lequel consacre dix-sept chapitres et trois cent vingt pages à inventorier à travers le vocabulaire les différents aspects de la « réalité » indo-européenne primitive (faune, flore, anatomie, famille, société, nourriture, émotions, activités, etc.), soit près des trois quarts du texte courant. L'on trouvera toujours un terme indo-européen présent dans au moins une langue ou plus pour décrire une de ces réalités, comme d'ailleurs dans n'importe quelle autre famille de langue sur la planète ; de même que l'on peut préjuger que n'importe quelle langue au monde possède un mot pour désigner la mère, la nourriture, les couleurs, les parties du corps ou la maison. Cela n'assoit pas pour autant l'existence d'une société et d'une culture primordiales (le *Urvolk* dans son *Urheimat*), compte tenu en outre de la faible compacité du vocabulaire commun reconstruit. Il s'agit de la persistante confusion, certes inconsciente et que l'on retrouvera, entre « indo-européen », « européen » et « humain ».

Les impasses de la paléontologie linguistique ont été signalées depuis longtemps et continuent à l'être[2]. L'archéologue Stuart Piggott rappelait par exemple en 1950, compte tenu des mots appartenant ou non au vocabulaire commun : « À vouloir prendre les preuves linguistiques au pied de la lettre, on en vient à conclure que les premiers locuteurs indo-européens connaissaient le beurre mais pas le lait, la neige et les pieds mais pas la pluie ni les mains[3]. » On connaît aussi la démonstration par l'absurde d'Ernest Pulgram à la même époque qui, sur la foi des mots communs aux langues romanes, proposait de reconstruire une culture « proto-romane » ou « latine », dominée par des *rois*, des *prêtres* et des *évêques*, où l'on fumait du *tabac*, buvait de la *bière* et du *café* et où l'on se faisait la *guerre* (un mot venu du

1. Mallory et Adams, 2006, p. 120-422
2. Renfrew, 1987 ; Tremblay, 2005, p. 121-147.
3. Piggott, 1950, p. 246.

francique) sur des *chevaux* (un mot venu du bas-latin *caballus* qui remplaça le classique *equus*)[1]. En réalité, on le sait, tous ces mots, et ce qu'ils désignaient, sont apparus dans les langues romanes postérieurement à l'époque romaine. Mais encore faut-il disposer d'évidences textuelles.

On pourrait plaider que l'on sait que le *café* est un produit originaire d'Arabie, et que le mot (non indo-européen) est arrivé avec la chose. Mais les mots désignant la *pomme de terre*, clairement importée elle aussi, sont différents d'un pays à l'autre, et parfois d'origine indo-européenne, selon la manière dont ce tubercule a voyagé, se propageant de proche en proche dans la paysannerie européenne, à la différence du *café*, qui n'a circulé que parmi les couches sociales supérieures du continent. Ainsi on utilise pour désigner la pomme de terre, d'origine géographique américaine, le mot préexistant *tartufo* (truffe) quand elle arrive en Italie (*trufa* ou *tartiffle* en provençal, *truffe* en berrichon), lequel devient *Kartoffel* en allemand (peut-être aussi par confusion ou fusion avec *Erdapfel*, littéralement « pomme-de-terre »), puis *kartofel* en russe, *kartopili* en géorgien, etc. Le terme amérindien arawak *batata* donnera l'espagnol *patata*, l'anglais *patato* et notre *patate*, *via* le Canada français, tout comme en grec démotique, en turc, en arabe (*batata*), en albanais ou dans les langues scandinaves. Comme elle est censée atteindre la Bohême depuis le Brandebourg, on l'y appellera *brambor* en tchèque, tout comme elle s'appelle *burgonya* en Hongrie de par ses origines bourguignonnes supposées. Enfin il existe des calques équivalents à notre *pomme de terre* : *aardappel* en néerlandais, *geomelon* en grec « purifié », *sibzamini* en iranien, *ziemniak* en polonais, *lursagar* en basque, *qednakhntzor* en arménien, *tapu 'akh adama* en hébreu moderne. Mais il existait aussi en allemand l'expression *Grundbirne* (« poire de terre »), essentiellement dans l'Empire austro-hongrois, qui devint *krumpir* en serbo-croate, *krompir* en wallon, *Gromper* en dialecte luxembourgeois. Si nous n'avions pas tous ces renseignements historiques, on juge de la difficulté que nous aurions à les reconstituer après quelques millénaires, et à comprendre les apparentements ou différences que l'on peut envisager, toutes choses égales par ailleurs, pour une grande partie du vocabulaire des langues indo-européennes.

1. Pulgram, 1958.

Même là où nous pouvons nous appuyer sur des faits concrets, il existe de nombreuses contradictions. Pourquoi la racine **kuwon* pour le chien, l'animal domestiqué le plus anciennement, dès le Xe millénaire en Europe comme au Proche-Orient, n'est attestée ni dans les langues slaves, ni dans le hittite, ni en albanais ? Et si la racine **gwou* pour le bœuf est bien présente dans la plupart des langues indo-européennes, l'animal est également désigné par *gu* en sumérien, *ngu* ou *gu* en chinois, *kuos* en yakoute, *g'w* en égyptien ancien, et même *ko* au Soudan et *ngome* dans les langues bantoues. De même qu'il existe une racine **marko* pour le cheval (voir *mare* en anglais), à côté du classique **ekwos*, mais que cet animal se dit aussi *ma* en chinois, et que cette racine est également rapprochée des mots désignant le cheval en coréen, japonais, toungouse, mongol et encore tamoul. On invoquera tantôt des emprunts, tantôt une éventuelle origine commune ; dans tous les cas, ces faits, et d'autres, compliquent le modèle. Nous avons déjà vu tous les problèmes que posaient le cheval, la roue et le char[1].

On pourrait résumer dans le tableau suivant les multiples difficultés que posent le vocabulaire commun et la paléontologie linguistique, en les illustrant à titre de comparaison avec les réalités actuelles et les mots qui les désignent :

	Réalités communes anciennes	**Réalités communes actuelles**
Une racine indo-européenne commune	cuivre, roi, castor, écureuil, hêtre, saumon, père, beurre, neige, pied, bouleau…	bière, téléphone, cerise, évêque, échecs, taxi, tennis…
Plusieurs racines indo-européennes	chien, or, lait, fer, roue, pluie, main, cheval, foie…	maïs, pomme de terre, dinde, ordinateur, fusée, orange, voiture, crayon…
Une racine commune non (ou non exclusivement) indo-européenne	bœuf, hache, champ, vin…	café, tabac, thé, banane, amiral, tatouage, algorithme, tabou, alcool…

1. Voir *supra*, chap. 14, p. 407 *sq.*

La démonstration par l'absence

Mais la paléontologie linguistique a réponse à tout, par définition. Nous avions déjà évoqué comment du temps de Schrader s'il n'y a pas d'ours dans les steppes, mais si on le trouve dans le vocabulaire commun, c'est qu'il avait dû y en avoir. Si la racine commune **sal* pour le sel n'est pas attestée chez les Indo-Européens d'Asie, c'est qu'il s'agissait de choix alimentaires. Pour Meillet, s'il y avait plusieurs mots pour désigner la chèvre (qui fait aussi partie des plus anciens animaux domestiqués), cela est dû au « caractère populaire de la dénomination[1] » – ce qui nous ramène à la pomme de terre. Un argument imparable est celui du « tabou », qui a l'avantage d'être irréfutable au sens propre du terme. Déjà Schrader expliquait par un tabou alimentaire l'absence de mots pour les poissons (à part le saumon **laks*) alors qu'ils pullulaient dans les fleuves d'Ukraine. L'absence de la racine **tauros* (le *taureau*) chez les Indo-Iraniens tiendrait aussi à un tabou. Et celle de noms communs pour les dieux, paradoxale si l'on soutient une structure idéologique d'ensemble « trifonctionnelle », ou encore pour les animaux sauvages, serait également due à des tabous.

Cette « linguistique de l'absence » a joué de tout temps un rôle important, depuis Justi, qui déduisait de l'absence de mots pour la maladie que les Indo-Européens étaient en parfaite santé, ou Schrader qui constatait l'absence de lieux d'aisances dans la Patrie originelle. Le nomadisme pastoral supposé du *Urvolk* se fonde essentiellement sur le nombre plus important de mots du vocabulaire commun pour les animaux et l'élevage, que pour l'agriculture. Selon Meillet, « l'imprécision du sens et le petit nombre des noms de végétaux contrastent avec la valeur précise et l'abondance des termes qui désignent les animaux ; on est tenté de conclure de là que la "chair" des animaux sauvages ou domestiques [...] formait la plus grande part de l'alimentation de l'aristocratie indo-européenne, avec le lait (dont les noms, sans doute employés surtout par des femmes, ont des formes divergentes)[2] ». Pourquoi pas ? Mais aussi, pourquoi ? On passe

1. Sergent, 1995, p. 173.
2. Meillet, 1937, p. 398-399.

insensiblement de l'inventaire lexical à l'invention romanesque, plausible certes, mais en aucun cas vérifiable. Ce sont les représentations des chercheurs qui sont premières, en l'occurrence le *Urvolk* conçu sur le modèle des Grandes Invasions du Moyen Âge, et ce sont les réalités linguistiques qui s'y plieront, quoi qu'il arrive. Le problème par ailleurs, est que le grand nomadisme pastoral tel que nous le connaissons n'apparaît historiquement que vers le Ier millénaire avant notre ère.

Quant à une coïncidence entre l'expansion indo-européenne supposée et la « révolution des produits secondaires » théorisée par l'archéologue britannique Andrew Sherratt, on a vu que la seconde n'était qu'un aspect partiel du phénomène historique global appelé chalcolithique, et qu'elle reposait en outre sur des données désormais inexactes quant aux laitages et à la castration des animaux[1]. Que la racine pour le *castrat* se retrouve en grec (*ethris*) comme en sanscrit (*vadhris*)[2] n'est donc plus un argument, puisque la castration est attestée dès les phases les plus anciennes du néolithique européen, tout comme l'exploitation des laitages. Par un raisonnement circulaire, on renforcera au besoin la primauté de l'élevage sur l'agriculture, malgré l'abondance de racines pour les différentes plantes cultivées, en affirmant sans preuves : « Tous ces termes renvoient non au passé commun indo-européen, mais bien plutôt aux emprunts, faits par les conquérants indo-européens en Europe, des plantes et de leurs noms, à la culture néolithique antérieure de la “Vieille Europe”[3]. » Or l'archéologie montre que les sociétés steppiques du Ve millénaire, ces « conquérants » putatifs, possédaient parfaitement l'agriculture[4], même si l'agriculture comme l'élevage ont été introduits par acculturation dans ces régions à partir des Balkans au cours du VIe millénaire.

1. Voir *supra*, chap. 11, p. 331.
2. Sergent, 1995, p. 175-176 ; Sherratt, 1981.
3. Sergent, 1995, p. 177.
4. Pashkevich, 2003.

Des mots au sens

Cet échec patent de la paléontologie linguistique, qui n'a nullement découragé ses pratiquants, serait cependant compensé par des recherches, non plus dans le domaine des mots, mais dans celui du sens. Émile Benveniste sera jusqu'à son attaque cérébrale en 1969 le principal linguiste français, aux côtés d'André Martinet. Il poursuivra et développera la tradition de la linguistique structurale, mais en l'appliquant cette fois à la sémantique, à la signification des mots, qui ne peuvent être compris isolément, mais doivent l'être au sein d'un système d'opposition : « Il est dans la nature des faits linguistiques, puisqu'ils sont des signes, de se réaliser en oppositions et de ne signifier que par là[1]. » Ce n'est plus l'étymologie des mots individuels qui importe, mais la mise en évidence de structures conceptuelles, passant ainsi de la « désignation » à la « signification », grâce à des règles rigoureuses de reconstruction sémantique[2], ce qu'il met en pratique dans les deux volumes du *Vocabulaire des institutions indo-européennes*[3], qui réunissent une série d'études détaillées, mise en forme de ses cours au Collège de France.

Benveniste montre par exemple qu'il n'y a pas vraiment dans le vocabulaire commun de termes pour les échanges commerciaux, mais plutôt des notions ayant trait à des systèmes de dons, de contre-dons, de *potlatch*, comme dans les sociétés traditionnelles. Le système de parenté paraît patriarcal et patrilocal, avec un nombre important de termes de parenté pour désigner la belle-famille de l'épouse, mais qui comporte aussi des traces de système matrilinéaire, avec un rôle important de l'oncle maternel (notons toutefois que cette affirmation a été contestée par l'anthropologue anglais Jack Goody[4]). L'esclavage et la distinction ferme entre hommes libres et esclaves paraissent une constante des sociétés étudiées. On retrouve au moins chez les Grecs, les Italiques et les Indo-Iraniens une division en trois ou quatre catégories

1. Benveniste, 1950.
2. Benveniste, 1954.
3. Benveniste, 1969.
4. Goody, 1959 ; Renfrew, 1987, p. 80 et 258.

sociales : prêtres, guerriers, paysans, artisans (ce que Dumézil, intellectuellement très proche de Benveniste, a théorisé sous la forme des « trois fonctions »). Le roi semble avoir en même temps une importante fonction religieuse, la racine de ce mot (*rex*, *rix*, *rajah*, même si ce rapprochement est parfois contesté) étant à rapprocher des mots évoquant la rectitude et le *droit* (*rectus* en latin, *Recht* en allemand).

Le sacré se décompose en général en deux notions, ce qui est empli de puissance divine et ce qui est tabou. Il ne faut pas non plus imaginer ces sociétés à un niveau de raisonnement « primitif », où toute notion abstraite dériverait d'abord d'un fait concret. Ainsi, ce n'est pas le troupeau (**peku*, *pecus* en latin) qui aurait donné ensuite à ces mots le sens de richesse mobilière (*pecunia* en latin), mais l'inverse : la notion abstraite de richesse s'incarnera en particulier dans celle de troupeau ; ce processus a néanmoins été contesté par certains linguistes, pour qui c'est du mot concret que viendrait la notion abstraite[1]. La fidélité (*Treue* en allemand) inspirera le nom du chêne (*drus* en grec). C'est enfin la notion générale de « franchissement » (**ponthos*) qui donnera des notions aussi diverses que le *pont* (*pons* en latin), la *mer* ou le *bras de mer* (*pontos* en grec) ou le chemin (*put* en russe, *path* en anglais).

De l'indo-européanité

Ces études sont passionnantes et stimulantes, mais en quoi nous éclairent-elles sur la société indo-européenne originelle supposée (le *Urvolk*) ? Benveniste est explicite :

> Nous n'avons nullement cherché à refaire un inventaire des réalités indo-européennes en tant qu'elles sont définies par de grandes correspondances lexicales. Au contraire, la plupart des données dont nous traitons n'appartiennent pas au vocabulaire commun. Elles sont spécifiques comme termes d'institutions, mais dans des langues particulières, et c'est leur genèse et leur connexion indo-européenne que nous analysons[2].

1. Lamberterie, 1978, p. 276.
2. Benveniste, 1969, I, p. 9.

Se gardant de toute extrapolation, il ne traite que de sociétés historiquement situées, postérieures en fait de plusieurs millénaires à la société originelle supposée, et de toute façon non contemporaines les unes des autres. Les textes hittites et mycéniens sont à peine exploitables et on ne peut raisonnablement étudier la société grecque qu'à partir d'Homère, au VIIIe ou VIIe siècle avant notre ère, et la société romaine qu'avec les comédies de Plaute, au IIe siècle avant notre ère. Si les hymnes védiques remontent sans doute à la seconde moitié du IIe millénaire avant notre ère, les réalités slaves et germaniques ne peuvent être lues qu'à travers des traductions de textes chrétiens qui datent au plus tôt de la fin du Ier millénaire de notre ère, sans compter les textes baltes ou albanais, plus récents encore. Une société ne recourt dans tous les cas à l'écriture qu'à partir d'un certain degré de complexité, c'est-à-dire avec l'apparition de villes et d'États. De fait, les deux tiers du vocabulaire étudié et utilisé par Benveniste proviennent du grec, du latin et des langues indo-iraniennes, langues de sociétés urbaines, cités-États, royaumes ou empires, donc très éloignées des sociétés protohistoriques qui parlaient les langues indo-européennes de l'époque néolithique.

Les seuls faits moins urbains ou non urbains pourraient être ceux concernant les sociétés germaniques. Ainsi la pratique de la razzia guerrière par des bandes de jeunes gens unis par leur fidélité autour de leur chef semble s'opposer à la tradition du peuple en armes des cités-États de Grèce ou d'Italie. De même, le petit trafic (*kaufen* en allemand, *kupiti* dans les langues slaves – mots issus du latin *caupo*) qui se serait pratiqué sur la ligne de défense de l'Empire romain (le *limes*) parmi les « Barbares » est à opposer au commerce organisé par des spécialistes au sein des cités grecques et italiques tout autour de la Méditerranée, et défini comme un *neg-otium* (en latin), une occupation en soi, les « affaires ». Mais ce « petit commerce » germanique ou slave suppose quand même l'existence de l'Empire romain. Et c'est parce qu'il a accès à la connaissance historique sur ces différentes sociétés anciennes, que Benveniste peut donner un sens à ces études de vocabulaire.

L'absence de racines communes pour telle ou telle notion

peut tenir à des causes très diverses. Ce peut être une notion tellement générale et évidente qu'elle n'est pas nommée, comme la religion dans des sociétés où l'athéisme n'a aucun sens. Ou des notions qui n'apparaissent que tardivement, en fonction du degré de complexité de l'organisation sociale, comme le commerce. Ou, peut-être pour des raisons similaires, des notions qui sont nommées dans chaque langue selon des termes et des modes différents dans chaque société, comme le vocabulaire du sacré, des rites et du sacrifice. Ou encore les noms des dieux, tous différents selon les religions à de très rares exceptions près (comme l'*Ouranos* grec avec le *Varuna* indien), alors que l'on pourrait penser qu'il s'agissait de notions fondamentales pour l'idéologie commune originelle.

En outre se pose le problème de savoir si les faits de civilisation mis en lumière par Émile Benveniste sont spécifiquement « indo-européens » ou, au contraire, plus généralement « européens » – un problème que nous aborderons plus loin. Mais pour cela, il faudrait pouvoir les comparer à ceux d'autres sociétés européennes contemporaines, de même type d'organisation sociale mais de langue non indo-européenne. Or une telle documentation n'existe pas. Les langues non indo-européennes anciennes d'Europe ne sont pas déchiffrées (étrusque, ibérique, picte, langue minoenne). Les langues proche-orientales anciennes (sumérien, élamite, akkadien, etc.) correspondent déjà à des sociétés urbaines et étatiques, sinon impériales – et il est frappant que ce qu'on sait de la religion hittite ne la distingue guère des autres religions orientales du temps.

On a vu que Benveniste « croyait », du moins avant la dernière guerre, aux Indo-Européens puisqu'il avait publié en 1939, à l'instar de Meillet et Dumézil au même moment, ce texte saisissant sur leur « instinct conquérant » et leur « goût des libres espaces »[1], tout comme il avait participé en 1936 au volume d'hommages au linguiste Hermann Hirt dirigé par un idéologue nazi, Helmuth Arntz[2]. Il ne se risque en tout cas nulle part dans *Le Vocabulaire des institutions indo-européennes* à des hypothèses historiques plus concrètes, guère plus que Dumézil, même si

1. Voir *supra*, chap. 5, p. 155 *sq.*
2. Voir *supra*, chap. 6, p. 223.

l'idée d'un Peuple originel restait sans doute en toile de fond dans son esprit. Cela ne doit pas empêcher de lire avec profit ses études sémantiques.

Une poésie primordiale ?

Un autre domaine des mots indo-européens, que Benveniste n'a pas abordé mais que Meillet avait signalé dès 1923 et qui a fait l'objet de nombreuses études depuis, est celui de la poésie[1]. Il y aurait en effet un certain nombre de concordances entre les formes poétiques, et notamment la métrique (rythmes, alternances réglées des longueurs de syllabes, coupes, etc.), ou encore un certain nombre de formules et de métaphores, parmi les textes poétiques indo-européens. Ces concordances ou ressemblances ont d'emblée été attribuées par Meillet et beaucoup de ses successeurs à une origine commune : « Si l'indo-européen s'est largement propagé en Europe et en Asie, c'est que la nation qui employait cette langue, ou au moins l'aristocratie de cette nation, avait un sens d'organisation sociale et de domination qui ne va pas sans une culture intellectuelle[2]. »

En réalité, les concordances sont loin de concerner toutes les langues indo-européennes, d'autant que les textes sont d'ancienneté très diverse. Les rapprochements se font surtout entre les textes indiens et les textes grecs, même si on peut évoquer aussi le folklore, beaucoup plus récent, slave ou balte, voire certains textes celtiques. La parade sera habituelle : c'est qu'entre-temps, les autres langues ont changé leurs règles poétiques, au fil de leur évolution. Meillet ne rapproche la versification relativement monotone des textes védiques qu'avec une seule forme poétique grecque, celle liée à la chanson, alors même qu'il existe dans cette langue une grande variété de genres poétiques. Il est frappant que les chants homériques, les plus anciens textes poétiques en langue grecque et parmi les plus anciens attestés dans une

1. Meillet, 1923 ; Swiggers, 1991 ; Bader, 1989 ; Campanile, 1977 ; Nagy, 1974 ; Schmitt, 1967 ; Toporov, 1981 ; Watkins, 1995 ; West, 1999 et 2008 ; critique : Tremblay, 2005, p. 151-159.

2. Meillet, 1923, p. 3.

langue indo-européenne, ne rentrent pas dans la comparaison. Meillet a une autre parade classique, celle du « substrat ». Si « l'épopée homérique n'a aucun pendant exact dans le monde indo-européen », cela est dû à l'influence du substrat culturel égéen pré-indo-européen, antérieur à l'arrivée des Grecs, d'où ce petit conte historique inventé par le grand linguiste : « Ceci n'exclut pas que, au début, quand les Hellènes étaient encore des "barbares", les poètes qui paraient de leur art les réunions de l'aristocratie, aient reçu les leçons des poètes épiques qui participaient aux fêtes des princes égéens[1]. » Ingénieuse explication, mais qui n'a qu'un inconvénient : à l'époque de Meillet, on ignorait encore que les « princes égéens » de Mycènes ou des seconds palais de Knossos, où auraient d'abord chanté les aèdes préhelléniques avant de transmettre leur art aux Grecs, parlaient et chantaient déjà… en grec !

Meillet, avec lucidité, ne sous-estimait pas les limites d'un exercice où seuls deux systèmes poétiques pouvaient être comparés :

> Il y a inconvénient à fonder une théorie sur la comparaison de deux témoignages seulement. La restitution d'un point de départ commun ne ressort en effet que de la comparaison de trois témoignages au moins : là où il y a divergence entre les deux témoignages comparés, le choix est arbitraire. On s'efforcera ici de parer à cet inconvénient dans la mesure du possible ; mais il convient de le marquer dès l'abord, et il ne faut jamais oublier l'incertitude qui en résulte[2].

Depuis, d'autres langues ont été ajoutées, mais dans une beaucoup moindre mesure, cependant que l'on a collationné un certain nombre de formules poétiques que l'on retrouve dans des textes de différentes langues. La plus fameuse, associant là encore sanscrit et grec, est celle de la « gloire immortelle » : *kleos aphthiton* en grec, *sravas aksitam* en sanscrit, qui semblent des calques presque parfaits. Sa pertinence est parfois remise en cause, mais d'autres ont été trouvées. Elles ne sont pourtant pas si nombreuses, comme le constatait le linguiste Xavier Tremblay :

1. *Ibid.*, p. 63.
2. *Ibid.*, p. 18.

> Le nombre, la longueur et la répartition géographique des formules non triviales, stéréotypées et associant des mots superposables de langue à langue dans le même emploi, sont limités : une dizaine de formules ne dépassant jamais deux mots (nom et adjectif, verbe et nom) se retrouvent dans deux, parfois trois familles de langues (jamais plus). C'est peu au prix des centaines de comparaisons formulaires entre l'Inde et l'Iran, ou entre l'akkadien, l'hébreu et l'arabe[1].

Parmi les métaphores que l'on rencontre, l'une est frappante, celle du soleil comparé à la roue du char de guerre, présente dans plusieurs langues[2]. De fait, on retrouve le char solaire dans les religions des époques historiques, en même temps que l'on connaît le célèbre char en bronze et or de Trundholm au Danemark (qui orne d'ailleurs la couverture de l'un des livres de Martin West sur la poétique indo-européenne) : un cheval en bronze tire un char du même métal et à roues à rayons, sur lequel repose verticalement un disque revêtu d'une feuille d'or, claire représentation du soleil. Le problème est que le char de guerre à roues à rayons n'est pas antérieur, on l'a vu[3], au début du IIe millénaire avant notre ère, le char de Trundholm étant daté lui-même du milieu de ce même millénaire.

Cela confirme ce que nous avions vu à propos de l'interprétation d'une partie de la mythologie dumézilienne : il est beaucoup plus cohérent historiquement de la mettre en parallèle avec l'émergence dans une partie de l'Europe d'une culture aristocratique, guerrière et héroïque, concomitante des réseaux d'échanges de biens de prestige qui accompagnent la formation de l'âge du bronze européen au IIe millénaire[4]. L'idée d'interpréter ces correspondances poétiques selon une tradition steppique antérieure de trois à quatre millénaires aux textes védiques et grecs est une explication beaucoup plus pauvre et beaucoup moins vraisemblable.

On sait que les rythmes, les sons et les récits peuvent voyager, qu'une partie de la Bible a ses antécédents en Mésopotamie, tout

1. Tremblay, 2005, p. 151.
2. West, 1999 ; Bader, 1989.
3. Voir *supra*, chap. 14, p. 417.
4. Kristiansen, 2009. Voir *supra*, chap. 11, p. 338-341.

comme certains mythes considérés comme indo-européens. Ainsi Martin West note des influences babyloniennes sur la Grèce, comme le mythe de la plainte de Gê, la Terre, auprès de Zeus, préliminaire à la guerre de Troie, que l'on peut comparer à la plainte de Prithivi auprès de Brahma dans le Mahabharata, préliminaire à la grande bataille centrale de l'épopée, mais que l'on trouve aussi, à une date plus ancienne, dans un poème babylonien[1]. Ces études sur la poésie de ces textes anciens sont assurément passionnantes et convaincantes. L'est beaucoup moins l'explication ultime dans les termes appauvrissant d'un *Urvolk* originel.

Des mots aux choses et de l'« effet de réalité »

La première « encyclopédie indo-européenne », celle de Schrader, mêlait intimement différentes sources[2]. C'est pourquoi on pouvait définir cet ouvrage comme un travail de paléontologie linguistique indo-européenne, noyé au milieu d'un dictionnaire archéologique, historique et culturel de l'Europe ancienne en général et de ses marges, qui n'a lui-même rien de spécifiquement indo-européen, sauf à admettre que tout ce qui est européen est indo-européen – son livre étant bien justement sous-titré : *Éléments d'une histoire culturelle des peuples de l'Europe ancienne*. Le recours massif à plus de deux cents planches et figures créait un très fort « effet de réalité ». Puisque cette encyclopédie indo-européenne débordait d'images et d'objets concrets, il était difficile de ne pas croire que les Indo-Européens aient vraiment existé. L'ampleur de l'œuvre de Schrader a découragé d'en entreprendre une nouvelle pendant de nombreuses décennies. Cela a néanmoins été tenté à nouveau vers la fin du XXe siècle, à des niveaux plus ou moins élaborés, depuis l'encyclopédie revendiquée jusqu'à la synthèse destinée au grand public, et il est frappant de voir que ce sont les mêmes procédés démonstratifs que ceux de Schrader qui continuent d'être utilisés, et en particulier cinq principaux :

1. West, 1999, 2008.
2. Voir *supra*, chap. 3, p. 77 *sq*.

a) la confusion entre « européen » et « indo-européen », voire « universel » ;
b) le retour massif de la paléontologie linguistique à partir des années 1980 ;
c) l'effet de réalité par le recours aux images (selon les ouvrages) ;
d) les raisonnements circulaires ;
e) les idées préconçues sur la nature de la société indo-européenne originelle postulée.

On ne peut ici examiner en détail tous les ouvrages récents qui se présentent comme une synthèse des connaissances actuelles sur les Indo-Européens, d'autant plus répétitifs qu'un nouveau « marché » en est né. Du moins évoquera-t-on, parmi ceux qui entendent explicitement refaire l'encyclopédie de Schrader et Nehring, l'*Encylopedia of Indo-European Culture* de Douglas Adams et James Mallory, et *Les Indo-Européens* de Bernard Sergent ; et, parmi les volumes plus synthétiques à l'exclusion de ceux qui n'ont qu'un propos strictement linguistique, ceux de David Anthony, André Martinet, James Mallory, Iaroslav Lebedynsky, Georges Sokoloff, Jean Haudry (réédition en un volume des deux « Que sais-je ? ») et Colin Renfrew[1]. À l'exception des deux derniers, qui soutiennent respectivement la thèse scandinave (voire du pôle Nord) et la thèse anatolienne, les autres défendent la thèse steppique, qui est proclamée dès l'illustration de couverture, avec des chevaux (sauvages ?) dans la steppe (Anthony), des chevaux galopant sans la steppe (Martinet, Mallory), ou la steppe sans les chevaux (mais avec des yourtes chez Sokoloff ; voire sous forme d'une carte agrémentée d'une statue-menhir chez Lebedynsky). Adams et Mallory innovent avec l'une des plaques thraces d'ornement de harnais (de cheval) en argent, trouvée à Letnica en Bulgarie et représentant peut-être un héros terrassant un monstre triple. Sergent reproduit l'un des deux magnifiques casques à cornes en bronze trouvés dans la tourbière de Viksø au Danemark, aux yeux proéminents et datés du début du Ier millénaire avant notre ère. Sur la couverture de la réédition du livre de Haudry enfin, un fier guerrier blond et tête nue sonne du cor dos à la mer, hache à la main et épée à la ceinture.

1. Mallory et Adams, 1997 ; Sergent, 1995 ; Mallory, 1989 [1997] ; Martinet, 1986 ; Anthony, 2007 ; Haudry, 2010 ; Lebedynsky, 2006 ; Sokoloff, 2011.

À l'intérieur des volumes, ceux qui ont fait le choix des steppes pontiques les illustrent par d'abondantes reproductions du matériel archéologique néolithique et chalcolithique (Anthony, Lebedynsky, Mallory). On peut même contempler dans l'un d'eux, grâce aux techniques de reconstitution des traits de la face à partir des insertions osseuses mises au point à l'origine par l'archéologie soviétique, quels étaient les visages des « Indo-Européens originels[1] ».

Indo-européen – ou universel ?

Quant aux techniques de persuasion, l'une des principales est bien l'ambiguïté permanente, sinon la confusion, entre des traits de civilisation qui seraient spécifiquement indo-européens, et d'autres que l'on rencontre dans toute l'Europe et au-delà, voire dans de nombreuses régions du monde. Les ouvrages d'Adams et Mallory ou de Sergent sont d'une grande érudition et d'une lecture utile et fructueuse, mais on se demande parfois où est la spécificité « indo-européenne » des phénomènes soigneusement décrits et inventoriés sur la base de textes disparates et éparpillés dans le temps et l'espace, que l'on compare à ceux d'autres époques et régions du monde, qu'il s'agisse par exemple[2] : des rites d'initiation (qui « ont des parallèles dans de nombreuses régions du monde ») ; du mythe de l'enfant trouvé ; de l'éducation des enfants (qui est, « comme dans beaucoup de sociétés, du domaine des femmes ») ; du mariage par enlèvement des femmes, qui « a de nombreux parallèles (entre autres, dans le monde amérindien) » ; de l'institution du mariage, où l'on invoquera l'ethnographie générale récente de l'Europe ; de la mise à l'écart de la femme lors de ses règles (« comme chez la plupart des peuples ») ; de l'ordalie (jugement de Dieu) ; des rituels funéraires comme celui de la pleureuse (« à peu près universel »), du repas funéraire, de la couleur spécifique pour le deuil, du vacarme pour chasser les démons ; de l'importance de la musique ; du roi qui est riche

1. Lebedynsky, 2006, p. 119.
2. Par exemple : Sergent, 1995, p. 216, 219, 225, 231, 233, 237, 272, 285, 294, 297, 298, 306, 313, 319, 351, 356, 437.

et puissant, et en lien avec le sacré ; des pratiques guerrières, à base de massacres, de rapts des femmes et de pillages (« tout comme des Amérindiens d'Amazonie », « cette activité de pillage définit par excellence les guerriers », comme « dans les sociétés indiennes d'Amérique septentrionale ») ; du guerrier qui grimace pour terroriser (« à l'instar des soldats de la Chine traditionnelle ») et veut également être invisible et invulnérable ; de la pratique du banquet collectif, de l'assemblée du peuple, de la vendetta, de l'échange et du don pour entretenir le lien social ; de la mise hors la loi du meurtrier ; des mythes du Déluge (connus aussi chez « un très grand nombre de peuples d'Asie et d'Amérique ») et du Jugement des défunts après leur mort ; de l'importance du chiffre trois ; de la couleur blanche comme symbole de la pureté (comme « chez les Égyptiens anciens, les Hébreux, les Aztèques, des peuples turcs ») ; etc.

D'un côté, toutes sortes de pratiques culturelles n'ont rien de spécifiquement indo-européen et débordent largement le domaine des sociétés locutrices de langues indo-européennes ; d'un autre, un certain nombre d'autres pratiques ne témoignent d'aucune unité à l'intérieur desdites sociétés. La plupart des auteurs reconnaissent qu'il n'y a pas de doctrine ni de vocabulaire communs pour l'eschatologie individuelle ou collective, c'est-à-dire sur le devenir ultime des mortels, pas plus que pour les mythes cosmogoniques de création du monde ; ni sur le nom des dieux ou encore sur la dénomination des prêtres. La réincarnation n'est attestée qu'en Inde ou dans certaines croyances grecques. Il faut un certain laxisme pour trouver juxtaposable la liste, par ordre d'importance descendante, des êtres sacrifiés en Inde (homme, cheval, bœuf, mouton, bouc) et à Rome (cheval, bœuf, mouton, porc). De fait, les rituels sont d'une grande variété sur l'ensemble du domaine dit indo-européen et il n'y a pas non plus de vocabulaire commun pour les sacrifices (« pratique religieuse à peu près universelle »), qui sont d'ailleurs fort rarement organisés de manière « trifonctionnelle »[1].

Un autre procédé de persuasion reprend celui de la paléontologie linguistique, et son raisonnement circulaire. Si telle institution n'est pas attestée partout sous la même forme, c'est qu'elle

1. *Ibid.*, p. 355, 358, 361, 374.

s'est transformée depuis les temps originels. Autrement dit, le raisonnement qu'on pourrait appeler de « paléontologie culturelle » marche, même quand il ne marche pas. Si les différents jeux ou les instruments de musique, pourtant répandus sous des formes analogues sur une large partie de l'Eurasie, n'ont pas de dénomination commune, « c'est chose normale : les jeux, comme les objets techniques, sont sujets à un perfectionnement et à un renouvellement fréquents ». Si l'« homosexualité pédagogique », d'ailleurs attestée dans d'autres régions du monde comme en Nouvelle-Guinée, n'est pas présente dans tout le domaine indo-européen, « l'absence de cette institution à Rome et chez les Indo-Iraniens vient probablement d'une précoce répression »[1]. De même, si l'étude des squelettes du néolithique européen (dans les problématiques de l'anthropologie physique traditionnelle) ne montre aucune trace de migrations depuis les steppes, c'est que les gens des steppes « se sont noyés dans la population indigène toujours relativement plus dense », confirmant ainsi implicitement leur statut d'élite militaire conquérante – ce qui nous ramène à la linguistique de l'absence.

Inversement, si tel phénomène supposé indo-européen se retrouve hors de cette zone linguistique, ce sera une influence indo-européenne. Ainsi des structures trifonctionnelles de la religion japonaise[2] ; ou bien de la pratique de la « circumambulation », c'est-à-dire de la procession circulaire destinée à sanctifier un lieu, attestée également chez les Sémites, les Turcs et les Mongols[3].

Comment avoir toujours raison

On retrouve en fin de compte les postulats de départ sur ce que devait être le Peuple originel, nécessairement cavalier et guerrier sur le modèle des « invasions barbares » du Moyen Âge (ou plutôt des représentations que nous en avons longtemps eues), et dans la lignée des affirmations de Meillet, Benveniste

1. *Ibid.*, p. 254, 285.
2. Voir *supra*, chap. 16, p. 494 ; Dumézil, 1978, p. 13.
3. Sergent, 1995, p. 366.

ou Dumézil dans les années 1930 : « des tribus aryennes issues de la culture du Kouban (ou de Maïkop), animées d'un désir de conquêtes et ayant entraîné avec elles les porteurs des langues macro-baltiques » ; « chaque culture indo-européanisée, adoptant le système de valeur des conquérants, tendait à devenir à son tour expansionniste » ; « les Indo-Européens, gens rudes, n'ignoraient pas le sacrifice d'hommes »[1] ; de même que l'on apprend au détour d'une phrase, au milieu d'une étude philologique aussi savante que stimulante, que « pour des nomades comme les Indo-Européens, l'errance peut être cause de mort » – sans qu'aucune démonstration vienne à l'appui de ce nomadisme postulé[2].

Enfin on rencontre parfois une non-prise en compte du niveau de complexité des sociétés protohistoriques, au profit d'une sorte d'« âme », de *Volksgeist* indo-européen. Ainsi de cette affirmation qu'il y aurait un « tabou » de l'écriture et un « primat de l'oralité » chez les Indo-Européens – l'idée se trouve déjà chez Antoine Meillet[3]. C'est oublier que toutes les sociétés de l'Eurasie, locutrices ou non de langues indo-européennes, ont inventé l'écriture à partir du moment où elles se sont étatisées et urbanisées, l'écriture devenant un outil indispensable pour gérer et contrôler des masses humaines devenues considérables. Le maniement de signes abstraits existe dès le paléolithique, mais leur combinaison en écriture n'émerge qu'avec les villes et les États. Les communautés de type chefferie, limitées à quelques centaines ou milliers d'individus, peuvent s'en passer, se transmettre oralement, de génération en génération, des hymnes religieux, des épopées ou des listes généalogiques. L'écriture disparaît lors de l'écroulement du monde urbain mycénien ou de la civilisation de l'Indus, et elle réapparaît un peu plus tard, en même temps que les villes. Les runes germaniques, empruntées à l'alphabet latin, n'ont dans ces sociétés pré-urbaines du début de notre ère qu'une fonction magique – et symétriquement, que les runes occupent une part importante dans les mythes germaniques prouve la date récente de ces récits. Les sociétés gauloises en voie d'urbanisation décrites par César sont précisément à ce moment de basculement où l'écriture

1. *Ibid.*, p. 423, 431.
2. Bader, 1989, p. 215.
3. Meillet, 1923, p. 5. Sur l'écriture en Inde, voir Malamoud, 2002.

(empruntée aux alphabets grec ou latin) commence à être utilisée pour les nécessités économiques, tandis que les enseignements religieux continuent à se transmettre oralement[1].

De même, si dans les sociétés de type protohistoriques les lieux de culte sont rarement imposants, cela ne résulte pas d'un choix culturel, mais des capacités techniques de ces sociétés simples et peu fournies en hommes. De même aussi, un clergé constitué et professionnel n'est attesté que dans les sociétés urbaines ou en voie d'urbanisation (Celtes), à l'instar des empires orientaux non indo-européens. Enfin, les sociétés steppiques ne sont pas par essence guerrières. Il y a des traces occasionnelles de massacres dans les sociétés néolithiques d'Europe occidentale (ou d'ailleurs) du VIe millénaire, censées être non indo-européennes, et pas plus d'indices guerriers dans les steppes à la même époque. Ce n'est qu'avec le chalcolithique, les poussées démographiques et l'occupation de l'ensemble du continent européen par les agriculteurs, que les indices de violences se multiplient un peu partout, que les habitats se fortifient et que les traces de blessures augmentent considérablement[2]. Il s'agit d'un phénomène historique général, nullement de l'« âme indo-européenne ».

Aussi le raisonnement des divers tenants de la thèse steppique donne souvent l'impression de reposer sur ces trois étapes, dont aucune n'est validée mais qui se confortent l'une l'autre :

1) Les Indo-Européens originels étaient des conquérants, puisqu'ils ont imposé leur langue originelle à l'ensemble de l'Europe et à une partie de l'Asie.
2) Les peuples des *kurgans* étaient des conquérants puisqu'ils possédaient des armes, le cheval domestique, le char, et se sont répandus dans toute l'Europe.
3) Donc les Indo-Européens originels étaient les peuples des *kurgans*, ce qui prouve qu'ils étaient des conquérants, etc.

Sans aucun doute, les études nombreuses et érudites sur les civilisations de l'Europe ancienne et de certaines régions d'Asie, à partir des textes qui sont parvenus jusqu'à nous (et dont

1. César, *De Bello Gallico*, livre VI, 14, 3-4.
2. Patou-Mathis, 2013 ; Guilaine et Zammit, 2001.

l'exploitation est encore loin d'être achevée), apportent une impressionnante moisson d'informations passionnantes sur l'histoire et la culture de ces sociétés. Elles montrent combien ces sociétés ont évolué en constante interaction les unes avec les autres. En rendre compte dans les termes d'un petit peuple steppique originel qui, par son génie propre et son armement performant, aurait imposé sa langue et sa culture à toutes les populations de ces immenses espaces serait certes l'explication la plus facile à comprendre. Mais n'en est-elle pas la plus pauvre et la plus réductrice, même si elle possède une longue histoire idéologique ?

Final et réouverture

19

Modèles, contre-modèles, idéologies et fautes logiques : y a-t-il des alternatives ?

Où l'on découvre que la plupart des indo-européanistes continuent à se représenter les peuples, cultures et langues protohistoriques comme autant d'États-nations des XIXe et XXe siècles avec leurs frontières établies et leurs langues unifiées et standardisées, dans la lignée de l'archéologue allemand Kossinna – Et pourquoi ni le modèle de la diffusion des langues romanes par l'Empire romain ni celui d'une petite élite militaire archéologiquement invisible et comparable aux conquistadors espagnols ne sont pertinents pour les sociétés de l'Europe protohistorique – Où l'on voit comment l'histoire et l'archéologie du haut Moyen Âge démontrent désormais la complexité des constructions et des brassages des identités ethniques dans des sociétés protohistoriques – Comment l'anthropologie sociale, l'ethnolinguistique et la sociolinguistique offrent depuis plusieurs décennies des modèles infiniment plus complexes et élaborés – Où l'on montre que les langues ne sont pas des êtres biologiques autonomes qui se reproduisent entre eux, mais des entités matérielles manipulées par des humains, et en outre fluctuantes, pouvant se mélanger, s'emprunter et s'influencer les unes les autres et même converger entre elles, à partir d'origines différentes, dans certaines zones géographiques – Pourquoi les pidgins et les créoles sont des laboratoires linguistiques – Comment il y a plus d'un siècle qu'une longue lignée de linguistes minoritaires proposent en vain des modèles alternatifs à celui de l'arbre généalogique pour rendre compte des relations entre langues indo-européennes – Et pourquoi, finalement, le modèle indo-européen canonique, arborescent, centrifuge et invasionniste est indubitablement le plus pauvre, le moins intéressant et le moins convaincant qui puisse être offert pour rendre compte des indéniables apparentements entre des langues et des mythes, sinon des gènes, d'une partie de l'Eurasie.

Au terme de ce parcours et de ses impasses, il est temps de revenir au cœur du modèle indo-européen canonique lui-même. En effet, celui-ci, sous ses airs d'évidence, qu'il soit anatolien, steppique ou autre, repose sur quatre présupposés de taille, qu'on pourrait appeler, pour faire court, « kossinniens », du nom de l'archéologue allemand qui situait, au début du XXe siècle, sur les bords de la Baltique le Peuple originel et le voyait se déployer en quatorze invasions successives[1]. Quelles que soient les localisations géographiques proposées, le modèle usuel postule en effet :

1) Que les changements de langue sont dus à des déplacements de population, le plus souvent par voie de conquête.
2) Que les « cultures » archéologiques sont autant d'ethnies homogènes, aux frontières délimitées, conçues sur le modèle des États-nations du XIXe et du XXe siècle mais tout autant sur celui d'entités biologiques qui se reproduiraient par parthénogenèse.
3) Qu'il y a coïncidence nécessaire entre langue et culture matérielle.
4) Qu'enfin les langues sont également des entités biologiques homogènes, autonomes et bien délimitées, qui se reproduisent également par parthénogenèse ou scissiparité.

Or aucun de ces présupposés ne peut être considéré comme acquis dans son principe ni validé de façon externe, notamment sur le plan archéologique ; les contre-exemples sont légion.

Comment changent les langues

On peut distinguer classiquement quatre processus entraînant un changement linguistique : a) l'évolution interne normale d'une langue donnée ; b) la diffusion d'une langue dans l'espace sans déplacements de population ; c) le remplacement massif d'une population par une autre, par absorption sinon par destruction ; d) la conquête militaire suivie d'une domination politique par une élite politico-militaire. Ces processus peuvent d'ailleurs se combiner.

1. Voir *supra*, chap. 6, p. 172 *sq.*

Nous reviendrons plus loin sur le premier cas. Le deuxième, la diffusion sans déplacements de population, était entre autres l'hypothèse de Paul Broca, expliquant ainsi la parenté des langues indo-européennes : « Ce qui s'était répandu dans toute l'Europe, ce n'était pas une race, mais une civilisation, qui s'était, pour ainsi dire, inoculée de peuple à peuple, car le bien s'inocule comme le mal[1]. » Pour Broca et les anthropologues français du XIXe siècle, l'enjeu était l'autochtonie de la « race » brune et brachycéphale française, face aux prétentions invasionnistes allemandes. Mais on doit reconnaître que l'on manque d'exemples ethnographiques ou historiques d'un tel mode de diffusion linguistique, si ce n'est celui du français aux XVIIIe et XIXe siècles, mais éphémère et strictement circonscrit aux élites cultivées ; ou celui, contemporain, de l'anglais, mais jusqu'à présent limité à certaines situations et à certains milieux (diplomatie, commerce, universités, divertissements, etc.).

Le troisième processus est celui retenu par Renfrew pour une grande partie de son modèle anatolien[2]. Le mouvement migratoire invoqué, la néolithisation de l'Europe à partir du Proche-Orient, est parfaitement validé sur le plan archéologique. On peut effectivement suivre, et même modéliser, de proche en proche et jusqu'à l'Atlantique, la diffusion de toute une culture matérielle homogène, qui évolue cependant dans le même temps, accompagnée d'une expansion démographique continue – la seule question, encore débattue, étant la part démographique des populations mésolithiques indigènes absorbées. En revanche, c'est bien le caractère indo-européen de ce mouvement qui fait problème, et que rien ne vient étayer.

Le quatrième processus est le plus fréquemment invoqué pour expliquer la diffusion des langues indo-européennes selon la théorie steppique ou la quasi défunte théorie scandinave : la conquête militaire. C'est bien par conquête que le latin s'est imposé sur une partie de l'Europe, donnant naissance aux langues romanes ; que l'arabe est parlé dans une grande partie du Proche-Orient et du nord de l'Afrique ; que le turc l'est en Asie centrale, en Anatolie et jusqu'aux marges de l'Europe, le russe en Sibérie et

1. Broca, 1864, p. 313-315. Voir *supra*, chap. 4, p. 116.
2. Voir *supra*, chap. 13.

le français en Afrique occidentale ; que l'espagnol et le portugais se sont imposés en Amérique du Sud et l'anglais en Amérique du Nord (avec un peu de français et d'espagnol), tout comme en Australie, en Nouvelle-Zélande et une partie de l'Afrique de l'Est et du Sud – si bien que certaines cartes se plaisent à montrer que les langues indo-européennes se sont au cours des derniers siècles répandues sur la majorité du globe, à l'exception principale des zones où l'on parle arabe ou chinois.

Conquérants invisibles et empires séculaires

Le problème est celui de la validation. Nul doute que dans quelques siècles, même faute de documents écrits, l'archéologie reconnaîtrait sur le terrain l'extension des colonisations européennes. Il est de même impossible d'ignorer la colonisation romaine, qui a laissé dans et sur le sol d'innombrables témoignages matériels, de Londres à Damas et de Budapest aux oasis égyptiennes, et est très fréquemment invoquée comme modèle pour expliquer la diffusion des langues indo-européennes à partir d'un Foyer originel peu étendu (le Latium). Mais cette évidence archéologique romaine, tout comme celle de la colonisation néolithique de l'Europe, ne se retrouve pas dans le modèle steppique, pas plus que dans les migrations ultérieures supposées[1]. Nulle progression, kilomètre par kilomètre, de l'intégralité d'une culture matérielle steppique depuis les rives de la mer Noire jusqu'à celles de l'Atlantique et du Gange. À moins de sérieusement forcer les données.

C'est pourquoi on a souvent invoqué la migration invisible de « petits groupes hardis » (Benveniste), de « hardis cavaliers » (Dumézil), qui « semblent s'absorber dans la masse des peuples souvent plus civilisés qu'ils soumettent », au point qu'« un long silence suit leur conquête » (Benveniste) et dont les « courses centrifuges, en quelques siècles, asservissent [...] toute l'Europe du Nord, de l'Ouest, du Sud et du Sud-Est » (Dumézil)[2]. Face au « modèle romain », un autre modèle indo-européen est

1. Voir *supra*, chap. 14 et 15.
2. Voir *supra*, chap. 5, p. 155-156.

donc proposé, le « modèle conquistador ». Quelques centaines d'hommes résolus et bien armés n'ont-ils pas en quelques mois mis à bas les puissants empires des Aztèques et des Incas ? Toutefois, la plupart des exemples historiques contredisent cette hypothèse. Les élites militaires étrangères se fondent en général au sein des populations conquises et perdent en quelques générations leur langue et leur culture. C'est le cas bien connu des Francs au sein de la population gallo-romaine, qui ne nous ont laissé que notre nom et quelques mots (guerre, épieu, éperon, garçon, haine, trêve... et des noms de couleurs) et durent même adopter la religion des vaincus. Ou encore celui des Vikings, de la Normandie à l'Ukraine en passant par la Sicile ; ou des Wisigoths en Espagne et des Langobards en Italie ; ou bien des Proto-Bulgares turco-mongols qui, arrivés en 681 sur le territoire de l'actuelle Bulgarie sous le commandement du khan Asparuh, ont disparu dans la population slave soumise et majoritaire, ne laissant subsister que quelques mots de leur langue.

Tous les cas contraires relèvent en fait du « modèle romain ». Il a fallu en Amérique latine un demi-millénaire de domination étatique espagnole ou portugaise, appuyée sur l'administration, l'armée et l'Église, pour que ces deux langues romanes s'imposent en Amérique du Sud. Et encore n'ont-elles pas complètement éliminé les langues amérindiennes indigènes, puisque le guarani est dans une situation de bilinguisme au Paraguay, que le quechua reste parlé par plusieurs millions de Péruviens avec statut de langue officielle, ainsi qu'en Bolivie, en Équateur, au Chili, en Argentine et en Colombie. Plus généralement, beaucoup de ces langues ont survécu et restent vivantes, certaines dépassant le million de locuteurs, comme le nahuatl, le mapuche ou l'aymara. Les langues romanes issues du latin ont bénéficié d'un équivalent demi-millénaire de domination romaine, ce qui n'a pas empêché certaines langues locales de survivre (le grec, l'ancêtre de l'albanais, le basque, les langues celtiques, berbères, germaniques), tandis que des migrations ultérieures apportaient des langues extérieures sur des territoires un temps romains (slave, germanique, arabe, magyar, turc, tzigane, judéo-espagnol, etc.). L'arabe de même ne s'est imposé que par l'administration des divers États issus de la conquête, ce qui n'a pas empêché les langues berbères de survivre, notamment en Algérie et au Maroc. L'exemple turc, invoqué par James Mallory comme référence historique possible pour l'expansion linguistique indo-européenne[1], relève tout autant du modèle romain. L'expansion de la langue turque depuis son territoire originel centre-asiatique a reposé sur une structure étatique forte et de longue durée, qui n'a cependant pas toujours réussi à éliminer les langues locales antérieures (langues balkaniques, langues du Caucase, arménien, arabe, kurde, etc.).

Un exemple proche de nous est celui de l'anglais. Malgré la conquête normande de Guillaume, on ne parle pas français en Angleterre ni, par voie de conséquence, dans le reste de l'ancien Empire britannique, Inde et États-Unis compris. Toutefois, nous y reviendrons, l'anglais est dans une certaine mesure une langue mixte, avec une forte proportion de mots d'origine française, qui présente une situation intermédiaire, un modèle intéressant. C'est aussi le cas du roumain qui, sur le fond roman hérité de Rome, comprend une forte minorité de mots slaves, ou encore de l'albanais.

Confrontés aux données historiques et archéologiques, les modèles migrationnistes classiques ne peuvent donc être invoqués pour expliquer la diffusion des langues indo-européennes. Autrement dit, si de tels phénomènes ont eu lieu, il n'en est aucune trace vérifiable.

Cultures et ethnies

« Kossinnien » en termes de migration, le modèle indo-européen l'est tout autant par les notions de « culture » et d'« ethnie » qu'il véhicule. La notion de culture archéologique naît et se développe au cours du XIXe siècle, comme l'un des instruments d'interprétation majeurs de la documentation archéologique. Plusieurs paradigmes la sous-tendent. Le premier vient de la géologie. L'histoire de la Terre a produit des couches géologiques successives, qui permettent de définir des « ères », « âges », « périodes », caractérisés par des fossiles, des types de roches, etc. La préhistoire va donc procéder de même, puisque c'est la géologie qui révèle l'ancienneté de l'homme, lorsque Boucher de Perthes découvre dans les couches

1. Mallory, 1997, p. 169 [p. 147 de l'édition anglaise de 1989].

des terrasses de la Somme l'association de bifaces paléolithiques en silex avec les restes d'animaux disparus[1]. On parlera donc, dans une métaphore spatiale, de paléolithiques « inférieur », « moyen » et « supérieur », qui se subdiviseront respectivement, d'après le nom des sites de découverte, en « Abbevillien », « Chelléen », « Acheuléen », « Moustérien », « Levalloisien », « Magdalénien », etc., dénominations qui dépasseront le seul territoire français pour s'étendre à une partie de l'Ancien Monde. Chacune de ces « cultures » ou « civilisations » est comme une boîte qui contient autant de « fossiles directeurs » (*Leitfossil* en allemand), comme le « grattoir caréné » pour l'Aurignacien, ou les harpons barbelés en os pour le Magdalénien.

Ces « types » eux-mêmes sont définis également selon un modèle naturaliste, cette fois biologique, comme l'indique le terme de « fossile ». L'archéologue suédois Oscar Montelius le décrira explicitement dans la « méthode typologique » qu'il publie en 1903 : les archéologues doivent être capables de définir leurs types de haches ou de pots « tout comme » les zoologues et les botanistes le font pour leurs espèces végétales ou animales[2]. Cette exigence de rigueur n'est pas neutre. Elle suppose implicitement que les haches ou les pots des archéologues vivent d'une vie propre et se reproduisent entre eux. C'est ce que suppose explicitement l'arbre, le *Stammbaum*, des langues indo-européennes.

Or l'invention de la préhistoire est aussi concomitante de la construction des États-nations au XIXe siècle, une notion apparue avec la Révolution française et le romantisme. Une nation existe de toute éternité sur un territoire défini, elle possède un esprit propre (*Volksgeist* en allemand), et peut même s'incarner dans une « race » (voire, à défaut, dans deux « races », comme chez Broca et les anthropologues français). Ainsi que l'affirmait dans cette même veine le général de Gaulle : « La France vient du fond des âges. » Kossinna fait la jonction entre la « boîte culturelle » et la « nation » dans sa célèbre phrase : « Des provinces culturelles nettement délimitées sur le plan archéologique coïncident à toutes les époques avec des peuples ou des tribus bien précis[3]. » Il y

1. Boucher de Perthes, 1847.
2. Montelius, 1903.
3. Voir *supra*, chap. 6, p. 172.

a bien identification (recouvrement, *sich decken*, écrit Kossinna) entre peuple ou nation d'une part, et culture archéologique d'autre part, cette dernière sous-tendue par le même modèle naturaliste. Kossinna emploie dans cette phrase le terme de *Völkerstämme*, qu'on traduit usuellement par « tribus », le terme végétal de *Stamm* se retrouvant dans l'arbre généalogique *Stammbaum*, et désignant à l'origine le tronc d'arbre, et par là même la tribu, la « race », la lignée, mais aussi la racine grammaticale, résumant à lui seul tous ces glissements et assimilations.

La vision kossinnienne est celle de presque tous les archéologues de son époque, Childe compris[1], même si des critiques méthodologiques s'étaient fait jour en Allemagne dès les années 1930, avec Eggers ou Wahle[2]. Or, on l'a vu, ce modèle kossinnien n'a jamais été frontalement critiqué après la Seconde Guerre mondiale. L'œuvre de Kossinna, considérée comme un détournement idéologique aberrant de la vraie science, a disparu des histoires officielles de l'archéologie. Mais son équation a continué de sous-tendre une grande partie des raisonnements archéologiques. Certes, un certain nombre d'articles et d'ouvrages méthodologiques continuent à discuter de la notion de culture archéologique, avec une variété de points de vue, allant d'une référence implicite (voire inconsciente) à Kossinna jusqu'à une vision relativiste qui ne voit dans les « cultures » et les « types » qu'une construction de l'observateur archéologue[3].

La culture archéologique comme État-nation ?

La réalité est évidemment intermédiaire et plus subtile. On rencontre, la plupart du temps, à un moment donné et dans une région délimitée, une certaine communauté de formes et de décors des objets matériels, dont le terme de « culture » permet une première approche descriptive et classificatoire. Mais ce qui relève du kossinnisme, c'est de penser que ces « cultures », d'une part, correspondraient à des ethnies ou des peuples homogènes,

1. Veit, 1984.
2. Voir *supra*, chap. 6, p. 181.
3. Trigger, 1989 ; Klejn, 1971.

avec leur langue et leur système de croyances unifiés, le tout à l'intérieur de frontières fixes (c'est le modèle de l'État-nation) ; d'autre part, ces cultures s'engendreraient les unes les autres en une filiation continue, maintenant, par-delà les évolutions, une forme de permanence linguistique, politique et idéologique. C'est précisément le modèle à l'œuvre dans les recherches indo-européennes sur les « arrivées » (« des » Grecs, « des » Slaves, « des » Indiens, « des » Tokhariens, etc.).

Un tel modèle suppose que les identités ethniques (et donc les cultures archéologiques) se perpétueraient, inchangées ou presque, à travers les siècles. Or l'archéologie montre tout le contraire. Pour les périodes qui nous intéressent ici, les cartes ne cessent d'être rebattues au bout de quelques siècles. Le plus ancien néolithique de l'Europe tempérée est, on l'a vu[1], celui de la Céramique Linéaire, entre 5500 et 4900 avant notre ère, qui s'étendait de la mer Noire à l'Atlantique, et des Alpes à la Baltique. Très uniforme dans les premiers temps, issue elle-même des Balkans, cette culture se régionalise peu à peu au fur et à mesure de sa progression, pour se dissoudre dans le premier quart du Ve millénaire. En France par exemple, on trouve ensuite dans le quart nord-ouest du Bassin parisien la culture de Michelsberg, qui recouvre aussi une partie de l'Allemagne du Sud, tandis que dans le reste de l'actuel territoire français s'étendent diverses variantes de la culture dite du Chasséen, attestée sous des formes proches en Suisse et en Italie du Nord, et en partie issue du courant méditerranéen de colonisation néolithique. D'origines donc différentes, Michelsberg et Chasséen ont néanmoins un certain nombre de traits culturels en commun, comme la construction de grandes enceintes de terre et de bois, ou bien la forte diminution du nombre des figurines féminines en argile. Puis dans le sud de la France, vers le milieu du IVe millénaire, le Chasséen fait place à de multiples groupes locaux, tandis que dans la moitié nord, on trouve des styles totalement différents, dits Seine-Oise-Marne, dont des variantes s'étendent aussi sur la Suisse, et ainsi de suite. Et l'on pourrait faire la même démonstration pour le reste de l'Europe[2].

1. Voir *supra*, chap. 11, p. 326.
2. Lichardus *et al.*, 1985. Voir Buchvaldek *et al.*, 2007.

En résumé, d'un point de vue archéologique, les « cultures » néolithiques se succèdent sans stricte continuité, sans que les aires de cultures données à un moment du temps se recoupent avec celles de la période suivante. Les éléments culturels sont réarrangés constamment et l'on ne saurait suivre au fil des millénaires une entité donnée et délimitée, qui se contenterait d'évoluer insensiblement et régulièrement. Certains indo-européanistes en sont conscients, lorsqu'ils avouent : « Plus on remonte archéologiquement dans l'Antiquité d'un peuple, moins il est certain que les cultures évoquées appartiennent uniquement à ce peuple[1]. » Ce qui a pour très concrète conséquence que la « synthèse » supposée entre les conquérants steppiques, Indo-Européens originels supposés, et les peuples conquis, n'est tout simplement pas visible : « Ces synthèses sont subtiles et complexes, de sorte qu'il est parfois difficile de faire le lien entre les mouvements des kourganes et les peuples indo-européens historiques, qui justement apparaissent presque tous après – 2000[2]. » Mais dans ce cas, il est vain de vouloir remonter de proche en proche, y compris en prétendant retrouver les ancêtres des ancêtres des Indo-Européens : « On discerne qu'à la fin du paléolithique, il y a plus de dix mille ans, les Indo-Européens, encore indifférenciés, étaient un petit peuple voisin des Sémito-Hamites du Proche-Orient[3]. » Comme le fait remarquer fort justement à ce propos un autre auteur : « On ne peut pas plus parler d'"Indo-Européens", même "encore indifférenciés" au paléolithique, que de "Français (encore indifférenciés) à l'époque romaine"[4]. »

La « culture archéologique » vue sur le modèle de l'État-nation est une notion d'autant plus périmée que la critique du concept classique de la « nation » vue comme une entité éternelle dans la lignée du *Volksgeist* a été entreprise dès les années 1980 par l'école historique anglo-saxonne autour des travaux de Benedict Anderson, dont le livre fondateur sur les nations comme « communautés imaginées » ou « imaginaires » a néanmoins dû attendre près de quinze ans avant d'être traduit en français ; ou encore

1. Sergent, 1995, p. 416.
2. *Ibid.*, p. 408.
3. *Ibid.*, p. 434.
4. Lebedynsky, 2006, p. 141.

les travaux d'Eric Hobsbawm et d'autres[1]. Dans leur sillage ou à côté, des recherches critiques probantes ont également été menées par des historiens français sur la construction des récits nationaux et l'invention des traditions[2]. Une réflexion parallèle a été conduite par des ethnologues, français notamment, autour de la notion d'ethnie qui, longtemps vue également selon le modèle de l'État-nation traditionnel, est apparue comme une réalité beaucoup plus fluctuante, en constant réaménagement[3]. Cela ne doit pas amener à un relativisme intégral, comme l'a pratiqué un temps une partie de l'anthropologie sociale anglo-saxonne dite « postmoderne », car les groupes ethniques existent et se perçoivent comme tels. Mais ce ne sont pas des réalités intangibles « venues du fond des âges » que l'on pourrait suivre au fil des générations. De fait, il n'y a pas toujours coïncidence entre culture matérielle et sentiment ethnique, et encore moins unicité linguistique, et les processus de recomposition ethnique sont permanents. C'est pourquoi les archéologues anglo-saxons ont à leur tour travaillé au croisement du groupe ethnique et de sa culture matérielle, en montrant que la coïncidence était souvent loin d'être parfaite[4].

Les leçons des Barbares

Un autre champ d'observation permet de le confirmer, celui du haut Moyen Âge, à l'époque dite des « grandes migrations », que l'on qualifiait naguère en France d'époque des « invasions barbares ». C'est en effet l'une des rares périodes où il est possible de croiser les sources écrites et les données archéologiques, à propos de populations qui sont encore de « type protohistorique », juste antérieures à la formation de véritables États. Or si l'on a longtemps raisonné pour ces périodes en termes kossinniens de « peuples » ethniquement et linguistiquement homogènes,

1. Anderson (B.), 1983 ; Hobsbawm, 1990 ; Hobsbawm et Ranger, 1990 ; Gellner, 1983 ; Detienne, 2010.

2. Citron, 1987 ; Thiesse, 1999 ; Fabre, 1996.

3. Amselle et M'Bokolo, 1985 ; Chrétien et Prunier, 1989 ; Poutignat et Streiff-Fenart, 1995 ; Gossiaux, 1997.

4. Shennan, 1989 ; Jones (S.), 1997 ; Terrell, 2001.

toujours sur le modèle de l'État-nation, les travaux historiques et archéologiques, autour d'auteurs comme Walter Pohl en Autriche, Florin Curta aux États-Unis, ou encore Bruno Dumézil en France, ont depuis deux ou trois décennies profondément renouvelé notre vision[1].

Point de « Barbares » en effet, que l'on pourrait caractériser clairement, dans une région délimitée, par leur habillement et leurs objets tels qu'on les retrouverait lors de la fouille de leurs tombes. Un exemple emblématique, connu dès 1653, est celui de la tombe du roi franc Childéric, le père de Clovis, mort en 481 et inhumé à Tournai en Belgique. Elle contenait une quantité impressionnante d'armes typiquement franques (hache ou francisque, scramasaxe, lance, épée longue) mais certaines portant des décors d'inspiration byzantine ou danubienne ; un anneau d'or le représentant avec le manteau romain, le *paludamentum*, mais avec les cheveux longs « à la barbare » et l'inscription en latin *Childerici Regis* ; la fibule en or qui servait à attacher le manteau à la romaine ; trois cents abeilles décoratives d'or et de grenats selon une mode empruntée aux Thuringiens sous la domination des Huns ; des bracelets en or selon la mode germanique, etc. Des sépultures collectives de chevaux accompagnaient la tombe, selon un usage « barbare ». Ce mélange se retrouve un peu partout en Europe à la même époque. La plupart des peuples (*gentes* en latin) barbares connus par les textes ne sont pas identifiables archéologiquement et on serait bien incapable de distinguer avec certitude les tombes des Suèves de celles des Vandales, des Burgondes, des Hérules, des Skires, des Goths, des Ostrogoths, sans compter les Alamans, les Lombards ou les Bavarois – dans le même temps que les populations romaines (ou plus exactement conquises naguère par les armées romaines) se « barbarisaient » dans leurs modes vestimentaires. Que ce soit les pièces de vêtements, les parures ou les armes, on ne trouve pas d'identités ethniques claires et tranchées qu'affirmeraient les objets matériels.

En nous permettant de croiser témoignages des textes et de l'archéologie, l'exemple du haut Moyen Âge nous confirme

1. Curta, 2001, 2005, 2006 ; Dumézil (B.), 2013 ; Pohl, 1997, 2004 ; Pohl *et al.*, 2012 ; Pohl et Mehofer, 2010 ; Pohl et Zeller, 2012 ; Gillett, 2002 ; Tejral, 2009 ; Mühlmann, 1985 ; Bernhard et Kandler-Palsson, 1986.

concrètement que les ethnies, les peuples ou *gentes*, sont des entités en perpétuelle transformation. La grande et indécise bataille des champs Catalauniques de l'an 451, censée avoir vu s'affronter les forces des féroces Huns asiatiques d'Attila contre celles de l'Empire romain civilisé conduites par Aetius, opposait en réalité pour l'essentiel deux coalitions de forces… germaniques, Ostrogoths et Gépides du côté des premiers, Wisigoths, Francs, Alains et Burgondes du côté des seconds. Il est impossible de suivre d'un siècle à l'autre des entités ethniques stables qui se perpétueraient et ce ne sont pas les mêmes noms de « peuples » que nous rencontrons chez les historiens latins au Ier puis au IIIe siècle de notre ère. Quant à ceux qui sont mentionnés au IVe ou au Ve siècle, ce sont en grande partie des coalitions militaires récentes, qui ne deviennent que tardivement des monarchies héréditaires.

On comprend mieux pourquoi il est illusoire de vouloir ainsi suivre à la trace, à travers les siècles, sinon les millénaires, depuis le Foyer originel jusqu'à leur lieu d'« arrivée », des « peuples » stables et bien définis par leur culture matérielle, « Grecs », « Slaves », « Indiens » ou « Tokhariens ». Le croire, c'est rester dans le modèle « kossinnien » des États-nations du XIXe siècle.

Nous avons vu aussi que les « cultures » étaient construites sur des « types », eux-mêmes conçus comme des entités de nature biologique. De ce point de vue, la « culture » kossinienne est à la fois une boîte et une entité biologique, de même que les Indo-Européens originels seraient parfois aussi une « race ». Cette vision biologique de l'histoire pourrait paraître désuète. Mais elle a été réhabilitée et modernisée récemment, tout en se réclamant explicitement du darwinisme, appliquée soit plus précisément à l'archéologie sous la forme d'une *Evolutionary Archaeology*[1], soit à l'histoire culturelle en général, comme l'a proposé Cavalli-Sforza, l'un des tenants de la « Nouvelle Synthèse » et du Grand Arbre des langues et des gènes[2]. Cette vision biologisante a été en particulier critiquée par l'anthropologue social Alain Testart[3].

1. Par exemple Shennan, 2003.
2. Cavalli-Sforza, 2005.
3. Testart, 2011.

Langues et cultures matérielles

Le troisième présupposé kossinnien est qu'il y aurait adéquation entre langue et culture matérielle, autrement dit qu'un groupe possédant une culture matérielle définie et délimitée parlerait de manière homogène une même langue. Ce présupposé pourrait paraître une évidence, si nous ne songions immédiatement, sans même penser au monde matériel de plus en plus globalisé et uniformisé dans lequel nous vivons, à des contre-exemples contemporains. Les habitants de la Suisse peuvent parler trois langues officielles, et cinq dans les faits (sans compter les dialectes). Les Bosniaques, qui parlent tous le serbo-croate, se sont entretués dans les années 1990 au nom de trois religions différentes et au prix de deux cent mille morts – au point que certains essaient désespérément de faire désormais croire à trois langues différentes. *A contrario*, l'anglais, le français ou l'espagnol sont parlés dans des régions très différentes du monde, aux cultures matérielles fort variées.

Pour revenir à des sociétés traditionnelles, plus proches de celles de l'époque des supposées migrations indo-européennes, un certain nombre de contre-exemples ont pu être décrits par les ethnologues, notamment une branche particulière de cette discipline, l'« ethnoarchéologie ». Il s'agit d'enquêtes de terrain sur des sociétés encore vivantes mais menées par des archéologues. En effet, les ethnologues (ou anthropologues sociaux) s'intéressent surtout aux aspects immatériels, plus « nobles », des sociétés traditionnelles : mythes, systèmes de parenté, cérémonies d'initiation, rites funéraires. Les archéologues, qui n'ont pas le choix, ont en revanche des techniques très développées pour décrire, analyser, classifier, comparer systématiquement les objets matériels. Ainsi, chez les Angas de Nouvelle-Guinée, au sein d'une même ethnie parlant la même langue, l'architecture, emblématique de l'identité, diffère sensiblement entre le nord-ouest et le sud-est de la région ; il en va de même chez une autre ethnie, les Simbaris[1]. Rien ne différencie symétriquement, dans leur culture matérielle, les Tewas d'Arizona des Hopis avec lesquels ils vivent en symbiose. Pourtant

1. Communication personnelle Anick Coudart, CNRS. Voir aussi Roberts *et al.*, 1995.

les deux langues n'ont rien à voir et se maintiennent sans mélange l'une à côté de l'autre, les Hopis ne comprenant pas la langue tewa[1]. Les vastes enquêtes menées par l'ethnoarchéologue belge Olivier Gosselain au Cameroun, au Niger et au Bénin ont bien montré la non-coïncidence entre formes et décors de la poterie d'une part, et répartition des langues de l'autre[2].

Pour retourner vers des exemples historiques, une partie des peuples de la Grèce antique, parlant grec, n'étaient pas reconnus comme tels par les Athéniens. Ainsi des Épirotes et des Étoliens, qui occupaient le nord-ouest de la Grèce mais n'avaient pas de cités-États, ne combattaient pas comme les hoplites athéniens, étaient difficilement compréhensibles, avaient des rois et non des régimes démocratiques ou oligarchiques, et étaient même accusés de manger de la viande crue[3]. Plus récemment, rien ne distinguait la culture matérielle des Magyars vivant sous domination turque de leurs maîtres ottomans ; et pourtant, là encore, les deux langues n'avaient rien à voir[4].

Langues sans frontières

Le quatrième postulat du modèle indo-européen canonique est que les langues elles-mêmes sont des entités biologiques homogènes, qui se reproduisent par parthénogenèse. Plus précisément, les langues :

a) auraient des limites nettes, comme tout être biologique (la peau, chez beaucoup d'êtres vivants) ;
b) seraient intérieurement homogènes et cohérentes ;
c) ne s'imbriqueraient pas avec d'autres langues, ni ne pourraient se combiner entre elles pour donner naissance à autre chose, sinon que de façon très marginale et anecdotique.

Quant aux deux premiers points, la notion de langue standard homogène, renforcée encore par les médias modernes, est

1. Dozier, 1954 ; Zimmer, 1990a.
2. Gosselain, 2011, 2012.
3. Tremblay, 2005, p. 143.
4. Róna-Tas, 1988 ; Zimmer, 1990a.

tout à fait récente et remonte pour l'essentiel, une fois encore, au XIXe siècle, même si certaines nations, centralisées de longue date, l'ont expérimentée plus tôt, comme la France. Dans cette dernière en effet, l'ordonnance royale de Villers-Cotterêts institue en 1539 le « *langage maternel francoys* » pour les actes administratifs, tandis qu'un siècle plus tard la création de l'Académie française et la rédaction de la *Grammaire de Port-Royal* codifient la langue, pendant que les écrivains la fixent. Mais ce français officiel n'est que l'un des dialectes originellement parlés dans la moitié nord de la France, et il ne s'est imposé à tous les autres que parce que c'était celui de la région où résidait le pouvoir politique. Encore a-t-il dû lutter contre plusieurs dizaines de langues régionales, qui n'ont vraiment commencé à disparaître qu'au cours de la seconde moitié du XXe siècle. C'est donc à une notion anachronique de la « langue » que se réfère le modèle indo-européen canonique.

L'observation du fonctionnement linguistique dans les sociétés traditionnelles, que ce soit par l'ethnolinguistique[1] ou par la dialectologie[2], offre une image bien différente. La langue changeait de village en village dans la France traditionnelle, et si l'on se comprenait d'un village à l'autre, l'intercompréhension diminuait progressivement au fur et à mesure de l'éloignement. Pas plus que la langue n'était homogène au sein d'un territoire, il n'existait non plus de frontière linguistique délimitée. Hugo Schuchardt, premier linguiste à avoir étudié les créoles, mais aussi romaniste, remarquait que l'on pouvait aller de Rome à Paris, de village en village, sans jamais rencontrer de frontière linguistique tranchée, alors même que le français et l'italien sont deux langues bien distinctes[3]. On passait en effet des dialectes romains à ceux d'Italie centrale, puis au lombard, au piémontais (déjà bien différent de l'italien standard), aux parlers franco-provençaux des vallées alpines (en Val d'Aoste, si le français reste la langue officielle à côté de l'italien, c'est en franco-provençal que s'expriment en réalité les habitants) puis du revers occidental des Alpes et

1. Palmer, 1996 ; Bouquiaux, 2004.
2. Pop, 1950 ; Weinreich (U.), 1954 ; Chambers et Trudgill, 1980 ; Trudgill, 1986.
3. Schuchardt, 1922, p. 145.

jusqu'au Jura, avant d'aborder, par cette zone intermédiaire, les dialectes de transition du Charolais et du Mâconnais, puis ceux, cette fois clairement de langue d'oïl, du reste de la Bourgogne, avant d'atteindre enfin ceux d'Île-de-France.

La notion même de « franco-provençal », créée en 1873 par le linguiste italien Graziado Ascoli et sur laquelle existe une abondante littérature[1], est éclairante : alors que l'on oppose classiquement « langue d'oïl » au nord (dont le français standard) et « langue d'oc » au sud (occitan, provençal, nissard, gascon, auvergnat, etc.), il n'y a nulle part entre ces deux grandes zones de frontière linguistique tranchée, d'autant que cette limite n'a jamais correspondu à une frontière politique. Il a donc fallu créer la notion de « franco-provençal », zone tampon en forme de croissant qui s'étend de la France centrale jusqu'à la Suisse (la Suisse « romande » était en fait une Suisse « franco-provençale » rurale, où seules les élites urbaines parlaient le français standard) et dans le nord de l'Italie alpine. Ce franco-provençal n'a pas lui-même, ni au nord ni au sud, de frontière nette, au point que certains lui refusent le statut de dialecte autonome, pour n'y voir qu'une « grande zone de transition[2] ». Mais dans ce cas, quel est le statut de cette « grande zone » ? De fait il existe plus à l'ouest une seconde zone de transition, au niveau de la province de la Marche et du Limousin, qualifiée cette fois de « croissant » de par sa forme[3].

Quant aux dialectes occitans, faute d'un État central unifié, ils sont d'une grande variété. Il n'existe aucun occitan standard et, aujourd'hui encore, les controverses sont vives entre les tenants de la graphie rénovée par Joseph Roumanille et Frédéric Mistral au XIXe siècle, et les usages des occitanistes de Béziers ou de Toulouse. De même, on débat pour savoir si le gascon est une variété d'occitan ou une langue à part entière, débat qui concerne aussi le (ou les) catalan(s), très proche(s) du languedocien. En fait, la distinction, en principe hiérarchique, entre langue, dialecte et patois est purement conventionnelle et sujette à variations.

Pour ne prendre qu'un exemple antique, il est frappant qu'il

1. Par exemple Jochnowitz, 1973 ; Tuaillon, 1972.
2. Hall, 1949.
3. Brun-Trigaud, 1990.

n'y ait pas *une* langue grecque à l'époque grecque archaïque et classique, mais au contraire, sur ce petit territoire maillé de cités indépendantes, de nombreux dialectes dont l'histoire et l'articulation les uns avec les autres ne font l'objet d'aucun consensus parmi les linguistes spécialisés. L'idée d'un protogrec originel qui se serait ensuite différencié n'est que l'une des hypothèses, pour laquelle existent de bons contre-arguments ; de même, on a assisté à des moments d'unification linguistique par convergence, une première fois sans doute avec le monde mycénien, une seconde fois avec la *koinê* du monde hellénistique, à partir du IIIe siècle avant notre ère[1]. Ainsi, dès que l'on dispose d'une information suffisante, la complexité du fonctionnement linguistique réel devient évidente.

De l'inadéquation des arbres

C'est pourquoi, pour rendre compte du foisonnement dialectal, les linguistes ont dès le XIXe siècle recherché d'autres représentations que celle de l'arbre. Comment, en effet, se représenter les relations dans l'espace et dans le temps de ce foisonnement, puisqu'il n'y a ni centre ni frontières ? Antoine Meillet, encore lui, fit un aveu désarmant de cet embarras. Il écrit en 1928, récupérant au passage Hugo Schuchardt sans le nommer, alors qu'il n'a cessé de s'opposer à lui sur ces questions :

> Il y a une ambiguïté grave, que la nature des faits ne permet pas d'éviter : un même nom de langue désignera ici deux choses distinctes : d'une part, une langue commune de relations, comme le français, l'anglais, l'italien, de l'autre, un ensemble de parlers locaux, qui peuvent différer beaucoup les uns des autres, comme diffèrent en effet les parlers locaux français, par exemple, mais qui sont la conséquence de développements parallèles, et plus ou moins autonomes, d'une même langue originelle, en l'espèce le latin. Cette seconde notion est relativement vague. On sait ce que l'on veut dire quand on parle du français ou de l'italien en tant que langues littéraires fixées ; au contraire on passe des parlers locaux de type français aux

1. Schnapp-Gourbeillon, 2002, p. 157-160 ; Bartoněk, 1991 ; Duhoux, 1983.

> parlers locaux de type italien, par exemple, par une série de transitions insensibles, et l'on ne saurait marquer une limite géographique précise entre les deux types[1].

En résumé, il y a une linguistique noble, celle des « langues littéraires fixées », celle qu'il enseigne ; et puis il y a les « parlers locaux », source d'« ambiguïté grave », « notion relativement vague ». C'est, hélas, « la nature des faits ».

Les langues indo-européennes qu'étudie Meillet, et qui nous viennent de textes littéraires ou religieux, appartiennent à la première linguistique. Mais la « nature des faits » linguistiques dans des sociétés protohistoriques réelles et sans État n'a donc pas à voir avec cette linguistique noble, mais avec celle de la dialectologie, discipline empirique attachée à la description des variations spatiales, mais qui peine à les théoriser, ou bien ne s'en soucie pas. Et encore, la dialectologie étudie-t-elle la variation linguistique populaire, partiellement en voie d'extinction sous la couche de la langue standard officielle, souvent dans le cadre des sociétés étatiques contemporaines. L'ethnolinguistique étudie la situation linguistique dans les sociétés traditionnelles des autres continents. Or elle montre que la plupart de ces sociétés sont multilingues. Étant donné la taille relativement réduite des groupes ethniques et la circulation des personnes dans le cadre des échanges matrimoniaux et commerciaux, il est courant et normal d'y pratiquer plusieurs langues. C'était aussi le cas de nombreuses régions d'Europe, notamment centrale et orientale, avant que les deux guerres mondiales et leurs purifications ethniques récentes n'y mettent bon ordre. Notre monolinguisme, qui nous semble si naturel, est en fait une exception historique – sans doute très provisoire, devant la montée de l'anglais, tandis que le sud-ouest des États-Unis est de plus en plus en situation de bilinguisme anglais-espagnol. Nos plus anciens témoignages écrits sur des langues indo-européennes le confirment : comme nous l'avons vu, dans l'Anatolie du IIe millénaire avant notre ère, l'actuelle Turquie[2], se pratiquaient couramment une dizaine de langues écrites, côte à côte ou imbriquées, ce qui laisse

1. Meillet, 1928c, p. 16.
2. Voir *supra*, chap. 15, p. 461.

supposer un nombre encore plus grand de langues populaires purement orales.

Même dans l'Europe actuelle, il n'est aucun État linguistiquement homogène[1]. Tous contiennent des minorités linguistiques de tailles diverses (sans même parler des immigrations récentes), et tous possèdent des groupes de locuteurs de leur langue officielle qui vivent hors de leurs frontières politiques et sont en général officiellement reconnus comme tels. Ainsi de la France et de ses nombreuses langues « régionales », mais aussi des minorités officiellement francophones de Suisse, Belgique, Italie, Québec ; de l'Allemagne, qui inclut entre autres la minorité sorabe slave mais dont on parle la langue et ses dialectes en Belgique, France, Suisse, Autriche, Italie, Roumanie, etc. ; de l'Italie, qui comprend des minorités linguistiques francophones, ladines, germanophones, voire sardes et grecques, etc., et dont on parle la langue dans le Tessin suisse ; de la Grèce, avec ses minorités turques, albanaises, pomaques, slaves, valaques, etc., tandis qu'on parle grec en Albanie ; de la Finlande, avec ses minorités sames et suédoises, et dont des minorités parlent la langue dans la Fédération de Russie ; de l'Estonie, avec son importante minorité russe (sans parler de la Moldavie ou de l'Ukraine), etc. En Suisse, outre les langues officielles (allemand, italien, français, et dans une certaine mesure romanche), toutes langues également parlées hors de ses frontières, une grande partie de la population parle en réalité une cinquième langue, non officielle, le suisse alémanique (*Schwizerdütsch*), dont l'intercompréhension avec l'allemand standard (*Hochdeutsch*) est toute relative et qui compte de nombreuses variantes locales. Le Luxembourg est dans une situation comparable. On ne saurait donc trouver un seul pays d'Europe qui soit linguistiquement homogène et dont la langue ne déborde pas sur ses voisins. Plusieurs siècles de domination étatique n'y sont pas parvenus. On peut donc juger de ce que pouvait être la situation dans des sociétés pré-étatiques.

1. Fodor et Hagège, 1983 ; Giordan, 1992 ; Plasseraud *et al.*, 2005.

« Il n'y a pas de langue totalement pure »

Cette imbrication des langues traditionnelles, elles-mêmes soumises à de fortes variations spatiales internes, a pour conséquence qu'elles sont constamment en contact, que ce soit au niveau des « dialectes » d'une même langue, créant ces « zones de transition » permanentes, ou entre des langues différentes. Or, de même que, pour Broca, les « races » ne pouvaient se métisser sinon la notion de « race » disparaîtrait, de même, pour Meillet et ses contemporains, les langues ne pouvaient se mélanger[1]. Or les exemples de contacts, et par là de mélanges, entre langues sont innombrables, au point d'en être la règle. La notion de « langues en contact » est ancienne, puisqu'elle est au cœur de la « théorie des vagues » (*Wellentheorie*) de Johannes Schmidt[2], ou des études de Hugo Schuchardt qui lui avaient permis d'affirmer avec force : « Il n'y a pas de langue totalement pure[3]. »

Si les travaux de Schuchardt restèrent longtemps isolés et minoritaires, l'étude des créoles et des pidgins, et plus généralement celle des contacts et interférences entre langues sont devenues une branche importante de la linguistique à partir des années 1950, et notamment des travaux pionniers d'Uriel Weinreich[4]. Colloques, revues spécialisées et études de terrain n'ont cessé depuis de se multiplier.

Il existe toute une graduation de ces contacts et mélanges linguistiques.

La forme la plus atténuée en est celle de l'emprunt de mots. Ces emprunts peuvent tenir à un substrat plus ancien, comme les mots gaulois ou francs dans le français actuel, ou les mots pré-grecs dans le grec ancien. Ils peuvent tenir aussi à une influence culturelle, comme les mots arabes ou hébreux dans le français, les mots français dans de nombreuses langues européennes (datant du prestige passé de cette langue aux XVIIIe et XIXe siècles), ou symétriquement les mots anglais dans la plupart

1. Voir *supra*, chap. 5, p. 159-162.
2. Voir *supra*, chap. 2, p. 56.
3. Schmidt (J.), 1872 ; Schuchardt, 1884, p. 5. Voir *supra*, chap. 2, p. 56-57.
4. Weinreich (U.), 1953 ; Thomason et Kaufman, 1988 ; Thomason, 2001 ; Matras et Bakker, 2003 ; Nicolaï, 2001.

des langues contemporaines. Ce voyage des mots fait que les indo-européanistes rigoureux ne tiennent pas compte du lexique pour comparer deux langues, mais seulement de la morphologie, ou plus généralement de la grammaire.

Déjà plus complexes sont les phénomènes de frontières, comme ceux évoqués de proche en proche pour les langues romanes, et les phénomènes proprement de fusion. Ainsi, en Inde, à la frontière entre les langues indo-européennes de type hindi et les langues dravidiennes, fort différentes, se sont créées des formes de langues de communication intermédiaires, qui empruntent aux deux familles linguistiques[1]. De même, entre le « haut allemand » classique et le « bas allemand » d'Allemagne du Nord, existe-t-il une zone de transition.

Mélanges et interférences

Ces passages d'une langue à l'autre peuvent être conséquents, au point que le roumain par exemple, langue en principe romane et issue de la colonisation romaine, compte environ 30 % de mots slaves, ce qui permettait à certains linguistes roumains d'affirmer pendant la période stalinienne qu'il s'agissait d'une langue slave influencée par le latin. On considère que l'albanais ne contient que 10 % de mots proprement albanais, tous les autres étant « contaminés » par l'italien, les langues slaves, le grec, etc. De même, la part du vocabulaire finno-ougrien dans les langues baltes indo-européennes (letton et lituanien) est très importante, en raison de leur longue coexistence avec les peuples qui les jouxtaient immédiatement au nord (estonien, finnois, etc.). Le vietnamien est officiellement une langue môn-khmer (comme le môn parlé en Birmanie et le khmer du Cambodge), mais après un millénaire de domination chinoise, il est devenu une langue à tons, comme le chinois (de la famille, très éloignée, dite sino-tibétaine), auquel il a emprunté au moins la moitié de son vocabulaire, au point d'être parfois considéré comme une langue mixte, et d'être aussi, de par ses emprunts à date ancienne, un outil de connaissance sur le chinois archaïque. Le maltais,

1. Gumperz et Wilson, 1971.

langue officielle de l'île de Malte aux côtés de l'anglais et l'une des langues officielles de l'Union européenne, est en principe un dialecte arabe remontant à la brève occupation de cette île du XIe au XIIIe siècle et qui s'est maintenu jusqu'à nos jours, malgré la longue domination des chevaliers de Malte. Toutefois il contient un très grand nombre de mots, d'expressions et de phonèmes italiens et anglais, qui le rendent assez peu compréhensible pour des arabophones d'Afrique du Nord[1]. Les colonisations espagnole et anglaise eurent une forte influence sur les langues amérindiennes, les mots espagnols désignant des réalités nouvelles étant toutefois directement empruntés et introduits dans les langues indigènes, alors que, dans le cas des contacts avec l'anglais, des équivalents furent trouvés pour les traduire dans les langues locales[2].

À partir d'un certain degré d'interpénétration, on peut parler de « langue mixte » (*Mischsprache* en allemand). Le yiddish en est un cas bien connu[3] : né autour de l'an mille sur une base grammaticale de dialectes germaniques rhénans et bavarois (la ville de Ratisbonne est un des lieux supposés d'origine) et de mots hébraïques, il a intégré ensuite un grand nombre de mots slaves en s'étendant vers l'est au fil des persécutions, le génocide juif de la dernière guerre lui ayant ensuite porté un coup presque fatal[4]. Des créations linguistiques comparables ont concerné d'autres communautés juives, comme le judéo-espagnol ou ladino de Thessalonique, issu du castillan des Juifs expulsés d'Espagne en 1492 ; ou le judéo-piémontais évoqué par l'écrivain Primo Levi ; ou le judéo-provençal, qui s'éteignit dans les années 1960[5]. Le yiddish a d'ailleurs été une incitation chez un certain nombre de linguistes, comme Uriel Weinreich, George Jochnowitz, John Gumperz ou Claude Hagège, pour l'étude des phénomènes de contacts et de mélanges.

Un exemple frappant et familier est celui de l'anglais, déjà relevé par Saussure. On sait que la conquête normande de 1066 a imposé le français comme langue de l'élite militaire et donc de l'aristocratie, qui est restée dans certaines expressions

1. Comrie *et al.*, 2009 ; Vanhove, 1993.
2. Brown *et al.*, 1994.
3. Katz, 1987 ; King, 1992 ; Weinreich (M.), 1980.
4. Ertel, 2003.
5. Banitt, 1963.

officielles (« honi soit qui mal y pense », devise du souverain ; « oyez », etc.). Le célèbre roman *Ivanohé* s'ouvre par un débat linguistique entre le porcher Gurth et le bouffon Wamba : le *bœuf*, le *veau* et le *porc* sont saxons lorsqu'ils sont vivants (*ox*, *calf*, *pig*), mais français quand ils sont abattus (*beef*, *veal*, *pork*) et servis à la table des maîtres. Dans la phrase paradoxale d'un linguiste anglophone : *In spite of the elite dominance of the French-Speaking Normans after 1066, English has remained as Germanic in its lexicon as it is in its phonology and grammar* (« En dépit de la domination de l'élite francophone normande après 1066, l'anglais est resté une langue germanique dans son lexique comme dans sa phonologie et sa grammaire »)[1], on remarquera que la moitié des mots sont d'origine romane (ou grecque) *via* le français, sans compter la syntaxe. C'est plus globalement, en anglais, le cas d'un grand nombre de mots abstraits. L'ordre des mots et la disparition des déclinaisons vont dans le même sens. Si bien que Meillet a pu écrire : « L'anglais représente le terme extrême d'un développement : il offre un type linguistique différent du type indo-européen et n'a presque rien gardé de la morphologie indo-européenne[2]. » Il existe donc un débat chez les linguistes pour savoir si l'anglais ne serait pas un pidgin, mélange de saxon et de français[3]. Sa simplicité grammaticale (du moins sous sa forme courante du *global English* ou *globisch*), et pas seulement l'actuelle domination politique, économique et donc culturelle des États-Unis d'Amérique, expliquerait aussi sa facilité d'apprentissage, ce qui est le propre des pidgins. Le débat n'est pas tranché, car il y a aussi de bons arguments linguistiques contre ; mais le fait qu'il existe illustre bien la complexité de la question des langues en contact.

On pourrait citer encore le mbugu, parlé par quelques milliers de pasteurs de Tanzanie qui portent aussi ce nom. Sa grammaire est celle de l'asu, une des langues bantoues du pays, mais son vocabulaire provient d'une langue couchitique d'Éthiopie, lieu présumé de leur origine géographique[4]. Le songhay, parlé au Mali

1. Coleman (R.), 1988.
2. Meillet, 1917.
3. Domingue, 1977 ; Bailey et Maroldt, 1977 ; Whinnom, 1980 ; *contra* : Thomason et Kaufman, 1988 ; Polomé, 1980 ; Dalton-Puffer, 1995.
4. Goodman, 1971 ; Tucker et Bryan, 1974 ; Mous, 2003.

et dans les régions voisines par environ six millions de locuteurs, est un autre exemple, bien étudié par le linguiste Robert Nicolaï, qui s'est spécialisé dans l'étude des langues en contact[1]. Le swahili est plus connu, puisqu'il est parlé par environ cent quarante millions de personnes, langue officielle en Tanzanie, au Kenya, en Ouganda et en République démocratique du Congo[2]. Le swahili étant composé de nombreux dialectes locaux, sa structure est considérée comme proche d'une langue bantoue, mais son vocabulaire est d'origine arabe à 40 %, sans compter les mots venus d'Iran, d'Inde, et plus récemment des colonisateurs européens. Toutefois, c'est pour l'essentiel une langue de communication et il n'est langue maternelle que de quelques millions de locuteurs. L'afrikaans a commencé comme un dialecte néerlandais des premiers colons européens en Afrique du Sud. Son évolution est allée au fil du temps vers une forte simplification grammaticale, des transformations phonétiques et des apports lexicaux étrangers, au point que l'intercompréhension n'est pas toujours immédiate avec un locuteur du néerlandais standard actuel. Langue du pouvoir politique afrikaner au temps de l'apartheid, mais en rivalité avec l'anglais qui l'a désormais largement emporté, il est néanmoins l'une des onze langues officielles du pays. Il est considéré comme un pidgin par un certain nombre de linguistes[3].

Substrats, adstrats, superstrats

Un thème classique de débats sur les interférences entre langues, et notamment indo-européennes, porte sur ce qu'on appelle les « substrats ». Une langue en remplacerait une autre par conquête, mais en garderait quelques éléments, ne serait-ce que parce que les indigènes conquis auraient des difficultés à bien parler la langue des conquérants. Ainsi les Gaulois auraient appris le latin, mais sans trop de facilités et avec des modifications phonétiques (développement de la consonne *u* et des voyelles nasales comme *on*, *an* ou *in*, réduction des voyelles à la fin d'un mot, etc.), et en y

1. Nicolaï, 1990, 2003
2. Nurse et Hinnebusch, 1993 ; Polomé, 1967.
3. Raidt, 1983 ; Markey, 1982 ; Zimmer, 1991.

ajoutant plusieurs centaines de mots indigènes, toujours présents de nos jours, de l'« alouette » à l'« ambassadeur ». C'est pourquoi le français n'est pas que du latin, de même que les autres langues romanes, du Portugal à la Roumanie, ont chacune leurs particularités. Il existe symétriquement des « superstrats », c'est-à-dire une couche linguistique qui se superpose à la langue principale. C'est justement le cas déjà évoqué du roumain, avec ses 30 % de mots slaves qui se sont ajoutés au début du Moyen Âge à la couche latine ; ou, de manière plus discrète, avec la langue franque, qui a laissé quelques mots en français. On parle enfin d'adstrat pour désigner une simple influence d'une langue vers l'autre.

Ces problématiques sont relativement anciennes, antérieures à la plupart des débats récents sur les interférences et mélanges entre langues, ou les créoles et pidgins. L'idée était naguère que les langues se perpétuaient telles quelles pour l'essentiel, même si elles évoluaient dans le temps. Ces effets de substrat étaient donc à minorer, et comme l'écrivait là encore Antoine Meillet :

> Chacune des langues indo-européennes a un type propre : prononciation et morphologie ont, dans chacune, des caractères spéciaux ; et l'on n'aperçoit pas de condition susceptible de déterminer ces différences, qui sont profondes, sinon les particularités appartenant à la langue des anciennes populations à laquelle s'est substitué l'indo-européen. Cette influence des langues remplacées par l'indo-européen est ce que l'on nomme « action de substrat ». Par malheur, les substrats sont presque partout inconnus, de sorte que l'on est réduit à des hypothèses indémontrables[1].

Pour le dire autrement, les différences entre langues indo-européennes ne se laissent pas déduire d'une simple évolution arborescente et ne s'expliquent pas directement. Le « substrat » est donc une explication facile, d'autant plus facile qu'elle est invérifiable ; mais nous avons vu[2] qu'il était régulièrement requis en cas de difficulté.

C'est pourquoi le « substrat » a connu une grande faveur dans diverses situations. De fait, les « substrats » sont restés la plupart du temps hypothétiques et il y a peu d'observations contempo-

1. Meillet, 1937, p. 25.
2. Voir *supra*, chap. 15, p. 431 et 464, et chap. 17, p. 541.

raines en vraie grandeur d'un phénomène de substrat. L'un des cas les plus classiques est celui du substrat dit « pré-hellénique » ou « pélasgique », qui aurait précédé l'arrivée des Grecs indo-européens[1] et a donné lieu à une littérature aussi abondante que peu concluante[2], mais aussi à des critiques sévères[3]. De même, le caractère particulier des langues germaniques a fait supposer l'existence d'un substrat particulier, hypothèse qui a tout autant été critiquée[4]. Diverses langues pré-indo-européennes ont été supposées en Europe, notamment liées au basque, et en s'aidant de la toponymie. En fait, la question des « substrats » est avant tout à prendre comme un symptôme des difficultés à construire un *Stammbaum* cohérent des langues indo-européennes.

Pidgins et créoles

Un cas particulièrement intéressant de formation de langues mixtes est donc celui des pidgins et des créoles, langues créées de toutes pièces pour des nécessités de communication, le plus souvent sur la base d'une langue dominante, celle des colonisateurs. La différence entre « pidgin » et « créole » est floue. En principe « pidgin » désigne le premier état d'un tel processus, avec une grammaire très simplifiée, qui connaîtrait ensuite une « créolisation » vers une langue totalement formée, beaucoup plus riche en vocabulaire (on parle de « relexicalisation ») et devenue maternelle ; mais la langue nationale courante de la Papouasie-Nouvelle-Guinée, formée à l'origine à partir d'un pidgin à base d'anglais, se nomme elle-même *tok pisin*, terme qui provient de *talk pidgin*, le mot « pidgin » supposé lui-même provenir de l'anglais *business*. Pidgin, créole et « langue noble » sont donc les trois étapes d'un continuum. Près de deux cents de ces langues, certaines déjà disparues, ont été recensées de par le monde, souvent dans une situation littorale, propice aux

1. Voir *supra*, chap. 15, p. 431.
2. Par exemple Windekens, 1952 ; Merlingen, 1955 ; Hester, 1965 ; Capovilla, 1964 ; Strunk, 2004 ; etc.
3. Francis, 1992.
4. Neumann, 1971.

phénomènes d'échanges[1]. Les deux conditions historiques les plus connues pour leur émergence sont d'une part les relations commerciales entre des partenaires de langues diverses ; d'autre part les phénomènes de colonisation.

L'un des exemples principaux, emblématique du premier cas, est la *lingua franca* qui se parla du Moyen Âge au XIXe siècle sur tout le pourtour méditerranéen, et sur laquelle travailla déjà Schuchardt[2]. Elle servait de langue véhiculaire aux marins comme aux commerçants et était appelée aussi *sabir*, du mot *saber* qui signifie « savoir » dans plusieurs langues romanes ; elle était en effet à base de langues romanes (provençal surtout, italien, espagnol, français, etc.), avec de nombreuses influences turques, arabes, maltaises, etc. Le chinook a été élaboré le long des côtes occidentales de l'Amérique du Nord à des fins d'échanges, par une convergence de langues amérindiennes locales (chinook, salish, nootka ou nuuchahnulth, etc.), à laquelle se sont agglomérés des mots venus de l'anglais et du français ; on discute d'ailleurs pour savoir si cette langue existait déjà avant l'arrivée des Européens[3]. De fait, il est des traces de pidgins de communication précoloniaux purement indigènes, comme en Afrique ou dans la basse vallée du Mississippi[4]. Le michif (ou métchif, prononciation française ancienne du mot « métis ») a été élaboré au Canada par des métis d'Amérindien(ne)s et de Français(es), en combinant des verbes de la langue indigène crie avec des noms français et divers autres emprunts locaux[5]. Un russenorsk, à base de russe et de langues scandinaves, était utilisé par les marins et pêcheurs russes, scandinaves et sames (lapons) autour de l'Arctique, avant de disparaître récemment[6]. Il existait au Moyen Âge avec les Vikings une *lingua franca* tout autour de la Baltique et des grands fleuves de Russie et d'Ukraine, malheureusement peu documentée ; la ligue marchande hanséatique recréa à nouveau autour de la Baltique, du XIIe au XVIIe siècle, une langue de communication à base de

1. Hancock, 1971 ; Kouwenberg et Singler, 2008 ; Mufwene, 2005 ; Thomason et Kaufman, 1988 ; McWhorter, 2005 ; Chaudenson, 2003.
2. Schuchardt, 1909 ; Dakhlia, 2008.
3. Sur le chinook : Phillips, 1913.
4. Bender (M.), 1987 ; Drechsel, 1987.
5. Bakker, 1997.
6. Broch, 1927.

bas allemand[1]. Le commerce et les conquêtes portugaises firent émerger sur les côtes de l'Asie un certain nombre de créoles portugais, indo-portugais et malayo-portugais, dont certains ont été également étudiés par Schuchardt[2].

Mais l'essentiel des pidgins et des créoles répertoriés et parlés sont liés à la colonisation européenne, même s'il y eut aussi quelques pidgins africains liés à la colonisation arabe de la côte orientale de ce continent – dont le swahili est une forme. Ainsi du pidgin de Nouvelle-Guinée, le *tok pisin* déjà mentionné, sur base anglaise, et qui permet aux locuteurs des quelque huit cents langues de cette île de communiquer entre eux, jusqu'à devenir la langue nationale ; il est proche du bichlamar du Vanuatu, où il a le statut d'une langue officielle à côté du français et de l'anglais. Plus brutale a été en revanche la formation des créoles dans les zones de colonisation de peuplement directe, et en particulier dans les Antilles, où des esclaves arrachés par centaines de milliers à plusieurs régions d'Afrique (l'ensemble de la traite atlantique étant estimée à environ treize millions de personnes) et parlant des langues très diverses se sont retrouvés soudainement à devoir obéir à la langue de leurs maîtres – français, anglais, espagnols, portugais, hollandais – et à communiquer entre eux. Devenus la langue maternelle de leurs descendants, ainsi se sont formés les créoles des Amériques et de l'océan Indien. Ces créoles restent très vivants et ont donné lieu à une littérature écrite, même si la langue standard des anciens colonisateurs reste dominante. C'est surtout dans des régions insulaires ou restreintes, à économie de plantations, que se sont développés de tels créoles. Il n'y en a pas eu, par exemple, aux États-Unis, au Mexique ou au Pérou.

Les créoles ayant été longtemps méprisés par les linguistes qui, tel Meillet[3], n'y voyaient que d'anecdotiques bizarreries, leur étude n'a vraiment décollé que dans les cinquante dernières années. Il n'y avait encore que treize linguistes au premier Congrès international de créolistique organisé par Robert Le Page à l'université Mona de la Jamaïque en 1959 ; ils étaient déjà cinquante, au

1. Ureland, 1994, 2010.
2. Schuchardt, 1889, 1890 ; Valkhoff, 1972.
3. Voir *supra*, chap. 5, p. 161.

même endroit, en 1968, dont de grands noms de la linguistique comme Dell Hymes, Derek Bickerton, William Labov, Charles Ferguson (mais aucun Français)[1] ; et… un millier en 1980 ! Dès 1975, John Reinecke pouvait recenser huit mille livres et articles consacrés à ce sujet. Depuis, colloques et revues se sont multipliés[2]. Outre leur intérêt historique à chaque fois particulier, les enjeux théoriques de l'étude des créoles et des pidgins portent d'abord sur la question de l'origine du langage en général. Si le linguiste américain Derek Bickerton est sans doute celui qui est allé le plus loin dans cette direction[3], on notera par exemple parmi les travaux les plus récents ceux du linguiste francophone et anglophone Salikoko Mufwene[4].

Ensuite, ces langues remettent en cause l'évolution arborescente des langues « normales », en offrant des modèles plus complexes. C'est pourquoi plusieurs indo-européanistes se sont demandé si des modèles de convergences ne pouvaient pas expliquer les difficultés, sinon les impossibilités, de reconstruire un arbre généalogique unique et homogène des langues indo-européennes. Par exemple, Stefan Zimmer a supposé que le Peuple originel n'était pas homogène, mais était composé d'un conglomérat de tribus protohistoriques, à l'image de ce que montrent justement les migrations du haut Moyen Âge et leurs agrégations temporaires, ce que les historiens antiques nommèrent avec un certain dégoût un *colluvies gentium*, quelque chose comme « un chaos aggloméré de peuples », *colluvies* s'employant notamment pour les eaux sales ; Zimmer a pris en outre le cas de l'afrikaans comme exemple de processus de créolisation[5]. De même, Franco Crevatin s'est inspiré explicitement du swahili pour supposer que l'indo-européen originel avait pu être une langue de communication créée par l'interaction de plusieurs langues et peuples, et que le *Stammbaum* pouvait donc bien être un modèle inadéquat[6]. C'est d'ailleurs l'hypothèse qu'avaient émise, sans la développer plus

1. Hymes, 1971.
2. Arends *et al.*, 1995 ; Valdman, 1977 ; Valdman et Highfield, 1980 ; Le Page et Tabouret-Keller, 1985.
3. Bickerton, 1981, 1984, 2009.
4. Mufwene, 2001, 2005, 2008.
5. Zimmer, 1990c, p. 24-33, 1991.
6. Crevatin, 1979, d'après Lincoln, 2000, p. 213.

avant, les archéologues Susan et Andrew Sherratt[1], et que Colin Renfrew avait adaptée à son tour en supposant que la colonisation néolithique indo-européenne initiale aurait été suivie ensuite dans les Balkans, à la période chalcolithique, par un brassage linguistique de type *Sprachbund*[2]. Déjà dans les années 1930, le linguiste néerlandais Uhlenbeck avait supposé une émergence de l'indo-européen originel par convergence de deux complexes linguistiques, l'un caucasien, l'autre ouralo-altaïque[3].

Sprachbund *et laboratoire balkanique*

On n'a évoqué jusque-là que les interférences entre deux ou plusieurs langues, donnant naissance à une nouvelle langue. Mais ces phénomènes de convergences peuvent concerner également plusieurs langues à l'intérieur d'une aire géographique donnée, qui interagissent entre elles sans cesser pour autant d'exister individuellement : l'on parle alors de « linguistique aréale ». Le premier à définir cette notion fut le linguiste russe Nikolaï Troubetzkoy, avec la « Proposition 16 » du premier Congrès international des linguistes à Leyde en 1928[4], sous le nom d'« union de langues » ou *Sprachbund*[5]. Dans une région donnée, plusieurs langues d'origine différente peuvent converger au fil du temps, aussi bien dans leur vocabulaire que dans leur morphologie, leur syntaxe et leur phonologie[6].

L'exemple le plus connu, que prend Troubetzkoy à l'occasion de cette « Proposition 16 », est celui des langues balkaniques. On trouve en effet dans cette région quatre langues indo-européennes appartenant à quatre groupes bien distincts, le grec moderne (groupe à lui tout seul), l'albanais avec ses deux principaux dialectes (*idem*), le bulgare et le macédonien (groupe des langues slaves méridionales – les dialectes serbes méridionaux étant moins concernés), et enfin le roumain et les langues apparentées

1. Sherratt et Sherratt, 1988.
2. Voir *supra*, chap. 13, p. 373-374.
3. Uhlenbeck, 1937.
4. Voir *supra*, chap. 5, p. 163.
5. Troubetzkoy, 1930, p. 18, 1939, p. 215.
6. Aikhenvald et Dixon, 2001 ; Muysken, 2008.

des populations roumanophones, parfois pasteurs transhumants, valaque, méglénite, aroumain, etc. (groupe des langues romanes) – sans compter le ladino ou judéo-espagnol des Juifs séfarades de Thessalonique ou de Kastoriá, le judéo-grec ou yévanite d'autres de ces communautés, les dialectes romanis tziganes, et évidemment le turc. Pendant un demi-millénaire, cette région a fait partie de l'Empire ottoman, qui a donc imposé le turc comme langue administrative, en même temps qu'il effaçait toute frontière politique interne. Une certaine liberté religieuse régnait, même si certaines populations se sont converties à l'islam, mais en conservant leur langue, comme les Pomaques des Rhodopes bulgaro-grecs, les Albanais, les Méglénites roumanophones de Macédoine, ou encore les élites urbaines de Bosnie. Le multilinguisme était généralisé.

Ce demi-millénaire de brassages sans frontières, qui succédait en outre à un millénaire et demi d'Empire romain puis byzantin, fait que les cartes ethnographiques et linguistiques dressées au XIXe siècle offrent une image très complexe – avant la « balkanisation » politique de l'orée du XXe siècle qui fabriqua, de manière plus ou moins forcée et au gré des guerres gagnées ou perdues, autant de petits États-nations, dont le fractionnement se poursuit encore sous nos yeux. Les révolutionnaires du XIXe siècle plaidaient pour une grande fédération balkanique ; mais comme elle aurait été orthodoxe et liée à la Russie toute proche, les puissances occidentales reculèrent le plus longtemps possible l'indépendance de ces pays, dont chacun devint en outre l'obligé et le client de l'une ou l'autre d'entre elles ; ils inventèrent ainsi la « balkanisation » – le mot et la chose. Sans être strictement semblables à des sociétés protohistoriques, ces sociétés en grande majorité rurales et multilingues, sans frontières politiques internes, peuvent en offrir une image approchée.

Si ces cartes ethnographiques montrent plutôt des Grecs au sud, des Bulgares plus au nord-est, des Roumains encore plus loin mais aussi en transhumance permanente, et des Albanais à l'ouest, il existe un dense habitat albanais dans le Péloponnèse (la plupart des chefs du mouvement de libération grec étaient albanais), une majorité de populations slaves dans toute la moitié nord de la Grèce (les toponymes en témoignent encore), des villes en grande partie grecques sur la côte bulgare et roumaine de la mer Noire, des pasteurs transhumants roumanophones un peu partout, tout comme des Tziganes, sans compter les communautés séfarades, arméniennes, et évidemment les Turcs. Le prix Nobel de littérature Elias Canetti, juif séfarade né turc en 1905 à Ruse (alors Roustchouk) en Bulgarie sous suzeraineté ottomane, qui parlait le ladino en famille mais rédigera son œuvre en allemand et mourra citoyen britannique en Suisse, raconte dans ses mémoires comment l'on entendait communément sept ou huit langues dans sa ville natale. Ces imbrications balkaniques n'ont donc pas été sans effet sur les langues de tous ces peuples, et les résultats de ces interactions linguistiques ont été étudiés avec soin dès les années 1920 par le linguiste danois Kristian Sandfeld[1].

Il y a de toute façon de nombreux emprunts de langue à langue, notamment à partir du grec et surtout du turc, avant ceux venus du français au XIXe siècle, et maintenant ceux de l'anglais. Néanmoins, en se standardisant à la fin du XIXe siècle et en devenant nationales, les langues balkaniques se sont efforcées d'éliminer le plus possible de mots turcs. Le cas le plus pathétique fut celui de la langue grecque dite « purifiée » (*katharevousa*), réinventée sur un modèle de grec ancien simplifié, mais qui n'arriva jamais à s'imposer face à la langue normale dite « populaire » (*dimotiki*), bien que longtemps obligatoire à l'université d'Athènes. Durant la dictature des colonels de 1967 à 1974, ceux-ci essayèrent de la généraliser, alors qu'ils n'arrivaient même pas à la manier eux-mêmes correctement. En revanche, dans les dialectes locaux de ces différentes langues nationales, la part de vocabulaire turc reste importante.

L'essentiel des « balkanismes » intéressants concerne cependant la grammaire. Ainsi, dans toutes ces langues, les déclinaisons, si typiques des langues indo-européennes anciennes comme le grec, le latin ou le sanscrit, et toujours bien présentes en allemand ou dans les langues slaves, se sont singulièrement réduites au point de quasiment disparaître, y compris dans le bulgare, langue slave, tandis que là où elles subsistent, génitif (complément de nom) et datif tendent à fusionner. L'infinitif a de même disparu, souvent remplacé par le subjonctif. On note aussi la formation du futur à partir du verbe « vouloir » et le parfait avec le verbe « avoir » (comme en latin). L'article défini se place collé à la fin du mot

1. Sandfeld, 1930 ; Lindstedt, 2000 ; Joseph, 1983.

en bulgare, en albanais et en roumain. L'harmonie vocalique est bien attestée tandis que le *o* tend vers le *u* ; et qu'existe la même voyelle particulière (notée /ə/ en alphabet phonétique international) en roumain (*ă*), albanais (*ë*) et bulgare (ъ, transcrite *ă*). Le diminutif slave en *-ica* se rencontre aussi en grec et en roumain. Ces langues peuvent distinguer deux formes verbales, selon que l'action est ponctuelle ou continue. Le turc lui-même, du moins celui parlé en Bulgarie, a été influencé grammaticalement par les langues balkaniques. On compte également de très nombreux « calques » linguistiques, c'est-à-dire des expressions composées chacune dans sa langue, mais organisées de la même façon, comme la manière de souhaiter la bienvenue et d'y répondre.

On a cherché l'explication de ces « balkanismes ». Sandfeld lui-même, le premier à les étudier, pensait que l'influence venait du grec, *via* l'Empire byzantin, le grec étant alors la plus « noble » et la plus vénérable de ces langues. Les linguistes ne le pensent plus et s'accordent pour estimer qu'il n'y a pas de langue source unique. Il s'agit bien d'un phénomène fort complexe d'interférences entre langues multiples. On ne saura jamais ce qu'auraient donné avec quelques siècles de plus ces phénomènes de convergences, et s'ils auraient créé ou non de faux effets de parenté généalogique.

La linguistique dite « aréale »

Même s'il est le plus connu, car européen, l'exemple balkanique n'est pas le seul. On cite classiquement le cas de la région du fleuve Sepik, en Nouvelle-Guinée, île fameuse pour son pullulement de langues. En particulier, trois langues appartenant à trois familles bien distinctes, yimas, alamblak et enga, partagent un certain nombre de traits grammaticaux convergents[1]. De même, sur la côte nord-ouest de l'Amérique du Nord, trois familles, celles des langues salish, wakashanes et chimakuanes, soit près d'une trentaine de langues, montrent de nombreux phénomènes de convergences, phonétiques comme morphologiques[2]. Les hauts plateaux éthiopiens ont vu la formation d'un *Sprachbund*

1. Foley, 1986.
2. Thomason, 2001.

entre langues couchitiques et langues sémitiques[1]. Citons encore l'Amérique centrale[2].

Un dernier cas remarquable est celui de l'Inde, où convergent trois familles linguistiques radicalement distinctes, langues indo-iraniennes (indo-européennes), langues dravidiennes (indépendantes) et langues mundas (rattachées à l'austro-asiatique). Le linguiste Colin Masica a mis en évidence une trentaine de traits propres à la zone indienne mais qui se rencontrent aussi pour certains dans d'autres langues asiatiques (japonais, birman, turc, chinois, tibétain), mais pas dans toutes (le thaï est très éloigné). En revanche, on ne retrouve qu'un tiers de ces traits dans les langues indo-européennes d'Europe occidentale, comme l'allemand, l'espagnol ou l'anglais[3].

On conçoit que le modèle aréal du *Sprachbund* et ses illustrations concrètes aient pu intéresser un certain nombre de linguistes, comme une alternative crédible au *Stammbaum* généalogique. Outre celle de Troubetzkoy, ce fut aussi la proposition de Vittore Pisani dans les années 1960[4]. Mentionnons encore la proposition raisonnable de Guy Jucquois et Christophe Vielle : « La préhistoire de l'aire linguistique indo-européenne peut en effet se représenter comme des siècles d'interactions entre une série de peuplades connexes occupant un *continuum* géographique et dialectal plus ou moins vaste[5]. »

Ce modèle n'est sans doute pas plus facile à valider que l'arbre généalogique, mais peut-être pas moins non plus. Il est vrai que les linguistes les plus spécialisés dans la grammaire comparée indo-européenne et les plus érudits n'ont sans doute aucune raison de scier l'arbre sur lequel ils sont assis.

Les outils de la sociolinguistique

Le modèle sous-jacent de la langue comme entité biologique autonome paraît dans tous les cas inadéquat. Au fond, la langue est un objet matériel, comme tout autre outil manié et manipulé

1. Ferguson, 1976.
2. Campbell *et al.*, 1986.
3. Masica, 1976 ; voir annexes, 17, p. 611.
4. Pisani, 1966.
5. Jucquois et Vielle, 1997, p. 178-179, note 11.

par des êtres humains. Sous sa forme la plus matérielle, si l'on met de côté le support de l'écriture, elle est faite de sons émis par le système phonatoire de chaque être humain, lesquels vibrent dans l'air sous forme d'ondes, reçues par l'oreille humaine – tout comme le morceau de silex frappé par un artisan à l'aide d'un percuteur produira un éclat. Ces sons humains peuvent n'avoir aucune signification particulière, tout comme il est en théorie possible à un humain de faire des gestes qui n'aboutiraient à aucune finalité. Mais pour l'essentiel, les sons produits par la voix humaine ont, comme on le sait, une fonction de communication. Ces sons s'organisent donc en une langue, un système codé qui existe déjà sous différentes formes chez les animaux (y compris avec des dialectes, comme chez certains oiseaux) ; nos cousins primates manient plusieurs dizaines de sons signifiants. Nous savons que le système phonatoire des néandertaliens, apparus il y a quelque trois cent mille ans en Europe à partir des *Homo erectus*, est pratiquement identique au nôtre et comporte le même os hyoïde. Il y a donc eu une évolution continue en complexité langagière depuis l'ancêtre commun aux primates et aux hommes, il y a environ huit millions d'années, jusqu'à nous-mêmes.

Objet matériel, la langue obéit aux mêmes règles sociales que les autres objets matériels produits et manipulés par une société donnée. Par exemple, le décor des vases dans une société traditionnelle a pour double fonction, pas forcément perçue en tant que telle, de marquer l'appartenance au groupe (l'artiste puise dans le répertoire des motifs du groupe) et en même temps, dans des degrés divers, de signaler son éventuelle individualité par telle particularité de l'ornementation. Les enquêtes ethnographiques montrent ainsi que, parmi un groupe de potiers, chacun sera capable d'identifier la production d'un autre potier. Au-delà de la nécessité de la fonction d'un objet donné, une partie de sa forme et de son décor se jouera donc entre l'affirmation de l'identité collective et celle de l'identité individuelle. Certains objets le permettent moins que d'autres, s'ils se réduisent pour l'essentiel à leur fonction, comme les haches en pierre par exemple. Mais certaines sociétés sont plus contraignantes que d'autres et restreignent fortement la part d'inventivité personnelle. Tout cela concerne l'ensemble des objets matériels, lesquels constituent la « culture matérielle » d'une société donnée, qu'il s'agisse des outils, des armes, des poteries, de l'architecture, des pratiques funéraires – et donc de la langue.

Dès le début du XXe siècle, Ferdinand de Saussure avait appliqué[1] cette évidence à la langue : « Ce sentiment [des différences entre langues] fait naître chez les primitifs l'idée que la langue est une habitude, une coutume analogue à celle du costume ou de l'armement. Le terme d'*idiome* désigne fort justement la langue comme reflétant les traits propres d'une communauté (le grec *idioma* avait déjà le sens de "coutume spéciale")[2]. » De fait, pour le linguiste, l'évolution d'une langue résulte, « comme toute autre habitude », de « deux forces agissant sans cesse simultanément et en sens contraire : d'une part l'esprit particulariste, l'"esprit de clocher" ; de l'autre, la force d'"intercourse", qui crée les communications entre les hommes »[3]. C'est exactement le fonctionnement des objets matériels en général.

Au XIXe siècle pourtant, les archéologues professaient une vision biologisante des objets matériels, tel le Suédois Oscar Montelius, déjà cité, qui considérait que l'on devait classer haches et poteries en « types » définis, à l'exemple des botanistes ou des zoologues. Implicitement, haches et vases s'engendraient les uns les autres de façon autonome. Le paradigme structuraliste s'est situé en rupture contre ce paradigme naturaliste. Et Saussure est parfaitement clair, dans les ultimes lignes de son *Cours*, en rejetant radicalement la vision organique sous toutes ses formes[4].

Au fur et à mesure que la linguistique générale s'éloignait de la grammaire comparée des langues indo-européennes et gagnait son autonomie, elle ne cessait d'enrichir ses méthodes et ses théories, tandis que la grammaire comparée poursuivait imperturbablement, jusqu'à aujourd'hui, son chemin à l'aide des mêmes outils et des mêmes postulats. Ainsi, les pistes esquissées par Saussure avec le jeu entre « intercourse » et « esprit de clocher » déboucheront à partir des années 1960 sur un nouveau champ de recherche, la sociolinguistique. Pour cette discipline très diverse, sinon hétérogène, la langue est inséparable de la

1. Voir *supra*, chap. 5, p. 145.
2. Saussure, 1972, p. 261.
3. Saussure, 1972, p. 281.
4. Voir *supra*, chap. 5, p. 147.

société ou, plus précisément, des différents groupes sociaux qui la manient, chacun avec ses usages. Ainsi s'effectuent, en particulier, les évolutions linguistiques. Il est vrai que, par définition, les passionnantes enquêtes sociolinguistiques portent sur des populations vivantes et directement observables, alors que les indo-européanistes travaillent pour une bonne part sur des langues savantes, écrites et disparues.

Ces différents phénomènes linguistiques de mélanges, interactions, convergences, etc., offrent donc des modèles infiniment plus complexes que celui de l'arbre généalogique « pur » avec ses branches régulièrement divergentes. Non que les parentés de langues n'existent pas, bien au contraire ; mais ces apparentements prennent des voies beaucoup moins simplistes que celles du fameux *Stammbaum*. On mesure en effet la masse de simplifications abusives et d'élagages arbitraires qu'il faut faire subir aux évolutions linguistiques, historiques et culturelles réelles pour obtenir un *Stammbaum* purifié, sur lequel aucun linguiste de toute façon ne s'accorde. Le point-origine relève d'un fantasme. On ne construit pas plus l'arbre généalogique de toutes les langues qu'on ne le ferait pour celui de toutes les haches du monde, de toutes les poteries du monde ou de toutes les maisons du monde.

En résumé, si l'on reprend les quatre postulats du modèle canonique rappelés en introduction à ce chapitre, on peut assurément en prendre le contre-pied et conclure que :

1) Les changements linguistiques peuvent être dus à de nombreux facteurs, souvent combinés, dont les migrations et les conquêtes militaires ne sont que deux des causes possibles, jamais les seules et pas les plus fréquentes.
2) Les « cultures » archéologiques, comme les ethnies, sont des entités instables, perméables et provisoires, en constante recomposition, et qui ne possèdent donc pas une essence intemporelle que l'on pourrait suivre au fil des siècles, encore moins des millénaires.
3) Il n'y a pas nécessairement coïncidence entre langue et culture matérielle, ou entre langue et ethnie.
4) Les langues ne sont pas des entités biologiques homogènes, autonomes et bien délimitées, qui se reproduiraient par

parthénogenèse ou scissiparité ; ce sont au contraire des objets matériels et sociaux, créés par un groupe humain à des fins de communication, soumis à une grande variabilité interne et en constante évolution.

Épilogue

Le modèle indo-européen canonique, arborescent, centrifuge et invasionniste est indubitablement le plus pauvre, le moins intéressant et le moins convaincant qui puisse être offert pour rendre compte des indéniables apparentements entre des langues et des mythes, sinon des gènes, d'une partie de l'Eurasie. Il se heurte à de très nombreuses contradictions et n'autorise aucune solution archéologique satisfaisante. Le temps est venu de regarder d'un œil neuf ce vieux et passionnant problème, né au XVIIIe siècle de la recherche d'un mythe d'origine alternatif à la Bible des Juifs, porté au XIXe siècle par l'image de la colonisation européenne du monde, égaré de diverses manières dans les tourmentes du XXe siècle. La très grande richesse d'informations linguistiques, littéraires, culturelles, archéologiques et anthropologiques que nous ont laissée les sociétés anciennes de l'Eurasie mérite beaucoup mieux.

Mais dans ce cas, arrivé au terme de ce parcours et quand bien même on admettrait toutes les réserves exprimées et les impasses reconnues : quelle est alors *la* solution ? D'autant que les solutions antérieures, qu'elles soient scandinaves, antatoliennes ou steppiques, ont toujours été simples et faciles à comprendre. Au nom de quoi réfuter, sinon culpabiliser, trois siècles de recherches érudites et méthodiques et des dizaines de milliers d'ouvrages et d'articles qui semblent avoir assis comme une irréfutable évidence l'existence, les croyances et les trajets des Indo-Européens ? Invoquer l'archéologie et ses réalités matérielles et tangibles, n'est-ce pas faire preuve du positivisme étroit et de l'outrecuidance de ces « analphabètes de l'histoire », ainsi que le grand historien allemand et prix Nobel Theodor Mommsen qualifiait au XIXe siècle les archéologues ? Et peut-on s'affranchir de répondre à la question qu'on a choisi de traiter ?

La solution c'est qu'il n'y a pas (aujourd'hui) de solution.

On peut concevoir le désarroi du croyant devant un ciel soudain vide. Les humains ne peuvent vivre sans appartenances sociales ni affiliations. Mais à l'heure où les questions des origines et des identités se posent avec une singulière acuité, le devoir et la responsabilité des scientifiques sont de mettre en garde contre les fausses origines et les fausses identités.

Car la construction du mythe indo-européen est à la fois celle d'un mythe d'origine et celle d'un mythe identitaire. Il accompagne dès la fin du XVIIIe siècle l'émergence des États-nations européens et de leurs identités nationales, mais il le fait à l'échelle de l'Europe tout entière. Il sera dès lors lié à leurs destins, et bientôt à leurs pathologies, y compris les plus monstrueuses. Il n'y a donc pas de science pure – comme il n'y a pas de langue pure, pour reprendre Hugo Schuchardt. Toute construction a une histoire, et on ne peut aborder le problème indo-européen sans explorer et expliquer cette histoire.

La question indo-européenne s'est trouvée dès l'origine à l'intersection de quatre champs disciplinaires, qui n'ont cessé eux-mêmes de se développer et de se transformer : la linguistique, l'archéologie, la mythologie, l'anthropologie biologique – sans compter l'histoire tout court. Cette question a accompagné les évolutions, les métamorphoses et les conquêtes de ces quatre disciplines. Elle est ainsi pour chacune d'entre elles l'une de leurs illustrations, de leurs pierres d'achoppement, de leurs symptômes, de leurs égarements.

La grammaire comparée, branche innovante de la philologie classique au XIXe siècle, a débouché à l'orée du XXe siècle sur la linguistique générale, laquelle, structurale, puis générative, n'a cessé de se diversifier et de s'enrichir, se croisant avec l'ethnologie (ethnolinguistique), avec la sociologie (sociolinguistique), s'interrogeant sur l'origine des langues et du langage, explorant les langues mixtes ou en formation (créoles, pidgins, etc.), utilisant les outils sophistiqués de l'informatique et des statistiques – et cédant aussi aux pièges de la médiatisation facile.

L'archéologie, presque inexistante au début du XIXe siècle, n'a cessé de remuer le sol de l'Eurasie et d'ailleurs, accompagnant les grands travaux d'aménagement qui érodent dramatiquement un patrimoine historique fini en rétrécissement permanent, accumulant et classant les découvertes, élaborant des modèles interprétatifs de plus en plus complexes, utilisant aussi des techniques et des méthodes empruntées aux autres sciences.

La mythologie comparée, et plus généralement l'étude des textes anciens, s'attache à défricher et à déchiffrer ce qui a surnagé des croyances et des récits disparus, à l'organiser, à reconstituer les idéologies d'antan.

L'anthropologie biologique enfin, après ses impasses, ses erreurs et même ses crimes, est repartie sur des voies nouvelles dont beaucoup sont fort prometteuses, ne serait-ce qu'en tant qu'archéologie de nos gènes.

Entre ces quatre disciplines n'ont cessé, jusqu'à aujourd'hui, de se nouer des cercles vicieux interdisciplinaires. C'est que, en tant que mythe identitaire, le mythe d'origine indo-européen est un mythe généalogique, qui ne conçoit l'histoire (des langues comme des sociétés) que dans le prisme d'un arbre généalogique. Quelle que soit l'ampleur des nouvelles informations archéologiques, linguistiques, mythologiques ou anthropologiques qui n'ont cessé d'affluer, elles n'ont pu que conforter un modèle généalogique établi une fois pour toutes – adamique et babélien.

Ce livre n'entend pas condamner, mais appeler à s'extraire du mythe généalogique, et ma critique se veut d'abord tonique et positive. Par exemple, la convergence des textes et de l'archéologie semble bien suggérer la mise en place au cours du IIe millénaire avant notre ère, dans une partie de l'Eurasie, d'une idéologie aristocratique et héroïque de l'âge du bronze, susceptible d'expliquer les convergences que l'on retrouve dans les mythes, la poésie, mais aussi l'ornementation et l'iconographie, sans devoir faire appel à une source commune et unique antérieure de plusieurs millénaires. De même, on ne devrait plus considérer la préhistoire et la protohistoire de l'Europe comme une succession généalogique de sociétés, d'ethnies ou de « cultures », mais comme un monde multipolaire et en permanente recomposition, et un tel modèle doit valoir tout autant pour les langues.

C'est à tester des modèles en réseaux, des modèles multipolaires, des modèles « chaotiques », sur cette prodigieuse masse d'informations, que devraient maintenant s'attacher les recherches à venir.

Nous pouvons donc poser en conclusion, au regard des douze thèses canoniques indo-européennes énoncées en introduction, douze « antithèses » comme autant de pistes devant être explorées, et dont certaines ont commencé en partie à l'être, même très marginalement. Le modèle global qui reste à construire, et qui le sera un jour, devra certainement être très complexe : s'y imbriqueront, répartis sur une longue durée de temps, des phénomènes de diffusions, de mélanges, d'acculturations, de convergences, et même de conquêtes...

Une vision alternative : les 12 antithèses indo-européennes

Antithèse 1. Les langues indo-européennes, parlées il y a trois millénaires dans une grande partie de l'Eurasie occidentale, et actuellement dans une grande partie du monde, forment une famille de langues cohérente, comprenant douze principales sous-familles (dont celle des langues romanes incluant le français ; voir annexes, 2, p. 602). Les différents modèles arborescents qui pour certains linguistes rendent compte de cette famille ne sont pas les seuls modèles logiques possibles pour décrire les relations entre ces langues.

Antithèse 2. La recherche, constante depuis trois siècles, d'une parenté entre ces langues et de leur lieu de formation supposé se présente aussi comme celle de la construction d'un mythe d'origine, qui offrirait aux peuples européens une identité différente de celle que leur confère leur mythe d'origine officiel, celui de la Bible ; mythe dont ils sont par conséquent redevables aux Juifs, qu'ils ont constamment persécutés depuis plusieurs siècles, dans une situation schizophrénique.

Antithèse 3. La reconstruction de la langue originelle (*Ursprache*) et de l'arbre des langues indo-européennes (*Stammbaum*), malgré deux siècles de recherches linguistiques et l'appui des méthodes les plus modernes de la linguistique quantitative, ne fait toujours pas l'objet d'un consensus.

Antithèse 4. Il n'existe pas non plus de consensus quant au statut de la langue reconstruite (*Ursprache*), simple abstraction et « système de correspondances » pour les uns, ou bien langue réellement parlée par un Peuple originel (*Urvolk*) pour les autres, un double langage souvent entretenu dans les publications des indo-européanistes.

Antithèse 5. L'idée d'un Foyer originel unique et localisé (*Urheimat*) où vivait le Peuple originel n'est que l'une des hypothèses possibles pour rendre compte des apparentements entre les langues.

Antithèse 6. L'utilisation de la paléontologie linguistique débouche sur de nombreuses contradictions et apories, et sur des raisonnements circulaires.

Antithèse 7. Le modèle de la diffusion de « cultures archéologiques » correspondant à autant de « peuples » est à la fois naturaliste et directement inspiré de celui des États-nations du XIXe siècle ; il ne correspond pas à de nombreuses situations que nous offrent, par exemple, aussi bien l'ethnologie des autres continents que l'histoire et l'archéologie des populations protohistoriques du haut Moyen Âge européen.

Antithèse 8. Sans revenir sur les détournements et errements commis par l'anthropologie physique européenne, y compris jusque dans les années 1980, les perspectives prometteuses de la chimie osseuse et des analyses d'ADN restent encore embryonnaires pour retracer les migrations préhistoriques.

Antithèse 9. S'il existe des ressemblances et correspondances indéniables entre un certain nombre de mythologies de l'Eurasie, il est très réducteur d'en rendre compte dans les termes d'une mythologie indo-européenne originelle homogène ; il n'y a pas de correspondances bi-univoques entre langues et mythologies, et cela vaut tout autant pour l'analyse des autres textes antiques qui sont parvenus jusqu'à nous.

Antithèse 10. Il n'existe aucun consensus sur le Foyer originel supposé du Peuple originel, même si les hypothèses antagonistes les plus médiatisées actuellement sont les steppes au nord de la mer Noire d'une part, et l'Anatolie d'autre part ; chacune de ces deux principales thèses a de bons arguments contre l'autre. De même, il n'existe aucun consensus, mais de nombreuses hypothèses contradictoires, sur les trajets qu'aurait suivis chacun des peuples indo-européens jusqu'à leur localisation historique (voir annexes, 8, p. 605).

Antithèse 11. L'exploitation passée ou actuelle, par des mouvements nationalistes et extrémistes, du modèle indo-européen canonique sous la forme d'un Peuple originel parti d'un Foyer originel, est le miroir grossissant des représentations idéologiques sous-tendues par ce modèle.

Antithèse 12. Si nul ne songe à remettre en cause les ressemblances effectives entre les langues dites indo-européennes, le modèle arborescent-centrifuge sous ses formes actuelles ne peut être considéré comme validé, de par ses nombreuses contradictions. Les détournements, passés ou présents, de ce modèle, incitent en outre à la plus grande rigueur. C'est donc vers des modèles beaucoup plus complexes et pluridisciplinaires, concernant des phénomènes historiques étalés sur des millénaires, que l'on devrait raisonnablement se tourner pour explorer la multiplicité des problèmes connue sous le nom de « question indo-européenne ».

ANNEXES

1. Tableau chronologique simplifié des principales cultures

Le signe / indique des cultures successives ; la vir
En ***gras****, la première attestation de chaque*

Régions Chronologie européenne occidentale	Dates absolues	Europe Nord-Ouest (Scandinavie, Bénélux, moitié nord de la France, Allemagne du Nord-Ouest)	Europe Sud-Ouest (Espagne, moitié sud de la France, Italie)	Europe centrale (Allemagne orientale, Suisse, Autriche, Pologne, Tchéquie, Slovaquie, Hongrie)	Europe Nord-Est (Russie, Pays baltes)
Paléolithique moyen	–300000 –35000	Paléolithique moyen (homme de Neandertal)	Paléolithique moyen (Neandertal)	Paléolithique moyen (Neandertal)	Paléolithique moyen (Neandertal)
Paléolithique supérieur	–35000 –10000	Aurignacien / Gravettien / Solutréen / Magdalénien	Aurignacien / Gravettien / Solutréen / Magdalénien	Aurignacien / Gravettien / Swiderien, Hamburgien	Aurignacien / Gravettien / Epigravettien / Swiderien
Mésolithique	–10000 –6500	Azilien / Beuronien, Maglemosien / Tardenoisien	Valorguien / Montadien / Castelnovien	Ahrensburgien / Beuronien	Kunda
Néolithique	–6500 –4500	Ertebølle-Ellerbeck (mésolithique acculturé), Céramique Linéaire	Cardial / Épicardial / Chasséen ancien	Mésolithique final / Céramique Linéaire, Rössen	Chasseurs-cueilleurs sédentaires avec poterie
Chalcolithique ancien	–4500 –3500	Gobelets en Entonnoir (TRBK), Michelsberg	Chasséen, Lagozza, Sepulcros de Fosa	Tiszapolgar, Lengyel Boleraz	Narva, Céramique « à peignes et fossettes »
Chalcolithique moyen	–3500 –2700	Gobelets en Entonnoir, Seine-Oise-Marne	Ferrières, Fontbouisse, Gaudo, Remedello, Los Millares, Veraza	Baden, Salzmünde Amphores Globulaires, Złota	Tombes à Fosses
Chalcolithique récent	–2700 –2200	Céramique Cordée / Céramique Campaniforme	Céramique Campaniforme	Céramique Cordée / Céramique Campaniforme	Fatjanovo
Âge du bronze	–2200 –800	Complexes de l'âge du bronze nordique, atlantique et nord-alpin	El Argar, Polada / Terramare / Protovillanova / Villanova	« Tumulus » / « Champs d'Urnes », Trzciniec, Lusace	Abashevo / Trzciniec-Komarov / Lusace
Premier âge du fer	–800 –480	Hallstatt, Jastorf (émergence des Celtes et des Germains)	Villes italiques (**Rome**, Étrusques, Grande Grèce) et ibériques, **Osques**, **Ombriens**	Lusace, Hallstatt	Lusace
Second âge du Fer	–480 –20	Jastorf, La Tène, **Celtes** et Germains	Essor de Rome, migrations celtiques, Celtibères, Carthaginois	Przeworsk, Celtes (La Tène),	Zarubinec
Empire romain	–20 +500	Empire romain, **Germanie** « libre »	Empire romain	Wielbark, Empire romain	Slaves, Baltes
Haut Moyen Âge (grandes migrations)	+500 +1000	Mérovingiens, Carolingiens, Vikings, christianisation	Royaumes « barbares », Wisigoths, Lombards, etc.	Royaumes « barbares », Slaves, Magyars, etc.	Slaves, Baltes, Varègues
Moyen Âge classique	+1000 +1500	Monarchies féodales	Monarchies féodales	Premières villes, christianisation,	Premières villes, christianisation, premiers textes **baltes**
Temps modernes	+1500 +2000	Monarchies absolues / républiques	Monarchies absolues / républiques	Monarchies absolues / républiques	Empire russe

archéologiques et civilisations d'Eurasie (de –300000 à nos jours)

gule sépare des cultures plus ou moins contemporaines.
langue ou famille linguistique indo-européenne.

Europe Sud-Est (péninsule Balkanique)	**Steppes pontiques** (Ukraine, Russie méridionale)	**Proche- et Moyen-Orient** (Turquie, Levant, Mésopotamie, Égypte)	**Iran et Inde** (Iran, Inde, Pakistan, Afghanistan)	**Asie centrale** (Asie centrale ex-soviétique, Xinjiang, Mongolie)	**Extrême-Orient** (Chine, Corée et Japon – Asie du Sud-Est exclue)
Paléolithique moyen (Neandertal)	Paléolithique moyen (Neandertal)	Paléolithique moyen (Neandertal)	Paléolithique moyen	Paléolithique moyen (Neandertal)	Sinanthropes
Aurignacien / Gravettien / Épigravettien	Aurignacien / Gravettien / Épigravettien	Paléolithique supérieur, Kébarien	Paléolithique supérieur	Paléolithique supérieur	Chasseurs-cueilleurs sédentaires, 1res poteries
Mésolithique, Lepenski Vir	Mésolithique	Natoufien, Jarmo, Néolithique précéramique	Mésolithique	Mésolithique	Chasseurs-cueilleurs, Jomon,
Néolithique : Karanovo, Criş-Körös, Dimini, Vinča, Boian, etc.	Bug-Dniestr, Dniepr-Donetz	Samarra / Halaf / Obeid	Néolithique : Sialk, Mergahr	Kelt'eminar	Agriculture en Chine, Jomon au Japon
Rachmani, Gumelniţa, Cucuteni	Cucuteni-Tripolje, Serednij Stog, Cernavoda	Obeid / Uruk, Nagada	Néolithique	Kelt'eminar, Djeitun, Namazga	Yangshao en Chine, Jomon au Japon
« Bronze ancien » Helladique ancien, Cycladique, Ezero	Gorodsk-Usatovo, Tombes à Fosses, Maïkop, Kouban	Premiers États égyptiens et mésopotamiens, Troie	Chalcolithique, Suse	Afanasievo, Botaj	Yangshao / Longshan en Chine, Jomon au Japon
Minoen (Crète), Helladique ancien (fin) et moyen	Tombes à Catacombes	Ancien Empire égyptien, Sumer, Akkad, Ur	Jiroft, civilisation de l'Indus, Élam	Okunevo, Andronovo, Oxus (BMAC)	Longshan en Chine, Jomon au Japon
Minoen moyen et récent (palais), **Mycénien** / « âges sombres »	Tombes à Charpente	Empire égyptien, **Hittites**, Assyriens, Mitanni, Hébreux, Phéniciens	Civilisation de l'Indus, âge du fer (**Védas**), Yaz	Andronovo-Fedorovka, Sintashta, Karakol	Jomon au Japon, Erlitou / Erligang en Chine : dynasties Xia, Shang, Zhou
Essor des cités **grecques**	Cultures « pré-scythiques » / Cimmériens, Sauromates, **Scythes**	Assyriens, Empire égyptien, Empire **perse**, Hébreux, Phéniciens, **Phrygiens**	Période védique (suite et fin), Mèdes, **Perses**	Saka	Dynastie Zhou en Chine, Jomon au Japon
Thraces, **Illyriens**, Grèce classique / hellénistique / Rome	Zarubinec / Černjakov, Scythes, Germains	Empire perse / monde hellénistique, **Lyciens**, **Lydiens**	Empire maurya, Achéménides	Xiongnu, Ordos	Royaumes combattants / dynastie Qin en Chine, Yayoï au Japon
Empire romain, Daces	Prague-Penkov-Kolochina, Slaves	Empire romain	Parthes, Sassanides	Huns	Chine des Han, Yayoï au Japon
Empire byzantin, Slaves, premiers textes **slaves**	Slaves	Empire byzantin, premiers textes **arméniens**	Moyen Âge Omeyyades	Turcs, Ouïgours, **Tokhariens** au Xinjiang	Empire chinois, États japonais et coréens
Empire byzantin, royaumes slaves, premiers textes **albanais**	Empire russe	Empire byzantin, Empire ottoman	Mongols	Mongols, Empires russe et chinois	Empire chinois, États japonais et coréens
Empire ottoman / balkanisation	Empire russe	Colonisations / indépendances	Colonisations / indépendances	Empire russe, Empire chinois	Empire chinois, Corée, Japon

Source : auteur.

2. Principales langues indo-européennes, d'après James Mallory

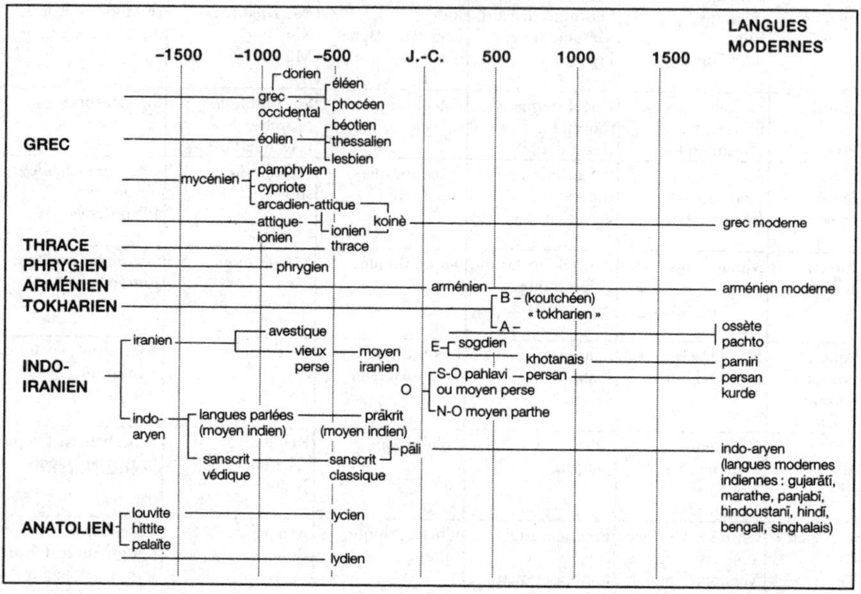

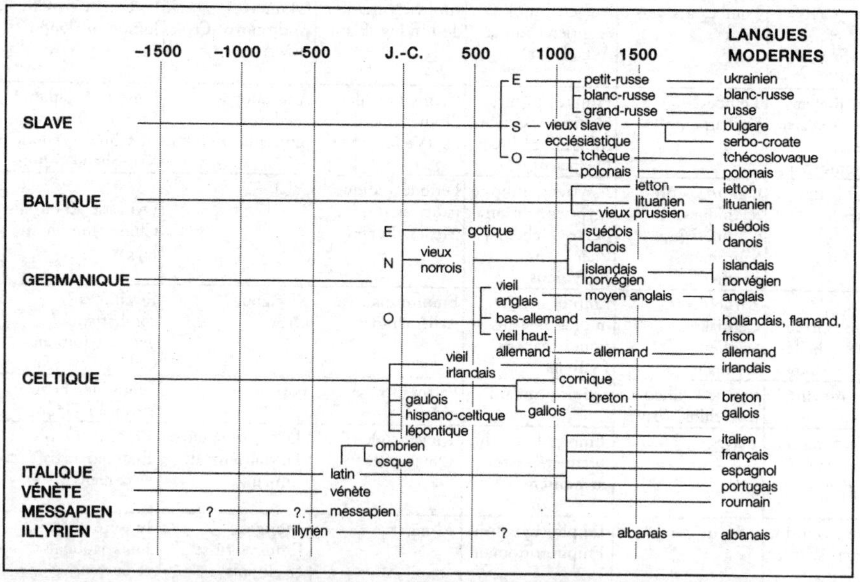

Source : James P. Mallory, *À la recherche des Indo-Européens. Langue, archéologie, mythe*, Seuil, 1997, p. 17.

3. Arbre généalogique des langues indo-européennes, d'après August Schleicher

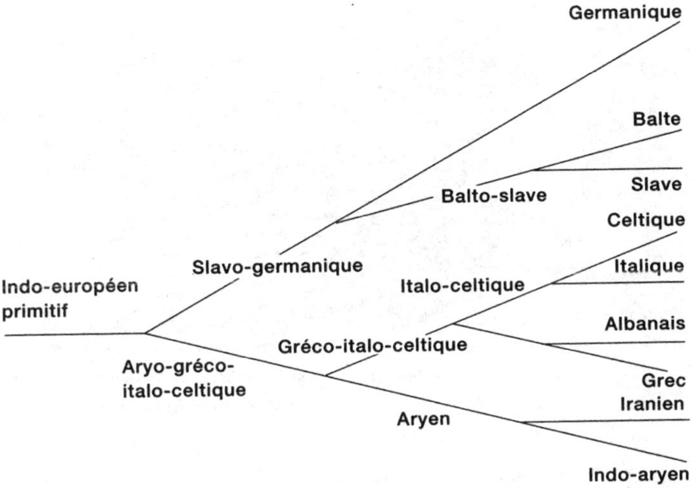

Source : James P. Mallory, *À la recherche des Indo-Européens. Langue, archéologie, mythe*, Seuil, 1997, p. 21.

4. Arbre généalogique des langues indo-européennes, d'après Gamkrelidze et Ivanov

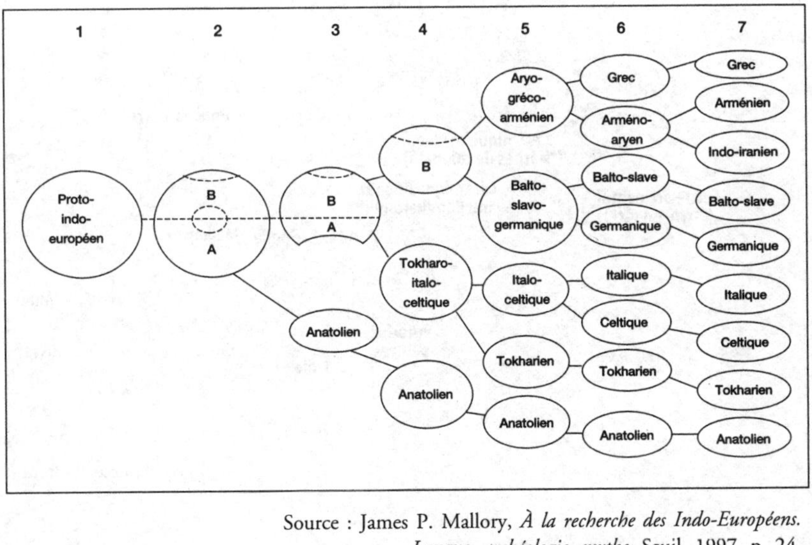

Source : James P. Mallory, *À la recherche des Indo-Européens. Langue, archéologie, mythe*, Seuil, 1997, p. 24.

5. Carte des différents « foyers originels » indo-européens

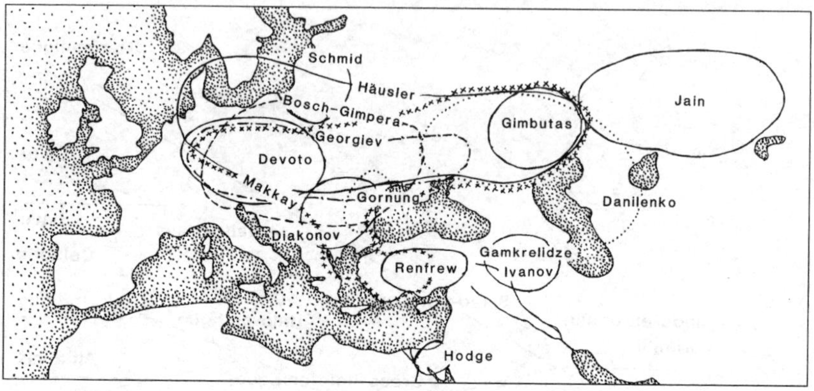

Source : James P. Mallory, *À la recherche des Indo-Européens. Langue, archéologie, mythe*, Seuil, 1997, p. 166.

6. Carte des cultures archéologiques néolithiques européennes telles qu'elles étaient définies dans les années 1930

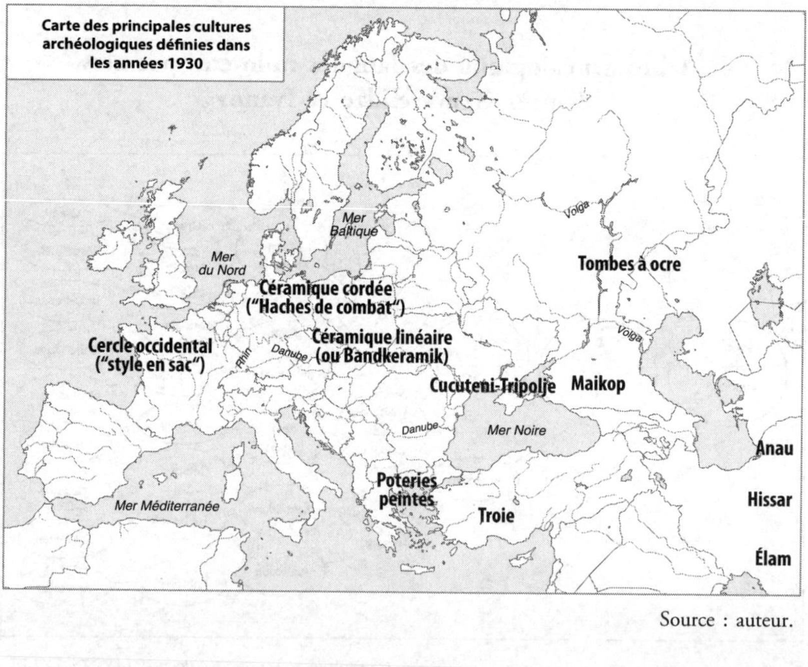

Source : auteur.

7. La diffusion des langues indo-européennes depuis la Baltique, d'après la théorie de Gustaf Kossinna

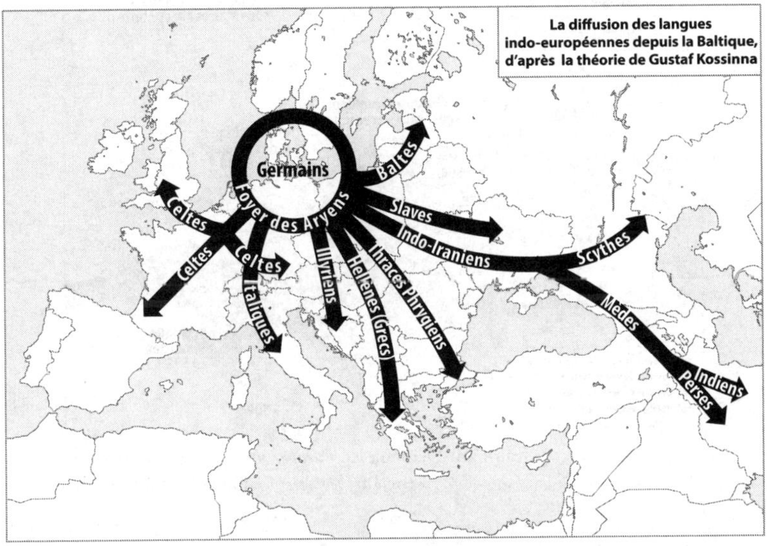

Source : Gustaf Kossinna, *Die Indogermanen*, Leipzig, 1921.

8. Carte des « peuples » indo-européens au moment de leur émergence historique

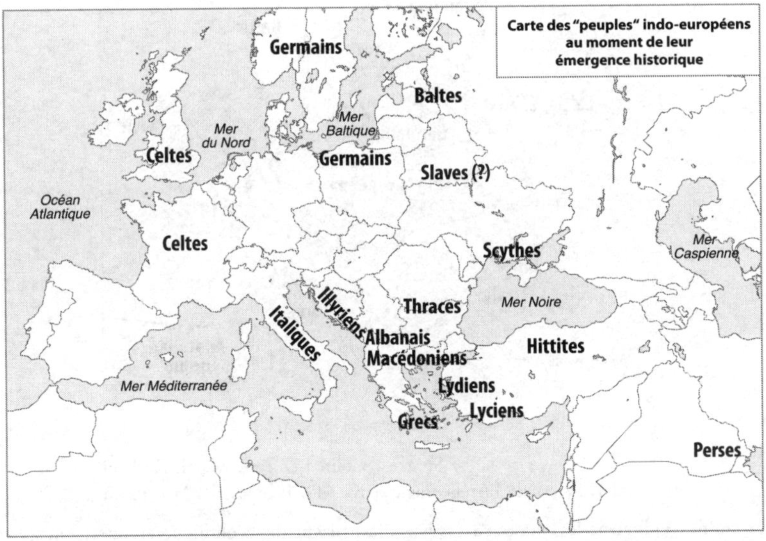

Source : Jean-Paul Demoule, « Les Indo-Européens ont-ils existé ? », *L'Histoire*, 28, 1980, p. 108.

9. Carte de la néolithisation de l'Europe

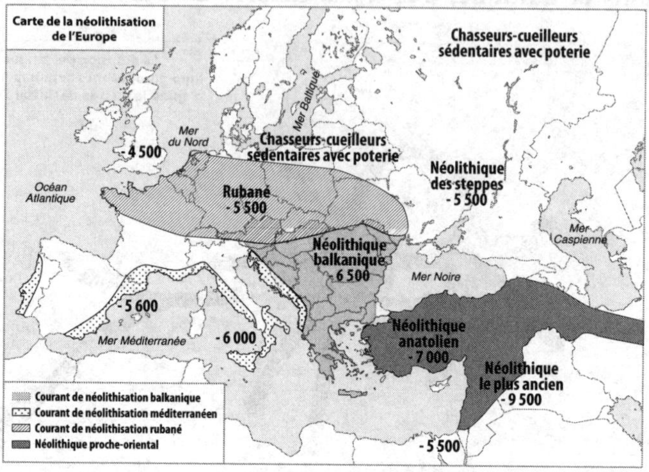

Source : Jean-Paul Demoule, *L'Europe, un continent redécouvert par l'archéologie*, Gallimard, 2009, p. 50.

10. Carte de la diffusion des langues indo-européennes, d'après Colin Renfrew

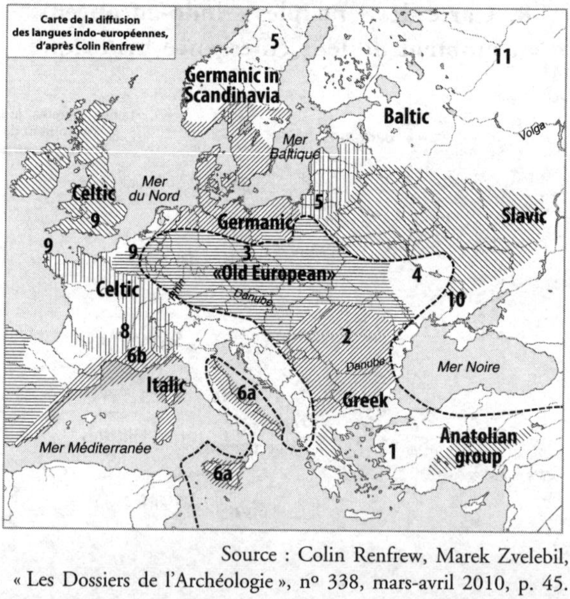

Source : Colin Renfrew, Marek Zvelebil, « Les Dossiers de l'Archéologie », nº 338, mars-avril 2010, p. 45.

Les chiffres indiquent les phases successives d'expansion du néolithique européen, mises en relation avec la formation supposée des différentes familles de langues indo-européennes ; « Old European » désigne la zone de formation, dans un second temps, d'un *Sprachbund* qui aurait donné naissance aux langues dites *satem*.

11. Carte de la diffusion des langues indo-européennes, d'après la théorie de Marija Gimbutas

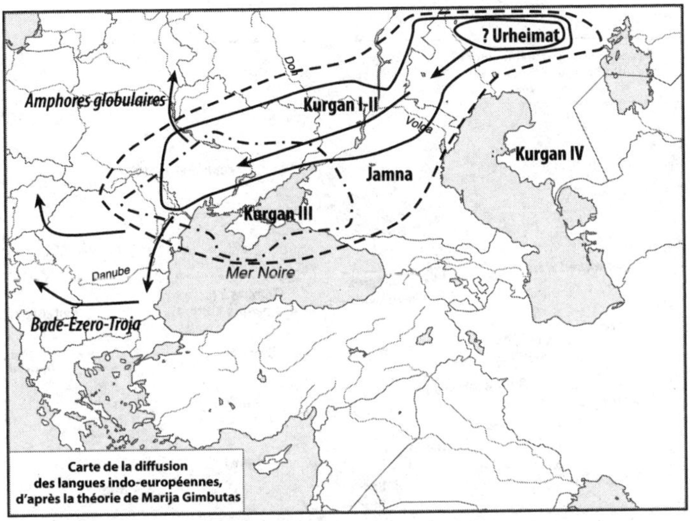

Source : « Kurgan Hypothesis », Wikipedia, d'après Marija Gimbutas.

12. Carte des cultures archéologiques chalcolithiques au Ve millénaire avant notre ère telles qu'elles sont définies aujourd'hui

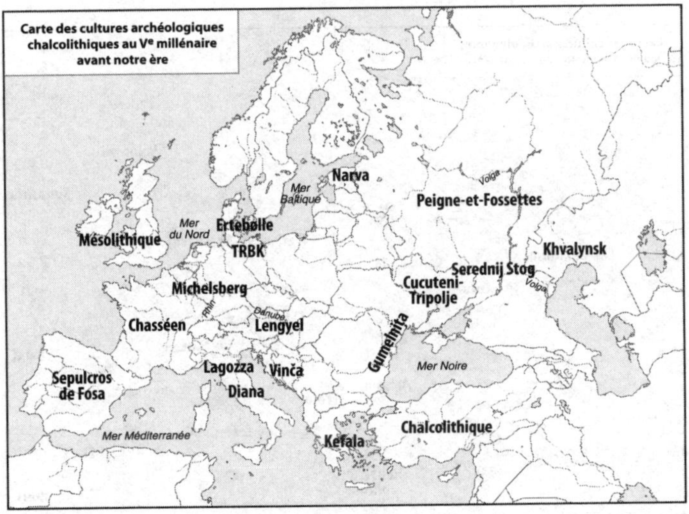

Source : auteur.

13. Carte des cultures archéologiques chalcolithiques au IVe millénaire avant notre ère telles qu'elles sont définies aujourd'hui

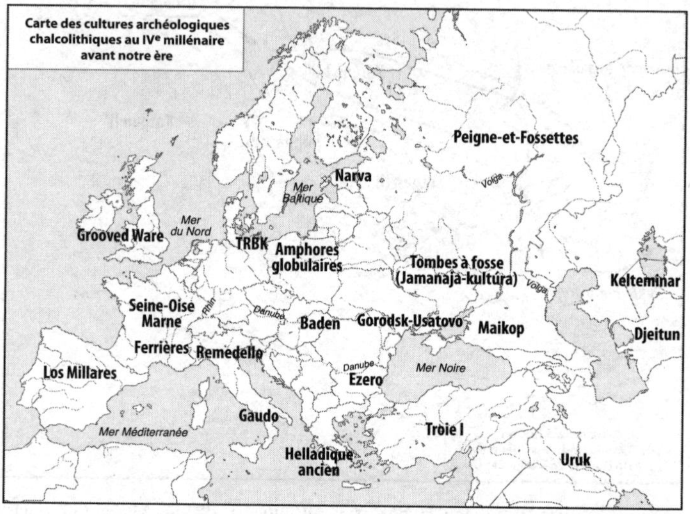

Source : auteur.

14. Carte des cultures archéologiques au IIIe millénaire avant notre ère telles qu'elles sont définies aujourd'hui

Source : auteur.

15. Carte des cultures archéologiques vers le milieu du IIe millénaire avant notre ère telles qu'elles sont définies aujourd'hui

Source : auteur.

16. Arbres des langues et des gènes

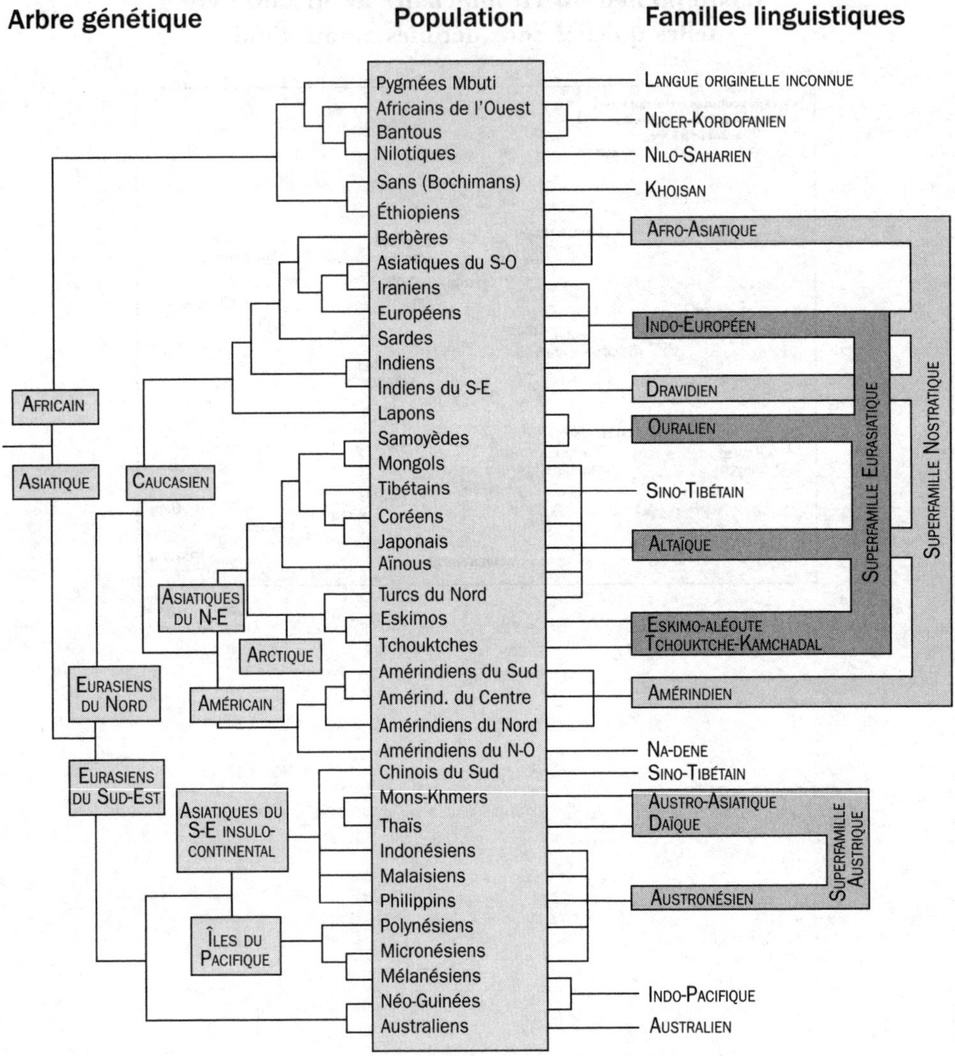

Source : Luca Cavalli-Sforza, *Gènes, peuples et langues*, Odile Jacob, « Travaux du Collège de France », 1996, p. 225.

17. Aire linguistique indienne, d'après Masica

Trait nº	1	2	3	4	5	6	7	8	9	10	11	12	13	14	15	16	17	18	19	20	21	22	23	24	25	26	27	28	29	30	TOTAL
Hindi	+	+	+	+	+	+	+	+	+	+	+	+	+	+	+	+	+	+	+	+	+	+	+	+	+	+	+	+	+	+	30
Telegu	+	+	+	+	+	+	+	+	+	+	+	+	+	+	+	+	+	+	+	+	+	+	+	+	+	+	+	+	+	+	30
Bengali	+	+	+	+	+	+	+	+	+	+	+	+	+	+	+	+	+	+	+	+	+	+	–	+	+	+	+	+	+	+	29
Singhalais	+	–	+	+	+	+	+	+	+	+	+	+	+	+	+	+	+	+	+	+	+	+	–	+	+	+	+	+	+	+	28
Japonais	+	+	+	+	+	+	+	+	+	+	+	+	+	+	+	+	+	+	+	+	+	+	+	+	+	+	+	–	–	–	27
Birman	+	+	+	+	+	+	+	+	+	+	–	+	+	+	+	+	+	+	+	+	+	–	–	+	+	+	+	–	–	+	25
Amharique	+	+	–	+	+	+	–	+	+	+	+	+	+	+	+	+	+	+	–	+	+	+	+	+	+	+	–	+	–	+	25
Turc	+	+	+	+	–	+	+	+	+	+	+	+	–	+	+	+	+	+	+	+	+	+	+	+	+	–	–	–	–	+	24
Tibétain	+	+	+	+	+	+	+	+	+	–	–	+	+	–	–	+	+	+	+	–	–	–	–	+	+	–	–	–	–	+	18
Chinois	+	–	–	–	–	+	–	+	–	+	+	+	+	+	+	+	+	+	–	–	–	–	–	–	–	+	–	–	–	–	13
Persan	+	+	–	+	–	–	–	–	–	–	–	–	–	+	+	+	+	+	–	+	+	–	–	+	–	–	–	–	–	–	12
Russe	–	–	–	–	–	–	–	–	–	+	+	–	–	+	+	+	+	–	–	+	–	–	–	+	+	–	–	+	–	+	11
Allemand	–	–	–	+	–	+	–	+	–	+	+	–	–	+	+	+	+	–	–	+	–	–	–	–	–	–	–	+	–	–	11
Espagnol	–	–	–	–	–	–	–	–	–	–	–	–	–	–	–	–	–	–	–	–	–	–	–	–	–	–	–	–	–	–	9
Anglais	–	–	–	–	–	–	–	–	–	+	+	+	–	+	+	+	+	–	–	–	–	–	–	+	–	–	–	–	–	–	8
Swahili	–	–	+	–	–	–	–	–	–	–	–	–	–	–	–	–	–	–	–	+	+	+	+	–	–	–	–	–	–	–	5
Arabe	–	–	–	–	–	–	–	–	–	–	–	–	–	+	–	–	–	–	–	+	+	–	–	–	–	–	–	+	–	–	4
Thaï	–	–	–	–	–	–	–	–	–	–	–	–	–	–	–	–	–	–	–	–	–	–	–	–	–	+	–	–	–	–	1

* (Les langues indo-européennes sont indiquées par un grisé.)

Tableau de comparaison entre l'hindi et 17 autres langues, tiré du livre de Colin P. Masica, *Defining a Linguistic Area South Asia*, édité par The University of Chicago Press, en 1976. L'hindi, langue indo-européenne, est beaucoup plus proche de langues non indo-européennes, géographiquement voisines, que de langues indo-européennes géographiquement éloignées. La comparaison porte sur trente traits structuraux : ordre des mots, usage de pré- ou postposition, usage de la distinction transitif/intransitif, etc.

Source : Colin P. Masica, *Defining a Linguistic Area*, University of Chicago Press, 1976.

18. Schéma des relations entre langues indo-européennes, d'après Paul Heggarty

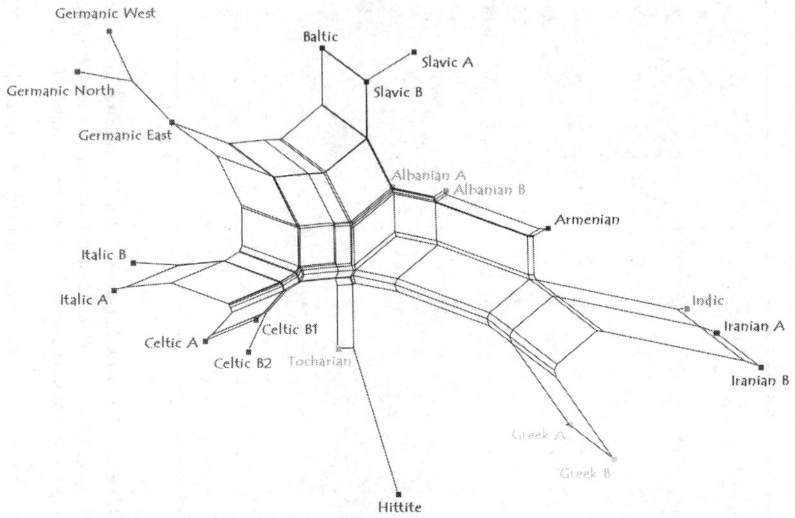

Source : Paul Heggarty, Warren Maguire et April McMahon, « Splits or Waves ? Trees or Webs ? How Divergence measures and Network Analysis can unravel Language Histories », *Philosophical Transaction of the Royal Society*, B (2010), 365, fig. 3, p. 3833.

19. Diagramme des relations entre les langues indo-européennes, d'après Alfred Kroeber

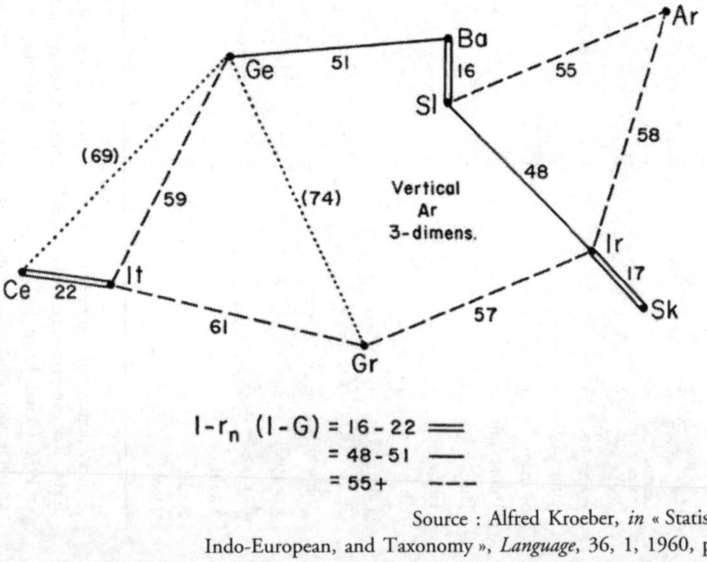

Source : Alfred Kroeber, *in* « Statistics, Indo-European, and Taxonomy », *Language*, 36, 1, 1960, p. 4.

Bibliographie

Aberg, Nils, 1918, *Das Nordische Kulturgebiet in Mitteleuropa während der Jüngeren Steinzeit*, Uppsala, Almqvist et Wiksells.

Adam, Jean-Pierre, 1988, *Le Passé recomposé, chroniques d'archéologie fantasque*, Paris, Seuil.

Adams, Mark B. (éd.), 1990, *The Wellborn Science : Eugenics in Germany, France, Brazil, and Russia*, New York, Oxford University Press.

Adiego Lajara, Ignasi-Xavier, 2002, « Indoeuropeïtzació al paleolític ? Algunes reflexions sobre la "teoria della continuità" de Mario Alinei », *Estudis romànics*, 24, p. 7-30.

Adrados, Francisco Rodríguez, 1982, « The Archaic Structure of Hittite : the Crux of the Problem », *Journal of Indo-European Studies*, 1-2, 10, p. 1-35.

–, 1987, « Ideas on the Typology of Proto-Indo-European », *Journal of Indo-European Studies*, 1-2, 15, p. 97-119.

–, 1989, « Etruscan as an IE Anatolian (but not Hittite) Language », *Journal of Indo-European Studies*, 17, p. 363-383.

–, 1990, « The New Image of Indoeuropean, the History of a Revolution », *Indogermanische Forschungen*, 97, p. 5-28.

Aikhenvald, Alexandra Yurevna, et Dixon, Robert Malcolm Ward (éd.), 2001, *Areal Diffusion and Genetic Inheritance Problems in Comparative Linguistics*, Oxford, Oxford University Press.

Algazy, Joseph, 1989, *L'Extrême Droite en France de 1965 à 1984*, Paris, L'Harmattan.

Alinei, Mario, 1996-2000, *Origini delle lingue d'Europa. La teoria della continuità*, Bologne, Mulino, 2 vol.

–, 2000, « An Alternative Model for the Origins of European Peoples and Languages : The Continuity Theory », *Quaderni di Semantica*, 21, p. 21-50.

–, 2004, « Colloquium 7.3 : Intrusive Farmers or Indigenous Foragers : The New Debate about the Ethnolinguistic Origins of Europe », in *Proceedings of the XIVth UISPP Congress, September 2001, The Mesolithic*, Oxford, BAR International Series, 1302, p. 77-114.

Ament, Hermann, 1986, « Die Ethnogenese der Germanen aus der Sicht der Vor- und Frühgeschichte », *in* Wolfram Bernhard et Anneliese Kandler-

Pálsson (éd.), *Ethnogenese Europäischer Völker*, Stuttgart-New York, Urban-Fischer bei Elsev, p. 247-256.

Amselle, Jean-Loup, et M'Bokolo, Elikia (éd.), 1985, *Au cœur de l'ethnie. Ethnies, tribalisme et État en Afrique*, Paris, La Découverte.

Amzallag, Nissim, 2009, « From Metallurgy to Bronze Age Civilizations : The Synthetic Theory », *American Journal of Archaeology*, 113, 4, p. 497-519.

Anderson, Benedict R., 1983, *Imagined Communities : Reflections on the Origin and Spread of Nationalism*, Londres, Verso (trad. française : *L'Imaginaire national. Réflexions sur l'origine et l'essor du nationalisme*, Paris, La Découverte, 1996).

Anderson, Earl R., 1999, « Horse-Sacrifice and Kingship in the Secret History of the Mongols and Indo-European Cultures », *Journal of Indo-European Studies*, 27, 3-4, p. 379-393.

Anderson, James M., 1980, « Languages of Ancient Spain and Portugal », *in* Herbert J. Izzo (éd.), *Italic and Romance, Linguistic Studies in Honor of Ernst Pulgram*, Amsterdam, Benjamins, p. 247-256.

Andree, Christian, 1976, *Rudolf Virchow als Prähistoriker*, Cologne-Vienne, Böhlau.

Anthony, David W., 1986, « The Kurgan Culture, Indo-European Origins, and the Domestication of the Horse : A Reconsideration », *Current Anthropology*, 27, 4, p. 291-313.

–, 1990, « Migration in Archaeology : The Baby and the Bathwater », *American Anthropologist*, 92, p. 895-914.

–, 1992, « The Archaeology of Indo-European Origins », *Journal of Indo-European Studies*, 19, 3-4, p. 193-222.

–, 1994, « The Earliest Horseback Riders and Indo-European Origins : New Evidence from The Steppes », *in* Bernhardt Hänsel et Stefan Zimmer (éd.), *Die Indogermanen und das Pferd, Festschrift B. Schlerath*, Budapest, Archaeolingua, p. 185-196.

–, 1996, « Nazi and Eco-Feminist Prehistories : Ideology and Empiricism in Indo-European Archaeology », *in* Philip L. Kohl et Clare Fawcett (éd.), *Nationalism, Politics, and the Practice of Archaeology*, Cambridge University Press, Cambridge, p. 82-98.

–, 2007, *The Horse, the Wheel, and Language : How Bronze-Age Riders from the Eurasian Steppes Shaped the Modern World*, Princeton (NJ), Princeton University Press.

–, et Brown, Dorcas R., 1991, « The Origins of Horseback Riding », *Antiquity*, 65, p. 22-38.

–, et Brown, Dorcas R., 2000, « Eneolithic Horse Exploitation in the Eurasian Steppes : Diet, Ritual and Riding », *Antiquity*, 74, p. 75-86.

Arends, Jacques, Muysken, Pieter, et Smith, Norval, 1995, *Pidgins and Creoles : An Introduction*. Amsterdam, John Benjamins.

Arendt, Hannah, 1951, *The Origins of Totalitarianism*, New York, Harcourt Brace & Co., 3 vol. (trad. française : *Les Origines du totalitarisme*, Paris, Le Seuil, 2005-2006).

Arens, Hans, 1969, *Sprachwissenschaft : Der Gang ihrer Entwicklung von der Antike bis zur Gegenwart*, Fribourg-en-Brisgau/Munich, Orbis Academicus, 2e éd.

Arne, Ture Algot Johnsson, 1945, *Excavations at Shah Tepé, Iran*, Stockholm-Göteborg, Reports from the scientific expedition to the north western provinces of China, 27.

Arntz, Helmuth (éd.), 1936, *Germanen und Indo-Germanen, Volkstum, Sprache, Heimat, Kultur. Festschrift für Hermann Hirt*, Heidelberg, Carl Winter, 2 vol.

–, 1937, « Rasse, Sprache, Kultur und ihre Beziehungen zum Volkstum », *Zeitschrift für deutsche Bildung*, 13, p. 265-274.

Artemenko, I. I. (éd.), 1985, *Arkheologiya Ukrainskoy SSR*, Kiev, Naukova dumka, vol. 1.

Art Press, avril 1997, Dossier : « L'extrême droite attaque l'art contemporain », 223, p. 52-65.

Aurenche, Olivier, et Kozłowski, Stefan Karol, 1999, *La Naissance du néolithique au Proche-Orient, ou le Paradis perdu*, Paris, Errance.

Auroux, Sylvain, 1982, *Linguistique et Anthropologie en France (1600-1900)*, Paris, Département de recherches linguistiques, Université Paris-VII.

– (éd.), 1988, *Antoine Meillet et la linguistique de son temps*, numéro de *Histoire, Épistémologie, Langage*, 10, II.

–, 1989, « La question de l'origine des langues : ordres et raisons du rejet institutionnel », *in* Joachim Gessinger et Wolfert von Rahden (éd.), *Theorien vom Ursprung der Sprache*, p. 122-150.

– (éd.), 1992, *Histoire des idées linguistiques*, t. II : *Le Développement de la grammaire occidentale*, Liège, Mardaga.

– (éd.), 2000, *Histoire des idées linguistiques*, t. III : *L'Hégémonie du comparatisme*, Liège, Mardaga.

–, 2010, « Les limites des reconstructions linguistiques », *in* Jean-Paul Demoule (éd.), *La Révolution néolithique dans le monde*, Paris, CNRS Éditions, p. 331-341.

–, et Horde, Tristan, 1992, « Les grandes compilations et les modèles de mobilité », *in* Sylvain Auroux (éd.), *Histoire des idées linguistiques*, t. II : *Le Développement de la grammaire occidentale*, Liège : Mardaga, p. 538-579.

Äyräpää, Aarne, 1936, « Über die Streitaxtkultur in Russland », *Eurasia Septentrionalis Antiqua*, VIIIn, p. 1-159.

Bachofen, Johann Jakob, 1861, *Das Mutterrecht, eine Untersuchung über die Gynaikokratie der alten Welt nach ihrer religiösen und rechtlichen*

Natur, Stuttgart, Verlag von Krais & Hoffmann (trad. française : *Le Droit maternel, recherche sur la gynécocratie de l'Antiquité dans sa nature religieuse et juridique*, Paris, L'Âge d'Homme, 1996).

Back, Michael, 1979, « Die Rekonstruktion des indogermanischen Verschlusslautsystems im Lichte der einzelsprachlichen Veränderungen », *Zeitschrift für vergleichende Sprachforschung*, 93, p. 179-195.

Bader, Françoise, 1989, *La Langue des dieux, ou l'Hermétisme des poètes indo-européens*, Pise, Giardini.

– (éd.), 1994, *Langues indo-européennes*, Paris, CNRS Éditions.

Baggioni, Daniel, 1988, « Le débat Schuchardt / Meillet sur la parenté des langues (1906-1928) », *in* Sylvain Auroux (éd.), *Antoine Meillet et la linguistique de son temps*, numéro de *Histoire, Épistémologie, Langage*, 10, II.

Bagley, Robert, 1999, « Shang Archaeology », *in* Michael Loewe et Edward L. Shaughnessy (éd.), *The Cambridge History of Ancient China, from the Origins of Civilization to 221 BC*, Cambridge, Cambridge University Press, p. 125-231.

Bailey, Charles J., et Maroldt, Karl, 1977, « The French Lineage of English », *in* Jürgen Meisel (éd.), *Langues en contact – Pidgins – Creoles – Languages in Contact*, Tübingen, Gunter Narr, p. 21-53.

Bailey, Geoff, et Spikins, Penny (éd.), 2008, *Mesolithic Europe*, Cambridge, Cambridge University Press,

Bakker, Peter, 1997, *A Language of Our Own : The Genesis of Michif, the mixed Cree-French Language of the Canadian Métis*, Oxford, Oxford University Press.

Ballester, Xaverio, 2009, *Lingüística Indo-Europeia Tradicional e Paradigma da Continuidade Paleolítica Cara a Cara*, Lisbonne, Aprenas Libros.

Banitt, Menahem, 1963, « Une langue fantôme : le judéo-français », *Revue de linguistique romane*, 27, p. 245-294.

Barkan, Elazar, 1992, *The Retreat of Scientific Racism : Changing Concepts of Race in Britain and the United States between the World Wars*, Cambridge, Cambridge University Press.

Barney, David, juin-juillet 1982, « Le stade pipi-caca de la pensée », *Éléments*, 42, p. 5-14.

Barsanti, Giulio *et al.*, 1986, *Misura d'uomo. Strumenti, teorie e pratiche dell' antropometria e della psicologia sperimentale fra Ottocento e Novecento*, Florence, Giunti.

Bartoněk, Antonín, 1991, « L'evoluzione dei dialetti greci nella dimensione geografica delle età oscure », *in* Dominico Musti (éd.), *La transizione dal Miceneo all'alto arcaismo. Dal palazzo alla città*, Rome, Istituto per gli Studi Micenei ed Egeo-Anatolici, p. 241-250.

Bateman, R. I. Goddard, O'Grady, R., Funk, V. A., Mooi, R., Kress, W. J., Cannell, P. *et al.*, 1990, « Speaking of Forked Tongues, The Feasibility of Reconciling Human Phylogeny and the History of Language », *Current Anthropology*, 31, 1, p. 1-24.

Bazin, Louis, 1986, « Les peuples turcophones d'Eurasie : un cas majeur d'expansion linguistique », *Hérodote (Géopolitique des langues)*, 46, p. 75-109.

Becker, Cornelia, 1994, « Zur Problematik früher Pferdenachweise im östlichen Mittelmeergebiet », *in* Bernhardt Hänsel et Stefan Zimmer (éd.), *Die Indogermanen und das Pferd, Festschrift B. Schlerath*, Budapest, Archaeolingua, p. 145-178.

Beekes, Robert Stephen Paul, 1995, *Comparative Indo-European Linguistics : an Introduction*, Amsterdam, John Benjamins.

Beger, Bruno, avril 1944, « Das Rassenbild des Tibeters in seiner Stellung zum mongoliden und europiden Rassenkreis », *Asienberichte. Vierteljahresschrift für asiatische Geschichte und Kultur*, 21, p. 29-53.

Belaval, Yvon, 1947, « Leibniz et la langue allemande », *Études germaniques*, II, p. 121-132.

Belier, Wouter W, 1991, *Decayed Gods : Origin and Development of Georges Dumézil's « idéologie tripartie »*, Leyde, Brill.

Bellwood, Peter S., 2005, *First Farmers : The Origins of Agricultural Societies*, Malden (MA), Wiley-Blackwell.

–, 2009, « La diffusion des populations d'agriculteurs dans le monde », *in* Jean-Paul Demoule (éd.), *La Révolution néolithique dans le monde*, Paris, CNRS Éditions, p. 239-262.

Bender, Harold Herman, 1922, *The Home of the Indo-Europeans*, Princeton, Princeton University Press.

Bender, Marvin Lionel, 1987, « Some Possible African Creoles : A Pilot Study », in *Pidgin and Creoles Languages : Essays in Memory of John E. Reinecke*, Glenn G. Gilbert (ed.), p. 30-67, Honoluly, University of Hawaï Press.

Benecke, Norbert, 1994, « Zur Domestikation des Pferdes in Mittel und Osteuropa », *in* Bernhardt Hänsel et Stefan Zimmer (éd.), *Die Indogermanen und das Pferd, Festschrift B. Schlerath*, Budapest, Archaeolingua, p. 123-144.

–, 1997, « Archaeological Studies on the Transition from the Mesolithic to the Neolithic in the North Pontic Region », *Anthropozoologica*, 25-26, p. 631-641.

–, 2002, « Zu den Anfängen der Pferdehaltung in Eurasien. Aktuelle archäozoologische Beiträge aus drei Regionen », *Ethnographisch-Archäologische Zeitschrift*, 43, p. 187-226.

Benfey, Theodor, 1868, « Vorwort », *in* August Fick (éd.), *Wörterbuch der indogermanischen Grundsprache in ihrem Bestande vor der Völkertrennung. Ein sprachgeschichtlicher Versuch. Mit einem Vorwort von Theod. Benfey*, Göttingen, Vandenhoeck.

–, 1869, *Geschichte der Sprachwissenschaft und orientalischen Philologie in*

Deutschland seit dem Anfange des 19. Jahrhunderts : mit einem Rückblick auf die früheren Zeiten, Munich, Cotta.

Bengston, John D., 1991, « Notes on Sino-Caucasian », *in* Vitaly Victorovich Shevoroshkin (éd.), *Dene-Sino-Causasian Languages*, p. 67-129, Bochum, Brockmeyer.

Benoist, Alain de, 1978, *Vu de droite. Anthologie critique des idées contemporaines*, Paris, Copernic.

–, 1981, *Comment peut-on être païen ?*, Paris, Albin Michel.

–, 1997, « Penser le paganisme. Entretien avec Alain de Benoist. Entretien recueilli par Christopher Gérard », *Antaios* (décembre 1996-mai 1997), p. 10-23.

Bentley, R. Alexander, Price, T. Douglas, Luning, Jens, Gronenborn, Detlef, Wahl, Joachim, et Fullagar, P. D., 2002, « Prehistoric Migration in Europe, Strontium Isotope Analysis of Early Neolithic Skeletons », *Current Anthropology*, 43, 5, p. 799-804.

Benveniste, Émile, 1938, « Traditions indo-iraniennes sur les classes sociales », *Journal asiatique*, CCXXX, p. 528-549.

–, 1939, « Les Indo-Européens et le peuplement de l'Europe », *Revue de synthèse*, 17, p. 16-18.

–, 1950, « Actif et moyen dans le verbe », *Journal de psychologie*, 43, p. 121-129.

–, 1954, « Problèmes sémantiques de la reconstruction », *Word*, X, 2-3, p. 298-301.

–, 1969, *Le Vocabulaire des institutions indo-européennes*, Paris, Les Éditions de Minuit, 2 vol.

Berezkin, Yuri E., 2007, *Mify Zaseliaut Ameriku. Arealnoe Raspredelenie Folkornyh Motivov I Rannie Migratsü v Novy Svet, Moscou*, O.G.I.

Bergounioux, Gabriel, 1984, « La science du langage en France de 1870 à 1885 : du marché civil au marché étatique », *Langue française*, 63, 1, p. 7-41.

–, mars 2002, « La sélection des langues : darwinisme et linguistique », *Langages*, 145, p. 7-18.

–, et Lamberterie, Charles de (éd.), 2006, *Meillet aujourd'hui. Actes du colloque de Noirlac, 21 octobre 2000*, Leuven-Paris, Peeters, Société de linguistique de Paris, vol. 89.

Bergsland, Knut, et Vogt, Hans, 1962, « On the Validity of Glottochronology », *Current Anthropology*, 3, p. 115-153.

Bernabò Brea, Maria, Cardarelli, Andrea, et Cremaschi, Mauro (éd.), 1997, *Le terramare : la più antica civiltà padana*, Milan, Electa.

Bernard, Jean, et Ruffié, Jacques, 1966, *Hématologie géographique. Caractères héréditaires du sang*, Paris, Masson, vol. 1.

Bernhard, Wolfram, et Kandler-Pálsson, Anneliese, 1986, *Ethnogenese europäischer Völker : aus der Sicht der Anthropologie und Vor- und Frühgeschichte*, Stuttgart, Fischer.

Bernier, François, 1684, « Nouvelle division de la Terre, par les différentes Espèces ou Races d'Hommes qui l'habitent », *Journal des savants* (24 avril 1684), p. 85-89.

Bertrand, Alexandre, 1864, « Sur les origines indo-européennes », *Bulletins de la Société d'anthropologie de Paris*, 5, 1, p. 367-383.

Berve, Helmut, 1937, *Sparta*, Leipzig, Meyers.

– éd, 1942, *Das neue Bild der Antike*, Leipzig, Koehler & Amelang.

Bibikova, Valentina Ivanovna, 1967-1970, « K izučeniju drevnejsikh domsnikh lošadej Vostocnoj Evropy », *Bjulleten'Moskoskogo Obščestva Ispytatelej Prirody, Otdel Biologii*, 72-3 : p. 106-118 ; 75 : p. 118-125.

–, 1986, « A Study of the Earliest Domestic Horse of Eastern Europe (Appendix 2). On the History of Horse Domestication in South-East Europe (Appendix 3) », *in* Dmitri Telegin (éd.), *Dereivka. A Settlement and Cemetery of Copper Age Horse Keepers on the Middle Dniepr*, Oxford, Britisch Archaeological Reports, International Series, 287, p. 135-180.

Bickerton, Derek, 1981, *Roots of Language*, Ann Arbor, Karoma.

–, 1984, « The Language Bioprogram Hypothesis », *Behavioral and Brain Sciences*, 7, 2, p. 173-221.

–, 2009, *Adam's Tongue : How Humans Made Language, How Language Made Humans*, New York, Hill and Wang.

Bierhahn, Erich, 1964, « Blondheit und Blondheitskult in der deutschen litteratur », *Archiv für Kulturgeschichte*, XLVI, p. 309-333.

Billig, Michael, 1981, *L'Internationale raciste. De la psychologie à la « science » des races*, Paris, François Maspero.

Bird, Norman, 1982, *The Distribution of Indo-European Root Morphemes : a Checklist for Philologists*, Wiesbaden, Harrassowitz.

Biscarat, Pierre-Jérôme, 2000, *De quelques usages politiques de l'idée indo-européenne en France de 1968 à nos jours*, Diplôme d'études approfondies, École des hautes études en sciences sociales, Paris.

Bittel, Kurt, 1976, *Die Hethiter : die Kunst Anatoliens vom Ende des 3. bis zum Anfang des 1. Jahrtausends vor Christus*, Munich, Beck (trad. française : *Les Hittites*, Paris, Gallimard, « L'univers des formes », 1976).

Bjerrum, Marie, 1980, « Rasmus Kristian Rask », *Historiographica Linguistica*, 7, 3, p. 403-408.

Black, Edwin, 2012, *War Against the Weak : Eugenics and America's Campaign to Create a Master Race*, New York, Thunder's Mouth Press, nouvelle éd.

Blanckaert, Claude, 1981, *Monogénisme et Polygénisme en France de Buffon à P. Broca (1749-1880)*, Thèse de l'université de Paris-I, miméographié, 4 vol.

–, 1982, « L'anthropologie au féminin : Clémence Royer (1830-1902) », *Revue de synthèse*, 105, p. 23-38.

–, 1987, « "Les vicissitudes de l'angle facial" et les débuts de la craniométrie (1765-1875) », *Revue de synthèse*, IV, 3-4, p. 417-453.

–, 1988, « On the Origin of French Ethnology. William Edwards and the Doctrine of Race », *in* George W. Jr. Stocking (éd.), *Bones, Bodies, Behavior. Essays on Biological Anthropology*, Madison, The University of Wisconsin Press, p. 18-55.

–, 1989a, « L'anthropologie en France. Le mot et l'histoire (XVIe-XIXe siècle) », in *Bulletins et Mémoires de la Société d'anthropologie de Paris*, 1, 3-4, p. 13-44.

–, 1989b, « L'indice céphalique et l'ethnogénie européenne : A. Retzius, P. Broca, F. Pruner-Bey », in *Bulletins et Mémoires de la Société d'anthropologie de Paris*, 1, 3-4, p. 165-202.

– 1989c, « "L'anthropologie personnifiée", Paul Broca et la biologie du genre humain. Préface », *in* Paul Broca, *Mémoires d'anthropologie*, Paris, Jean-Michel Place, « Les Cahiers de Gradhiva », 12, réimpression partielle de l'édition Paris, Reinwald et Cie, 1871.

–, 1993, « La science de l'homme entre humanité et inhumanité », in *Des sciences contre l'homme*, vol. 1 : *Classer, hiérarchiser, exclure*, Paris, Autrement, « Sciences et sociétés », n° 8, p. 14-46.

Bloch, Maurice, 1985, *Marxism and Anthropology : The History of a Relationship*, Oxford, Oxford University Press.

Boas, Franz, 1902, « Rudolph Virchow's Anthropological Work », *Science*, 16, p. 441-445.

–, 1911, « Changes in the Bodily form of Descendants of Immigrants », in *Senate Document*, 208, p. 60-75 (republié in *Race, Language and Culture*, New York, MacMillan, 1940).

Bocquet-Appel, Jean-Pierre, 1989, « L'anthropologie physique en France et ses origines institutionnelles », *Gradhiva*, 6, p. 23-34.

–, 1996, « Note sur l'origine de deux interviews : Henri-Victor Vallois et Gustave Malécot », *Gradhiva*, 8, p. 115-124.

–, 2008, *La Paléodémographie : 99,99 % de l'histoire démographique des hommes*, Paris, Errance.

Boë, Louis-Jean, Bessière, P., Ladjili, N., et Audibert, N., 2008, « Simple Combinatorial Considerations Challenge Ruhlen's Mother Tongue Theory », *in* B. L. Davis et K. Zajdo (éd.), *The Syllable in Speech Production : Perspectives on the Frame Content Theory*, New York, Laurence Erlbaum Associates, p. 63-92.

Boessneck, Joachim, et Driesch, Angela von den, 1976, « Pferde im 4./3. Jahrtausend v. Chr. in Ostanatolien », *Säugetierkundliche Mitteilungen*, 24, 2, p. 81-87.

Boettcher, Carl-Heinz, 1996, « Pouvoir centralisé ou pouvoir partagé. L'Orient et l'Occident au cuprolithique », *Études indo-européennes*, 14e année, p. 103-147.

Böhme, Klaus, 1976, « Kriegdienst mit der Feder. Der erste Weltkrieg im politischen Urteil deutscher Professoren », *Quaderni di Storia*, 3, p. 49-67.

Bökönyi, Sándor, 1974, *History of Domestic Mammals in Central and Eastern Europe*, Budapest, Akadémiai Kiadó.

–, 1978, « The earliest waves of domestic horses in East Europe », *Journal of Indo-European Studies*, 6, 1-2, p. 17-76.

–, 1991, « Pferde – und Schafdomestikation bzw. – haltung in der frühen Kupferzeit Eurasiens », *in* Jan Lichardus (éd.), *Die Kupferzeit als historische Epoche*, Bonn, Habelt, Saarbrücker Beiträge zur Altertumskunde, p. 549-556.

Bollmus, Reinhard, 1970, *Das Amt Rosenberg und seine Gegner ; Studien zum Machtkampf im nationalsozialistischen Herrschaftssystem*, Stuttgart, Deutsche Verlags-Anstalt.

Bomhard, Allan R., 2008, *Reconstructing Proto-Nostratic : Comparative Phonology, Morphology, and Vocabulary*, Leiden-Boston, Brill, 2 vol.

Bondár, Mária, 2012, *Prehistoric Wagon Models in the Carpathian Basin (3500-1500 BC)*, Budapest, Archaeolingua.

Bonfante, Giuliano, 1931, « I dialetti indoeuropei », *Annali*, 4, p. 69-185.

–, 1953-1954, « Ideas on the Kinship of the European languages from 1200 to 1800 », *Cahiers d'histoire mondiale*, 1, p. 679-699.

Bonnafé, Lucien, et Tort, Patrick, 1996, *L'Homme, cet inconnu ? Alexis Carrel, Jean-Marie Le Pen et les chambres à gaz*, Paris, Syllepse.

Bonnefoy, Yves, 2013, « Jean-Pierre Vernant et la poésie », *in* Maurice Olender et François Vitrani (éd.), *Jean-Pierre Vernant dedans dehors*, *Le Genre humain*, Paris, Seuil, p. 99-110.

Bonnet, Jacques (éd.), 1981, *Georges Dumézil*, *Cahier pour un temps*, 3, Paris, Éditions du Centre Georges-Pompidou.

Bopp, Franz, 1816, *Über das Conjugationssystem der Sanskritsprache in Vergleichung mit jenem der griechischen, lateinischen, persischen und germanischen Sprache*, Francfort.

–, 1820, « Analytical Comparison of the Sanskrit, Greek, Latin, and Teutonic Languages, Shewing the Original Identity of their Grammatical Structure », *Annals of Oriental Literature*, I, p. 1-64.

–, 1833-1852, *Vergleichende Grammatik des Sanskrit, Zend, Griechischen, Lateinischen, Litauischen, Altslawischen, Gotischen und Deutschen*, Berlin, Dummler, 6 vol ; 2e éd. 1856 (trad. française de M. Bréal, *Grammaire comparée des langues indo-européennes comprenant le sanscrit, le zend, l'arménien, le grec, le latin, le lithuanien, l'ancien slave, le gothique et l'allemand*, Paris, Hachette, 5 vol., 1866-1874).

Borst, Arno, 1957-1963, *Der Turmbau von Babel, Geschichte der Meinungen über Ursprung und Vielfalt der Sprachen und Völker*, Stuttgart, Deutscher Taschenbuch, 6 vol.

Bosch Gimpera, Pedro, 1960, *El problema indoeuropeo*, Mexico, Université autonome de Mexico (trad. française de Raymond Lantier, *Les Indo-Européens, problèmes archéologiques*, Paris, Payot, 1961).

Boucher de Perthes, Jacques, 1847, *Antiquités celtiques et antédiluviennes. Mémoire sur l'industrie primitive et les arts à leur origine*, Paris, Jung-Treuttel.

Bouckaert, Remco, Lemey, Philippe, Dunn, Michael, Greenhill, Simon J., Alekseyenko, Alexander V., Drummond, Alexei J., Gray, Russell D., Suchard, Marc A., et Atkinson, Quentin D., 2012, « Mapping the Origins and Expansion of the Indo-European Language Family », *Science*, 337, 6097, p. 957-960.

Boule, Marcellin, 1921, *Les Hommes fossiles : éléments de paléontologie humaine*, Paris, Masson.

Boulestin, Bruno, Zeeb-Lanz, Andrea, Jeunesse, Christian, Haack, Fabian, Arbogast, Rose-Marie, et Denaire, Anthony, 2009, « Mass cannibalism in the Linear Pottery Culture at Herxheim (Palatinate, Germany) », *Antiquity*, 83, p. 968-982.

Bouquiaux, Luc, 2004, *Linguistique et Ethnolinguistique. Anthologie d'articles parus entre 1961 et 2003*, Louvain, Peeters.

Brandt, Guido, Haak, Wolfgang, Adler, Christina J., Roth, Christiana, Szécsényi-Nagy, Anna, Karimnia, Sarah, Möller-Rieker, Sabine, *et al.*, 2013, « Ancient DNA Reveals Key Stages in the Formation of Central European Mitochondrial Genetic Diversity », *Science*, 342, 6155 (11 octobre 2013), p. 257-261.

Bréal, Michel, 1866, « Introduction », *in* F. Bopp, *Introduction de la grammaire comparée des langues indo-européennes*, trad. de Michel Bréal, Paris, Imprimerie impériale.

–, 1891, « Le langage et les nationalités », *Revue des Deux Mondes*, 61e année, t. 108, p. 615-639.

Briard, Jacques, 1991, *Mythes et Symboles de l'Europe préceltique. Les religions de l'âge du bronze (2500-800 av. J.-C.)*, Paris, Errance.

Briquel, Dominique, 1982, « Initiations grecques et idéologie indo-européenne », *Annales, Économies, Société, Civilisation*, 37, p. 454-464.

Broberg, Gunnar, et Roll-Hansen, Nils (éd.), 2005, *Eugenics and the Welfare State : Sterilization Policy in Denmark, Sweden, Norway, and Finland*, East Lansing, Michigan State University Press.

Broca, Paul, 1860, « Recherches sur l'ethnologie de la France », *Bulletins de la Société d'anthropologie de Paris*, t. I, p. 6-15.

–, 1862, « La linguistique et l'anthropologie », *Bulletins de la Société d'anthropologie de Paris*, 3, p. 264-319 (republié *in* Broca, 1871, t. I, p. 232-276).

–, 1864, « Discussion sur les origines indo-européennes », *Bulletins de la Société d'anthropologie de Paris*, V, p. 194-196.

–, 1866, « Anthropologie », in *Dictionnaire encyclopédique des sciences médicales*, Paris, t. V, p. 276 *sq.* (republié *in* Paul Broca, 1989, *Mémoires d'anthropologie*, Paris, Jean-Michel Place, I, p. 1-41).

–, 1871, *Mémoires d'anthropologie*, Paris, Reinwald & Cie.

Broch, Olaf, 1927, « Russenorsk », *Archiv für Slawische Philologie*, 41, p. 209-262.

Brown, Cecil H., Callaghan, Catherine A., Casson, Ronald W., Etxebarria, Jose Maria, Hill, Jane H., Lehman, F. K., Oswalt, Robert L., et Proulx, Paul, 1994, « Lexical Acculturation in Native American Languages », *Current Anthropology*, 35, 2, p. 95-117.

Brugmann, Karl, et Delbrück, Berthold, 1897-1916, *Grundriss der vergleichenden Grammatik der indogermanischen Sprachen*, Strasbourg, Trübner.

Brun, Patrice, 1987, *Princes et Princesses de la Celtique*, Paris, Errance.

–, 1996, « Représentations symboliques, lieux de culte et dépôts votifs dans l'est de la France au Bronze final et au 1er âge du fer », in *Archäologische Forschungen zum Kultgeschehen in der jüngeren Bronzezeit und frühen Eisenzeit Alteuropas*, Bonn, Habelt, p. 183-201.

–, 2001, *Le Cheval, symbole de pouvoirs dans l'Europe préhistorique: exposition du 31 mars au 12 novembre 2001*, Nemours, Musée de préhistoire d'Île-de-France.

–, 2006, « L'origine des Celtes. Communautés linguistiques et réseaux sociaux », *in* Daniele Vitali (éd.), *Celtes et Gaulois. L'archéologie face à l'histoire. La préhistoire des Celtes*, Glux-en-Glenne, Bibracte, p. 29-44.

–, et Chaume, Bruno (éd.), 1997, *Vix et les éphémères résidences princières*, Paris, Errance.

–, et Mordant, Claude (éd.), 1988, *Le Groupe Rhin-Suisse-France orientale et la Notion de civilisation des Champs d'Urnes*, Nemours, APRAIF, « Mémoires du Musée de préhistoire d'Île-de-France ».

–, et Ruby, Pascal, 2008, *L'Âge du fer en France. Premières villes, premiers États celtiques*, Paris, La Découverte-Inrap.

Brun-Trigaud, Guylaine, 1990, *Le Croissant : le concept et le mot. Contribution à l'histoire de la dialectologie française au XIXe siècle*, Université Lyon-III, « Centre d'études linguistiques Jacques Goudet ».

Brunet, Frédérique, 2011, « Comment penser la néolithisation en Asie centrale (X[e]-IVe millénaire) ? L'émergence de nouveaux modèles de sociétés entre sédentaires et nomades », *in* Éric Coqueugniot et Olivier Aurenche (éd.), *Néolithisation : nouvelles données, nouvelles interprétations. À propos du modèle théorique de Jacques Cauvin*, Paris, CNRS Éditions, Paléorient, 37/1, p. 187-204.

Brunn, Julien, 1979, *La Nouvelle Droite. Le dossier du « procès »*, Paris, Nouvelles Éditions Oswald.

Brunnhofer, Hermann, 1885, *Über den Ursitz der Indogermanen : Vortrag*, Bâle, Benno Schwabe.

Bryce, Trevor, 2002, *Life and Society in the Hittite World*, Oxford, Oxford University Press.

Buchsenschutz, Olivier, et Schnapp, Alain, 1993, « Alésia », *in* Pierre Nora (éd.), *Les Lieux de mémoire*, Paris, Gallimard, vol. 3, 3, p. 272-315.

Buchvaldek, Miroslav, Lippert, Andreas, Košnar, Lubomír, Popelka, Miroslav, Krenn-Leeb, Alexandra, et Klír, Tomáš, 2007, *Archeologický atlas pravěké Evropy = Atlas zur Prähistorischen Archäologie Europas*, Prague, Univerzita Karlova v Praze, Nakladatelství Karolinum.

Bueltzingsloewen, Isabelle von, 2007, *L'Hécatombe des fous. La famine dans les hôpitaux psychiatriques français sous l'Occupation*, Paris, Aubier.

Bulkin, V. A., Klejn, Leo S., et Lebedev, G. S., 1982, « Attainments and Problems of Soviet Archaeology », *World Archaeology*, 13, 3, p. 272-295.

Burkhardt, Richard W. Jr., 1993, « Konrad Lorenz et le pas de l'oie », in *Des sciences contre l'homme*, vol. 2 : *Au nom du bien*, Paris, Autrement, « Sciences et sociétés » n° 9, p. 46-57.

–, 2005, *Patterns of Behavior : Konrad Lorenz, Niko Tinbergen, and the Founding of Ethology*, Chicago, University of Chicago Press.

Burrin, Philippe, 1997, *La France à l'heure allemande : 1940-1944*, Paris, Seuil.

Buttler, Werner, 1938, *Der donauländische und der westische Kulturkreis der jüngeren Steinzeit*, Berlin-Leipzig, De Gruyter, Handbuch der Urgeschichte Deutschlands.

Campanile, Enrico, 1977, *Ricerche di cultura poetica indoeuropea*, Pise, Giardini.

Campbell, Lyle, 2008, « What can we Learn About the Earliest Human Language by Comparing Languages Known Today ? », *in* Bernard Lacks, Serge Cleuziou, Pierre Encrevé et Jean-Paul Demoule (éd.), *The Origin and Evolution of Languages : Approaches, Models, Paradigm*, Londres, Equinox Editions, p. 79-111.

–, Kaufman, Terrence, et Smith-Stark, Thomas C., 1986, « Meso-America as a Linguistic Area », *Language*, 62, 3, p. 530-539.

–, et Poser, William John, 2008, *Language Classification : History and Method*, Cambridge, Cambridge University Press.

Camper, Peter, 1791, *Dissertation sur les variétés naturelles qui caractérisent la physionomie des hommes des divers climats et des différens ages*, Paris, Jansen.

Camus, Jean-Yves, 2006, « La Nouvelle Droite : bilan provisoire d'une école de pensée », *La Pensée*, 345, p. 23-33.

–, et Monzat, René, 1992, *Les Droites nationales et radicales en France. Répertoire critique*, Lyon, Presses universitaires de Lyon.

Cannon, Garland, 1987, « Sir William Jones and Applied Linguistics », *in* Hans Aarsleff, Louis Gérard Kelly et Hans-Josef Niederehe (éd.), *Papers in the History of Linguistics. Proceedings of the Third International Conference on the History of the Language Sciences (ICHoLS III)*, Amsterdam, Benjamins, Amsterdam Studies in the theory and history of linguistic science, p. 379-390.

Capovilla, Giovanni, 1964, *Praehomerica et praeitalica : Ricerche mitiche, protostoriche e linguistiche*, Rome, L'Erma di Bretschneider.

Carnoy, Albert Joseph, 1921, *Les Indo-Européens. Préhistoire des langues, des mœurs et des croyances de l'Europe*, Bruxelles-Paris, Vromant.

Carol, Anne, 1995, *Histoire de l'eugénisme en France. Les médecins et la procréation : XIXe-XXe siècle*, Paris, Seuil.

Carruba, Onofrio, 1995, « L'arrivo dei Greci, le migrazioni indoeuropee e il "ritorno" degli Eraclidi », *Athenaeum*, 83, 2, p. 5-44.

Caskey, John L., 1960, « The Early Helladic Period in the Argolid », *Hesperia* 29, 3, p. 285-303.

Caussat, Pierre, 1988, « Langue et nation », *in* Sylvain Auroux (éd.), *Antoine Meillet et la linguistique de son temps*, numéro de *Histoire, Épistémologie, Langage*, 10, II, p. 195-204.

Cauvin, Jacques, 1994, *Naissance des divinités, naissance de l'agriculture*, Paris, CNRS Éditions.

Cavalli-Sforza, Luigi Luca, 1997, *Qui sommes-nous ? Une histoire de la diversité humaine*, Paris, Flammarion.

–, 2005, *Évolution biologique, évolution culturelle*, Paris, Odile Jacob.

–, Kidd, J. R., Kidd, K. K., Bucci, C., Bowcock A. M., et Helett, B. S., 1986, « DNA Markers and Genetic Variation in the Human Species », *Cold Spring Harbor Symposia on Quantitative Biology*, LI, p. 411-417.

–, Luca, Luigi, Menozzi, Paolo, et Piazza, Alberto, 1994, *The History and Geography of Human Genes*, Princeton, Princeton University Press.

–, Piazza, Alberto, Menozzi, Paolo, Mountain, Joanna, 1988, « Reconstruction of Human Evolution : Bringing Together Genetic, Archaelogical and Linguistic Data », *Proceedings of National Academy of Sciences*, 85 (16), p. 6002-6006.

Céline, Louis-Ferdinand, 1938, *L'École des cadavres*, Paris, Denoël.

Chambers, Jack K., et Trudgill, Peter, 1980, *Dialectology*. Cambridge, Cambridge University Press.

Chapoutot, Johann, 2008, *Le National-Socialisme et l'Antiquité*, Paris, PUF.

–, 2012, *Le Nazisme et l'Antiquité*, Paris, PUF.

Charachidzé, Georges, 1968, *Système religieux de la Géorgie païenne. Analyse structurale d'une civilisation*, Paris, Maspero.

–, 1986, *Prométhée ou le Caucase. Essai de mythologie contrastive* (préface de Georges Dumézil), Paris, Flammarion.

–, 1987, *La Mémoire indo-européenne du Caucase*, Paris, Hachette.

Charpentier, Jarl, 1926, « The Original Home of the Indoeuropeans », *Bulletin of the School of Oriental Studies*, 4, 1, p. 147-170.

Chase, Allan, 1977, *The Legacy of Malthus : The Social Costs of the New Scientific Racism*, New York, Knopf-Random House.

Chaudenson, Robert, 2003, *La Créolisation : théorie, applications, implications*, Paris, L'Harmattan.

Chavée, Honoré, 1862a, *Les Langues et les Races*, Paris, Chamerot.
–, 1862b, « Sur le parallèle des langues sémitiques et des langues indo-européennes », *Bulletin de la Société d'anthropologie de Paris*, III, p. 198-205.
Childe, Vere Gordon, 1925, *The Dawn of European Civilization*, Londres-New York, Routledge-Kegan Paul (6e éd. augmentée 1957) (trad. française : *L'Aube de la civilisation européenne*, Paris, Payot, 1949).
–, 1926, *The Aryans. A Study of Indo-European Origins*, New York, Alfred A. Knopf.
–, 1936, « The Antiquity of Nordic Culture », *in* Wilhelm Koppers (éd.), *Die Indogermanen- und Germanenfrage. Neue Wege zu ihrer Lösung*, Salzbourg-Leipzig, p. 517-530.
–, 1958, « Retrospect », *Antiquity*, 32, p. 69-74.
Chrétien, Jean-Pierre et Prunier, Gérard (éd.), 1989, *Les ethnies ont une histoire*, Paris, Karthala.
Citron, Suzanne, 1987, *Le Mythe national : l'histoire de France revisitée*, Paris, Éditions ouvrières (rééd. 2008, Paris, L'Atelier).
Clackson, James, 2004, *Indo-European Linguistics : An Introduction*, Cambridge, Cambridge University Press.
Clauss, Ludwig Ferdinand, 1934, *Die nordische Seele : eine Einführung in die Rassenseelenkunde*, Munich, J. F. Lehmanns Verlag, 2e éd.
Cleuziou, Serge, 1986, « Tureng Tepe and Burnished Grey Ware : A Question of "Frontier" ? », *Oriens Antiquus*, Roma, XXV, 3-4, p. 221-256.
–, Coudart, Anick, Demoule, Jean-Paul, et Schnapp, Alain, 1991, « The Use of Theory in French Archaeology », *in* Ian Hodder (éd.), *Archaeological Theory in Europe (The last three decades)*, Londres, Routledge, p. 91-128.
Cluet, Marc, et Repussard, Catherine (éd.), 2013, *« Lebensreform » : die soziale Dynamik der politischen Ohnmacht*, Tübingen, Francke Verlag.
Cœurdoux, Gaston-Laurent, 1808, « Question posée à Monsieur l'abbé Barthélémy et aux autres membres de l'Académie des belles-lettres et inscriptions. D'où vient que dans la langue sanscroutane il se trouve un grand nombre de mots qui lui sont communs avec le latin et le grec, et surtout avec le latin », in *Mémoires de l'Académie des inscriptions et belles-lettres*, XLIX, p. 647-697.
Coleman, John E., 2000, « An Archaeological Scenario for the "Coming of the Greeks" », ca. 3200 BC », *Journal of Indo-European Studies*, 28, 1-2, p. 101-154.
Coleman, Robert, 1988, « Book Review : Archaelogy and Language. The Puzzle of Indo-European Origins, by Colin Renfrew », *Current Anthropology*, 3, 29, p. 449-453.
Colledge, Sue, Conolly, James, et Shennan, Stephen, 2004, « Archaeobotanical Evidence for the Spread of Farming in the Eastern Mediterranean », *Current Anthropology*, 45, Suppl., p. 35-58.
Collinge, N. E., 1985, *The Laws of Indo-European*, Amsterdam, Benjamins.

Comrie, Bernard, Fabri, Ray, Hume, Elizabeth, Mifsud, Manwel, Stolz, Thomas, et Vanhove, Martine (éd.), 2009, *Introducing Maltese Linguistics Selected Papers from the 1st International Conference on Maltese Linguistics*, Amsterdam, John Benjamins, Studies in Language Companion Series, 113.

Conte, Édouard, et Essner, Cornelia, 1995, *La Quête de la race. Une anthropologie du nazisme*, Paris, Hachette.

Coon, Carleton Stevens, 1939, *The Races of Europe*, New York, The Macmillan Company.

–, 1962, *The Origin of Races*, New York, Knopf.

Coudart, Anick, 1999, « Is post-processualism bound to happen everywhere ? The French case », *Antiquity*, 73, 279, p. 161-166.

–, Manolakakis, Laurence, et Demoule, Jean-Paul, 1999, « Égalité/inégalité sociale et division du travail en Europe durant le néolithique », *in* Philippe Descola, Jacques Hamel et Pierre Lemonnier (éd.), *La Production du social. Autour de Maurice Godelier (Colloque de Cerisy)*, Paris, Fayard, p. 267-288.

–, et Olivier, Laurent, 1995, « French Tradition and the Central Place of History in Human Sciences », *in* Peter J. Ucko (éd.), *Theory in Archaeology : A World Perspective*, Londres-New York, Routledge, p. 363-381.

Court de Gébelin, Antoine, 1773-1784, *Le Monde primitif analysé et comparé avec le monde moderne considéré dans son génie allégorique et dans les allégories auxquelles conduisit ce génie*, 9 vol. (nouvelle éd. en 1786), Paris, Valleyre l'aîné.

Coye, Noël, 1997, *La Préhistoire en parole et en acte. Méthodes et enjeux de la pratique archéologique (1830-1950)*, Paris, L'Harmattan.

Crawfurd, John, 1820, *History of the Indian Archipelago. Containing an Account of the Manners, Arts, Languages, Religions, Institutions, and Commerce of its Inhabitants*, Édimbourg, A. Constable and Co.

Crevatin, Franco, 1979, *Ricerche sull'antichità indoeuropea*, Trieste, Edizioni LINT.

Cuisenier, Jean, 1990, *Ethnologie de l'Europe*, Paris, PUF, « Que-sais-je ? ».

Cuny, Albert Louis Marie, 1924, *Études prégrammaticales : sur le domaine des langues indo-européennes et chamito-sémitiques*, Champion, Paris.

Curta, Florin, 2001, *The Making of the Slavs History and Archaeology of the Lower Danube Region, Ca. 500-700*, Cambridge, Cambridge University.

– (éd.), 2005, *Borders, Barriers, and Ethnogenesis : Frontiers in Late Antiquity and the Middle Ages*, Turnhout, Brepols.

–, 2006, *Southeastern Europe in the Middle Ages, 500-1250*, Cambridge, Cambridge University Press.

Czekanowski, Jan, 1928, *Na marginesie recenzji P.K. Moszyńskiego o książce « Wstęp do historji Słowian »*, rééd., Lvov, Towarzystwo Ludoznawcze, series II, vol. 7.

Daim, Wilfried, 1958, *Der Mann, der Hitler die Ideen gab : von den religiösen Verirrungen eines Sektierers zum Rassenwahn des Diktators*, Munich, Isar Verlag.
Dakhlia, Jocelyne, 2008, *Lingua franca*, Arles, Actes Sud.
Dalton-Puffer, Christiane, 1995, « Middle English is a Creole and its Opposite : On the Value of Plausible Spéculation », *in* Jacek Fisiak (éd.), *Linguistic Change under Contact Conditions*, Berlin, Mouton de Gruyter, p. 35-50.
Daniel, Glyn Edmund, 1950, *A Hundred Years of Archaeology*, Londres, Duckworth.
Danilenko, Valentin Nikolaevich, 1969, *Ukrainy : Glavy drevnej istorii Jugo-Vostočnoj Evropy*, Kiev.
–, 1974, *Eneolit Ukrainy : Etnoistoričeskoe Isledovanie*, Kiev, Akademia Nauk.
Danino, Michel, 2006, *L'Inde et l'Invasion de nulle part. Le dernier repaire du mythe aryen*, Paris, Les Belles Lettres.
–, 2010, *The Lost River : On the Trail of the Sarasvatī*, New Delhi, Penguin Books India.
Daube, Anna, 1940, *Der Aufstieg der Muttersprache im deutschen Denken des 15. und 16. Jahrhunderts*, Francfort-sur-le-Main, M. Diesterweg.
Davis, Richard S., 1983, « Theoretical Issues in Contemporary Soviet Paleolithic Archaeology », *Annual Review of Anthropology*, 12, 1, p. 403-428.
Day, John V., 2001, *Indo-European Origins : The Anthropological Evidence*, Washington, Institut for the Study of Man.
–, 2002, « In Quest of Our Linguistic Ancestors. The Elusive Origins of the Indo-European », *The Occidental Quaterly*, 2, 3, p. 5-20.
Déchelette, Joseph, 1914, *Manuel d'archéologie préhistorique celtique et gallo-romaine*. Paris, Picard (2e éd. 1927), 3 vol.
Delitzsch, Friedrich, 1873, *Studien über indogermanisch-semitische Wurzelverwandtschaft*, Leipzig, G. Kreysing.
Demoule, Jean-Paul, 1980, « Les Indo-Européens ont-ils existé ? », *L'Histoire*, 28, p. 108-120.
–, 1991, « Réalité des Indo-Européens : les diverses apories du modèle arborescent », *Revue de l'histoire des religions*, CCVIII, 2, p. 169-202.
–, 1993, « L'archéologie du pouvoir : oscillations et résistances dans l'Europe protohistorique », *in* Alain Daubigney (éd.), *Fonctionnement social de l'âge du fer. Opérateurs et hypothèses pour la France*, p. 259-274, Université de Besançon.
–, 1994, « L'amour passé », *Nouvelle Revue de psychanalyse*, 49, p. 103-117.
–, 1998, « Les Indo-Européens, un mythe sur mesure », *La Recherche*, 29, 308, p. 40-47.
–, 1999a, *Chronologie et Société des nécropoles celtiques de la culture Aisne-Marne. Supplément à la Revue archéologique de Picardie*, Amiens.

–, 1999b, « Ethnicity, Culture and Identity : French Archaeologists and Historians », *Antiquity*, 73, 279, p. 190-198.

– (éd.), 2007a, *La Révolution néolithique en France*, Paris, La Découverte-Inrap.

–, 2007b, *Naissance de la figure. L'Art du paléolithique à l'âge du fer*, Paris, Hazan.

– (éd.), 2009, *L'Europe, un continent redécouvert par l'archéologie*, Paris, Gallimard-Inrap.

– (éd.), 2010, *La Révolution néolithique dans le monde*, Paris, CNRS Éditions.

–, 2012a, *On a retrouvé l'histoire de France. Comment l'archéologie raconte notre passé*, Paris, Robert Laffont.

–, 2012b, « Rescue Archaeology : A European View », *Annual Review of Anthropology*, 41, p. 611-626.

–, et Perlès, Catherine, 1993, « The Greek Neolithic : a New Review », *Journal of World Prehistory*, 7, p. 355-416.

Deniker, Joseph, 1900, *Les Races et les peuples de la terre*, Paris, Masson (2e éd., 1926).

Dennell, Robin, 1983, *European Economic Prehistory : A New Approach*, Londres-New York, Academic Press.

Desbuissons, Ghislaine, 1984, *La Nouvelle Droite (1968-1984). Contribution à l'étude des idées de droite en France*, Doctorat en sciences politiques, Institut d'études politiques, Université des sciences sociales de Grenoble.

Detienne, Marcel, 2010, *L'Identité nationale, une énigme*, Paris, Gallimard.

Devoto, Giacomo, 1962, *Origini indoeuropee*, Florence, Sansoni, Istituto Italiano di Preistoria e Protoistoria Italiana.

Diakonoff, Igor Mikhailovich, 1997, « External Connections of the Sumerian Language », *Mother Tongue – Journal of the Association for the Study of Language in Prehistory*, III, p. 54-62.

Diamond, Jared M., 2011, *Collapse : How Societies Choose to Fail or Succeed*, New York, Penguin Books (éd. revue) (trad. française : *Comment les sociétés décident de leur disparition ou de leur survie*, Paris, Gallimard, 2006).

Dias, Nélia, 1989, « Séries de crânes et armées de squelettes : les collections anthropologiques en France dans la seconde moitié du XIXe siècle », *in* Claude Blanckaert, Albert Ducros et Jean-Jacques Hublin (éd.), *Histoire de l'anthropologie. Hommes, idées, moments*, numéro spécial de *Bulletins et Mémoires de la Société d'anthropologie de Paris*, 1, 3-4, p. 203-230.

–, 1993, « Langues inférieures, langues supérieures », in *Des sciences contre l'homme*, vol. 1 : *Classer, hiérarchiser, exclure*, Autrement, « Sciences et sociétés », n° 8, p. 95-110.

Dickinson, Oliver, 1994, *The Aegean Bronze Age*, Cambridge, Cambridge University Press.

Diederischen, Paul, 1974, « The Foundation of Comparative Linguistics : Revolution or Continuation ? », *in* Dell H. Hymes (éd.), *Studies in the*

History of Linguistics. Traditions and Paradigms, Bloomington-Londres, Indiana University Press, p. 277-306.

Dietz, Ute Luise, 1992, « Zur Frage vorbronzezeitlicher Trensenbelege in Europa », *Germania*, 70, 1, p. 17-36.

Djahukian, Gevorg B., 1986, « O tak nazyvaemoj "glottal'noj teorii" v indoevropeistike », *Vestnik Drevnej Istorii*, 3, p. 160-165.

Dodd-Opritescu, Ann, 1978, « Les éléments steppiques dans l'énéolithique de Transylvanie », *Dacia*, N.S., 22, p. 87-97.

Dolgopolsky, Aaron, 1970, « A Long-Range Comparison of some Languages of Northern Eurasia », in *VII International Congress of Anthropological and Ethnographical Sciences*, Moscou, vol. 5, p. 620-634.

–, 1988, « The Indo-European Homeland and Lexical Contacts of Proto-Indo-European with other Languages », *Mediterranean Language Review*, 3, p. 7-31.

–, 1989, « Problems of Nostratic Comparative Phonology », *in* Vitaly Viktorovich Shevoroshkin (éd.), *Reconstructing Languages and Cultures*, Bochum, Brockmeyer, p. 90-98.

Dolukhanov, Paul, 1979, *Ecology and Economy in Neolithic Eastern Europe*, Londres, Duckworth.

Domingue, Nicole Z., 1977, « Middle English : Another Creole ? », *Journal of Creole Studies*, I, 1, p. 89-100.

Dotan, Aron 1987, « From the Beginning of Medieval Hebrew-Arabic Lexicography », *in* Hans Aarsleff, Louis Gérard Kelly et Hans-Josef Niederehe (éd.), *Papers in the History of Linguistics. Proceedings of the Third International Conference on the History of the Language Sciences (ICHoLS III)*, Princeton, p. 77-84, Amsterdam, Benjamins.

Dozier, Edward P., 1954, *Hano, a Tewa Indian Community in Arizona*, Berkeley, University of California.

Dragiev, Plamen, Nadon, Robert, et Makarenkov, Vladimir, 2012, « Two Effective Methods for Correcting Experimental High-Throughput Screening Data », *Bioinformatics*, n° 28, 13, p. 1775-1782.

Drechsel, E., 1987, « Metacommunicative Fonctions of Mobilian Jargon, an American Indian Pidgin of the Lower Mississippi River Region », *in* Glenn G. Gilbert (éd.), *Pidgin and Creole Languages : Essays in Memory of John E. Reinecke*, Honolulu, University of Hawaï Press, p. 433-444.

Dressler, Wolfgang U., 1965, « Methodische Vorfragen bei der Bestimmung der "Urheimat" », *Die Sprache*, 11, p. 25-60.

Drews, Robert, 1988, *The Coming of the Greeks : Indo-European Conquests in the Aegean and the Near East*, Princeton, Princeton University Press.

–, 2004, *Early Riders : The Beginnings of Mounted Warfare in Asia and Europe*, New York, Routledge.

Drieu La Rochelle, Pierre, 1943, « France, Angleterre, Allemagne », *Deutschland-Frankreich*, p. 28-42.

Drinka, Bridget, 2009, « Stratified Reconstruction and a New View of the Family Tree Model », *in* Angela Marcantonio (éd.), *The Indo-European Language Family : Questions about its Status*, Washington, Institute for the Study of Man, p. 7 : 1-39.

Drobin, Ulf, 1980, « Indogermanische Religion und Kultur ? Eine Analyse des Begriffes Indogermanisch », *Temenos*, 16, Helsinki ; republié in *Skrifter utgivna av Religionshistoriska institutionen vid Stokholms universitet*, 2, 16, p. 26-38.

Droit, Roger-Pol, 13 juillet 1993, « La confusion des idées. Quarante intellectuels appellent à une Europe de la vigilance face à la banalisation de la pensée d'extrême droite », *Le Monde*.

Droixhe, Daniel, 1978, *La Linguistique et l'Appel de l'histoire (1600-1800). Rationalisme et révolutions positivistes*, Genève-Paris, Droz.

– (éd.), 1984, « Genèse du comparatisme indo-européen », *Histoire, Épistémologie, Langage*, 6, 2.

Drosdowski, Günther, 1966, « Die Erforschung des indo-germanischen Altertums (1816-1966) », *Die Wissenschaftliche Redaktion*, 20, p. 51-69.

Dubuisson, Daniel, 1985, « Matériaux pour une typologie des structures trifonctionnelles », *L'Homme*, 25/1, p. 105-121.

–, 2005, *Impostures et Pseudo-science. L'œuvre de Mircea Eliade*, Villeneuve-d'Ascq, Presses universitaires du Septentrion.

Duhoux, Yves, 1983, *Introduction aux dialectes grecs anciens. Problèmes et méthodes, recueil de textes traduits*, Louvain, Cabay.

–, 1998, « Pre-Hellenic Language(s) of Crete », *Journal of Indo-European Language*, 26, 1-2, p. 1-40.

Dumézil, Bruno, 2013, *Des Gaulois aux Carolingiens*, Paris, PUF.

Dumézil, Georges, 1927, « De quelques faux massacres », *Revue turque d'anthropologie*, III, n° 4, mars, p. 39-46.

–, 1938, « La préhistoire des flamines majeurs », *Revue de l'histoire des religions*, 118, p. 188-200.

–, 1939, *Mythes et Dieux des Germains, essai d'interprétation comparative*, Paris, Librairie Ernest Leroux-PUF.

–, 1941a, « L'étude comparée des religions indo-européennes », *Nouvelle Revue française*, 29, p. 385-399.

–, 1941b, *Jupiter, Mars, Quirinus. Essai sur la conception indo-européenne de la société et sur les origines de Rome*, Paris, Gallimard.

–, 1943, *Servius et la fortune. Essai sur la fonction sociale de louange et de blâme et sur les éléments indo-européens du cens romain*, Paris, Gallimard.

–, 1949, *L'Héritage indo-européen à Rome*, Paris, Gallimard.

–, 1958, *L'Idéologie tripartite des Indo-Européens*, Bruxelles, Latomus.

–, 1966, *La Religion romaine archaïque*, Paris, Payot.

–, 1968, *Mythe et Épopée*, I : *L'Idéologie des trois fonctions dans les épopées des peuples indo-européens*, Paris, Gallimard.

–, 1973, *Mythe et Épopée*, III : *Histoires romaines*, Paris, Gallimard.
–, 1975, *Fêtes romaines d'été et d'automne*, Paris, Gallimard.
–, 1978, *Romans de Scythie et d'alentour*, Paris, Payot.
–, 1979, *Discours de réception à l'Académie française et réponse de M. Claude Lévi-Strauss*, Paris, Gallimard.
–, 1983a, « Les festins secrets de G. Dumézil. Entretien avec Maurice Olender », *Le Nouvel Observateur*, 949, 14 au 20 janvier (republié *in* Maurice Olender, *Race sans histoire*, Paris, Seuil, 2009, p. 138-160).
–, 1983b, *La Courtisane et les Seigneurs colorés et autres essais : vingt-cinq esquisses de mythologie*, Paris, Gallimard.
–, 1985a, *L'Oubli de l'homme et l'Honneur des dieux*, Paris, Gallimard.
–, 1985b, « Science et politique. Réponse à Carlo Ginzburg », *Annales. Économies, Sociétés, Civilisations*, 40, 5, p. 985-989.
–, 1987, *Entretiens avec Didier Eribon*, Paris, Gallimard.
–, 1994, *Le Roman des jumeaux. Esquisses de mythologie*, édition posthume par Joël Griswald, Paris, Gallimard.
Dunkel, Georges, 1981, « Typology versus Reconstruction », *in* Y. L. Arbeitman et Alan Bomhard (éd.), *Bono Homini Donum : Essays in Historical Linguistics, in Memory of J. Alexander Kerns*, Amsterdam, Benjamins, 2 vol, p. 559-569.
Duranton-Crabol, Anne-Marie, 1988, *Visages de la Nouvelle Droite. Le G.R.E.C.E. et son histoire*, Paris, Presses de la Fondation nationale des sciences politiques.
–, 1991, *L'Europe de l'extrême droite de 1945 à nos jours*, Bruxelles, Complexe.
Dutour, Olivier, Hublin, Jean-Jacques, et Vandermeersch, Bernard (éd.), 2005a, *Objets et Méthodes en paléoanthropologie. Comité des travaux historiques et scientifiques*, Paris, Comité des travaux historiques et scientifiques.
–, 2005b, *Origine et Évolution des populations humaines*, Paris, Comité des travaux historiques et scientifiques.
Dutta, Pratap C., 1972, « The Bronze-Age Harappans : A Re-Examination of the Skulls in the Context of the Population Concept », *American Journal of Physical Anthropology*, 36, 3, p. 391-396.

Ebert, Max, 1921, *Südrussland im Altertum*, Bonn-Leipzig, Kurt Schroeder.
Edwards, William Frédéric, 1829, *Des caractères physiologiques des races humaines considérés dans leurs rapports avec l'histoire ; Lettre à M. Amédée Thierry*, Paris, Compère jeune.
Edzard, Lutz, 1998, *Polygenesis, Convergence, and Entropy : an Alternative Model of Linguistic Evolution Applied to Semitic Linguistics*, Wiesbaden, Harrassowitz.

Eggers, Hans Jürgen, 1939, « Natürliche Erkenntnisgrenzen bei vorgeschichtlichen und volkskundlichen Fundkarten », *in* Karl Kaizer (éd.), *Beiträge zur Volkskunde Pommerns*, Greifswald, L. Bamberg, p. 166-173.

–, 1950, « Das Problem der ethnischen Deutung in der Frühgeschichte », *in* Horst Kirchner (éd.), *Ur- und Frühgeschichte als Historische Wissenschaft : Wahle Festschrift*, Heidelberg, Carl Winter, p. 49-59.

–, 1959, *Einführung in die Vorgeschichte*, Munich, Sammlung Piper.

Ehrenreich, Eric, 2007, *The Nazi Ancestral Proof : Genealogy, Racial Science, and the Final Solution*, Bloomington, Indiana University Press.

Eichhoff, Frédéric Gustave, 1836, *Parallèle des langues de l'Europe et de l'Inde, ou Étude des principales langues romanes germaniques, slavonnes et celtiques comparées entre elles et à la langue sanscrite, avec un essai de transcription générale*, Paris, Imprimerie royale.

Eickstedt, Freiherr Egon von, 1934, *Rassenkunde und Rassengeschichte der Menschheit*, Stuttgart, F. Enke.

–, 1936, *Grundlagen der Rassenpsychologie*, Stuttgart, F. Enke.

Eliade, Mircea, 1949, *Traité d'histoire des religions*, préface de Georges Dumézil (rééd. en 1964, 1974, 1977, 1983, 1989), Paris, Payot.

–, 1968, *Le Chamanisme et les Techniques archaïques de l'extase*, Paris, Payot, 2e éd.

–, 1979, *Histoire des croyances et des idées religieuses*, I : *De l'âge de la pierre aux mystères d'Éleusis*, Paris, Payot.

Elst, Koenraad, 1999, *Update on the Aryan Invasion Debate*, New Delhi, Aditya Prakashan.

Embleton, Sheila M., 1986, *Statistics in Historical Linguistics*. Bochum, Brockmeyer.

Engelhardt, Isrun, 2008, « Nazis of Tibet : A Twentieth Century Myth », *in* Monica Esposito (éd.), *Images of Tibet in the 19th and 20th Centuries*, Paris, École française d'Extrême-Orient, vol. 1, p. 63-96.

Eribon, Didier, 1992, *Faut-il brûler Dumézil ? Mythologie, science et politique*, Paris, Flammarion.

Ernout, Alfred, et Meillet, Antoine, 1939, *Dictionnaire étymologique de la langue latine*, Klincksieck, Paris, 2e éd. (4e éd. 1967).

Ertel, Rachel, 2003, *Brasier de mots*, Paris, Liana Levi.

Eugène, Éric, 1998, *Wagner et Gobineau : existe-t-il un racisme wagnérien ?*, Paris, Le Cherche Midi.

Eysenck, Hans Jürgen, 1973, *The Inequality of Man*, Ashgate Publishing Limited.

Fabre, Daniel (éd.), 1996, *L'Europe entre cultures et nations. Actes du colloque organisé par la Mission du Patrimoine ethnologique*, Paris, Éditions de la Maison des sciences de l'homme.

Falk, Harry, 1994, « Der Reitpferd im Vedischen Indien », *in* Bernhardt Hänsel et Stefan Zimmer (éd.), *Die Indogermanen und das Pferd, Festschrift B. Schlerath*, Budapest, Archaeolingua, p. 91-102.

Fassin, Éric, 1997, « Discours sur l'inégalité des races. *The Bell Curve* : polémique savante, rhétorique raciale et politique publique », *Hérodote*, 85, p. 61-88.

Faye, Guillaume, 1983, *Sexe et Idéologie*, Paris, Le Labyrinthe.

Faye, Jean-Pierre, *Langages totalitaires*, 1972, Paris, Hermann (rééd. augmentée, Paris, Hermann, 2004).

Feist, Sigmund, 1913, *Kultur, Ausbreitung und Herkunft der Indogermanen*, Berlin, Weidmann Buchhandlung.

–, 1914, *Indogermanen und Germanen : Ein Beitrag zur europäischen Urgeschichtsforschung*, Halle, Niemeyer.

–, 1916, « Archäologie und Indogermanenproblem », *Correspondenzblatt der deutschen Gesellschaft für Anthropologie, Ethnologie und Urgeschichte*, 47, p. 61-68.

–, 1926, « Germanen », in *Reallexikon der Vorgeschichte*, Berlin, De Gruyter, 4, p. 273-289.

–, 1927, « Indogermanen », in *Reallexikon der Vorgeschichte*, Berlin, De Gruyter, vol. 6, p. 54-67.

– 1932, « The Origin of the Germanic Languages and the Indo-Europeanising of North Europe », *Language*, 8, p. 245-254.

Feist-Hirsch, Elisabeth, 1970, « Mein Vater Sigmund Feist », *in* Herbert Arthur Strauss et Kurt Richard Grossmann (éd.), *Gegenwart und Rückblick. Festgabe für die jüdische Gemeinde in Berlin 25 Jahre nach Neubeginn*, Heidelberg, L. Stiehm.

Fellman, Jack, 1975, « The First Comparative Indo-Europeanist », *Linguistics*, 145, p. 83-86.

Ferembach, Denise, 1980, « Rapport moral », *Bulletins et Mémoires de la Société d'anthropologie de Paris*, vol. 7-4, p. 351-353.

–, 1981, « Rapport moral », *Bulletins et Mémoires de la Société d'anthropologie de Paris*, vol. 8-4, p. 473-477.

Ferguson, Charles Albert, 1976, « The Ethiopian Language Area », *in* Marvin Lionel Bender, J. Donald Bowen, Robert L. Cooper et Charles Albert Ferguson (éd.), *Language in Ethiopia*, Oxford, Oxford University Press, p. 63-76.

Ferraresi, Franco (éd.), 1984, *La destra radicale*, Milan, Feltrinelli.

Fetten, Frank, 2000, « Archaeology and Anthropology in Germany before 1945 », *in* Heinrich G. H. Härke (éd.), *Archaeology, Ideology and Society. The German Experience*, Frankfurt, Peter Lang, p. 140-179.

Fichte, Johann Gottlieb, 1978, *Reden an die deutsche Nation hilosophische Bibliothek*, vol. 204, Hamburg, Meiner (5e édition, 1re éd. 1808) (trad. française : *Discours à la nation allemande*, Paris, Imprimerie nationale, 1992).

Field, Geoffrey, 1977, « Nordic Racism », *Journal of the History of Ideas*, 38, p. 523-540.

–, 1981, *Evangelist of Race : The Germanic Vision of Houston Stewart Chamberlain*, New York, Columbia University Press.

Finkelberg, Margalit, 1997, « Anatolian Languages and Indo-European Migrations to Greece », *Classical World*, 91, p. 3-20.

Finzsch, Norbert, 1999, « Wissenschaflicher Rassismus in den Vereinigten Staaten – 1850 bis 1930 », *in* Heidrun Kaupen-Haas et Christian Saller (éd.), *Wissenschaftlicher Rassismus. Analysen einer Kontinuität in den Human- und Naturwissenschaften*, Francfort-sur-le-Main/New York, Campus Verlag, p. 84-110.

Fischer, Claude S., Hout, Michael, Jankowski, Martin S., Lucas, Samuel Roundfield, et Voss, Kim (éd.), 1996, *Inequality by Design : Cracking the Bell Curve Myth*, Princeton, Princeton University Press.

Fischer, Eugen, 1913, *Die Rehobother Bastards und das Bastardierungsproblem beim Menschen : anthropologische und ethnographiesche Studien am Rehobother Bastardvolk in Deutsch-Südwest-Afrika*, Jena, G. Fischer.

Flannery, Ken, et Joyce, Marcus, 2012, *The Creation of Inequality : How Our Prehistoric Ancestors Set the Stage for Monarchy, Slavery, and Empire*, Cambridge, Harvard University Press.

Fodor, István, et Hagège, Claude (éd.), 1983, *Language Reform : History and Future = La réforme des langues : histoire et avenir = Sprachreform : Geschichte und Zukunft*, Hambourg, John Benjamins.

Fokkens, Harry, et Nicolis, Franco (éd.), 2012, *Background to Beakers : Inquiries into the Regional Cultural Background to the Bell Beaker Complex*, Leyde, Sidestone Press.

Foley, William A., 1986, *The Papuan Languages of New Guinea*, Cambridge, Cambridge University Press.

Forrer, Emil, 1921, « Ausbeute aus den Boghazköi-Inschriften », *Mitteilungen der deutschen Orient-Gesellschaft zu Berlin*, 61, p. 20-39.

Forsén, Jeannette, 1992, *The Twilight of the Early Helladics : A Study of the Disturbances in East-central and southern Greece towards the end of the Early Bronze Age*, Jonsered, Paul Astroms Forlag, SIMAPB, 116.

Fortson, Benjamin W., 2009, *Indo-European Language and Culture : An Introduction*, Malden (MA), Blackwell.

Fracchiolla, Béatrice (éd.), mai 2006, « L'origine du langage et des langues », *Marges linguistiques – Revue électronique en sciences du langage*, http://www.revue-texto.net/Parutions/Marges/00_ml112006.pdf.

Fraisse, Geneviève, 1983, « Clémence Royer (1830-1902), lecture de Darwin et regard féministe », *Raison présente*, 67, p. 87-101.

Francfort, Henri-Paul, 1989, *Fouilles de Shortugaï. Recherches sur l'Asie centrale protohistorique*, Paris, De Boccard, 2 vol.

–, 1999, « Compte-rendu de : V. H. Mair (dir.): The Bronze Age and Early

Iron Age Peoples of Eastern Central Asia », *Bulletin de l'École française d'Extrême-Orient*, 86, p. 449-458.

–, 2005, « La civilisation de l'Oxus et les Indo-Iraniens et Indo-Aryens en Asie centrale », *in* Henri-Paul Francfort, Gérard Fussman, Jean Kellens et Xavier Tremblay, *Aryens et Iraniens en Asie centrale*, Paris, Collège de France, Publications de l'Institut de civilisation indienne, fasc. 72, p. 253-328.

Francis, E. D., 1992, « The Impact of Non-Indo-European Languages on Greek and Mycenian », *in* Edgar C. Polomé et Werner Winter (éd.), *Reconstructing Languages and Cultures*, Berlin, Mouton de Gruyter, p. 469-506.

François, Stéphane, 2006, *La Musique europaïenne. Ethnographie politique d'une subculture de droite*, Paris, L'Harmattan.

–, 2007, *Le Néo-Paganisme : une vision du monde en plein essor*, Apremont, MCOR-Table d'émeraude.

–, 2008, *Les Néo-Paganismes et la Nouvelle Droite*, Milan-Paris, Archè.

Freu, Jacques, 1989, « L'arrivée des Indo-Européens en Europe », *Bulletin de l'Association Guillaume Budé*, 1, p. 3-41.

Friedrich, Paul, 1970, « Proto-Indo-European Trees », *in* George Cardona, Henry M. Hoenigswald et Alfred Senn, *Indo-European and Indo-Europeans*, Philadelphie, University of Pennsylvania Press, p. 11-34.

Furholt, Martin, 2003, *Die absolutchronologische Datierung der Schnurkeramik in Mitteleuropa und Südskandinavien*, Bonn, Rudolf Habelt.

Fussman, Gérard, 1998, « Compte-rendu de : Bernard Sergent, Genèse de l'Inde, 1997 », *Bulletin de l'École française d'Extrême-Orient*, 85, p. 476-485.

–, 2003, « Entre fantasmes, science et politique : l'entrée des Āryas en Inde », *Annales, Histoire, Sciences sociales*, 58e année, 4, p. 781-813 (réimprimé *in* Fussman *et al.*, 2005, p. 197-232).

–, Kellens, Jean, Francfort, Henri-Paul, et Tremblay, Xavier, 2005, *Āryas, Aryens et Iraniens en Asie centrale*, Paris, Collège de France.

Galton, S. Francis, 1865, « Hereditary Talent and Character », *Macmillan's Magazine*, 12, 68, p. 157-165 et 345-349.

–, 1869, *Hereditary Genius*, Londres, MacMillan (nouvelle éd. 1892).

–, 1883, *Inquiries into Human Faculty and its Development*, Londres, MacMillan.

–, 1907, *Inquiries into Human Faculty and Its Development*, Londres, Dent (nouvelle édition).

Gamkrelidze, Tamaz V., 1992, « Comparative Reconstruction and Typological Verification : The Case of Indo-European », *in* Edgar C. Polomé et Werner Winter (éd.), *Reconstructing Languages and Cultures*, Berlin-New York, Mouton de Gruytertp. 63-71.

–, 1994, « PIE "Horse" and "Cart" in the Light of the Hypothesis of Asiatic homeland of the Indo-Europeans : Indo-European – Caucasian aspects », *in* Bernhardt Hänsel et Stefan Zimmer (éd.), *Die Indogermanen und das Pferd, Festschrift B. Schlerath*, Budapest, Archaeolingua, p. 37-42.

–, et Ivanov, Vjačeslav Vsevolodovič, 1973, « Sprachtypologie und die Rekonstruktion der gemeinindogermanischen Verschlüsse. Vorläufiger Bericht », *Phonetica*, 27, p. 150-156.

–, et Ivanov, Vjačeslav Vsevolodovič, 1984, *Indoevropejskij jazik i Indoevropejcy. Rekonstrukcija i istoriko-tipologičeskij analiz prajazyka i protokul'tury*, Tbilissi, Éditions de l'Université d'État, 2 vol.

Garcia, Daniel, 2014, *Coupole et Dépendances. Enquête sur l'Académie française*, Paris, Éditions du Moment.

García Quintela, Marco V., 2001, *Dumézil. Une introduction suivie de l'affaire Dumézil*, Crozon, Éditions Armeline.

Gasman, Daniel, 1971, *The Scientific Origins of National Socialism*, Londres, MacDonald.

Gasparov, Boris, 1987, « The Ideological Principles of Prague School Phonology », *in* Elzbieta Chodakowska, Hugh Mclean, Brent Vine et Krystyna Pomorska (éd.), *Language, Poetry and Poetics. The Generation of the 1890s : Jakobson, Trubetzkoy, Majakovskij. Proceedings of the First Roman Jakobson Colloquium*, Berlin, Mouton de Gruyter, p. 49-78.

Geiger, Lazarus, 1871, « Über die Ursitze der Indogermanen », in *Zur Entwicklungsgeschichte der Menschheit*, Stuttgart, Cotta (2e éd. 1878).

Gellner, Ernest (éd.), 1980, *Soviet and Western Anthropology*, Londres, Duckworth.

–, 1983, *Nations and Nationalism*, Ithaca, Blackwell (trad. française : *Nations et Nationalismes*, Paris, Payot, 1994).

Gentile, Emilio, 2013, *Pour ou contre César ? Les religions chrétiennes face aux totalitarismes*, Paris, Aubier (éd. italienne originale : *Contro Cesare. Cristianesimo e totalitarismo nell'epoca dei fascismi*, Milan, Feltrinelli, 2010).

Georgiev, Vladimir Ivanov, 1961, *La Toponymie ancienne de la péninsule Balkanique et la Thèse méditerranéenne*, Sofia, Académie bulgare des sciences.

–, 1973, « Raetisch oder Nordetruskisch », *Orbis*, 22, p. 232-247.

Gérard, René, 1963, *L'Orient et la Pensée romantique allemande*, Nancy, Imprimerie G. Thomas.

Germinario, Francesco, 2002, *La destra degli dei : Alain de Benoist e la cultura politica della Nouvelle Droite*, Turin, Bollati Boringhieri.

Gessinger, Joachim, 1992, « Les traditions nationales, Allemagne », *in* Sylvain Auroux (éd.), *Histoire des idées linguistiques*, t. II : *Le Développement de la grammaire occidentale*, Sylvain Auroux (éd.), Liège, Mardaga, p. 387-405.

Ghesquière, Emmanuel, et Marchand, Gregor, 2010, *Le Mésolithique en France*, Paris, La Découverte.

Giannopoulos, Theodoros G., 2012, « *Pothen kai pote oi Ellines* » [« The Greeks : Whence and When ? » The Mainstream Scientific Responses and the Present State of Research on the First Beginning of the Greek Civilisation], Héraklion, Crete University Press.

Giles, Peter, 1922, « The Aryans », *in* Edward James Rapson (éd.), *Cambridge History of India*, vol. 1, New York, MacMillan, p. 58-68.

Gillett, Andrew (éd.), 2002, *On Barbarian Identity : Critical Approaches to Ethnicity in the Early Middle Ages*, Turnhout, Brepols.

Gimbutas, Marija, 1946, *Die Bestattung in Litauen in der vorgeschichtlichen Zeit*, Inaugural-Dissertation zur Erlangung des Doktorgrades einer Hohen Philosophischen Fakultät der Eberhard-Karls, Universität zu Tübingen, Tübingen.

–, 1952, « On the Origin of the North-Indo-Europeans », *American Anthropologist*, 54, p. 601-602.

–, 1956, *The Prehistory of Eastern Europe*, t. I : *Mesolithic, Neolithic and Copper Age Cultures in Russia and the Baltic Area*, Harvard, Peabody Museum, American School of Prehistoric Research, nº 20.

–, 1960, « Culture Change in Europe at the Start of the Second Millenium BC, A Contribution to the Indo-European Problem », in *Men and Cultures. Selected Papers of the Fifth International Congress of Anthropological and Ethnological Sciences, Philadelphia*, Philadelphie, University of Pennsylvania Press, p. 540-552.

–, 1961, « Notes on the Chronology and Expansion of the Pit-Grave Culture », in *L'Europe à la fin de l'âge de la pierre. Actes du Symposium consacré aux problèmes du néolithique européen*, Prague, Éditions de l'Académie techécoslovaque des sciences, p. 193-200.

–, 1963a, *The Balts*, New York-Londres, Thames & Hudson.

–, 1963b, « The Indo-European : Archaeological Problems », *American Anthropologist*, 65, p. 815-836.

–, 1965a, *Bronze Age Cultures in Central and Eastern Europe*, La Haye-Londres, Walter De Gruyter.

–, 1965b, « The Relative Chronology of Neolithic and Chalcolithic Cultures in Eastern Eeurope North of the Balkan Peninsula and the Black Sea », *in* Robert W. Ehrich (éd.), *Chronologies in Old World Archaeology*, Chicago, Chicago University Press, 2e éd., p. 459-502.

–, 1970, « Proto-Indo-European Culture, The Kurgan Culture during the Fifth, Fourth, and Third Millennia BC », *in* George Cardona, Henry M. Hoenigswald et Alfred Senn (éd.), *Indo-European and Indo-Europeans*, Philadelphie, University of Pennsylvania Press, p. 155-197.

–, 1971, *The Slavs*, Londres, Thames & Hudson.

–, 1973, « Old Europe C. 7000-3500 BC, The Earliest European Civilization before the Infiltration of the Indo-European Peoples », *Journal of Indo-European Studies*, 1, 1, p. 1-20.

–, 1974, *The Gods and Goddesses of Old Europe : 7000-3500 BC : Myths, Legends and Cult Images*, Berkeley, University of California Press.

–, 1977, « The First Wave of European Steppe Pastoralists into Copper Age Europe », *Journal of Indo-European Studies*, 5, p. 277-338.

–, 1985, « Primary and Secondary Homeland of the IE. Comments on Gamkrelidze-Ivanov Articles », *Journal of Indo-European Studies*, 13, 1-2, p. 185-202.

–, 1989, *The Language of the Goddess*, San Francisco, HarperCollins (trad. française : *Le Langage de la déesse*, Paris, Des femmes Antoinette Fouque, 2005).

–, 1990, « The Collision of Two Ideologies », *in* Thomas Markey et John A. C. Greppin (éd.), *When Words Collide : The Indo-Europeans and the Pre-Indo-Europeans*, Ann Arbor, Karoma Publishers, p. 171-178.

–, 1997, *The Kurgan Culture and the Indo-Europeanization of Europe : Selected Articles Form 1952 to 1993*, *Journal of Indo-European Studies*, Monograph Series, 18, Washington, Institute for the Study of Man.

Ginzburg, Carlo, 1985, « Mythologie germanique et nazisme. Sur un livre ancien de Georges Dumézil », *Annales. Économies, Sociétés, Civilisations*, 40, 4, p. 695-715.

–, 1992, *Le Sabbat des sorcières*, Paris, Gallimard.

Giordan, Henri (éd.), 1992, *Les Minorités en Europe. Droits linguistiques et droits de l'homme*, Paris, Éditions Kimé.

Gobineau, Arthur de, 1853, *Essai sur l'inégalité des races humaines*, Paris, Firmin-Didot.

Goodman, Mooris, 1971, « The strange case of Mbugu », *in* Dell H. Hymes (éd.), *Pidginization and Creolization of Languages*, Cambridge, Cambridge University Press, p. 243-254.

Goodrick-Clarke, Nicholas, 1989, *Les Racines occultistes du nazisme. Les Aryosophistes en Autriche et en Allemagne, 1890-1935*, Puiseaux, Pardès, (*The Occult Roots of Nazism : Secret Aryan Cults and Their Influence on Nazi Ideology : The Ariosophists of Austria and Germany, 1890-1935*, Londres, Aquarian Press, 1985).

Goody, Jack, 1959, « Indo-European Society », *Past and Present*, 16, p. 88-92.

Gosselain, Olivier Pierre, 2011, « Pourquoi le décorer ? Quelques observations sur le décor céramique en Afrique », *Azania : Archaeological Research in Africa*, 46, 1, p. 3-19.

–, 2012, « D'une histoire à l'autre. Retour sur une théorie des liens entre langues et techniques en Afrique », *in* Nathan Schlanger et Anne-Christine Taylor (éd.), *La Préhistoire des autres. Perspectives archéologiques et anthropologiques*, Paris, La Découverte, p. 83-98.

Gossett, Thomas F., 1963, *Race : The History of an Idea in America*, Dallas, Southern Methodist University Press.

Gossiaux, Jean-François, 1997, « Ethnie, ethnologie, ethnicité », *Ethnologie française*, XXVII, 3, p. 329-333.

Gould, Stephen Jay, 1981, *The Mismeasure of Man*, Harmondsworth, Penguin Books (trad. française : *La Mal-Mesure de l'homme*, Paris, Ramsay, 1983).

Goury, Georges, 1931, *L'Homme des cités lacustres*, Paris, Picard, 2 vol.

Govedarica, Blagoje, 2004, *Zepterträger – Herrscher der Steppen : die frühen Ockergräber des älteren Äneolithikums im karpatenbalkanischen Gebiet und im Steppenraum Südost- und Osteuropas*, Mayence, Von Zabern.

Graebner, Fritz Robert, 1911, *Methode der Ethnologie*, Heidelberg, C. Winter, Kulturgeschichtliche Bibliothek.

Gran-Aymerich, Ève, 1998, *Naissance de l'archéologie moderne, 1798-1945*, Paris, CNRS Éditions.

Gray, Russell D., et Atkinson, Quentin D., 2003, « Language-Tree Divergence Times Support the Anatolian Theory of Indo-European Origin », *Nature*, 426 (27 novembre 2003), p. 435-439.

Green, Sally, 1981, *Prehistorian : A Biography of V. Gordon Childe*, Bradford-on-Avon, Moonraker Press.

Greenberg, Joseph, 1987, *Language in the Americas*, Stanford, Stanford University Press.

Greenberger, Allen Jay, 1969, *The British Image of India : A Study in the Literature of Imperialism, 1880-1960*, Londres, Oxford University Press.

Greene, John C., 1961, *The Death of Adam : Evolution and Its Impact on Western Thought*, New York, Mentor (2e édition Iowa State Press, 1996).

Grimm, Jacob, 1848, *Geschichte der deutschen Sprache*, Leipzig, Weidmann.

Grisward, Joël H., 1981, *Archéologie de l'épopée médiévale. Structures trifonctionnelles et mythes indo-européens dans le cycle des Narbonnais*, Paris, Payot.

Groenen, Marc, 1994, *Pour une histoire de la préhistoire. Le paléolithique*, Grenoble, Jérôme Milloon.

Grolier, Éric de (éd.), 1983, *Glossogenetics : The Origin and Evolution of Language : Proceedings of the 1st International Transdisciplinary Symposium on Glossogenetics*, Londres, Harwood Academic Publishers.

Grottanelli, Cristiano, 1993, *Ideologia miti massacri. Indoeuropei di Georges Dumézil*, Palerme, Sellerio Editore.

Grünert, Heinz, 2002, *Gustaf Kossinna (1858-1931). Vom Germanisten zum Prähistoriker. Ein Wissenschaftler im Kaiserreich und in der Weimarer Republik*, Rahden/Westf., Marie Leidorf, Vorgeschichtliche Forschungen, vol. 22.

Guibert de, Michel, et Souchon, Georges, 1974, *« Morituri » : ceux qui doivent mourir : la délivrance par la mort, l'humanisme biologique et le « racisme scientifique »*, La Celle-Saint-Cloud, Éditions du Groupe d'action et de recherche pour l'avenir de l'homme (GARAH).

Guignes, Joseph de, 1777, « Réflexions sur un libre indien appelé *Bagavadam*, un des dix-huit *Pouranas* ou livres sacrés des Indiens », in *Mémoires de littérature tirés des registres de l'Académie royale des inscriptions et belles-lettres*, XXXVIII, p. 312-336.

Guilaine, Jean (éd.), 2007, *Le Chalcolithique et la Construction des inégalités*, t. I, *Le Continent européen*, Arles, Errance.

–, et Jean Zammit, 2001, *Le Sentier de la guerre. Visages de la violence préhistorique*, Paris, Seuil.

Guiral Pierre, et Temime, Émile (éd.), 1977, *L'Idée de race dans la pensée politique française contemporaine*, Paris, CNRS Éditions.

Gumperz, John J., et Wilson, Robert, 1971, « Convergence and Creolization. A Case from the Indo-Aryan/Dravidian Border in India », *in* Dell H. Hymes (éd.), *Pidginization and Creolization of Languages*, Cambridge, Cambridge University Press, p. 151-167.

Güntert, Hermann, 1934, *Der Ursprung der Germanen*, Heidelberg, Kultur und Sprache IX.

Günther, Hans Friedrich Karl, 1933, *Rassenkunde des deutschen Volkes*, Munich, J. F. Lehmann (16e édition).

–, 1934, *Die nordische Rasse bei den Indogermanen Asiens. Zugleich ein Beitrag zur Frage nach der Urheimat und Rassenherkunft des Indogermanen*, Munich, J. F. Lehmann.

Haarmann, Harald, 1994, « Contact Linguistics, Archaeology and Ethnogenetics : An Interdisciplinary Approach to the Indo-European Homeland Problem », *Journal of Indo-European Studies*, 22, 3-4, p. 265-288.

Hachmann, Rolf, 1970, *Die Goten und Skandinavien*, Berlin, De Gruyter.

Haddon, Alfred C., 1925, *The Races of Man and their Distribution*, New York, MacMillan & Co (1re éd. Milner & Company, Londres, 1909 ; trad. française : A. Van Gennep, *Les Races humaines et leur répartition géographique*, Paris, Félix Alcan, 1930).

Haider, Hubert, 1985, « The Fallacy of Typology, Remarks on the Proto-Indo-European Stop System », *Lingua* 65, p. 1-27.

Hale, Christopher, 2005, *Himmler's Crusade. The Nazi Expedition to Find the Origins of the Aryan Race*, Hoboken (NJ), John Wiley & Sons.

Haley, Joseph Boyd, et Blegen, Carl William, 1928, « The Coming of the Greeks », *American Journal of Archaeology*, 32, p. 141-154.

Hall, Robert Anderson, 1949, « The Linguistic Position of Franco-Provençal », *Language* 25, p. 1-14.

Halle, Uta, 2002, *« Die Externsteine sind bis auf weiteres germanisch ! » Prähistorische Archäologie im Dritten Reich*, Bielefeld, Verlag für Regionalgeschichte.

Hamp, Eric P., 1990, « The Indo-European Horse », *in* Thomas Markey et John A. C. Greppin (éd.), *When Words Collide : The Indo-Europeans and the Pre-Indo-Europeans*, Ann Arbor, Karoma Publishers, p. 211-225.

Hancock, Ian, 1971, « A Survey of the Pidgins and Creoles of the World », *in* Dell H. Hymes (éd.), *Pidginization and Creolization of Languages*, Cambridge, Cambridge University Press, p. 509-523.

Hänsel, Bernhardt, et Zimmer, Stefan (éd.), 1994, *Die Indogermanen und das Pferd, Festschrift B. Schlerath*, Budapest, Archaeolingua.

Harvey, Joy, 1983, *Races Specified, Evolution Transformed : The Social Context of Scientific Debates Originating in the Société d'anthropologie de Paris, 1859-1902*, Ph. D., Harvard University, Cambridge Press.

–, 1984, « L'évolution transformée : positivistes et matérialistes dans la Société d'anthropologie de Paris du Second Empire à la IIIe République », *in* Britta Rupp-Eisenreich (éd.), *Histoires de l'anthropologie (XVIe-XIXe siècle)*, Paris, Klincksieck, p. 387-410.

Hassmann, Henning, 2000, « Archaeology in the "Third Reich" », *in* Heinrich Härke (éd.), *Archaeology, Ideology and Society. The German Experience*, Francfort, Peter Lang, p. 65-139.

Haudricourt, André-Georges, 1972, *Problèmes de phonologie diachronique*, Paris, SELAF.

Haudry, Jean, 1979, *L'Indo-Européen*, Paris, PUF, coll. « Que sais-je ? ».

–, 1981, *Les Indo-Européens*, Paris, PUF, coll. « Que sais-je ? ».

–, 1987, *La Religion cosmique des Indo-Européens*, Milan-Paris, Archè-Les Belles Lettres.

–, 1997, « L'habitat originel des Indo-Européens au regard de la linguistique ; les Indo-Européens et le Grand Nord ; Chronologie de la tradition indo-européenne ; Indo-européen et "mentalité indo-européenne" », *Nouvelle École*, 49, p. 109-142.

–, 2010, *Les Indo-Européens*, Forcalquier, Éditions de la Forêt (rééd. augmentée de l'ouvrage de 1981).

Häusler, Alexander, 1994, « Archäologische Zeugnisse für Pferd und Wagen in Ost- und Mitteleuropa », *in* Bernhardt Hänsel et Stefan Zimmer (éd.), *Die Indogermanen und das Pferd, Festschrift B. Schlerath*, Budapest, Archaeolingua, p. 217-258.

–, 1998, « Zum Ursprung der Indogermanen. Archäologische, anthropologische und sprachwissenschaftliche Gesichtspunkte », *Ethnographisch-Archäologische Zeitschrift*, 39, p. 1-46.

–, 2002a, « Ursprung und Ausbreitung der Indogermanen. Alternative Erklärungsmodelle », *Indogermanische Forschungen*, 107, p. 47-75.

–, 2002b, *Nomaden, Indogermanen, Invasionen. Zur Entstehung eines Mythos*, Halle-Wittenberg, Orientwissenschaftliches Zentrum der Martin-Luther-Universität, Orientwissenschaftliche Hefte, 5.

Hearnshaw, Leslie Spenser, 1979, *Cyril Burt, Psychologist*, Londres, Hodder & Stoughton.

Heggarty, Paul, 2000, « Quantifying Change over Time in Phonetics », *in* Colin Renfrew, April McMahon et Larry R. Trask (éd.), *Time-Depth in Historical Linguistics*, Cambridge, McDonald Institute for Archaeological Research, p. 531-562.

–, 2006, « Interdiscipline Indiscipline », *in* Peter Forster et Colin Renfrew (éd.), *Phylogenetic Methods and the Prehistory of Languages*, Cambridge, McDonald Institute for Archaeological Research (McDonald Institute Monographs), p. 183-194.

–, Maguire, Warren, et McMahon, April, 2010, « Splits or Waves ? Trees or Webs ? How Divergence Measures and Network Analysis Can Unravel Language Histories », *Philosophical Transactions of the Royal Society (Biological Sciences)*, 365, 1559, p. 3829-3843.

Hehn, Victor, 1870, *Kulturpflanzen und Haustiere in ihrem Übergang aus Asien nach Griechenland und Italien sowie in das übrige Europa : historisch-linguistische Skizzen*, Berlin, Borntraeger.

–, 1873, *Das Salz : Eine kulturhistorische Studie*, Berlin, Borntraeger.

Hemmerdinger, Bertrand, 1971, « La théorie irano-germanique de Juste Lipse (1598) », *Indogermanische Forschungen* 76, p. 20-21.

Hemphill, B. E., Christensen, A. F., et Mustafakulov, S. I., 1997, « Trade or Travel : An Assessment of Interpopulational Dynamics Among Bronze Age Indo-Iranian Populations », *in* Bridget Allchin et Raymond Allchin (éd.), *South Asian Archaeology 1995*, New Delhi, Oxford-IBH Publishing, vol. 2, p. 855-871.

Henry, Clarissa, et Hillel, Marc, 1975, *Children of the SS*, Londres, Hutchinson.

Hermann, Joachim, 1981, « Heinrich Schliemann and Rudolf Virchow », *in* Glyn Edmund Daniel (éd.), *Towards a History of Archaeology*, Londres, Thames & Hudson, p. 127-132.

Herrnstein, Richard J., et Murray, Charles A., 1994, *The Bell Curve : Intelligence and Class Structure in American Life*, New York, Free Press.

Hester, David A., 1965, « "Pelasgian" – a New Indo-European Language ? », *Lingua*, 13, p. 335-384.

Hiebert, Fredrik Talmage, 1994, *Origins of the Bronze Age Civilization in Central Asia*, Cambridge, Peabody Museum, American School of Prehistoric Research, 42.

–, et Mair, Victor H., 1998, « Central Asia and the Iranian Plateau : A Model for Indo-European Expansionism », *in* Victor Mair (éd.), *The Bronze Age and Early Iron Age Peoples of Eastern Asia*, Washington, The Institute for the Study of Man, p. 148-161.

Hirt, Hermann, 1892, « Die Urheimat der Indogermanen », *Indogermanische Forschungen*, I, p. 464-485 (republié *in* Anton Scherer [éd.], *Die Urheimat der Indogermanen*, Darmstadt, Wissenschaftliche Buchgesellschaft, 1968, p. 1-24).

–, 1905-1907, *Die Indogermanen ; ihre Verbreitung, ihre Urheimat und ihre Kultur*, Strasbourg, K. J. Trübner, 2 vol.

Hitler, Adolf, 1925-1926, *Mein Kampf*, Munich, Franz Eher Nachfolger, 2 vol. (rééd. Zentralverlag der NSDAP, Munich, Franz Verlag Nachfolger, 1940).

Hjelmslev, Louis, 1951, *Commentaires sur la vie et l'œuvre de Rasmus Rask*, Paris, Institut de linguistique de l'université de Paris-X, vol. 10, p. 143-157 (reproduit in *Essais linguistiques*, Copenhague, Nordisk Sprogog Kulturforlag, 1973, II, p. 3-16).

Hobsbawm, Eric, 1990, *Nations and Nationalism since 1780 : Programme, Myth, Reality*, Cambridge, Cambridge University Press (trad. française : *Nations et Nationalismes depuis 1780. Programme, mythe et réalité*, Paris, Gallimard, 1992).

–, et Ranger, Terence (éd.), 1983, *The Invention of Tradition*, Cambridge, Cambridge University Press (trad. française : *L'Invention de la tradition*, Paris, Éditions Amsterdam, 2006).

Hodge, Carleton Taylor, 1981, « Indo-Europeans in the Near East », *Anthropological Linguistics*, 23, p. 227-244.

Hoernes, Moritz, et Menghin, Oswald, 1925, *Urgeschichte der bildenden Kunst in Europa von den Anfängen bis um 500 vor Christi*, Vienne, A. Schroll & Co., 3e éd.

Holm, Hans J., 2008, « The Distribution of Data in Word Lists and its Impact on the Subgrouping of Languages », *in* Christine Preisach, Hans Burkhardt, Lars Schmidt-Thieme et Reinhold Decker (éd.), *Data Analysis, Machine Learning, and Applications*, Heidelberg-Berlin, Springer-Verlag, p. 629-636.

Hombert, Jean-Marie (éd.), 2005, *Aux origines des langues et du langage*, Fayard, Paris.

Hommel, Fritz, 1879, *Die Namen der Säugethiere bei den südsemitischen Völkern als Beiträge zur arabischen und äthiopischen Lexicographie, zur semitischen Kulturforschung und Sprachvergleichung und zur Geschichte der Mittelmeerfauna*, Leipzig, J. C. Hinrichs.

Hopper, Paul J., 1973, « Glottalized and Murmured Occlusives in Indo-European », *Glossa*, 7, p. 141-166.

Hovelacque, Abel, 1873, *Langues, Races, Nationalités*, Paris, Ernest Leroux.

–, 1878, « L'œuvre linguistique de Chavée », *Bulletin de linguistique et de philologie comparée*, XI, 2, p. 105-118.

Humboldt, Wilhelm von, 1974, *Introduction à l'œuvre sur le kavi et autres essais*, trad. Pierre Caussat, Paris, Seuil (*Über die Verschiedenheit des menschlichen Sprachbaus und seinen Einfluss auf die geistige Entwicklung des Menschengeschlechts*, Berlin, Königliche Akademie des Wissenschaften, in Commission bei Dämmler, 1836).

–, 2000, *Sur le caractère national des langues*, Paris, Seuil.

Hurel, Arnaud, 2007, *La France préhistorienne de 1789 à 1941*, Paris, CNRS Éditions.

–, et Coye, Noël, 2011, *Dans l'épaisseur du temps : Archéologues et géologues inventent la préhistoire*, Paris, Muséum national d'histoire naturelle.

Hüttel, Hans-Georg, 1994, « Zur archäologischen Evidenz der Pferdenutzung in der Kupfer- und Bronzezeit », *in* Bernhardt Hänsel et Stefan Zimmer (éd.), *Die Indogermanen und das Pferd, Festschrift B. Schlerath*, Budapest, Archaeolingua, p. 197-216.

Huxley, Julian, Haddon, Alfred C., et Carr-Saunders, A. M., 1935, *We Europeans : A Survey of « Racial » Problems*, Londres, Jonathan Cape.

Hymes, Dell H., 1960, « Lexicostatistics So Far », *Current Anthropology*, 1 (1), p. 3-44.

– (éd.), 1971, *Pidginization and Creolization of Languages*, Cambridge, Cambridge University Press.

Idel, Moshe, 2014, *Mircea Eliade from Magic to Myth*, New York, Peter Lang.

Illič-Svityč, Vladislav Markovich, 1971-1984, *Opyt sravnenija nostraticeskih jazykov (semitoxamitskij, kartvel'skij, indoevropejskij, ural'skij, dravidijskij, altajskij). Sravnitel'nyj slovar'*, Moscou, Nauka, 3 vol.

Jackson, Kenneth Hurlstone, 1955, « The Pictish Language », *in* Frederick Threlfall Wainwright (éd.), *The Problem of the Picts*, Édimbourg, Nelson, p. 129-166.

Jakobson, Roman, 1938, « Sur la théorie des affinités phonologiques entre les langues », in *Actes du quatrième Congrès international de linguistes tenu à Copenhague du 27 août au 1er septembre 1936*, p. 48-58, Copenhague, Einar Munksgaard (republié avec modifications *in* Nikolaï Troubetzkoy, *Principes de phonologie*, Paris, Klincksieck, 1949, p. 351-365).

–, 1952, *Studies in Comparative Slavic Metrics*, Oxford, Oxford Slavonic Papers, 3.

–, 1958, « Typological Studies and their Contribution to Historical comparative Linguistics », Eva Sivertsen (éd.), in *Proceedings of the Eighth International Congress of Linguists*, Oslo, Oslo University Press, p. 17-35.

Jardin, André, 1977, « Alexis de Tocqueville, Gustave de Beaumont et le problème de l'inégalité des races », *in* Pierre Guiral et Émile Temime (éd.), *L'Idée de race dans la pensée politique française contemporaine*, Paris, CNRS Éditions, p. 200-219.

Jarrige, Jean-François, 1973, « La fin de la civilisation harappéenne », *Paléorient*, 1, 2, p. 263-287.

–, 1988, *Les Cités oubliées de l'Indus : archéologie du Pakistan : [exposition]*,

Musée national des arts asiatiques-Guimet, novembre 1988-janvier 1989, Paris, Association française d'action artistique.

–, 1995, « Du néolithique à la civilisation de l'Inde ancienne : contribution des recherches archéologiques dans le nord-ouest du sous-continent indo-pakistanais », *Arts asiatiques*, 50, 1, p. 5-30.

Joachimsen, Paul Fritz, 1951, *Die Reformation als Epoche der deutschen Geschichte*, Munich, R. Oldenburg.

Jochnowitz, George, 1973, *Dialect Boundaries and the Question of Franco-Provençal*, La Haye, Mouton.

Johnson, Mats, 1999, « Chronology of Greece and South-East Europe in the Final Neolithic and Early Bronze Age », *Proceedings of the Prehistoric Society*, 65, p. 319-336.

Jones, Siân, 1997, *The Archaeology of Ethnicity : Constructing Identities in the Past and Present*, Londres, Routledge.

Jones, Sir William, 1799, *The Works of Sir William Jones in Six Volumes*, Londres, Robinson and Evans, vol. 1.

–, 1807a, « The Third Anniversary Discourse : On the Hindus », *in* Lord Teignmouth (éd.), *The Works of Sir William Jones, with the Life of the Author*, Londres, John Stockdale, vol. 13.

–, 1807b, « The Ninth Anniversary Discourse : On the Origin and Families of Nations », *in* Lord Teignmouth (éd.), *The Works of Sir William Jones, with the Life of the Author*, Londres, John Stockdale, vol. 3, p. 185-204.

Jordan, Peter, et Zvelebil, Marek, 2011, *Ceramics before Farming : The Dispersal of Pottery among Prehistoric Eurasian Hunter-Gatherers*, Walnut Creek, Left Coast Press Inc.

Joseph, Brian D., 1983, *The Synchrony and Diachrony of the Balkan Infinitive : A Study in Areal, General, and Historical Linguistics*, Cambridge, Cambridge University Press.

Jouanna, Arlette, 1976, *L'Idée de race en France au XVI*[e] *siècle et au début du XVII*[e] *siècle (1498-1614)*, Lille, Atelier de reproduction des thèses (diffusion Champion), 3 vol.

Jouty, Sylvain, 1991, « À la recherche du paradis terrestre », *L'Histoire*, 149, p. 90-97.

Jucquois, Guy, et Vielle, Christophe, 1997, « Illusion, limites et perspectives du comparatisme indo-européen. Pour en finir avec le mythe scientifique des proto-langues/-peuples », in *Festschrift for Eric P. Hamp*, vol. 1, Washington, *Journal of Indo-European Studies*, Monograph, 23, p. 162-184.

Junginger, Horst (éd.), 2008, *The Study of Religion under the Impact of Fascism*, Leyde, Brill.

Justi, Ferdinand, 1862, « Über die Urzeit der Indogermanen », *in* Friedrich von Raumer (éd.), *Historisches Taschenbuch*, Leipzig, F. A. Brockhaus, p. 301-342.

Justus, Carol F., 1992, « The impact of non-Indo-European languages on Anatolian », in *Reconstructing Languages and Cultures*, Edgar C. Polomé et Werner Winter (éd.), Berlin-New York, Mouton de Gruyter, p. 443-467.

Kaiser, Elke, 2011, « Wurde das Rad zweimal erfunden ? Zu den frühen Wagen in der eurasischen Steppe », *Prähistorische Zeitschrift*, 85, 2, p. 137-157.

Kaiser, Mark, et Shevoroshkin, Vitaly Victorovich, 1988, « Nostratic », *Annual Review of Anthropology*, 17, 1, p. 309-329.

Kater, Michael H., 1974, *Das « Ahnenerbe » der SS 1935-1945 : ein Beitrag zur Kulturpolitik des Dritten Reiches*, Stuttgart, DVA.

Katz, Dovid (éd.), 1987, *Origins of the Yiddish Language : Papers from the First Annual Oxford Winter Symposium in Yiddish Language and Literature*, Oxford, Pergamon Press.

Kaul, Flemming, 1998, *Ships on Bronzes : A Study in Bronze Age Religion and Iconography*, Copenhague, Publications from the National Museum Studies in Archaeology and History, vol. 3, 1-2.

Kaul, Friedrich Karl, 1968, « Das "Ahnenerbe" und die "jüdische Schädelsammlung" an der ehemaligen "Reichsuniversität Strassburg" », *Zeitschrift für Geschichtswissenschaft*, 11, p. 1460-1474.

Kaupen-Haas, Heidrun, et Saller, Christian (éd.), 1999, *Wissenschaftlicher Rassismus : Analysen einer Kontinuität in den Human- und Naturwissenschaften*, Francfort-sur-le-Main/New York, Campus Verlag.

Kazanas, Nicholas, 2009, « Indo-European Linguistics and Indo-Aryan Indigenism », *in* Angela Marcantonio (éd.), *The Indo-European Language Family : Questions about Its Status*, Washington, Institute for the Study of Man, 9 : p. 1-60.

Kellens, Jean, 2005, « Les Airiia- ne sont plus des Aryas : ce sont déjà des Iraniens », *in* Jean Kellens, Henri-Paul Francfort, Gérard Fussman et Xavier Tremblay, *Aryens et Iraniens en Asie centrale*, Paris, Collège de France, Publications de l'Institut de civilisation indienne, 72, p. 233-252.

Keyser, C., Bouakaze, C., Crubézy, E., Nikolaev, V. G., Montagnon, D., Reis, T., et Ludes, B., 2009, « Ancient DNA Provides New Insights Into the History of South Siberian Kurgan People », *Human Genetics*, 126 (3), p. 395-410.

Khomjakov, Aleksěj Stepanovič, et Hilferding, Alexander Fedorovič, 1873, *Zapiski o vsemirnoj istorii*, Moscou, Tipografija Lebedeva, t. II.

King, Robert D., 1992, « Migration and linguistics as illustrated by Yiddish », *in* Edgar C. Polomé et Werner Winter (éd.), *Reconstructing Languages and Cultures*, Berlin, Mouton de Gruyter, p. 419-438.

Kivikoski, Ella, 1954, « A. M. Tallgren », *Eurasia Septentrionalis Antiqua*, Supplementary volume, p. 77-121.

Klaproth, Julius von, 1830, « Réponse à quelques passages de la préface du roman chinois intitulé "Hao khieou tchouan" », *Journal asiatique*, IV, p. 99-122.

Klee, Ernst, 2005, *Das Personenlexikon zum Dritten Reich : wer war was vor und nach 1945 ?*, Francfort-sur-le-Main, Fischer-Taschenbuch-Verlag.

Klejn, Lev S., 1971, « Was ist eine archäologische Kultur ? », *Ethnographisch-Archäologische Zeitschrift*, 12, p. 321-345.

–, 1974, « Kossinna im Abstand von vierzig Jahren », *Jahresschrift Mitteldeutschen Vorgeschichte*, 58, p. 7-55.

–, 1999, « Gustaf Kossinna, 1858-1931 », *in* Tim Murray (éd.), *Encyclopedia of Archaeology : The Great Archaeologists*, Santa Barbara, ABC-CLIO, vol. 1, p. 233-246.

Kline, Wendy, 2001, *Building a Better Race Gender, Sexuality, and Eugenics from the Turn of the Century to the Baby Boom*, Berkeley, University of California Press.

Koerner, Ernst Frideryk Konrad, 1973, *Ferdinand de Saussure : Origin and Development of his Linguistic Thought in Western studies of Language : A Contribution to the History and Theory of Linguistics*, Braunschweig, Vieweg.

–, 1982, « Observations on the Sources, Transmission, and Meaning of "Indo-European" and Related Terms in the Development of Linguistics », *in* J. P. Maher, A. R. Bomhard et E. F. K. Koerner (éd.), *Papers from the 3rd International of Historical Linguistics*, Amsterdam, Benjamins, p. 153-180.

–, 1987, « Thc Importance of Saussure's "Mémoire" in the Development of Historical Linguistic », *in* George Cardona, Norman H. Zide (éd.), *Festschrift for Henry Hoenigswald. On the Occasion of his Seventieth Birthday*, Tübingen, Günter Narr, p. 201-217.

Kohl, Philip, 2007, *The Making of Bronze Age Eurasia*, Cambridge, Cambridge University Press.

–, et Perez Gollan, Jose Antonio, 2002, « Religion, Politics, and Prehistory, Reassessing the Lingering Legacy of Oswald Menghin », *Current Anthropology*, 43, 5, p. 61-586.

Kollmann, Julius, 1882, « Menschenrassen Europas und die Frage nach der Herkunft der Arier », *Correspondenzblatt für Anthropologie, Ethnologie und Urgeschichte*, 23, p. 102-106.

–, 1892, « Les races humaines de l'Europe et la question arienne », in *Congrès international d'archéologie préhistorique et d'anthropologie*, Moscou, 11e session, 1, p. 249-262.

Koppers, Wilhelm, 1929, « Die Religion der Indogermanen in ihren kulturhistorischen Beziehungen », *Anthropos*, XXIV, p. 1073-1089.

–, 1935, « Die Indogermanenfrage im Lichte der historischen Völkerkunde », *Anthropos*, XXX, p. 1-31.

–, 1936, *Die Indogermanen- und Germanenfrage. Neue Wege zu ihrer Lösung*,

Salzbourg-Leipzig, Anton Pustet, Wiener Beiträge zur Kulturgeschichte und Linguistik, Jahrgang IV.

Kossinna, Gustaf, 1896, « Die vorgeschichtliche Ausbreitung der Germanen in Deutschland », *Zeitschrift des Vereins für Volkskunde*, 6, p. 1-14.

–, 1902, « Die indogermanische Frage archäologisch beantwortet », in *Zeitschrift für Ethnologie*, 34, p. 161-222 (republié *in* Anton Scherer éd., *Die Urheimat der Indogermanen*, Darmstadt, Wissenschaftliche Buchgesellschaft, 1968, p. 25-109).

–, 1911, *Die Herkunft der Germanen : zur Methode der Siedlungsarchäologie*, Leipzig, Kabitzsch.

–, 1912, *Die deutsche Vorgeschichte, eine hervorragend nationale Wissenschaft*, Würzburg, Mannus Bibliothek 9.

–, 1921, *Die Indogermanen : Ein Abriss*, t. I : *Das indogermanische Urvolk*, Leipzig, Kabitsch.

–, 1926, *Ursprung und Verbreitung der Germanen in vor- und frühgeschichtlicher Zeit*, Würzburg, Mannus-Bibliothek 6.

Kouwenberg, Silvia, et John, Singler (éd.), 2008, *The Handbook of Creole Linguistics*, Oxford, Basil Blackwell.

Kozłowski, Leon, 1924, *Młodsza epoka kamienna w Polsce*, Lvov, Towarzystwa Naukowego II, 2.

Krabbe, Wolgang R., 1974, *Gesellschaftsveranderung durch Lebensreform : Strukturmerkmale einer sozialreformerischen Bewegung im Deutschland der Industrialisierungsperiode*, Göttingen, Vandenhoeck und Ruprecht.

Krahe, Hans, 1954, *Sprache und Vorzeit : europäische Vorgeschichte nach dem Zeugnis der Sprache*, Heidelberg, Quelle & Mayer.

–, 1957, « Indogermanisch und Alteuropäisch », *Saeculum*, 8, n° 1, p. 1-16.

Krall, Katharina, 2005, *Prähistorie im Nationalsozialismus : ein Vergleich der Schriften von Herbert Jankuhn und Hans Reinerth zwischen 1933 und 1939*, Mémoire de master, Université de Constance, département d'histoire et sociologie.

Kriševskij, Yevgeni, 1933, « Indogermanskij vopros arkheologičeski razrasonnyi », *in* S. N. Bykovski *et al.* (éd.), *Iz istorii dokapitalističeskih formacii*, Leningrad-Moscou, Izvestija Gos, Akademija Istorii Materialnoj Kultury, 100, p. 158-202.

Kristiansen, Kristian, 2009, « Premières aristocraties – Pouvoir et métal à l'âge du bronze », *in* Jean-Paul Demoule (éd.), *L'Europe, un continent redécouvert par l'archéologie*, Paris, Gallimard, p. 73-84.

–, et Larsson, Thomas B., 2005, *The Rise of Bronze Age Society : Travels, Transmissions and Transformations*, Cambridge, Cambridge University Press.

Kroeber, Alfred Louis, 1960, « Statistics, Indo-European, and Taxonomy », *Language*, 36, 1, p. 1-21.

–, et Chrétien, Douglas, 1937, « Quantitative Classification of Indo-European Languages », *Language*, 13, 2, p. 83-103.

Kühl, Stefan, 1994, *The Nazi Connection : Eugenics, American Racism, and German National Socialism*, New York, Oxford University Press.

Kuhn, Adalbert, 1845, *Zur ältesten Geschichte der indogermanischen Völker*, Berlin, Nauck.

Kühn, Herbert, 1932, « Herkunft und Heimat der Indogermanen », in *Proceedings of the 1st International Congress of Prehistoric and Protohistoric Sciences (London)*, Londres, Oxford University Press, p. 237-242 (republié *in* Anton Scherer [éd.], *Die Urheimat der Indogermanen*, Darmstadt, Wissenschaftliche Buchgesellschaft, 1968, p. 110-116).

Kumar, G. D., 1973, « The Ethnic Components of the Builders of the Indus Valley Civilization and the Advent of the Aryans », *Journal of Indo-European Studies*, 1, 1, p. 66-80.

Kümmel, Werner, 1968, « Rudolf Virchow und der Antisemitismus », *Medizin-Historisches Journal*, 3, p. 165-179.

Kuz'mina, Elena E., 2007, *The Origin of the Indo-Iranians*, Leyde, Brill.

Lafont, Max, 1993, *L'Extermination douce. La mort de 40 000 malades mentaux dans les hôpitaux psychiatriques en France, sous le régime de Vichy*, Ligné, Éditions de l'AREFPPI.

Laignel-Lavastine, Alexandra, 2002, *Cioran, Eliade, Ionesco. L'oubli du fascisme : trois intellectuels roumains dans la tourmente du siècle*, Paris, PUF.

Laks, Bernard, Demoule, Jean-Paul, Encrevé, Pierre, et Cleuziou, Serge (éd.), 2008, *The Origin and Evolution of Languages : Approaches, Models, Paradigm*, Londres, Equinox.

Lambert, Pierre-Yves, 2002, *La Langue gauloise. Description linguistique, commentaire d'inscriptions choisies*, Paris, Errance.

Lamberterie, Charles de, 1978, « Armeniaca I-VIII : études lexicales », *Bulletin de la Société de linguistique de Paris*, 73, n° 1, p. 243-285.

Laming-Emperaire, Annette, 1964, *Origines de l'archéologie préhistorique en France. Des superstitions médiévales à la découverte de l'homme fossile*, Paris, Picard.

Lanz-Liebenfels, Jörg, 1905, *Theozoologie oder die Kunde von den Sodoms-Äfflingen und dem Götter-Elektron : eine Einführung in die älteste und neueste Weltanschauung und eine Rechtfertigung des Fürstentums und des Adels*, Vienne, Moderner Verlag.

–, 1918, *Die Blonden als Schöpfer der Sprachen, ein Abriß der Ursprachenforschung (Protolinguistik)*, Vienne, Mödling, Ostara, Bücherei der Blonden 52.

Larbiou, Benoît, 2005, « René Martial, 1873-1955. De l'hygiénisme à la raciologie, une trajectoire possible », *Genèses*, 60/3, p. 98-120.

Laruelle, Marlène, 1999, *L'Idéologie eurasiste russe, ou Comment penser l'Empire*, Paris, L'Harmattan.

–, 2010, « Le berceau aryen : mythologie et idéologie au service de la colonisation du Turkestan », *Cahiers d'Asie centrale*, 17-18, p. 107-131.

–, et Taguieff, Pierre-André, 2005, *Mythe aryen et Rêve impérial dans la Russie du XIXe siècle*, Paris, CNRS Éditions.

Lassen, Christian, 1847, *Indische Altertumskunde*, Bonn, König, 4 vol. (2e éd. 1867-1874).

Latham, Robert Gordon, 1862, *Elements of Comparative Philology*, Londres, Walton and Maberly.

Layeghifard, Medhi, R. Peres-Neto, Pedro, et Makarenkov, Vladimir, 2013, « Inferring Explicit Weighted Consensus Networks to Represent Alternative Evolutionary Histories », *BMC Evolutionary Biology*, 13, 274.

Lebedynsky, Iaroslav, 2006, *Les Indo-Européens. Faits, débats, solutions*, Paris, Errance.

Le Bras, Hervé, 1997, « Compte-rendu de : Benoist de (Alain), Famille et Société », *Origines, Histoire, Actualité, Population*, 52e année, 1, p. 245-249.

Leclainche, Emmanuel, 1937, « Séance publique annuelle du lundi 20 décembre 1937 », *Comptes-rendus de l'Académie des sciences*, 205, 25, p. 1269-1282.

Le Dû, Jean, 2003, « Compte-rendu de : Mario Alinei, Origini delle lingue d'Europa », *Études celtiques*, 35, p. 351-358.

Lehmann, Winfred Philipp, 1996, *Theoretical Bases of Indo-European Linguistics*, Londres, Routledge.

–, et Zgusta, Ladislav, 1979, « Schleicher's Tale after a Century », *in* Bela Brogyanyi (éd.), *Studies in Diachronic, Synchronic, and Typological Linguistics, Festschrift for Oswald Szemerényi on the Occasion of His 65th Birthday*, Amsterdam, Benjamins, p. 455-466.

Leibniz, Gottfried Wilhelm, 1838 [1679], « Unvorgreifliche Gedanken betreffend die Ausübung und Verbesserung der Teutschen Sprache », *in* Gottschalk Eduard Guhrauer (éd.), *Deutsche Schriften*, Berlin, vol. 1, p. 440-486.

–, 1993, *Nouveaux Essais sur l'entendement humain*, Flammarion, Paris (1re éd. 1765).

Leopold, Jean, 1970, « The Aryan Theory of Race in India, 1870-1920, Nationalist and Internationalist Visions », *The Indian Economic and Social Review*, 2, p. 271-297.

Le Page, Robert Broch, et Tabouret-Keller, Andrée, 1985, *Acts of Identity : Creole-Based Approaches to Language and Ethnicity*, Cambridge, Cambridge University Press.

Le Quellec, Jean-Loïc, 2014, « À quoi ressemblaient les premiers mythes ? », *Sciences humaines*, 262, p. 52-53.

Leroy, Maurice, 1963, *Les Grands Courants de la linguistique moderne*, Paris, PUF (2e éd. 1971).

Lester, Paul, et Millot, Jacques, 1939, *Les Races humaines*, Paris, Armand Colin (2e éd.).

Levin, Saul, 1988, « The Misnomer Indo-European Dialects », *General Linguistics*, 28, 3, p. 159-162.

Levine, Marsha A., 1990, « Dereivka and the Problem of Horse Domestication », *Antiquity*, 64, p. 727-740.

–, 2005, « Domestication and early history of the horse », *in* Daniel Mills et Sue McDonnell (éd.), *The Domestic Horse. The Evolution, Development and Management of its Behaviour*, Cambridge, Cambridge University Press, p. 5-22.

Ley, Willy, 1947, « Pseudoscience in Naziland », *Astounding Science Fiction*, 39, p. 90-98.

L'Hermitte, René (éd.), 1969, « La linguistique en URSS ; choix, présentation et traduction de textes », *Langage*, n° 15, p. 1-133.

Liauzu, Claude, 1992, *Race et Civilisation. L'autre dans la culture occidentale : anthologie historique*, Paris, Syros.

–, 1999, « L'obsession des origines, démographie et histoire des migrations », *Mots*, 60, 1, p. 155-165.

Liberman, Anatoly, 1980, « Review of R. Jakobson (éd.), N. S. Trubetzkoy's Letters and Notes », *Linguistics*, 18, p. 543-546.

Lichardus, Jan (éd.), 1988, « Der Westpontische Raum und die Anfänge der kupferzeitlichen Zivilisation », *in* Alexander Fol et Jan Lichardus (éd.), *Macht, Herrschaft und Gold*, Sarrebruck, Moderne Galerie des Saarland-Museums, p. 79-130.

–, 1991, *Die Kupferzeit als historische Epoche*, Bonn, Habelt, Saarbrücker Beiträge zur Altertumskunde, 2 vol.

–, et Lichardus-Itten, Marion, 1998, « Nordpontische Gruppen und ihre westlichen Nachbarn, Ein Beitrag zur Entstehung der frühen Kupferzeit Alteuropas », *in* Bernhardt Hänsel et Jan Machnik (éd.), *Das Karpatenbecken und die osteuropäische Steppe*, Munich-Rahden, Verlag Marie Leidorf, p. 99-122.

–, Lichardus-Itten, Marion, Bailloud, Gérard, et Cauvin, Jacques, 1985, *Protohistoire de l'Europe. Le néolithique et le Chalcolithique*, Paris, PUF.

–, et Vladàr, J., 1996, « Karpatenbecken – Sintašta – Mykene. Ein Beitrag zur Definition der Bronzezeit als historischer Epoche », *Slovenská Archeológia*, 44-1, p. 25-93.

Lichardus-Itten, Marion, et Demoule, Jean-Paul, 1997, « Cerny et le chalcolithique européen », *in* Claude Constantin, Daniel Mordant et Daniel Simonin (éd.), *La Culture de Cerny, nouvelle économie, nouvelle société au néolithique*, Nemours, Mémoires du Musée de préhistoire d'Île-de-France, p. 689-700.

Lilienthal, Georg, 2003, *Der « Lebensborn e.V » : ein Instrument nationalsozialistischer Rassenpolitik*, Stuttgart, Fischer.

Lincoln, Bruce, 1981, *Priests, Warriors, and Cattle : A Study in the Ecology of Religions*, Berkeley, University of California Press.

–, 1986, *Myth, Cosmos, and Society : Indo-European Themes of Creation and Destruction*, Cambridge, Harvard University Press.

–, 1990, « Mito e storia nello studio del mito : un testo oscuro di Georges Dumézil », *Quaderni di storia XVI*, 32, p. 5-30.

–, 2000, *Theorizing Myth – Narrative, Ideology and Scholarship*, Chicago, University of Chicago Press.

Lindenschmit, Ludwig, 1880, « Einleitung », in *Handbuch der deutschen Alterthumerskunde*, vol. 1.

Lindstedt, Jouko, 2000, « Linguistic Balkanization, Contact-induced change by mutual reinforcement », *in* D. G. Gilbers *et al.* (éd.), *Languages in Contact*, Amsterdam-Atlanta, Rodopi, p. 231-246.

Link, Heinrich Friedrich, 1821, *Die Urwelt und das Alterthum erläutert durch die Naturkunde*, Berlin, F. Dümmler.

Linné, Carl von, 1758, *Caroli Linnaei Systema naturae per regna tria naturae, secundum classes, ordines, genera, species, cum characteribus, differentiis, synonymis, locis*, Holmiae, Laurentii Salvii (10ᵉ édition).

Linse, Ulrich, 1983, *Barfussige Propheten : Erloser der zwanziger Jahre*, Berlin, Siedler Verlag.

Lipphardt, Veronika, 2008, « Das "schwarze Schaf" der Biowissenschaften. Marginalisierungen und Rehabilitierungen der Rassenbiologie im 20. Jahrhundert », *in* Dirk Rupnow, Jens Thiel, Christina Wessely et Veronika Lipphardt (éd.), *Pseudowissenschaft. Konzeptionen von Nichtwissenschaftlichkeit in der Wissenschaftsgeschichte*, Francfort-sur-le-Main, Suhrkamp, p. 223-250.

List, Guido von, 1908, *Die Armanenschaft der Ario-Germanen*, Leipzig, Steinhacker.

–, 1914, *Die Ursprache der Ario-Germanen und ihre Mysteriensprache*, Leipzig, Lechner.

Littleton, C. Scott, 1973, *The New Comparative Mythology : An Anthropological Assessment of the Theories of Georges Dumézil*, Berkeley, University of California Press.

Lombard, L., 1889, « Description ethnographique sommaire de l'Europe. Question aryenne », *Bulletins de la Société d'anthropologie de Paris*, t. 12, 3ᵉ série, p. 472-497.

Lorenz, Konrad, 1940, « Durch Domestikation verursachte Störungen arteigegenen Verachtens », *Zeitschrift für angewandte Psychologie und Characterkunde*, 59, p. 2-80.

–, 1943, « Die angeborenen Formen möglicher Erfahrung », *Zeitschrift für Tierpsychologie*, 5, 2, p. 235-409.

Losemann, Volker, 1977, *Nationalsozialismus und Antike : Studien zur Entwicklung des Faches Alte Geschichte 1933-1945*, Hambourg, Hoffmann & Campe.

Luschan, Felix von, 1922, *Völker, Rassen, Sprachen anthropologische Betrachtungen*, Berlin, Welt-Verlag.

Lutzhöft, Hans-Jürgen, 1971, *Der Nordische Gedanke in Deutschland 1920-1940*, Stuttgart, Ernst Klett, Kieler historische Studien, Bd. 14.

Maas, Utz, 2010, *Verfolgung und Auswanderung deutschsprachiger Sprachforscher 1933-1945*, Tübingen, Stauffenburg, 2 vol.

Madsen, Torsten, 1997, « Ideology and Social Structure in the Earlier Neolithic of South Scandinavia. A View from the Sources », *Analecta Praehistorica Leidensia*, 29, p. 75-81.

Mair, Victor H. (éd.), 1998a, *The Bronze Age and Early Iron Age Peoples of Eastern Central Asia*, Washington, Institute for the Study of Man-University of Pennsylvania Museum.

–, 1998b, « Comments on Stefan Zimmer, "Modern Necromancy, or How to Make Mummies Speak" », *Journal of Indo-European Studies*, 26, 1-2, p. 181-190.

Malamoud, Charles, 1991, « Histoire des religions et comparatisme, la question indo-européenne. Présentation », *Revue de l'histoire des religions*, 208, 2, p. 115-121.

–, 2002, « Noirceur de l'écriture », *in* Charles Malamoud (éd.), *Le Jumeau solaire*, Paris, Seuil, p. 127-149.

–, 2005, « Les Indo-Européens, les femmes et les chemins de la liberté », *in* Charles Malamoud (éd.), *Féminité de la parole. Études sur l'Inde ancienne*, Paris, Albin Michel, p. 261-271.

Malina, Jaroslav, ct Vašíček, Zdeněk, 1990, *Archaeology Yesterday and Today : The Development of Archaeology in the Sciences and Humanities*, Cambridge, Cambridge University Press.

Mallory, James P., 1973, « A Short History of Indo-European Problem », *Journal of Indo-European Studies*, 1, p. 21-65.

–, 1989, *In Search of the Indo-Europeans : Language, Archaeology and Myth*, Londres, Thames and Hudson (trad. française : *À la recherche des Indo-Européens*, Paris, Seuil, 1997).

–, 1998, « A European Perspective on Indo-European in Asia », *in* Victor H. Mair (éd.), *The Bronze Age and Early Iron Age Peoples of Eastern and Central Asia*, Washington, The Institute for the Study of Man, p. 175-201.

–, 2010, « L'hypothèse des steppes », *Dossiers d'archéologie*, 338, p. 28-35.

–, et Adams, Douglas Q. (éd.), 1997, *Encyclopedia of Indo-European Culture*, Londres-Chicago, Fitzroy Dearborn.

–, et Adams, Douglas Q., 2006, *The Oxford Introduction to Proto Indo European and the Proto Indo European World*, Oxford, Oxford University Press.

Malmberg, Bertil, 1991, *Histoire de la linguistique. De Sumer à Saussure*, Paris, PUF.

Maran, Joseph, 1998a, *Kulturwandel auf dem griechischen Festland und den Kykladen im späten 3. Jahrtausend v. Chr. : Studien zu den kulturellen*

Verhältnissen in Südosteuropa und dem zentralen sowie östlichen Mittelmeerraum in der späten Kupfer- und frühen Bronzezeit, Bonn, Habelt.

–, 1998b, « Die Badener Kultur und der ägäisch-anatolische Bereich, eine Neubewertung eines alten Forschungsproblems », *Germania*, 76, 2, p. 497-525.

Marcantonio, Angela, 2009, « Evidence that most Indo-European Lexical Reconstructions are Artefacts of the Linguistic Method of Analysis », *in* Angela Marcantonio (éd.), *The Indo-European Language Family : Questions about Its Status*, Washington, Institute for the Study of Man, p. 10 : 1-46.

Maringer, Johannes, 1981, « The Horse in Art and Ideology of Indo-European Peoples », *Journal of Indo-European Studies*, 9, p. 177-204.

Markevič, V. I., 1974, *Bugo-dnestrovskaja kul'tura na territorii Moldavii*, Kišinev.

Markey, Thomas L., 1982, « Afrikaans, Creole or Non-Creole ? », *Zeitschrift für Dialektologie und Linguistik*, 49, 2, p. 169-207.

Maroger, Katherine, 2008, *Les Racines du silence*, Paris, Éditions Anne Carrière.

Marr, Nikolaï Jakovlevitch, 1923, *Der Japhetitische Kaukasus und das dritte ethnische Element im Bildungsprozess der mittelländischen Kultur*, Berlin, W. Kohlhammer, Japhetitische Studien, II.

Martial, René, 1942, *Les Métis. Nouvelle étude sur les migrations, le mélange des races, le métissage, la retrempe de la race française et la révision du code de la famille*, Paris, Flammarion.

–, 1955, *Les Races humaines*, Paris, Hachette.

Martinet, André, 1986, *Des steppes aux océans. L'indo-européen et les « Indo-Européens »*, Paris, Payot.

Masica, Colin P., 1976, *Defining a Linguistic Area : South Asia*, Chicago, University of Chicago Press.

Massin, Benoît, 1993, « Anthropologie raciale et national-socialisme, heurs et malheurs du paradigme de la "race" », *in* Josiane Olff-Nathan (éd.), *La Science sous le Troisième Reich. Victime ou alliée du nazisme ?*, Paris, Seuil, p. 197-262.

–, 1996, « From Virchow to Fischer : Physical Anthropology and "Modern Race Theories" in Wilhelmine Germany », *in* George W. Stocking Jr. (éd.), *Volksgeist as Method and Ethic Essays on Boasian Ethnography and the German Anthropological Tradition*, Madison, Wisconsin University Press, p. 79-154.

–, 1998, « Préface aux deux volumes », *in* Paul Weindling (éd.), *L'Hygiène de la race*, t. I : *Hygiène raciale et Eugénisme médical en Allemagne, 1870-1933* (trad. française abrégée), Paris, La Découverte, p. 5-66.

–, 1999, « Anthropologie und Humangenetik im Nationalsozialismus oder : wie schreiben deutsche Wissenschaftler ihre eigene Wissenschaftgeschichte », *in* Heidrun Kaupen-Haas et Christian Saller (éd.),

Wissenschaftlicher Rassismus. Analysen einer Kontinuität in den Human- und Naturwissenschaften, Francfort-sur-le-Main/New York, Campus Verlag, p. 12-64.

Masson, Émilia, 1989, *Les Douze Dieux de l'immortalité. Croyances indo-européennes à Yazilikaya*, Paris, Les Belles Lettres.

–, 1991, *Le Combat pour l'immortalité. Héritage indo-européen dans la mythologie anatolienne*, Paris, PUF.

Matras, Yaron, et Bakker, Peter (éd.), 2003, *The Mixed Language Debate Theoretical and Empirical Advances*, Berlin, Mouton de Gruyter.

Mauro, Tullio de, 1972, « Notes biographiques et critiques sur F. de Saussure », in *Cours de linguistique générale*, publié par Charles Bally et Albert Séchehaye, avec la collaboration d'Albert Riedlinger, édition critique préparée par Tullio de Mauro, Paris, Payot, p. 319-389 (2e éd. 1985).

–, et Formigari, Lia, 1990, *Leibniz, Humboldt, and the Origins of Comparativism*, Amsterdam, Benjamins.

McMahon, April M. S., et McMahon, Robert, 2006, *Language Classification by Numbers*, Oxford, Oxford University Press.

McNairn, Barbara, 1980, *The Method and Theory of V. Gordon Childe : Economic, Social, and Cultural Interpretations of Prehistory*, Édimbourg, Edinburgh University Press.

McWhorter, John H., 2005, *Defining Creole*, New York, Oxford University Press.

Mees, Bernard, 2008, *The Science of the Swastika*, Budapest, Central European University Press.

Mei, Jianjun, 2000, *Copper and Bronze Metallurgy in Late Prehistoric Xinjiang : Its Cultural Context and Relationship with Neighbouring Regions*, Oxford, Archaeopress, British Archaeological Reports (BAR) International.

Meid, Wolfgang, 1994, « Die Terminologie von Pferd und Wagen im Indogermanischen », *in* Bernhardt Hänsel et Stefan Zimmer (éd.), *Die Indogermanen und das Pferd, Festschrift B. Schlerath*, Budapest, Archaeolingua, p. 53-66.

Meier-Brügger, Michael, 2010, *Indogermanische Sprachwissenschaft*, Berlin-New York, Walter de Gruyter, 9e édition.

Meillet, Antoine, 1908, *Les Dialectes indo-européens*, Paris, Champion.

–, 1917, *Caractères généraux des langues germaniques*, Paris, Hachette.

–, 1921, *Linguistique historique et Linguistique générale*, I, Paris, Klincksiek.

–, 1923, *Les Origines indo-européennes des mètres grecs*, Paris, PUF.

–, 1928a, « Caractères généraux de la langue grecque », in *Actes du premier Congrès international de linguistes à La Haye, du 10 au 15 avril*, Leyde, Sijthoff, p. 164-165.

–, 1928b, *Esquisse d'une histoire de la langue latine*, Paris, Klincksieck.

–, 1928c, *Les Langues dans l'Europe nouvelle (avec un appendice de Lucien Tesnière sur la statistique des langues de l'Europe)*, Paris, Payot, 2e éd.

–, 1937, *Introduction à l'étude comparative des langues indo-européennes*, Paris, Hachette, 8e édition, (1re éd. 1903) ; rééd. Alabama, University of Alabama Press, 1964.

–, 1938, *Linguistique historique et Linguistique générale*, II, Paris, Klincksick.

Menghin, Oswald, 1934, *Geist und Blut ; Grundsätzliches um Rasse, Sprache, Kultur und Volkstum*. Vienne, A. Schroll & Co.

–, 1935, Die Ergebnisse der urgeschichtlichen Kulturkreislehre, Berlin, *Neue Jahrbücher für Wissenschaft und Jugenbildung*, 11, p. 71-81.

Menk, Roland, 1980, « A Synopsis of the Physical Anthropology of the Corded Ware Complex on the Background of the Expansion of the Kurgan Culture », *Journal of Indo-European Studies*, 8, 3-4, p. 361-392.

–, 1981, *Anthropologie du néolithique européen : analyse multivariée et essai de synthèse*, thèse de l'université de Genève.

Menozzi, Paolo, Alberto Piazza, and Luigi Luca Cavalli-Sforza, 1978, « Synthetic Map of Human Gene Frequencies in Europe », *Science*, 201, p. 786-792.

Merkenschlager, Friedrich, et Saller, Karl, 1934, *Ofnet, Wanderungen zu den Mälern am Weg der deutschen Rasse*, Berlin, Kurt Wolff.

Merlingen, Weriand, 1955, *Das « Vorgriechische » und die sprachwissenschaftlich-vorhistorischen Grundlagen*, Vienne, Gerold.

–, 1967, « Fair Play for "Pelasgian" », *Lingua*, 18, p. 144-167.

Merpert, Nicolaï Ya, 1961, « L'Énéolithique de la zone steppique de la partie européenne de l'URSS », in *L'Europe à la fin de l'âge de la pierre. Actes du Symposium consacré aux problèmes du néolithique*, Prague, Éditions de l'Académie techécoslovaque des sciences, p. 176-192.

Meščaninov, Ivan Ivanovič, 1949, *Die neue Sprachtheorie auf ihrer heutigen Entwicklungsstufe*, Berlin-Leipzig, Volk-Wissen.

Metcalf, George Joseph, 1974, « The Indo-European Hypothesis in the Sixteenth and Seventeenth Centuries », *in* Dell H. Hymes (éd.), *Studies in the History of Linguistics. Traditions and Paradigms*, Bloomington, Indiana University Press, p. 233-257.

Métoz, Laurent, 2005, *De la glottochronologie à la « Nouvelle Synthèse ». Histoire de la linguistique comparative américaine de 1950 à nos jours : concepts et méthodes*, thèse de l'École normale supérieure lettres et sciences humaines de Lyon, 2 vol.

–, Vallée, Nathalie, et Rousset, Isabelle, 2003 « Ruhlen's "Mother Tongue Theory" Subjected to the Test of Probabilities », http ://www-uilots.let.uu.nl/latest_news/Mededelingen-archief/2003/2003-06-25.html#item2a.

Michell, John, 1982, *Megalithomania : Artists, Antiquarians, and Archaeologists at the Old Stone Monuments*, Londres, Thames & Hudson.

Midgley, Magdalena S., 1992, *TRB Culture : The First Farmers of the North European Plain*, Édimbourg, Edinburgh University Press.

Mierau, Peter, 2006, *Nationalsozialistische Expeditionspolitik. Deutsche Asien-Expeditionen 1933-1945*, Munich, Herbert Utz.

Miller, Dan, Rowlands, Michael, et Tilley, Christopher (éd.), 1995, *Domination and Resistance*, Londres, Routledge.

Miller, Mykhaïlo Oleksandrovych, 1956, *Archaeology in the U.S.S.R.*, Londres, Atlantic Press.

Milza, Pierre, 2002, *L'Europe en chemise noire. Les extrêmes droites européennes de 1945 à aujourd'hui*, Paris, Fayard.

Momigliano, Arnaldo, 1983, « Permesse per una discussione di Georges Dumézil », *OPVS. Rivista internazionale per la storia economica e sociale dell'antichità*, II, 2, p. 329-341.

Montelius, Oscar, 1903, *Die typologische Methode*, Stockholm, Selbstverlag des verfassers.

Monzat, René, 1992, *Enquêtes sur la droite extrême*, Paris, Le Monde Éditions.

–, 1997, « La culture graphique de la nouvelle droite », *Art Press*, 223, p. 55-61.

Morgan, Jacques Jean Marie de, 1925-1927, *La Préhistoire orientale*, ouvrage posthume publié par Louis Germain, Paris, Paul Geuthner, 3 vol.

Morintz, Sebastian, et Roman, Petre, 1968, « Aspekte des Ausgangs des Äneolithikums und der Übergangsstufe zur Bronzezeit im Raum der Niederdonau », *Dacia*, numéro spécial, 12, p. 45-128.

–, 1973, « Über die Übergangsperiode vom Äneolithikum zur Bronzezeit in Rumänien », *in* Bohuslav Chropovsky (éd.), *Symposium über die Entstehung und Chronologie der Badener Kultur*, Bratislava, Archäologisches Institut der Slowakischen Akademie der Wissenschaften, p. 81-136.

Mortillet, Gabriel de, 1879, « Sur l'origine des animaux domestiques », *Bulletins de la Société d'anthropologie de Paris*, 3e série, 2, 1, p. 232-240.

Mosse, George, 1964, *The Crisis of German Ideology*, New York, Grosset & Dunlap.

–, 1975, *The Nationalization of the Masses*, New York, H. Fertig.

Mounin, Georges, 1967, *Histoire de la linguistique*, Paris, PUF (4e éd. corrigée 1985).

–, 1972, *La Linguistique du XXe siècle*, Paris, PUF.

Mous, Maarten, 2003, *The Making of a Mixed Language the Case of Ma'a/Mbugu*, Amsterdam, John Benjamins.

Moussa, Sarga (éd.), 2003, *L'Idée de « race » dans les sciences humaines et la littérature (XVIIIe-XIXe siècle)*, Paris, L'Harmattan.

Much, Matthäus, 1902, *Die Heimat der Indogermanen im Lichte der urgeschichtlichen Forschung*, Berlin, H. Costenoble.

Much, Rudolf, Jankuhn, Herbert, et Lange, Wolfgang (éd.), 1967, *Die Germania des Tacitus erlaütert*, Heidelberg, Carl Winter (rééd. augmentée de l'ouvrage de 1937).

Mufwene, Salikoko S., 2001, *The Ecology of Language Evolution*, Cambridge, Cambridge University Press.

–, 2005, *Créoles, écologie sociale, évolution linguistique*, Paris, L'Harmattan.

–, 2008, *Language Evolution : Contact, Competition and Change*, Londres-New York, Continuum International Publishing.

Mühlmann, Wilhelm Emil, 1985, *Studien zur Ethnogenese*, Opladen, Westdeutscher Verlag.

Muhly, James D., 1979, « On the Shaft Graves at Mycenae », *in* Marvin A. Powell et Ronald Herbert Sack (éd.), *Studies in Honor of Tom B. Jones*, Neukirchen-Vluyn, Neukirchener Verlag, p. 311-323.

–, 1985, « Sources of Tin and the Beginnings of Bronze Metallurgy », *American Journal of Archaeology*, 89, 2, p. 275-291.

Müller, Friedrich Max, 1872, *Lectures on the Science of language*, New York, Scribner, vol. 1.

–, 1876, *Einleitung in die Sprachwissenschaft*, Vienne, Grundriss der Sprachwissenschaft.

–, 1888, *Biographies of Words and the Home of the Aryas*, Londres, Logmans, Green & Co.

–, 1889, *Three Lectures on the Science of Language and its Place in General Education : Delivered at the Oxford University Extension Meeting 1889, with a Supplement « My predecessors », an Essay on the Genesis of the Idea of the Identity of Thought and Language in the History of Philosophy*, Chicago, Open Court Pub. Co.

Müller, Hans-Hermann, 1994, « Das domestizierte Pferd in Mitteleuropa », *in* Bernhardt Hänsel et Stefan Zimmer (éd.), *Die Indogermanen und das Pferd, Festschrift B. Schlerath*, Budapest, Archaeolingua, p. 179-184.

Müller, Karl Otfried, 1824, *Die Dorier*, Breslau, Max (2e éd. 1844).

Müller-Hill, Benno, 1984, *Tödliche Wissenschaft : Die Aussonderung von Juden, Zigeunern und Geisteskranken, 1933-1945*, Hambourg, Rowohlt (trad. française : *Science nazie, science de mort. L'extermination des juifs, des tziganes et des malades mentaux de 1933 à 1945*, Paris, Odile Jacob, 1989).

Mund, Rudolf J., 1982, *Der Rasputin Himmlers : die Wiligut-Saga*, Vienne, Volkstum-Verlag.

Murra, John V., Hankin, Robert M., et Holling, Fred, 1951, *The Soviet Linguistic Controversy*, New York, Columbia University Press.

Muysken, Pieter (éd.), 2008, *From Linguistic Areas to Areal Linguistics*, Amsterdam, John Benjamins.

Myres, John Linton, 1911, *The Dawn of History*, Londres, Williams & Norgate.

Nagel, Günter, 1975, *Georges Vacher de Lapouge (1854-1936) : ein Beitrag zur Geschichte des Sozialdarwinismus in Frankreich*, Fribourg-en-Brisgau, Schulz.

Nagy, Gregory, 1974, *Comparative Studies in Greek and Indic Meter*, Cambridge, Havard University Press.

Nakhleh, Luay, Ringe, Donald, et Warnow, Tandy, 2005, « Perfect Phylogenetic Networks : A New Methodology for Reconstructing the Evolutionary History of Natural Languages », *Language (Journal of the Linguistic Society of America)*, 81, 2, p. 382-420.

Needham, Stuart, 2005, « Transforming Beaker Culture in North-West Europe : Processes of Fusion and Fission », *Proceedings of the Prehistoric Society*, 71, p. 171-217.

Negelein, Julius von, 1903, *Das Pferd im arischen Altertum*, Königsberg, Teutonia von Uhl.

Nemejkova-Pavukova, Viera, 1982, « Periodisierung der Badener Kultur und ihre chronologischen Beziehungen zu Südosteuropa », *Thracia Praehistorica (Supplementum Pulpudeva 3)*, p. 150-176.

–, 1991, « Typologische Fragen der relativen und absoluten Chronologie der Badener Kultur », *Slovenská Archeológia* 39, 1-2, p. 59-90.

–, 1992, « Kulturhistorische Verhältnisse in Südosteuropa zu Beginn des Horizontes Ezero-Baden und die möglichen Wege von Kontakten mit dem ägäisch-anatolischen Gebiet », *Studia Praehistorica*, 11-12, p. 362-384.

Neu, Erich, et Meid, Wolfgang, 1979, *Hethitisch und Indogermanisch : Vergleichende Studien zur historischen Grammatik und zur dialektgeographischen Stellung der indogermanischen Sprachgruppe Altkleinasiens*, Innsbruck, Innsbrucker Beiträge zur Sprachwissenschaft.

Neumann, Günter, 1971, « Substrate im Germanischen ? », *Nachrichten der Akademie der Wissenschaften*, Philol.-Histor. Klasse, 4, p. 75-99.

–, et Untermann, Jürgen, 1980, *Die Sprachen im römischen Reich der Kaiserzeit*, Cologne-Bonn, Rheinland-Verlag.

Neustupný, Evžen, 1967, *K počátkům patriarchátu ve střední Evropě*, Prague, Akademie Věd.

Neuville, Henri, 1933, *L'Espèce, la race et le métissage en anthropologie. Introduction à l'anthropologie générale*, Paris, Masson, Archives de l'Institut de paléontologie humaine, 11.

Nicolaï, Robert, 1990, *Parentés linguistiques (à propos du songhay)*, Paris, CNRS Éditions.

–, 2001, « Contacts et dynamique(s) du contact : à propos des alliances de langue, des koiné et des processus de leur actualisation », in *Les Langues de communication. Quelles propriétés structurales préalables ou acquises ?*, Paris, Mémoire de la Société de linguistique de Paris, t. XI, p. 95-119.

–, 2003, *La Force des choses ou l'Épreuve « nilo-saharienne » : questions sur les reconstructions archéologiques et l'évolution des langues*, Cologne, Rüdiger Köppe, SUGIA 13.

Nurse, Derek, et Hinnebusch, Thomas J., 1993, *Swahili and Sabaki : A Linguistic History*, Berkeley, University of California Press.

Obayashi, Taryô, 1977, « La structure du panthéon nippon et le concept de péché dans le Japon ancien », *Diogène*, 98, p. 125-142.
Oettinger, Norbert, 1986, « *Indo-Hittite* »-*Hypothese und Wortbildung*, Innsbruck, Innsbrucker Beiträge zur Sprachbildung.
Olender, Maurice (éd.), 1981, *Le Racisme. Mythes et sciences. Pour Léon Poliakov*, Bruxelles, Éditions Complexe.
–, 1983, « Au sujet des Indo-Européens », *Archives de sciences sociales des religions*, n° 55/2, p. 163-167. Repris augmenté *in* Olender, 2009.
–, 1989, *Les Langues du paradis. Aryens et Sémites, un couple providentiel*, Gallimard-Seuil, Paris.
–, 1991, « Georges Dumézil et les usages "politiques" de la préhistoire indo-européenne », *in* Roger-Pol Droit (éd.), *Les Grecs, les Romains et nous. L'Antiquité est-elle moderne ?*, Paris, Le Monde Éditions, p. 191-228. Repris augmenté *in* Olender, 2009.
–, 2009, *Race sans histoire*, Paris, Seuil.
Olff-Nathan, Josianc (éd.), 1993, *La Sciencc sous lc Troisième Reich. Victime ou alliée du nazisme ?*, Seuil, Paris.
Olivier, Georges, 1965, *Morphologie et types humains*, Lyon, Vigot frères.
Olivier, Laurent, 2012, *Nos ancêtres les Germains. Les archéologues français et allemands au service du nazisme*, Paris, Tallandier.
Omalius d'Halloy, Jean-Baptiste Julien, 1848, « Observation sur la distribution ancienne des peuples », *Bulletin de l'Académie de Belgique*, XV, p. 549.
–, 1864, « Sur les origines indo-européennes », *Bulletins de la Société d'anthropologie de Paris*, 5, 1, p. 187-190.
–, 1865, « Sur la prétendue origine asiatique des Européens », *Bulletins de la Société d'anthropologie de Paris*, 6, 1, p. 237-248.
Ošibkina, Svetlana Viktorovna (éd.), 1996, *Neolit Severnoj Evrazii*, Moscou, Nauka.
Otte, Marcel, 1995, « Diffusion of Modern Languages in Prehistoric Eurasia », *Comptes-rendus de l'Académie des sciences*, série 2, fasc. A 321, n° 12, p. 1219-1220.
–, 2012, « Les Indo-Européens sont arrivés en Europe avec Cro-Magnon », *in* Daniel Le Bris (éd.), *Aires linguistiques, aires culturelles. Études de Concordances en Europe occidentale : Zones Manche et Atlantique*, Brest, Centre de recherche bretonne et celtique-Université de Bretagne occidentale, p. 19-51.
Owens, Gareth, 1999, « The Structure of the Minoan Language », *Journal of Indo-European Studies*, 27, 1-2, p. 15-55.

Pallottino, Massimo, 1984, *Etruscologia*, Milan, Hoepli.
Palmer, Gary B., 1996, *Toward a Theory of Cultural Linguistics*, Austin, University of Texas Press.
Parpola, Asko, 2012, « Formation of the Indo-European and Uralic (Finno-

Ugric) Language Families in the Light of Archaeology. Revised and Integrated "Total" Correlations », *in* Riho Grünthal & Petri Kallio (éd.), *Linguistic Map of Prehistoric North Europe*, Suomalais-Ugrilaisen Seuran Toimituksia = Mémoires de la Société Finno-Ougrienne, 266, Helsinki, Société finno-ougrienne, p. 119-184.

Parry, Benita, 1972, *Delusions and Discoveries. Studies on India in the British Imagination, 1880-1930*, Berkeley, Berkeley University Press.

Parzinger, Hermann, 2009, « Le monde des steppes. Cinq millénaires du Danube à l'Oural », *in* Jean-Paul Demoule (éd.), *L'Europe, un continent redécouvert par l'archéologie*, Paris, Gallimard-Inrap, p. 61-72.

Pashkevich, Galina, 2003, « Palaeoethnobotanical Evidence of Agriculture in the Steppe and the Forest-Steppe of East Europe in the Late Neolithic and Bronze Age », *in* Marsha A. Levine, Colin Renfrew et Katherine V. Boyle (éd.), *Prehistoric Steppe Adaptation and the Horse*, Cambridge, McDonald Institute for Archaeological Research, p. 287-298.

Passler-Mayrhofer, Edeltraut, 1948, « Das Buchenargument », *in* Wilhelm von Brandenstein (éd.), *Frühgeschichte und Sprachwissenschaft*, Vienne, Institut für allgemeine und vergleichende Sprachwissenschaft, p. 155-161.

Patou-Mathis, Marylène, 2013, *Préhistoire de la violence et de la guerre*, Paris, Odile Jacob.

Patte, Étienne, 1938a, « Le problème de la race. Le cas de l'Europe passé et présent », *Cahiers de la Démocratie*, 52.

–, 1938b, *Race, races, races pures*, Paris, Hermann.

Pauwels, Louis, et Bergier, Jacques, 1960, *Le Matin des magiciens. Introduction au réalisme fantastique*, Paris, Gallimard.

Paxton, Robert Owen, et Hoffman, Stanley, 1999, *La France de Vichy, 1940-1944*, Paris, Seuil.

Peake, Harold John Edward, 1922, *The Bronze Age and the Celtic World*, Londres, Benn.

–, et Fleure, Herbert John, 1928, *The Corridors of Time*, Oxford, Clarendon Press.

Pearson, Karl, 1905, *National Life from the Standpoint of Science*, Cambridge, Cambridge University Press.

Pedersen, Holger, 1925, *Le Groupement des dialectes indo-européens*, Det Kgl. Danske Videnskabernes Selskab, Historisk-filologiske Meddelelser XI, 3, Copenhague, A. F. Høst & Søon.

–, 1931, *Linguistic Science in the Nineteenth Century : Methods and Results*, Cambridge, Harvard University Press (trad. anglaise de l'édition originale danoise de 1924, rééd. 1959, Bloomington, Indiana University Press).

Pellegrini, Béatrice, 1995, *L'Ève imaginaire. Les origines de l'homme, de la biologie à la paléontologie*, Paris, Payot.

Penka, Karl, 1883, *Origines ariacae. Linguistisch-ethnologische Untersuchun-*

gen zur ältesten Geschichte der arischen Völker und Sprachen, Vienne, K. Prochaska.

Penner, Silvia, 1998, *Schliemanns Schachtgräberrund und der europäische Nordosten : Studien zur Herkunft der frühmykenischen Streitwagenausstattung*, Bonn, Habelt.

Perlès, Catherine, 2001, *The Early Neolithic in Greece, the First Farming Communities in Europe*, Cambridge, Cambridge University Press.

Perrot, Jean, 1988, « Antoine Meillet et les langues de l'Europe : l'affaire hongroise », *in* Sylvain Auroux (éd.), *Antoine Meillet et la linguistique de son temps, Histoire, Épistémologie, Langage*, 10, II, p. 195-204.

Phelps, Reginald H., 1963, « "Before Hitler came" : Thule Society and Germanen Orden », *Journal of Modern History*, 25, p. 245-261.

Phillips, Walter Shelley, 1913, *The Chinook Book : A Descriptive Analysis of the Chinook Jargon in Plain Words*, Seattle, R. L. Davis Printing Company (réimpression 2012).

Pichot, André, 2000, *La Société pure. De Darwin à Hitler*, Paris, Flammarion.

Pictet, Adolphe, 1837, *De l'affinité des langues celtiques avec le sanscrit*, Paris, Duprat.

–, 1859-1863, *Les Origines indo-européennes, ou les Aryas primitifs, essai de paléontologie linguistique*, Paris, J. Cherbuliez.

Piétrement, Charles-Alexandre, 1879, « Les Aryas et leur première patrie », *Revue de linguistique et de philologie comparée*, p. 99-158, tiré à part, Paris, Maisonneuve.

Piggott, Stuart, 1937, « Prehistory and the Romantic Movement », *Antiquity*, XI, p. 31-38.

–, 1950, *Ancient India*, Harmondsworth, Penguin.

–, 1983, *The Earliest Wheeled Transport : From the Atlantic Coast to the Caspian Sea*, Ithaca, Cornell University Press.

Pigott, Vincent C. (éd.), 1999, *The Archaeometallurgy of the Asian Old World*, Philadelphia, University of Pennsylvania Press.

Pinault, Georges-Jean, 1989, « Introduction au tokharien », *Lalies*, 7, Paris, Presses de l'École normale supérieure, p. 5-224.

Pisani, Vittore, 1966, « Entstehung von Einzelsprachen aus Sprachbünden », *Kratylos*, 11, p. 125-141.

Pisowicz, Andrzej, 1989, « Objections d'un arménologue contre la théorie glottale », *Folia Orientalia*, 25, p. 213-225.

Plasseraud, Yves, et Marin, Cécile (éd.), 2005, *Atlas des minorités en Europe : de l'Atlantique à l'Oural, diversité culturelle*, Paris, Autrement.

Plath, Robert, 1994, « Pferd und Wagen im Mykenischen und bei Homer », *in* Bernhardt Hänsel et Stefan Zimmer (éd.), *Die Indogermanen und das Pferd, Festschrift B. Schlerath*, p. 103-114, Budapest, Archaeolingua.

Poewe, Karla, et Hexham, Irving, 2005, « Jakob Wilhelm Hauer's New

Religion and National Socialism », *Journal of Contemporary Religion*, 20, 2, p. 195-215.

Pohl, Walter (éd.), 1997, *Kingdoms of the Empire : The Integration of Barbarians in Late Antiquity*, Leyde, Brill.

–, 2004, *Die Germanen. Enzyklopädie deutscher Geschichte*, 57, Munich, R. Oldenbourg.

–, Gantner, Clemens, et Payne, Richard (éd.), 2012, *Visions of Community in the Post-Roman World the West, Byzantium and the Islamic World, 300-1100*, Farnham, Ashgate.

–, et Mehofer, Mathias (éd.), 2010, *Archaeology of Identity = Archäologie der Identität*, Vienne, Verlag der Österreichischen Akademie der Wissenschaften.

–, et Zeller, Bernhard (éd.), 2012, *Sprache und Identität im frühen Mittelalter*, Denkschriften, Bd. 426, Vienne, Verlag der Österreichischen Akademie der Wissenschaften.

Poisson, Georges, 1928-1929, « Les civilisations néolithiques et énéolithiques de la France », *L'Anthropologie*, p. 239-256 et 368-379 ; 1929, p. 45-62.

–, 1934, *Les Aryens*, Paris, Payot.

–, 1939, *Le Peuplement de l'Europe. État actuel, origines et évolution*, Paris, Payot.

Pokorny, Julius, 1959-1969, *Indogermanisches etymologisches Wörterbuch*, Bern, Franke, 2 vol.

Poliakov, Léon, 1968, *Histoire de l'anti-sémitisme*, t. III : *De Voltaire à Wagner*, Paris, Calmann-Lévy.

–, 1971, *Le Mythe aryen. Essai sur les sources du racisme et des nationalismes*, Paris, Calmann-Lévy, Paris ; rééd. augmentée, Bruxelles, Éditions Complexe, 1987.

–, et Wulf, Josef (éd.), 1983, *Das Dritte Reich und seine Denker*, Berlin, Ullstein (1re éd. 1959).

Polomé, Edgar C., 1967, *Swahili Language Handbook*, Washington, Center for Applied Linguistics.

–, 1980, « Creolization Processes and Diachronic Linguistics », *in* Albert Valdman et Arnold R. Highfield (éd.), *Theoretical Orientations in Creole Studies*, New York, Academic Press, p. 185-202.

–, 1987a, « Marija Gimbutas, a Biographical Sketch », *in* Susan Nacev Skomal et Edgar C. Polomé (éd.), *Proto-Indo-European : The Archaeology of a Linguistic Problem : Studies in Honor of Marija Gimbutas*, Washington, Institute for the Study of Man, p. 375-378.

–, 1987b, « Recent Developments in the Laryngal Theory », *Journal of Indo-European Studies*, 15, 1-2, p. 159-167.

–, 1994a, « Das Pferd in der Religion der eurasischen Völker », *in* Bernhardt Hänsel et Stefan Zimmer (éd.), *Die Indogermanen und das Pferd, Festschrift B. Schlerath*, Budapest, Archaeolingua, p. 43-52.

–, 1994b, « L'Asvamedha est-il un rituel de date indo-européenne ? », in *Nomina Rerum. Hommage à Jacqueline Manessy-Guitton*, LAMA, 13, p. 349-361.

– (éd.), 1996, *Indo-European Religion after Dumézil*, Washington, Institute for the Study of Man.

Pomian, Krzysztof, 1992, « Francs et Gaulois », *in* Pierre Nora (éd.), *Les Lieux de mémoire*, Paris, Gallimard, vol. 3, p. 40-105.

Poniatowski, Michel, 1978, *L'avenir n'est écrit nulle part*, Paris, Albin Michel.

Pop, Sever, 1950, *La Dialectologie, aperçu historique et méthodes d'enquêtes linguistiques*, Louvain, J. Duculot, 2 vol.

Poruciuc, Adrian, 1995, « Marija Gimbutas, 1921-1994 », *Arheologia Moldovei*, XVIII, p. 361-364.

Porzig, Walter, 1954, *Die Gliederung des indogermanischen Sprachgebiets*, Heidelberg, Carl Winter.

Pott, August Friedrich, 1833-1836, *Etymologische Forschungen auf dem Gebiete der Indo Germanischen Sprachen : mit besonderem Bezug auf die Lautumwandlung im Sanskrit, Griechischen, Lateinischen, Littauischen und Gothischen*, Lemgo, Meyersche Hof-Buchhandlung, 2 vol. (2e éd. 1859-1876, 6 vol.).

–, 1856, *Die Ungleichheit menschlicher Rassen, hauptsächlich vom sprachwissenschaftlichem Standpunkte, unter besonderen Berücksichtigung von des Grafen von Gobineau gleichnamigemWerke. Mit einem Überblicke über die Sprachverhältnisse der Völker. Ein ethnologischer Versuch*, Lemgo & Detmold, Meyer.

Pouchain, Delphine, 1999, *Alain de Benoist. Une appropriation tactique de l'écologie*, Mémoire de DEA, Université de Lille-II.

Poutignat, Philippe, et Streiff-Fenart, Jocelyne, 1995, *Théories de l'ethnicité, suivi de « Les groupes ethniques et leurs frontières » de Frederick Barth*, Paris, PUF.

Price, T. Douglas, et Borić, Dušan, 2013, « Strontium Isotopes Document Greater Human Mobility at the Start of the Balkan Neolithic », *Proceedings of the National Academy of Sciences of the United States of America*, 110, 9, p. 3298-3303.

Prichard, James Cowles, 1813, *Researches into the Physical History of Man*, rééd. University of Chicago Press.

Pringle, Heather Anne, 2006, *The Master Plan : Himmler's Scholars and the Holocaust*, New York, Hyperion.

Pruner-Bey, Franz, 1864, « Questions relatives à l'anthropologie générale », *Bulletins de la Société d'anthropologie de Paris*, 5, p. 64-135.

Puhvel, Jaan, 1970, « Aspects of Equine Functionality », *in* Jaan Puhvel (éd.), *Myth and Law among the Indo-Europeans : Studies in Indo-European Comparative Mythology*, Berkeley, University of California Press, p. 159-172.

–, 1987, *Comparative Mythology*, Baltimore-Londres, The John Hopkins University Press.

Pulgram, Ernst, 1953, « Family-Tree, Wave-Theory and Dialectology », *Orbis*, 2, p. 67-72.

–, 1958, *The Tongues of Italy : Prehistory and History*, Cambridge, Harvard University Press.

–, 1959, « Proto-indo-european Reality and Reconstruction », *Language*, 35, 3, p. 421-426.

Pulzer, Peter G. J., 1964, *The Rise of Political Anti-Semitism in Germany and Austria*, New York, Wiley.

Pumpelly, Raphael (éd.), 1908, *Explorations in Turkestan, Expedition of 1904 : Prehistoric Civilizations of Anau, Origins, Growth, and Influence of Environment*, Washington, Carnegie Institute of Washington, 2 vol.

Quatrefages de Bréau, Armand de, 1871, « Histoire naturelle de l'homme. La race prussienne », *Revue des Deux Mondes*, 91, p. 647-669 ; réédition à part, Paris, Hachette.

–, 1887, *Histoire générale des races humaines. Introduction à l'étude des races humaines. Questions générales*, Paris, Hennuyer.

Quattordio Moreschini, Adriana (éd.), 1987, *L'Opera Scientifica di Antoine Meillet. Atti del Convegno della Società Italiana di Glottologia*, Pise, Giardini.

Raidt, Edith H., 1983, *Einführung in Geschichte und Struktur des Afrikaans*, Darmstadt, Wissenschaftliche Buchgesellschaft.

Rapp, Adolf, 1920, *Die deutsche Gedanke, seine Entwicklung im politischer und geistigen Leben seit dem 18. Jahrhundert*, Bonn, K. Schroeder.

Rask, Rasmus Kristian, 1818, *Undersögelse om det gamle nordiske eller islandske sprogs oprindelse*, Copenhague, Gyldenlal.

–, 1932-1937, *Ausgewählte Abhandlungen*, Louis Hjelmslev (éd.), Copenhague, Levin et Munksgaard, 3 vol.

–, 1993, *Investigation of the Origin of the Old Norse or Icelandic Language*, trad. anglaise par Niels Ege, Copenhague, Travaux du Cercle linguistique de Copenhague, XXIV (reéd. Amsterdam, Benjamins, 2013).

Rassamakin, Yuri, 1999, « The Eneolithic of the Black Sea Steppe : Dynamics of Cultural and Economic Development 4500-2300 BC », *in* Marsha A. Levine, Yuri Rassamakin, Aleksandr Kislenko et Nataliya Tatarintseva (éd.), *Late Prehistoric Exploitation of the Eurasian Steppe*, Cambridge, McDonald Institute Monographs, p. 59-182.

–, 2002, « Aspects of Pontic Steppe Development (4500-3000 BC) in the Light of the New Cultural-Chronological Model », *in* Katherine V.

Boyle, Colin Renfrew, et Marsha A. Levine (éd.), *Ancient Interactions : East and West in Eurasia*, Cambridge, McDonalds Institute Monographs, p. 49-75.

–, 2004, *Die nordpontische Steppe in der Kupferzeit : Gräber aus der Mitte des 5. Jts. bis Ende des 4. Jts. v. Chr.*, Mayence, Von Zabern, 2 vol.

Raulwing, Peter, 1998, « Pferd, Wagen und Indogermanen : Grundlagen, Probleme und Methoden der Steitwagenforschung », *in* Wolfgang Meid (éd.), *Sprache und Kulture der Indogermanen. Akten der X. Fachtagung der Indogermanischen Gesellschaft*, Innsbruck, Innsbrucker Beiträge zur Sprachwissenschaft, Bd. 93, p. 523-546.

–, 2000, *Horses, Chariots, and Indo-Europeans : Foundations and Methods of Chariotry Research from the Viewpoint of Comparative Indo-European Linguistics*, Budapest, Archaeolingua.

Ravdonikas, Vladislav Iosifovič, 1932, « Peščernye goroda Kryma i gotskaja problema v svjazi so stadial'nym razvitijem severnovo pričernomor'ja », *Gotskij Sbornik*, 12, 1-2, p. 5-82.

Reinach, Salomon, 1892, *L'Origine des Aryens. Histoire d'une controverse*, Paris, Ernest Leroux.

–, 1898, « Esquisse d'une histoire de l'archéologie gauloise », *La Revue celtique*, 19, p. 101-117 et 292-307.

Renfrew, Colin, 1973, *Before Civilization : The Radiocarbon Revolution and Prehistoric Europe*, Londres, Pimlico (trad. française : *Les Origines de l'Europe : la révolution du radiocarbone*, Paris, Flammarion, 1983).

–, 1987, *Archaeology and Language : The Puzzle of Indo-European Origins*, Londres, Jonathan Cape (trad. française : *L'Énigme indo-européenne. Archéologie et langage*, Paris, Flammarion, 1990).

–, 1989, « They Ride Horses, Don't they ? Mallory on the Indo-Europeans ? » *Antiquity*, 63, 241, p. 843-847.

–, 1992, « Archaeology, Genetics and Linguistic Diversity », *Man (N.S.)*, 27, p. 445-478.

–, 1998, « Word of Minos : The Minoan contribution to Mycenaean Greek and the Linguistic Geography of the Bronze Age Aegean », *Cambridge Archaeological Journal*, 8, p. 239-264.

–, 1999, « Time Depth, Convergence Theory, and Innovation in Proto-Indo-European, "Old Europe" as a PIE Linguistic Area », *Journal of Indo-European Studies*, 27, 3-4, p. 257-293.

Renzi, Lorenzo, 1997, « Alinei, ovvero il latino prima di Roma », *Rivista italiana di dialettologia*, 21, p. 191-202.

Retzius, Anders, 1846, « Mémoire sur les formes du crâne des habitants du Nord », *Annales des sciences naturelles*, 3e série, « Zoologie », t. VI, p. 133-171.

–, 1864, *Ethnologische Schriften : Nach dem Tode des Verfassers gesammelt*, Stockholm, P. A. Norstedt & Söner.

Reynaud Paligot, Carole, 2006, *La République raciale : paradigme racial et idéologie républicaine, 1860-1930*, Paris, PUF.

–, 2007, *Races, racisme et antiracisme dans les années 1930*, Paris, PUF.

Rhode, Johann Gottlieb, 1820, *Die heilige Sage und das gesammte Religionssystem der alten Baktrer, Meder und Perser oder des Zendvolkes*, Francfort-sur-le-Main, Hermann.

Ridé, Jacques, 1966, « La fortune singulière du mythe germanique en Allemagne », *Études germaniques*, 21, 4, p. 489-505.

–, 1976, *L'Image du Germain dans la pensée et la littérature allemandes de la redécouverte de Tacite à la fin du XVI*[e] *siècle : contribution à l'étude de la genèse d'un mythe*, thèse de doctorat d'État, Université de Paris-Sorbonne.

Ringe, Donald A., 1996, *On the Chronology of Sound Changes in Tocharian*, vol. 1 : *From Proto-Indo-European to Proto-Tocharian*, New Haven, American Oriental Society.

Ripley, William Zebina, 1899, *The Races of Europe. A Sociological Study*, New York, D. Appleton (republié, Johnson Reprint Corp., 1965).

Riquet, Raymond, 1951, « Essai de synthèse sur l'ethnogénie des néo-énéolithiques en France », *Bulletins et Mémoires de la Société d'anthropologie de Paris*, 2, 4, p. 201-233.

Rivière, Jean-Claude, 1973, « Pour une lecture de Dumézil », *Nouvelle École*, 21-22, p. 14-79.

–, 1979, « Actualité de Georges Dumézil », *Éléments*, 32, p. 15-17.

Rix, Helmut, et Kümmel, Martin, 2001, *LIV, Lexikon der indogermanischen Verben : die Wurzeln und ihre Primärstammbildungen*, Wiesbaden, Reichert, 2e éd.

Robb, John E., 1991, « Random Causes with Directed Effects : The Indo-European Language Spread and the Stochastic Loss of Lineages », *Antiquity*, 65, p. 287-291.

–, 1993 « A Social Prehistory of European Languages », *Antiquity*, 67, p. 747-760.

Roberts, John M., Moore, Carmella C., et Romney, Antone Kimball, 1995, « Predicting Similarity in Material Culture among New Guinea Villages from Propinquity and Language : A Log-Linear Approach », *Current Anthropology*, 36, 5, p. 769-788.

Robins, Robert H., 1967, *A Short History of Linguistics*, Londres, Routledge (trad. française : *Brève histoire de la linguistique*, Paris, Seuil, 1976).

Rochet, Charles, 1871, « Sur le type prussien », *Bulletins de la Société d'anthropologie de Paris*, 2e série, 6, 1, p. 189-196.

Römer, Ruth, 1981, « Sigmund Feist : Deutscher – Germanist – Jude », *Muttersprache*, 91, p. 249-308.

–, 1985, *Sprachwissenschaft und Rassenideologie in Deutschland*, Munich, Wilhelm Fink.

Róna-Tas, András, 1988, « Ethnogenese und Staaatsgründung. Die turkische

Komponente in der Ethnogenese des Ungartums », in *Studien zur Ethnogenese*, Opladen, Westdeutscher Verlag, vol. 2, p. 107-142.

Rosenberg, Alfred, 1930, *Der Mythus des 20. Jahrhunderts. Eine Wertung der seelisch-geistigen Gestaltenkämpfe unserer Zeit*, Munich, Hoheneichen Verlag (7e édition 1942).

Rosser, Zoë H., Zerjal, Tatiana, Hurles, Matthew E., Adojaan, Maarja, Alavantic, Dragan, Amorim, António, Amos, William, *et al.*, 2000, « Y-Chromosomal Diversity in Europe Is Clinal and Influenced Primarily by Geography, rather than by Language », *American Journal of Human Genetics*, 67, p. 1526-1543.

Rostovtzeff, Mihail Ivanovich, 1922, *Iranians and Greeks in South Russia*, Oxford, Clarendon Press.

Rousseau, Jean, 1981, « R. Rask (1787-1832) et la transcription des langues amérindiennes – Une lettre inédite à J. Pickering », *Histoire Épistémologie Langage*, 3, 2, p. 69-83.

Rousso, Henry, 1990, *Le Syndrome de Vichy : de 1944 à nos jours*, Paris, Seuil, 2e éd.

–, 2004, *Le Dossier Lyon III : le rapport sur le racisme et le négationnisme à l'université Jean-Moulin*, Paris, Fayard.

Royer, Clémence, « Préface », *in* Charles Darwin, *De l'origine des espèces ou des lois du progrès chez les êtres organisés*, Paris, Guillaumin et Cie-Victor Massin et Fils, 1862.

–, 1870, *Origine de l'homme et des sociétés*, Paris, Guillaumin et Cie (rééd. J.-M. Place, Cahiers de Gradhiva, Paris, 1990).

Ruhlen, Merritt, 1991, *A Guide to the World's Languages*, vol. 1 : *Classification*, Stanford, Stanford University Press.

–, 1994, *The Origin of Language : Tracing the Evolution of the Mother Tongue*, New York, John Wiley & Sons (trad. française : *L'Origine des langues. Sur les traces de la langue mère*, Paris, Belin, 1997).

Saller, Karl, 1961, *Die Rassenlehre des Nationalsozialismus in Wissenschaft und Propaganda*, Darmstadt, Progress-Verlag.

Sandfeld, Kristian, 1930, *Linguistique balkanique : problèmes et résultats*, Paris, Champion.

Santoni, Vincenzo, 1999, « Le néolithique moyen-supérieur de Cuccuru S'Arriu (Cabras-Oristano, Sardaigne) », in *Actes du colloque international sur le néolithique nord-ouest méditarranéen*, Paris, Congrès préhistorique de France, Société préhistorique française, p. 77-87.

Sarianidi, Viktor, 1999, « Near Eastern Aryans in Central Asia », *Journal of Indo-European Studies*, 27, 3-4, p. 295-326.

–, 2005, *Gonurdepe : City of Kings and Gods*, Aşgabat, Miras.

–, 2007, *Necropolis of Gonur*, Athènes, Kapon Éditions.

Saussure, Ferdinand de, Bally, Charles, Sechehaye, Albert, Riedlinger, Albert, et de Mauro, Tullio, 1972, *Cours de linguistique générale*, publié par Charles Bally et Albert Séchehaye, avec la collaboration d'Albert Riedlinger, édition critique préparée par Tullio de Mauro, Paris, Payot (2e éd. 1985).

Sayce, Archibald Henry, 1884, *Principes de philologie comparée*, Paris, C. Delagrave.

–, 1927, « The Aryan Problem. Fifty Years Later », *Antiquity*, 1, p. 204-214.

Schemann, Ludwig, 1913-1916, *Gobineau. Eine Biographie*, Strasbourg, K. J. Trübner.

Scherer, Anton, 1968, *Die Urheimat der Indogermanen*, Darmstadt, Wissenschaftliche Buchgesellschaft.

Schiller, Francis, 1979, *Paul Broca, Founder of French anthropology, Explorer of the Brain*, Berkeley-Los Angeles, University of California Press.

Schleicher, August, 1861, *Compendium der vergleichenden Grammatik der indogermanischen Sprachen. Kurzer Abriss einer Laut- und Formenlehre der indogermanischen Ursprache, des altindischen, alteranischen, altgriechischen, altitalischen, altkeltischen, altslavischen, litauischen und altdeutschen*, Weimar, Böhlau.

–, 1863a, « Der wirtschaftliche Kulturstand des indogermanischen Urvolkes », *Jahrbücher für Nationaloekonomie*, p. 401-411.

–, 1863b, *Die Darwinsche Theorie und die Sprachwissenschaft. Offenes Sendschreiben an Herrn Dr. Ernst Häckel*, Weimar, Böhlau.

–, 1868, « La théorie et la science du langage », in *Recueil de travaux originaux ou traduits relatifs à l'histoire littéraire*, vol. 1, trad. de *Die darwinsche Theorie und die Sprachwissenschaft*, Paris, A. Franck.

Schlerath, Bernfried, 1987, « On the Reality and Status of a Reconstructed Language », *Journal of Indo-European Studies*, 1-2, 15, p. 41-46.

–, 1995-1996, « G. Dumézil und die Rekonstruktion indogermanischer Kultur », *Kratylos*, 40, p. 1-48 ; 41, p. 1-67.

Schliemann, Heinrich, 1992, *Une vie d'archéologue*, Paris, Jean-Cyrille Godefroy.

Schliz, Alfred, 1906, « Die Schnurkeramische Kulturkreis und seine Stellung zu den anderen neolitischen Kulturformen in Südwestdeutschland », *Zeitschrift für Ethnologie*, 38, p. 312-345.

Schmid, Wolfgang Paul, 1968, *Alteuropäisch und Indogermanisch*, Mayence, Steiner, Akademie der Wissenschaften und Literatur.

–, 1979, « Das Hethitische in einem neuen Verwandtschaftsmodell », *in* Erich Neu et Wolfgang Meid (éd.), *Hethitisch und Indogermanisch. Vergleichende Studien zur historischen Grammatik und zur dialektgeographischen Stellung der indogermanischen Sprachgruppe Altkleinasiens*, Innsbruck, Innsbrucker Beiträge zur Sprachwissenschaft, I, p. 231-236.

–, 1987, « "Indo-European" – "Old European" (On the Reexamination of Two Linguistic Terms) », *in* Susan Nacev Skomal et Edgar C. Polomé (éd.), *Proto-Indo-European : The Archaeology of a Linguistic Problem : Studies in Honor of Marija Gimbutas*, Washington, Institute for the Study of Man, p. 322-338.

Schmidt, Erich Friedrich, 1933, « Tepe Hissar Excavations 1931 », *The Museum Journal of Philadelphia*, XXIII, 4, Philadelphie, The University of Pennsylvania Press, p. 322-485.

–, 1937, *Explorations at Tepe Hissar, Damghan*, Philadelphie, The University of Pennsylvania Press.

Schmidt, Johannes, 1872, *Die Verwandtschaftsverhältnisse der indogermanischen Sprachen*, Weimar, Hermann Böhlau.

–, 1890, *Die Urheimath der Indogermanen und das Europäische Zahlsystem*, Berlin, Verlag der Königl, Akademie der Wissenschaften, in Commission bei G. Reimer.

Schmidt, Karl-Horst, 1992, « Contributions from New Data to the Reconstruction of the Proto-Language », *in* Edgar C. Polomé et Werner Winter (éd.), *Reconstructing Languages and Cultures*, Berlin-New York, Mouton de Gruyter, p. 35-62.

Schmidt, Robert Rudolf, 1945, *Die Burg Vučedol*, Zagreb, Arheološki Muzeum.

Schmidt, Wilhelm, 1926, *Die Sprachfamilien und Sprachkreise der Erde*, Heidelberg, Carl Winter, 2 vol.

Schmitt, Rüdiger, 1967, *Dichtung und Dichtersprache in indogermanischer Zeit*, Wiesbaden, Otto Harrassowitz.

Schmuhl, Hans-Walter, 2005, *Grenzüberschreitungen. Das Kaiser-Wilhelm-Institut für Anthropologie, menschliche Erblehre und Eugenik 1927-1945*, in *Geschichte der Kaiser-Wilhelm-Gesellschaft im Nationalsozialismus*, 9, Göttingen, Wallstein.

–, 2008, *The Kaiser Wilhelm Institute for Anthropology, Human Heredity, and Eugenics, 1927-1945 Crossing Boundaries*, New York, Springer, Boston Studies in the Philosophy of Science, vol. 259.

Schnapp, Alain, 1977, « Archéologie et nazisme », *Quaderni di storia*, 5, p. 1-26.

–, 1980, « Archéologie et nazisme (II) », *Quaderni di storia*, 11, p. 19-33.

–, 1981, « Archéologie, archéologues et nazisme », *in* Maurice Olender (éd.), *Le Racisme : mythes et sciences. Pour Léon Poliakov*, Bruxelles, Éditions Complexe, p. 289-315.

–, 1993, *La Conquête du passé. Aux origines de l'archéologie*, Paris, Éditions Carré.

–, et Svenbro, Jesper, 1980, « Du nazisme à "Nouvelle École" : repères sur la prétendue Nouvelle Droite », *Quaderni di storia*, 11, p. 107-119.

Schnapp-Gourbeillon, Annie, 1979, « Le mythe dorien », *Annali del Seminario di Studi del Mondo Classico, Sezzione di Archeologia e Storia Antica*, I, p. 1-11.

–, 2002, *Aux origines de la Grèce, XIIIe-VIIIe siècle avant notre ère. La genèse du politique*, Paris, Les Belles Lettres.

Schneider, William H., 1990, *Quality and Quantity : The Quest for Biological Regeneration in Twentieth-Century France*, Cambridge, Cambridge University Press.

–, 1994, « Hérédité, sang, et opposition à l'immigration dans la France des années trente », *Ethnologie française*, 24, 1, p. 104-117.

–, 1995, « Blood Group Research in Great Britain, France, and the United States between the World Wars », *Yearbook of Physical Anthropology*, 38, 21, p. 87-114.

Schrader, Otto, 1907, *Sprachvergleichung und Urgeschichte : linguistisch-historische Beiträge zur Erforschung des indogermanischen Altertums*, Iéna, Hermann Costenoble (1re éd. 1883 ; 2e éd. augmentée 1890).

–, et Nehring, Alfons (éd.), 1917-1929, *Reallexikon der indogermanischen Altertumskunde : Grundzüge einer Kultur- und Völkergeschichte Alteuropas*, Berlin-Leipzig, de Gruyter, 2 vol. (1re éd. 1901).

Schuchardt, Hugo Ernst Mario, 1884, *Slawo-deutsches und slawo-italienisches*, Graz, Leuschner & Lubensky.

–, 1885, *Über die Lautgesetze : gegen die Junggrammatiker*, Berlin, Oppenheim.

–, 1889, « Allgemeineres über das Indoportugiesisch (Asioportugiesische) », *Zeitschrift für romanische Philologie*, 13, p. 476-516.

–, 1890, « Über das Malaioportugiesische von Batavia und Tugu », *Sitzungberichte der phil.-histor. Classe der kaiserlischen Akademie der Wissenschaften in Wien*, 122, p. 1-256.

–, 1909, « Die Lingua franca », *Philologie*, 33, 4, p. 441-461.

–, 1922, *Hugo Schuchardt-Brevier : ein Vademecum der allgemeinen Sprachwissenschaft, als Festgabe zum 80. Geburtstag des Meisters zusammengestellt und eingeleitet von Leo Spitzer*, Halle, Niemeyer (2e éd. 1928).

–, 2011, *Textes théoriques et de réflexion, 1885-1925*, Limoges, Éditions Lambert-Lucas (bilingues en sciences humaines).

Schuchardt, Karl, 1919, *Alteuropa : Kulturen – Rassen – Völker*, Berlin-Strasbourg, de Guyter.

Schulenburg, Sigrid von der, 1973, *Leibniz als Sprachforscher*, Francfort-sur-le-Main, Veröff. des Leibniz-Archivs, 4.

Schultz, Bruno Kurt, 1934, *Erbkunde, Rassenkunde, Rassenpflege ; ein Leitfaden zum Selbststudium und für den Unterricht*, Munich, J. F. Lehmann.

Schulz, Heinrich, 1826, *Zur Urgeschichte des deutschen Volksstamms*, Hamm, Schulzische Buchhandlung.

Schulz, Walther, 1935, « Die indogermanische Frage in der Vorgeschichtsforschung. Völkerbewegungen während der Jüngeren Steinzeit (3. Jahrtausend v. Chr.) », *Zeitschrift für Vergleichende Sprachforschung*, 62, p. 184-198 (republié *in* Anton Scherer [éd.], *Die Urheimat der Indogermanen*, Darmstadt, Wissenschaftliche Buchgesellschaft, 1968, p. 141-157).

–, 1938, *Indogermanen und Germanen*, Leipzig-Berlin, Teubner.

Schwab, Raymond, 1950, *La Renaissance orientale*, Payot, Paris.

Schwidetzky, Ilse, 1954, *Das Problem des Völkertodes. Eine Studie zur historischen Bevölkerungsbiologie*, Stuttgart, Ferdinand Enke.

–, 1980, « The Influence of the Steppe People Based on the Physical Anthropological Data in Special Consideration to the Corded-Battle Axe Culture », *Journal of Indo-European Studies*, 8, 3-4, p. 345-360.

Searle, Geoffrey Russel, 1976, *Eugenics and Politics in Britain : 1900-1914*, Leyde, Noordhoff.

See, Klaus von, 1970, *Deutsche Germanen-Ideologie vom Humanismus bis zur Gegenwart*, Francfort-sur-le-Main, Athenäum-Verlag.

–, 1981, « Der Germane als Barbar », *Jahrbuch für internationale Germanistik*, 13, p. 42-72.

Seger, Hans, 1936, « Vorgeschichtsforschung und Indogermanenproblem », *in* Helmuth Arntz (éd.), *Germanen und Indo-Germanen, Volkstum, Sprache, Heimat, Kultur. Festschrift für Hermann Hirt*, Heidelberg, Carl Winter, vol. 1, p. 1-14.

Seidel, Gillian, 1981, « Le fascisme dans les textes de la Nouvelle Droite », *Mots, les langages du politique*, 3, p. 47-62.

Sergent, Bernard, 1979, « Les trois fonctions des Indo-Européens dans la Grèce ancienne : bilan critique », *Annales. Économies, sociétés, civilisations*, 34, 6, p. 1155-1186.

–, 1982, « Penser – et mal penser – les Indo-Européens (note critique) », *Annales. Économies, sociétés, civilisations*, 37, 4, p. 669-681.

–, 1983, « Panthéons hittites trifonctionnels », *Revue de l'histoire des religions*, 200, 2, p. 131-153.

–, 1990, « La religion cosmique des Indo-Européens (note critique) », *Annales. Économies, sociétés, civilisations*, 45, 4, p. 941-949.

–, 1995, *Les Indo-Européens, histoire, langues, mythes*, Paris, Payot.

–, 1997, *Genèse de l'Inde*, Paris, Payot.

–, 1998, *Les Trois Fonctions indo-européennes en Grèce ancienne*, vol. 1 : *De Mycènes aux Tragiques*, Paris, Economica.

Sergi, Giuseppe, 1903, *Gli Arii in Europa e in Asia*, Turin, Fratelli Bocca.

Seriot, Patrick, 1999, *Structure et totalité. Les origines intellectuelles du structuralisme en Europe centrale et orientale*, Paris, PUF.

Shaffer, Jim G., 1984, « The Indo-Aryan Invasions, Cultural Myth and Archaeological Reality », *in* John R. Lukacs (éd.), *The People of South Asia : The Biological Anthropology of India, Pakistan and Nepal*, New York, Plenum Press, p. 77-89.

Shapiro, Fred R., 1981, « On the Origin of the Term "Indo-Germanique" », *Historiographia Linguistica*, VIII, 1, p. 165-170.

Shelmerdine, Cynthia W. (éd.), 2008, *The Cambridge Companion to the Aegean Bronze Age*, Cambridge, Cambridge University Press.

Shennan, Stephen J. (éd.), 1989, *Archaeological Approaches to Cultural Identity*, Londres-Boston, Unwin Hyman (rééd. Londres-New York, Routledge, 2003).

–, 2003, *Genes, Memes and Human History : Darwinian Archaeology and Cultural Evolution*, Londres, Thames & Hudson.

Sherratt, Andrew, 1981, « Plough and Pastoralism : Aspects of the Secondary Products Revolution », *in* Ian Hodder, Glynn Isaac et Norman Hammond (éd.), *Pattern of the Past : Studies in Honour of David Clarke*, Cambridge, Cambridge University Press, p. 261-305.

–, et Sherratt, Susan, 1988, « Agricultural Transition and Indo-European Dispersals », *Antiquity*, 62, p. 584-595.

Shevoroshkin, Vitaly Victorovich, 1989a, *Reconstructing Languages and Cultures. Abstracts and Materials from the First International Interdisciplinary Symposium on Language and Prehistory*, Bochum, Brockmeyer.

– (éd.), 1989b, *Explorations in Languages Macro-Families*, Bochum, Brockmeyer.

Shnirelman, Victor A., 1995, « From Internationalism to Nationalism : Forgotten Pages of Soviet Archaeology in the 1930s and 1940s », *in* Philip L. Kohl et Clare Fawcett (éd.), *Nationalism, Politics, and the Practice of Archaeology*, Cambridge, Cambridge University Press, p. 120-138.

–, 1998a, « Archaeology and Ethnic Politics : The Discovery of Arkaim », *Museum International (Unesco, Paris)*, 50, 2, p. 32-39.

–, 1998b, *Russian Neo-Pagan Myths and Antisemitism*, Jerusalem, The Hebrew University of Jerusalem, Series : Analysis of Current Trends in Antisemitism, 13.

–, 1999, « Passions about Arkaim : Russian Nationalism, the Arians, and the Politics of Archaeology », *Inner Asia*, 1, p. 267-282.

–, 1999-2000, « Perun, Svarog and Others : Russian Neo-Paganism in Search of Itself », *Cambridge Anthropology*, 21, 3, p. 18-36.

–, et Komarova, Galina, 1997, « Majority as a Minority : The Russian Ethno-Nationalism and its Ideology in the 1970s-1990s », *in* Hans-Rudolf Wicker (éd.), *Rethinking Nationalism and Ethnicity : The Struggle for Meaning and Order in Europe*, Oxford, Berg, p. 211-224.

Siegert, Hans, 1941-1942, « Zur Geschichte der Begriffe "Arier" und "Arisch" », *Wörter und Sachen, Zeitschrift für indogermanische Sprachwissenschaft, Volksforschung und Kulturgeschichte*, Neue Folge, 4, p. 73-99.

Sims-Williams, Patrick, 1998, « Genetics, Linguistics and Prehistory : Thinking Big and Thinking Straight », *Antiquity*, 72, 277, p. 505-527.

Sklenář, Karel, 1983, *Archaeology in Central Europe : The First 500 Years*, Leicester, Leicester University Press.

Smolla, Günter, 1979-1980, « Das Kossinna-Syndrom », *Fundberichte aus Hessen*, 19/20, p. 1-9.

–, 1984-1985, « Gustaf Kossinna nach 50 Jahren. Kein Nachruf », *Acta Praehistorica et Archaeologica*, 16/17, p. 9-14.

Sokoloff, Georges, 2011, *Nos ancêtres les nomades. L'épopée indo-européenne*, Paris, Fayard.

Specht, Franz, 1944, *Der Ursprung der indogermanischen Deklination*, Göttingen, Vandenhoek & Ruprecht.

Speer, Albert, 1976, *Inside the Third Reich*, New York, Avon (édition allemande originale : *Erinnerungen*, Frankfurt/Main, Ullstein, 1969).

Spiegel-Rösing, Ina, et Schwidetzky, Ilse, 1982, *Maus und Schlange. Untersuchungen zur Lage der deutschen Anthropologie*, Munich, Oldenburg.

Staline, Joseph V., 1950, *Le Marxisme et les Problèmes de linguistique*, Moscou, Éditions en langues étrangères.

Stanton, William, 1960, *The Leopard's Spots : Scientific Attitudes towards Race in America, 1815-1859*, Chicago, Chicago University Press.

Sterling, Eleonore, 1969, *Judenhass. Die Anfänge des politischen Antisemitismus in Deutschland (1815-1850)*, Francfort-sur-le-Main, Europäische Verlagsanstalt.

Stern, Alexandra, 2005, *Eugenic Nation Faults : and Frontiers of Better Breeding in Modern America*, Berkeley, University of California Press.

Stern, Fritz Richard, 1961, *The Politics of Cultural Despair : A Study in the Rise of the Germanic Ideology*, Berkeley, University of California Press.

Sternhell, Zeev, 1978, *La Droite révolutionnaire. 1885-1914. Les origines françaises du fascisme*, Paris, Seuil.

–, 1983, *L'Idéologie fasciste en France*, Paris, Seuil.

Stoczkowski, Wiktor, 1994, *Anthropologie naïve, anthropologie savante de l'origine de l'homme, de l'imagination et des idées reçues*, Paris, CNRS Éditions.

–, 1999, *Des hommes, des dieux et des extra-terrestres. Ethnologie d'une croyance moderne*, Paris, Flammarion.

Stone, Merlin, 1976, *When God Was a Woman*, New York, Barnes & Noble (trad. française : *Quand Dieu était une femme*, Québec, SCE, 1978).

Strahlenberg, Philipp Johann Tabbert von, 1730, *Das nord- und ostliche Theil von Europa und Asia*, Stockholm, *in* Verlegung des Autoris (facsimilé *Studia uralo-altaïca*, 8, Szeged, 1975).

Streitberg, Wihlelm, 1915, « Zur Geschichte der Sprachwissenschaft », *Indogermanische Forschungen*, 35, p. 182-197.

Strunk, Klaus, 2004, « Vorgriechisch/"Pelasgisch" : Neue Erwägungen zu einer älteren Substrathypothese », *in* Joachim Bammesberger et Theo Vennemann (éd.), *Languages in Prehistoric Europe*, Heildelberg, Winter, p. 85-98.

Sturtevant, Edgar Howard, 1929, « The Relationship of Hittite to Indo-European », *Transactions and Proceedings of the American Philology Association*, 60, p. 25-37.

–, 1962, « The Indo-Hittite Hypothesis », *Language*, 38, p. 105-110.

Sulimirski, Tadeusz, 1933, « Die Schnurkeramischen Kulturen und das indoeuropäische Problem », in *La Pologne au VIIe Congrès international des sciences historiques*, Varsovie, vol. 1, p. 287-308 (republié *in* Anton Scherer [éd.], *Die Urheimat der Indogermanen*, Darmstadt, Wissenschaftliche Buchgesellschaft, 1968, p. 117-140).

Sünner, Rüdiger, 1999, *Schwarze Sonne. Entfesselung und Missbrauch der Mythen in Nationalsozialismus und rechter Esoterik*, Fribourg-en-Brisgau, Herder Spektrum.

Swadesh, Morris, 1972, *The Origin and Diversification of Language*, Londres, Taylor & Francis.

Swiggers, Pierre, 1991, « The Indo-European Origin of the Greek Meters : Antoine Meillet's Views and their Reception by Émile Benveniste and Nikilai Trubetzkoy », *in* Karl Pearson (éd.), *Perspectives on Indo-European Language, Culture and Religion : Studies in Honor of Edgar C. Polomé*, Washington, Institute of the Study of Man, JIES Monograph, 7, vol. 1, p. 199-215.

Szemerényi, Oswald John Louis, 1977, *Studies in the Kinship Terminology of the Indo-European Languages : With Special Reference to Indian, Iranian, Greek, and Latin*, Acta Iranica 16, Téhéran-Liège, Éditions Bibliothèque Pahlavi.

–, 1985, « Recent Developments in Indo-European Linguistics », *Transactions of the Philological Society*, 83, 1, p. 1-71.

–, 1996, *Introduction to Indo-European linguistics*, Oxford, Oxford University Press.

Taguieff, Pierre-André, 1981, « L'héritage nazi. Des nouvelles droites européennes à la littérature niant le génocide », *Les Nouveaux Cahiers*, 64, p. 3-22.

–, 1984, « La stratégie culturelle de la "Nouvelle Droite" en France (1968-1983) », *in* Antoine Spire (éd.), *Vous avez dit fascismes ?*, Paris, Montalba-Artaud, p. 13-52.

–, 1994, *Sur la Nouvelle Droite. Jalons d'une analyse critique*, Paris, Descartes-Galilée.

–, *et al.*, 1999, *L'Antisémitisme de plume, 1940-1944, études et documents*, Berg international.

Tallgren, Aarne Michaël, 1926, « La Pontide préscythique après l'introduction des métaux », *Eurasia Septentrionalis Antiqua*, II.

–, 1936a, « Sur la méthode de l'archéologie préhistorique », *Eurasia Septentrionalis Antiqua*, X, p. 16-24.

–, 1936b, « Archaeological Studies in Soviet Russia », *Eurasia Septentrionalis Antiqua*, X, p. 129-170.

–, 1939, *Etnogenesis eli ajatuksia kansakuntain synnystä* [L'ethnogénèse, ou réflexions sur la naissance des nations], Helsinki.

Taylor, Isaac, 1890, *The Origin of the Aryans : An Account of the Prehistoric Ethnology and Civilisation of Europe*, Londres, W. Scott.

Tejral, Jaroslav, 2009, « Les grandes migrations, depuis les Germains jusqu'à l'an mille », *in* Jean-Paul Demoule (éd.), *L'Europe, un continent redécouvert par l'archéologie*, Paris, Gallimard, p. 125-136.

Telegin, Dmitri, 1973, *Seredno-Stogivska kul'tura epokhy midi*, Kiev, Naukova Dumka.

–, Nečitaljlo, A. L., Potekhina, I. D., et Pančenko, V. Ju., 2001, *Srednestogovskaja i novodanilovskaja kul'tury ėneolita Azovo-Černomorskogo regiona*, Lougansk, Shlyahh.

–, et Potekhina, I. D., 1987, *Neolithic Cemeteries and Populations in the Dnieper Basin*, Oxford, British Archaeological Reports, International series, S383.

Terrell, John E., 2001, *Archaeology, Language, and History : Essays on Culture and Ethnicity*, Westport (Conn.), Bergin & Garvey.

Testart, Alain, 2010, *La Déesse et le Grain. Trois essais sur les religions néolithiques*, Paris, Errance.

–, 2011, « Les modèles biologiques sont-ils utiles pour penser l'évolution des sociétés ? », *Préhistoires méditerranéennes*, 2, p. 105-122.

Thiesse, Anne-Marie, *La Création des identités nationales : Europe XVIIIe-XXe siècle*, Paris, Seuil, 1999.

Thiolay, Boris, 2012, *Lebensborn, la fabrique des enfants parfaits. Ces Français qui sont nés dans une maternité SS*, Paris, Flammarion.

Thomas, Homer L., 1991, « Indo-European : from the Paleolithic to the Neolithic », *in* Roger Pearson (éd.), *Perspectives on Indo-European Language, Culture and Religion : Studies in Honor of E.C. Polomé*, Washington (DC), Institute for the Study of Man, vol. I, p. 12-37.

–, 1992, « Archaeology and Indo-European Comparative Linguistics », *in* Edgar C. Polomé et Werner Winter (éd.), *Reconstructing Languages and Cultures*, Berlin-New York, Mouton de Gruyter, p. 281-315.

Thomason, Sarah Grey, 2001, *Language Contact : An Introduction*, Édimbourg, Edinburgh University Press.

–, et Kaufman, Terrence, 1988, *Language Contact, Creolization, and Genetic Linguistics*, Berkeley, University of California Press.

Thuillier, Guy, 1977, « Un anarchiste positiviste, G. Vacher de Lapouge », *in* Pierre Guiral et Émile Temime (éd.), *L'Idée de race dans la pensée politique française contemporaine*, Paris, CNRS Éditions, p. 48-65.

Thuillier, Jean-Paul, 2006, *Les Étrusques*, Paris, Éditions du Chêne.

Thuillier, Pierre, 1981, *Les biologistes vont-ils prendre le pouvoir ? La sociobiologie en question*, t. I : *Le Contexte et l'Enjeu*, Bruxelles, Éditions Complexe.

Tilak, Bâl Gangâdhar, 1903, *The Arctic Home in the Vedas*, Poona, Tilak Bros (trad. française : *L'Origine polaire de la tradition védique*, Milan, Archè, 1979).
Todorova, Henrieta, 1986, *Kamenno-mednata Epoha v Bălgarija (peto hiljadoleti predi novata era)*, Sofia, Izdatelstvo Nauka i Iskustvo.
Toman, Jindrich, 1987, « Trubetzkoy before Trubetzkoy », *in* Hans Aarsleff, Louis Gérard Kelly et Hans-Josef Niederehe (éd.), *Papers in the History of Linguistics*, Amsterdam, Benjamins, p. 627-638.
Topinard, Paul, 1891, *L'Homme dans la nature*, Paris, Bibliothèque scientifique internationale.
Toporov, Vladimir Nikolaevic, 1981, « Die Ursprünge der indoeuropäischen Poetik », *Poetica*, 13, p. 189-251.
Tournier, Maurice, 1992, « Des mots en politique. "Race", un mot qui a perdu la raison », *Mots*, 32, p. 105-107.
Tovar, Antonio, 1961, *The Ancient Languages of Spain and Portugal*, New York, Vanni.
–, 1980, « Die Bildung der indogermanischen Dialekte », *in* Joachim Göschel, Pavle Ivić et Kurt Kehr (éd.), *Dialekt und Dialektologie*, Beihefte NF 26, Wiesbaden, Franz Steiner, p. 143-153.
–, 1987, « Lenguas y pueblos de la antigua Hispania », in *Actas del IV Coloquio sobre las lenguas y culturas paleohispanicas*, Vitoria, p. 15-34.
Trautmann, Thomas R., 1997, *Aryans and British India*, Berkeley, University of California Press.
Trautmann-Waller Céline (éd.), 2004, *Quand Berlin pensait les peuples. Anthropologie, ethnologie, psychologie, 1850-1890*, Paris, CNRS Éditions.
Tremblay, Xavier, 2005, « Grammaire comparée et grammaire historique : quelle réalité est reconstruite par la grammaire comparée ? », *in* Henri-Paul Francfort, Gérard Fussman, Jean Kellens et Xavier Tremblay, *Aryens et Iraniens en Asie centrale*, Paris, Collège de France, Publications de l'Institut de civilisation indienne, fasc. 72, p. 21-196.
Treuil, René, Darcque, Pascal, Poursat, Jean-Claude, et Touchais, Gilles (éd.), 2008, *Les Civilisations égéennes du néolithique et de l'âge du bronze*, Paris, PUF (1re éd. 1989).
Trigger, Bruce G., 1980, *Gordon Childe, Revolutions in Archaeology*, New York, Columbia University Press.
–, 1989, *A History of Archaeological Thought*, Cambridge-New York, Cambridge University Press.
Trombetti, Alfredo, 1905, *L'unità d'origine del linguaggio*, Bologne, Luigi Beltrami.
Troubetzkoy, prince Nikolaï Sergueevitch, 1930, « Proposition 16 », in *Actes du premier Congrès international de linguistes à La Haye, du 10 au 15 avril 1928*, Leyde, A. W. Sijthoff, vol. 1, p. 17-18.
–, 1939, « Gedanken über das Indogermanenproblem », *Acta Linguistica*, I, p. 81-89.

–, 1949, *Principes de phonologie*, Paris, Klincksieck,
–, 1975, *N. S. Trubetzkoy's Letters and Notes*, Roman Jakobson (éd.), La Haye, Mouton.
–, 1996, « Réflexions sur le problème indoeuropéen », *in* Patrick Seriot (éd.), *N. S. Troubetzkoy. L'Europe et l'Humanité. Écrits linguistiques et paralinguistiques*, Liège, Mardaga, p. 211-230.
–, 2006, *Correspondance avec Roman Jakobson et autres écrits*, édition établie par Patrick Seriot, Lausanne, Payot.
Trudgill, Peter, 1986, *Dialects in Contact*, Oxford, Blackwell.
Tsirtsoni, Zoï, 2010, « To telos tis neolithikis epochis stin Ellada kai ta Balkania », *in* Zoï Tsirtsoni et Nikos Papadimitriou (éd.), *La Grèce dans le contexte culturel des Balkans du Ve et IVe millénaire av. J.-C.*, p. 93-103, Athènes, Fondation N. P. Goulandris-Musée d'art cycladique.
Tuaillon, Gaston, 1972, « Le franco-provençal : progrès d'une définition », *Travaux de linguistique et de littérature*, 10, p. 293-339.
Tucker, A. N., et Bryan, M. A., 1974, « The 'Mbugu'Anomaly », *Bulletin of the School of Oriental and African Studies*, 37, 1, p. 188-207.
Ţurcanu, Florin, 2003, *Mircea Eliade. Le prisonnier de l'histoire*, Paris, La Découverte.
–, 2013, « Mircea Eliade et Georges Dumézil, "une amitié dans la liberté" ? », *Historia Religionum*, 5, p. 109-134.

Uerpmann, Hans-Peter, 1990, « Die Domestikation des Pferdes im Chalkolithikum West- und Mitteleuropas », *Madrider Mitteilungen*, 31, p. 109-153.
–, 1995, « Domestication of the Horse – When, Where, and Why ? », *in* Liliane Bodson (éd.), *Le Cheval et les Autres Équidés. Aspects de l'histoire de leur insertion dans les activités humaines*, Université de Liège, p. 15-29.
Uhlenbeck, Christianus Cornelius, 1935, « Oer-Indogermaansch en Oer-Indogermanen », *Medeleelingen der Koninklijke Akademie van Wetenschappen, Afdeeling Letterkunde*, 77, série A, n° 4.
–, 1937, « The Indogermanic Mother Language and Mother Tribes Complex », *American Anthropologist*, 39, 3, p. 385-393.
Ujfalvy, Charles Eugène de, 1884, *Le Berceau des Aryas d'après des ouvrages récents*, Paris, A. Hennuyer.
–, 1887a, « Quelques observations sur les Tadjiks des montagnes, appelés aussi Galtchas », *Bulletins de la Société d'anthropologie de Paris*, 10, 1, p. 15-43.
–, 1887b, « L'influence du milieu sur les peuples de l'Asie centrale », *Bulletins de la Société d'anthropologie de Paris*, 10, 1, p. 436-457.
–, 1896, *Les Aryens au nord et au sud de l'Hindou-Kouch*, Paris, G. Masson.
Untermann, Jürgen, 1961, *Sprachräume und Sprachbewegungen im vorrömischen Hispanien*, Wiesbaden, Harrassowitz.

–, 1975, *Monumenta Linguarum Hispanicarum*, t. I. : *Die Münzlegenden*, Wiesbaden, Harrassowitz.

–, 1997, *Monumenta Linguarum Hispanicarum*, t. IV : *Die tartessischen, keltiberischen und lusitanischen Inschriften*, Wiesbaden, Reichert.

Ureland, Per Sture, 1994, « Language Contact across the Baltic », *Gothenburg Papers in Theoretical Linguistics*, 72, p. 199-269.

– (éd.), 2010, *Sprachkontakt in der Hanse : Aspekte des Sprachausgleichs im Ostsee- und Nordseeraum. Akten des 7. Internationalen Symposions über Sprachkontakt*, Berlin, de Gruyter.

Vacher de Lapouge, Georges, 1899, *L'Aryen, son rôle social. Cours libre de science politique professé à l'Université de Montpellier (1889-1890)*, Paris, A. Fontemoing.

Valdman, Albert (éd.), 1977, *Pidgin and Creole Linguistics*, Bloomington, Indiana University Press.

–, et Highfield, Arnold R. (éd.), 1980, *Theoretical Orientations in Creole Studies*, New York, Academic Press.

Valkhoff, Marius François, 1972, *New Lights on Afrikaans and Malayo-Portuguese*, Louvain, Peeters.

Valle Rodriguez, Carlos del, 1983, « Die Anfänge der hebräischen Grammatik in Spanien », *in* C. H. M. Versteegh, Konrad Koerner et Hans-Josef Niederehe (éd.), *The History of Linguistics in the Near East*, Amsterdam, Benjamins, p. 153-166.

Vallois, Henri-Victor, 1944, *Les Races humaines*, Paris, PUF, coll. « Que sais-je ? ».

Van Bekkum, Wout Jan, 1983, « The Risala of Yehuda Ibn Quraysh and Its Place in Hebrew Linguistics », *in* C. H. M. Versteegh, Konrad Koerner et Hans-Josef Niederehe (éd.), *The History of Linguistics in the Near East*, Amsterdam, Benjamins, p. 71-91.

Van den Gheyn, R. P., 1889, *L'Origine européenne des Aryas. Mémoire presenté au Congrès scientifique international des catholiques tenu à Paris en 1888*, Paris, Bureaux des Annales de philosophie chrétienne.

Van der Linden, Marc, 2006, *Le Phénomène campaniforme dans l'Europe du IIIe millénaire avant notre ère : synthèse et nouvelles perspectives*, Oxford, Archaeopress, BAR international series, 1470.

Vanhove, Martine, 1993, *La Langue maltaise : études syntaxiques d'un dialecte arabe « périphérique »*, Wiesbaden, Harrassowitz.

Van Windekens, Albert Jan, 1952, *Le Pélasgique. Essai sur une langue indo-européenne préhellénique*, Louvain, Université de Louvain, Bibliothèque du Mouseion.

Veit, Ulrich, 1984, « Gustaf Kossinna und V. Gordon Childe : Ansätze zu einer theoretischen Grundlegung der Vorgeschichte », *Saeculum*, 35, p. 326-364.

–, 1989, « Ethnic Concepts in German Prehistory : A Case Study on the Relationship between Cultural Identity and Archaeological Objectivity », Stephen J. Shennan (éd.), Londres, Unwin Hyman, p. 35-56 (rééd. Paperback Routledge, Londres-New York, 1994).
–, 2000, « Gustaf Kossinna and his concept of a national archaeology », *in* Heinrich G. H. Härke (éd.), *Archaeology, Ideology and Society. The German Experience*, Francfort-sur-le-Main, Peter Lang, p. 41-66.
Vennemann, Theo, 1989, *The New Sound of Indo-European : Essays in Phonological Reconstruction*, Amsterdam, Mouton de Gruyter.
Ventris, Michael, et Chadwick, John, 1953, « Evidence for Greek Dialect in the Mycenaean Archives », *The Journal of Hellenic Studies*, 73, p. 84-103.
Verschuer, Otmar von, 1959, *Genetik des Menschen. Lehrbuch der Humangenetik*, Munich, Urban & Schwarzenberg.
Viallaneix, Paul, et Jean Ehrard (éd.), 1982, *Nos ancêtres les Gaulois. Actes du colloque international de Clermont-Ferrand*, Clermont-Ferrand, Publications de la Faculté des lettres et sciences humaines.
Victorri, Bernard, 2000, « La langue originelle », in *Science et Avenir*, 125, p. 37-41.
Vidal-Naquet, Pierre, 1986, « Mort d'un inventeur, Georges Dumézil », *L'Événement du jeudi*, 102 (16 au 22 octobre 1986).
–, 2005, *L'Atlantide. Petite histoire d'un mythe platonicien*, Paris, Les Belles Lettres.
Viel, Michel, 1984, *La Notion de « marque » chez Trubetzkoy et Jakobson : un épisode de l'histoire de la pensée structurale*, Lille-Paris, Didier-Érudition.
Vielle, Christophe, 1992, « Idéologie, mythe et littérature. Quelles perspectives pour les acquis du comparatisme dumézilien ? », *Uranie*, 2, p. 165-185.
–, 1994, « Sir William Jones et la comparaison génétique en mythologie », *in* Christophe Vielle, Pierre Swiggers et Guy Jucquois (éd.), *Comparatisme, mythologies, langages, en hommage à Claude Lévi-Strauss*, Louvain-La-Neuve, Peeters, « Bibliothèque des cahiers de l'Institut de linguistique de Louvain », 73, p. 33-60.
–, 1996, *Le Mytho-cycle-héroïque dans l'aire indo-européenne : correspondances et transformations helléno-aryennes*, Louvain-la-Neuve, Institut orientaliste, Publications de l'institut orientaliste de Louvain, 46.
Vigne, Jean-Denis, 2008, « Zooarchaeological Aspects of the Neolithic Diet Transition in the Near East and Europe, and Their Putative Relationships with the Neolithic Demographic Transition », *in* Jean-Pierre Bocquet-Appel et Ofer Bar-Yosef (éd.), *The Neolithic Demographic Transition and its Consequences*, New York, Springer, p. 179-205.
–, et Daniel Helmer, 2007, « Was Milk a "Secondary Product" in the Old World Neolithisation Process ? : Its Role in the Domestication of Cattle, Sheep and Goats », *Anthropozoologica*, 42, 2, p. 9-40.

Villar, Francisco, 1990, « Indo-Européens et pré-Indo-Européens dans la péninsule Ibérique », *in* Thomas Markey et John A. C. Greppin (éd.), *When Words Collide : The Indo-Europeans and the Pre-Indo-Europeans*, Ann Arbor, Karoma Publishers, p. 363-394.

Vinogradov, Viktor Vladimirovich, 1969, « Triompher du culte de la personnalité dans la linguistique soviétique », *Langage*, 15, 4, p. 67-84.

Virchow, Rudolf, 1872, « Über die Methode der wissenschaftlichen Anthropologie », *Zeitschrift für Ethnologie*, 4, p. 300-320.

–, 1874, *Die Urbevölkerung Europa's*, Berlin, C.G. Lüderitz (trad. française : « Les peuples primitifs de l'Europe », *Revue scientifique*, 4 juillet 1874, p. 1-13).

–, 1884, « Die Rasse von La Tène », *Verhandlungen der Berliner Gesellschaft für Anthropologie, Ethnologie und Urgeschichte*, p. 168-181.

–, 1886, « Gesammtbericht über die von der deutschen anthropologischen Gesellschaft veranlassten Erhebungen über die Farbe der Haut, der Haare und der Augen der Schulkinder », *Archiv für Anthropologie*, XVI, p. 275-475.

Voegelin, C. F., et Voegelin, F. M., 1973, « Recent Classifications of Genetic Relationships », *Annual Review of Anthropology*, 2, 1, p. 139-151.

Vörös, I., 1981, « Wild Equids from the Early Holocene in the Carpathian Basin », *Folia Archaeologica*, 32, p. 37-68.

Wagner, Gottfried, 1998, *L'Héritage Wagne. Une autobiographie*, Paris, Éditions Nil.

Wagner, Heinrich, 1985, *Das Hethitische vom Standpunkte der typologischen Sprachgeographie*, Pise, Giardini, Testi Linguistici, 7.

Wahl, J., et Strien, H.-C. (éd.), 2007, *Tatort Talheim. 7000 Jahre später : Archäologen und Gerichtsmediziner ermitteln*, Heilbronn, Städtische Museen Heilbronn.

Wahle, Ernst, 1932, *Deutsche Vorzeit*, Leipzig, K. Kabitzsch (2e éd. 1952).

–, 1940-1941, « Zur ethnischen Deutung frühgeschichtlicher Kulturprovinzen : Grenze der frühgeschichlichen Erkenntnis », *Sitzungsberichte der Heidelberger Akademie der Wissenschaft Phil.-Hist. Klasse*, I, 2.

–, 1964, *Tradition und Auftrag prähistorischer Forschung : Ausgewählte Abhandlungen*, Berlin, Duncker, Humbolt.

Walter, Henriette, 1994, *L'Aventure des langues en Occident. Leur origine, leur histoire, leur géographie* (préface d'André Martinet), Paris, Robert Laffont.

Warren, William Fairfield, 1885, *Paradise Found : The Cradle of the Human Race at the North Pole : A Study of the Prehistoric World*, Boston, Houghton, Mifflin.

Watkins, Calvert, 1995, *How to Kill a Dragon : Aspects of Indo-European Poetics*, Oxford, Oxford University Press.

Wechler, Klaus-Peter, 2002, *Studien zum Neolithikum der osteuropäischen Steppe*, Mayence, Philipp von Zabern.

Weindling, Paul, 1989, *Health, Race, and German Politics between National Unification and Nazism, 1870-1945*, Cambridge, Cambridge University Press (trad. française abrégée : *L'Hygiène de la race*, t. I : *Hygiène raciale et Eugénisme médical en Allemagne, 1870-1933*, Paris, La Découverte-Syros, 1998).

Weinreich, Max, 1946, *Hitler's Professors : The Part of Scholarship in Germany's Crimes against the Jewish People*, Yale University Press (2e édition 1999).

–, 1980, *History of the Yiddish Language*, Chicago-Londres, University of Chicago Press.

Weinreich, Uriel, 1953, *Languages in Contact, Findings and Problems*, New York, Publications of the Linguistic Circle of New York, 1.

–, 1954, « Is a Structural Dialectology Possible ? », *Word*, 10, p. 388-400.

West, Martin Litchfield, 1999, *The East Face of Helicon : West Asiatic Elements in Greek Poetry and Myth*, Oxford, Oxford University Press (nouvelle édition).

–, 2008, *Indo-European Poetry and Myth*, Oxford, Oxford University Press.

Whinnom, Keith, 1980, « Creolization in Linguistic Change », *in* Albert Valdman et Arnold R. Highfield (éd.), *Theoretical Orientations in Creole Studies*, New York, Academic Press, p. 203-212.

Wieland, Hermann, 1925, *Atlantis, Edda und Bibel. 200 000 Jahre germanischer Weltkultur und das Geheimnis der Heiligen Schrift*, Weissenburg in Bayern, Gross-deutscher Verlag.

Wieviorka, Annette, et Laffitte, Michel, 2012, *À l'intérieur du camp de Drancy*, Paris, Perrin.

Wilke, Georg, 1918, « Archäologie und Indogermanenproblem », *Veröffentlichungen des Provinzialmuseums zu Halle*, III, Halle, p. 1-18.

Will, Édouard, 1956, *Doriens et Ioniens. Essai sur la valeur du critère ethnique appliqué à l'étude de l'histoire et de la civilisation grecques*, Paris, Les Belles Lettres.

Williams, Elizabeth A., 1983, *The Science of Man : Anthropological Thought and Institutions in Nineteenth-Century France*, Bloomington, Indiana University.

Willson, Amos Leslie, 1964, *A Mythical Image : The Ideal of India in German Romanticism*, Duke University Press.

Wilser, Ludwig, 1899, *Herkunft und Urgeschichte der Arier*, Heidelberg, J. Hörning.

Winter, Werner, 1992, « Armenian, Tocharian, and the "Glottalic" Theory », *in* Edgar C. Polomé et Werner Winter (éd.), *Reconstructing Languages and Cultures*, Berlin-New York, Mouton & de Gruyter, p. 112-127.

Wirth, Hermann Felix, 1928, *Der Aufgang der Menschheit. Geschichte der*

Religion, Symbolik und Schrift der atlantisch-nordischen Rasse, t. I : *Die Grundzüge*, Iéna, E. Diederichs.

Witzel, Michael, 2003, « Ein Fremdling im Rgveda », *The Journal of Indo-European Studies*, 31, 1-2, p. 107-185.

–, 2006, « Rama's Realm : Indocentric Rewritings of Early South Asian History », *in* Garrett Fagan (éd.), *Archaeolological Fantasies : How Pseudo-archaeology Misrepresents the Past and Misleads the Public*, Londres, Routledge.

–, 2013, *The Origins of the World's Mythologies*, New York, Oxford University Press.

Wiwjorra, I., 1996, « German Archaeology and its Relation to Nationalism and Racism », *in* Margarita Díaz-Andreu Garcia et Tim Champion (éd.), *Nationalism and Archaeology in Europe*, Londres, ULC Press, p. 164-171.

Wolff, Karl Felix, 1914, « Die Urheimat der Indogermanen », *Mannus*, 6, p. 309-321.

Wolfram, S., 2000, « Vorsprung durch Technik or "Kossinna Syndrome" », *in* G. H. Heinrich Härke (éd.), *Archaeology, Ideology and Society. The German Experience*, Francfort-sur-le-Main, Peter Lang, p. 180-201.

Wolzogen, comte Hans von, 1882, *Die Religion des Mitleidens und die Ungleichheit der menschlichen Racen*, Bayreuth, Burger.

Wrotnowska, Denise, 1975, « Pruner-Bey, Franz Ignace », *in* Charles Coulston Gillispie (éd.), *Dictionary of Scientific Biography*, New York, Charles Scribner's Sons, t. XI, p. 177-179.

Wulsin, Frederick R., et Smith, Myron Bement, 1932, *Excavations at Tureng Tepe, near Asterābād*, Supplement to the *Bulletin of the American Institute for Persian Art and Archaeology*, vol. 2, n° 1 *bis*, Philadelphie.

Xirotiris, Nikolaos I., 1980, « The Indo-European in Greece. An Anthropological Approach to the Population of the Bronze Age », *Journal of Indo-European Studies*, 8, p. 201-210.

Yakubovich, Ilya S., 2009, *Sociolinguistics of the Luvian Language*, Leyde, Brill.

Yoshida, Atsuhiko, 1964, « La structure de l'illustration du bouclier d'Achille », *Revue belge de philologie et d'histoire*, 42, 1, p. 5-15.

–, 1977, « Mythes japonais et idéologie tripartite des Indo-Européens », *Diogène*, 98, p. 101-124.

–, 1981, « Dumézil et les études comparatives des mythes japonais », *in* Jacques Bonnet *et al.* (éd.), *Pour un temps : Georges Dumézil*, Paris, Centre Georges Pompidou, p. 319-324.

Young, Edward J., 1968, *Gobineau und der Rassismus : eine Kritik der anthropologischen Geschichtstheorie*, Meisenheim, Hain.

Zimmer, Stefan, 1990a, « On Indo-Europeanization », *Journal of Indo-European Studies*, 18, 1-2, p. 141-155.

–, 1990b, « The Investigation of Proto-Indo-European History : Methods, Problems, Limitations », *in* Thomas Markey et John A. C. Greppin (éd.), *When Words Collide : The Indo-Europeans and the Pre-Indo-Europeans*, Ann Arbor, Karoma Publishers, p. 311-334.

–, 1990c, *Ursprache, Urvolk und Indogermanisierung : zur Methode der indogermanischen Altertumskunde*, Innsbruck, Innsbrucker Beiträge zur Sprachwissenschaft.

–, 1991, « On Language Genesis : The Case of Afrikaans », *in* Roger Pearson (éd.), *Perspectives on Indo-European Language, Culture and Religion : Studies in Honor of Edgar C. Polomé*, JIES Monograph, 7, p. 347-359.

–, 1994, « Die Indogermanen und das Pferd – Befunde und Probleme », *in* Bernhardt Hänsel et Stefan Zimmer (éd.), *Die Indogermanen und das Pferd, Festschrift B. Schlerath*, Budapest, Archaeolingua, p. 29-35.

–, 1998, « Modern Necromancy, or How to Make Mummies Speak », *Journal of Indo-European Studies*, 26, p. 163-180.

Zmarzlik, Hans-Günther, 1963, « Der Sozialdarwinismus in Deutschland als geschichtliches Problem », *Vierteljahreshefte für Zeitgeschichte*, 11, p. 245-273.

Zschaetzsche, Karl Georg, 1922, *Die Arier : Herkunft und Geschichte des arischen Stammes*, Berlin, Nicolassee (2e éd. 1934).

Zvelebil, Marek (éd.), 1986, *Hunters in Transition : Mesolithic Societies of Temperate Eurasia and their Transition to Farming*, Cambridge, Cambridge University Press.

–, 1995, « At the Interface of Archaeology, Linguistics and Genetics : Indo-European Dispersals and the Agricultural Transition in Europe », *Journal of European Archaeology*, 3, n° 1, p. 33-71.

–, Domańska, Lucyna, et Dennell, Robin (éd.), 1997, *Harvesting the Sea, Farming the Forest : The Emergence of Neolithic Societies in the Baltic Region*, Sheffield, Sheffield Academic Press.

–, et Zvelebil, Kamil Václav, 1990, « Agricultural Transition, "Indo-European Origins", and the Spread of Farming », *in* Thomas Markey et John A. C. Greppin (éd.), *When Words Collide : The Indo-Europeans and the Pre-Indo-Europeans*, Ann Arbor, Karoma Publishers, p. 237-266.

Index

Index des noms de personnes

Index des noms de lieux : pays, régions, sites archéologiques, villes, toponymes, hydronymes

Index rerum : notions, cultures archéologiques, institutions, textes, etc.

Index des langues (réelles ou supposées) et familles de langues

Index des noms de peuples

Table

FINAL ET RÉOUVERTURE

L'auteur

Jean-Paul Demoule est professeur de protohistoire européenne à l'université de Paris-I (Panthéon-Sorbonne) et membre de l'Institut universitaire de France. Il a mené des fouilles dans le cadre du programme de sauvetage régional de la vallée de l'Aisne, ainsi qu'en Grèce et en Bulgarie. Il s'est particulièrement intéressé aux problèmes de l'archéologie de sauvetage et a participé à l'élaboration de la loi française sur l'archéologie préventive et à la création de l'Institut national de recherches archéologiques préventives (Inrap), qu'il a présidé de 2002 à 2008.

Ses travaux portent sur la néolithisation de l'Europe ainsi que sur les sociétés de l'âge du fer, sur l'histoire de l'archéologie et son rôle social, ou encore sur ses constructions idéologiques et, à ce titre, sur le « problème indo-européen ».

Il a publié plus de trois cents articles scientifiques et, comme auteur, éditeur ou coéditeur, les ouvrages suivants :

La France de la préhistoire, mille millénaires des premiers hommes à la conquête romaine, Nathan, 1990.

Les Gaulois, Hachette, 1995.

Chronologie et société des nécropoles celtiques de la culture Aisne-Marne, Supplément à la *Revue archéologique de Picardie*, 1999.

Guide des méthodes de l'archéologie, La Découverte, 2002, 4e édition 2014 (avec François Giligny, Anne Le Hoërff et Alain Schnapp).

La France archéologique, vingt ans d'aménagements et de découvertes, Hazan, 2004 (direction d'ouvrage).

La Révolution néolithique en France, La Découverte, 2007 (direction d'ouvrage).

L'Archéologie préventive dans le monde, La Découverte, 2007 (direction d'ouvrage).

Naissance de la figure, l'art du paléolithique à l'âge du fer, Hazan, 2007.

Origin and Evolution of Languages : Approaches, Models, Paradigm, Equinox, 2008 (en codirection avec Bernard Laks, Serge Cleuziou et Pierre Encrevé).

Archéologie et Patrimoine au Japon, Maison des sciences de l'homme, 2008 (en codirection avec Pierre Souyri).

L'Avenir du passé, modernité de l'archéologie, La Découverte, 2008 (en codirection avec Bernard Stiegler).

La Nécropole gauloise de Bucy-le-Long, Supplément à la *Revue archéologique de Picardie*, 2009 (en codirection avec Sophie Desenne et Claudine Pommepuy).

L'Europe, un continent redécouvert par l'archéologie, Gallimard, 2009 (direction d'ouvrage).

La Fabrique de l'archéologie, La Découverte, 2009 (direction d'ouvrage avec Christian Landes).

La Révolution néolithique dans le monde, Éditions du CNRS, 2010 (direction d'ouvrage).

On a retrouvé l'histoire de France, Robert Laffont, 2012, Gallimard, « Folio », 2013.

Les Origines de la culture, la révolution néolithique, Le Pommier, 2e édition, 2013.

Exquise Planète, Odile Jacob, 2014 (avec Pierre Bordage, Roland Lehoucq et Jean-Sébastien Steyer).

La librairie
du XXIe siècle

Sylviane Agacinski, *Le Passeur de temps. Modernité et nostalgie.*
Sylviane Agacinski, *Métaphysique des sexes. Masculin/féminin aux sources du christianisme.*
Sylviane Agacinski, *Drame des sexes. Ibsen, Strindberg, Bergman.*
Sylviane Agacinski, *Femmes entre sexe et genre.*
Giorgio Agamben, *La Communauté qui vient. Théorie de la singularité quelconque.*
Henri Atlan, *Tout, non, peut-être. Éducation et vérité.*
Henri Atlan, *Les Étincelles de hasard I. Connaissance spermatique.*
Henri Atlan, *Les Étincelles de hasard II. Athéisme de l'Écriture.*
Henri Atlan, *L'Utérus artificiel.*
Henri Atlan, *L'Organisation biologique et la Théorie de l'information.*
Henri Atlan, *De la fraude. Le monde de l'*onaa.
Marc Augé, *Domaines et châteaux.*
Marc Augé, *Non-lieux. Introduction à une anthropologie de la surmodernité.*
Marc Augé, *La Guerre des rêves. Exercices d'ethnofiction.*
Marc Augé, *Casablanca.*
Marc Augé, *Le Métro revisité.*
Marc Augé, *Quelqu'un cherche à vous retrouver.*
Marc Augé, *Journal d'un SDF. Ethnofiction.*
Marc Augé, *Une ethnologie de soi. Le temps sans âge.*
Jean-Christophe Bailly, *Le Propre du langage. Voyages au pays des noms communs.*
Jean-Christophe Bailly, *Le Champ mimétique.*
Marcel Bénabou, *Jacob, Ménahem et Mimoun. Une épopée familiale.*
Marcel Bénabou, *Pourquoi je n'ai écrit aucun de mes livres.*
Julien Blanc, *Au commencement de la Résistance. Du côté du musée de l'Homme 1940-1941.*
R. Howard Bloch, *Le Plagiaire de Dieu. La fabuleuse industrie de l'abbé Migne.*

Remo Bodei, *La Sensation de déjà vu.*
Ginevra Bompiani, *Le Portrait de Sarah Malcolm.*
Julien Bonhomme, *Les Voleurs de sexe. Anthropologie d'une rumeur africaine.*
Yves Bonnefoy, *Lieux et destins de l'image. Un cours de poétique au Collège de France (1981-1993).*
Yves Bonnefoy, *L'Imaginaire métaphysique.*
Yves Bonnefoy, *Notre besoin de Rimbaud.*
Yves Bonnefoy, *L'Autre Langue à portée de voix.*
Yves Bonnefoy, *Le Siècle de Baudelaire.*
Philippe Borgeaud, *La Mère des Dieux. De Cybèle à la Vierge Marie.*
Philippe Borgeaud, *Aux origines de l'histoire des religions.*
Jorge Luis Borges, *Cours de littérature anglaise.*
Claude Burgelin, *Les Mal Nommés. Duras, Leiris, Calet, Bive, Perec, Gary et quelques autres.*
Italo Calvino, *Pourquoi lire les classiques.*
Italo Calvino, *La Machine littérature.*
Paul Celan et Gisèle Celan-Lestrange, *Correspondance.*
Paul Celan, *Le Méridien & autres proses.*
Paul Celan, *Renverse du souffle.*
Paul Celan et Ilana Shmueli, *Correspondance.*
Paul Celan, *Partie de neige.*
Paul Celan et Ingeborg Bachmann, *Le Temps du cœur. Correspondance.*
Michel Chodkiewicz, *Un océan sans rivage. Ibn Arabî, le Livre et la Loi.*
Antoine Compagnon, *Chat en poche. Montaigne et l'allégorie.*
Hubert Damisch, *Un souvenir d'enfance par Piero della Francesca.*
Hubert Damisch, *CINÉ FIL.*
Hubert Damisch, *Le Messager des îles.*
Luc Dardenne, *Au dos de nos images*, suivi de *Le Fils* et *L'Enfant*, par Jean-Pierre et Luc Dardenne.
Luc Dardenne, *Sur l'affaire humaine.*
Michel Deguy, *À ce qui n'en finit pas.*
Daniele Del Giudice, *Quand l'ombre se détache du sol.*
Daniele Del Giudice, *L'Oreille absolue.*
Daniele Del Giudice, *Dans le musée de Reims.*
Daniele Del Giudice, *Horizon mobile.*
Daniele Del Giudice, *Marchands de temps.*
Mireille Delmas-Marty, *Pour un droit commun.*
Jean-Paul Demoule, *Mais où sont passés les Indo-Européens ? Le mythe d'origine de l'Occident.*
Marcel Detienne, *Comparer l'incomparable.*

Marcel Detienne, *Comment être autochtone. Du pur Athénien au Français raciné.*
Milad Doueihi, *Histoire perverse du cœur humain.*
Milad Doueihi, *Le Paradis terrestre. Mythes et philosophies.*
Milad Doueihi, *La Grande Conversion numérique.*
Milad Doueihi, *Solitude de l'incomparable. Augustin et Spinoza.*
Milad Doueihi, *Pour un humanisme numérique.*
Jean-Pierre Dozon, *La Cause des prophètes. Politique et religion en Afrique contemporaine*, suivi de *La Leçon des prophètes* par Marc Augé.
Pascal Dusapin, *Une musique en train de se faire.*
Brigitta Eisenreich, avec Bertrand Badiou, *L'Étoile de craie. Une liaison clandestine avec Paul Celan.*
Uri Eisenzweig, *Naissance littéraire du fascisme.*
Norbert Elias, *Mozart. Sociologie d'un génie.*
Rachel Ertel, *Dans la langue de personne. Poésie yiddish de l'anéantissement.*
Arlette Farge, *Le Goût de l'archive.*
Arlette Farge, *Dire et mal dire. L'opinion publique au XVIII*e *siècle.*
Arlette Farge, *Le Cours ordinaire des choses dans la cité au XVIII*e *siècle.*
Arlette Farge, *Des lieux pour l'histoire.*
Arlette Farge, *La Nuit blanche.*
Alain Fleischer, *L'Accent, une langue fantôme.*
Alain Fleischer, *Le Carnet d'adresses.*
Alain Fleischer, *Réponse du muet au parlant. En retour à Jean-Luc Godard.*
Alain Fleischer, *Sous la dictée des choses.*
Lydia Flem, *L'Homme Freud.*
Lydia Flem, *Casanova ou l'Exercice du bonheur.*
Lydia Flem, *La Voix des amants.*
Lydia Flem, *Comment j'ai vidé la maison de mes parents.*
Lydia Flem, *Panique.*
Lydia Flem, *Lettres d'amour en héritage.*
Lydia Flem, *Comment je me suis séparée de ma fille et de mon quasi-fils.*
Lydia Flem, *La Reine Alice.*
Lydia Flem, *Discours de réception à l'Académie royale de Belgique*, accueillie par Jacques de Decker, secrétaire perpétuel.
Nadine Fresco, *Fabrication d'un antisémite.*
Nadine Fresco, *La Mort des juifs.*
Françoise Frontisi-Ducroux, *Ouvrages de dames. Ariane, Hélène, Pénélope…*
Marcel Gauchet, *L'Inconscient cérébral.*
Hélène Giannecchini, *Une image peut-être vraie. Alix Cléo Roubaud*

Jack Goody, *La Culture des fleurs.*
Jack Goody, *L'Orient en Occident.*
Anthony Grafton, *Les Origines tragiques de l'érudition. Une histoire de la note en bas de page.*
Jean-Claude Grumberg, *Mon père. Inventaire*, suivi de *Une leçon de savoir-vivre.*
Jean-Claude Grumberg, *Pleurnichard.*
François Hartog, *Régimes d'historicité. Présentisme et expériences du temps.*
Daniel Heller-Roazen, *Écholalies. Essai sur l'oubli des langues.*
Daniel Heller-Roazen, *L'Ennemi de tous. Le pirate contre les nations.*
Daniel Heller-Roazen, *Une archéologie du toucher.*
Daniel Heller-Roazen, *Le Cinquième Marteau. Pythagore et la dysharmonie du monde.*
Ivan Jablonka, *Histoire des grands-parents que je n'ai pas eus. Une enquête.*
Ivan Jablonka, *L'histoire est une littérature contemporaine. Manifeste pour les sciences sociales.*
Jean Kellens, *La Quatrième Naissance de Zarathushtra. Zoroastre dans l'imaginaire occidental.*
Jacques Le Brun, *Le Pur Amour de Platon à Lacan.*
Jacques Le Goff, *Faut-il vraiment découper l'histoire en tranches ?*
Jean Levi, *Les Fonctionnaires divins. Politique, despotisme et mystique en Chine ancienne.*
Jean Levi, *La Chine romanesque. Fictions d'Orient et d'Occident.*
Claude Lévi-Strauss, *L'Anthropologie face aux problèmes du monde moderne.*
Claude Lévi-Strauss, *L'Autre Face de la lune. Écrits sur le Japon.*
Claude Lévi-Strauss, *Nous sommes tous des cannibales.*
Monique Lévi-Strauss, *Une enfance dans la gueule du loup.*
Nicole Loraux, *Les Mères en deuil.*
Nicole Loraux, *Né de la Terre. Mythe et politique à Athènes.*
Nicole Loraux, *La Tragédie d'Athènes. La politique entre l'ombre et l'utopie.*
Patrice Loraux, *Le Tempo de la pensée.*
Sabina Loriga, *Le Petit x. De la biographie à l'histoire.*
Charles Malamoud, *Le Jumeau solaire.*
Charles Malamoud, *La Danse des pierres. Études sur la scène sacrificielle dans l'Inde ancienne.*
François Maspero, *Des saisons au bord de la mer.*
Marie Moscovici, *L'Ombre de l'objet. Sur l'inactualité de la psychanalyse.*
Michel Pastoureau, *L'Étoffe du diable. Une histoire des rayures et des tissus rayés.*
Michel Pastoureau, *Une histoire symbolique du Moyen Âge occidental.*
Michel Pastoureau, *L'Ours. Histoire d'un roi déchu.*

Michel Pastoureau, *Les Couleurs de nos souvenirs.*
Vincent Peillon, *Une religion pour la République. La foi laïque de Ferdinand Buisson.*
Vincent Peillon, *Éloge du politique. Une introduction au* XXIe *siècle.*
Georges Perec, *L'Infra-ordinaire.*
Georges Perec, *Vœux.*
Georges Perec, *Je suis né.*
Georges Perec, *Cantatrix sopranica L. et autres écrits scientifiques.*
Georges Perec, *L. G. Une aventure des années soixante.*
Georges Perec, *Le Voyage d'hiver.*
Georges Perec, *Un cabinet d'amateur.*
Georges Perec, *Beaux présents, belles absentes.*
Georges Perec, *Penser/Classer.*
Georges Perec, *Le Condottière.*
Georges Perec/OuLiPo, *Le Voyage d'hiver & ses suites.*
Catherine Perret, *L'Enseignement de la torture. Réflexions sur Jean Améry.*
Michelle Perrot, *Histoire de chambres.*
J.-B. Pontalis, *La Force d'attraction.*
Jean Pouillon, *Le Cru et le Su.*
Jérôme Prieur, *Roman noir.*
Jérôme Prieur, *Rendez-vous dans une autre vie.*
Jacques Rancière, *Courts voyages au pays du peuple.*
Jacques Rancière, *Les Noms de l'histoire. Essai de poétique du savoir.*
Jacques Rancière, *La Fable cinématographique.*
Jacques Rancière, *Chroniques des temps consensuels.*
Jean-Michel Rey, *Paul Valéry. L'aventure d'une œuvre.*
Jacqueline Risset, *Puissances du sommeil.*
Denis Roche, *Dans la maison du Sphinx. Essais sur la matière littéraire.*
Olivier Rolin, *Suite à l'hôtel Crystal.*
Olivier Rolin & Cie, *Rooms.*
Charles Rosen, *Aux confins du sens. Propos sur la musique.*
Israel Rosenfield, *« La Mégalomanie » de Freud.*
Pierre Rosenstiehl, *Le Labyrinthe des jours ordinaires.*
Jean-Frédéric Schaub, *Oroonoko, prince et esclave. Roman colonial de l'incertitude.*
Francis Schmidt, *La Pensée du Temple. De Jérusalem à Qoumrân.*
Jean-Claude Schmitt, *La Conversion d'Hermann le Juif. Autobiographie, histoire et fiction.*
Michel Schneider, *La Tombée du jour. Schumann.*
Michel Schneider, *Baudelaire. Les années profondes.*
David Shulman, Velcheru Narayana Rao et Sanjay Subrahmanyam, *Textures du temps. Écrire l'histoire en Inde.*

David Shulman, *Ta'ayush. Journal d'un combat pour la paix. Israël-Palestine, 2002-2005.*
Jean Starobinski, *Action et Réaction. Vie et aventures d'un couple.*
Jean Starobinski, *Les Enchanteresses.*
Jean Starobinski, *L'Encre de la mélancolie.*
Anne-Lise Stern, *Le Savoir-déporté. Camps, histoire, psychanalyse.*
Antonio Tabucchi, *Les Trois Derniers Jours de Fernando Pessoa. Un délire.*
Antonio Tabucchi, *La Nostalgie, l'Automobile et l'Infini. Lectures de Pessoa.*
Antonio Tabucchi, *Autobiographies d'autrui. Poétiques* a posteriori.
Emmanuel Terray, *La Politique dans la caverne.*
Emmanuel Terray, *Une passion allemande. Luther, Kant, Schiller, Hölderlin, Kleist.*
Camille de Toledo, *Le Hêtre et le bouleau. Essai sur la tristesse européenne*, suivi de *L'Utopie linguistique ou la pédagogie du vertige.*
Camille de Toledo, *Vies pøtentielles.*
Camille de Toledo, *Oublier, trahir, puis disparaître.*
César Vallejo, *Poèmes humains* et *Espagne, écarte de moi ce calice.*
Jean-Pierre Vernant, *Mythe et religion en Grèce ancienne.*
Jean-Pierre Vernant, *Entre mythe et politique I.*
Jean-Pierre Vernant, *L'Univers, les Dieux, les Hommes. Récits grecs des origines.*
Jean-Pierre Vernant, *La Traversée des frontières. Entre mythe et politique II.*
Nathan Wachtel, *Dieux et vampires. Retour à Chipaya.*
Nathan Wachtel, *La Foi du souvenir. Labyrinthes marranes.*
Nathan Wachtel, *La Logique des bûchers.*
Nathan Wachtel, *Mémoires marranes. Itinéraires dans le* sertão *du Nordeste brésilien.*
Catherine Weinberger-Thomas, *Cendres d'immortalité. La crémation des veuves en Inde.*
Natalie Zemon Davis, *Juive, Catholique, Protestante. Trois femmes en marge au XVIIe siècle.*

RÉALISATION : NORD COMPO À VILLENEUVE D'ASCQ
IMPRESSION : NORMANDIE ROTO IMPRESSION S.A.S. À LONRAI
DÉPÔT LÉGAL : OCTOBRE 2014. N° 29691-3 (1404903)
IMPRIMÉ EN FRANCE